Wissenschaftliche Untersuchungen
zum Neuen Testament

Herausgegeben von
Martin Hengel und Otfried Hofius

131

Nils Alstrup Dahl
deceased July 2, 2001

Studies in Ephesians

Introductory Questions,
Text- & Edition-Critical Issues,
Interpretation of Texts and Themes

edited by
David Hellholm, Vemund Blomkvist,
and Tord Fornberg

Mohr Siebeck

NILS ALSTRUP DAHL, born 1911; 1941 Dr. theol. at the University of Oslo; 1936 till the first half of World War II Lecturer at the University of Oslo; 1946–1965 Professor of New Testament at the University of Oslo; 1965–80 Buckingham Professor of New Testament at Yale University, New Haven, USA; since 1980 Professor emeritus.

Die Deutsche Bibliothek – CIP-Einheitsaufnahme

Dahl, Nils Alstrup:
Studies in Ephesians: introductory questions, text- and edition-critical issues, interpretation of texts and themes / Nils Alstrup Dahl. Ed.: David Hellholm ... – Tübingen: Mohr Siebeck, 2000
  (Wissenschaftliche Untersuchungen zum Neuen Testament; 131)
  ISBN 3-16-147197-0

© 2000 by J. C. B. Mohr (Paul Siebeck), P.O. Box 20 40, D-72010 Tübingen.

This book may not be reproduced, in whole or in part, in any form (beyond that permitted by copyright law) without the publisher's written permission. This applies particularly to reproductions, translations, microfilms and storage and processing in electronic systems.

This book was typeset by Progressus Consultant KB in Karlstad (Sweden) using Minion MM, SymbolGreek and Hebraica typefaces, printed by Gulde-Druck in Tübingen on non-aging paper and bound by Heinr. Koch in Tübingen.

Printed in Germany.

ISSN 0512-1604

In memory of
Birgit Rosencrantz Dahl
(1907 – 1991)

✶ ✶ ✶

and in honor of
Berit Hellholm

Editors' Foreword

In a conversation with Professor emeritus Nils A. Dahl in the mid 90's, it became obvious to David Hellholm, Professor of New Testament at the Faculty of Theology in the University of Oslo, that a considerable amount of unpublished material on Ephesians was buried in Professor Dahl's files. Hellholm decided to take on the task of editing a volume of "Studies in Ephesians", because he realized that Professor Dahl's age meant that he needed assistance if he was to publish this important material. Hellholm invited two colleagues to serve as co-editors for this project: Cand. philol. Vemund Blomkvist, who had just finished his master's thesis on "The Style of Ephesians in Comparison with the Style of Colossians" and who is now lecturer in Greek at the Faculty of Theology in the University of Oslo, and Dr. Tord Fornberg, currently Director of the Swedish Theological Institute in Jerusalem, with whom Hellholm had previously published a major Festschrift.

The editorial work was divided among the editors in the following way: Hellholm has been responsible for the editorial work and for bringing the articles up to date; all additions to the body of the text as well as to the footnotes that are within square brackets [...] are his, except when otherwise indicated. He has also compiled the bibliographies and composed the Index of Names, Subjects and Terms. Text and footnotes within angular brackets < ... > are taken from articles by Dahl not included in this volume or from his unpublished manuscripts. Blomkvist has worked closely over the last few years with Professor Dahl on the "Euthalian Apparatus and Affiliated Argumenta", including on the translation of selected passages from the "Apparatus" and the "Argumenta"; in addition, he has checked references to Biblical and Early Christian texts, translated several Latin passages and proof-read all articles. Fornberg has composed the Index of Passages and proof-read the entire volume.

For the abbreviations of names for Biblical Books with the Apocrypha, Pseudepigraphical and Early Patristic Writings, The Qumran Scrolls, Rabbinic and other Jewish Texts, and the Nag Hammadi Texts the system of the *Journal of Biblical Literature (JBL)* was utilized for the essays in English, while the system of the *Religion in Geschichte und Gegenwart (RGG)*, 4th ed., Tübingen: Mohr Siebeck 1998 was used for the essays in German. For the abbreviations of Periodicals, Reference Works, Series *et cetera* the system of the *Theologische Realenzyklopädie (TRE): Abkürzungsverzeichnis,* ed. S. Schwertner, 2nd ed., Berlin – New York: de Gruyter 1994 was utilized for all essays.

In addition to the editors, many others have been involved in the process of bringing these studies to completion. Professor Hartmut Stegemann of the University of Göttingen helped in matters pertaining to Qumran; Professor Bruce C. Johanson of Walla Walla College translated two articles into English; Professor Donald Juel of Princeton Theological Seminary, and a former student of Dahl's, corrected the style of the remaining essays in English. Professor Bernadette J. Brooten of Brandeis University corrected the style of the Foreword and the Preface; Fil. kand. Berit Hellholm corrected the style of all articles in German; Professor Karstein M. Hansen of The College of Deaconia and Nursing, Oslo provided the "Supplementary Bibliography – Nils Alstrup Dahl".

A special word of gratitude is due to the Librarian at the Faculty of Theology in Oslo, Mrs. Gunny Lahaug, who, under extremely difficult circumstances in connection with the relocation of the University Library, nevertheless succeeded in obtaining old and rare books from all over Europe and the United States.

The type-setting was done by Mr. Christer Hellholm of Progressus Consultant KB, Karlstad (Sweden). Without his constant willingness to take on the difficult and time-consuming task of scanning and correcting most of the material, creating the proper lay-out of text and tables, composing the Index of Modern Authors, and recording the Index of Passages as well as the Index of Names, Subjects and Terms, the editorial work would have been much more demanding and laborious.

Finally, the editors want to express their sincere gratitude to the publisher, Mr. Georg Siebeck of J. C. B. Mohr (Paul Siebeck) Tübingen, both for his willingness to publish this collection of published and unpublished essays and for his patience in the face of repeated delays in completing the volume. A word of thanks is also due to the Production Manager of the Publishing House, Mr. Matthias Spitzner, for his unfailing aid and support. We are also in great debt to the editor of WUNT, Professor Martin Hengel, for accepting the volume into this renowned series.

Hammarö/Oslo and Jerusalem in June 2000

David Hellholm – Vemund Blomkvist – Tord Fornberg

Preface

The appearance of this volume has come as a surprise to me and probably to many others.

Since I became a student in 1929, the study of the Greek New Testament has been a main focus of my interest and work. Due to various circumstances, I never became an ordained minister of the Church of Norway as I had originally thought. I had the possibility to continue my studies in the pre-war years, when Norwegian theologians went to Germany for postgraduate education. I spent one semester in each of the universities of Tübingen, Marburg and Leipzig.

In the fall of 1937 I felt I had to free myself from a one-sided dependence on German scholarship. The consequences of Nazism seemed clear to me, and I was very happy when I crossed the Rhine, leaving the Third Reich behind to continue my biblical and patristic studies in Strasbourg and gain some familiarity with French scholarship, which both Scandinavian and American scholars had tended to neglect.

In Marburg I had come to know Rudolf Bultmann personally. Commenting on my review of his book *Die Theologie des Neuen Testaments,* he later wrote me that he knew of nobody else who was able to combine a genuine understanding of his work with critical distance as well as I. No other short statement seems to place me more correctly in the theological landscape.

Marburg was also the place where by sheer chance I met fil. mag. Birgit Rosencrantz from Lund in Skåne. We were married in June 1939. In war and peace she sacrificed her own career in order to give me the best possible conditions to continue my work as assistant professor at the University of Oslo and then from 1946 onwards, as full professor of New Testament. Finally she followed me to Yale University in 1965. The international American environment offered new possibilities for her personality to unfold, a personality that was at once both realistic and charming. Her humanity and common sense meant much, not only to myself, but also to my students and many others.

As a scholar I am not a specialist in any one area, but have rather worked more or less independently in various fields that are important to the historical studies of the New Testament writings. In the present volume, especially articles nos. III to VII illustrate this. A special interest in the Epistle to the Ephesians might be dated back to 1933. Some earlier minor studies, of which two are printed in this volume, were probably the reason why I was asked to write the Commentary on Ephesians in the series *Meyers Kritisch-Exegetischer Kommentar über das Neue Testament.* The first part of this volume was written as an (overly long) introduction to the commentary. My work on this project continued even in the first years after I had moved to the U.S. There, to an increasing degree, my work became the supervision of dissertations on a variety of topics. After 1975 this supervision and my obligations in the SBL took so much time that the studies of Ephesians hardly made any progress. Not so very long after my return to Norway early in 1981, I received the message that the publishers had given up the hope that I would ever finish the commentary and had asked another person to take over. It may be added that no commentary on Ephesians has thus far appeared in this series. As to my own manuscripts and extended notes and files, they were buried. Only some of them appeared in a more or less revised form when I was asked to contribute to various *Festschriften*.

Had it not been for David Hellholm, all of this material would probably have remained where it had been put away. I have been amazed to experience his enthusiastic conviction that these published and unpublished articles could still make important contributions to ongoing research. He has spent innumerable hours in planning and organizing this publication. He has found collaborators in Norway, the U.S., Germany and Sweden, including his wife, Berit, and his son, Christer. My own daughter, Sœur Eva, has in many ways assisted me. My gratitude also extends to all of Hellholm's co-editors and collaborators, of whom I would like to mention especially Vemund Blomkvist, who worked with me during recent years on the "Euthalian Apparatus"; further also Bernadette J. Brooten, Tord Fornberg, Karstein M. Hansen, Bruce C. Johanson, Donald Juel, and Hartmut Stegemann. Hellholm himself has invested much time in checking references and bringing the list of relevant literature up to date. May many of his fellow scholars appreciate his use of time and energy. Personally, I can attest that he has contributed to making the last years of an already long life very happy.

Engen Kloster in the Holy Week 2000　　　　　　　　　　　　　　*Nils Alstrup Dahl*

Table of Contents

Editors' Foreword VII

Preface IX

Table of Contents XI

Part One
Introductory Questions

   I. Einleitungsfragen zum Epheserbrief 3

  II. Ephesians and Qumran 107

Part Two
Ephesians in Texts and
Editions of the Corpus Paulinum

 III. Welche Ordnung der Paulusbriefe wird vom
     Muratorischen Kanon vorausgesetzt? 147

 IV. The Particularity of the Pauline Epistles
     as a Problem in the Ancient Church 165

  V. The Origin of the Earliest
     Prologues to the Pauline Letters 179

 VI. 0230 (= PSI 1306) and the Fourth-Century
     Greek-Latin Edition of the Letters of Paul 211

VII. The 'Euthalian Apparatus' and the Affiliated 'Argumenta' 231

Part Three
Interpretation of Texts and Themes

VIII. Benediction and Congratulation 279

IX. Das Proömium des Epheserbriefes 315

X. Der Epheserbrief und der verlorene,
erste Brief des Paulus an die Korinther 335

XI. Das Geheimnis der Kirche nach Epheser 3,8-10 349

XII. Cosmic Dimensions and
Religious Knowledge (Eph 3:18) 365

XIII. Kleidungsmetaphern: der alte und der neue Mensch 389

XIV. The Concept of Baptism in Ephesians 413

XV. Gentiles, Christians, and Israelites
in the Epistle to the Ephesians 441

XVI. The Letter to the Ephesians:
Its Fictional and Real Setting 451

XVII. Interpreting Ephesians: Then and Now 461

Acknowledgments 475

Supplementary Bibliography – Nils Alstrup Dahl 477

Index of Passages 481

Index of Modern Authors 509

Index of Names, Subjects, and Terms (English) 521

Index of Names, Subjects, and Terms (German) 537

Part One
Introductory Questions

I. Einleitungsfragen zum Epheserbrief

1. Fragen zu Komposition – Stil – Eigenart

1.1. Die Komposition

Die hier zu behandelnde Schrift ist als „Brief des Heiligen Paulus an die Epheser" überliefert worden. Jedes Element dieser traditionellen Formulierung steht heute zur Debatte. Wir werden auf die Probleme der Verfasserschaft und der Adresse (Anrede) zurückkommen. Zunächst ist die Frage zu erheben, ob die literarische Form und Komposition überhaupt die eines Briefes sind. Auch das ist bestritten worden. Die literarische Art ist in verschiedener Weise bestimmt worden: „Testament des Paulus"[1]; „eine Mysterienrede", bzw. „eine Meditation ... des Mysteriums Christi"[2]; [„ein Gebetsbrief"[3];] eine „theologische Abhandlung ... in Briefform"[4]; [ein „theologischer Traktat"[5]; „an honorific preamble"[6];] „eine liturgische Homilie"[7]; eine „Taufrede in Form eines Hirtenbriefes"[8]; oder eine in Briefform gekleidete „Liturgie" für eine Pfingstfeier[9]; [eine in Briefform gekleidete Homilie[10], oder ein „pastoral ausgerichtete(r) Brief"[11]]. Die Form kann aber auch als die einer Enzyklika[12] (so die meisten Verteidiger der Echtheit) oder der Imitation eines paulinischen Briefes[13] verstanden werden.

---

[1] So z.B. R. Asting 1930, 4-5; J. N. Sanders 1956, 9-20, bes. 16.

[2] So H. Schlier 1963, 21 und 22; [W. Marxsen 1978, 194].

[3] [So U. Luz 1989, 386 mit Verweis auf K. Usami 1983, 150. Luz betont nachdrücklich, daß „der Verfasser ... nicht einen gottesdienstlichen Text schreiben (wollte), sondern einen Paulusbrief" (ibid., 380); dabei sei „das Gebet eine wichtige Klammer, die den dogmatischen und den paränetischen Teil des Epheserbriefs zusammenhält" (ibid., 386); so auch jetzt Luz 1998a, 107f., 118.]

[4] So H. Conzelmann 1981a, 86; [Ph. Vielhauer 1975, 212f.; A. Lindemann 1976, 240; H. Conzelmann/A. Lindemann 1995, 297; H.-M. Schenke/K. M. Fischer 1978, 174].

[5] [So Lindemann 1976, 235 (= idem 1999, 211); idem 1979, 41; G. Strecker 1992, 71f.]

[6] [So H. Hendrix 1988, 7; ihm folgend auch E. Mouton 1996, 288f.]

[7] So J. Gnilka 1990, 33.

[8] So W. Lueken 1917, 359.

[9] So J. C. Kirby, 1968, 68ff., 123f., 150ff.

[10] [So E. Best 1998, 62: „It seems best then to think of AE as intending to write a homily but, realising that Paul normally wrote letters, deliberately disguising his homily as a letter. It is consequently a mixed genre"; ähnlich auch A. T. Lincoln 1990, xli.]

[11] [So R. Schnackenburg 1982, 19.]

[12] [Sie wurde „zuerst von Th. Beza und H. Grotius aufgestellt ... dann von dem anglikanischen Erzbischof Ussher (1654, 686) eingehend begründet" (A. Wikenhauser/J. Schmid 1973, 485).]

[13] So G. Johnston 1943, 111.

Die verschiedenen Artbestimmungen schließen einander nicht gegenseitig aus, denn die Briefform hatte in der Antike eine sehr weite Verwendung. Proklamationen, Edikte, und allerlei juristische Dokumente konnten als Briefe formuliert sein[14]. Auch wissenschaftliche und philosophische Abhandlungen, Mahnschriften, usw. wurden in Briefform gekleidet. Das kommt bei authentischen wie auch in pseudonymen Schriften vor[15]. Der Brief eines Abwesenden könnte nicht nur das persönliche Gespräch, sondern auch eine Rede ersetzen, wofür die Briefe des Demosthenes an den Rat und das Volk der Athener klassische Beispiele sind[16]. Die briefliche Form wurde auch im frühen Christentum für sonst verschiedene Gattungen verwendet; vgl. z.B. den Hebräerbrief[17], Ps.-Barnabas[18], die Johannesoffenbarung[19] und das Martyrium Polykarps[20].

Die Form des Epheserbriefs ist auf alle Fälle die eines Briefes. Das *Präskript* (1,1-2) folgt dem normalen paulinischen Muster[21]; nur das Fehlen einer spezifischen Adresse im Text der ältesten Handschriften fällt auf. Am Ende wird der Bote, der offenbar als Briefträger vorzustellen ist[22], den Adressaten [in einem Epilog] empfohlen (6,21-22; vgl. Kol 4,7-9)[23]. Die Schlußformeln weichen insofern von den sonst üblichen ab, daß sie nicht direkt an die Adressaten gerichtet, sondern in der dritten Person gehalten sind (6,23-24).

Das *Corpus* des Briefes (1,3-6,20)[24] wird durch einen thematischen Lobspruch für Gottes Segen in Christus geöffnet, dessen Inhalt nach verschiedenen Richtungen entfaltet wird (1,3-14). Diese Eingangs-Eulogie ist im Hinblick auf das Gläubigwerden der Adressaten formuliert (vgl. 1,13-14) und wird von einer Versicherung von Danksagung und Fürbitte des Paulus gefolgt (1,15ff.)[25]. Thematische Formulierungen geben den Inhalt der Fürbitte und damit zugleich das Anliegen des Briefes an: es geht um

---

[14][Vgl. D. E. AUNE 1987, 170.]

[15]Beispiele bieten die Lehrbriefe Epikurs und Plutarchs. Schon in der Antike konnte aber auch der Unterschied zwischen einem Brief und einer Abhandlung betont werden; vgl. Demetrius, *De Elocutione [Peri Hermeneias]*; [Text und Übers. des Abschnitts 223-35 bei A. J. MALHERBE 1988, 16-19;] ferner auch J. SYKUTRIS 1931, 185-220, bes. 202-05; [M. L. STIREWALT, JR 1993; D. DORMEYER 1993, 190-98; H. GÖRGEMANNS 1997a, 1161-64; IDEM 1997b, 1166-69 und M. ZELZER 1997, 1164-66; R. BRUCKER 1997, bes. 253-79; H.-J. KLAUCK 1998].

[16]Vgl. J. A. GOLDSTEIN 1968; [J. T. REED 1997, 171-93].

[17][Vgl. W. G. ÜBELACKER 1989,18-26 *et passim*, sowie Kommentare von H. BRAUN 1984, 1f.; H. HEGERMANN 1988, 1-4; H. W. ATTRIDGE 1989, 13f.; E. GRÄSSER 1990, 15f.; H.-F. WEISS 1991, 35-41.]

[18][Vgl. VIELHAUER 1975, 601f.; R. HVALVIK 1994/96, 71-86; F. R. PROSTMEIER 1999, 86-89.]

[19][Vgl. bes. M. KARRER 1986; J. ROLOFF 1984, 15f.; AUNE 1997, lxxii-lxxv.]

[20][Vgl. G. BUSCHMANN 1998, 47-49.]

[21][Vgl. F. SCHNIDER/W. STENGER 1987, 3-41.]

[22][Zu Briefträgern, siehe M. M. MITCHELL 1992, 641-62; vgl. auch D. J. MOSLEY 1973.]

[23][Vgl. SCHNIDER/STENGER 1987, 112: „Die in die briefliche Parusie eingebundene briefliche Mitteilung über Dritte wird in der Paulusschule zu einem Element des Postskripts (vgl. Kol 4,7-9 und Eph 6,21f.) und steht im Dienst der Brieffiktion".]

[24][So auch VIELHAUER 1975, 203f.; P. POKORNÝ 1992, 48; anders HENDRIX 1988, 3; vgl. 1. Thessalonicherbrief und dazu B. C. JOHANSON 1987, 60-67: 1,1: Letter-Opening – 1,2-5,24: Letter-Body – 5,25-28: Letter-Closing.] Für die Dreiteilung antiker Briefe, siehe H. KOSKENNIEMI 1956, 155.

[25][Hierzu unten in diesem Band Aufsatz IX; vgl. auch H. KRÄMER 1967, 34-46.]

Erkenntnis Gottes und dessen, was seine Berufung in sich schließt (1,17b-19a). Das wird zunächst durch eine Ausführung über die bei der Auferweckung und himmlischen Inthronisation Christi wirksamen Macht Gottes ausgeführt (1,19b-23). Mit Christus sind auch die Glaubenden lebendig gemacht worden – aus Gnade (2,1-10).

Die Schilderung von dem, was die Adressaten zu erkennen haben, wird in 2,11-22 fortgeführt. Sie werden hier aufgefordert, zu bedenken, was sie einst als Heiden waren und was sie jetzt in Christus Jesus geworden sind: nicht mehr entfremdet, sondern Mitbürger der Heiligen, Haus und Tempel Gottes. Die Mitte dieses zentralen Abschnittes ist dem Versöhnungswerk Christi gewidmet[26]; er hat die Trennung von Juden und Heiden überwunden und beiden einen freien Zugang zu Gott verschafft (2,13. 14-18)[27].

Die Versicherung der Fürbitte wird in 3,1 zunächst neu aufgenommen, dann aber sofort wieder unterbrochen. Ein eingeschobener Abschnitt erinnert an die dem Paulus geschenkte Offenbarung und an seinen Auftrag und sein Werk als Diener des Evangeliums, wodurch der vormals verborgene Heilsplan Gottes verwirklicht worden ist (3,2-13)[28]. Danach wird die Fürbitte nochmals aufgenommen und zu Ende geführt (3,14-19). Die Doxologie in 3,20-21 umrahmt mit der Eingangs-Eulogie zusammen den ganzen *ersten Hauptteil* des Briefes (1,3-3,21)[29].

Ein *zweiter Hauptteil* (4,1-6,20) enthält hauptsächlich Anweisungen[30]. Die einleitende Aufforderung knüpft an die thematische Formulierung in 1,18b an. Es geht um eine Lebensführung, die der Berufung würdig ist (4,1-16). Das wird zunächst im Hin-

---

[26][So auch CONZELMANN 1981a, 98; H. MERKLEIN 1973b, 12; M. BARTH 1974, 275. BEST 1998, 235f. indessen hebt hervor, daß „since so many of the themes of the letter surface in 2.11-22 it has been termed its theological centre ... but this can only be true if we ignore the large final paraenetic section where Jewish-Gentile relations never surface. Indeed this and other passages might be regarded as preparation for the paraenesis. The whole letter in fact holds together in such a way that it is impossible to speak of a centre or a key passage".]

[27][Vgl. USAMI 1983, 20ff.; LUZ 1989, 388f., 391; E. FAUST 1993, 221ff., 315-24; G. SELLIN 1996, 293; ferner siehe unten Anm. 378 auf Seite 68.]

[28][Vgl. SELLIN 1996, 291: „Dieser Teil ist als eine *digressio* durch 3,1 mit der Fürbitte verwoben". Zur Definition von *digressio*, siehe Quint., *Inst.*, 4.3.14: „παρέκβασις est ... alicuius rei, sed ad utilitatem causae pertinentis, extra ordinem excurrens tractatio"; vgl. auch H. F. PLETT 1975, 54: „Durchbrechung eines thematisch geschlossenen Textes durch eine selbständige Texteinheit, deren Thema komplementär, indifferent oder konträr zum Hauptthema ist. Die Digression ist somit für den Text dasselbe, was die Parenthese für den Satz, das Hyperbaton für das Wort ist"; hier ist die Digression natürlich komplementär!; siehe auch O. LINTON 1964, 94: „Formaliter sind Vv. 2-13 eine Digression, realiter aber gehört dieser Abschnitt auf das Intimste mit dem Epheserbrief zusammen" (Übers. – DH); U. SCHNELLE 1996, 349f. und BEST 1998, 41-44, 293, 295, 300f.]

[29][Vgl. jetzt auch LUZ 1998a, 108.]

[30][Siehe auch BEST 1998, 64: „4.1 connects the two (sc. main elements); there is a change here from a prevailing indicative to a prevailing imperative ...";] BARTH 1974, 55-56 möchte drei Hauptteile unterscheiden: 1,15-2,22 (God's perfect work), 3,1-4,24 (God's ongoing revelation) und 4,25-6,20 (Attesting God's love). Er steht aber ziemlich allein mit dieser Auffassung; die Analogie in den übrigen Paulusbriefen spricht dagegen; vgl. unten Seite 8. [Dreiteilig, wenn auch in anderer Weise, versteht auch SELLIN (1996, 297 Anm. 110) die Kompositionsstruktur des Briefkorpus: 1,3-3,21: I. epideiktischer Teil; 4,1-6,9: II. paränetischer Teil (*exhortatio*); 6,10-20: III. *peroratio*; ähnlich schon LINCOLN 1990, xliii-xliv in seiner „rhetorical outline"].

blick auf die geschenkte und zu bewahrende Einheit ausgeführt (4,2-6)[31]. Alle Gaben – besonders auch die der Diener des Wortes und Leiter der Kirche – sollen dem Wachstum des Leibes Christi dienen (4,7-16).

Eine neue Einführungsformel nimmt die Paränese wieder auf: Christen sollen nicht mehr wie die Heiden wandeln, sondern vielmehr – wie sie gelernt haben – den alten Menschen ablegen und den neuen anziehen (4,17-24). Damit ist ein Vorzeichen für die folgende Einzelparänese gegeben[32]. Sie ist jedoch recht locker gegliedert[33]. Die Anweisungen betonen, oft in antithetischen Formulierungen, was zu tun und was zu lassen ist, meistens mit hinzugefügter Motivierung (4,25-5,14)[34]. Mahnungen zu einem weisen Wandel, unter Danksagung im Namen Jesu, leiten zu einer Haustafel hinüber (5,15-21). Innerhalb der Haustafel werden Weisungen für Frauen und Männer unter Hinweis auf das Verhältnis zwischen Christus und der Kirche breit ausgeführt (5,22-33)[35]. Die Abschnitte über Kinder und Väter, Sklaven und Herren sind kürzer gefaßt (6,1-9).

Die Schlußmahnung in 6,10-20 knüpft wieder an die thematische Formulierung in 4,24 an. Was anzuziehen ist, wird unter dem Bild der Waffenrüstung Gottes und im Hinblick auf den Kampf gegen die Mächte der Bosheit dargestellt[36]. Die Aufforderung zu Gebet und Fürbitte, besonders für Paulus, schließt den Briefkontext ab und leitet zu der Notiz über die Sendung des Tychikos und den Schlußgrüßen hinüber (6,21-24).

Man hat die briefliche Form des Epheserbriefs als oberflächlich oder äußerlich bezeichnet[37]. Das stimmt aber nicht ganz. Konventioneller Briefstil wird nicht nur im Präskript (1,1-2) und Postskript (6,23-24), sondern auch beim Übergang zu neuen Abschnitten verwendet, vgl. 1,15f.; 4,1. 17[38]. Es wird vorausgesetzt, daß der Sender von den Empfängern des Briefes örtlich getrennt und ihnen persönlich unbekannt ist (1,15; 3,2). Der Brief sucht augenscheinlich positive Beziehungen zwischen dem Apostel und den heidenchristlichen Adressaten herzustellen. Die Versicherungen von Danksagung und Fürbitte, und auch schon die vorangestellte Eulogie, sind nicht direkt liturgisch, sondern haben die epistoläre Funktion, die innere Anteilnahme des Senders mit den Adressaten klarzumachen[39]. Die Selbstdarstellung des Apostels und der ganze Brief zielen darauf hin, daß Hochschätzung, Fürbitte, und Solidarität gegenseitig entstehen mögen (vgl. bes. 3,13; 6,19-20). Daran zeigt sich, daß der Epheserbrief als ein – echter oder fiktiver – Brief konzipiert worden ist[40].

---

[31][Vgl. SELLIN 1996, 295: „Leben nach der ‚Einheit' ist die Obermaxime der Ethik des Epheserbriefes"; so auch LUZ 1989, 383; vgl. auch LUZ 1998a, 151f.]
[32][So N. A. DAHL in einem unveröffentlichten Manuskript zur Exegese von 4,17-24; so auch J. JERVELL 1960, 238.]
[33][Vgl. SELLIN 1996, 296: „Eine Gliederung des folgenden Textes ist schwierig".]
[34][Siehe weiter unten Seite 15.]
[35][Hierzu J. P. SAMPLEY 1971 und neuerdings G. W. DAWES 1998.]
[36][Vgl. KLAUCK 1998, 239:„(evtl. mit dem militärischen Bild von 6,10-20 als Korpusabschluß)".]
[37]So C. L. MITTON 1951, 4; GNILKA 1990, 33. [Betont anders Luz 1989, 380]
[38]Vgl. J. A. ROBINSON 1904, 275-84; [vgl. auch SCHNIDER/STENGER 1987; KLAUCK 1998].
[39][Vgl. LUZ 1989, 380f., 384f., 386-93.]

Als *Thema* des Epheserbriefes hat man öfter „Christus und die Kirche" genannt[41]. Damit wird in der Tat auf wichtige und eigenartige Aussagen des Briefes hingewiesen (vgl. 1,22f.; 2,20-22; 3,9-10; 4,4-16; 5,22-33). Die Formulierung wird aber weder dem vollen Inhalt noch der kompositionellen Struktur gerecht[42]. Sie wird nicht bestätigt durch die Sätze, die innerhalb des Briefes die „Themen" angeben. Solche Leitsätze [d.h. semantische Meta- bzw. Abstraktionssätze] führen einen neuen Abschnitt ein oder bilden einen Übergang[43]. Sie können aber auch die zentrale Aussage des Abschnittes sein (2,5. 13). In 3,2 wird die dem Paulus gegebene οἰκονομία τῆς χάριτος als Thema eingeführt. Sonst beziehen sich die Leitsätze auf das, was den Briefempfängern geschenkt worden ist oder von ihnen erwartet wird. Hätten wir ein Hauptthema zu nennen, wäre „Die Berufung Gottes" oder „Von Gott berufen" vorzuziehen. Im ersten Hauptteil werden die Adressaten daran erinnert, was Gottes Berufung alles in sich schließt (ἡ ἐλπὶς τῆς κλήσεως αὐτοῦ, 1,18)[44]. Im zweiten werden sie dazu aufgefordert, ihrer Berufung würdig zu wandeln (ἀξίως ... τῆς κλήσεως, 4,1)[45].

Die *Aussageform* oszilliert zwischen Anrede im „Ihr"-Stil und allgemeinen Aussagen, die weitgehend in einem inklusiven „Wir"-Stil gehalten sind. Meistens bewegt sich dabei die Gedankenführung von der Lage der Adressaten zu mehr generellen, theologischen, christologischen und ekklesiologischen Aussagen und wieder zurück. Die generellen Aussagen dienen zur Erläuterung und Motivierung; sie stellen die christliche Existenz der Adressaten in einen umfassenden Zusammenhang hinein[46]. Die Nähe zur „Homilie" und das Vorhandensein liturgischer Elemente sind nicht zu bestreiten, beweisen aber nur, daß der Brief als ein Ersatz für eine Ansprache an die versammelte Gemeinde zu verstehen ist[47]. Wie weit die briefliche Form echt oder fiktiv ist, läßt sich nur in Verbindung mit den Fragen nach Adressaten und Verfasser entscheiden[48].

---

[40][So auch Luz 1989, 380 *et passim*.]

[41]Vgl. den Titel von Schliers Studie von 1930: *Christus und die Kirche im Epheserbrief*; ferner Schlier 1963, 15, 94ff., und Gnilka 1990, 33; Merklein 1973b; [H. Hübner 1997, 172-77, 189-90]. Diese Auffassung läßt sich jedenfalls bis auf F. C. Baur 1845, 426f. [und idem 1867, 192 Anm. 1] zurückführen, z.B.: „Der Hauptpunkt ist die Christologie" (idem 1845, 256); „Die Grundanschauung der beiden Briefe ist eigentlich die Idee des σῶμα Χριστοῦ" (idem 1845, 276).

[42][So auch Luz 1998a, 108.]

[43]Vgl. die thematischen Einleitungen in 1,3; 1:15; 4,1. 17; 5,15; 6,10f.; [6,21], und die Übergangssätze in 1,20; 3,2; 4,22-24; 5,21. In 2,5 und 2,13 stehen die thematischen Sätze in der Mitte eines Abschnittes. [Zu Leit- bzw. Meta- oder Abstraktionssätzen, siehe nunmehr D. Hellholm 1980; idem 1995a und idem 1995b; ferner B. C. Johanson 1987; J. Holmstrand 1997.]

[44][Ähnlich Schlier 1963, 37; vgl. auch Vielhauer 1975, 212.]

[45][Ähnlich Schlier 1963, 177; vgl. auch Hübner 1993, 363: „Er (sc. AuctEph) hat vor allem seinen Brief so konzipiert, daß die alte paulinische Einteilung, wie sie im Gal und Röm zu finden ist, nämlich in einen mehr theologischen und einen mehr paränetischen Teil, wieder deutlicher zu erkennen ist als im Kol."; idem 1997, 198f.; Best 1998, 64, 353.]

[46]Vgl. bes. 2,1-8. 11-22; 3,2-13; 5,21-23. 25-33. Mitton 1951, 225-27 sieht den Wechsel zwischen „wir" und „ihr" als Indiz gegen die Echtheit des Briefes. G. Schille 1965, 17 (vgl. Diss. 1953; dazu M. Dibelius/H. Greeven 1953, 112f.) verwendet ihn als Mittel zu Ausscheidungen von Zitaten aus Hymnen u. dgl. Der Wechsel ist aber jedenfalls zunächst in seiner kontextmäßigen Funktion zu verstehen; vgl. Sampley 1971, 11f.

Wenn der erste Hauptteil überwiegend *deskriptiv*, der zweite überwiegend *präskriptiv* oder – vielleicht besser – *präzeptiv* ist, entspricht das einem Muster, das in Briefen wie in Reden üblich ist und vielfach variiert werden kann. In allerlei Amtsschreiben, Petitionen, Geschäfts- und Empfehlungsbriefen u. dgl. wird zunächst die nötige Information gegeben; danach folgen Befehle, Anträge, Bitten, usw.[49]. Vor allem in Freundschaftsbriefen und diplomatischer Korrespondenz kommt auch ein anderes Moment hinzu: Bezeugung der freundschaftlichen Gesinnung (φιλοφρόνησις) des Absenders, womit sich das Lob der Adressaten und Gedenken der guten Beziehungen in der Vergangenheit verbinden[50]. Die Pflege der Freundschaft kann der Hauptzweck eines Briefes sein. Sehr häufig bilden aber die „philophronetischen" Aussagen, wie die Informationen, den Hintergrund für höfliche z.T. auch sehr eindringlich vorgetragene Wünsche, deren Erfüllung durch die Adressaten erwartet wird. Die Struktur läßt sich in den paulinischen Briefen leicht wiedererkennen. Der Philemonbrief bietet dafür das schlichteste Beispiel. Die Versicherung von Danksagung, Fürbitte und Freude (Vv. 4-7) bereitet die den entronnenen Sklaven Onesimos betreffende Bitte vor (Vv. 8-20)[51]. Paulus erwartet, daß Philemon ihn in einer Weise aufnehmen wird, die dem ausgesprochenen Lob voll entspricht[52].

In gewisser Hinsicht berührt sich die Komposition des Epheserbriefes besonders nahe mit dem des 1. Thessalonicherbriefes[53]. Auch hier ist der erste Hauptteil *deskriptiv*, von wiederholter Danksagung und Fürbitte umrahmt (1Thess 1,3ff.; 2,13; 3,9-

---

[47][Vgl. Seneca, *Ad Lucilium epistolae morales* 40,1 und 75,1ff.; MALHERBE 1992, 285; KLAUCK 1998, 155-57 + 340, bez. 136. Cicero, *Philippica in M. Antonium* II. 4,7: *amicorum conloquia absentium*. PLETT 1975, 17: „(Christian Weise [17. Jh.]) ... *sermo absentis ad absentem* ..."; DAHL 1976b, 538-41; W. G. MÜLLER 1994, 60-69; MITCHELL 1998, 1757-60.]

[48][Vgl. L. R. DONALDSON 1986, 64f.: „The capacity of the Hellenistic letter to overcome the distance between friends and to make the absent present seems to be highlighted in pseudepigraphical letters. Moreover, in the pseudepigraphical letter, the letter is not an awkward and temporary substitue for an eventual meeting of sender and recipient, because such a meeting will never take place. The letter itself must carry the full and final presence of the sender"; ferner auch LINCOLN 1990, lxx-lxxiii.]

[49][Texte mit Übers. in J. L. WHITE 1972a und IDEM 1986.] Vgl. ferner C.-H. KIM 1972; WHITE 1972b; [IDEM 1984 und IDEM 1988;] C. J. BJERKELUND 1967; HILD. CANCIK 1967, bes. 42-51, 60-66; [H. COTTON 1981; MALHERBE 1992, 278-93; HENDRIX 1988, 3-15; SELLIN 1996, 292; anders KL. BERGER 1984, 1331].

[50]Demetrius, Περὶ ἑρμηνείας/*De Elocutione*. Darüber bes. KOSKENNIEMI 1956, bes. 88-127; K. THRAEDE 1970, 17-25; CANCIK 1967, 61-66; weitere Lit. in DAHL 1976b, 540f.

[51][Vgl. N. R. PETERSEN 1985, 83 Anm. 66 with reference to BJERKELUND 1967, 123f. *et passim*: „I include in my understanding of the body of the Pauline letter the initial thanksgiving (*eucharisto*) section, which I also see as extending right up to the transition to the appeal or exhortation (*parakalo*). Thus I view the body of the Pauline letter as consisting of two main parts, which are linguistically introduced by thanksgivning and appeal formulas".]

[52]Vgl. BJERKELUND 1967, 118-24; der Ausdruck von Freude in V. 7 bildet mit der Versicherung von Danksagung in Vv. 4-6 zusammen den Hintergrund für die folgende Bitte, vgl. R. D. WEBER 1970, 96-100; [Daß der Philemonbrief kein Privatschreiben, sondern eine christliche Variante eines antiken Empfehlungsschreibens, d.h. einen öffentlichen Empfehlungsbrief darstellt, betont vor allem M. LEUTZSCH 1994, 73-75 mit Anm. 15-26, u.a. unter Verweis auf „zwei weitere namentlich genannte ChristInnen, Apphia und Archippos, und darüber hinaus eine ganze Hausgemeinde" (*ibid.*, 74).]

13)[54]. Der zweite Hauptteil (1Thess 4-5) ist – wie Eph 4-6 – überwiegend *präzeptiv*, enthält aber auch theologische Belehrung (1Thess 4,13-17; 5,1-5; vgl. Eph 4,7-16; 5,5. 23. 25-32)[55]. Im 1. Thessalonicherbrief wie im Epheserbrief folgt demnach die Paränese unmittelbar nach der „philophronetischen" und „anamnetischen" Einleitung, welche zur Stärkung der gegenseitigen Verbundenheit von Absender und Empfänger des Briefes dient. Man hat in beiden Briefen einen zentralen, den Angelegenheiten der Empfängergemeinde, der Polemik oder der theologischen Lehre (vgl. Röm 1,16-11,36) gewidmeten Teil des Briefkörpers vermißt[56]. Dabei ist aber die Vorstellung von der normalen Struktur eines paulinischen Briefes zu stark durch den Römerbrief bestimmt gewesen. Wenn ein „normales" Kompositionsschema überhaupt vorliegt, wäre es am ehesten in Philemon und 1. Thessalonicher zu finden. In den übrigen Briefen variiert Paulus das Schema aus verschiedenen Gründen und in verschiedener Weise[57]. Man kann es auch im Kolosserbrief wiederfinden, denn hier dienen Danksagung, Fürbitte, Erinnerungen usw. in 1,3-2,5 als Hintergrund für die Warnungen und Aufforderungen in 2,6-4,6. In der kompositionellen Struktur steht der Epheserbrief dem Kolosserbrief aber nicht besonders nahe[58].

---

[53][So schon BJERKELUND 1967, 185-87; VIELHAUER 1975, 204; SELLIN 1996, 282, 290; zum 1Thess vgl. JOHANSON 1987, 67-79: „I Thess 1:2-3:13: A Predominant Expressive Function" (*ibid.* 67) … „I Thess 4:1-5:24: A Predominant Conative [besser: Persuasive (vgl. *ibid.*, 65) –DH]] Function" (*ibid.*, 72).]
[54][Vgl. jetzt J. LAMBRECHT 2000a, 135-62.]
[55][Vgl. jetzt LAMBRECHT 2000b, 163-78.]
[56]Zum Epheserbrief vgl. z.B. WIKENHAUSER/SCHMID, 1973, 481; zum 1. Thessalonicherbrief P. SCHUBERT 1939, 16-27, bes. 26; [jetzt auch HOLMSTRAND 1997, bes. 71-74: I. Briefeingang (1,1-2); II. Briefkorpus (1,2-5,25): 1. Danksagung (1,2-3,13); 2. Bitte und Ermahnung (4,1-5,25); III. Briefschluß (5,26-28); „1 Thessalonians appears to be more uniform than is often claimed. The letter can be broken down into two parts, 1:2-3:13 and 4:1-5:25, which are distinct but nevertheless clearly related to each other" (*ibid.*, 82); KLAUCK 1998, 267-81: I. Briefeingang (1,1-10): A. Präskript (1,1); B. Proömium (1,2-10); II. Briefkorpus (2,1-5,11): A. Korpuseröffnung: Brieflich Selbstempfehlung (2,1-12); B. Korpusmitte I: Besuchswünsche und Botensendung (2,13-3,13); C. Korpusmitte II: Leben vor dem Ende (4,1-5,11); D. Korpusschluß: Einzelmahnungen (5,12-22); III. Briefschluß (5,23-28): A. Epilog: fürsprechendes Gebet (5,23-24); B. Postskript (5,25-28);] vgl. R. W. FUNK 1966, 270-71, und WHITE 1972b, 70-72, 76-77, 86. Funk bestimmt 1Thess 2,1-12 als „the body". WHITE unterscheidet zwischen „body-opening" (2,1-4), „body-middle" (2,5-12 und 13-16) und „body-closing" (2,17-3,10). Unter Verwendung dieser Terminologie wäre nur Eph 2,11-22 als der eigentliche „Briefkörper", bzw. als dessen Mitte zu bestimmen!
[57]Im Römerbrief kann man 1,16b-11,33 als eine lehrhafte Erweiterung des einleitenden Briefteils verstehen. Im Gal ist der erste Briefteil nicht von Danksagung und Fürbitte, sondern von wiederholten Äußerungen der Enttäuschung umrahmt (vgl. 1,6-9; 3,1-5; 4,8-11). Die Aufforderung setzt mit 4,12 ein. Anders als im Epheserbrief wird hier zunächst Auftrag und Werk des Paulus (1,11-2,20; vgl. Eph 3,2-13), danach die Erfahrungen der Leser (3,2-4,7; vgl. Eph 1,13-2,22) behandelt. [BEST 1998, 353 betont indessen die strukturelle Nähe zum Römerbrief.]
[58][Zur abweichenden Komposition des Kolosserbriefes, siehe jetzt W. T. WILSON 1997, 229-54, der die These vertritt, der Kolosserbrief sei nach dem Vorbild von Senecas *Epistolae Morales* 16 in drei Teile strukturiert: "According to this interpretation, Colossians 1.3-2.7 (Section I) constitutes paraenetic affirmation, 2.8-23 (Section II) paraenetic correction, and 3.1-4.6 (Section III) paraenetic exhortation, with 1.1-2 and 4.7-18 forming the text's epistolary framework".]

[Struktur des Epheserbriefes[59]]

[0. ΠΡΟΣ ΕΦΕΣΙΟΥΣ (1,1-6,24)

1. Präskript (1,1-2)
2. Corpus: Die Berufung Gottes (1,3-6,20)
   2.1. Erster, deskriptiver Hauptteil: ἡ ἐλπὶς τῆς κλήσεως (1,3-3,21)[60]
      2.1.1. Briefeinleitungs-Eulogie (1,3-14)
         (ThL V. 3: Εὐλογητὸς ὁ θεὸς ... ὁ εὐλογήσας ἡμᾶς ἐν πάσῃ εὐλογίᾳ)
      2.1.2. Danksagung und Fürbitte (1,15-23)
         (ThL V. 15: Διὰ τοῦτο κἀγὼ ἀκούσας τὴν καθ' ὑμᾶς πίστιν ... οὐ παύομαι εὐχαριστῶν ὑπὲρ ὑμῶν μνείαν ποιούμενος ἐπὶ τῶν προσευχῶν μου ...)
         2.1.2.1. Versicherung der Danksagung (1,15-16)
         2.1.2.2. Fürbittethema: Offenbarung der Gotteserkenntnis (1,17-19a)
         2.1.2.3. Angabe des Erweises der Gottesmacht durch die Auferweckung und Inthronisation Christi (1,19b-23).
            (ÜS V. 19f.: πιστεύοντας κατὰ τὴν ἐνέργειαν τοῦ κράτους τῆς ἰσχύος αὐτοῦ. Ἣν ἐνήργησεν ἐν τῷ Χριστῷ)
      2.1.3. Soteriologischer Gnadenerweis (2,1-10)
         (ThL V. 5: χάριτί ἐστε σεσωσμένοι)[61]
      2.1.4. Erinnerung an Gottes Berufung durch das Versöhnungswerk Christi (2,11-22)
         (ThL V. 11: Διὸ μνημονεύετε ὅτι ποτὲ ὑμεῖς τὰ ἔθνη ἐν σαρκί ...[62]
         V. 13: νυνὶ δὲ ἐν Χριστῷ Ἰησοῦ ὑμεῖς ... ἐγενήθητε ἐγγὺς ἐν τῷ αἵματι τοῦ Χριστοῦ)
      2.1.5. Verwirklichung des Heilsplans Gottes durch den Apostel Paulus (3,1-13)
         (ÜS V. 2: εἴ γε ἠκούσατε τὴν οἰκονομίαν τῆς χάριτος τοῦ θεοῦ τῆς δοθείσης μοι εἰς ὑμᾶς)
      2.1.6. Die Fürbitte (3,14-19)
         (ÜS V. 14: τούτου χάριν κάμπτω τὰ γόνατά μου πρὸς τὸν πατέρα)
      2.1.7. Doxologie (3,20-21)
         (ThL V. 20: Τῷ δὲ δυναμένῳ ... αὐτῷ ἡ δόξα ἐν τῇ ἐκκλησίᾳ ...)

---

[59][Das folgende ist ein Versuch – mit einer Ergänzung – aus dem obigen Text Dahls, die Struktur des Epheserbriefes tabellarisch darzustellen. – Sigla: ThL: Thematischer Leitsatz; ÜS: Übergangssatz.]
[60][Sellin 1996, 281 und 282 Anm. 11 (sowie idem 1999, 1345) strukturiert den ersten indikativisch-präskriptiven Teil des Schreibens zyklisch-konzentrisch:
A: Eulogie 1,3-14
  B: Danksagung 1,15-23
    C: Soteriologie 2,1-10
      D: Ekklesiologie 2,11-22
    C': Die Rolle des Paulus im Heilsmysterium 3,1-13
  B': Fürbitte 3,14-19
A': Doxologie 3,20-21.]
[61][Zur Interpolationshypothese eben dieses Leitsatzes von Hübner 1997, 162f. siehe das Zitat von *ibid.*, 274 unten in Anm. 264 auf Seite 45.]
[62][Siehe jetzt auch im Aufsatz VII Anm. 50 auf Seite 245.]

2.2. Zweiter, präzeptiver Hauptteil: παρακαλῶ οὖν ὑμᾶς ... ἀξίως περιπατῆσαι τῆς κλήσεως (4,1-6,20)[63]
(ThL V. 1: παρακαλῶ οὖν ὑμᾶς ... περιπατῆσαι.)
    2.2.1. Ermahnung zur Lebensführung würdig der Berufung Gottes (4,1-16)
        2.2.1.1. Aufforderung zur Bewahrung der Einheit (4,2-6)
        2.2.1.2. Ziel: der Wachstum des Leibes Christi (4,7-16)
    2.2.2. Ermahnung zum neuen Wandel (4,17-5,14)
    (ThL V. 17: τοῦτο οὖν λέγω καὶ μαρτύρομαι ἐν κυρίῳ, μηκέτι ὑμᾶς περιπατεῖν, καθὼς καὶ τὰ ἔθνη περιπατεῖ ἐν ματαιότητι τοῦ νοὸς αὐτῶν)
        2.2.2.1. Prolegomena/Proömium zur Einzelparänese[64]: Aufforderung zum Ablegen des alten und Anlegen des neuen Menschen (4,17-24)
        (ÜS Vv. 22-24: ἀποθέσθαι ὑμᾶς ... τὸν παλαιὸν ἄνθρωπον ... ἀνανεοῦσθαι δὲ τῷ πνεύματι τοῦ νοὸς ὑμῶν καὶ ἐνδύσασθαι τὸν καινὸν ἄνθρωπον)
        2.2.2.2. Einzelparänese: oft in antithetischer Formulierung mit Begründung (4,25-5,14)
    2.2.3. Die Haustafel (5,15-6,9)
    (ThL V. 15: βλέπετε οὖν ἀκριβῶς πῶς περιπατεῖτε μὴ ὡς ἄσοφοι ἀλλ' ὡς σοφοί)
        2.2.3.1. Mahnung zum weisen Wandel (5,15-21)
        (ÜS V. 21: Ὑποτασσόμενοι ἀλλήλοις ἐν φόβῳ Χριστοῦ)
        2.2.3.2. Weisungen für Frauen und Männer (5,22-33)
        2.2.3.3. Weisungen für Kinder, Väter, für Sklaven und Herren (6,1-9)
    2.2.4. Schlußmahnung (6,10-20)[65]
    (ThL V. 10: τοῦ λοιποῦ, ἐνδυναμοῦσθε ἐν κυρίῳ καὶ ἐν τῷ κράτει τῆς ἰσχύος αὐτοῦ)

---

[63][SELLIN 1996, 281 und 297 (sowie IDEM 1999, 1345) strukturiert den zweiten paränetischen Teil wiederum zyklisch-konzentrisch:
    A: 4,1-16 (Die Einheit in der Vielfalt)
      B: 4,17-24 (Der alte und der neue Mensch)
        C: 4,25-32 (Dualistisch-katalogische Mahnungen)
          D: 5,1-2 (Prinzip: Nachahmung Gottes am Modell Christi)
        C': 5,3-14 (Dualistisch-katalogische Mahnungen)
      B': 5,15-20 (Das törichte [des alten] und das geisterfüllte Leben [des neuen Menschen])
    A': 5,21-6,9 (Die Familie als Zelle und Bild der Einheit).]
[64][Siehe oben Anm. 29. SCHNELLE 1996, 355 führt diese „Schlußparänese" zum Briefschluß.]
[65][POKORNÝ 1992, 48 erfaßt die Schlußmahnung als 4. Teil des zweiten Hauptteils; SELLIN 1996, 291, 297 Anm. 110 versteht dagegen diesen Teiltext als dritten Hauptteil und ermöglicht somit seine zyklisch-konzentrische Strukturanalyse des paränetischen Hauptteils, siehe oben Anm. 51; LINCOLN 1990, xliii-xliv gibt zwei Strukturanalysen, eine *epistoläre* (wie die meisten Ausleger), wo die Schlußmahnung als 4. Teil des zweiten Hauptteils eine *rhetorische*, wo die Schlußmahnung als separater Hauptteil: *peroratio* dargestellt wird (wie bei SELLIN, *ibid*.); zwei Analysen (eine epistoläre und eine rhetorische) gibt auch KLAUCK 1998, 238f.; zwei Analysen gibt auch R. E. BROWN 1997, 621, allerdings zuerst eine „formale" und dann eine „inhaltliche"; siehe ferner oben Anm. 24 auf Seite 4.]

3. Briefschluss mit Postskript (6,21-24)[66]
   3.1. Epilog (6,21-22)[67]
      (ThL V. 21: ἵνα δὲ εἰδῆτε καὶ ὑμεῖς τὰ κατ' ἐμέ, τί πράσσω ...[68])
   3.2. Postskript (6,23-24)]

1.2. Stil und Eigenart

Die strukturelle Verwandtschaft zwischen dem Epheserbrief und 1. Thessalonicherbrief läßt den Unterschied zwischen den beiden Briefen um so schärfer hervortreten. Im 1.Thessalonicherbrief ist alles lebensnah, konkret und persönlich. Paulus erinnert die Empfänger an ihre eigenen Erfahrungen, als sie das Evangelium erstmalig hörten, an sein eigenes Benehmen unter ihnen und an seine spätere Sehnsucht, seinen Kummer und Trost. Die Weisungen sind zwar traditionell, nehmen aber dennoch auf spezifische Umstände Bezug. Im Epheserbrief bleibt dagegen alles merkwürdig allgemein, der brieflichen Form zum Trotz. Der 1. Thessalonicherbrief nimmt abgebrochene Beziehungen wieder auf. Der Epheserbrief will einen persönlichen Kontakt erst herstellen. Die andersartige Briefsituation reicht aber zur Erklärung des Unterschiedes nicht aus[69]. Die Briefe an die Römer und an die Kolosser sind auch an Gemeinden gerichtet, die Paulus noch nicht besucht hatte. In ihnen erfahren wir aber dennoch viel mehr als im Epheserbrief über die Lage der Empfänger und über die Beziehungen zwischen ihnen und Paulus.

Das Fehlen spezifischer Angaben unterscheidet den Epheserbrief von allen anderen paulinischen Briefen. Es kommt kein Ortsname vor, nach den ältesten Handschriften nicht einmal in der Adresse[70]. Außer Jesus, Paulus und Tychikos wird auch kein Mensch mit Namen genannt. Zeitangaben kommen vor, aber sie beziehen sich nicht auf alltägliche Ereignisse, sondern auf die Zeit vor und nach der Tat Gottes in Christus und dem Gläubigwerden der Adressaten, auf den „bösen Tag" (6,13) oder den „Tag der Erlösung" (4,30), auf die Zeit vor der Grundlegung der Welt, die kommenden Zeitalter, usw. (z.B. 1,4. 21; 2,7; usw.). Besondere Ereignisse nach dem Gläubigwerden der Adressaten werden nicht genannt[71].

Über die Empfänger des Briefes erfahren wir fast nur, daß sie einst Heiden waren, aber das Evangelium gehört haben, zum Glauben gekommen und mit dem Heiligen

---

[66][So auch VIELHAUER 1975, 204; LINCOLN 1990, 461; POKORNÝ 1992, 48; siehe ferner oben Anm. 23 auf Seite 4.]

[67][Siehe oben Anm. 30 auf Seite 5.]

[68][Wenn BEST 1998, 613 feststellt, daß „The five words with which AE begins ... form a ἵνα clause which does not add anything to the information given in the second ἵνα clause ...", dann hat er nicht beachtet, daß der erste ἵνα Satz eine Metawendung von zwar anderem Inhalt aber dennoch analog zu den restlichen thematischen Leitsätzen ist, die DAHL verzeichnet hat. – DH; siehe auch die Bemerkung DAHLS unten Anm. 80.]

[69][Zur Briefsituation, siehe unten Abschnitt 6. auf Seite 72]

[70][Dazu Näheres unten Abschnitt 5.1. auf Seite 60]

[71]Die einzigen Zeitadverbien im Epheserbrief sind ποτέ, νῦν, νυνί, μηκέτι, οὐκέτι, πάντοτε. Als temporale Konjunktion wird nur μέχρι (4,13) verwendet, aber weder ὅτε noch ὅταν.

Geist besiegelt worden sind (1,13f.; 2,11). Es wird vorausgesetzt, daß sie von Paulus gehört haben, ohne ihn persönlich zu kennen (3,2). Das ihr Wohnort in Kleinasien zu suchen ist, läßt sich aus Eph 6,21f. nur unter Vergleich mit Kol 4,7-9 erschließen.

Was über Paulus gesagt wird, ist auch recht allgemein, im Wesentlichen ein Rückblick auf die ihm geschenkte Offenbarung und sein Werk als Verkünder des Evangeliums an die Heiden (3,2-12). Sonst erfahren wir, daß er gefangen sitzt und daß seine Leiden wie sein aktives Werk den Heidenchristen zugute kommen (3,1. 13; 4,1). Die Gefangenschaft schließt die Möglichkeit zum Predigen nicht aus (6,19-20). Über Ursache der Verhaftung und Möglichkeit der Freigabe, über Mitarbeiter oder Reisepläne usw. wird nichts gesagt. Nichts deutet darauf hin, daß der Epheserbrief – wie wahrscheinlich der Römerbrief – mehr durch die Pläne des Apostels als durch die Zustände unter den Adressaten veranlaßt sein sollte.

Im Vergleich mit dem Kolosserbrief fällt besonders auf, daß auch die Warnungen gegen Irrlehren allgemein und unbestimmt formuliert sind (4,14; 5,6). Die Vereinigung der Getrennten, Heiden und Juden, wird stark betont (2,14-18; 3,5-6). Die Adressaten scheinen aber alle ehemalige Heiden gewesen zu sein und es wird nirgends klar, daß ihr Verhältnis zu Juden in der eigenen Mitte, in der Umgebung, oder auch in Jerusalem, ein aktuelles Problem war.

Der Brief enthält keine neue Information, sondern erinnert die Adressaten an Dinge, die sie schon wissen oder hätten wissen sollen. Als Ausnahme wäre nur die Empfehlung des Tychikos zu nennen (6,21-22), vielleicht auch die Belehrung über die rechte Interpretation von Gen 2,24 und Ps 68,19 [LXX 67,19] (Eph 5,31f.; 4,8-11). Obwohl die Form die eines Briefes ist, kann der Epheserbrief nicht als die eine Hälfte eines Dialogs bezeichnet werden[72]. Es fehlen nicht nur vertrauliche Anredeformen wie ἀδελφοί (μου), ἀγαπητοί oder dgl.[73], sondern auch die Anspielungen auf Fragen, Losungen, Einwände oder gegnerische Argumente, welche die Exegese anderer paulinischer Briefe ebenso faszinierend wie schwierig machen. Es ist bezeichnend, daß der Epheserbrief keine Frage enthält, welche auf eine Antwort wartet oder einen Vorwurf enthält. Die einzige direkte Frage ist rhetorisch, bzw. hermeneutisch (4,9)[74].

Der Mangel an Vertraulichkeit und herzlicher Verbundenheit unterscheidet den Epheserbrief von den „kleineren" Briefen des Paulus (1Thess, Phil, Phlm). Der

---

[72]Nach Demetrius, Περὶ ἑρμηνείας/*De Elocutione* 223, ist der Brief τὸ ἕτερον μέρος τοῦ διαλόγου (nach Artemon der Herausgeber der Briefe des Aristoteles). Dabei ist an den Stil eines literarischen Dialogs gedacht. Die Auffassung, der Brief sei Teil eines Gesprächs, ist aber unter antiken Brieftheoretikern verbreitet, z.B. Pseudo-Libanius (bzw. Proclus), *Charactaeres epistolares*, Introduktion S. 14 (V. WEICHERT (HRSG.)1910 [bzw. R. FOERSTER (HRSG.) 1927; abgedruckt in MALHERBE 1988, 66 [2]: Ἐπιστολὴ μὲν οὖν ἐστιν ὁμιλία τις ἐγγράμματος ἀπόντος πρὸς ἀπόντα γινομένη καὶ χρειώδη σκοπὸν ἐκπληροῦσα, ἐρεῖ δέ τις ἐν αὐτῇ ὥσπερ παρών τις πρὸς παρόντα]). Vgl. KOSKENNIEMI 1956, 38-42 sowie THRAEDE 1970, 17-25; [ferner oben Anm. 47 auf Seite 8].

[73]Vgl. E. SCHWEIZER 1963, 429; W. BUJARD 1973, 208-10. Die Anrede an bestimmte Gruppen in der Haustafel Eph 5,22ff. ist anders geartet.

[74]Direkte Fragen sind freilich auch in den kleineren Paulusbriefen selten, siehe nur Phil 1,18; 1Thess 2,19; 3,9f.; Kol 2,20-22. [Zu Fragen in den Paulusbriefen, siehe DAHL 1993.]

Abstand von dem argumentativen Stil der „Hauptbriefe" (Röm, 1 und 2Kor, Gal) ist freilich noch größer. Der Epheserbrief gibt nicht Prämisse an, um Folgerungen zu ziehen. Es fehlen nicht nur die vorangestellten Konditionalsätze, sondern auch viele der Konjunktionen und Partikel, welche sonst die Sätze miteinander verknüpfen[75]. Probleme werden nicht aufgeworfen und erörtert. Der Epheserbrief verwendet auch nicht einen lebhaften Diatribestil mit Anrede an oft imaginäre Gesprächspartner, Fragen, Einwände, emphatische Verneinungen usw. Anders als in den Hauptbriefen werden Gegner nicht angegriffen und Paulus wird nicht verteidigt. Der Brief ruft die Adressaten auf, das Böse zu lassen und das Gute zu tun; verschiedene Möglichkeiten der Entscheidung stehen dagegen nicht zur Diskussion[76].

Die meisten positiven Kennzeichen des Stils lassen sich unter zwei Tendenzen unterbringen: Plerophorie und „sukzessive Subordination"[77]. Besonders bemerkenswert sind die vielen Genitivkonstruktionen, die zwei oder mehrere abstrakte Substantive miteinander verknüpfen[78]. Weitere Beispiele des plerophoren Stils sind koordinierte synonyme Substantive, andere Synonymien, Appositionen, Einschübe und eine große Anzahl locker angefügter, mit Präpositionen eingeleiteter Kola. Auch rhetorische Klangwirkungen sind im Epheserbrief ein Aspekt der Plerophorie; sie dienen nur selten dazu, den Stil lebhaft zu machen[79].

Das andere Hauptmerkmal des Stils ist die sukzessive Subordination. Die Hauptsätze stehen fast ohne Ausnahme am Anfang[80]. Von da an wird der Gedankengang immer weiter entfaltet. Präpositionale Ausdrücke, Relativsätze, Partizipialkonstruktionen und/oder kausale, komparative und finale Nebensätze werden an den Hauptsatz oder aneinander angefügt. In der Regel wird ein neues Kolon an das unmittelbar vorhergehende angeschlossen. In dieser Weise können die Satzreihen ununterbrochen und fast ohne Ende weiterlaufen[81].

Die Kombination von Plerophorie und sukzessiver Subordination ist besonders deutlich, wo die Gedankenführung zyklusartig vorwärts geht, von einem Geschehen zu dessen Ursache und dann von der Ursache zu ihrer Folge oder ihrem Ziel. Ein sol-

---

[75] Es fehlen ἄν, διότι, εἴπερ, ἐπεί, ἐπειδή, ἐφ' ᾧ (Kausal), μή (coni.), ὅπως, οὐδέ, οὔτε, οὐχί, πολλῷ μᾶλλον, ὥσπερ, ὥστε etc. Der Kolosserbrief ist freilich noch ärmer an Konjunktionen, vgl. BUJARD 1973, 48-53.

[76] Anders z.B. 1Kor 7 und 8-10 sowie Röm 14. Im Galaterbrief geht es primär um die Frage, ob die Galater den Rat der „Judaisten" oder dem des Paulus folgen werden. Der Ton ist ungemein scharf, aber aufs Ganze gesehen ist der Brief mehr „symbouleutisch" als apologetisch; [so auch SELLIN 1996, 294, Anm. 92;] anders H. D. BETZ 1974-75, 353-79 [= IDEM 1994, 63-97]; IDEM 1979, 14-25 [= IDEM 1988, 54-72].

[77] Die Plerophorie ist allgemein anerkannt, siehe schon E. PERCY 1946, 185-91; die Bezeichnung „sukzessive Subordination" ist durch H. LESTER (1973, 111-19) geprägt worden.

[78] [Dazu ausführlich SELLIN 1992, 85-107.]

[79] Die Ausnahme ist Eph 2,8-9; vgl. unten Seite 53.

[80] Wirklich bemerkenswert ist nur die Voranstellung eines Finalsatzes in 6,21. In 6,8 ist der (konditionelle oder relative) Nebensatz in den Aussagesatz eingeschoben. Eingeschobene Nebensätze kommen auch sonst vor, z.B. 3,15; 5,3-4. 18; 6,2. 16.

[81] Vgl. 1,3-14. 15-21; 2,1-3. 4-7. 15-18. 19-22; 3,2-7. 8-12. 14-19, 4,11-16; 5,17-23. 25-28.

cher Zyklus erlaubt, daß die ursprüngliche Aussage wieder aufgenommen und unter einem neuen Aspekt weiter entfaltet wird. Diese Art der zyklischen, sukzessiven Subordination ist besonders im Abschnitt 1,3-13 auffallend; sie ist aber auch in anderen Abschnitten zu finden[82]. Auch wo kein voller Zyklus vorliegt, kann eine Aussage zuerst entfaltet und dann wieder aufgenommen und weitergeführt werden (vgl. 2,12ff. 19). Dafür sind auch die Anakoluthien im Epheserbrief Beispiele[83].

Die Wiederkehr derselben oder verwandten Formulierungen hat zur Folge, daß manchmal kleine Abschnitte ausgelassen werden könnten, ohne daß der Leser einen Bruch entdecken oder etwas vermissen würde. Die mit ἐν ᾧ eingeleiteten Relativsätze in 1,7. 11. 13 könnten z.B. unmittelbar nach ἐν Χριστῷ in 1,3 gefolgt sein; sie sind aber nicht miteinander parallel, sondern alle an das Ende der unmittelbar vorangehenden Sätze angeschlossen. An sich ist es keine Eigentümlichkeit des Epheserbriefs, daß die Gedanken sich kreisförmig wie in einer Spirale vorwärts bewegen. Aber im Römerbrief, um nur ein Beispiel zu nennen, sind Abschweifungen fast immer durch besondere Fragen veranlaßt, die geklärt werden müssen, ehe der Hauptgedanke wieder aufgenommen und zu Ende geführt werden kann[84]. Im Epheserbrief entfalten die „Gedankenkreise" viel häufiger dasselbe Thema in verschiedenen Richtungen. Das trifft auch für größere Abschnitte zu. In Kap. 1-2 wird dasselbe Heilsgeschehen unter drei verschiedenen Aspekten entfaltet (1,3-14; 1,18-23; 2,10-22). Zwei thematische Einleitungen zur Paränese umschreiben denselben Grundgedanken (4,1 und 17-24).

In den paränetischen Einzelvorschriften sind die Sätze kürzer als sonst[85]: Asyndeta sind häufiger, und positive und negative Imperative werden immer wieder miteinander koordiniert (vgl. bes. 4,25-5,5). Es folgt aber regelmäßig eine Begründung, die angibt, weshalb etwas zu tun oder zu lassen ist, sei es die Ursache, das Ergebnis oder das Ziel. Ein Vergleich mit verwandten Aufforderungen im Kolosserbrief läßt erkennen, daß die Tendenz zur Subordination auch in der Paränese des Epheserbriefs zutage tritt. Der stilistischen Unterschiede innerhalb des Briefes zum Trotz, fügen sich die Einzelbeobachtungen zum Stil und zur Syntax dennoch zu einem Gesamtbild zusammen, das mit der Art und Anlage dieses eigenartigen Briefes harmoniert[86].

Der Stil des Epheserbriefs ist als „liturgisch" oder „hymnisch" charakterisiert worden. Dafür gibt es einige Anhaltspunkte. Die Reihenfolge Eulogie - Danksagung - Gebet - Doxologie kehrt mit mancherlei Variationen in Gebetstexten wieder[87]. Meh-

---

[82] Vgl. z.B. 3,2-11; 5,25-33.

[83] Vgl. bes. Eph 2,1ff. und 2,5; 3,1ff. und 3,14. Zu den ganz andersartigen Anakoluthien bei Paulus, vgl. G. BORNKAMM 1961, 76-92.

[84] Vgl. z.B. J. DUPONT 1955, 365-97; [ferner HELLHOLM 1997, 395, 404f., 408].

[85] [Vgl. BEST 1998, 353: „There is also a significant change of style in that, 4.11-16 apart, the long convoluted sentences of the earlier chapters disappear and are replaced by a crisper approach consisting mainly of brief sentences".]

[86] Das haben die Vertreter der Echtheit des Briefes mit Recht betont, vgl. A. VAN ROON 1974, 205-12. Die Frage ist aber, ob nicht das Gesamtbild vielmehr auf einen von Paulus zu unterscheidenden Verfasser deutet, wie z.B. LESTER 1973, 102-28 *et passim* [und heutzutage die meisten Exegeten] denken.

rere Stileigentümlichkeiten und Einzelphrasen haben bemerkenswerte Parallelen in jüdischen und frühchristlichen Hymnen und Gebeten[88]. Aber niemand hat bis jetzt einen liturgischen Text nennen können, dessen Stil wirklich dem Gesamtstil des Epheserbriefs ähnlich wäre. Die Häufigkeit von Relativsätzen und Partizipialkonstruktionen sind nicht an sich Indiz eines hymnischen Stils, besonders da sie nur selten miteinander parallel oder als Christusprädikationen verwendet sind. Der Verweis darauf, daß „die unendlich sich hinziehenden, locker gereihten ‚Bandwurmsätze' auch in den Hymnen der Qumrantexte zu finden" seien[89] hilft nicht weiter, denn in diesen Texten herrscht, anders als im Epheserbrief, durchgehend Koordination vor.

Die liturgische Sprache war im Judentum und Urchristentum nicht auf einen sakralen Raum begrenzt. Lobsprüche und Gebete begleiteten vielmehr das Leben im Alltag vom Morgen bis zum Abend (vgl. Eph 5,19f.). Auch bei Empfang von guten Nachrichten und wichtigen Begegnungen waren Lobsprüche gebräuchlich. Der Lobpreis Gottes für seine Wohltaten den Menschen gegenüber schließt manchmal eine an diese gerichtete Gratulation ein[90]. Da die Eulogie in Eph 1,3-14 den Ton des ganzen Briefes anschlägt, kann man mit gewissem Recht den Brief als ein Gratulationsschreiben anläßlich des Gläubigwerdens der Briefempfänger bezeichnen. Damit ist freilich nicht alles gesagt. Der Verfasser erklärt und begründet – um zu überzeugen. Diesem Zweck dient der kausative, konsekutive, komparative, adversative epexegetische und finale Anschluß von Sätzen und Satzgliedern.

Wenn man unter Rhetorik die Kunst der überzeugenden Rede versteht, wäre der Stil des Epheserbriefs eher „rhetorisch" als „liturgisch" zu nennen[91]. Mit forensischer oder deliberativer („symbouleutischer") Beredsamkeit hat der Epheserbrief freilich kaum etwas gemein[92]. Dagegen könnte man den Brief mit gewissem Recht dem dritten, „demonstrativen" oder „epideiktischen" Typ der antiken Rhetorik zuordnen[93]. Zu dieser Gattung gehören panegyrische Reden, Lobreden auf lebendige oder gestorbene Menschen, oder auch auf Götter und Städte, usw.[94]. Der Epheserbrief ist auf weiten

---

[87]Vgl. GNILKA 1990, 26f. unter Verweis auf Dan 3,26-45; *Jub* 22,6-9 etc.

[88]Material bes. bei KIRBY, 1968, 132-38; S. LYONNET 1961, 341-52; PERCY 1946, 31 Anm. 19; 39 Anm. 33; 218-22, 480-81, 242.

[89]K. G. KUHN 1960/61, 335.

[90][Vgl. in diesem Band unten Kapitel VII.]

[91]Zu den Haupttypen der Rhetorik, vgl. Aristoteles, *Ars rhetorica*; Quintilian, *Inst. orat.*; Von den modernen Handbüchern wäre zu nennen H. LAUSBERG 1973; [IDEM 1976; J. MARTIN 1974; G. UEDING (HRSG.) 1992ff.; S. E. PORTER (HRSG.) 1997.]

[92][SELLIN 1996, 292 stellt fest, daß „die *exhortatio* fast ausschließlich dem symbuleutischen Rede-Genus zugehört" und schließt daraus, daß der zweite Teil des Epheserbriefs eher als symbouleutisch charakterisiert werden muß; so auch IDEM 1999, 1345.]

[93][So mit gewisser Zurückhaltung bezüglich des ersten Teils auch SELLIN 1996, 292; als Ganzes stellt der Epheserbrief somit „eine Mischung von epideiktischem und symbuleutischem Genus" dar (*ibid.*; IDEM 1999, 1345). SELLIN stellt auch im Anschluß an BRUCKER 1997, 181ff. fest, „daß Genus-Mischung und Stilwechsel in antiken Texten nichts ungewöhnliches waren" (*ibid.*, Anm. 78). Der epideiktischen Gattung zugehörig ist auch der sonst mit dem Epheserbrief verwandte 1. Petrusbrief, siehe L. THURÉN 1990.]

Strecken eine „Lobrede" auf Gottes Macht und Gnade in Christus, auf die den Briefempfängern und allen Christen geschenkten Privilegien, und auch auf den Auftrag des Paulus. Die Größe und Herrlichkeit der Heilsveranstaltung Gottes und der christlichen Gemeinde wird durch den Kontrast mit dem tadelnswerten Dasein der Heiden um so stärker hervorgehoben. Die ganze Argumentation zielt darauf, daß die Empfänger dies einsehen und dementsprechend handeln.

Die Art dieser „demonstrativen" Argumentation setzt voraus, daß getaufte Heiden angeredet werden. Vergangenheit und Zukunft kommen nur insofern in Betracht, als sie für die gegenwärtige Existenz „in Christus" bedeutsam sind. Weder Ereignisse der Geschichte Israels noch endzeitliche Geschehnisse, wie die Parusie Jesu oder die zukünftige Auferstehung, werden thematisch erörtert. Die christliche Gegenwart wird aber in einen umfassenden Zusammenhang von Ursache und Ziel hineingestellt. Der Ausblick reicht von dem Vorsatz Gottes und seiner vorweltlichen Erwählung bis zum Tag der Erlösung und den kommenden Äonen. Die durch das Christusgeschehen bestimmte Gegenwart steht immer im Zentrum der Aufmerksamkeit. Man hat die Verherrlichung der Gegenwart im Gegensatz zu der Theologie des Paulus gestellt, es fehlt der „eschatologische Vorbehalt"[95]. Der Unterschied ist aber nicht einfach die Folge einer andersartigen Theologie[96]. Er ist jedenfalls auch rhetorisch, durch die Art der Argumentation und die Anlehnung an die hymnische Sprache bedingt[97].

Der ganzheitliche Stil scheint dem Brief eigentümlich zu sein. An manchen Stellen scheint nicht nur Septuaginta-Sprache, sondern auch ein semitisches Sprachgefühl durchzuschimmern. Semitisierende, wenn auch griechisch mögliche Konstruktionen sind etwas häufiger als in den anderen paulinischen Briefen[98]. Die sukzessive Subordination wäre dagegen im Hebräischen oder Aramäischen noch merkwürdiger als in der griechischen Sprache. Der jüdische Hellenismus bildet ohne Zweifel den Mutterboden für Sprache, Stil und Begriffswelt[99]. Soweit ein besonderer Stil griechischer Synagogenpredigt erkennbar ist, wird dieser aber durch 1. Petrusbrief, Jakobusbrief, Hebräerbrief und Pastoralbriefe viel mehr als durch den Epheserbrief vertreten[100]. Ein Vergleich mit dem Kolosserbrief, dem 1. Petrusbrief und anderen frühchristlichen Schriften zeigt, daß gemeinsames Gut im Epheserbrief stilistisch umgestaltet und integriert worden ist.

Der Stil des Epheserbriefs ist auch im Vergleich mit den übrigen Paulusbriefen höchst eigenartig. Auch im Kolosserbrief ist der Stil plerophor, und auch dort können die Satzreihen überaus lange fortlaufen. Die Kola sind aber viel häufiger miteinander

---

[94]Über Lobreden auf Städte und Verfassungen, vgl. D. L. BALCH 1981, 23-59.

[95]Dazu bes. CONZELMANN 1981a, 97; [IDEM 1965/74, 234/180 und IDEM 1979, 85-96; für den Epheserbrief, siehe POKORNÝ 1992, 16].

[96][Vgl. jetzt M. GESE 1997.]

[97][Dazu LINCOLN 1990, xli-xlvii; HÜBNER 1997, 22f.; BEST 1997a(4), 51-68; IDEM 1998, 59-63.]

[98]Vgl. J. H. MOULTON/W. F. HOWARD 1929, 485; bes. aber KUHN 1960-61, 334-46 und KL. BEYER 1962, 298.

[99]Vgl. VAN ROON 1974, 182-92; [so auch SCHNELLE 1996, 358f.].

[100]Vgl. A. WIFSTRAND 1967, 11-13, 30-32 [und ferner für u.a. 1Clem, 4Makk, Jak, Hebr, Did 1-6, 16, Barn, siehe H. THYEN 1955, 11-26].

parallel, so daß H. Lester zwischen dem „appositionellen Stil" des Kol und der „sukzessiven Subordination" im Epheserbrief hat unterscheiden können[101]. Der Unterschiede zum Trotz, bietet aber das Corpus Paulinum engere und bessere Analogien zu den Stileigentümlichkeiten des Epheserbriefs als irgend ein anderes literarisches Korpus. Die stilistische Eigenart des Epheserbriefs besteht, so könnte man fast sagen, darin, daß einige Merkmale des paulinischen Stils fehlen, während andere weit häufiger als in den anderen Briefen vorkommen. Die Meinungen der Forscher scheiden sich bei der Frage, ob dieser Tatbestand mit paulinischer Abfassung vereinbar ist oder nicht.

2. Aus der Geschichte der Kritik

Die Geschichte des neutestamentlichen Kanons zeigt, daß literarische, historische und z.T. auch sachliche 'Bibelkritik' der alten Kirche nicht völlig fremd war. Davon zeugen Diskussionen über die johanneischen Schriften, den Hebräerbrief und auch über den kleinen Brief an Philemon. Die paulinische Abfassung des Epheserbriefes ist aber im Altertum nicht angezweifelt worden. Soweit man überhaupt über die Eigenart des Briefes reflektierte, hat man sie durch die besondere Art erklärt, welche als die eines katechetischen Briefes bestimmt werden konnte[102]. Johannes Chrysostomos hat die besondere Erhabenheit des Briefes bemerkt, in dem Paulus Dinge offenbarte, von denen er sonst schwieg[103]. Eine einschneidende Kritik hat nur Marcion betrieben, der den echt paulinischen „Urtext" von späteren „Interpolationen" zu reinigen versuchte. Er verfuhr aber bei dem Epheserbrief, den er für einen Brief an die Laodiceer hielt, nicht anders als bei den übrigen von ihm als echt anerkannten Briefen. Nur der Philemonbrief blieb von seiner Kritik verschont, die Pastoralbriefe hatte er nicht in seine Ausgabe eingeschlossen.

Die Adresse „An die Laodiceer" betrachtete Tertullian als eine Konjektur Marcions, den er ironisch als *diligentissimus explorator* bezeichnete[104]. Wahrscheinlich ist aber, daß Marcion den Titel vorgefunden hat. Die ephesinische Adresse hat sich aber allgemein durchgesetzt, anscheinend ohne viel Diskussion. Wo man überhaupt bemerkte, daß der Brief nicht an eine Gemeinde gerichtet sein kann, in welcher Paulus eine längere Zeit verbracht hatte, hat man sich mit der Auskunft geholfen, der Brief sei schon vor der Ankunft des Paulus nach Ephesus gesandt worden[105]. Erst Th. Beza hat die Hypothese formuliert, der Brief sei ein Zirkulärschreiben an mehrere kleinasiatische Gemeinden gewesen[106]. Erzbischof Ussher hat die These dahin abgewandelt, daß in

---

[101]LESTER 1973, 111-19.
[102]Siehe Euthalius, *Argumenta MPG* 85. 761 C und hierzu unten Seite 254; vgl. also G. W. H. LAMPE 1968, s.v. πρόγραμμα.
[103]J. Chrysostomos, *Predigten zum Epheserbrief, MPG* 62. 10.
[104]Tertullian, *Adv. Marc.* V. 17, *MPL* 2, Sp. 544-45; A. VON HARNACK 1924/85, 21-51; Beilage III, 43*-56* *passim*.
[105]Theodor von Mopsuestia, *Kommentar, MPG* 66, Sp. 911; ähnlich auch Euthalius, *MPG* 85. 761[: οὔπω μὲν ἑωρακὼς αὐτούς; zu Euthalius *Argumenta*, siehe unten Seite 253 bzw. 271].

dem Urexemplar hinter den Worten τοῖς οὖσιν in der Anschrift Eph 1,1 ein Raum offen gelassen sei, der mit den Namen der von Tychikos besuchten Städte ausgefüllt werden konnte[107]. Seitdem hat die Diskussion über die ursprüngliche – historische oder fiktive – Adresse des Briefes nicht abgelassen. Eine ganze Reihe von Hypothesen sind versucht worden, die Hauptmöglichkeiten blieben aber Ephesus, Laodicea, oder ein weiterer Kreis kleinasiatischer Gemeinden. Die Geschichte der Kritik ist aber nicht durch das Problem der Adresse, sondern durch die Verfasserfrage bestimmt.

Kritische Bedenken gegen eine paulinische Abfassung hat zuerst Erasmus geäußert. Der durch den eigenartigen Stil veranlaßte Zweifel ist aber durch Hinweis auf den Inhalt sofort wieder unterdrückt worden[108]. Erst viel später wurde der Brief dem Paulus abgesprochen, so weit bekannt erstmalig durch den englischen Deisten Evanson, der die Briefe an die Epheser und Kolosser für pseudonym, aber von einem Verfasser geschrieben hielt[109]. Seine Argumente waren meistens historisch, aus dem Vergleich mit der Apostelgeschichte gewonnen. Eine mehr methodische Kritik hat am Anfang des 19. Jahrhunderts ihren Anfang genommen. Nachdem Schleiermacher und Usteri die Ansicht geäußert hatten, Paulus habe einen Assistenten den Brief verfassen lassen, hat vor allem de Wette die Argumente gegen die Echtheit des Briefes dargelegt: Sprache, Stil, Abhängigkeit vom Kolosserbrief, Berührung mit nachapostolischen Schriften, usw.[110].

De Wettes grundlegende Untersuchungen haben eine weitreichende Wirkung ausgeübt. Seine Auffassung, der Kolosserbrief stamme von Paulus, der Epheserbrief dagegen nicht, hat aber niemals eine allgemeine Zustimmung gefunden. Eichhorn hatte den Epheserbrief auf Paulus[111], den Kolosserbrief auf einen Assistenten zurückgeführt[112]. E. Th. Mayerhoff ging weiter und suchte in detaillierter Beweisführung zu zeigen, daß der Kolosserbrief unecht und von dem Epheserbrief abhängig sei. Er bezweifelte auch die paulinische Abfassung dieses, seiner Meinung nach, früheren Briefes. Seine Arbeit wurde aber in der späteren Forschung zu Unrecht wenig beachtet[113].

Die Echtheit beider Briefe wurde von F. C. Baur und seinen Schülern bestritten[114]. Meistens wurde die Priorität des Kolosserbriefes angenommen; sie konnten aber auch einem Verfasser zugeschrieben werden. Bei der „Tendenzkritik" war vor allem die

---

[106]THEODOR BEZA 1598, 288.

[107]J. USSHER 1654, 686.

[108]ERASMUS 1519/1705, 413/831: [*Certe stilus tantum dissonat a ceteris Pauli epistolis, ut alterius videri possit* ...; vgl. SCHLIER 1963, 18 Anm. 3 und VIELHAUER 1975, 207 Anm. 5].

[109]E. EVANSON 1792, 26, 261-63.

[110]F. SCHLEIERMACHER 1895, 8f., 165, 166 Anm. 1, 194; L. USTERI 1824, 2ff., 256f., 269f.; W. M. L. DE WETTE 1847, 86-93; IDEM 1826/48, 256ff., 282-94.

[111][J. G. EICHHORN 1812, 279: Der Epheserbrief sei eigenhändig geschrieben; so später auch P. EWALD 1910, 49: „Ich halte es für nicht unwahrscheinlich, daß Eph der einzige unter den Gemeindebriefen ist, den Pl eigenhändig zu Papier gebracht hat".]

[112]EICHHORN, *ibid.*, 278ff.: Timotheos!

[113]E. TH. MAYERHOFF 1838, bes. 143-47. Der als junger Privatdozent gestorbene MAYERHOFF ist durch BUJARD 1973, 11 (vgl. Index zu MAYERHOFF) rehabilitiert worden.

[114]BAUR 1866-67, 3-49; IDEM 1844, 385-92; A. SCHWEGLER 1846, 330ff., 375ff.

gemeinsame Einordnung beider Briefe in die geistesgeschichtliche Entwicklung des zweiten Jahrhunderts wichtig, wobei nicht nur das „katholische", sondern auch die Nähe zur Gnosis betont wurde. Sowohl die Spätdatierung als auch die Unechterklärung sämtlicher kleineren Paulusbriefe forderte eine Gegenkritik heraus.

Es wurden auch kompliziertere Lösungen versucht. Der Holländer S. Hoekstra fand, daß der spätere Epheserbrief mehr „paulinisch" als der frühere (unechte) Kolosserbrief sei[115]. C. H. Weisse[116], und F. Hitzig[117] versuchten die Probleme durch die Annahme zu lösen, der Kolosserbrief sei in seinem Grundbestand echt, aber später interpoliert worden[118]. In Einzelheiten ausgeführt wurde diese Hypothese von H. J. Holtzmann, der die Beobachtungen seiner Vorgänger ausnützte und vermehrte. Das Ergebnis der detaillierten Einzeluntersuchungen war, daß der Epheserbrief vom Kolosserbrief abhängig war, aber auch umgekehrt; an einigen Punkten war der Kolosserbrief vom Epheserbrief abhängig. Die Erklärung dafür lag darin, daß der Verfasser des Epheserbriefes den von ihm benutzten echten Brief des Paulus an die Kolosser interpoliert hatte[119].

Durch die Arbeit von de Wette, Mayerhoff, Baur, und Holtzmann und ihren Kritikern, waren die grundlegenden Beobachtungen gemacht und die wichtigsten Möglichkeiten ausprobiert worden. Holtzmanns Arbeit blieb für mehr als zwei Generationen die gründlichste Untersuchung des gegenseitigen Verhältnisses und des Ursprungs der beiden Briefe. In Kommentaren und Einleitungen in das Neue Testament wurden die Beobachtungen zwar vermehrt und die Beweisführung z.T. verfeinert, aber zu einem sehr großen Teil hat man Varianten derselben Lösungen durch Variation derselben Argumente ständig wiederholt.

An der traditionellen Auffassung, daß Paulus selbst sowohl den Kolosserbrief als auch den Epheserbrief geschrieben habe, hielten Westcott, Hort und die meisten englischen Forscher fest, ebenso konservative Protestanten[120] und lange Zeit viele Katholiken[121]. Für die Tradition sprach zunächst die frühe und einhellige Bezeugung des Epheserbriefes. Die Vindizierung der Echtheit von den sieben Briefen des Ignatius durch Lightfoot und Zahn kam auch dem paulinischen Epheserbrief zu gute[122]. Von der fast allgemein anerkannten Echtheit des Philemonbriefes schritt man zu derjenigen des Kolosserbriefes und dann auch zu der des Epheserbriefes weiter. Den kritischen Einwänden konnte man entgegenhalten, daß Wortschatz, Stil und Inhalt auch in den allgemein anerkannten Paulusbriefen eine recht große Variationsbreite aufwies. Das

---

[115]S. HOEKSTRA 1868, 599-652; [siehe ferner Anm. 164 auf Seite 24 und Anm. 166 auf Seite 25.]
[116][C. H. WEISSE 1867, 59.]
[117]F. HITZIG 1870, 22-26.
[118]Darüber H. J. HOLTZMANN 1872, 24; HITZIG, *ibid*.
[119]HOLTZMANN 1872, bes. 148-93; vgl. auch P. W. SCHMIEDEL 1885, 139f.
[120][Z.B. EWALD 1910, bes. 24-35; W. MICHAELIS 1954, 196-99 (Eph) bzw. 214-18 (Kol).]
[121][Die meisten neueren Kommentare von katholischen Kollegen vertreten aber nicht mehr die paulinische Verfasserschaft, z.B. GNILKA 1990; F. MUSSNER 1982a; vgl. auch IDEM 1992b; SCHNACKENBURG 1982; so auch J. BLANK 1968, 19-22; MERKLEIN 1973a, 19-54 und KLAUCK 1998, 238 bzw. 242.]
[122][TH. ZAHN 1873; J. B. LIGHTFOOT 1889.]

Miteinander von typisch paulinischen Elementen und schöpferischer Originalität wollte man nur dem Apostel selbst zutrauen[123].

Die „konservativen" Forscher haben oft die Eigenart des Epheserbriefes eingeebnet. Manchmal waren sie aber auch willig mit einer geistigen Entwicklung des Paulus zu rechnen und auch damit, daß sein Gemütszustand und Stil durch die äußere Lage mitbestimmt war, etwa durch die Gefangenschaft in Caesarea (E. Haupt[124]) – oder auch in Rom oder Ephesus. „Kritische" Forscher haben in der Regel eine mehr dogmatisch festgelegte paulinische Lehre vorausgesetzt! Der Ort, die Zeit und der Anlaß der Abfassung, sowie die Adresse des Briefes wurden von Vertretern seiner Echtheit eingehend diskutiert, ohne daß ein klares Ergebnis erzielt wurde. Bemerkenswert ist, daß [bis vor kurzem] die meisten wissenschaftlichen Kommentare zum Epheserbrief unter Voraussetzung seiner Echtheit geschrieben wurden[125]. [Dies ist heute aber nicht mehr der Fall[126].]

Die vermittelnde Ansicht de Wettes, der Brief an die Kolosser sei paulinisch, der an die Epheser aber nicht, ist zwar von wenigen Kommentatoren (vor allem Dibelius[127]), häufiger jedoch von den Verfassern hervorragender isagogischer Lehrbücher vertreten worden, u.a. Goguel[128], Moffatt[129], Mosbech[130], McNeile[131], Kümmel[132]. [Einige Kommentatoren halten zwar den Kolosserbrief als nicht von Paulus, aber noch während dessen Lebzeit von einem Schüler verfaßt[133]. Als deutero-paulinisch werden beide Briefe in den Einleitungen von u.a. Marxsen[134], Vielhauer[135], Schenke/Fischer[136], Köster[137], Conzelmann/Lindemann[138], Schnelle[139] und Brown[140] gehal-

---

[123]Verteidiger der Echtheit außer den in Anm. 123 genannten Autoren: J. HORT 1895, 111-69; ZAHN 1897-99, 347-68; vgl. noch L. CERFAUX 1960, 60-71 und BROWN 1963, 373-79 [BROWN hat aber inzwischen mit Vorsicht seine Ansicht geändert, siehe unten Anm. 140 auf Seite 22].

[124]E. HAUPT 1902, bes. 70-83.

[125]B. F. WESTCOTT 1906; HAUPT 1902; EWALD 1910; T. K. ABBOTT 1897; J. A. ROBINSON 1904; SCHLIER 1963 [siehe aber unten Anm. 165 auf Seite 25]; BARTH 1974.

[126][Außer den in Anm. 121 auf Seite 20 erwähnten katholischen Kommentaren, siehe auch CONZELMANN 1981a; LINDEMANN 1985; LINCOLN 1990; M. BOUTTIER 1991; POKORNÝ 1992; HÜBNER 1997; LUZ 1998 und BEST 1998; so auch V. P. FURNISH 1992, 539-41; L. HARTMAN 1997b, 95 und 105.]

[127]DIBELIUS/GREEVEN 1953.

[128]M. GOGUEL 1926, 392-430, bes. 424 (Kol); 431-73, bes. 470 (Eph).

[129]J. MOFFAT 1918, 373-95.

[130]H. MOSBECH 1946-49, 512-26.

[131]A. H. MCNEILE 1927, 154-63.

[132]W. G. KÜMMEL 1963, 241-49, 257-62; IDEM, 1973, 298-305, 314-20; Kümmel gibt eine klassische Zusammenfassung der Argumente. [KÜMMEL hat inzwischen seine Meinung zum Kolosser- wie zum 2. Thessalonicherbrief vorsichtig modifiziert in IDEM 1985, 483f.: „Il faut donc constater que l'origine paulinienne de ces deux épîtres est actuellement considérée comme très peu vraisemblable".]

[133][So z.B. SCHWEIZER 1976, 20-27; W.-H. OLLROG 1979, 236-42; HARTMAN 1985, 200-01; siehe auch IDEM 1997a, 169; zögernd zwischen Mitarbeiterbrief und Pseudonymität LUZ 1998b, 185-90.]

[134][MARXSEN 1978, 159-61, 169-71.]

[135][VIELHAUER 1975, 196-200, 207-12.]

[136][SCHENKE/FISCHER 1978, 165-67, 181-86.]

[137][H. KÖSTER 1980, 701-09.]

[138][CONZELMANN/LINDEMANN 1995, 289-90, 300.]

ten[141].] Eine zeitlang – in der ersten Hälfte des 20. Jahrhunderts – schien die vermittelnde Ansicht die *communis opinio* vorsichtig abwiegender Kritiker zu werden. Verschiedene Faktoren haben zu ihrer Popularität beigetragen. Holtzmanns Interpolationshypothese war zu kompliziert, um recht glaubhaft zu sein. Hermann von Soden schränkte die Zahl der Interpolationen allmählich auf Kol 1,15b-16 ein; in dieser Form trug die Hypothese nicht mehr viel zu dem Verhältnis zum Epheserbrief bei[142]. Die eigenartige Terminologie ließ sich im Kolosserbrief anders als im Epheserbrief als Eingehen auf die religiöse Vorstellungswelt der Gegner erklären[143]. Auch durch die engen Beziehungen zum Philemonbrief war der Kolosserbrief an eine bestimmte Lage gebunden, während sowohl das Fehlen einer konkreten Briefsituation als auch verschiedene Aussagen des Epheserbriefes (u.a. 2,20 und 3,6) auf eine spätere Abfassungszeit hinwiesen.

Das Verhältnis zum Kolosserbrief wurde meistens als das wichtigste Argument gegen eine paulinische Verfasserschaft des Epheserbriefes angesehen. Als entscheidend wurde besonders „Berührung in der Terminologie trotz Differenz der Gedanken" angesehen[144]. Die Annahme einer Bearbeitung des Kolosserbriefes im Epheserbrief hat W. Ochel im Einzelnen auszuführen und zu begründen versucht, wobei auch er die Abfassung des Kolosserbriefes durch Paulus voraussetzte[145].

Eine besondere Ausformung dieser Hypothese wurde von E. J. Goodspeed energisch vertreten und vor allem in den Vereinigten Staaten weitgehend akzeptiert. Schon J. Weiß hatte die Vermutung geäußert, der Verfasser des Epheserbriefes sei zugleich der Sammler der Paulusbriefe, von dem auch einige katholisierende Interpolationen in den übrigen Briefen herstammten (z.B. 1Kor 1,2b; 11,16; 14,36b)[146]. Die letzte Hypothese ließ Goodspeed fallen, ebenso wie die Annahme von Weiß, daß nicht der Kolosserbrief, sondern der verlorene Brief an die Laodiceer (Kol 4,16) im Epheserbrief bearbeitet sei. Dafür übernahm er die Theorie, der Epheserbrief sei als Einleitung zur ersten Gesamtausgabe der Paulusbriefe geschrieben worden, und baute diese Theorie mit neuen Argumenten und weiteren Hypothesen aus[147]. Am eindrucksvollsten war die These, daß der Verfasser des Epheserbriefes alle älteren Briefe zur Hand hatte und benutzte, während alle übrigen Verfasser, welche paulinische Briefe benutzten, auch den Epheserbrief kannten[148]. In Eph 3,3f. fand Goodspeed einen Hinweis auf das, was

---

[139][SCHNELLE 1996, 329-35 bzw. 349-52.]

[140][BROWN 1997, 615-17 (wenn auch etwas zurückhaltend), 626-30.]

[141][So auch R. KIEFFER in seiner Theologie (1979, 172-80) und STRECKER in seiner Theologie (1996, 576-594, 595-606).]

[142]Vgl. HERM. VON SODEN 1885, 320-68, 497-542, 672-702; IDEM 1893a, 15, 28, 33.

[143]DIBELIUS/GREEVEN 1953, 53 sowie der Exkurs: Das Verwandtschaftsverhältnis zwischen Colosser und Epheser, 83-85; E. LOHMEYER 1964, 12-14; H. J. CHADWICK 1954/55, 261-75; IDEM 1960, 145-53.

[144]DIBELIUS/GREEVEN 1953, 84; [VIELHAUER 1975, 209].

[145]W. OCHEL 1934.

[146]J. WEISS 1912, 2208-10; IDEM 1917, 108f., 533f. [Ablehnung von z.B. VIELHAUER 1975, 215.]

[147]E. J. GOODSPEED 1933, 1-75.

[148]*Ibid.*, 79-81; tabulare Darstellung, 82-165; ausführliche Begründung bei A. E. BARNETT 1941.

in den übrigen Paulusbriefen zu lesen war[149]. Sein Schüler John Knox erklärte die besondere Nähe zu den Briefen an die Kolosser und an Philemon dadurch, daß Onesimos der Sammler der Briefe und Verfasser des Introduktionsschreibens war; er wurde mit dem aus dem Brief des Ignatius an Ephesus bekannten dortigen Bischof Onesimos identifiziert. Knox suchte ferner Goodspeeds Hypothese aus der späteren Überlieferungsgeschichte zu erhärten[150].

In einer sehr sorgfältigen Untersuchung ließ C. L. Mitton die stark hypothetischen, z.T. fast romanhaften Komponenten der Rekonstruktion von Goodspeed und J. Knox fallen. Um so stärkeres Gewicht fiel auf den Nachweis, daß der Verfasser des Epheserbriefes nicht nur den Kolosserbrief, sondern auch die übrigen Briefe des Paulus benutzt hat. Die große Anzahl mehr oder weniger wörtlicher Berührungen und vor allem die Vermischung („Conflation") von Phrasen aus verschiedenen Briefen und Kontexten indizierten, daß zwei verschiedene Verfasser am Werke waren[151]. An äußerliche, rein literarische Imitation sei freilich auch nicht zu denken. Der Verfasser des Epheserbriefes kannte vielmehr fast den ganzen Kolosserbrief und einprägende Abschnitte anderer Paulusbriefe auswendig, so daß er ihre Phraseologie unbeschwert verwenden konnte[152].

Mitton hat die Priorität des Kolosserbriefes vorausgesetzt aber nicht wirklich bewiesen. J. Coutts konnte deshalb zeigen, daß man bei derselben Art des Beweisverfahrens auch zu dem entgegengesetzten Ergebnis kommen konnte; der Kolosserbrief verwende und vermische Aussagen des Epheserbriefes und andere Briefe des Paulus[153]. Unabhängig von Mitton hatte auch F. C. Synge in ähnlicher Weise argumentiert: Die Art der phraseologischen Berührungen weisen auf zwei verschiedene Verfasser hin. Die gemeinsamen Sätze und Satzteile fügten sich aber am besten in den Kontext des Epheserbriefes ein. Nur dieser auch sonst höher stehende Brief könne daher von Paulus geschrieben sein[154].

Ohne auf den Epheserbrief einzugehen wandte E. P. Sanders Mittons Methode auf den Kolosserbrief an. Vor allem in Kol 1-2 fand er Beispiele von Verwendung und Vermischung paulinischer Formulierungen, rechnete aber mit der Möglichkeit, daß ein echter Brief des Paulus verwendet sein könnte[155]. Auch sonst ist die Interpolationshypothese erneuert worden, meistens für den Kolosserbrief[156], aber auch für den

---

[149][Siehe GOODSPEED 1933, 39-46.]
[150]J. KNOX 1935, bes. 46-57 [2. Aufl. 1959, 91-108]; IDEM 1942, 56-60, 172-76.
[151]MITTON 1951, 138-58.
[152]„The absence of identical sentences suggests that Ephesians is not the work of a writer who copied from a document open in front of him. It points rather to an author who knew the earlier writing so well that he was able to reproduce from memory of its phrases and word-sequences", MITTON 1951, 243-44; vgl. auch 246-84.
[153]J. COUTTS 1957/58, 201-07; vgl. IDEM 1956/57, 115-27. [Siehe jetzt auch HÜBNER 1997, 144-45, Exkurs: Zur Frage der literarischen Abhängigkeit: „... die wörtlichen Übereinstimmungen ... zeigen also, daß der AuctEph allem Anschein nach literarisch nicht nur vom Kol, sondern auch vom Phlm abhängig ist"; so auch E. LOHSE 1968, 246-48; SCHNELLE 1996, 356f.]
[154]F. C. SYNGE 1941, 69-76; IDEM 1958, 53-59.
[155]E. P. SANDERS 1966, 28-45, bes. 28 und 44-45.

Epheserbrief[157] oder beide Briefe[158]. Die rein literarische Vergleichung hat weder zu einer eindeutigen Verifizierung der Auffassung de Wettes noch zur endgültigen Falsifizierung der Theorien Mayerhoffs und Holtzmanns geführt.

An Baurs Verwerfung beider Briefe hielten z.B. Hilgenfeld, von Weiszäcker, und Pfleiderer fest[159]. In den ersten Jahrzehnten des 20. Jahrhunderts schien das aber nur die radikale Auffassung einer Minorität zu sein. Einige Stimmen sagten freilich, daß vermittelnde Hypothesen am wenigsten befriedigen könnten; man müßte entweder mit dem Kolosserbrief auch den Epheserbrief für paulinisch oder auch beide Briefe für nicht paulinisch halten[160]. Darin würden sie heute weitgehend Zustimmung finden. Dabei hat sich – teilweise aber nicht ausschließlich unter dem Einfluß Bultmanns[161] – die Skepsis gegenüber paulinischer Abfassung des Kolosserbriefes merkbar verstärkt[162]. Meistens wird dabei an der Priorität des Kolosserbriefes festgehalten[163]. Um dem gesamten Tatbestand gerecht zu werden, nimmt aber Conzelmann an, daß der Verfasser des Epheserbriefs den ebenfalls sekundären Kolosserbrief „paulinisierend" bearbeitet habe[164].

Die Forschung des 20. Jahrhunderts hat zum großen Teil die älteren Hypothesen variiert und mit neuen Beobachtungen unterbaut. Neue Fragestellungen und auch Ergebnisse sind zwar hinzugekommen, aber ihr Ertrag für die Echtheitsfrage ist meistens zweideutig geblieben. H. Schlier entwickelte die Hypothese, der Epheserbrief setze einen gnostischen Erlösermythus voraus unter der Voraussetzung, daß der Brief nicht paulinisch sei. Später trat er für die Echtheit des Briefes ein, ohne die religionsgeschichtliche Rekonstruktion aufzugeben[165]. Andere haben die „gnostische" Hypothese abgelehnt und an eine durch das Judentum vermittelte Übernahme von Vorstellungen der griechischen Philosophie und Kosmologie gedacht. In beiden Fällen ist das Ergeb-

---

[156] CH. MASSON 1950; IDEM 1953; J. KNOX 1938, 146 Anm. 2; P. N. HARRISON 1950, 268-94, bes. 272; IDEM 1964a, 595-604; IDEM 1964b, 65-78; E. P. SANDERS 1966, 28, 44-45. Für ältere Hypothesen, siehe PERCY 1946, 3 Anm. 21.

[157] GOGUEL 1935, 254-85; IDEM 1936, 73-99.

[158] W. HARTKE 1961, 431-34; cf. J. WEISS 1912, 2207 und 2209.

[159] A. HILGENFELD 1875, 659-81; C. VON WEISZÄCKER 1902, 541-45; O. PFLEIDERER 1890, 433-64; ferner P. WENDLAND 1912, 361-64.

[160] HAUPT 1902, 70: „Entweder (sind) beide Briefe unpaulinisch oder beide (sind) paulinisch"; K. und S. LAKE 1937, 141: „Both or neither of these epistles may be genuine, but a 'straddle' which accepts one and not the other combines all the difficulties and solves none".

[161] R. BULTMANN 1965, 182, 486.

[162] Als Beispiele: BORNKAMM 1966, 139-56; LOHSE 1968, 253-57; [E. KÄSEMANN 1959, 1727-28; CONZELMANN 1981b, 176f.; VIELHAUER 1975, 196-200; SCHENKE/FISCHER 1978, 165-72; LINDEMANN 1983, 9-11; POKORNÝ 1987, 2-4, 8-17; M. WOLTER 1993, 27-33; H. D. BETZ 1995; STRECKER 1996, 577f.; HÜBNER 1997, 9f., 272-77; WILSON 1997; A. STANDHARTINGER 1999]; unter Katholiken GNILKA 1991, 19-26; [als authentisch jedoch J. ERNST 1990, 373]. Besonders bemerkenswert ist wie stark J. SCHMIDS Stellungnahme sich im Laufe der Zeit verändert hat, vgl. SCHMID in WIKENHAUSER/SCHMID 1973, 463-75 (Kol), 479-96 (Eph) mit SCHMIDS Jugendschrift von 1928.

[163] So z.B. EWALD 1851, 409f.; [LINDEMANN 1985, 11-12; POKORNÝ 1992, 7-8; HÜBNER 1997, 17 et passim; siehe ferner unten Anm. 166 auf Seite 25.]

[164] CONZELMANN 1981a, 102; [so auch Anm. 115 auf Seite 20 sowie unten Anm. 166].

nis, daß die beiden Briefe an die Epheser und Kolosser in derselben religionsgeschichtlichen Umgebung entstanden sind. Nach H. Merklein ist eine „kosmische Christologie" im Epheserbrief nur konsequenter „paulinisiert" und verkirchlicht als im Kolosserbrief (vgl. bes. Kol 1,15-20; 2,10. 19)[166]. In den Schriften aus Qumran hat man vor allem phraseologische Parallelen nachgewiesen. Sie wurden als Indizien gegen, aber auch für die Abfassung durch Paulus gewertet[167]. Es wurde auch der Vorschlag gemacht, Paulus habe bei der Abfassung des Epheserbriefs einen ehemaligen Essener als Sekretär benutzt[168].

Mit der religionsgeschichtlichen Forschung ist manchmal das Suchen nach „Vorlagen", Traditionen und festen Mustern Hand in Hand gegangen. Solche, von E. Norden und A. Seeberg und später vor allem durch M. Dibelius inspirierten Bemühungen haben beim Epheserbrief zu reichen Ergebnissen geführt[169]. Hatte man früher im Epheserbrief so etwas wie ein Mosaik oder eine Anthologie aus den Texten des Kolosserbriefs und den anderen Paulusbriefen gefunden[170], kann er heute als ein Mosaik von hymnisch-liturgischen und katechetischen Traditionen bezeichnet werden[171]. Wenn das auch nur annähernd stimmt, wäre der Theorie von der Abfassung durch den Herausgeber des Corpus Paulinum der Boden entzogen. Auch das Verhältnis zum Kolosserbrief muß in neuer Weise bestimmt werden. Der Ertrag für die Echtheitsfrage bleibt aber wiederum zweideutig. Einige Forscher haben gefunden, daß liturgische Diktion und Benutzung von traditionellen Formen und Fragmenten die herkömmlichen Argumente gegen die Echtheit hinfällig machen[172]. Man hat aber auch die entgegengesetzte Konklusion gezogen: Der Epheserbrief ist in ganz anderer Weise von der Tradition abhängig als Paulus, der seine schöpferische Originalität gerade auch dann zeigt, wenn er Tradition benutzt[173].

Eine sprachlich-stilistische Untersuchung, die entscheidend über Holtzmann hinausführte, legte erst E. Percy vor. Er bemühte sich weniger um den Gesamtcharakter des Stils als um seiner Einzelzüge. Sein Nachweis, daß keine anderen Texte dem Stil des Epheserbriefs so nahe kommen wie einige Abschnitte der Paulusbriefe, ist bis jetzt nicht

---

[165]In SCHLIER 1930 setzt er offenbar voraus, daß der Verfasser nicht Paulus ist (ibid., 39 Anm. 1 und 75); anders IDEM 1957/63, 22-28. [Laut SCHNACKENBURG 1982, 21 Anm. 16 hatte aber SCHLIER „nach mündlicher Mitteilung zuletzt Zweifel an der paulinischen Herkunft" gehabt.]

[166]MERKLEIN 1973a, 24; IDEM 1973b, 84, 100f.; [MERKLEIN 1981b, 37ff., 52-53, 58-62; 1989, 380f.; so auch SCHENKE/FISCHER 1978, 176f.;]

[167]KUHN 1961, 334-46; MUSSNER 1963, 185-98; [C. C. CARAGOUNIS 1977. Ferner DAHL in diesem Band Aufsatz II].

[168]J. MURPHY-O'CONNOR 1965, 1201-09.

[169]E. NORDEN 1923, 240-308; A. SEEBERG 1966, passim, bes. aber 38, 80 und 239; DIBELIUS 1931, 207-42; IDEM 1921, bes. 1-10; DIBELIUS/GREEVEN 1964, 14-23.

[170]Das Wort „Mosaik" wurde zuerst von VON SODEN (1893b, 95) gebraucht: „Wie eine Mosaikarbeit"; vgl. GOODSPEED 1933, 5-8; A. D. NOCK 1937, 230; JOHNSTON 1962, 109; MITTON 1951, 99; BJERKELUND 1967, 184.

[171]KÄSEMANN 1980, 288-97; IDEM, 1958, 517-20; SAMPLEY 1971, 1; [BEST 1997a(4), 51-68].

[172]SCHILLE 1957, 325-34; vgl. VAN ROON 1974, 440; auch BARTH 1974, 9-10, 41.

[173]Z.B. KÄSEMANN 1958, 517-20.

widerlegt worden. Am Ende ist Percy dennoch unsicher geworden. Er fand, daß besonders in der Paränese literarische Abhängigkeit vom Kolosserbrief vorliegen könnte[174].

In Anschluß an Percy hat neuerdings A. van Roon in einer ausführlichen Monographie die Authentizität des Briefes zu beweisen versucht. Er zieht viel seltener nicht-paulinische Literatur zum Vergleich heran, berücksichtigt aber mehr als Percy die Gesamtkomposition und die größeren Satz- und Sinneinheiten. Die stilistischen Unterschiede innerhalb der Homologoumena werden zu Recht betont, die stilistische Ähnlichkeit einiger Abschnitte mit dem Epheserbrief aber übertrieben. Um das Verhältnis zum Kolosserbrief zu erklären, vermutet van Roon, daß ein gemeinsames Konzept von Paulus und seinen Sekretären in verschiedener Weise ausgearbeitet wurde[175].

Percy, van Roon und andere Verteidiger der Echtheit haben sich hauptsächlich mit Stilmerkmalen befaßt, welche durch den Inhalt und die literarische Art des Briefes bedingt sein könnten. Eine systematische Untersuchung der kleinen, unbewußten Sprachgewohnheiten, an welchen sich ein Imitator am ehesten verraten würde, liegt nicht vor. Versuche, die Sprache der Paulusbriefe mit Hilfe von elektronischer Datenverarbeitung statistisch zu analysieren, stecken noch in ihren Anfängen[176]. [Inzwischen hat aber D. L. Mealand in seiner multivariablen Untersuchung zeigen können, daß „the distinctiveness of Colossians and Ephesians emerge more clearly as the tests proceeded. The results of these tests do therefore tend to confirm the views of those who have argued that these letters are deutero-Pauline"[177].] Einen wesentlichen methodischen Fortschritt haben auch Walter Bujards stilanalytische Untersuchungen zum Kolosserbrief gebracht[178]. Zur gleichen Zeit hat Hiram Lester eine Untersuchung der Relativsätze in den paulinischen Homologoumena und Antilegomena vorgelegt[179]. In diesen Arbeiten liegen die bis jetzt stringentesten Einwände gegen die Abfassung des Kolosserbriefs durch Paulus vor. Sie haben beide die von Percy ausgesprochene und von vielen geteilte Ansicht widerlegt, „man könnte beinahe sagen, daß der Epheserbrief in stilistischer Hinsicht sich zum Kolosserbrief verhält, wie der Kolosserbrief zu den anerkannten Paulusbriefen"[180]. [Durch Segmentierung der betreffenden Briefe hat neuerdings Vemund Blomkvist das Analyseverfahren von Bujard verfeinert und als Ergebnis feststellen können, daß „die Sprache des Epheserbriefes im zweiten Hauptteil sich der des Paulinischen nähert. Dies gilt für den Gebrauch von Konjunktionen, imperativischem Infinitiv und substantiviertem Partizip. Damit haben wir die Zwischenposition, die – Bujard zufolge – der Epheserbrief im Verhältnis zum Kolosserbrief und dem paulinischen Korpus einnimmt, genauer beschrieben. Der

---

[174] PERCY 1946, bes. 392-419.
[175] VAN ROON 1974, bes. 91ff. und 426-31.
[176] Vgl. K. MCARTHUR 1968/69, 339-49 und die dort genannten Arbeiten von A. Q. MORTON/J. MCLEMAN 1964; ferner auch BUJARD 1973, 231-33.
[177] [D. L. MEALAND 1995, 86.]
[178] BUJARD 1973.
[179] LESTER 1973, bes. 73.
[180] So PERCY 1946, 185; ähnlich schon HAUPT 1902, 56-57; dagegen LESTER 1973, 73-77; vgl. BUJARD 1973, 76 et passim.

paulinische Charakter ist mit der Paränese verbunden und gilt somit nicht dem Brief als Ganzem"[181].]

In der wissenschaftlichen Debatte der letzten hundert Jahre sind weitgehend dieselben Argumente hin und her gewendet worden. Sowohl die Verknüpfung von paulinischen und unpaulinischen Zügen wie auch das besondere Verhältnis des Epheser- zum Kolosserbrief sind immer wieder als Argumente sowohl für als auch gegen paulinische Verfasserschaft ausgenutzt worden. Eindeutige Kriterien für die Bewertung des Tatbestandes haben gefehlt. Es ist demnach kein Wunder, daß die Entscheidung in der Echtheitsfrage weitgehend von dem allgemeinen Bild abhängig gewesen ist, das die Forscher von Paulus und dem Urchristentum gehabt haben. Daß auch ihre konservativen oder kritischen Neigungen eine Rolle spielten, versteht sich von selbst[182]. Zugunsten der Echtheit wurde ständig die ausgezeichnete äußere Bezeugung in der Tradition angeführt[183]; die kritischen Einwände beruhen dagegen auf inneren Kriterien. Um dem gesamten Tatbestand gerecht zu werden, haben manche Forscher vermutet, der Epheserbrief sei auf den Auftrag des Apostels von einem seiner Assistenten abgefaßt oder jedenfalls in Einzelheiten ausgeformt worden[184]. Von anderen wurde diese „Sekretärhypothese" als Verlegenheits- oder Kompromißlösung bezeichnet[185]. Es ist noch daran zu erinnern, daß einige hervorragende Forscher die Verfasserfrage offen gelassen haben[186].

Die Debatte über die Authentizität des Epheserbriefs geht ständig weiter. Einige Konklusionen können dennoch aus der bisherigen Geschichte der Kritik gezogen werden:

1. Beim heutigen Stand der Forschung ist es nicht länger möglich, die paulinische Abfassung des Kolosserbriefs vorauszusetzen, um von da her für oder gegen die Authentizität des Epheserbriefs zu argumentieren[187].

---

[181][V. BLOMKVIST 1993, 44 – Übers. DH.]

[182]Nur wenige haben so offen wie BARTH die Prämissen für ihr Urteil über den Epheserbrief ausgesprochen: „The burden of proof lies with these who question the tradition" (1974, 41); „It is advisable for the time being to still consider (sic) Paul its author" (ibid., 49).

[183]Siehe HOLTZMANN 1886, 290; SCHMID 1928, 17 Anm. 2; WIKENHAUSER/SCHMID 1973, 486.

[184]So schon SCHLEIERMACHER 1895, 165f. 194; ferner A. WIKENHAUSER 1953, 306-07; P. FEINE/J. BEHM 1950, 197; O. ROLLER 1933, 18ff.; M. A. WAGENFÜHRER 1941, 124-32; P. BENOIT 1966, 195-211; IDEM 1963, 11-22; G. H. P. THOMPSON 1967, 5-6, 16; [VAN ROON 1974, 207f., 440; jetzt auch E. R. RICHARDS 1991, bes. 169-98; GAMBLE 1995, 95f.]; dagegen PERCY 1946, 10ff. Anm. 62 und 421f.

[185] [KÜMMEL 1973, 315; Kritik gegen RICHARDS 1991 übt BEST 1998, 30f.: „Richards, 190, lists the explicit and implicit evidence for the use of secretaries, in respect of each letter; the only letters for which he finds no evidence are Ephesians and the Pastorals; despite this he asserts that Ephesians was ‚written with secretarial assistance' because it was written from prison where Paul might not have had freedom to write; this, however, assumes Paul's authorship of the letter which is what needs to be proved".]

[186]Z.B. A. JÜLICHER/E. FASCHER 1931, 139-42; A. H. MCNEILE/C. S. C. WILLIAMS 1953, 185-87; H. J. CADBURY 1959-60, 91-102; B. RIGAUX 1964, 145-50; [O. KUSS 1971, 28ff.].

[187]In diesem Punkt habe ich allmählich meine eigene Meinung verändert, was aus meinem Artikel „Kolosserbrief", DAHL 1962, 865f. wie aus den Bemerkungen in DAHL 1951, 241-64 zu ersehen ist. [Anders indessen schon DAHL 1976a/81a, 268f.]

2. Jede befriedigende Erklärung hat den gesamten Tatbestand zu berücksichtigen, nicht nur das Verhältnis des Epheserbriefs zum Kolosserbrief, sondern auch die Art und Weise, in welcher er nicht nur mehr als der Kolosserbrief von den anerkannten Paulusbriefen abweicht, sondern auch über den Kolosserbrief hinaus mit ihnen übereinstimmt.
3. Um sowohl die Unterschiede als auch die Übereinstimmungen erklären zu können, darf man sich nicht auf die Alternative, entweder Identität des Verfassers oder literarische Reminiszenzen beschränken. Es ist auch die Möglichkeit zu berücksichtigen, daß die Übereinstimmungen durch mehr oder weniger fixierte Traditionen und Sprachgewohnheiten verursacht sein können. Dabei ist auch das Verhältnis des Epheserbriefes zur nichtpaulinischen urchristlichen Literatur zu berücksichtigen.

3. Beziehungen zur frühchristlichen Literatur

3.1. Generell

Es ist oft beobachtet worden, daß der Epheserbrief trotz seiner besonderen Eigenart auffallend viele Berührungspunkte sowohl mit den übrigen Paulusbriefen als auch mit anderen urchristlichen Schriften hat. Nicht nur die geschichtliche Einordnung, sondern auch die Interpretation hängt weitgehend davon ab, wie diese „Parallelen" beurteilt werden, ob als Beweise literarischer Abhängigkeit oder als Indizien für die Benutzung von vorgegebenem Material, das möglicherweise in Gottesdienst und Unterricht benutzt wurde. Dabei unterliegt die einseitig literarische Betrachtungsweise der Gefahr, daß man jeweils zwei Schriften miteinander vergleicht und auf eine Abhängigkeit in der einen oder anderen Richtung schließt, ohne analoge Formulierungen in sonstigen christlichen und auch nichtchristlichen Schriften genügend zu beachten[188]. Eine form- und traditionsgeschichtliche Betrachtung kann andererseits dazu verleiten, auf die Existenz von hymnischen, liturgischen und katechetischen „Vorlagen" zu schließen, deren Übernahme und Bearbeitung durch den Verfasser weder beweisbar noch widerlegbar ist[189].

Nur eine möglichst umfassende Sammlung und Sichtung des Parallelmaterials kann in diesem Dilemma weiterhelfen. In einem Kommentar muß das Material bei der Auslegung der relevanten Einzelabschnitte ausgenützt werden. Eine kurze Übersicht kann aber dazu dienen, nicht nur den Umfang, sondern auch die variierende Art der Berührungen klarzumachen. Die Frage, ob sie durch literarische Bekanntschaft vermittelt sind oder nicht, führt zu sehr in die Enge. Das Verhältnis zum Epheserbrief ist

---

[188]So in verschiedener Weise bei GOODSPEED 1933; BARNETT 1941; MITTON 1951.

[189]E. G. SELWYN 1947; SCHILLE 1965; [R. DEICHGRÄBER 1967; KL. WENGST 1972; VIELHAUER 1975, 9-57 mit Zusammenstellung von Kriterien (*ibid.*, 12); für Hymnen jetzt zurückhaltend G. KENNEL 1995 bzw. kritisch R. BRUCKER 1997].

z.B. in den Oden Salomos ganz anders als bei Polykarp, obwohl beiderseits damit zu rechnen ist, daß der Epheserbrief den Verfassern bekannt war.

Die Nähe der *Oden Salomos*[190] sowohl zu Ignatius von Antiochien als auch zu dem kanonischen Epheserbrief wurde von H. Schlier beobachtet[191]. In der späteren Forschung sind aber seine Beobachtungen weitgehend vernachlässigt worden[192], vermutlich wegen der Reaktion gegen die Theorie von einem voll ausgebildeten, vorchristlichen Gnostizismus. Die Relevanz der Berührungen sind aber von dieser Konstruktion unabhängig. Wie weit die Oden als „gnostisch" zu bezeichnen sind, mag hier auf sich beruhen[193]. Ein Gegensatz innerhalb der Gottheit scheint nicht vorausgesetzt zu sein. Der Herr hat vielmehr alles gemacht (*OdSal* 4,15, vgl. Eph 3,9). Es findet sich keine gnostische Exegese des Epheserbriefes, wie sie vor allem aus den valentinianischen Schulen bekannt ist. Der Dichter beruft sich auf Inspiration, nicht auf Überlieferung. Aber er hat sich anscheinend nicht nur die Sprache der alttestamentlichen Psalmen, sondern auch die Sprache des Epheserbriefes angeeignet und in seinem eigenem Sinn verwendet.

Die meisten Berührungen lassen sich dadurch erklären, daß die Oden mit dem Epheserbrief die religionsgeschichtliche Umgebung und den sprachlichen Boden jedenfalls zum Teil gemeinsam haben. Zu nennen wären z.B. die Gegensätze zwischen Wahrheit und Irrtum, Finsternis und Licht, oder die Beschreibung des Heils durch Wörter für Erwählung, Rettung, Erneuerung und schon erfolgte Lebendigmachung und Erhöhung. Ist die Betonung geschenkter Erkenntnis zu erwarten, fällt der Begriff „Fülle" ($\pi\lambda\acute{\eta}\rho\omega\mu\alpha$, *swmly*) trotz unterschiedlicher Verwendung auf[194]. Auch Metaphern und Bilder sind z.T. gemeinsam: Siegel, Beschneidung, Grundlage und Wohnung, Kleiderwechsel, Bräutigam und Braut (vgl. zu Eph 1,13; 2,11ff. 20-22; 4,22-24; 5,22ff.). Am meisten bemerkenswert ist die Vorstellung von dem Erlöser als das Haupt und die Erlösten als seine Glieder (*OdSal* 17,15, vgl. 23,16. 18; 24,1)[195].

Berührungen in Wortlaut und Phraseologie lassen sich am besten durch einige Beispiele illustrieren:

„Mit Segen segnete er mich" (28,4; vgl. Eph 1,3);
„Vor Grundlegung der Welt" (41,15; vgl. Eph 1,4);
„Im Geliebten" (8,22; auch 3,5. 7; vgl. Eph 1,6);
„Wie die Menge deiner Liebe" (14,9; auch 29,3; 42,16; vgl. Eph 1,7);
„Das Wort der Wahrheit" (8,8; auch 12,1. 3; vgl. Eph 1,13);
„Meine Augen machte er glänzend" (11,14; vgl. Eph 1,18);

---

[190][Siehe jetzt M. FRANZMANN 1991; M. LATTKE 1995; im folgenden wird nach LATTKES Übers. zitiert.]

[191]SCHLIER 1929; IDEM 1930, 14ff.

[192][Vgl. jedoch FISCHER 1973, 60f.: z.T. vorgnostisch; ferner SCHENKE/FISCHER 1976, 183f.; LINDEMANN 1975, 61, 132.]

[193][Vgl. z.B. H. JONAS 1964, 326-28; VIELHAUER 1975, 750-56; K. RUDOLPH 1980, 34, 142, 238-40; FRANZMANN 1991, 6; POKORNÝ 1992, 22.]

[194]SCHLIER 1930, 42ff.; IDEM 1963, 96-99; HAUPT 1902, 44f. (Kol), 44f. (Eph).

[195][Dazu FISCHER 1973, 61.]

„Deshalb erbarmte er sich meiner in seinem großen Erbarmen" (7,10; auch 16,7; Eph vgl. 1,7; auch 2,5);
„Wir leben/freuen uns im Herrn durch seine Gnade" (41,3; auch 5,3; 9,5; 15,8; 25,4; vgl. Eph 2,7);
„Mein Werk sind sie" (8,18f.; auch 7,9 und 11,20; vgl. Eph 2,10);
„Und nah war ich ihm" (21,7; auch 33,7; 36,6. 8; vgl. Eph 2,13);
„Ich verkünde Frieden euch, seinen Heiligen" (9,6; vgl. Eph 2,17);
„Und nicht werde ich ein Fremder sein" (3,6; vgl. Eph 2,19);
„Damit ich Ihn erführe" (7,6; vgl. Eph 4,20);
„Ich zog aus die Finsternis, und ich zog an das Licht" (21,3; vgl. Eph 4,22. 24; 5,8).

Keine einzelne Formulierung beweist, daß der Epheserbrief dem Dichter (bzw. den Dichtern) der Oden bekannt war. Die Häufung der Parallelen läßt aber vermuten, daß dies der Fall war. Daneben kann das gemeinsame Sprachgut aber auch durch die Kontinuität der Gattungen der in Eph 5,18-19 empfohlenen Psalmen, Hymnen und Lieder vermittelt worden sein. Anders als der Epheserbrief sind aber die Oden im „Ich"-Stil gehalten, wobei z.T. der erlöste Mensch, z.T. der Erlöser redet. Wie die Sprache der alttestamentlichen Psalmen, ist auch die Sprache des Epheserbriefes, soweit sie übernommen ist, spiritualisiert und verinnerlicht. Die Dichtung und der Vortrag inspirierter Lieder ist selbst ein wesentlicher Bestandteil der Heilserfahrung geworden. Es fehlt dagegen die Bezogenheit auf geschichtliches Heilsereignis, kirchliche Gemeinschaft und gegenseitige Unterordnung, welche im Epheserbrief den Enthusiasmus modifiziert.

Polykarp[196] verhält sich ganz anders zum Epheserbrief in seinem Brief an die Philipper. Er beruft sich sowohl auf Worte des Herrn als auch auf Pauli Lehre. Den Epheserbrief zitiert er anscheinend als Schrift (12,1)[197]. Die nur lateinisch erhaltene Einführungsformel könnte freilich darauf beruhen, daß Eph 4,26a in der Tat ein Schriftwort ist (Ps 4,5), mit welchem der folgende Spruch (Eph 4,26b) auch außerhalb des Epheserbriefes verbunden worden war[198]. Eine Reminiszenz aus dem Epheserbrief kommt bei *Pol* 1,3 vor: χάριτί ἐστε σεσωσμένοι, οὐκ ἐξ ἔργων (vgl. Eph 2,5. 8. 9)[199]. Auch sonst klingen Formulierungen des Epheserbriefes an (vgl. *Pol* 2,1; 4,1. 2; 8,2; 10,2; 11,2; 12,3). Wie weit die Formulierungen von daher übernommen sind, läßt sich kaum sagen, denn der ganze Brief des berühmten Bischofs dient zur Einschärfung der überlieferten Lehre, die aus schriftlicher wie aus mündlicher Tradition bekannt ist. Er vertritt einen Christentumstypus der dem 1. Petrusbrief und vor allem den Pastoral-

---

[196][Siehe VIELHAUER 1975, 552-66.]

[197][So auch C. M. NIELSEN 1965, 199-216; BEST 1998, 16.]

[198][Vgl. die Deutungsmöglichkeiten in LINDEMANN 1979, 227f.; jetzt die Diskussion in W. BAUER/H. PAULSEN 1985, 125; J. B. BAUER 1995, 69-71; vor allem aber D. K. RENSBERGER 1981, 112 Anm. 134 mit Hinweis auf W. D. STROKER 1970, 154-62: Eph 4,26a und b sind vor – und unabhängig von – dem Epheserbrief kombiniert und als „Schrift" angesehen worden.]

[199][Vgl. LINDEMANN 1979, 222f.; RENSBERGER 1981, 114f.; BAUER/PAULSEN 1985, 115; J. B. BAUER 1995, 42; BEST 1998, 16.]

briefen nahe steht. Was er mit dem Epheserbrief gemeinsam hat, ist allgemein christliches, vor allem paränetisches Gut.

Die *Briefe des Ignatius*[200] nehmen in ihrem Verhältnis zum Epheserbrief, wie in anderen Beziehungen, eine Zwischenstellung zwischen den Oden Salomos und Polykarp ein. Der Enthusiasmus des Pneumatikers und Märtyrers verbindet sich mit dem Katholizismus des Kirchenleiters, der auf Einheit und monarchisches Episkopat insistiert. Die Briefe des Apostels gelten als unerreichbare Vorbilder für seine eigene Korrespondenz (vgl. *IgnRöm* 4,3). Die Christen zu Ephesus nennt er „Miteingeweihte des Paulus", denen er „in jedem Brief fürbittend gedenkt" (*IgnEph* 12,2). Aus dieser plerophorischen Aussage läßt sich nicht folgern, daß er den paulinischen Brief „An die Epheser" schon unter diesem Titel kannte[201]. Hätte er das getan, würde er wohl eher hervorgehoben haben, daß Paulus die Epheser durch einen besonderen Brief geehrt hätte[202]. Die vielen terminologischen Anklänge an den paulinischen Epheserbrief im Proömium des ignatianischen Epheserbriefes[203] lassen freilich vermuten, daß der antiochenische Bischof jedenfalls damit rechnen konnte, daß jener unter den Christen in Ephesus bekannt war[204]:

Ignatius, An die Epheser: Präskript	Epheserbrief 1,3ff. (Neues Testament)	
	1,3a	εὐλογητὸς ...
... τῇ εὐλογημένῃ	1,3b	ὁ εὐλογήσας ἡμᾶς ἐν πάσῃ εὐλογίᾳ πνευματικῇ ἐν τοῖς ἐπουρανίοις ἐν Χριστῷ
ἐν μεγέθει	1,19a	... τὸ ὑπερβάλλον μέγεθος ...
θεοῦ πατρὸς	1,3a	ὁ θεὸς καὶ πατὴρ τοῦ κυρίου ἡμῶν Ἰησοῦ Χριστοῦ
πληρώματι,	1,10a	... τοῦ πληρώματος ... (1,23b: τὸ πλήρωμα)
τῇ προωρισμένῃ	1,5a	προορίσας ἡμᾶς ...
πρὸ αἰώνων	1,4b	πρὸ καταβολῆς κόσμου ...
εἶναι ... εἰς δόξαν ...	1,12a	εἰς τὸ εἶναι ἡμᾶς εἰς ἔπαινον δόξης ...
ἐκλελεγμένην ...	1,4a	καθὼς ἐξελέξατο ἡμᾶς ἐν αὐτῷ ...
ἐν πάθει ἀληθινῷ,	1,7a	... διὰ τοῦ αἵματος αὐτοῦ ...
ἐν θελήματι τοῦ πατρὸς καὶ Ἰησοῦ Χριστοῦ ...	1,5b	... κατὰ τὴν εὐδοκίαν τοῦ θελήματος αὐτοῦ (1,11b: κατὰ τὴν βουλὴν τοῦ θελήματος αὐτοῦ)
καὶ ἐν ἀμώμῳ χαρᾷ ...	1,4c	εἶναι ἡμᾶς ἁγίους καὶ ἀμώμους ...

Der 1. Korintherbrief wird von Ignatius, wenn auch ohne Formel, zitiert (*IgnEph* 16,1; *IgnPhld* 3,3; 18,1; *IgnRöm* 5,1). Der Epheserbrief hat höchstens das Vorbild für einige

---

[200] [Vgl. Vielhauer 1975, 540-52.]
[201] [Siehe Bauer/Paulsen 1985, 38; W. R. Schoedel 1985, 72 Anm. 7.]
[202] Vgl. *1Clem* 47,1 Ἀναλάβετε τὴν ἐπιστολὴν τοῦ μακαρίου Παύλου τοῦ ἀποστόλου; *Pol* 3,2: ὃς καὶ ἀπὼν ὑμῖν ἔγραψεν ἐπιστολάς.
[203] [Siehe jetzt auch die Synopse bei Schoedel 1985, 37.]

Aussagen geliefert. Am deutlichsten ist ἀγαπᾶν τὰς συμβίους ὡς ὁ κύριος τὴν ἐκκλησίαν (IgnPol 5,1; vgl. Eph 5,25. 29)[205]. Die Terminologie und die Vorstellungswelt des Ignatius zeigen aber eine besondere Nähe zum Epheserbrief. Ignatius verwendet Vokabeln, die im NT nur im Epheserbrief vorkommen (ἄθεος, ἑνότης, μέγεθος, εὔνοια) oder dort in charakteristischer Weise verwendet werden (μυστήριον, οἰκονομία, πλήρωμα, σύνδεσμος). Dazu kommen Ausdrücke wie καινὸς ἄνθρωπος, μιμηταὶ θεοῦ, τέκνα φωτός und auch metaphorisch-mythologische Bildersprache: Haupt, Glieder, und Leib (IgnTrall 11,2; IgnSm 1,2), Bau und Tempel (bes. IgnEph 9,1) und Waffenrüstung (IgnPol 6,2). Daneben finden sich aber auch, wie bei Polykarp, manche Berührungen in der Paränese (z.B. IgnEph 16,1; IgnMagn 13,2; IgnTrall 2,1; 13,2; IgnPhld 3,3; IgnPol 1,2; 4,3; 5,1). Die Verknüpfung von kirchlicher Überlieferung und Nähe zur Gnosis artet sich bei Ignatius anders als im paulinischen Epheserbrief[206]. Es liegt aber dennoch eine geistige Verwandtschaft vor, die weder durch literarische Abhängigkeit noch durch das gemeinsame paulinische Erbe hinreichend erklärt wird.

Die meisten Apostolischen Väter und auch ntl. Schriften wie Hebräer[207] und Pastoralbriefe verhalten sich zum Epheserbrief ungefähr wie Polykarp. Literarische Abhängigkeit liegt am ehesten, wenn überhaupt, im 1. und 2. Clemensbrief vor. In 1Clem 46,6f. folgt nach einer mit Eph 4,4-6 verwandten Einheitsformel die Aussage μέλη ἐσμὲν ἀλλήλων (vgl. Eph 4,25; 5,30)[208]. In 2Clem 14,2 heißt es ἐκκλησία ζῶσα σῶμά ἐστιν Χριστοῦ (vgl. Eph 1,22). Es folgt ein Zitat aus Gen 1,27 und eine exegetische Ausführung, die sich trotz verschiedener Schriftgrundlage mit Eph 5,22-32 berührt[209]. Bei Hermas fällt die Wendung λυπεῖ τὸ πνεῦμα τὸ ἅγιον auf (Mand X 3,2 [42,2]; vgl. X 2,2f. [41,2] und III 4 [28,4]); sie braucht aber nicht auf Eph 4,30 zurückzugehen[210].

In den meisten Fällen, in denen Barnett und – mehr zurückhaltend – Mitton Benutzung des Epheserbriefes für wahrscheinlich hält, handelt es sich um gemeinsame

---

[204][Vgl. SCHOEDEL 1985, 37: „It is tempting to think that ... Ignatius felt it appropriate to address the Ephesians with language from an apostolic writing regarded as directed to them". Gegen eine literarische Abhängigkeit des IgnEph vom paulinischen Epheserbrief äußern sich LINDEMANN 1979, 205 und BAUER/PAULSEN 1985, 21; mit Vorsicht äußert sich BEST 1998, 15f.: „... these [sc. parallels] taken together create a fair possibility that Ignatius knew our Ephesians".]

[205][Gegen LINDEMANNS Vermutung, daß die Gemeinsamkeiten zwischen Ignatius und dem Epheserbrief auf gemeinsamer Tradition beruht (1979, 215), siehe RENSBERGER 1981, 66 Anm. 12: „... the source of Ephesians may be seen in Col 3:19, and it is precisely the characteristic alteration by Ephesians – ‚love your wives as Christ loved the church' – that Ignatius reproduces".]

[206]H.-W. BARTSCH 1940.

[207][Vgl. A. VANHOYE, 1978, 216ff.]

[208][Gegen literarische Abhängigkeit LINDEMANN 1979, 189f. und IDEM 1992, 136; ähnlich RENSBERGER 1981, 64f.; BEST 1998, 15; H. E. LONA 1998, 50 Anm. 3 und 493f.: „Ohne Zweifel handelt es sich [in 46,6] um die gleiche Überlieferung, die in Eph 4,4-6 vorliegt ... Aber eine literarische Abhängigkeit läßt sich nicht nachweisen, und die Gemeinsamkeiten können durch die Kenntnis ‚paulinischer Wendungen' ... erklärt werden"; siehe die Synopse bei LONA 1998, 494. Für literarische Abhängigkeit plädiert D. A. HAGNER 1973, 222f.]

Themen, verwandte Phraseologie und auch um paränetisches Gut, Paraphrase von biblischen Texten und mehr oder weniger fast geprägte Muster der Predigt und der gottesdienstlichen Sprache.

Das gilt besonders auch für die *Pastoralbriefe* (vgl. z.B. Tit 3,3-7 und Eph 2,3-8). Sie haben einige Vokabeln und Themen mit dem Ephesrbrief gemein. Es wird z.B. betont, daß der vorweltliche, in Christus verwirklichte Ratschluß Gottes durch Paulus verkündigt worden ist (bes. 2Tim 1,8-12; Tit 1,2-3; vgl. 1Tim 1,11-16; 2,3-7 und Eph 3,2-12)[211]. Terminologie, Syntax und Stil sind aber verschieden. Es führt keine geradlinige Entwicklung von Paulus über den Ephesrbrief zu den Pastoralbriefen[212].

Ein gewissermaßen verkirchlichtes und domestiziertes Paulusbild bietet auch die *Apostelgeschichte*[213]. Wie im Ephesrbrief, und anders als in den Pastoralbriefen, ist die Teilhabe der Heiden an dem Israel verheißenen Heil ein Hauptthema. Berührungen in Vokabular, Phraseologie und Verwendung atl.er Texte sind nicht besonders bemerkenswert[214]. Auffallend ist aber, daß die engsten Analogien hauptsächlich in zwei Abschnitten zu finden sind, Apg 20,18-36 und 26,16-18.

Die „Abschiedsrede zu Milet" hat viele ihrer Themen mit dem Ephesrbrief gemeinsam: Wirken und Leiden des Paulus, die Kirche als Gegenstand der Heilstat, Warnung vor Irrlehre, pastoraler Dienstauftrag, Arbeit mit den Händen, um helfen zu können[215]. Dazu kommen noch einzelne Parallelen hinzu: μετὰ πάσης ταπεινοφροσύνης (Apg 20,19; Eph 4,2); τὴν βουλὴν τοῦ θεοῦ (20,27; vgl. Eph 1,11); vgl. auch 20,28 und Eph 1,7; Apg 20,32 und Eph 1,18.

Der Rückblick auf die Sendung des Paulus am Ende seiner „Rede vor Agrippa" berührt sich noch stärker mit dem Ephesrbrief. Fast zu jedem Satzteil in Apg 26,18 lassen sich Parallelen anführen:

ἀνοῖξαι ὀφθαλμοὺς αὐτῶν, vgl. Eph 1,18;
ἀπὸ σκότους εἰς φῶς, vgl. Eph 5,8;
καὶ τῆς ἐξουσίας τοῦ σατανᾶ ἐπὶ τὸν θεόν, vgl. Eph 2,2;

---

[209][See BARNETT 1941, 214f.; vgl. LINDEMANN 1979, 267; IDEM 1992, 241: „Die Deutung [in 14,2] erinnert an Eph 5,21-33; aber deutlicher als dort sind Christus und die Kirche gleichermaßen als präexistent vorgestellt"; RENSBERGER 1981, 79f.: „... the statement that the church is Christ's body and that he is the male and the church the female, connected by a text from Genesis (1:27, however, not 2:24) are highly reminiscent of Eph 5:22-33 ... however, one can hardly exclude the possibility of a traditional origin for the imagery, with no direct dependence of 2 Clement on Paul"; BEST 1998, 16 bestreitet die Abhängigkeit vom Ephesrbrief.]

[210][So auch LINDEMANN 1979, 286f.; BEST 1998, 16; siehe ferner RENSBERGER 1981, 84f.: „... Hermas, for whatever reason, does not quote books, authoritative or not ... His treatment of Paul is merely a feature of this general usage, and tells us nothing one way or the other about his opinion of the Apostle and his letters". Vgl. ferner N. BROX 1991, 45-49.]

[211][Vgl. ROLOFF 1988, 85-87, 120f.]

[212][So auch POKORNÝ 1992, 15f.]

[213][Vgl. VIELHAUER 1965, 9-27; dazu jetzt J. A. FITZMYER 1998, 145-47.]

[214]MITTON 1951, 198-220.

[215][Vgl. L. AEJMELAEUS 1987, 127-28; 135-37; 161-64; 150-51; 171-75 *et passim*.]

τοῦ λαβεῖν αὐτοὺς ἄφεσιν ἁμαρτιῶν, vgl. Eph 1,7;
καὶ κλῆρον ἐν τοῖς ἡγιασμένοις, vgl. Eph 1,11. 18.

Auch im Kolosserbrief finden sich Parallelen zu Apg 26,18, aber hier stehen sie alle in einem Text, 1,12-14, beisammen. Besonders die Qumranschriften beweisen, daß die verwendete Terminologie schon vorchristlich war[216]. Das komplizierte Verhältnis Apostelgeschichte – Epheser – Kolosser – Qumran kann nicht durch die Annahme literarischer Abhängigkeit erklärt werden[217]. Es ist vielmehr wahrscheinlich, daß in Apg 20,18-35 und 26,16-18 paulinische Schulüberlieferung verwendet worden ist[218], und zwar in einer Ausprägung, die sich stärker mit Epheser und z.T. Kolosser als mit den Pastoralbriefen berührt.

Die Frage, ob literarische Benutzung oder gemeinsames Überlieferungsgut vorliegt, spitzt sich bei dem vieldiskutierten Verhältnis zwischen dem Epheserbrief und dem *1. Petrusbrief* zu[219]. Die Ähnlichkeit der beiden Eingangsabschnitte, Eph 1,3-14/ 1Petr 1,3-12, ist besonders bemerkenswert[220], braucht aber ebensowenig wie die verwandten ekklesiologischen Aussagen in Eph 2,18-22/1Petr 2,4-10 durch literarische Abhängigkeit erklärt zu werden. Mehr oder weniger ähnliche Texte finden sich in fast allen Teilen der beiden Briefe: Eph 1,18f./1 Petr 1,3-5; Eph 1,20-21/1Petr 3,22; Eph 2,4/ 1 Petr 1,3; Eph 3,3-6/1Petr 1,10-12; Eph 3,16/1Petr 3,4; Eph 4,7/1Petr 4,10; Eph 4,17f./ 1Petr 1,14f. 18; Eph 4,25. 31/1Petr 2,1; Eph 5,8/1Petr 2,9; Eph 5,21ff./1Petr 3,1. 7; Eph 6,5/1Petr 2,18; Eph 6,11ff./1Petr 5,8; 1,13. In beiden Briefen werden die Empfänger an das ihnen widerfahrene Heil erinnert und zu einem dementsprechenden Lebenswandel aufgefordert, unter Betonung des Gegensatzes zwischen der heidnischen Vergangenheit und den neugeschenkten Privilegien und Pflichten. Sowohl in der Anamnese wie in der Paränese werden Schemata und Formulierungen benutzt, die auch anderswo belegt sind und wohl schon in urchristlicher Taufbelehrung verwendet wurden. Die für den Epheserbrief besonders charakteristischen Aussagen kehren im 1. Petrusbrief nicht wieder. Dafür werden die Zukunftshoffnung und das gegenwärtige Leiden der Christen viel stärker betont.

Die Unwahrscheinlichkeit einer direkten, literarischen Beziehung[221] wird dadurch bestätigt, daß ein Vergleich nicht eine Entscheidung darüber ermöglicht, ob der Ephe-

---

[216]LOHSE 1968, 66-77 zu Kol 1,12-14. [Vgl. auch FITZMYER 1998, 760; CONZELMANN 1963, 139 und JERVELL 1998, 594f.: „Bekehrungssprache", Eph 5,8; 1Petr 2,9; JosAs 8,9; 15,12; Kol 1,12; 1Thess 1,9f.]

[217][So auch BEST 1998, 17f.; vgl. auch DAHL in diesem Band Aufsatz II]; ferner auch J. KNOX 1966/ 80, 279-87; [BRAUN 1966, 167f., 219-22]; gegen GOODSPEED 1933, 5-8, 82-165; MITTON 1951, 210-20.

[218][Vgl. DEICHGRÄBER 1967, 78-87.]

[219][Siehe zusammenfassend L. GOPPELT 1978, 48f.; P. J. ACHTEMEIER 1996, 16-18 sowie BEST 1998, 18f.]

[220][BARNETT 1941, 54: Die literarische Relation ist „a matter of practical certainty".]

[221][So schon J. M. USTERI 1887, 283-90; ferner SELWYN 1947, 426; PERCY 1946, 440; neuerdings die Kommentare zum 1. Petrusbrief von GOPPELT 1978, 49 und ACHTEMEIER 1996, 17. So auch die neueren Kommentare zum Epheserbrief von MUSSNER 1982, 19; POKORNÝ 1992, 18; BEST 1998, 18f.]

serbrief vom 1. Petrusbrief[222] oder dieser von jenem abhängig sei[223]. Mitton hat darauf aufmerksam gemacht, daß der Epheserbrief dem 1. Petrusbrief mehr ähnelt als dem Kolosserbrief, wo immer sich alle drei Briefe miteinander berühren[224].

Unter der Voraussetzung, daß der Epheserbrief das gemeinsame Gut aus dem Kolosserbrief übernommen hat, folgert er, daß der 1. Petrusbrief vom Epheserbrief, und nicht von einer vor dem Kolosserbrief liegenden Überlieferung abhängig sein muß[225]. Es ist aber umgekehrt zu folgern, daß die Voraussetzung in Frage zu stellen ist: die Nähe zum 1. Petrusbrief beweist, daß auch Formulierungen die der Epheserbrief mit dem Kolosserbrief gemeinsam hat, nicht immer diesem entnommen zu sein brauchen[226].

Die Unzulänglichkeit einer rein literarischen Betrachtungsweise zeigt sich vollends am Verhältnis des Epheserbriefes zu der *johanneischen Literatur*. Eine gewisse Verwandtschaft mit dem vierten Evangelium ist schon lange beobachtet worden[227]. Sie ist vor allem thematischer Art: Die Lebendigmachung der Toten ist schon Gegenwart (Joh 5,21-26; Eph 2,5-7). Die Heiden werden mit den (wahren) Israeliten vereinigt, und alle Erwählten werden in Christus eins (Joh 10,16; 11,50-52; 17,22-23; vgl. Eph 2,14ff.). An literarische Abhängigkeit ist aber nicht zu denken[228]: ähnliche Gedanken werden anders ausgedrückt und dieselbe Terminologie wird anders verwendet (vgl. z.B. Joh 3,13/Eph 4,9f.; Joh 3,20/Eph 5,13f.). Es zeigt sich hier, daß Art und Grad der Verwandtschaft nur sekundär durch literarischen Einfluß bedingt sind. Der Epheserbrief berührt sich in mancher Hinsicht mit Johannes, Ignatius und den Oden Salomos, in anderer mit dem 1. Petrusbrief, den Pastoralbriefen und Polykarp.

Man hat vermutet, daß der Epheserbrief auch dem Verfasser der *Apokalypse* bekannt war[229]. Wo gemeinsame Motive vorliegen, ist aber der Kontrast zwischen dem Epheserbrief und der futurischen Eschatologie des Apokalyptikers um so deutlicher (z.B. Apk 3,21; 21,4/Eph 2,6; Apk 19,7; 21,2/Eph 5,25ff.; Apk 21,14/Eph 2,20; Apk 10,7; 11,18/Eph 3,5; Apk 18,4/Eph 5,12)[230]. Es bleibt auch unsicher, ob eine Sammlung von Paulusbriefen an sieben Gemeinden so früh vorlag, daß sie als Vorbild für die sieben Sendschreiben in Apk 2-3 hätte dienen können[231]. Bemerkenswert ist es allerdings, daß der briefliche Schlußgruß in Apk 22,21 wie in Eph 6,24 in dritter Person gehalten ist[232].

---

[222] So u.a. SCHWEGLER II 1846, 58f.; J. WEISS 1912, 2209; J. MOFFAT 1918, 381ff.
[223] GOODSPEED 1933, 17; MITTON 1950, 73; IDEM 1951, 196; SCHMID 1928, 333-62.
[224] MITTON 1950, 71.
[225] MITTON 1951, 176-97.
[226] [Kritik an MITTON übt auch K. SHIMADA 1991, 77-106.]
[227] [Vgl. MOFFAT 1918, 384f.; ABBOTT 1897, xxvii; SCHMID 1928, 370f.; KIRBY 1968, 166-68.]
[228] [So auch BEST 1998, 18.]
[229] So R. H. CHARLES 1920, lxxxiiiff.; BARNETT 1941, 41-51; [vorsichtig MITTON 1951, 170-73.]
[230] [Vgl. LINDEMANN 1985, 14f.; GNILKA 1990, 19; BEST 1998, 17.]
[231] [Vgl. aber GAMBLE 1995, 61 zitiert unten in Aufsatz IV Anm. 19 auf Seite 168.]
[232] [Die ungewöhnliche Formulierung in dritter Person ist auch notiert in BEST 1998, 619, allerdings ohne Hinweis auf die Parallele in Apk 22,11.]

Es fehlen oft klare Kriterien zur Entscheidung darüber, ob literarische Abhängigkeit vorliegt oder nicht. Es wäre aber kaum anders zu erwarten. In den Qumranschriften kehren öfters ähnliche Gedanken und Formulierungen wieder, ohne daß es klar ist, daß die eine Schrift von der anderen abhängig wäre. Popularphilosophen, Moralisten und Rhetoren der frühen Kaiserzeit variieren weitgehend Themen und Topoi, welche sie aus mündlicher und schriftlicher Überlieferung kennen, wobei die unmittelbare Vorlage nur in günstigen Fällen festzustellen ist. Der Brief Polykarps ist das deutlichste Beispiel für eine solche Reproduktion und Variation vorgegebener Überlieferung im Frühchristentum[233], aber der 1. Petrusbrief[234] und der Epheserbrief kommen ihm recht nahe.

Man kann auch eine mehr allgemeine Reflexion anstellen. In einem Sondermilieu wie das Urchristentum, ist die Sprache nicht nur durch Vokabular, Morphologie und Syntax bestimmt. Auch Phraseologie und größere Sprach- und Sinneinheiten sind dem Sprecher oder Verfasser [als Soziolekt[235]] vorgegeben[236], wenn auch flexibel. Schriftliche Fixierung, vor allem in einer irgendwie normativen Schrift, trug zur Fixierung und zeitlicher Dauer der Ausdrucksform bei, auch wenn es offen bleiben muß, wie weit ein späterer Autor [in seinem Idiolekt[237]] von einem früheren schriftlichen Text abhängig ist oder nicht. Der Vergleich des Epheserbriefes mit der übrigen urchristlichen Literatur erklärt sich jedenfalls am besten, wenn man mit der Existenz von mehr oder weniger fest geprägten, aber flexiblen Aussageformen rechnet. Dagegen bietet der Vergleich keinen Anhalt für die Annahme, daß man durch Ausscheidung von „Glossen" und „Interpretamenten" eine Vorlage rekonstruieren könnte, die als eigenständiger Text jemals existierte.

Einige weitere Beobachtungen bestätigen das gewonnene Ergebnis. In altchristlichen Liturgien, vor allem in Gebeten bei der Taufe und den ihr begleitenden Initiationsriten kehren mehrmals Formulierungen des Epheserbriefes wieder. Ohne Zweifel handelt es sich dabei um Anlehnungen an den Text des kanonisch gewordenen Briefes. Man darf aber dennoch annehmen, daß die Übernahme durch eine schon vorher existierende Verwandtschaft zwischen der Taufterminologie und Aussagen des Epheserbriefes bedingt war[238].

Es ist weiterhin bemerkenswert, daß einige Sätze des Epheserbriefes später als „ausserkanonische Worte Jesu" zitiert werden können. Die Wichtigsten finden sich im Eph 4,26-30[239]. Andere Beispiele sind weniger klar[240]. Augenscheinlich handelt es sich

---

[233] [Vgl. jetzt J. B. Bauer 1995, passim, bes. aber die Synopse von Pol und 1Clem 28-30.]
[234] [Vgl. Selwyn 1947, 17-24; Goppelt 1978, 47-56; Achtemeier 1996, 12-23.]
[235] [Zum Begriff Soziolekt, siehe K.-H. Bausch 1980, 358-63; H. Kubczak 1979.]
[236] [Siehe z.B. Pokorný 1992, 18: „Die meisten Parallelen bestätigen zwar nur den Einfluß einer bestimmten Schultradition, die ihren Soziolekt entwickelt hat, die eben erwähnten Stellen sprechen jedoch dafür, daß der Verfasser des Epheserbriefs einige Paulusbriefe gekannt hat ...".]
[237] [Zum Begriff Idiolekt, siehe G. Hammarström 1980, 428-33.]
[238] Siehe Dahl 1982 [in englischer Übersetzung Aufsatz XIV in diesem Band].
[239] Vgl. A. Resch 1906/67: Nr. 70 (Eph 4,28); Nr. 83 (Eph 4,27); Nr. 92 (Eph 4,30); Nr. 94 (Eph 4,26).

meistens um Sprüche, die auch unabhängig vom Epheserbrief im Umlauf waren und dann dem Herrn zugeschrieben worden sind, vielleicht weil man dachte, daß Paulus ihn zitiere. Klare Allusionen an Worte Jesu in den kanonischen Evangelien kommen im Epheserbrief nicht vor. Dagegen könnte die Jesus-Überlieferung indirekt zur Auswahl und Gestaltung der paränetischen Weisungen beigetragen haben[241].

3.2. Die Briefe des Paulus

Das Verhältnis des Epheserbriefes zum Kolosserbrief muß besonders behandelt werden. Mit dem 2. Thessalonicherbrief hat er nur wenig gemeinsam. Ein Vergleich mit Römer, 1. und 2. Korinther, Galater, Philipper, 1. Thessalonicher und Philemon zeigt aber, daß manche paulinische Formulierungen, die im Kolosserbrief nicht vorkommen, im Epheserbrief wiederkehren[242]. Mitton hat berechnet, daß 29,1% der Wörter dieses Briefes (702 aus insgesamt 2.411 nach dem Text von Westcott und Hort) in den acht Paulusbriefen (einschließlich 2. Thessalonicher) in ähnlichen Wortverbindungen oder Kontexten zu finden sind[243]. Die Zahl ist nicht exakt; man muß Abstriche machen (z.B. Röm 16,25-27), könnte aber auch einiges hinzufügen. Die Zahlen vermitteln also ein einigermaßen korrektes Bild. Die Frage ist, wie weit die Berührungen als Reminiszenzen aus den echten Briefen zu erklären sind. Auch Mitton möchte das nicht für alle Fälle behaupten, vor allem nicht wo eine ähnliche Wortfolge auch im Kolosserbrief oder in den andern Briefen mehrmals vorkommt. Der Prozentsatz wird dadurch auf 17,3% des Gesamttextes reduziert, wozu aber dann 26,5% des Textes hinzukommen, die dem Kolosserbrief entnommen sein sollen[244].

Man wird aber auch noch weitere Abstriche machen müssen. In manchen Fällen handelt es sich um mehr oder weniger stereotype Wortverbindungen, die keineswegs einem andern Brief entnommen zu sein brauchen (z.B. τὰ κατ' ἐμέ, μετὰ φόβου καὶ τρόμου, ὀσμὴ εὐωδίας, πλήρωμα τῶν καιρῶν, τέκνα φωτός, ὁ ἔσω ἄνθρωπος, usw.). Wenig beweisend sind auch Übereinstimmungen im Briefformular, Doxologien und andern geprägten Formen (vgl. Eph 1,1-2. 3a. 15-17; 3,20-21; 4,1; etc.). Wenn der Epheserbrief nicht von Paulus stammt, wird man freilich damit zu rechnen haben, daß die Periode Eph 1,15-17a in freier Variation Phlm 4-6 nachgebildet ist (vgl. auch Eph 4,1; Phlm 1,9)[245]. Die Texte aus den übrigen Briefen, die am ehesten Reminiszenzen im Epheserbrief hinterlassen haben können, verteilen sich folgendermaßen[246]:

---

[240]*Ibid.*: Nr. 71 (Eph 2,14); Nr. 89 (Eph 3,15); Nr. 100 (Eph 1,4). Sehr fragwürdig sind Nr. 96, 97, 104 und 192.

[241]Vgl. z.B. Eph 4,2/Matt 11,29; Eph 4,28/Matt 15,11; Eph 4,32/Matt 6,14; Eph 6,14/Luk 12,35; Eph 6,18/Mark 13,33; 14,38.

[242][Siehe bes. MITTON 1951, 98-158; GOODSPEED 1933, 79ff.]

[243]MITTON 1951, 104.

[244]MITTON 1951, 104-05.

[245][So auch HÜBNER 1997, 144f.; BEST 1998, 27.]

[246][Vgl. zuletzt die Übersicht über „sämtliche möglichen Bezugnahmen und Anspielungen auf die anerkannten Paulusbriefe" bei GESE 1997, 76-78 sowie die vorhergehende Darstellung *ibid.*, 54-76; ferner auch J. MACLEAN 1995.]

Röm	1,18-31; 2,11; 3,20-27; 5,1-2. 10; (6,4-13; 8,28-30. 34-39;) 11,33. 36; 12,2-6; 13,11-14.
1Kor	2,6-10; 3,6-11. 16-17; 5,9-11; 6,9-10; 6,15-19; 8,6; 11,3; 12,46. 12-13; 24-28; 15,9-10; 15,24-28; 16,13.
2Kor	1,3; 1,22; 5,5; (5,17-20) 6,14-16.
Gal	1,12. 15-16; 2,16. 20; 3,14. 26-29; 5,19-23.
Phil	1,9-11. 27; 2,9-11; 4,6-7.
1Thess	2,12; 4,11. 13; 5,4-9.

Eigentliche Zitate kommen nicht vor[247]. Nur selten werden kurze Sätze fast wörtlich wiederholt: ἐσμὲν ἀλλήλων μέλη, Eph 4,25; vgl. Röm 12,5; ἀνήρ ἐστιν κεφαλὴ τῆς γυναικός, Eph 5,23; vgl. 1Kor 11,3. Aber auch von literarischer Bearbeitung oder von bewußten, von dem informierten Leser (bzw. Hörer) zu erkennenden Anspielungen kann nicht, oder nur ausnahmsweise die Rede sein (vgl. etwa Eph 2,8). In den meisten Fällen sind die möglicherweise aus den Paulusbriefen stammenden Elemente mit den eigenen Gedanken und Formulierungen des Verfassers innerlich verwoben. Mitton hat darauf aufmerksam gemacht, daß die meisten Parallelen aus bemerkenswerten Sätzen der echten Briefe stammen und erklärt den Tatbestand durch die Annahme, der Wortlaut solcher Sätze habe sich in die Erinnerung des Verfassers unseres Briefes eingeprägt[248]. Er übersieht aber dabei die Möglichkeit, daß schon Paulus besonders in geladenen Aussagen vorgegebene Formulierungen verwendete[249].

Mehrere Aussagen des Epheserbriefes, die in anderen Paulusbriefen Parallelen haben, greifen zugleich auf atl. Texte zurück: Eph 2,14-18/Röm 5,1-2. 10/Jes 57,19; 52,7; Eph 2,20-22/1Kor 3,6-9. 16-17/Jes 28,16; Eph 4,7-12/1Kor 12/Ps 68,18; Eph 4,22-24/Röm 6,6; 13,14 (Kol 3,9-10)/Gen 1,26f.; Eph 5,2/Gal 2,20/ z.B. Ps 40,7; Ex 29,18. Es kommt auch vor, daß der Epheserbrief in selbständiger Weise Texte ausnützt, die schon hinter den Parallelen liegen: Eph 1,20-22/1 Kor 15,24-28/Ps 2 und 110; Eph 5,28-33/1Kor 6,15-16/Gen 2,24; vgl. Lev 19,18; Eph 6,14-18/1Thess 5,8/Jes 59,19; vgl. 11,4-5; 52,7). Mögliche Reminiszenzen aus den andern Paulusbriefen sind also nicht nur miteinander, sondern auch mit atl. Texten verwoben worden. Die atl. Allusionen sind aber nicht einfach Lesefrüchte. Es ist durchaus möglich und in einigen Fällen nachweisbar, daß der Verfasser sie in einer vorgegebenen Verwendung und Auslegung übernommen hat (vgl. u.a. Eph 1,20-22; 2,20. 22)[250].

Da der Epheserbrief überhaupt viel mehr allgemein gehalten ist als die übrigen Paulusbriefe, ist es möglich, daß auch Einzelformulierungen derselben aufgenommen und generalisiert worden sind. Manchmal liegt aber die andere Erklärung näher, daß mehr oder weniger fest geprägtes Gut vorliegt, das bei Paulus in bestimmten Kontexten seiner Argumentation und Polemik dienstbar gemacht worden ist, im Epheserbrief aber

---

[247][Dies wird auch von GESE 1997, 55 zugegeben.]

[248]MITTON 1951, 136f., 247; [ähnlich MITTON 1976, 28: „It (sc. Ephesians) is written by one who had access to and knew intimately all these letters (sc. Pauline letters, and especially Colossians)"].

[249][So auch LINDEMANN 1979, 122-30, bes. 125; BEST 1998, 26; dagegen jetzt GESE 1997, 54-85.]

[250][So auch BEST 1998, 26; siehe ferner ROLOFF 1999, 257-59 mit Hinweis auf Ps 118 (LXX 119); Jes 28, 16 und Parallelisierung von 1Petr 2,4-8; Lk 20,17f.; Mt 21,42-44; Eph 2,20 und Barn 6,1-5.]

in mehr traditioneller Weise verwendet wird. Der Topos vom Zusammenhang von fehlender Erkenntnis, Götzendienst und moralischem Verfall dient z.B. in Röm 1-3 dem Nachweis, daß zwischen Juden und Heiden kein entscheidender Unterschied besteht. In Eph 4,17ff. wird er dagegen nur für die Paränese ausgenützt. Bei der Warnung vor Gemeinschaft mit groben Sündern fehlt in Eph 5,7ff. die in 1Kor 5,9-13 interpretierend hinzugefügte Beschränkung auf Sünder innerhalb der Gemeinde. Auch sonst liegt die Annahme nahe, daß gerade solche Formulierungen abgewandelt wiederkehren, die von Paulus nicht ad hoc geschaffen, sondern mehrmals gebraucht oder schon vorgefunden waren (vgl. z.B. Eph 1,13/2Kor 1,22; 2,8f./Röm 3,20-27 etc.; Eph 3,3ff./Gal 1,12. 15/1Kor 2,6f.; 4,5f.; 8,6).

Wie bei dem Vergleich mit anderen urchristlichen Kreisen darf man bei dem Vergleich des Epheserbriefes mit den Briefen des Paulus nicht literarische Bekanntschaft und sprachliche Kontinuität als einander ausschließende Alternative betrachten. Wenn man die durch Milieu und Überlieferung bedingten Faktoren in Rechnung zieht, ist es freilich im Einzelnen schwer zu sagen, ob eine literarische Reminiszenz vorliegt oder nicht. Angesichts der Art und Anzahl der Parallelen, ist es wahrscheinlich, daß der Verfasser nicht nur den Kolosser- und Philemonbrief, sondern auch den 1. Korinther- und den Römerbrief kannte, vielleicht auch den Galaterbrief[251]. Die Übereinstimmungen mit dem 2. Korinther-[252], 1. Thessalonicher- und dem Philipperbrief, um von 2. Thessalonicherbrief zu schweigen, sind aber zu schwach und zu allgemein, um beweisen zu können, daß der Verfasser ein ganzes Corpus Paulinum zur Hand hatte.

Aus den parallelen Aussagen läßt sich kein entscheidendes Argument für oder gegen paulinische Abfassung des Epheserbriefes gewinnen. Der Vergleich bestätigt aber den Eindruck, daß der Epheserbrief in seinen einzelnen Formulierungen mehr traditionell und weniger originell ist, als Paulus in seinen Briefen zu sein pflegt[253]. Daß die meisten der möglichen Reminiszenzen dem 1.Korintherbrief oder dem Römerbrief entstammen, fällt mit dem Befund in anderen nachpaulinischen Schriften zusammen.

3.3. Der Kolosserbrief

Die Forschungsgeschichte hat gezeigt, daß das Verhältnis des Epheserbriefes zum Kolosserbrief in vielfacher Weise gedeutet werden kann[254]. In einem Kommentar müßten die Parallelen an Ort und Stelle behandelt werden; hier kann nur ein Überblick

---

[251]Vgl. MERKLEIN 1973a, 42; [BEST 1998, 27].

[252][Zum 2. Korintherbrief, siehe einerseits die Übersichtstabelle bei POKORNÝ 1992, 19 (1,1 bis 13,9), andererseits die Liste oben sowie BEST 1998, 27: „it is interesting to note that all the more likely passages in 2 Corinthians which may have affected Ephesians come from its first nine chapters; AE may not have possessed the letter in the form we have it".]

[253]KÄSEMANN 1958, 520.

[254][Siehe SCHMID 1928, 384-457; GOODSPEED 1933, 79-165; OCHEL 1934; PERCY 1946, 360-433; MITTON 1951, 55-158, 279-338; MERKLEIN 1973a, 28-44; IDEM 1981a; IDEM 1981b; VAN ROON 1974, 413-37; COUTTS 1957-58; BENOIT 1963; J. B. POLHILL 1973; SCHENKE/FISCHER 1978, 185; SCHNAKENBURG 1982, 26-30; LINCOLN 1990, xlvii-lviii; POKORNÝ 1992, 3-8; FURNISH 1992, 536-37; GESE 1997, 39-54; BEST 1997b; IDEM 1998, 20-25.]

über den gesamten Tatbestand geboten werden. Die Wortstatistik besagt an sich nicht viel. Bei einem Vokabular von 529 Wörtern hat der Epheserbrief 21 Wörter mit dem Kolosserbrief und keinem andern Paulusbrief gemeinsam. Dazu kommen 3 hinzu, die sonst nur in den Pastoralbriefen vorkommen (21 + 3). Die Zahl ist etwas höher als die mit nur einem anderen Brief gemeinsamen Wörter: Römer 16 + 4; 1 Korinther 9 + 7; 1. Thessalonicher 10 + 0, usw. Die Zahl ist dennoch nicht besonders auffallend, denn der Epheserbrief hat 82 [83?] Einbriefwörter und 11 Wörter nur mit den Pastoralbriefen gemeinsam (Kolosser, ca. 62 [68?] + 0 [3?])[255].

Die *Übereinstimmung* in Wortfolge, Phraseologie und Kontext ist so groß, daß das Verhältnis zwischen den beiden Briefen sich synoptisch darstellen läßt. Nach Mitton deckt sich ein Viertel des Epheserbriefes mehr oder weniger wörtlich mit einem Drittel des Kolosserbriefes[256]. Die Verteilung der Parallelen in den beiden Briefen ist aus der Tabelle unten zu ersehen.

Die beiden mittleren Kolumnen, E 1 und K 1, geben Abschnitte an, die in den beiden Briefen *in derselben Reihenfolge* stehen und einander funktionell und meistens auch im Wortlaut entsprechen.

Die danebenstehenden Kolumnen, E 2 und K 2, nennen die *übrigen Teile* der beiden Briefe. Die Kolumnen E 3 und K 3 geben *verwandte Sinneinheiten* an, die z.T. mehrere Verse umfassen aber in der Gesamtkomposition der beiden Briefe *nicht in derselben Reihenfolge* stehen. K 3 bietet also Parallelen sowohl zu E 1 als zu E 2 und umgekehrt.

In den am Rande stehenden Kolumnen, E 4 und K 4 sind endlich zerstreute, meistens phraseologische *Einzelparallelen* genannt.

TABELLARISCHE ÜBERSICHT

K4	K3	E2	E1	K1	K2	E3	E4
			1,1-2	1,1-2			
1,22.14. 20;1,9.2 7.16	1,3	1,3-12					
1,12	1,5	1,13-14					
	1,9		1,15f.	1,3f.			
				1,5-8		1,13	

---

[255] Siehe R. Morgenthaler 1992, 173; unter Abstrich der in Phlm vorkommenden Wörter, meistens Namen. Vgl. Röm/1Kor 47 + 19.

[256] Mitton 1951, 57, 279-315; Wagenführer 1941, Beilage; [vgl. ferner z.B. Holtzmann 1872, 25f., 325-30; Abbott 1897, xxiii; Haupt 1902, 65-68; Goguel 1926, 460f.; Percy 1946, 384-418; van Roon 1974, 427-29; F. O. Francis/J. P. Sampley 1984, §§218-36, §§256-75; Lincoln 1990, xlix; Pokorný 1992, 3-5].

Einleitungsfragen zum Epheserbrief

K4	K3	E2	E1	K1	K2	E3	E4
			1,16f.	1,9f.		1,15f.	1,8f.
1,27.12.11	2,9f.		1,18-23	1,11-19		2,13-17	3,16
2,12; 1,29 3,1; 1,24							1,6f.10.21f.
3,7.6.1 1,10	2,13	2,1-10					
3,6f. 10f.	2,11.14		2,11-16	1,20-22			2,1; 4,18 1,4; 5,27
2,7.19	2,10	2,17-22					
4,3; 2,2 1,16			3,1-13	1,23-29			3,16f.; 1,2 1,18; 4,13
1,11; 2,7.9; 1,19	1,27.23		3,14-19	2,1-3			
1,29.26		3,20-21					
1,10	3,12-15	4,1-6					
1,28; 2,22		4,7-14					
1,18	2,19	4,15-16					
					2,4-5		5,6
1,21; 3,5			4,17-21	2,6-7			5,4
					2,8		5,6
					2,9-10	1,20-23	
					2,11-15	2,5-6. 11-15	1,19f.
					2,16-18		1,23 (?)
					2,19	4,15-16	
					2,20-23		

K4	K3	E2	E1	K1	K2	E3	E4
					3,1-4		2,5f.; 1,20
					3,5-9a	4,25-31; 5,3-6	2,3
			4,22-24	3,9b-11			
4,6	3,8	4,25-31					
			4,32-5,1	3,12-13			
					3,14-15	4,2-4	
		3,5-8	5,3-6				
3,20; 5,4			5,7-18				
			5,19-20	3,16-17			
			5,21-22	3,18			
1,18			5,23-24				
			5,25a	3,19		5,28,33	
1,28,22			5,25b-33				
			6,1-9	3,20-4,1			
3,12; 1,11			6,10-17				
			6,18-20	4,2-4			
					4,5-6		5,15f.; 4,29
			6,21-22	4,7-9			
				4,10-17			
3,15			6,23				
			6,24	4,18			

Die tabellarische Übersicht zeigt, daß Parallelen in den beiden Briefen weit verstreut sind aber, daß es dennoch so etwas wie *eine gemeinsame Struktur* gibt. Nach dem Präskript (Eph 1,1-2/Kol 1,1-2) folgt eine Versicherung der Danksagung und Fürbitte (Eph 1,(3-14) 15-17/Kol 1,3-11). Sie leitet zur Erinnerung an Gottes Heilstat in Christus und deren Bedeutung für die Empfänger über (Eph 1,18-23; 2,1-22/Kol 1,11-19).

20-22). Danach folgen Aussagen über Paulus und Rückkehr zur Fürbitte (Eph 3,1-13. 14-21/Kol 1,23-29 und 2,1-3; bzw. 2,1-5). Dann kommt der Übergang zu Mahnungen und Warnungen (Eph 4,1ff. und 17ff./Kol 2,6ff.). Die Paränese wird an dem Thema „Ablegung des alten und Anziehen des neuen Menschen" orientiert (Eph 4,22ff./Kol 3,5-15). Der Aufruf zum Lobgesang und Danksagung leitet eine Haustafel ein (Eph 5,19-20; 5,21-6,9/Kol 3,16-17; 3,18-4,1). Es folgen Schlußmahnungen, eine Notiz über den Briefträger, und Grüße (Eph 6,10-20. 21-22. 23-24/Kol 4,2-6. 7-9. 10-17). Die in derselben Reihenfolge angeordneten Abschnitte folgen demnach dem Aufriß eines vollen paulinischen Briefes.

Das Bild ist aber komplizierter, wie zunächst aus den Kolumnen K 3 und E 3 bzw. E 4 zu sehen ist. Nicht nur zu Eph 1,15 bis 3,21, sondern schon zu 1,3-14 gibt es viele Parallelen innerhalb Kol 1,3-29. Die nächsten Berührungen mit Eph 1,20-2,22 sind in Kol 2,9-15, nicht jedoch in 1,11-22, zu finden. Die beiden Abschnitte Eph 4,22-5,6 und Kol 3,5-12 enthalten weitgehend ähnliche Gedanken in verwandter Formulierung, aber die kleineren Sinneinheiten sind jeweils anders angeordnet. Jeder Brief benutzt den gemeinsamen Stoff im Rahmen einer selbständigen Gesamtkomposition. Im Epheserbrief wird der Versicherung von Danksagung und Fürbitte die Eulogie in 1,3-14 vorangestellt. Dafür ist die Fürbitte in Kol 1,9ff. anders als in Eph 1,17ff. gegenüber der vorhergehenden Danksagung selbstständig. Auch der präskriptive Teil hat im Epheserbrief eine doppelte Einleitung, 4,1ff. und 4,17ff.[257]. Im Kolosserbrief werden die durch 2,6-8 (bzw. 2,4-8) eingeführten Mahnungen durch gehaltvolle theologische Aussagen abgebrochen (2,9-15 und 19)[258]. Sie liefern das Thema für die weiteren Warnungen und die Einzelparänesen, die ohne formelhafte Einleitung angeschlossen werden (vgl. Kol 2,20ff.; 3,1ff. 5ff.) Damit sind die wichtigsten kompositionellen Faktoren genannt, welche die unterschiedlichen Stoffanordnungen erklären können.

Neben den Übereinstimmungen ist auch das *Sondergut* der beiden Briefe zu beachten. Das *Sondergut des Kolosserbriefes*: Es fehlen im Epheserbrief Parallelen zu allen Aussagen, die auf die Gemeinde in Kolossae und der dortigen „Philosophie" Bezug nehmen, d.h. zu Kol 1,6-8 (2,3); 2,4-5. 8. 16-18. 20-23; 4,9a. 10-17. Daneben gibt es aber auch einige mehr theologische Aussagen, die im Epheserbrief kein Gegenstück haben (vgl. Kol 1,15-17a (Christus als Schöpfungsmittler); 1,24 ("was an den Trübsalen Christi fehlt"); 2,12. 20; vgl. 3,5 (Sterben mit Christus); vgl. noch 2,3 und 3,11. *Das Sondergut des Epheserbriefes* läßt sich schwerer herausschälen, denn zu jedem Abschnitt lassen sich zu Einzelheiten Parallelen aus dem Kolosserbrief beibringen (vgl. die Tabelle oben Seite 40!). Innerhalb der Haustafel ist das Sondergut (5,23-24. 25b-33; 6,2-3) in den gegebenen Rahmen eingefügt. Auch sonst werden gemeinsame Themen im Epheserbrief breiter ausgeführt (vgl. Eph 2,1-10/Kol 2,13; Eph 2,11-22/Kol 1,20-22 (2,11. 14); Eph 3,2-12/Kol 1,26-27; Eph 4,25-31/Kol 3,8-9). Das Sondergut besteht weitgehend aus Zitaten, Reminiszenzen, Paraphrasen und Interpretationen atl.er Texte (Eph 1,20b-22; 2,13-22; 4,8-11. 25-30; 5,18. 26-32; 6,2-3. 14-17). Auch die übrigen

---

[257] BJERKELUND 1967, 185.
[258] C. F. D. MOULE 1957, 88; BJERKELUND 1967, 180-85; [LUZ 1989, 377].

Aussagen ohne nahe Parallelen sind nicht situationsbezogen, sondern allgemein (vgl. Eph 2,4. 7-9a; 4,5-7; 5,7-14; 6,11-13).

Bei den *Parallelen,* die in den Kontexten eine *ähnliche Funktion* haben, ist die Berührung im Wortlaut in einigen Fällen gering (Eph 1,18-23/Kol 1,11-19; Eph 3,14-19/Kol 2,1-3; Eph 4,17-21/Kol 2,6-7). Dafür gibt es andere Aussagen, die sich teilweise decken, obwohl sie kompositionell anders plaziert sind (Eph 1,4b/Kol 1,22; Eph 1,7/ Kol 1,13; Eph 4,2/Kol 3,12; Eph 4,15b-16/Kol 2,19)[259]. Manche verstreute Parallelen (siehe Kolumne K 4 und E 4) berühren sich nur in Vokabular und Phraseologie, nicht aber in Funktion und Sinn[260]. Es ist endlich darauf hinzuweisen, daß an manchen Stellen des Epheserbriefes verschiedene Aussagen des Kolosserbriefes miteinander verknüpft zu sein scheinen („conflation")[261], daß aber umgekehrt auch Texte des Kolosserbriefes Parallelen an verschiedenen Stellen im Epheserbrief und auch in andern paulinischen Briefen haben (bes. Kol 1,9-29; 2,9-15).

Der Tatbestand ist äußerst komplex. Das Verhältnis zwischen Epheser und Kolosser ähnelt weder dem zwischen dem Römerbrief und dem Galaterbrief noch zwischen dem 2. Petrusbrief und dem Judasbrief. Das Verhältnis zwischen den beiden Thessalonicherbriefen ist eher analog, ist aber seinerseits ein Gegenstand einer stehenden Debatte. Bei den vielen einander widersprechenden Meinungen steht aber eine Sache fest: Die Ähnlichkeit zwischen dem Epheser- und dem Kolosserbrief beruht nicht nur auf gemeinsamem Milieu und gemeinsamen Traditionen. Es besteht ein literarischer und historischer Zusammenhang. Die nur selten vertretene Annahme, der Kolosserbrief sei sekundär und vom Epheserbrief abhängig, hat zwar einige Gründe für sich, schafft aber weit mehr Schwierigkeiten als sie erklärt. Die Regel, daß der kürzere Text der ursprüngliche ist, gilt zwar nicht ohne Ausnahme; aber sowohl innerhalb der Haustafel als auch an anderen Stellen ist der längere Text des Epheserbriefes offensichtlich durch interpretierende Erweiterungen entstanden (vgl. Eph 5,23-24. 25b-33; 4,16). Hinsichtlich der Gesamtkomposition ist es noch schwieriger, die Anordnung des Kolosserbriefes von der des Epheserbriefes abzuleiten als umgekehrt (vgl. z.B. Eph 1,3-14 oder Kol 2,9-15. 19 mit Parallelen)[262].

Die Vertreter der Ansicht, daß der Kolosserbrief sekundär (oder interpoliert) sei, haben aber mit Recht darauf bestanden, daß die Ableitung der Formulierungen des Epheserbriefes aus entsprechenden Aussagen des Kolosserbriefes manchmal unmöglich oder jedenfalls höchst gezwungen ist. Einige Beispiele mögen hier genügen. In der Haustafel des Kolosserbriefes ist der Abschnitt über die Sklaven unverhältnismäßig lang (Kol 3,22-25). Das scheint durch eine besondere, vielleicht aus dem Philemonbrief zu schließende Lage bedingt zu sein. Der Satz προσωπολημψία οὐκ ἔστιν hat seinen natürlichen Platz in der Mahnung an die Herren, wo er in Eph 6,9 zu finden ist. Daß der Verfasser des Epheserbriefes das Schema nicht nur aus dem Kolosserbrief

---

[259] PERCY 1946, 372-79.
[260] PERCY 1946, 379-418.
[261] [MITTON 1951, 138-58.]
[262] [So auch LINDEMANN 1985, 11.]

kannte, wird durch die Heranziehung des Gebotes, die Eltern zu ehren (6,2-3) bestätigt, denn mit ihm waren haustafelähnliche Anweisungen schon im hellenistischen Judentum verknüpft[263].

Der Gedanke, daß die zuvor in ihren Sünden Gestorbenen mit Christus lebendig gemacht sind, wird in Eph 2,1-10 im Anschluß an die vorhergehenden, an Ps 110,1 und 8,7 angelehnten, christologischen Aussagen breit ausgeführt und „paulinisch" kommentiert (vgl. bes. 2,5b. 8-10)[264]. Besonders in 2,4 wird jüdische Gebetssprache verwendet. In Kol 2,13 wird derselbe Gedanke fast nur nebenbei herangezogen und steht in einer gewissen Spannung zu der vorhergehenden Aussage (2,12), in der nicht vom Todsein in Sünden, sondern wie in Röm 6 vom Begrabensein mit Christus die Rede ist. Man könnte zur Not Kol 2,9-15 als eine Kompilation aus Eph 3,19; 1,21-23; Röm 2,29; Eph 2,11; Röm 6,4; Eph 1,19; 2,1. 5; 1,6. 7; 2,14-15 und 1,21 erklären. Dagegen geht es nicht an, Kol 2,13 als die Vorlage von Eph 2,1-10 anzusehen.

Verwandte Formulierungen sind mehrmals mehr organisch in den Kontext des Epheserbriefes als in den des Kolosserbriefes eingegliedert. Der Satz ἐν ᾧ ἔχομεν τὴν ἀπολύτρωσιν, διὰ τοῦ αἵματος αὐτοῦ, τὴν ἄφεσιν τῶν παραπτωμάτων fügt sich stilistisch und sachlich ausgezeichnet in die Eröffnungs-Eulogie des Epheserbriefes ein (1,7). Mit wenigen Abweichungen (διὰ τοῦ αἵματος αὐτοῦ fehlt und es heißt anstelle τῶν ἁμαρτιῶν) kommt derselbe Satz Kol 1,14 vor; hier vermittelt er aber den Übergang von dem in sich geschlossenen Abschnitt 1,12-13 zum Christushymnus in 1,15-20. Eine Aussage über Christus als das Haupt, von dem her der ganze Leib wächst, ist sowohl in Eph 4,15b-16 als auch in Kol 1,19 zu lesen. Im Epheserbrief bildet die Aussage den krönenden Abschluß eines Abschnittes, auf welchen mehrere kleine Satzglieder Bezug nehmen (ἐν μέτρῳ ἑνὸς ἑκάστου μέρους, εἰς οἰκοδομὴν ἑαυτοῦ und ἐν ἀγάπῃ; zu συναρμολογούμενον vgl. Eph 2,21, zu κατ' ἐνέργειαν 1,19). Der entsprechende Satz in Kol 2,19 ist kürzer und scheint ursprünglicher zu sein. Er ist aber nicht im Kontext verankert, sondern wird nur durch den Partizipialsatz καὶ οὐ κρατῶν τὴν κεφαλήν an die vorhergehende Warnung gegen Irrlehrer angehängt. Sachlich gehört er vielmehr mit der früheren Aussage über Christus als das Haupt jeder Macht und Gewalt zusammen 2,10). Der Tatbestand ist durch die Annahme zu erklären, daß die Aussage in Kol 2,19 nicht ad hoc geschaffen wurde, sondern etwa einem Hymnus über Christus als Haupt der Welt entstammt, im Kolosserbrief antihäretisch

---

[263][Siehe nur Philo, *Decal.* 106-34, 165; *Spec.* II. 225-27; *Deus* 17; *Mos.* II. 198; *Mut.* 40; *Plant.* 146; *Ebr.* 17; *LAB* 11,9; *Ps-Phokyl.* 175-227. Vgl. J. E. CROUCH 1972, 74-83; D. C. VERNER 1983, 44-47; D. L. BALCH 1981, 51-59; P. W. VAN DER HORST 1978, 187-202; STRECKER 1989, 349-75; J. THOMAS 1992, 378-91; WILSON 1994, 7-9, 134-45. Bezüglich der Haustafeln, siehe ferner: K. THRAEDE 1980, 359-68; D. LÜHRMANN 1980, 83-97; P. FIEDLER 1986, 1063-73; K. O. SANDNES 1994; C. OSIEK/D. L. BALCH 1997; H. MOXNES (HRSG.) 1997; S. K. STOWERS 1998, 287-301.]

[264][Vgl. HÜBNER 1997, 274, der die Hypothese aufstellt, „nach der χάριτί ἐστε σεσῳσμένοι in 2,5 und τῇ γὰρ χάριτί ἐστε σεσῳσμένοι διὰ πίστεως κτλ. in 2,8 zusammen mit οὐκ ἐξ ἔργων, ἵνα μή τις καυχήσηται in 2,9 spätere Glossen sind, und zwar Glossen eines Interpolators, der hier die Substanz der paulinischen Rechtfertigungslehre verdeutlichen wollte".]

ausgenützt, im Epheserbrief dagegen mehr konsequent verkirchlicht und paulinisch interpretiert worden ist[265].

Für die Verwandtschaft des Epheserbriefes mit dem Kolosserbrief wird demnach die Bekanntschaft des Verfassers mit diesem eine notwendige Voraussetzung sein; eine hinreichende Erklärung bietet sie indessen keinesfalls. Der Verfasser steht vielmehr in einem breiteren Überlieferungsstrom, wie es der Vergleich mit den Paulusbriefen, dem 1. Petrusbrief und anderen frühchristlichen Schriften zeigt[266]. Auch seine Verwendung von Schriftaussagen ist weitgehend traditionell. Er muß auch zu mehr oder weniger fest geprägten, im Kolosserbrief verwendeten Formulierungen einen unabhängigen Zugang gehabt haben. Neben einzelnen Beobachtungen spricht dafür die Tatsache, daß die Parallelen meistens im Rahmen von festen Stilformen oder Schemata begegnen: Eulogie (bzw. *beraka*, 1,3-14), hymnische Aussagen (1,20ff., vielleicht auch 2,14ff.), soteriologischer Kontrast von „Einst" und „Jetzt" (2,1-10. 11-22), das Schema „verborgen – offenbart" (3,4-10), Laster- und Tugend-Kataloge (4,31; 5,35), Haustafeln (5,21ff.). Liturgische und katechetische Traditionen vermögen aber ihrerseits nicht, die Übereinstimmungen in dem epistolären Formular, der Selbstdarstellung des Senders und der Gesamtkomposition zu erklären (vgl. Eph 1,1-2. 15. 17; 3,1-14; 6,18-20. 21-22).

Wie Gnilka richtig erkannt hat, reicht keine simplistische Erklärung aus: „Das Verhältnis des Epheserbriefs zum Kolosserbrief ist darum so zu bestimmen, daß der letztere die Vorlage abgab, daß aber beide von mannigfachen Traditionen umgeben sind, die ihre Verfasser eigenständig verarbeiten"[267]. Dieser Konklusion ist aber noch hinzuzufügen, daß die „Traditionen" nicht – oder nur selten – als fest geprägt und durch Überlieferung weitergegebene Einheiten vorzustellen sind. Das ist aus den vielen, z.T. rein phraseologischen Einzelparallelen zu ersehen. Es gibt aber auch manche Ähnlichkeiten in Stil und Sprache, die weder literarisch noch traditionsgeschichtlich zu erklären sind. Es genügt hier einerseits ein Hinweis auf die vielen zu den beiden Briefen, besonders aus den Qumranschriften, beigebrachten Parallelen[268], andererseits auf die Begrifflichkeit, die zu einer „gnostischen" Interpretation Anlaß gab[269]. Ob man besser nicht von Gnosis und eher von religiösem und philosophischem Synkretismus reden sollte[270], ist in diesem Zusammenhang unerheblich. Es wäre mehr als merkwürdig, wenn ein Verfasser, der selbst die Sprache esoterischer Weisheitsoffenbarung und religiöser Kosmologie verwendet, Begriffe wie σῶμα und κεφαλή, πλήρωμα und

---

[265]PERCY 1946, 413-16; MERKLEIN 1973a, 30, 89-99; H.-J. GABATHULER 1965, bes. 125-31, 143; [SCHENKE/FISCHER 1978, 176].

[266][Siehe oben Abschnitt 3.1. auf Seite 28ff., Abschnitt 3.2. auf Seite 37ff. und Abschnitt 3.3. auf Seite 39ff.]

[267]GNILKA 1990, 13; [so jetzt auch SCHNELLE 1996, 350, 356f.]

[268]Zum Kolosserbrief, siehe LOHSE 1968, 69-73 *et passim*; zum Epheserbrief, siehe KUHN 1961, 334-46; MUSSNER 1963, 185-98; GNILKA 1990, 123-25 [sowie DAHL mit weiteren Literaturangaben unten Aufsatz II in diesem Band].

[269]SCHLIER 1930; KÄSEMANN 1933; VIELHAUER 1939/79; POKORNÝ 1965; [FISCHER 1973, bes. 173-200; SCHENKE 1973, 223-25.

πληροῦσθαι, μυστήριον und οἰκονομία dem Kolosserbrief entnommen und umgedeutet haben sollte[271]; man wird vielmehr folgern müssen, daß er nicht nur mit dem Kolosserbrief und den darin verwendeten „Traditionen" vertraut war, sondern auch in demselben sprachlichen und theologischen Milieu wie dessen Verfasser beheimatet war.

Einige Beobachtungen legen die Annahme recht nahe, den beiden Briefen liege eine gemeinsame Vorlage oder ein erster Entwurf zu Grunde[272]. Diese Vermutung vermag aber ebensowenig wie die Interpolationshypothesen den gesamten Tatbestand zu erklären. Es ist aber die Frage zu stellen, ob die Theorien nicht so kompliziert werden und mit so vielen unbekannten Faktoren rechnen müssen, daß die traditionelle Annahme, Paulus habe selbst beide Briefe verfaßt, am Ende doch die wahrscheinlichste ist – weil sie die einfachste Erklärung bietet. In der Tat muß gefolgert werden, daß entweder keiner der Briefe oder beide auf Paulus zurückgehen[273]. Die Indizien für eine nach-paulinische Abfassung sind zwar bei dem Epheserbrief etwas größer (vgl. z.B. 2,20; 3,6; 4,7ff.). Dafür steht aber der Epheserbrief in manchen Beziehungen den Homologoumena näher[274]. Wenn der Kolosserbrief echt, der Epheserbrief unecht wäre, müßte ein späterer Verfasser einen echten Brief des Apostels „paulinisierend" bearbeitet haben! Der Kolosserbrief hat eine Stütze in dem Brief an Philemon (vgl. Kol 4,9-17, vielleicht auch 3,22-25)[275]. Die eigenartige Terminologie ließe sich hier durch die Annahme erklären, daß Paulus auf die Begrifflichkeit der „Philosophie" eingeht, um „den Gnostikern ein Gnostiker" zu werden[276]. Umgekehrt läßt sich aber der Stil des Epheserbriefes leichter aus der Gattung eines „katholischen" Briefes erklären; angesichts der Lage in Kolossae wäre vielmehr Argumentation und Polemik zu erwarten, nicht nur positive Darstellung, Warnung und Mahnung.

Dibelius meinte, das Verhältnis von Epheserbrief zum Kolosserbrief biete „den Punkt dar, von dem aus die Echtheitsfrage zu entscheiden ist"[277]. Dem ist nur insofern zuzustimmen, als die „Berührungen in der Terminologie trotz Differenz der Gedanken" gegen gleichzeitige Abfassung der beiden Briefe durch einen Verfasser sprechen[278]. Als Beispiele dafür läßt sich neben κεφαλή und σῶμα, μυστήριον und ἀποκαταλλάσσειν auch πλήρωμα, οἰκονομία oder σύνδεσμος mit Genitiv nennen. Dazu kommen auch die interpretierenden Erweiterungen des gemeinsamen Gutes

---

[270][Vgl. VIELHAUER 1975, 214: „Religionsgeschichtlich ist der Eph ein synkretistisches Dokument: außer der gnostischen Mythologie verwendet er Mystereinanschauungen, Qumranterminologie und Motive der hellenistischen Popularphilosophie, in der Masse also esoterische, ‚mystische' Gedanken"; ähnlich auch H.-F. WEISS 1973, 312; HÜBNER 1997, 18-21, 172-77: Platon, Sapientia Salomonis, Philon, Gnosis.]
[271]DIBELIUS/GREEVEN 1953, 83-85; MITTON 1951, 82-97.
[272]Vgl. VAN ROON 1974, 205.
[273][Siehe oben Anm. 160 auf Seite 24.]
[274][Siehe oben ad Anm. 181 auf Seite 27.]
[275]KNOX 1938, 144-60; IDEM 1959, 34-55.
[276]DIBELIUS/GREEVEN 1953, 53 und 83; CHADWICK 1954-55, 270-75, bes. 271.
[277]DIBELIUS/GREEVEN 1953, 83.

im Epheserbrief. Bei paulinischer Abfassung des Kolosserbriefes hätte man auch erwarten müssen, daß die Lage in Kolossae zu einer Argumentation aus der Schrift einen Anlaß geboten hätte. Die Briefe an die Thessalonicher und Philipper enthalten, wie bekannt, keine Zitate und weniger Allusionen als der Römerbrief, die Korintherbriefe und der Galaterbrief. Der Epheserbrief nimmt aber auf das AT viel häufiger Bezug als der Kolosserbrief! Trotz aller Übereinstimmungen haben beide Briefe je ihre Eigenart[279]. Um paulinische Urheberschaft aufrecht zu erhalten, müßte man jedenfalls damit rechnen, daß Paulus bei der Abfassung zwei verschiedene Assistenten benutzte.

4. Der Verfasser

In den „Einleitungen" zum Epheserbrief hat die Verfasserfrage meistens im Vordergrund gestanden. Das hat zwar nicht immer, aber doch oft zu methodischen Fehlern geführt, und zwar in zwei verschiedenen Weisen: (1) Man stellt die auffallenden Besonderheiten heraus, und verwendet sie unkritisch als Beweise gegen die Authentizität des Briefes ohne genügend zu beachten, wie stark Paulus auch sonst seinen Stil und auch seine Gedanken nach den Umständen variieren kann[280]. (2) Man weist nach, daß die auffallenden Einzelheiten mit der literarisch-rhetorischen Art und dem besonderen Anlaß, Zweck und Inhalt des Briefes zusammenhängen und schließt daraus – wieder unkritisch – daß sie deshalb die paulinische Abfassung nicht ausschließen[281]. Um solchen Fehlern zu entgehen, habe ich – außer in der Übersicht über die Forschungsgeschichte – die Verfasserfrage zurückgestellt und die Eigenart des Briefes und sein Verhältnis zu anderen Schriften außer- und innerhalb der paulinischen Briefsammlung unparteiisch zu beschreiben versucht. Es muß jetzt der Versuch gemacht werden, aus dem gewonnenen Gesamtbild des Werkes auf die Identität seines Urhebers zurückzuschliessen.

Zunächst ist negativ festzustellen, daß Paulus nicht selbst für die literarische und sprachliche Ausformung des Briefes verantwortlich ist. Sowohl die allgemeine Eigenart wie auch sein Verhältnis zum Kolosserbrief wird durch diese Annahme am besten erklärt[282]. Dieses Ergebnis wird auch durch verschiedene Einzelbeobachtungen unterstützt:

1. Der Epheserbrief gebraucht ὁ διάβολος, während Paulus σατανᾶς und andere Synonyme verwendet[283]. Das ist kaum ein Zufall, denn der Epheserbrief unter-

---

[278]DIBELIUS/GREEVEN 1953, 84. [VIELHAUER 1975, 209; vgl. schon W. BOUSSET 1921/65, 287 Anm. 2: „Ein Vergleich zwischen Kolosser- und Epheserbrief unter dem Gesichtspunkt des Themas der ἐκκλησία beweist unzweifelhaft, daß die beiden Briefe von verschiedenen Autoren stammen. Der Epheserbrief liegt in einer völlig andern Gedankensphäre als der Kolosserbrief".]

[279][Siehe nunmehr bes. BEST 1997b, 72-96.]

[280][SCHLIER 1963, 23: „... die vielfach unkritische und sachferne Art mancher sogenannten Kritiker".]

[281]Typisch SCHLIER 1963, 27; BARTH 1974, 41-50; PERCY 1946, 191-99, 202-52; VAN ROON 1974, bes. 438-40 et passim; [vgl. schon HAUPT 1902, 80-82, wenn auch etwas zögernd].

scheidet sich auch sonst von Paulus in der Dämonologie: nur in ihm wird eine direkte Beziehung zwischen dem Teufel und den kosmischen Mächten und Gewalten ausgesagt[284].

2. Der Epheserbrief verwendet fünf Mal den Ausdruck ἐν τοῖς ἐπουρανίοις, während Paulus ἐν οὐρανῷ oder ἐν (τοῖς) οὐρανοῖς sagt. Das ist wiederum kein isoliertes Phänomen, denn der Epheserbrief setzt überhaupt andersartige kosmologische Vorstellungen als Paulus voraus[285].

3. Der Epheserbrief enthält mehrere, oft kosmologische Gottesbezeichnungen und Prädikationen, die bei Paulus nicht vorkommen: ἐν τῷ θεῷ τῷ τὰ πάντα κτίσαντι (3,9); πρὸς τὸν πατέρα, ἐξ οὗ πᾶσα πατριὰ.... ὀνομάζεται (3,14f.); εἷς θεὸς καὶ πατὴρ πάντων, ὁ ἐπὶ πάντων κτλ. (4,6)[286].

4. Nur der Epheserbrief spricht von „dem kommenden Äon" oder „den kommenden Äonen" (1,21; 2,7). Auch sonst verwendet er nichtpaulinische Ausdrücke sowohl für die zukünftige Ewigkeit als auch für die Urzeit[287]. Wie auch im vorhergehenden Fall dürfte die Terminologie „liturgisch" sein; damit ist aber nicht erklärt, warum der Epheserbrief durchgehend von den paulinischen Ewigkeitsformeln abweicht.

5. Im Epheserbrief werden zwei Zitate mit διὸ λέγει eingeführt, während Paulus andere Zitierungsformeln verwendet, z.B. καθὼς γέγραπται oder λέγει ἡ γραφή. Die in Eph 4,8 und 5,14 verwendete Formel διὸ λέγει kommt aber in nicht-paulinischen Schriften vor[288]. Auch sonst weicht die exegetische Terminolo-

---

[282]Vgl. oben Abschnitt 3.2. auf Seite 37ff. und Abschnitt 3.3. auf Seite 39ff. [In lexikalischer Hinsicht weist der Epheserbrief Besonderheiten auf: „So finden sich 35 ntl. Hapaxlegomena [[Zählung nach ALAND (HRSG.) 1978, 456]] von denen vor allem bedeutsam sind: ἑνότης (Eph 4,3. 13), κοσμοκράτωρ (Eph 6,12), μεσότοιχον (Eph 2,14) und πολιτεία (Eph 2,12)" (SCHNELLE 1996, 349).] In syntaktischer Hinsicht weichen die Pastoralbriefe weniger als der Epheser- und der Kolosserbrief von den Homologoumena ab; vgl. LESTER 1973, 72-82: „After comparing and contrasting the stylistic similarities and differences within the natural groupings of the Antilegomena ... one can safely assert that, in terms of relative distance from the style of the Homologoumena the Antilegomena can be arranged as follows: Homologoumena – II Thes – II Tim – Tit – I Tim – Eph/Col" (ibid., 82).

[283]Διάβολος: Eph 4,27; 6,11; vgl. auch 2,2, τὸν ἄρχοντα τῆς ἐξουσίας τοῦ ἀέρος. Bei Paulus dagegen ὁ σατανᾶς: Röm 16,20; 1Kor 5,5; 7,5 etc.; ὁ πειράζων: 1Thess 3,5; vgl. ὁ ὀλοθρευτής: 1Kor 10,10; ὁ πονηρός: 2Thess 3,1.

[284]Eph 6,11f.; vgl. 2,2f.; dazu B. NOACK 1948; [ferner jetzt auch die Hervorhebung der Bedeutung der kosmischen „Mächte" in C. E. ARNOLD 1989, passim].

[285]Ἐν τοῖς ἐπουρανίοις: Eph 1,3. 20; 2,6; 3,10; 6,12. Vgl. auch 1,20-23; 2,2-3; 3,18; 4,8-10. Der Epheserbrief scheint eher ein sphärisches Weltbild als ein dreistöckiges vorauszusetzen. [Siehe DAHL 1965, 63-75, in diesem Band Aufsatz XII, Abschnitt 2. auf Seite 367ff.; vgl. zum Weltbild weiterhin: GNILKA 1990, 63ff.; LINDEMANN 1985, 121-23; HÜBNER 1997, 260-63.]

[286]Auch andere Gottesbezeichnungen sind ohne volle Analogie bei Paulus: 1,17: ὁ θεὸς τοῦ κυρίου ἡμῶν Ἰησοῦ (vgl. 1,3 B), ὁ πατὴρ τῆς δόξης; 1,11: Χριστοῦ τοῦ τὰ πάντα ἐνεργοῦντος κτλ.; 3,20: τῷ δὲ δυναμένῳ; 5,20: τῷ θεῷ καὶ πατρί.

[287]3,21: εἰς πάσας τὰς γενεὰς τοῦ αἰῶνος τῶν αἰώνων; 4,6: ὁ ἐπὶ πάντων καὶ διὰ πάντων καὶ ἐν πᾶσιν; 1,4: πρὸ καταβολῆς κόσμου; 3,10f.: κατὰ πρόθεσιν τῶν αἰώνων.

[288][Hebr 3,7; Jak 4,6.]

gie des Epheserbriefs von der des Paulus ab: τὸ δὲ ... τί ἐστιν, εἰ μὴ ... (4,9); τὸ μυστήριον τοῦτο μέγα ἐστίν, ἐγὼ δὲ λέγω εἰς ... (5,32); Vgl. auch 6,2. 17.

6. Besonders bemerkenswert ist die Verwendung der Formel „in Christus" und Varianten davon. Die determinierte Form ἐν τῷ Χριστῷ kommt in Eph 1,10. 12. 20, sonst nur in 1Kor 15,22 und 2Kor 2,14 vor. Dem Epheserbrief eigentümlich sind die Formen ἐν τῷ κυρίῳ Ἰησοῦ (1,15); ἐν τῷ Χριστῷ Ἰησοῦ τῷ κυρίῳ ἡμῶν (3,11); ἐν τῷ ἠγαπημένῳ (1,6) und ἐν τῷ Ἰησοῦ (4,21). Die pronominale Form ἐν αὐτῷ wird im Epheserbrief und Kolosserbrief häufiger als in den übrigen Briefen benutzt[289]; ἐν ᾧ kommt [in dieser Bedeutung] nur im Epheserbrief und im Kolosserbrief vor[290]. Nur im Epheserbrief wird ein Relativsatz mit ἐν ᾧ an ein „in Christus" am Ende des vorhergehenden Satzes angeschlossen (Eph 1,6f. 10f. 12f.; 3,11f.). In ähnlichen Konstruktionen wird im Röm 5,2. 11 ein doppeltes διά verwendet.

Es ist aber weniger die Wahl nicht-paulinischer Ausdrücke als die andersartige Verwendung einer paulinischen Formel, welche den Gebrauch von ἐν Χριστῷ und Varianten zu einem Argument gegen paulinische Abfassung des Epheserbriefs macht. Der Brief verwendet die Formel in Aussagen, in denen Gott der Handelnde, Christus der Vermittler, und die Christen von seinem Tun betroffen sind, wie z.B. 1,3 ὁ εὐλογήσας ἡμᾶς ... ἐν Χριστῷ. Zu diesem Aussagetypus gibt es bei Paulus nur teilweise Analogien[291]. Ohne Analogie bei Paulus ist die Verwendung von ἐν αὐτῷ in einem Satz, dessen Subjekt Christus ist (2,15). Dem Epheserbrief eigentümlich ist auch, daß die Formel in einer Aussage über die Erwählung (1,4) und in einer Doxologie (3,21) verwendet wird. Wenn man sowohl die Häufigkeit als auch den Gebrauch der Formeln im Epheserbrief betrachtet, ist zu folgern, daß der Verf. durch den paulinischen Sprachgebrauch überaus stark beeinflußt ist, aber dennoch von ihm abweicht und also nicht mit Paulus identisch ist.

Die unter 1. – 6. zusammengestellten Abweichungen von der normalen Ausdrucksweise des Paulus lassen sich nicht durch die literarische Art, den Anlaß und Inhalt oder den dadurch bestimmten Stil des Epheserbriefs erklären. Sie zeigen, daß hier ein Verfasser spricht, der eine andere Terminologie als Paulus verwendet und auch typisch paulinische Ausdrücke in anderer Weise als Paulus gebraucht. Andere Beobachtungen liessen sich noch hinzufügen[292], aber nur eine volle Analyse und statistische Bearbeitung des linguistischen Tatbestandes würden das Ergebnis in entscheidender Weise absichern können. Statt dessen soll hier der Versuch gemacht werden, mit Hilfe der Einzelbeobachtungen den Verfasser zu charakterisieren. Wenn ein überzeugendes

---

[289]Ἐν αὐτῷ: Eph 1,4. 9 (?). 10; 2,15. 16 (?); Kol 7-8 mal; sonst in den Homologoumena 5 mal. ἐν ᾧ: Eph 1,7. 11. 13bis. 2,21. 22; 3,12; und per Analogie 4,30; Kol 3-4 mal. Die Häufigkeit der übrigen Varianten ist nicht besonders auffallend: ἐν Χριστῷ: 1,1; 2,5 ($\mathfrak{P}^{46}$ B D G); 2,6. 7 (B pl); 2,10. 13; 3,6. 21; ἐν κυρίῳ: 2,21; 4,1. 17; 5,8; 6,1 (om. B DG); vgl. A. DEISSMANN 1892, 2; W. SCHMAUCH 1935; F. NEUGEBAUER 1961; J. A. ALLEN 1958-59, 54-62.

[290]Siehe LESTER 1973, 187.

Gesamtbild hervortritt, haben wir ein positives Ergebnis erzielt, welches das negative Ergebnis, daß der Verfasser nicht Paulus ist, bestätigt.

Es ist zunächst festzustellen, daß der Verf. wahrscheinlich ein persönlicher Schüler des Apostels gewesen ist[293]. Diese Annahme erklärt am besten die Kombination von paulinischen und unpaulinischen Elementen in der Sprache, von dem Stil und den Gedanken, welche einige Forscher als ein Argument für, andere als ein Argument gegen die Abfassung durch Paulus angeführt haben[294]. Situationsbedingte und polemische Aussagen der überlieferten Paulusbriefe haben in dem Epheserbrief nur wenig Nach-

---

[291] „In Christus" bezeichnet Christus als Vertreter Gottes und/oder Vermittler des Heils in verschiedenen Konstruktionen: (1) Gott ist Subjekt, das Prädikat ist ein transitives Verbum mit persönlichem Objekt, meistens ἡμᾶς: Eph 1,3: εὐλογήσας; 1,4: ἐξελέξατο; 1,6: ἐχαρίτωσεν; 2,5 v.l.: συνεζωοποίησεν; 2,6: συνήγειρεν καὶ συνεκάθισεν; vgl. 1,10; 2,15 und mit Dativobjekt 4,32: ἐχαρίσατο ὑμῖν. Zu dieser Konstruktion gibt es in den Homologoumena keine volle Analogie, vgl. am ehesten Röm 8,2(?); 2Kor 2,14; 5,17; 1Petr 5,10; Kol 2,15(?). Anders Kol 1,19; 2,9. (2) Gott ist logisches Subjekt bei Passivum: 1,11: ἐκληρώθημεν; 1,13: ἐσφραγίσθητε; 2,10: κτισθέντες; (2,22: συνοικοδομεῖσθε); 4,21: ἐδιδάχθητε (?). Analogien dazu: Kol 2,10. 11. 12 (?); vgl. 1,16; 1Kor 1,4. 5; 15,22; Gal 2,17. (3) Gott ist Subjekt, das Prädikat ist ein transitives Verbum mit sachlichem Objekt: 1,9: γνωρίσας ἡμῖν τὸ μυστήριον; 1,20; (2,7); 3,11. Dazu gibt es keine treffenden Analogien. (4) Aussagen über das, was die Christen „in Christus" haben oder in ihm geworden sind (1,7; 3,12; 2,13; 3,6; 5,8). Ähnliche Konstruktionen kommen auch bei Paulus vor (Röm 15,17; 1Kor 15,31; Gal 2,4; Phlm 8; vgl. Kol 1,14; Röm 12,5; 1Kor 1,30; 2Kor 5,21). Es ist freilich etwas auffallend, daß in Eph 5,8 ἐν κυρίῳ steht; man hätte bei Paulus eher ἐν Χριστῷ erwartet; vgl. SCHMAUCH 1935, 175.

Der Epheserbrief spricht niemals direkt von einem Sein in Christus, wie Paulus es gelegentlich tut (Röm 8,1; 2Kor 5,17; vgl. Phil 3,9). Man darf deshalb die Formel im Epheserbrief nicht ohne Weiteres in Analogie mit der Leib-Christi-Vorstellung interpretieren, gegen PERCY 1946, 107ff., 288ff.; [Im lokalen Sinne versteht auch SCHLIER 1930, 54-56; GESE 1997, 173f.] ALLEN 1958-59, 54ff., bes. 59 geht freilich zu weit in die andere Richtung, wenn er den Sinn der Formel im Epheserbrief als „instrumental" bezeichnet; [so auch GNILKA 1990, 66-69; ERNST 1974, 281-83; POKORNÝ 1992, 104-08.] LESTER 1973, 187 spricht zutreffender von „agency constructions referring to God's act mediated through Christ". [Ein ähnliches Verständnis findet sich jetzt in BEST 1998, 153f.]

[292] Einige theologische Termini werden anders als im Kolosserbrief und/oder in den Homologoumena verwendet, z.B. κεφαλή und σῶμα, ἐκκλησία, πλήρωμα, πληροῦν, ἀποκαταλλάσσειν, μυστήριον, κληρονομία; vgl. dazu oben Abschnitt 3.2. auf Seite 37ff. sowie Abschnitt 3.3. auf Seite 39ff., und MERKLEIN 1973a, 29-35; ferner P. L. HAMMER 1960, 267-72; J. D. HESTER 1968. Für die Verfasserfrage dürfte indessen linguistische Details noch wichtiger sein: Der Epheserbrief gebraucht z.B. die Form ἅ für Neutrum Plural des Relativpronomens (5,4; ähnlich Kol 2,18. 23; 2Tim 2,20; Tit 1,11); Paulus sagt immer ἅτινα. Der Epheser- und der Kolosserbrief verwendet epexegetische Relativsätze mit ὅ ἐστιν, während Paulus τοῦτ' ἔστιν sagt (Eph 1,14; 3,13) im Unterschied zu Phlm 12; Röm 1,12 etc. (anders jedoch Phil 1,28: ἥτις ἐστίν, wie Eph 6,2). Vgl. F. BLASS/A. DEBRUNNER/F. REHKOPF 1976, §132,2; LESTER 1973, 64. – μᾶλλον δέ wird in Eph 4,28; 5,11 zur Einführung des positiven Gegensatzes nach einer negativen Vorschrift verwendet, anders als in Röm 8,34; 1Kor 14,1. 5; Gal 4,9. – Nur der Epheserbrief verwendet neben διὰ τοῦτο (1,15; 5,17) auch διὰ ταῦτα (5,6), ἀντὶ τούτου (5,31; [LXX hat: ἕνεκεν τούτου]) und τούτου χάριν (3,1. 14) zur Angabe des Grundes. Zu weiteren Einzelheiten in Vokabular, Phraseologie und Stil, vgl. z.B. MOFFAT 1918, 385-89; SCHMID 1928, 131ff.; PERCY 1946, 179-252; MERKLEIN 1973a, 19-25; LESTER 1973; VAN ROON 1974, 100-212; [J. H. MOULTON/N. TURNER 1976, 84f.; LINCOLN 1990, lxv-lxvi; BEST 1998, 27-32].

[293] [Anders VIELHAUER 1975, 212; Bedenken auch bei CONZELMANN/LINDEMANN 1995, 300.]

[294] [Vgl. darüber oben Anm. 170 auf Seite 25.]

hall gefunden. Die Parallelen zum Epheserbrief finden sich vielmehr in dem konventionellen Briefformular und vor allem in Abschnitten, welche mehr allgemeine Topoi der Predigt, des Unterrichts und des Gottesdienstes wiederspiegeln. Man muß annehmen, daß der Verfasser nicht nur mit dem literarischen Nachlaß des Apostels, sondern auch mit der mündlichen Form seiner Sprache vertraut war. Die Vermutung, daß er selbst dem Mitarbeiterkreis des Apostels angehörte, gewinnt durch verschiedene Einzelbeobachtungen Wahrscheinlichkeit.

Es ist in einigen Fällen nachweisbar, in anderen wahrscheinlich oder jedenfalls möglich, daß der Epheserbrief bei verwandten Formulierungen nicht von den erhaltenen Briefen, sondern vielmehr von älteren, schon in ihnen benutzten Formen und Schemata der Predigt und der gottesdienstlichen Sprache abhängig ist[295]. In diesem Zusammenhang ist es recht gleichgültig, ob es sich im strengen Sinne um „vorpaulinische Traditionen" handelt, oder ob Paulus selber an der Formulierung des geprägten Gutes aktiv beteiligt war[296]. Auf alle Fälle verwendet der Epheserbrief die geprägte Erbauungssprache in recht traditioneller Form, ohne die besonderen Anwendungen und Korrekturen zu berücksichtigen, welche für die echten Paulusbriefe kennzeichnend sind. Einige Beispiele dafür dürfen hier genügen[297].

Die Benediktion in 2Kor 1,3ff. ist durch die Briefsituation bedingt und nimmt auf ein Ereignis im Leben des Paulus Bezug. Die Struktur der Benediktion in Eph 1,3-14 ist durch ein anderes, aus dem Judentum bekanntes Muster bestimmt. In 2Kor 1,21f. und 5,5 weist Paulus auf die Besiegelung durch den Heiligen Geist hin, um in einer kontroversen Lage seine Glaubwürdigkeit und seine Zuversicht zu begründen. Die ähnlichen Formulierungen in Eph 1,13f. und 4,30 erinnern, in ganz schlichter Weise, die getauften Heiden an ihre Erfahrungen[298].

Sowohl in Eph 1,20-23 als auch in 1Kor 15,22-28 werden Ps 8,7 und 110,1 interpretierend paraphrasiert. Im 1Kor 15 unterscheidet Paulus aber sorgfältig zwischen verschiedenen Akten des eschatologischen Dramas; die feindlichen Mächte, darunter auch der Tod, sind noch nicht dem Christus unterworfen worden. Damit korrigiert Paulus einen eschatologischen Enthusiasmus [vgl. 1Kor 12,28f.], der durch christologische Inthronisationshymnen mit veranlaßt sein dürfte[299]. In dem hymnischen Stil wurde nicht zwischen verwirklichten und noch zukünftigen Aspekten der Inthronisation unterschieden. Der Verfasser des Epheserbriefs ist nicht von 1Kor 15, sondern vom Stil und Wortlaut der vorpaulinischen oder frühpaulinischen Inthronisationshymnen abhängig. Man darf weitergehen und vermuten, daß den korinthischen Enthusiasten auch der Gedanke bekannt war, daß die Getauften schon mit Christus auferweckt und inthronisiert waren (vgl. Eph 2,5-7; 1Kor 4,8). Auf alle Fälle dürfte die chronologisch

---

[295] [Vgl. SCHILLE 1965, 15-20; FISCHER 1973, 109-47; BEST 1998, 75-83.]
[296] [Vgl. J. BECKER 1989, 110.]
[297] Siehe dazu KÄSEMANN 1958, 518f.; SCHILLE 1965.
[298] [Siehe unten in diesem Band die Aufsätze VIII und XIV].
[299] Vgl. D. LÜHRMANN 1965, 118f.; J. C. HURD 1965/83, 195-200; [Zu 1Kor 15 siehe jetzt u.a. CONZELMANN 1981c, 319-21; K.-G. SANDELIN 1976; SELLIN 1986; J. H. ULRICHSEN 1995, 781-99; W. VERBURG 1996; N. WALTER 1998, 109-127].

spätere Aussage in Eph 2,5-7 traditionsgeschichtlich ein älteres Stadium vertreten als die modifizierte Form der Tauflehre in Röm 6, wo Paulus nur von dem Begraben- und Gekreuzigt-Werden mit Christus redet, während er die analoge Aussage über Auferstehung mit Christus bewußt unterläßt[300].

Es mag hier genügen ein weiteres, besonders deutliches Beispiel anzuführen. In Eph 5,3-14 wird vor Gemeinschaft mit groben Sündern gewarnt, die vom Reiche Gottes und Christi ausgeschlossen werden. Ähnliche Warnungen sind auch aus dem Judentum, besonders aus essenischer Sektenfrömmigkeit bekannt. Der Wortlaut in Eph 5 berührt sich besonders nahe mit 1 Kor 5,9. 11; 6,9f. In 1 Kor 5 verdeutlicht Paulus aber, was er in einem früheren Briefe geschrieben hatte. Seine Warnung vor Gemeinschaft mit Unzüchtigen, Geizigen, Götzendienern usw. sei nur auf Leute innerhalb der Gemeinde zu beziehen. Von dieser Verdeutlichung oder gar Berichtigung ist im Epheserbrief keine Spur vorhanden. Der Verf. dieses Briefes schreibt vielmehr ungefähr dasselbe, was Paulus in dem verlorenen, vor unserem 1. Korintherbrief liegenden Brief geschrieben haben muß. Es handelt sich offenbar um ein Stück paulinischer und allgemein urchristlicher Moralkatechese[301]. Was sich in diesem Fall nachweisen läßt, ist auch sonst wahrscheinlich: Der Verfasser steht in demselben Überlieferungsstrom wie Paulus, berücksichtigt aber nur wenig wenn überhaupt, die spezifische Interpretation und Applizierung des gemeinsamen Gutes in den erhaltenen Briefen des Paulus[302].

Der Verfasser ist dennoch ein bewußter „Paulinist". Jedenfalls an einem Punkte geht er sogar über Paulus hinaus. Die Aussage, daß Christus das Gesetz abgetan hat (Eph 2,15), kommt in den von Paulus selber verfaßten Briefen nicht vor und widerspricht jedenfalls in dieser Form der Behauptung des Paulus, daß er durch seine Lehre das Gesetz nicht abschaffe, sondern vielmehr aufrichte, d.h. in der ihm zukommenden Funktion zur Geltung bringe (Röm 3,31; vgl. Gal 3,21f.). Der Verfasser nennt die Beschneidung „sogenannt" und „am Fleisch" und „mit Händen gemacht" (2,11), verwendet also eine mehr geringschätzende Terminologie als Paulus, Röm 2,26-29, Gal 5,12 und Phil 3,2-3 zum Trotz. Beim Kontrast von Gnade und Werken fehlt Eph 2,8-9 die polemische Zuspitzung auf die Werke des Gesetzes, aber der Finalsatz ἵνα μή τις καυχήσηται zeigt doch, daß der Verfasser die spezifisch paulinische Lehre zur Geltung bringen möchte[303]. Die Darstellung des Paulus in Eph 3,2-12 geht in negativen

---

[300] Es ist ferner wahrscheinlich, daß der Terminus ὁ παλαιὸς ἄνθρωπος traditionell mit der Kleidungssymbolik (Eph 4,22-24; Kol 3,9-11) verbunden war. Der Gedanke vom Mitgekreuzigt-Werden des alten Menschen (Röm 6,5) dürfte dagegen spezifisch paulinisch sein. Vgl. ferner Eph 2,5-8; [zur Kleidungsmetaphorik, siehe DAHL Aufsatz XIII in diesem Band].

[301] Vgl. DAHL 1963, 65-77 [in diesem Band Aufsatz X].

[302] Man kann fast überall mehr oder weniger stereotype Predigtschemata finden: Das „Revelationsschema": „einst verborgen – jetzt offenbart" (3,4-6. 9-11; vgl. 1,4-6. 9-11); das „soteriologische Kontrastschema": „einst waret ihr ... jetzt aber ..." (2,11-22; 5,8; vgl. 2,1-10); das „Konformitätsschema" (4,32; 5,2; vgl. 5,25f. – zugleich „teleologisch"; vgl. 2,14-16); „Liste von Sünden, welche das Reich Gottes nicht erben, sondern vom Zorne Gottes getroffen werden (5,5. 6; vgl. 1 Kor 6,9f.; Gal 5,19-21; dazu auch Eph 4,17-19 und Röm 1,18ff.); „Haustafel" (5,21-6,9); „Tugend oder Heilsgüter als Waffen" (6,11-17; vgl. 1 Thess 5,8). Zu den zuerst genannten Schemata, vgl. DAHL 1954/57, 3-9 [vgl. nunmehr auch WOLTER 1987, 297-319 und HELLHOLM 1998, 333-48].

wie in positiven Aussagen über die Selbstdarstellung des Paulus hinaus. In 1 Kor 15,9 nennt sich Paulus ὁ ἐλάχιστος τῶν ἀποστόλων, in Eph 3,8 heißt es ἐμοὶ τῷ ἐλαχιστοτέρῳ πάντων ἁγίων. Die gesteigerte Verwendung einiger paulinischer Stilzüge fügt sich auch in dieses Gesamtbild ein[304].

Der Verfasser vereinigt in dem Brief, den er im Namen des Apostels schrieb, vor- und nebenpaulinisches Gut mit paulinischen und sogar ultrapaulinischen Zügen. Die Gesamtperspektive zeigt dennoch, daß er selber einer späteren Generation als der des Paulus angehört. Die Gleichberechtigung der Heiden mit den Juden ist ihm keine kontroverse Frage, sondern ein offenbartes Mysterium, deren Größe den ehemaligen Heiden in Erinnerung gebracht wird (2,11-22; 3,5-7). Paulus wird vor allem als Vermittler der Offenbarung des Geheimnisses verstanden (3,2-12)[305]. Die Selbstdarstellung des Apostels ist in der gleichen, eigentümlich stilisierten, erhabenen Sprache gehalten, wie die mehr liturgischen Abschnitte des Briefes. Die Einheit der Kirche ist eine zentrale Idee des Briefes[306], wir erfahren aber nichts über ihre Betätigung über die Grenzen der Lokalgemeinde hinaus. Die „heiligen" Apostel und Propheten bilden für den Verfasser die Grundmauer der Kirche (2,20; vgl. 3,3). Wie weit solche Formulierungen erst in nachpaulinischer Zeit möglich waren, läßt sich diskutieren[307]. Man gewinnt aber den Eindruck, daß unser Verfasser die Apostel und Propheten eher als ideale Gestalten denn als Menschen von Fleisch und Blut ansieht (vgl. als Kontrast Gal 1,16f.; 2,6-10).

Im Vergleich mit der Charismenlehre des Paulus (1 Kor 12, Röm 12,3-8) hebt der Eph 4,7-16 die besondere Funktion der Diener des Wortes stärker hervor. Die Warnung vor Irrlehrern ist ganz stereotyp (4,14). In dieser, wie in anderen Hinsichten, steht der Epheserbrief den Apostolischen Vätern und den späteren Schriften des Neuen Testaments nahe. Man darf freilich daraus keine vorschnellen Schlüße auf die Chronologie ziehen. Sowohl Gedanken als auch ihre sprachliche Formulierung können lange vor ihrer erstmaligen Bezeugung in der erhaltenen Literatur existiert haben, und Leute, die zur gleichen Zeit leben, können verschiedenen theologischen Generationen angehören. Der Verfasser des Epheserbriefes muß ein Mann der Übergangszeit gewesen sein: Er hat noch dem paulinischen Kreis angehört aber hat dennoch viele Züge mit den christlichen Lehrern und Leitern am Ende des ersten Jahrhunderts gemeinsam.

Der Epheserbrief wird gerne in die von Paulus zum sogenannten „Frühkatholizismus" führenden Entwicklungslinie eingeordnet[308]. Man sollte aber nicht übersehen,

---

[303][HÜBNER 1997, 274 nimmt allerdings hier eine spätere Interpolation an, siehe das Zitat oben Anm. 264 auf Seite 45.]

[304]Vgl. oben *passim* und LESTER 1973, bes. 102-28.

[305][Vgl. BEST 1998, 293, 295, 300f.]

[306][Vgl. SELLIN 1996, 295: „Leben nach der ‚Einheit' ist die Obermaxime der Ethik des Epheserbriefes".]

[307]Die durch Gal 2,9 bezeugte Bezeichnung στῦλοι läßt vermuten, daß sie schon z.Z. des Paulus möglich war; vgl. auch Matt 16,18 und Apk 21,14.

[308]Darin stimmen KÄSEMANN 1980; [FISCHER 1973;] und MERKLEIN 1973a überein; die radikale Differenz betrifft die Bewertung des „Frühkatholizismus" innerhalb und außerhalb des NT. [Siehe jetzt auch SCHENKE/FISCHER 1978, 178f.; HÜBNER 1993, 370f.]

daß es auch eine Linie gibt, die von Paulus über den Epheserbrief zu den christlichen Gnostikern des zweiten Jahrhunderts führt. Verschiedene Ansätze zu dieser Entwicklung sind schon im Epheserbrief vorhanden: Die Offenbarung der verborgenen Weisheit und der Erkenntnis Gottes ist dem Verfasser ein wesentlicher Aspekt des Christentums (Eph 1,8f. 17ff.; 3,2ff. 14ff.)[309]. Menschen, die in ihren Sünden tot waren, sind mit Christus auferweckt worden (2,5-8; vgl. 5,14). Der Verfasser nahm weniger als Paulus auf spezifische Verhältnisse Bezug und hat statt dessen die Heilslehre durch die Aufnahme einer kosmologischen Terminologie ausgebaut. Eine ähnliche Umdeutung kosmologischer Vorstellungen fand auch in gnostischen Kreisen statt, aber man braucht nicht anzunehmen, daß der Epheserbrief schon den voll ausgebildeten, anti-kosmischen Dualismus der späteren gnostischen Systeme voraussetzt[310].

Obwohl die spätere Entwicklung in verschiedene Richtungen führte, besteht innerhalb des Epheserbriefes keine Spannung zwischen den „frühkatholischen" und den „gnostizierenden" Tendenzen. Es wird vielmehr die in dem Evangelium verkündigte Gnade Gottes und damit die volle Teilhabe der Heiden an dem Heil als das höchste, unerforschliche Mysterium dargestellt. Der Verfasser verwendet Begriffe, die sonst für geheime Offenbarungen, esoterisches Wissen, religiöse Kosmologie und Theosophie geläufig waren, um in diesen Kategorien den gemeinsamen Glauben der Christen darzustellen. Darin folgt er einem verbreiteten Trend in der späteren Antike. Philosophierende Mystagogen und religiöse Philosophen, auch Juden in Palästina wie in Alexandria, trugen ihre eigene Lehre als offenbartes Wissen vor, um damit ihre Anhänger auf dem Weg der Erlösung zu leiten. Auch wo keine Religionsmischung stattfand, wurde zum Teil dieselbe Terminologie verwendet. Im Vergleich mit Paulus, repräsentiert der Epheserbrief eine weitergehende Aufnahme der interreligiösen Sprache der hellenistischen Umwelt, ohne deshalb weniger jüdisch zu sein[311].

Der Verfasser greift immer wieder auf das AT zurück, alludierend, paraphrasierend und auch interpretierend[312]. Der Vergleich mit dem Kolosserbrief und den übrigen Briefen zeigte, daß die Reminiszenzen aus der Schrift gerade in dem „Sondergut" des Epheserbriefs häufig sind. Der Epheserbrief verwendet die Schriften des AT wie die kleineren Paulusbriefe und, wie die exegetische Terminologie zeigt, etwas anders als die „Hauptbriefe." In vielen Fällen ist deutlich, daß ihm nicht nur die atl. Texte, sondern auch die damit verknüpften, urchristlichen und jüdischen Traditionen bekannt waren. Man kann aber nicht alles auf vorgegebenes Gut zurückführen[313]. Der Verfasser muß selbst ein geschulter Exeget gewesen sein. In 5,28-33 kombiniert er Paraphrasen des

---

[309] [Vgl. jetzt HELLHOLM 1998, 240-42.]

[310] Auf die Übernahme und Umdeutung kosmologischer Terminologie im Epheserbrief wies ich schon in meiner Besprechung von PERCY 1946 in DAHL 1947, 366-74 hin. Sie ist jetzt ziemlich allgemein anerkannt, vgl. z.B. die Arbeiten von C. COLPE 1960, 173-87; HEGERMANN 1961; MERKLEIN 1973a; FISCHER 1973; [ähnlich neuerdings auch POKORNÝ 1992, 22-24, bes. 23 mit Anm. 22; ferner jetzt auch FAUST 1993].

[311] Vgl. dazu DAHL 1975, 57-75; ferner vor allem M. HENGEL 1973, 381-94 (Exkurs Nr. 4: „Höhere Weisheit durch Offenbarung"); E. H. PAGELS 1975, 115-33.

[312] [Vgl. jetzt T. MORITZ 1996.]

Liebesgebotes in Lev 19,18 mit einer Interpretation von Gen 2,24 die er anderen Auslegungen entgegenstellt[314]. In 4,8-12 zitiert er Ps 68,19 in einer u.a. aus dem Targum bekannten Form, die auf den hebräischen Text zurückgeht. Seine Exegese setzt wohl auch die Beziehung des Psalmverses auf Moses voraus, um ihr eine christologische Interpretation entgegenzustellen[315].

Die Terminologie des Briefes läßt sich auf griechische wie auf jüdische Quellen zurückverfolgen. Neben dem stoischen Gut sollte man dabei die platonische Komponente in dem philosophischen und religiösen Synkretismus der Zeit nicht übersehen[316]. Der Verfasser besaß sicherlich nicht die philosophische Bildung eines Philo von Alexandria. An einigen Punkten bieten freilich die philonischen Schriften besonders bemerkenswerte Parallelen, z.B. zu der Vorstellung vom kosmischen Haupt und dessen Leib[317]. Das griechische Bildungsgut wird dem Verfasser durch die Vermittlung des hellenisierten Judentums zugeflossen sein.

In Eph 2,11ff. redet der Verfasser die Adressaten als „Ihr Heiden" an und erinnert sie an die ihnen in Christus geschenkten Privilegien, wobei er Jes 57,19 paraphrasiert und jüdische Proselytenterminologie verwendet. Das könnte darauf beruhen, daß er im Namen des Paulus schreibt; die Kunst, so zu reden und zu schreiben, wie es ein anderer getan haben würde (*fictio persona;* προσωποποιΐα) wurde in der antiken Rhetorik gepflegt[318]. Man gewinnt aber den Eindruck, daß der Verfasser auch selbst zu den Israeliten gehört. Recht viele Forscher, deren Ansichten über den Epheserbrief sonst auseinandergehen, stimmen heute darin überein, daß der Verfasser ein Judenchrist war[319]. Daß diese Ansicht mehr als eine Vermutung ist, zeigt neben der Schriftanwendung vor allem der enge Anschluß an die hebräische Phraseologie, die uns aus der Synagogenliturgie und aus den Qumran-Hymnen bekannt ist (bes. Eph 1,13ff.; 2,5ff.)[320].

---

[313]Vgl. bes. Eph 1,20-22 (+2,5-7); 2,13-17. 20-22; 4,7-12. 25-30; 5,2. (14). 17. 25-33; 6,2-3. 13-17. [Zum Vergleich mit dem Kolosserbrief, siehe oben Abschnitt 3.3. auf Seite 39ff.]

[314]Vgl. SAMPLEY 1971, bes. 139ff., 158ff.; vgl. auch DAWES 1998, 106f., 168-91

[315][Vgl. P. BILLERBECK 1926, 596-99. Näheres dazu z.B. in SCHLIER 1963, 192: „Eben diesen Bezug auf Christus klarzustellen, und zwar auf den erhöhten Herrn, ist offenbar die Absicht der Parenthese in den Versen 9 und 10"; KIRBY 1968, 61-69, 138f., 146; ferner SCHNACKENBURG 1982, 179-82; GNILKA 1990, 206-10; LINCOLN 1990, 243f.; POKORNÝ 1992, 169-72; HÜBNER 1997, 205: „ ... er (sc. der Auctor des Eph) hat also eine *Aussage über Gott auf Christus bezogen*"; BEST 1998, 378-88.]

[316]Dies ist merkwürdig selten betont worden; vgl. aber CHADWICK 1960, 150f. Vgl. ferner Eph 1,18; 2,14; 3,17; 5,1.

[317]Vgl. bes. COLPE 1960, 172-87; HEGERMANN 1961, 9-87. [Siehe jetzt auch LUZ 1998a, 126-30.]

[318]Dazu z.B. LAUSBERG 1973, 411-13 (§§ 826-29); [J. MARTIN 1974, 292f.; bes. Quintilian, *Inst. orat.* 9.2.31; vgl. S. K. STOWERS 1995, 180-202: „Cicero, Quintilian and the progymnasmata ... of Theon, Hermogenes and Aphthonius provide the best evidence from the rhetorical tradition for προσωποποιΐα in the early empire" (*ibid.*, 180).]

[319]Vgl. z.B. F. W. BEARE 1953, 601; KÄSEMANN 1958, 520; BJERKELUND 1967, 187; MURPHY-O'CONNOR 1965, 1201-09; [KIRBY 1968, 165; KÜMMEL 1973, 322; SCHENKE/FISCHER 1978, 187; BEST 1998, 8 und 91f.; als Möglichkeit auch ERNST 1974, 261; POKORNÝ 1992, 40. Für einen Heidenchristen plädiert MITTON 1951, 264; IDEM 1976, 30; dazu neigt auch LINDEMANN 1976, 247.]

[320]LYONNET 1961, 341-52; KIRBY 1968; KUHN 1960-61, 334-46; [siehe ferner oben Anm. 98 auf Seite 17 sowie DAHL in diesem Band Aufsatz II].

Anders als Paulus redet der Epheserbrief von τοῖς υἱοῖς τῶν ἀνθρώπων (3,5). Ausdrücke wie τέκνα ὀργῆς oder φωτός (2,3 bzw. 5,8) oder οἱ υἱοὶ τῆς ἀπειθείας (2,2), manche Genitivverbindungen abstrakter Substantive und andere Konstruktionen zeigen, daß die Sprache des Epheserbriefs etwas stärker semitisierend als die des Paulus ist. Man darf die Folgerung ziehen, daß der Verfasser zwei- oder dreisprachig, und nicht nur in dem griechisch-redenden Diasporajudentum, sondern auch in dem hebräisch- und aramäischredenden Kreisen verwurzelt war.

Wenn unser Versuch, den Verfasser zu beschreiben, in den wesentlichen Zügen korrekt ist, haben wir den Verfasser innerhalb eines recht begrenzten Umkreises zu suchen. Heidenchristen wie Onesimos oder Tychikos kommen nicht in Frage. Timotheos werden wir auch ausschließen dürfen, zumal er im Epheserbrief anders als im Kolosserbrief und Philemon nicht als Mitabsender genannt wird[321]. Wir können aber auch von den älteren Mitarbeitern des Paulus, Barnabas, Silas/Silvanus, Apollos oder Prisca und Aquilas absehen. Der Verfasser gehörte, wenn wir auf der rechten Spur sind, einer späteren Generation als Paulus an, war aber ein Jude, der zum Christentum in seiner paulinischen Ausprägung bekehrt und wohl auch ein persönlicher Mitarbeiter des Apostels gewesen war. Er muß ein ungewöhnlicher und bedeutender Mann gewesen sein. Man möchte vermuten, daß sein Werk nicht auf die Abfassung des Epheserbriefs beschränkt war und daß sein Name nicht völlig vergessen wurde.

An diesem Punkt könnte der Kolosserbrief weiterhelfen. In ihm werden Grüße von drei Männern, Aristarchos, Markus und Jesus Justus ausgerichtet, von denen es heißt, daß sie als die einzigen Mitarbeiter „aus der Beschneidung" dem Apostel ein Trost (παρηγορία) geworden waren (Kol 4,10-11). Wenn der Verfasser des Epheserbriefs ein Judenchrist war, und falls er zu Lebzeiten des Paulus und auf dessen Auftrag den Brief schrieb, müßte er mit einer der Dreien identisch sein. In diesem Falle würden andere Mitarbeiter zur gleichen Zeit die Briefe an die Kolosser und an Philemon ausgearbeitet haben[322].

Über Aristarchos erfahren wir aus der Apostelgeschichte, daß er ein Mazedonier aus Thessalonika war; er war mit Paulus in Ephesus zusammen und begleitete ihn auf der Reise nach Mazedonien (und Korinth) und später auf der Seefahrt nach Rom (Apg 19,29; 20,4; 27,2). Vermutlich war er einer der Delegaten, welche Paulus nach Jerusalem folgten, um die Kollekte zu überreichen. Sein Name ist griechisch und es ist nicht ganz sicher, ob er jüdischer Herkunft war[323]. Markus wird als Neffe des Barnabas

---

[321] Tychikos als der eigentliche Verfasser vermutete schon SCHLEIERMACHER 1895, 165f., 194; später auch z.B. [GOGUEL 1926, 174; vgl. auch IDEM 1935/36; W. L. KNOX 1939, 203;] MITTON 1951, 268 und leider auch ich, siehe DAHL 1966, 14. Über die Hypothese von Onesimos als Verfasser (GOODSPEED 1933; J. KNOX 1935/59; HARRISON 1964a), siehe oben Seite 22f. An Timotheos hat EICHHORN 1812, 278ff. gedacht.

[322] [Vgl. BEST 1998, 621: „It (sc. Ephesians) was probably written not by Paul but by someone strongly under his influence who had also been associated with the author of Colossians. Probably they both belonged to a continuing group of Paul's disciples".

[323] Nach HERM. VON SODEN 1893, 70 ist die Notiz in Kol 4,11 nur auf Markus und Jesus Justus zu beziehen; dagegen LOHSE 1968, 242.

bezeichnet und ist augenscheinlich mit Johannes Markus zu identifizieren (vgl. Apg 12,12. 25; 13,5. 13; 15,37. 39). Jesus Justus ist nur aus Kol 4,11 bekannt[324].

Johannes Markus und Jesus Justus trugen beide sowohl einen hebräischen wie einen lateinischen Namen, genau wie Saul/Paulus[325]. Sie werden demnach sowohl zu einer hebräisch-aramäischen wie zu der griechischen Umwelt die Beziehungen gehabt haben, die für den Verfasser des Epheserbriefes vorauszusetzen sind. Zugunsten von Markus ließe sich die Bekanntschaft mit neben- und frühpaulinischen Traditionen anführen. Der Epheserbrief und der 1. Petrusbrief stehen einander so nahe, daß die Erwähnung des Markus in 1 Pet 5,13 keine Schwierigkeit macht. Mit dem Verfasser des nach Markus genannten Evangeliums könnte der Verfasser des Epheserbriefs nicht identisch sein; es ist aber fraglich, ob das Evangelium seinen Namen zu Recht führt. Am ehesten möchte ich aber den sonst unbekannten Jesus Justus für den Verfasser des Epheserbriefs halten. Da er nur im Kolosserbrief genannt wird, dürfen wir annehmen, daß er einer der jüngsten Mitarbeiter des Paulus und deshalb eine Übergangsgestalt zu der nächsten Generation war[326]. Rein hypothetisch könnte man sogar vermuten, die Bemerkung, er war dem Paulus ein Trost geworden, beziehe sich auf seine Mitarbeit bei der Abfassung des Epheserbriefs, während Markus, nach der Parenthese in Kol 4,10b einen anderen Auftrag hatte. Über Jesus Justus wissen wir freilich so wenig, daß die Hypothese, er sei der unbekannte Verfasser des Epheserbriefs, weder zu falsifizieren noch exakt zu verifizieren ist.

Falls der Epheserbrief und der Brief an die Kolosser nicht zu Lebzeiten des Paulus, sondern erst einige Jahrzehnte nach seinem Tode geschrieben wurden, kämen mehrere Unsicherheitsfaktoren hinzu. Aber auch in diesem Falle, würden die beiden Briefe in derselben Umgebung, am ehesten innerhalb einer paulinischen „Schule" in Ephesus entstanden sein[327]. Auch um das Jahr 80 oder 90 war ein jüdischer Verwalter des paulinischen Erbes sicherlich eine sehr ungewöhnliche Gestalt[328]. Es ist auch bemerkens-

---

[324]Unter den in Kol 4,10ff. genannten Namen kommt nur Jesus Justus nicht im Philemonbrief vor. Anders freilich, wenn ZAHNS (1897, 321) und E. AMLINGS (1909, 261f.) Konjektur zu Recht bestünde: es sei in Phlm 23-24 nicht ... ἐν Χριστῷ Ἰησοῦ, Μᾶρκος κτλ., sondern ἐν Χριστῷ, Ἰησοῦς, Μᾶρκος κτλ. zu lesen; [so auch W. FOERSTER 1938, 286; J. KNOX 1959, 35 Anm. 2; LOHSE 1968, 242 mit Anm. 8; ibid., 288 mit Anm. 2; OLLROG 1979, 49 Anm. 229; POKORNÝ 1987, 162f.; STANDHARTINGER 1999, 81 Anm. 85; dagegen allerdings P. STUHLMACHER 1975, 55; GNILKA 1982, 92; LINDEMANN 1983, 74; WOLTER 1993, 281; als fraglich beurteilt von HÜBNER 1997, 39; vgl. auch die Diskussion bei SCHWEIZER 1976, 24; vgl. auch P. LAMPE 1998, 230f., wo in der Übersetzung „Jesus" ausgelassen und im Kommentar unberücksichtigt wird].

[325]Vgl. V. A. TCHERIKOVER 1957, 28 mit Anm. 69; LOHSE 1968, 242 Anm. 7: „Der Name Justus wurde häufiger von Juden geführt".

[326][Vgl., von DAHL unabhängig, auch VIELHAUER 1975, 212: „Der Verfasser war ein – wohl nicht mehr persönlicher – Schüler des Paulus und jünger als der Autor des Kol, der die Lehre des Apostels gut kannte und selbständig weiterbildete" sowie SCHENKE/FISCHER 1978, 186: „Der Verfasser des Eph ist ... nicht Paulus, sondern ein Paulusschüler, und zwar ein jüngerer, der von dem älteren Paulusschüler, der den Kol verfaßt hat, zu unterscheiden ist" (Hervorhebung –DH).]

[327][Siehe bes. CONZELMANN 1979, 88-96; SCHENKE 1974-75, 505-18, bes. 516; SCHENKE/FISCHER 1978, 233-47; POKORNÝ 1992, 15-21; BEST 1998, 36-40. Ferner GAMBLE 1975, 403-18.]

[328][Vgl. LOHSE 1968, 242f.; LINDEMANN 1983, 74; POKORNÝ 19 87, 163; HÜBNER 1997, 119.]

wert, daß die Grußliste in Kol 4,10-14 gegenüber Phlm 22-24 erweitert worden ist. Wenn das auf einer späteren Bearbeitung beruht, muß die Erweiterung darauf beruhen, daß der Verfasser des Kolosserbriefs die genannten Leute seinen Lesern empfehlen wollte[329]. Den Namen Jesus Justus hätte er dabei neu hinzugefügt, vermutlich weil dieser ein hervorragendes, jüdisches Mitglied der „Paulus-Schule" war. Auch wenn der Kolosserbrief, und dann auch der Epheserbrief, erst nach dem Tode des Apostels entstanden sein sollten[330], spricht also die Wahrscheinlichkeit dafür, daß der Verfasser des Epheserbriefs unter den in Kol 4,10-11 genannten Judenchristen zu suchen und am ehesten mit Jesus Justus zu identifizieren ist.

Man könnte den Versuch, dem Verfasser des Epheserbriefs einen Namen zu geben, als ein müßiges Rätselraten betrachten. Das Experiment ist dennoch nicht vergeblich gewesen. Es ist auf alle Fälle daran festzuhalten, daß der Epheserbrief das Werk *eines* Mannes war. Dieser Mann war ein geborener Jude und ein jüngerer Schüler des Paulus. Wir haben herausgefunden, daß es nur wenige, aber doch einige Leute gab, auf die dieses Signalement passen würde. Dabei ergab sich, daß ein Mann des gekennzeichneten Typs, ja sogar dieselbe Person, sowohl in den letzten Jahren des Paulus, als dessen Mitarbeiter, als auch ein paar Jahrzehnte später den Epheserbrief hat schreiben können. Durch diese Einsicht verliert die Frage, ob der Brief diplomatisch echt oder pseudonym sei, an Gewicht; sie wird aber gleichzeitig schwierig zu beantworten.

Der Verfasser hat sich augenscheinlich darum bemüht, einen Brief des Paulus zu komponieren. Aber obwohl er nicht geschrieben hat, wie er vermutlich einen Brief in seinem eigenem Namen geschrieben haben würde, tritt er uns doch als eine eigenständige Verfasserpersönlichkeit entgegen. Er wird deshalb die volle Verantwortung für die Gestaltung des Textes tragen. Es wird nirgends deutlich, daß Paulus an der Formulierung aktiv beteiligt war[331]. Unter diesen Umständen liegt die Annahme nahe, daß der Verfasser aus eigener Initiative heraus und nicht im Auftrag des Paulus den Brief schrieb. Um mehr als den etwas höheren Grad von Wahrscheinlichkeit handelt es sich freilich nicht. Auch unsere Bemühungen um die Identität des Verfassers haben nur die literarische aber nicht die diplomatische Authentizität des Epheserbriefs ausschließen können. Bei dem gegenwärtigen Stand unserer Kenntnisse ist es auch schwer zu sagen, ob es im Blick auf die damalige Praxis wahrscheinlicher ist, daß ein Mitarbeiter des Paulus mit dessen Billigung oder erst nach seinem Tode einen Brief schrieb, in welchem Paulus als der Absender genannt wurde[332]. Eine Entscheidung betreffs dieser beiden

---

[329] [Vgl. WOLTER 1993, 217: „Es spricht ... einiges dafür, daß der Verf. des Kol zwar an die Grußliste des Phlm anknüpft, sie jedoch durch Informationen ergänzt haben dürfte, die aus einer selbständigen Mitarbeitertradition stammen"; ferner auch POKORNÝ 1987, 163.]

[330] [Vgl. BETZ 1995, 507-18.]

[331] Über die Beteiligung von Assistenten (oder Freunden) bei der Abfassung von Briefen, vgl. die oben in Anm. 184 und Anm. 185 auf Seite 27 angeführte Literatur.

[332] [Zur Lebzeiten des Paulus: OLLROG, 1979, 219-33; SCHWEIZER 1976, 26f.; HARTMAN 1997a, 169; nach dem Tode des Paulus: die Mehrzahl der Forscher; Zur Pseudepigraphie, siehe u.a. W. SPEYER 1971; K. VON FRITZ (HRSG.) 1972; N. BROX (HRSG.) 1977; K. ALAND 1980; D. G. MEADE 1986; DONALDSON 1986, 7-66; STANDHARTINGER 1999, 29-59.]

Möglichkeiten kann, wenn überhaupt, nur unter Berücksichtigung der Entstehungsverhältnisse und des Zwecks des Briefes getroffen werden.

5. Adresse

5.1. Titel und Briefsituation

Der Titel „An die Epheser" ist erstmalig bei Irenäus bezeugt[333], findet sich aber bei allen späteren Kirchenvätern[334] und in den erhaltenen Handschriften und Übersetzungen. Eine Generation vor Irenäus hatte aber Marcion in seiner revidierten Ausgabe der Paulusbriefe den Epheserbrief als Brief „An die Laodiceer" bezeichnet. Es ist wahrscheinlich, daß Marcion diesen Titel in einer von ihm zugrunde gelegten Ausgabe vorfand, welche die Pastoralbriefe nicht umfaßte. Die übrigen Briefe scheinen als Briefe des Paulus an sieben Gemeinden gerichtet gewesen zu sein. Der Brief an Philemon könnte dem Kolosserbrief beigeordnet gewesen sein[335].

In den ältesten Ausgaben des Corpus Paulinum war die Adresse des Epheserbriefs nur durch den Titel angegeben. Im Text des Briefes war der Wohnort der Empfänger nicht angegeben. Die Worte ἐν Ἐφέσῳ in Eph 1,1 fehlen noch in den ältesten Handschriften. Auch Marcion und die vormarkionitische Ausgabe haben sicherlich keinen Ortsnamen im Text gehabt[336]. Es ist deshalb anzunehmen, daß die beiden Titel „An die Epheser" und „An die Laodiceer" auf Herausgeber zurückgehen und daß einst eine Sonderausgabe des Epheserbriefs ohne lokale Adresse zirkulierte[337]. Der Fall ist nicht ohne Analogie, denn in der Textüberlieferung des Römerbriefes sind noch Spuren davon erhalten, daß einst auch eine Sonderausgabe von Röm 1-14 existierte, in welcher die lokale Adresse in Röm 1,7 und 15 getilgt war[338]. Diese „katholisierende" Ausgabe

---

[333][*Adv. Haer.* V. 3,3; 8,1; 14,3; 24,4.]

[334][Z.B. Tertullian, *Adv. Marc.* V. 11,12; 17,1; Klemens Alexandrinus, *Strom.* IV. 8; *Paed.* I. 5.]

[335]Daß Marcions Anordnung auf eine ältere Ausgabe zurückgeht, ist aus der teilweisen Übereinstimmung mit der Sieben-Brief Ausgabe klar. [Siehe hierzu vor allem die Aufsätze III, IV und V von DAHL in diesem Band mit Literaturangaben! Ferner jetzt GAMBLE 1995, 60f. und 273f. Anm. 82-84.]

[336][Anders LINDEMANN 1976/99, 239/215: „Im zweiten Fall müßte ein Grund gefunden werden, warum Marcion die ursprüngliche Lesart änderte. Und dieser Grund läßt sich in der Tat nennen: Marcion erkannte ebenso wie später B* und A*, daß Eph nicht von Paulus nach Ephesus geschrieben sein konnte. So änderte er die Adresse in der Weise, wie es durch Kol 4,16 nahegelegt wurde".]

[337][Vgl. D. TROBISCH 1994, 41f.: „... die drei ältesten Handschriften des Epheserbriefes – P46, Codex Vaticanus (B 03) und Codes Sinaiticus ([ℵ] 01) – nennen im Text von Eph 1,1 gar keinen Briefempfänger. Und trotzdem haben auch diese Handschriften in der Überschrift ‚An Epheser'. Man muß nicht unbedingt ein Spezialist sein, um nachvollziehen zu können, daß Schreiber leicht die Adresse aus dem Titel genommen und an der entsprechenden Stelle in den Text eingefügt haben können. Dies ist in Codex Vaticanus (B 03) und Codex Sinaiticus (ℵ 01) noch heute zu sehen: dort wurde die Adresse als Korrektur in den Text eingetragen. Im Gegensatz dazu fällt es schwer, einen vernünftigen Grund zu nennen, warum ein Schreiber die Adresse aus dem Text gestrichen haben soll, die Überschrift aber unverändert ließ. Aus dieser Überlegung heraus, scheint es deutlich, daß die älteste Textform des Epheserbriefes im Text keinen Empfängernamen bot".]

war allem Anschein nach durch den Wunsch veranlaßt, einen an alle Christen gerichteten Brief des Paulus zu haben[339].

Der Text ohne Ortsangabe in Eph 1,1 könnte unter Voraussetzung der Pseudonymität ursprünglich sein[340]. Sie wäre aber auch in diesem Falle eine verallgemeinernde aber ungeschickte Nachbildung der Anschrift aus anderen Paulusbriefen (vgl. Kol 1,2; Röm 1,7 und Phil 1,1)[341]; [oder eine katholisierende Nachbildung direkt im Anschluß an Kol 1,2[342]]. Die Schlußgrüße fehlen im Epheserbrief: sowohl der Grußauftrag als auch die Grußausrichtung[343]. Die Segenswünsche des Eschatokolls in Eph 6,23-24 zeigen aber, daß der Verfasser fähig war, paulinische Briefformeln in freier Weise zu variieren[344]. Die Notiz über die Sendung des Tychikos in 6,21-22 hat zur Voraussetzung, daß der Brief für einen lokal begrenzten Empfängerkreis bestimmt war[345]. Man wird deshalb annehmen müssen, daß das Präskript ursprünglich eine Angabe der Adresse enthalten hatte, welche in einem frühen Stadium der Textüberlieferung, schon vor der ersten Gesamtausgabe der Paulusbriefe, verloren ging[346].

Wie die ursprüngliche Adresse lautete, wissen wir nicht. Die Ephesus-Adresse ist aller Wahrscheinlichkeit nach aus dem Titel in den Text gekommen[347]. Nur wenige Forscher rechnen heute mit der Möglichkeit, daß sie ursprünglich sein könnte[348]. Die von Marcion bezeugte Laodiceer-Adresse könnte eher ursprünglich sein, obwohl die Worte „in Laodicea" für den Text des Präskripts nirgends bezeugt sind.[349] Die Annahme hat aber in der Bemerkung über den Brief „aus Laodicea" in Kol 4,16 nur

---

[338]Vgl. DAHL 1962, 261-71, bes. 267f. [in diesem Band Aufsatz IV] und vor allem H. Y. GAMBLE 1977, bes. 116-117. [Vgl. schon H. LIETZMANN 1933/71, 27; anders aber LINDEMANN 1976/99, 237/ 213 Anm. 10: „Die Tendenz zur ‚Verallgemeinerung' von Briefen würde sich wohl häufiger in den Handschriften zeigen; und außerdem ist der Befund beim Röm ein anderer als im Eph (Codex Boernerianus und seine lateinische Überlieferung streichen ἐν Ῥώμῃ, lesen aber ἐν Ἐφέσῳ)".

[339][Vgl. z.B. TROBISCH 1989, 73; GAMBLE 1995, 98ff. mit Anm.]

[340]BENOIT 1966, 195-211, der für die Sekretärhypothese eintritt, erwägt, ob die Lesart von $\mathfrak{P}^{46}$ ursprünglich sein könnte. [Vgl. BEST 1997a(2), 22; IDEM 1998, 100f. schlägt im Anschluß an SCHMID 1928, 125ff.; GOGUEL 1935, 254ff.; IDEM 1936, 73ff.; P. DACQUINO 1955, 102-10; KIRBY 1968, 170 die Konjektur: τοῖς ἁγίοις καὶ πιστοῖς ἐν Χριστῷ Ἰησοῦ vor; so auch POKORNÝ 1992, 49; FAUST 1993, 18: „Im Brief selbst las die Adscriptio aber keinesfalls ἐν Ἐφέσῳ, denn das Schreiben war für Heidenchristen in der ganzen Region bestimmt"; ähnlich ARNOLD 1989, 13-14, 38-39.]

[341][Vgl. LINDEMANN 1976.]

[342][So SELLIN 1998, 176-78; Dies unter zwei Voraussetzungen: „Die Wendung εἶναι πιστὸς ἐν Χριστῷ Ἰησοῦ ist ... äquivalent mit ‚glauben' oder ‚Glauben haben' oder ‚gläubig sein an Christus Jesus'" und das „καὶ verstärkt ... nur die explikative, epexegetische Funktion der partizipialen Apposition" (ibid., 177). „Diese ‚katholische' Adressierung hat einen Nachhall in der Danksagung, in 1,15: ἡ καθ᾽ ὑμᾶς πίστις ἐν τῷ κυρίῳ Ἰησοῦ (‚der bei euch vorhandene Glaube an den Herrn Jesus Christus'). Das καθ᾽ ὑμᾶς hat die gleiche Funktion wie die partizipiale Formulierung mit εἶναι in 1,1" (ibid., 178); IDEM 1999, 1346: „Nach dem Vorbild von Kol 1,2 ist diese Adresse zu lesen: ‚an die Heiden, (das sind) die an Christus Jesus Glaubenden' ... Eph ist also faktisch ein ‚kath.' Paulusbrief".]

[343][Siehe SCHNIDER/STENGER 1987, 119-31, bes. 119 und 126.]

[344][Siehe SCHNIDER/STENGER 1987, 131-35, bes. 132; vgl. auch POKORNÝ 1992, 250f.]

[345][Vgl. BOUTTIER 1991, 271: „καὶ ὑμεῖς, vous aussi, laisserait supposer que d'autres communautés avaient reçu ces information. C'est un argument en faveur d'un envoi circulaire, avec un exemplaire, après d'autres, destiné à Éphèse".]

eine unsichere Stütze. Sie erklärt nicht, warum alle Anspielungen auf die Verhältnisse innerhalb einer bestimmten Einzelgemeinde im Epheserbrief, anders als im Kolosserbrief, fehlen[350]. Die Vermutung, das Präskript habe ursprünglich die Worte ἐν Κολοσσαῖς enthalten[351], ist scharfsinnig. Sie beruht aber auf einer einseitigen Bewertung des Epheserbriefs als einer Bearbeitung oder „revidierten Ausgabe" des Kolosserbriefes.

Aus einem Vergleich mit dem Kolosserbrief ergibt sich recht klar, wo wir die Adressaten zu lokalisieren haben (vgl. Eph 6,21f.; Kol 4,7-9). In Kol 2,1-3 ist von einem Ringen (im Gebet) die Rede, welche Paulus zur Zeit der Abfassung nicht nur für die Christen zu Kolossae hatte, sondern auch für diejenigen zu Laodizea und alle, die ihn nicht von Angesicht kannten. In Kol 4,13 heißt es in ähnlicher Weise von Epaphras, „daß er viel Mühe um euch hat und um die zu Laodicea und Hierapolis." Es liegt überaus nahe, diese beiden Aussagen für die Identifikation der Adressaten des Epheserbriefs auszunützen[352]. Der Brief ist offensichtlich nicht nur für eine Einzelgemeinde bestimmt, setzt aber dennoch voraus, daß die Adressaten in Kleinasien zu suchen sind

---

[346][Vgl. SCHENKE/FISCHER 1978, 182: „Ursprünglich stand in der Adresse der Epistel eine konkrete Ortsangabe, die aber völlig verlorengegangen ist. Sie könnte irgendwie als anstößig erschienen sein. Der Anstoß wurde auf drei verschiedene Weisen beseitigt: 1.) durch einfaches Weglassen der fragwürdigen Ortsangabe; 2) durch die Theorie, dieser Brief sei der in Kol 4,16 erwähnte Laodicenerbrief; unter Vergleich von 6,21f. mit Kol 4,7ff. (Tychicus gilt als Überbringer!); 3.) durch die Ersetzung der alten Ortsangabe durch ἐν Ἐφέσῳ; veranlaßt durch 2Tim 4,12". Ferner aber auch die Bemerkung über das Aufkommen der *ephesinischen* Adresse in VIELHAUER 1975, 215: „Dagegen scheint die Entstehung der ephesinischen Adresse im Zusammenhang mit der Sammlung der Paulusbriefe erklärbar zu sein: durch die Kombination der Notiz über Tychikos 6,21f. mit der anderen 2Tim 4,12 (‚Tychikos aber sandte ich nach Ephesus') schien die fehlende Ortsangabe ergänzt werden zu können; so kam auch Ephesus zu einem Brief des Paulus und die Kirche zum ‚Epheserbrief'"; siehe schon DIBELIUS/GREEVEN 1953, 57; so auch G. LÜDEMANN 1996, 126.]

[347][Siehe das Zitat aus TROBISCH 1994, 41f. oben Anm. 337 auf Seite 60.]

[348]BARTH 1974, 11 und 67 [im Gefolge Ch. G. NEUDECKER 1840, 502] spielt mit dem Gedanken, der Brief könnte an Heiden gerichtet gewesen sein, die in Ephesus nach der Abreise des Paulus getauft worden waren. GNILKA 1990, 2-7 meint, daß ἐν Ἐφέσῳ ein ursprünglicher Bestandteil des Textes in 1,1 sein könnte, unter der Voraussetzung, daß der Brief pseudonym ist. Der Verfasser müßte in diesem Falle ganz andere Vorstellungen über die Apostelgeschichte von den Beziehungen zwischen Paulus und der Gemeinde zu Ephesus gehabt haben. Das wäre an sich denkbar, aber der textkritische Befund ist kaum mit der Hypothese vereinbar. [Ganz entschieden für die Ursprünglichkeit der Epheser-Adresse plädiert, vor allem aus syntaktischen Gründen, LINDEMANN 1976/99, 235-51/211-27; vgl. auch BLASS/DEBRUNNER/REHKOPF 1976, 413,4.]

[349][Vgl. jetzt STANDHARTINGER 1999, 287 Anm. 47: „... ist diese Tradition nicht gänzlich unwahrscheinlich, allerdings auch nicht weiter zu belegen. ... Der in Kol 4,16 erwähnte Brief aus Laodizea ist m.E. eine Fiktion".

[350]Die Laodicea-Hypothese, [zuerst von J. MILL 1707, Proleg. Anm. 71-79 aufgestellt und dann u.a. von J. J. WETTSTEIN aufgenommen; siehe WIKENHAUSER/SCHMID 1973, 484], hat recht viele Vertreter gehabt, wie z.B. LIGHTFOOT 1893, 375-96; VON HARNACK 1910, 696-701 und später G. ZUNTZ 1953, 228 Anm. 1; [MASSON 1953, 141, 227]. Weiteres bei SCHMID 1928, 69-93.

[351]OCHEL 1934, 17 (nach einem Vorschlag von HANS VON SODEN). Dieser Vorschlag erklärt aber nicht die Analogie zum Textproblem in Röm 1,7. 15. Es ist auch nicht klar, warum eine Sammlung nicht zwei Briefe des Paulus an die Kolosser enthalten könnte.

und daß sie Paulus nicht persönlich kannten[353]. Wenn der Brief wirklich mit Tychikos gesandt wurde, war er offenbar für die Gemeinden in Laodicea und Hierapolis, vielleicht auch für die in anderen kleinasiatischen Städten bestimmt; er ist dann wohl auch mit dem Brief „aus Laodicea" zu identifizieren. Aber auch wenn der Epheserbrief pseudonym ist, muß eine Beziehung zu den genannten Texten im Kolosserbrief bestehen. Der Verfasser des Epheserbriefs könnte aus Kol 2,1-3. 4; 4,12-13 und 4,16 erschlossen haben, daß neben dem Kolosserbrief auch ein anderer Brief an kleinasiatische Gemeinden existiert hatte. Der Epheserbrief wäre dann ein Versuch, den verlorengeglaubten Brief zu ersetzen[354].

Der Epheserbrief wird demnach von seinem Verfasser als ein Brief des Paulus an Christen in Laodizea, Hierapolis und vielleicht noch an andere kleinasiatische Städte konzipiert worden sein. Insofern ist die Hypothese von einem Zirkulärschreiben plausibel[355]. Die Annahme, daß in dem Original hinter τοῖς οὖσιν ein Raum für Ortsbezeichnungen offengelassen war, läßt sich dagegen nicht halten, weil eine solche Praxis aus der Antike nicht bekannt ist[356]. Auch ein Schreibfehler kommt kaum in Frage[357]. Von den vielen Vermutungen verdienen zwei ernsthafte Beachtung: (a) Der Brief könnte in mehreren Exemplaren, mit je einem Ortsnamen, ausgestellt worden sein. Als er später für einen weiteren Gebrauch, etwa in der Gemeinde zu Ephesus, abgeschrieben wurde, könnte man jeden Ortsnamen ausgelassen haben[358]. Diese Hypothese hat freilich als Voraussetzung, daß der Brief wirklich von Tychikos an die Empfängergemeinden übermittelt wurde. (b) Naheliegender ist vielleicht der Vorschlag von A. van Roon, der ursprüngliche Text habe τοῖς ἁγίοις τοῖς οὖσιν ἐν Ἱεραπόλει καὶ Λαοδικείᾳ, πιστοῖς ἐν Χριστῷ Ἰησοῦ gelautet. Das rätselhafte καὶ vor πιστοῖς sei stehen geblieben, als die Ortsnamen getilgt wurden[359].

---

[352]Besonders bemerkenswert ist die Übereinstimmung zwischen dem Epheserbrief und dem in Kol 2,2 angegebenen Ziel der Fürbitte: ἵνα παρακληθῶσιν αἱ καρδίαι αὐτῶν συμβιβασθέντες ἐν ἀγάπῃ καὶ εἰς πᾶν πλοῦτος τῆς πληροφορίας τῆς συνέσεως. Vgl. bes. VAN ROON 1974, 246ff.

[353][Vgl. GAMBLE 1977, 115-24; IDEM 1995, 98: Der Epheserbrief „is addressed to a concrete historical situation, but not a purely local one".]

[354]Ein ähnlicher Versuch liegt in dem apokryphen Brief an die Laodicener vor (Übers. und Lit. bei W. SCHNEEMELCHER 1989a, 41-44). Es ist aber möglich, daß die Existenz eines Laodicenerbriefes nicht nur aus Kol 4,16 erschlossen wurde; man könnte auch gewußt haben, daß ein Laodicener-Brief einst in der Kirche zirkuliert hatte, ohne zu erkennen, daß er mit dem Epheserbrief identisch war. Über andere Rekonstruktionen verlorener Briefe, siehe SPEYER 1971, [136-39, bes. 137].

[355][So jetzt auch LUZ 1998a, 108: „... ein Rundschreiben oder Zirkularbrief".]

[356][ROLLER 1933, 199-212, 520-525; für eine Textlücke plädiert wieder LUZ 1998a, 108.]

[357]R. BATEY 1963, 101ff. vermutete τοῖς οὖσιν sei aus τοῖς Ἀσίας (sic) entstanden. Nach M. SANTER 1969, 247-48 lautete der ursprüngliche Text: τοῖς ἁγίοις καὶ πιστοῖς τοῖς οὖσιν ἐν Χριστῷ Ἰησοῦ. Die Worte καὶ πιστοῖς wurden aus Haplographie ausgelassen, dann später am Rande hinzugefügt, und an falscher Stelle wieder in den Text aufgenommen.

[358]In DAHL 1951, 241-64 versuchte ich, diese Hypothese zu begründen [vgl. in diesem Band Aufsatz IX]. Die dabei vorausgesetzte Praxis ist gut bezeugt, vgl. 1Makk 15,16-24 und ferner ROLLER 1933, 199-212.

[359][Vgl. VAN ROON 1974, 72-85; LINCOLN 1990, 3f.; dagegen BEST 1997a(1), 13; IDEM 1998, 99.]

Alle Hypothesen über die ursprüngliche Adresse des Epheserbriefs bleiben unsicher. Die vorausgesetzte Briefsituation ist aber recht klar; einerlei ob der Brief wirklich mit dem Kolosserbrief abgesandt wurde oder nur diesen Eindruck zu erwecken wünscht. In beiden Fällen ist vorausgesetzt, daß Paulus durch den Brief erstmalig mit den Adressaten in direkte Beziehung trat, um sie an seine Mission und an sein Verständnis des Evangeliums zu binden. Damit harmoniert auch die Komposition und der Inhalt des Briefes, der sich unter den Stichwörtern Taufanamnese und Taufparänese zusammenfassen läßt. Von hier aus liegt die Annahme nahe, daß der Brief an neugegründete Gemeinden gerichtet war; dagegen sprechen aber Indizien für eine spätere Entstehungszeit, nicht am wenigsten die summarische Warnung vor allerlei Irrlehren in Eph 4,14[360].

5.2. Häresie

Die Warnung vor Irrlehre in Eph 4,12-14 ist allgemein und unbestimmt gehalten[361]:

... (V. 12) πρὸς τὸν καταρτισμὸν τῶν ἁγίων εἰς ἔργον διακονίας, εἰς οἰκοδομὴν τοῦ σώματος τοῦ Χριστοῦ, (V. 13) μέχρι καταντήσωμεν οἱ πάντες εἰς τὴν ἑνότητα τῆς πίστεως καὶ τῆς ἐπιγνώσεως τοῦ υἱοῦ τοῦ θεοῦ, εἰς ἄνδρα τέλειον, εἰς μέτρον ἡλικίας τοῦ πληρώματος τοῦ Χριστοῦ, (V. 14) ἵνα μηκέτι ὦμεν νήπιοι, κλυδωνιζόμενοι καὶ περιφερόμενοι παντὶ ἀνέμῳ τῆς διδασκαλίας ἐν τῇ κυβείᾳ τῶν ἀνθρώπων, ἐν πανουργίᾳ πρὸς τὴν μεθοδείαν τῆς πλάνης ...

Man könnte sie zur Not auf falsche Lehren in der sonstigen Christenheit beziehen, welche auch unter den Briefempfängern hätten Eingang finden können. Der Verdacht liegt aber nahe, daß der Verfasser einen schon vorhandenen Übelstand zurechtstellen möchte. Man muß mit der Möglichkeit rechnen, daß der Verfasser in Wirklichkeit einer Lage gegenüberstand, in welcher weder die „Einheit des Geistes" noch die Treue zu Paulus in der Weise vorhanden waren, wie er es wünschte[362].

Auch von Eph 4,14 abgesehen, gibt es einige Anzeichen dafür, daß der Epheserbrief trotz der unpolemischen Form doch ein antihäretisches Ziel hat. Die Interpretation des

---

[360]Vgl. DAHL 1951 und die Kritik gegen die dort vorgetragene Hypothese bei KIRBY 1968,40-44 und GNILKA 1990,1-7.
[361][Vgl. FISCHER 1973, 196: „Vielleicht bezieht sich 4,14, wo Eph. vor falscher Lehre warnt, auf gnostische Spekulationen, aber ausdrücklich sagt er es nicht. Sein theologisches Denken ist nicht polemisch, sondern versöhnend"; HÜBNER 1997, 209: „Daß sich nach [V.] 14 die angesprochene Gemeinde in einer doch wohl gefährdeten Lage befindet, nämlich in der Versuchung, sich falscher Lehre, διδασκαλία, anzuschließen, ist symptomatischer Hinweis darauf, daß dasjenige Interpretationselement, nach dem die Epheser noch in ihrer Christuserkenntnis wachsen müssen, gegenüber dem an zweiter Stelle genannten Interpretationsmoment dominieren dürfte"; LUZ 1998a, 152: „V. 14 spricht auffällig ausführlich von den Gefahren, die der Kirche drohen .... Alles das wird am besten verstehbar, wenn der Verfasser von Irrlehren in den Gemeinden weiß. Dann wird auch verständlich, warum er in V. 11 die Liste der paulinischen Charismen so auffällig auf die Dienste der Verkündigung und Lehre reduziert und warum er in V. 13 das Stichwort der ‚Einheit des Glaubens' wieder aufnimmt".]

"großen Mysteriums" von Gen 2,24 wird in Eph 5,31f. in Gegensatz zu anderen Auslegungen vorgetragen[363]. Der Verf. bezieht das Wort auf Christus und die Kirche, aber in einer solchen Weise, daß die irdische Ehe nicht ausgeschlossen wird; sie wird vielmehr als ein Abbild des Verhältnisses zwischen Christus und der Kirche gesehen[364]. Im Kontext des Briefes dient die christologisch-ekklesiologische „Mysterienlehre" dem Zweck, praktische Vorschriften für Eheleute zu erläutern und zu begründen. Man darf den Skopus des Textes nicht umkehren und vermuten, das traditionelle Haustafelschema habe dem Verfasser einen willkommenen Anlaß gegeben, seine Gedanken über das Mysterium Christi und der Kirche unter einem neuen Aspekt zu entwickeln[365]. Er trug vielmehr an diesem Punkt eine besonders tiefsinnige Mysterienlehre vor, weil er dadurch die Eheethik der Haustafeln einschärfen und vertiefen konnte. Damit ist er, wenn auch ohne direkte Polemik, einer enkratitischen [aber auch gnostischen] Verwerfung (oder Geringschätzung) der Ehe entgegengetreten[366], die ihrerseits aller Wahrscheinlichkeit nach durch allegorisierende Auslegung der Aussagen über Mann und Frau in Gen 1-3 begründet wurde[367] [und nicht einer gnostischen Syzygienlehre wie z.B. in *ExAn* (NHC II, 6) 132,21-133,11; hier wird der atl. Text von der Vereinigung der gefallenen Seele mit ihrem Bruder gebraucht][368].

---

[362][Vgl. KÖSTER 1980, 708; POKORNÝ 1992, 181: „In der Zeit des Apostels Paulus war die Irrlehre eine zukünftige Möglichkeit, in der Zeit des Verfassers war sie schon eine reale Bedrohung. Das bestätigt unsere früheren Beobachtungen (§ 3,b → 4,1-6), wonach die Adressaten doch durch eine falsche Lehre bedroht waren, wenn auch die Irrlehrer das paulinische Erbe nicht ablehnten, sondern nur eine angeblich höhere Einheit suchten (4,20 vgl. Kol. 2,18f.)".]

[363][Siehe oben Anm. 315 auf Seite 56 und dortige Literaturangaben; ferner BORNKAMM 1942, 829f.; DIBELIUS/GREEVEN 1953, 95; SAMPLEY 1971, 56f.; BEST 1998, 552f., 555f.: Philo hat Gen 2,24 allegorisch (*LA* II.49; *Gig.* 65) und Ps.-Philo (*LAB* 32,15) typologisch interpretiert.]

[364][So mit Hinweis auf die Polemik gegen die Gnosis auch KÖSTER 1980, 709: „In der Auslegung der Haustafel hat der Verfasser versucht, die Pflichten der Ehepartner als Abbild himmlischer Wirklichkeit zu verstehen. Das Verhältnis von Mann und Frau entspricht dem Verhältnis der himmlischen Gestalten Christus und Kirche. Diese Ausführungen sind gezielt antignostisch; denn die Gnosis sah in der Regel in der Ablehnung der ehelichen Gemeinschaft eine Dokumentation der Zugehörigkeit zur himmlischen Welt"; so schon J. BELSER 1908, 178; M. MEINERTZ 1931, 98; vgl. zudem DAHL in diesem Band Aufsatz XIV, Seite 422 mit Anm. Siehe ferner auch POKORNÝ 1992, 228-32: „Exkurs: Christus und die Kirche als Mann und Frau"; T. KARLSEN SEIM 1995, 179: „… the similarities are not ontological but relational"; zu den verschiedenen Deutungsversuchen, siehe LINCOLN 1990, 380-83; BEST 1998, 552-57.]

[365][So ältere Ausleger wie F. A. von HENLE 1908, 304f.; EWALD 1910, 241ff.; HAUPT 1902, 223f. sowie SCHMID 1928, 166, 330f.; so auch neuerdings STRECKER 1996, 598: „Das Verhältnis der Gemeinde zu Christus wird durch das Bild von der Ehe erläutert. Das ‚Geheimnis' von Gen 2,24 wird auf Christus und die Kirche gedeutet. Wie eine eheliche Partnerschaft ist die Beziehung zu Christus durch Liebe bestimmt (5,31f.)", und wohl auch GESE 1997, 103f.; vgl. auch unten Anm. 404 auf Seite 75. Gegen diese Interpretation wendet sich ausdrücklich SCHNACKENBURG 1982, 260ff.]

[366][Siehe dazu vor allem FISCHER 1973, 195: „Die frühe Gnosis ist ehefeindlich, und Eph. 5 läßt sich als eine Korrektur des gnostischen Mysteriums verstehen"; ferner BOUTTIER 1991, 247-51.]

[367][Vgl. hierzu W. A. MEEKS 1974, 193-97; FISCHER 1973, 192f.; PAGELS 1983, 151f.]

[368][Siehe oben Anm. 314 auf Seite 56; ferner SCHLIER 1930, 65f.; IDEM 1963, 262; DIBELIUS/GREEVEN 1953, 95; LINCOLN 1982, 33; BORNKAMM 1942, 830; KÖSTER 1980 oben in Anm. 364.]

Mit der Auslegung von Gen 2,24 (ἔσονται οἱ δύο εἰς σάρκα μίαν) gehört die Aussage ὁ ποιήσας τὰ ἀμφότερα ἕν in Eph 2,14 zusammen. Der Verfasser variiert hier eine verbreitete Formel, die vom Überkommen der Zersplitterung und Wiederherstellung der Einheit redete. Während die Formel in der Umwelt vor allem auf die Zweiheit von männlich und weiblich verwendet wurde, wird sie im Epheserbrief nur auf die Trennung und Feindschaft zwischen Heiden und Juden bezogen. Das impliziert wiederum eine indirekte Polemik gegen eine Auffassung, für welche das Heil mit Überwindung der Geschlechtlichkeit verknüpft war[369].

Der Verfasser hat sich die Anschauung zu eigen gemacht, daß die Christen schon aus dem Tod ins wahre Leben und aus der irdischen Welt in eine himmlische Existenz versetzt worden sind (2,1-10). Er versteht diese Erfahrung als ein Teilhaben an der Auferstehung und Inthronisation Christi. Das wäre aber auch für asketische Spiritualisten und Mystiker möglich. Im Epheserbrief werden aber die wohl aus hymnischer Sprache stammenden Aussagen paulinisch gedeutet: Die Lebendigmachung mit Christus wird als Errettung aus Gnade, nicht aus Werken verstanden, als eine neue Schöpfung, welches Wandeln in guten Werken ist (Eph 2,8-10)[370]. Die Art dieser guten Werke wird durch den präzeptiven Teil des Briefes, Kap 4-6, klargestellt: Es handelt sich um eine christliche Lebensführung im Alltag der Welt.

Wenn die vorhergehenden Ausführungen stimmen, können wir verstehen, was in dem Epheserbrief vor sich geht. Der Verfasser steht einer Frömmigkeit gegenüber, die auf Offenbarung höherer Weisheit wert legte und das Heil als eine Erlösung von der irdisch-leiblichen Existenz, durch welche das Eigentliche „Selbst" (ob ψυχή, νοῦς oder πνεῦμα genannt) zu den höheren, himmlischen Sphären emporsteigen bzw. zurückkehren, konnte. Symbolische Weihen, asketische Übungen und mystische Erlebnisse waren wichtige Mittel, das jenseitige Heil zu erlangen, spielten aber keineswegs immer die gleiche Rolle. In mannigfaltigen Abwandlungen war der Frömmigkeitstypus allzu verbreitet, um als ein Vorstadium des Gnostizismus betrachtet werden zu können. Eine Erlösungsfrömmigkeit dieser Art hat auch in das antike Judentum, wohl sogar in Palästina, Eingang gefunden[371]. Im christlichen Mönchtum hat sie eine

---

[369]Vgl. die Auslassung von männlich und weiblich in 1Kor 12,13 und Kol 3,11; vgl. JERVELL 1960, 294f.; D. C. SMITH 1973, 34-54; [ferner jetzt u.a. W. SCHRAGE 1999, 207f. mit Anm. 558, 216-18; LINDEMANN 1983, 58f.; siehe auch das Zitat aus KÖSTER 1980, 709 oben Anm. 364 auf Seite 65; und FISCHER 1973, 195 oben Anm. 366 auf Seite 65; siehe auch Anm. 36, 37 sowie Anm. 38 auf Seite 422. Ferner in diesem Band Aufsatz XIII Anm. 33 auf Seite 394. Neuerdings hält STANDHARTINGER 1999, 233 Anm. 218 unter Verweis auf u.a. die griechisch-lateinischen Bilinguen (D*), (F), (G), die Minuskel 629 sowie die altlateinische Überlieferung die Textbezeugung mit „weder männlich noch weiblich" möglicherweise für original: „Sollte der Kol nach dem Tod des Paulus in Rom verfaßt worden sein, wäre diese vornehmlich lateinische Überlieferung ein weiteres Indiz für eine nicht gänzlich auszuschließende Ursprünglichkeit dieser Lesart"; für die Bedeutung der Bilinguen, siehe DAHL 1979 = Aufsatz VI in diesem Band.]

[370][Vgl. HÜBNERS Interpolationshypothese, wiedergegeben oben in Anm. 264 auf Seite 45.]

[371][Vgl. z.B. G. G. SCHOLEM 1946; IDEM 1965; W. C. VAN UNNIK 1978, 65-86; K.-W. TRÖGER 1980, 155-68; STRECKER 1980, 261-82; HEGERMANN 1961,26-46, 52ff.; COLPE 1960, 182ff.; FAUST 1993, 19-41.]

besondere Ausprägung und Blüte erhalten. Die Tendenzen waren aber schon in den paulinischen Gemeinden wirksam, wie u.a. die Hochschätzung der Weisheit, der Glossolalie und der sexuellen Enthaltsamkeit zu Korinth bezeugen (vgl. 1Kor 1-4; 7; 12-14)[372]. Auch die Leugnung der zukünftigen Auferstehung (1Kor 15) gehört wohl in diesem Zusammenhang herein[373]. Der Kolosserbrief bezeugt, daß eine etwas andersartige Variante der asketisch-mystischen Erlösungsfrömmigkeit auch in der Umwelt des Epheserbriefs vorhanden war[374].

Es wird nirgends deutlich, daß der Epheserbrief eine bestimmte Irrlehre bekämpft. Wir können nur allgemeine Tendenzen erkennen, die auch, aber keineswegs nur, in der kolossischen „Philosophie" wirksam waren: Nach Eph 4,14 wird man eher vermuten, daß vielerlei Lehren als Offenbarung verborgener Weisheit propagiert wurden und Erlösung aus der irdischen Welt und der durch die Geschlechtlichkeit markierten Zersplitterung versprachen[375]. Wir dürfen vermuten, daß die Lehren als Deutung der in den heiligen Schriften und der christlichen Tradition enthaltenen Mysterien vorgetragen wurden[376]. Ob man sich auch auf Paulus berufen hat, muß dagegen offen bleiben. Der Verfasser des Epheserbriefs sieht in allen solchen Sonderlehren den Irrtum am Werke, der den Christen daran hindert, zur „Einheit des Glaubens und der Erkenntnis des Sohnes Gottes" zu gelangen (Eph 4,12f.).

Unser Verfasser argumentiert nicht, wie es Paulus zu tun pflegt, apologetisch, polemisch oder ironisch. Er nennt nicht einmal die Losungen der Irrlehre, um dagegen zu warnen, wie es der Kolosserbrief tut (2,16. 18. 20-23). Der Epheserbrief begegnet der Irrlehre einfach dadurch, daß er sie *überbietet*. Was mannigfache Lehren täuschend vorspiegeln, ist alles in Wahrheit in dem Evangelium enthalten, dessen Diener Paulus war und welches die Heidenchristen gehört und geglaubt haben. Dieses Evangelium ist die wahre Lehre (ὁ λόγος τῆς ἀληθείας [1,13]), die Offenbarungen des verborgenen Mysteriums und des ewigen Ratschlusses Gottes. Es gibt keinen geistlichen Segen in den himmlischen Räumen, der nicht in Christus denjenigen geschenkt worden ist, die Anteil an diesem Mysterium erhalten haben. Als Vermittler dieser Offenbarung wird Paulus dargestellt[377]. Durch das Evangelium, dessen Diener er war, ist das verborgene Mysterium den Menschen kundgetan worden. Durch die Kirche, in der die Heiden mit den Juden in einem Leibe vereinigt sind, wird die mannigfaltige Weisheit Gottes sogar den himmlischen Mächten und Gewalten kundgegeben, denn die Vereinigung der

---

[372] [Vgl. die Kommentare von J. WEISS 1910/70, *ad loc.*; CONZELMANN 1981c, *ad loc.*; G. D. FEE 1987, *ad loc.*; SCHRAGE 1991, *ad loc.*; IDEM 1995, *ad loc.*; IDEM 1999, *ad loc.*; Ch. WOLFF 1996, *ad. loc.* Ferner DAHL 1967, 313-35; L. SCHOTTROFF 1970, 170-200; B. A. PEARSON 1973; A. C. WIRE 1990; M. M. MITCHELL 1991; W. DEMING 1995; CH. FORBES 1997.]

[373] [Vgl. außer den in der vorhergehenden Anm. angeführten Kommentare auch SCHOTTROFF 1970, 115-69; SANDELIN 1976; SELLIN 1986; ULRICHSEN 1995, 781-99; VERBURG 1996.]

[374] [Vgl. z.B. neuerdings HARTMAN 1995, 25-39; HÜBNER 1997, 94-97, sowie den Forschungsüberblick in STANDHARTINGER 1999, 16-27.]

[375] [Vgl. oben Anm. 369 auf Seite 66.]

[376] Vgl. z.B. die *Acta Pauli*; [hierzu SCHNEEMELCHER 1989b, 193-214 mit Lit.].

[377] [Siehe bes. BEST 1998, 293, 295, 300f.; HELLHOLM 1998, 242; ferner auch LUZ 1989, 386-93.]

Getrennten in Christus ist der ewige und universale Ratschluß Gottes (Eph 3,2-12; vgl. 1,8-10). Der Paulus des Epheserbriefes betet, daß die Christen in der Erkenntnis, wie in der Liebe, weiter wachsen sollen, aber der Gegenstand des offenbarten Wissens sind nicht esoterische Lehren, sondern die mit dem Ruf Gottes gegebene Hoffnung und die Größe seiner Macht in Christus. Was es eigentlich zu erkennen gilt, sind nicht die unerforschlichen Dimensionen des Universums – oder andere kosmische Mysterien –, sondern die Liebe Christi, die niemals voll erkannt wird (vgl. Eph 1,16ff.; 3,14-19).

Wichtiger ist aber eine positive Beobachtung: Die Aussage (2,14-15) ὁ ποιήσας τὰ ἀμφότερα ἕν … ἵνα τοὺς δύο κτίσῃ … εἰς ἕνα καινὸν ἄνθρωπον bezieht sich in dem Kontext auf die Vereinigung von Juden und Heiden in Christus[378]. Das dürfte aber im Gegensatz zu einer weit verbreiteten Auffassung stehen, nach welcher Erlösung aus Entfremdung und Zerspaltenheit durch die Überwindung des Zwiespaltes zwischen männlich und weiblich markiert war[379]. Wenn das stimmt, wird nicht nur in Eph 5,21-33, sondern auch in 2,14-18 stillschweigend gegen einen asketisch-mystischen Frömmigkeitstyp Stellung genommen, für welche die „Philosophie" zu Kolossae ein Beispiel unter vielen ist[380]. Nur die Exegese würde im Einzelnen zu der Frage Stellung nehmen können, wie weit die latente, antihäretische Tendenz überall wirksam ist.

Der Epheserbrief redet mit überschwenglichen Worten nicht nur von der Offenbarung, sondern auch von der Erlösung, die allen Getauften zuteil geworden ist. Es genügt, an die beiden ersten Kapitel des Briefes zu erinnern. Der ganze plerophore, enkomiastische Stil ist sinnvoll, wenn er die Funktion hat, die Ansprüche der Irrlehren zu überbieten. Was sie nur vortäuschen können, und noch Größeres darüber hinaus, ist in Christus schon denen gegeben, die das Evangelium gehört und geglaubt haben und bei der Taufe mit dem Heiligen Geiste besiegelt wurden: Offenbarung verborgener Weisheit, Einheit statt Entzweiung und Zersplitterung, Leben aus dem Tod, Erhöhung zu den himmlischen Sphären. Die Glieder der Kirche müssen nur an dem festhalten, was ihnen schon geschenkt worden ist, um darin zu wachsen und reifen[381].

---

[378][So z.B. auch SCHLIER 1963, 134; VIELHAUER 1975, 214; GNILKA 1990, 138-42; LINCOLN 1990, 139-46; MEEKS 1974, 204; IDEM 1977, 215; IDEM 1983, 168, 180, 187; LUZ 1989, 388f., 391; bes. jetzt FAUST 1993, 111-50; HÜBNER 1997, 169-172, 181; BEST 1998, 250-59. Bestritten vor allem von LINDEMANN 1975, 173; IDEM 1976/99, 247/223f., sowie IDEM 1985, 15, 52f. Zum Problem eines in 2,14ff. zugrundeliegenden (gnostischen bzw. apokalyptischen) Hymnus bzw. Bekenntnisses, siehe mit Belegen SCHLIER 1930, 18-26; IDEM 1963, 129-34; SCHILLE 1965, 24-31; J. T. SANDERS 1965, 216-18; 1972, 181-86; FISCHER 1973, 131-37; LINDEMANN 1975, 156-59; IDEM 1985, 47; GNILKA 1990, 147-52; LINCOLN 1990, 127-31; sowie HÜBNER 1997, 180f. Einen zugrundeliegenden Hymnus bezweifelt DEICHGRÄBER 1967, 165-69; einen im Kontext umgedeuteten gnostischen Hymnus bestreitet D. C. SMITH 1970, bes. 8-43; BEST 1998, 247-50, der den atl. Bezug betont, sowie FAUST 1993, *ibid.*, der die politischen Implikationen hervorhebt.]

[379][So DAHL 1965, 74 Anm. 45; in diesem Band Aufsatz XI, Anm. 51 auf Seite 361. So als Möglichkeit auch MEEKS 1977, 215.]

[380][Dazu z.B. F. O. FRANCIS 1973, 163-95, 209-18; MEEKS/F. O. FRANCIS (HRSG.) 1973, 209-18; HARTMAN 1995, 25-39.]

[381][Vgl. HÜBNER 1997, 198.]

Da der Epheserbrief die Irrlehren nur als Hintergrund für das Lob der wahren Offenbarung und der wirklichen Erlösung nennt und sonst mit Schweigen begegnet, lassen sich die Unterschiede schwer feststellen. Ohne nähere Informationen wissen wir nicht, wie monistische und dualistische, anthropologische und kosmologische Vorstellungen oder auch Raum und Zeit, Zukunft und Gegenwart, naturhaftes und geschichtliches Denken in den häretischen Erlösungslehren miteinander verbunden waren. Es wäre zu einfach anzunehmen, daß der Epheserbrief Terminologie und Formulierungen der „Gegner" übernommen und kritisch gedeutet hätte[382]. Wir haben vielmehr damit zu rechnen, daß der Verfasser und die von ihm summarisch als Irrlehrer Verurteilten weitgehend dieselbe Sprache redeten. Der Epheserbrief repräsentiert über Paulus hinaus eine hellenistisch-spätantike Religiosität, welche die eigene Lehre als offenbartes Erkenntnis und die Erlösung als Entweltlichung verstand, ohne deshalb die Vorstellung von Rückkehr des ganzen Universums zur ursprünglichen Einheit aufgeben zu brauchen. Nach dem Epheserbrief ist die Offenbarung und die Erlösung nur in Jesus Christus gegeben. Das könnte aber vielleicht auch von Vertretern falscher Lehren gesagt werden. Der Verfasser des Epheserbriefs besteht aber darauf, daß Offenbarung und Erlösung nicht anderswo gegeben worden sind, als in dem öffentlich verkündigten Evangelium, durch welches Heiden zum Glauben und zur Taufe gerufen und mit dem Heiligen Geiste besiegelt wurden.

Die sublime, mystisch klingende Sprache dient im Epheserbrief dem Preis des paulinischen Evangeliums und des allen Getauften gemeinsamen Glaubens. Als erstes und betontes Beispiel für den umfassenden geistlichen Segen „in den Himmelshöhen" nennt Eph 1,5 die Gotteskindschaft (υἱοθεσία). Die Erlösung wird in Eph 1,7 (vgl. Kol 1,14) mit der Vergebung der Übertretungen identifiziert, in sachlicher Übereinstimmung mit dem vor- und neben-paulinischen Christentum. Dementsprechend wird der frühere Todeszustand als ein Tod „in euren Sünden und Übertretungen" bestimmt – nicht etwa als einen durch die Leiblichkeit bedingten Tod der Seele[383]. Gerade an solchen Punkten, werden die abgewiesenen Lehren anders ausgerichtet gewesen sein – mehr esoterisch, mystisch und enkratitisch. Der klar erkennbare Gegensatz betraf, wie wir schon gesehen haben, die Bewertung der Ehe und der Geschlechtlichkeit. Die Analogie mit der kolossischen „Philosophie" macht es wahrscheinlich, daß auch die Irrlehren des Epheserbriefs mit der Geringschätzung der Ehe auch weitere asketische Observanzen verbanden[384]. Fasten und Kasteiungen waren ja oft die Voraussetzung für Offenbarungen und mystische Erlebnisse. Wenn wir Ähnliches auch bei den Irrlehren des Epheserbriefs voraussetzen dürfen, haben nicht nur die Vorschriften für Eheleute, sondern auch die gesamte Paränese eine eminente Bedeutung für das Anliegen und die Gesamtkomposition des Briefes. Die Vorschriften sind manchmal merkwürdig elementar: Die Christen sollen einander lieben, dulden und vergeben, und sich auch sonst anständig benehmen, nicht lügen, ehrlich arbeiten usw.

---

[382] POKORNÝ 1965, 125-30; [BULTMANN 1966, 183-95; SCHOTTROFF 1970: für Johannes wie für Paulus.]

[383] [Wie in der Gnosis, siehe in diesem Band Aufsatz XIII.]

(vgl. 4,25-6,9). Gerade die elementare Art dieser Gemeinde- und Alltagsethik wird aber sinnvoll, wenn sie als Einschärfung von Neophytenparänese in einem latenten, aber betonten Gegensatz zu besonderen Observanzen steht, auf welche die Irrlehrer insistierten[385].

Die einzige eindeutige Warnung vor falscher Lehre steht in dem Abschnitt, der von der Einheit der Kirche und der Mannigfaltigkeit der Gaben Christi handelt (4,1-16). Gerade aus diesem Abschnitt möchte man gern etwas lernen über die Lage, zu welcher der Epheserbrief spricht. Bemühung in dieser Richtung haben aber zu entgegengesetzten Ergebnissen geführt. K. M. Fischer meint, der Epheserbrief sei zu einer Zeit geschrieben, in welcher die Gefahr der Zersplitterung der Kirche in einzelne voneinander isolierten Ortsgemeinden drohte: „Eph versucht, die Struktur der paulinischen Missionsverfassung aufrechtzuhalten, während alle übrigen uns überlieferten Schriften dieser Zeit versuchen, die episkopale Gemeindeordnung überall durchzusetzen"[386]. H. Merklein ordnet dagegen den Epheserbrief in eine Entwicklungslinie ein, die von Paulus zu der vollen Ausbildung des kirchlichen Amtes in den Pastoralbriefen führt. Die „Hirten" in Eph 4,11 werden mit den Bischöfen anderer Schriften identifiziert[387]. Die ganze Frage nach „Amt" und „Verfassung" ist aber von außen her an den Epheserbrief herangebracht; nur so ist es verständlich, daß man sie in so entgegengesetzter Weise wie Fischer und Merklein beantworten kann[388].

Das exegetische Problem in Eph 4,7-16 liegt vor allem darin, daß betont von dem jedem Einzelnen gegebenen „Maß" die Rede ist (4,7. 16), die „Gaben Christi" dennoch mit besonderen Verkündigern und Leitern identifiziert werden. Beide Gedanken werden dadurch miteinander verknüpft, daß die Funktion der besonderen „Gaben" als Aufbau des gesamten Leibes Christi mit allen einzelnen Teilen gesehen wird (4,10. 16; vgl. οἱ πάντες in V. 13). Für diesen Kontext ist es an sich gleichgültig, ob die genannten Verkündiger und Leiter als Charismatiker oder als Amtsträger zu bezeichnen sind und auch, ob ihr Dienst gesamtkirchlich oder an die Lokalgemeinde gebunden war. Betont ist vielmehr der Gegensatz zwischen einerseits den Aposteln, Propheten, Evan-

---

[384][Im Gegensatz dazu erweist sich der Epheserbrief als durchaus ehefreundlich; vgl. HÜBNER 1997, 177: „Der AuctEph kennt ein solches leibfeindliches und somit auch geschichtsfeindliches Daseinsverständnis, wie es sich in einigen Schriften Platons, bei Philon und in der Gnosis manifestiert, nicht. Schon allein seine Hochschätzung der Ehe in Eph 5,22ff zeigt das in aller Deutlichkeit!" So auch M. Y. MACDONALD 1996, 231: „In contrast to 1 Corinthians 7, however there is no hint in Ephesians 5,21-33 that celibacy is preferred for those who can stave off temptation. Nowhere in Paul's letters does the significance of marriage receive the same detailed attention as it does in this Deutero-Pauline work, dating probably from the last third of the first century"; LUZ 1998a, 110: „Die einzige Ausnahme von seiner Paulustreue ist sein Verständnis der Ehe (5,22-33), das sich m.E. direkt gegen das paulinische richtet"; vgl. auch *ibid.*, 171, 173. Siehe ferner unten Aufsatz XIV Anm. 38-42.]

[385][Zur Bedeutung der Paränese im Epheserbrief, siehe bes. LUZ 1989, 376-96, der allerdings den Unterschied zum Kolosserbrief stärker hervorhebt, weil „insbesondere das situationsbezogene Kapitel Kol 2 ... im Epheserbrief kaum rezipiert (wird)"; dennoch „(liegt) das Interesse des Verfassers ... bei der Paränese des Kolosserbriefs" (*ibid.*, 377).]

[386]FISCHER 1973, 201.

[387]MERKLEIN 1973a, 57-117, 393-98; [wie MERKLEIN jetzt auch HÜBNER 1993, 370f.].

gelisten und Lehrer, die zum Aufbau des Leibes Christi gegeben sind und, andererseits, den Verbreitern des Irrtums, deren Sonderlehren die Einheit der Gemeinde zerstören.

Für die Absicht des Epheserbriefs und die Lage, zu welcher er spricht, ist der zentrale Abschnitt 2,11-22 noch wichtiger als 4,7-16. Ältere Exegeten haben hier weitgehend einen Nachhall aus dem Kampf des Paulus um die Freiheit vom Gesetz gefunden. Schon Hermann von Soden meinte aber, der Abschnitt sei vielmehr gegen einen „centrifugalen Individualismus" bei Heidenchristen gerichtet, und fügt hinzu: „Dabei mag eine Neigung zur sich überhebenden Geringschätzung der geborenen Juden mitgewirkt haben"[389]. Nach Käsemann richtet sich der Brief an Heidenchristen, die im Begriff waren die Bindung an das Judenchristentum zu verlieren[390]. Die von Paulus in Röm 11,17ff. hypothetisch vorausgesehene Situation war eingetreten. Das Problematische an dieser Hypothese liegt darin, daß im Epheserbrief nirgends deutlich wird, daß das Verhältnis der Heidenchristen zu Juden und Judenchristen ein praktisches Problem war. Die Paränese schärft nur das Bewahren der Einheit unter den Gemeindegliedern ein (vgl. Eph 4,1-6. 13-16). Man hat auch zu beachten, daß in Eph 2,11-13 und 19-22 alles Gewicht auf die geänderte Lage der ehemaligen Heiden liegt. Dementsprechend geht es auch in Eph 2,14-18 vor allem darum, daß die Heiden als gleichberechtigte Partner mit den Juden zusammen am Heil teilhaben. Die volle Gleichberechtigung der Juden in der Kirche dürfte dem Verfasser selbstverständlich sein, aber es ist aus dem Text nicht zu ersehen, welche praktischen Konsequenzen er daraus gezogen haben mag.

Der Epheserbrief greift den Gottesvolk-Gedanken auf, um Heidenchristen an die ihnen geschenkten Privilegien zu erinnern und sie zu einem rechten kirchlichen Selbstverständnis anzuleiten. Auch dadurch sucht er die Kirche vor einer drohenden Zersplitterung zu bewahren. Kein Heidenchrist wird freilich zur Zeit des Epheserbriefs das AT verworfen haben. Aber die Schrift konnte allegorisch spiritualisiert werden. Der Verf. des Epheserbriefs hält demgegenüber an die „politische" Beziehung der Verheißungen auf eine Gemeinschaft von Bürger und Mitbürger fest[391]. Die latente antihäretische Tendenz kommt hier vor allem darin zutage, daß die Entzweiung des Daseins

---

[388] [Vgl. die wohl vermittelnde Position in STRECKER 1996, 598-605: „Im Kolosserbrief werden Gemeindeämter nicht erwähnt. ... Demgegenüber deutet *Eph 4,11* mit der Auflistung ‚Apostel, Propheten, Evangelisten, Hirten und Lehrer' ein fortgeschrittenes Stadium der kirchlichen Verfassung an. Auch Paulus kennt eine Folgeordnung von Gemeindefunktionen, in der die Apostel und Propheten an der ersten Stelle genannt werden (1Kor 12,18). Jedoch ist seine Amtsstruktur charismatisch bedingt, dagegen findet sich im Epheserbrief eine klare Unterscheidung: Die Apostel und Propheten gehören als das ‚Fundament' (θεμέλιον) der Kirche einer zurückliegenden christlichen Generation an, während die Evangelisten, Hirten und Lehrer in der Gemeinde der Gegenwart Verkündigungs-, Leitungs- und Lehraufgaben wahrnehmen. Anders als in der paulinischen Überlieferung, die von einer göttlichen Einsetzung ausgeht, ist die Bestellung der Amtsträger im Epheserbrief auf den erhöhten Christus zurückgeführt. Die überragende Machtstellung des kosmischen Christus konkretisiert sich in seiner Gemeindeleitung" (*ibid.*, 599).]
[389] HERM. VON SODEN 1893, 85f.
[390] KÄSEMANN 1958, 517; [ähnlich auch MITTON 1976, 30].
[391] [Hierzu bes. FAUST 1993, 221-483.]

nicht etwa in dem Unterschied der Geschlechter, sondern nur in der von Christus überwundenen Trennung von Juden und Heiden liegt.

6. Zeit und Umstände des Briefes

Im Blick auf die Eigenart des Epheserbriefs, den Stand der kritischen Forschung und das Verhältnis des Briefes zu dem Kolosserbrief und den übrigen Paulusbriefen haben wir die Folgerung gezogen, daß Paulus nicht selbst den Brief abfaßte, daß es aber möglich ist, daß ein Mitarbeiter ihn im Auftrag des Apostels schrieb[392]. Den Verfasser haben wir als einen jüngeren, judenchristlichen Schüler des Paulus identifiziert, der den Brief entweder zu Lebzeiten des Paulus oder nach seinem Tode, also entweder um das Jahr 60 oder um das Jahr 80 herum schrieb. Die Sendung des Briefes an Christen in kleinasiatischen Städten könnte der Wirklichkeit entsprechen oder auch Fiktion sein. Die Frage, wann der Brief geschrieben wurde, ist bis jetzt offen geblieben. Eine Entscheidung ist schwierig, weil feste chronologische Anhaltspunkte fehlen und sehr beachtenswerte Argumente sowohl gegen als auch für pseudonyme Abfassung sprechen.

Zugunsten der Annahme, daß der Brief, im weiteren „diplomatischen" Sinne echt ist, spricht nicht nur die gute äußere Bezeugung, sondern auch die Wahrscheinlichkeit, daß der Epheserbrief schon eine Geschichte hatte, bevor er in eine paulinische Briefsammlung eingegliedert wurde[393]. Aber auch das komplizierte Verhältnis zwischen dem Epheserbrief und den Briefen an die Kolosser und an Philemon ließe sich am einfachsten unter der Voraussetzung erklären, daß alle drei Briefe in der Tat gleichzeitig abgefaßt und mit Tychikos und Onesimos übersandt wurden. An den Brief an Philemon hat Paulus sich direkt beteiligt (vgl. Phlm 19). Bei den beiden anderen Briefen müßte man annehmen, daß er die Abfassungen zwei verschiedenen Mitarbeitern überließ[394].

Zwischen dem Epheserbrief und dem Philemonbrief bestehen zwar einige, aber doch recht schwache Beziehungen[395]. Der Kolosserbrief hat dagegen ein enges Verhältnis zu den zwei anderen Briefen. Der Epheserbrief setzt nicht nur den Kolosserbrief voraus, sondern muß auch in derselben Umgebung entstanden sein, entweder gleichzeitig oder etwas später. Die vorausgesetzte Briefsituation läßt sich nur mit Hilfe des Kolosserbriefes klären. Auf der anderen Seite sind die Verbindungen zwischen dem Kolosserbrief und dem Briefe an Philemon so eng, daß man mit einer recht raffinierten Fiktion rechnen muß, um die Briefsituation des Kolosserbriefes für imaginär zu erklären[396]. Wenn aber dieser Brief wirklich von Paulus nach Kolossae geschickt wurde,

---

[392][Etwa wie für die Abfassung des Kolosserbrief manchmal vorgeschlagen wurde, siehe oben Anm. 112 auf Seite 19 sowie Anm. 132 auf Seite 21.]

[393][Vgl. unten in diesem Band zu und mit Anm. 52 auf Seite 173.]

[394]Vgl. VAN ROON 1974, bes. 91-94 und 426-31.

[395]Vgl. bes. die Ähnlichkeit der Danksagungsperioden, Phlm 4ff. und Eph 1,15ff. [Siehe zudem die hellenistischen Beispiele bei LOHSE 1968, 40f.]

könnte auch der Epheserbrief zur gleichen Zeit abgefaßt und abgesandt worden sein. Der wesentliche Vorteil dieser Lösung liegt darin, daß sie nicht mit unbekannten Faktoren zu rechnen braucht, denn Mitarbeiter, welche die eigentlichen Verfasser der Briefe sein könnten, waren bei dem Apostel zur Zeit seiner Gefangenschaft vorhanden (vgl. Phlm 1 und 23-24; Kol 1,1; 4,10-14)[397].

Die Frage ist aber, ob die einfachste Lösung in diesem Falle die richtige ist, oder ob der Epheserbrief unter der Voraussetzung pseudonymer Abfassung besser verständlich wird. Es ist hier zunächst auf das Fehlen konkreter Anspielungen auf die Lage der Briefempfänger hinzuweisen. Es kann zur Not damit erklärt werden, daß der Brief gleichzeitig an mehrere Gemeinden gesandt wurde; das wäre aber in einem pseudonymen Brief ganz natürlich. Auch die Frage nach dem Ort der Abfassung macht Schwierigkeiten. Wenn man den Philemonbrief für sich betrachtet, liegt die Abfassung in Ephesus am nächsten. Dort würde Onesimos den Paulus am ehesten gesucht und gefunden haben, und von dort aus konnte Paulus hoffen, in kurzer Zeit Philemon besuchen zu können (Phlm 22)[398]. Um den Epheserbrief überhaupt in der Lebenszeit des Paulus unterbringen zu können, würde man dagegen viel eher die Abfassung auf die letzte Gefangenschaft des Paulus in Rom verlegen. Die ganze Frage nach der Zeit und dem Ort der Gefangenschaftsbriefe ist freilich zu kompliziert, um einen sicheren Schluß zu erlauben.

Die wichtigsten Argumente für eine pseudonyme Abfassung sind weniger präzise und hängen mit dem Gesamtverständnis des Briefes zusammen. Es meldet sich zunächst die Frage, ob es glaubhaft ist, daß Paulus seinen Mitarbeitern so große Freiheit gab, seine Briefe zu schreiben, wie man es im Falle des Kolosserbriefes wie des Epheserbriefes annehmen müßte. Die Abfassung durch zwei verschiedene Mitarbeiter qualifiziert in allen Fällen die Tradition von paulinischer Verfasserschaft erheblich. Die auch sonst fragwürdige Regel, daß man in zweifelhaften Fällen an der Tradition festzuhalten hat, kann deshalb auf den Epheserbrief nicht appliziert werden[399]. Man hat einfach nach dem höheren Grad historischer Wahrscheinlichkeit zu fragen. Entscheidend ist dabei die Frage, ob der Brief in Wirklichkeit eine andere Lage voraussetzt als die Briefsituation, die durch Kombination von Eph 6,21f. mit Angaben des Kolosserbriefes rekonstruiert werden kann. Dabei verlangt zunächst die Verbreitung von Häresien besondere Beachtung.

---

[396]Neben der Nennung von Onesimos und Archippos in Kol 4,9 und 17 und den gemeinsamen Namen in den Grußlisten (Kol 4,10-14; Phlm 23f.) kommt vor allem der Abschnitt Kol 3,22-24 in Frage. Die Ausführlichkeit und Art der Mahnung an die Sklaven könnten mit dem „Fall Onesimos" zusammenhängen, vgl. bes. J. KNOX 1935/59, Kap. III, Anm. 23 und IDEM 1938, 144-60. [Siehe LOHSE 1968, 246f. und jetzt die Erwägungen in STANDHARTINGER 1999, 81-85.]

[397]Ich bin lange selbst dem skizzierten Lösungsvorschlag zugunsten gewesen, vgl. bes. DAHL 1945, 85-103; IDEM 1956, 1100-02; vgl. dazu PERCY 1946, 354 Anm. 24, 447; KIRBY 1968, 40-44. [Anders jedoch DAHL 1976a/81a, 268f.]

[398]Vgl. bes. LOHSE 1968, 264; [STUHLMACHER 1975, 21; GNILKA 1982, 4-6; WOLTER 1993, 237f.].

[399]Anders z.B. BARTH 1974, 41.

Nur die fast beiläufige Bemerkung in Eph 4,14 warnt – wie wir gesehen haben – ausdrücklich vor falschen Lehren. Der Kontext in Eph 4,1-16 variiert das Thema von dem einen Leib und den vielen Gliedern, setzt aber eine andersartige Lage und wohl auch eine spätere Zeit als die paulinische Charismenlehre voraus (vgl. 1Kor 12; Röm 12,3-8)[400]. Es ist aber sehr fraglich, ob der Brief bewußt zum Problem der Kirchenverfassung und damit zu dem Verhältnis von Charisma und Amt Stellung nimmt[401]. Es fällt auf, daß in Eph 4,8-13 die Gaben des erhöhten Christus mit besonderen Dienern des Wortes und Leitern der Kirche identifiziert werden. Der Verfasser betont aber ihren Auftrag, für den Aufbau des Leibes Christi und das gemeinsame Wachsen aller einzelnen Glieder zu sorgen. Ob sie als Charismatiker oder als Amtsträger anzusehen sind, bleibt in diesem Zusammenhang gleichgültig. Es liegt kein Gegensatz zu einer andersartigen Kirchenverfassung vor, wohl aber ein betonter Kontrast zu dem Walten und Treiben des Irrtums, dessen blähende Winde die Einheit im Glauben und in der Erkenntnis zerstören. Der Schluß ist kaum zu entgehen, daß der Epheserbrief für eine Lage bestimmt war, in welcher Irrlehren nach dem Urteil des Verfassers schon weit verbreitet waren[402].

Die Art der bekämpften Irrlehren ergibt sich aus den Mahnungen an Eheleuten in Eph 5,22-33. Der Verfasser vertieft und begründet die durch das Haustafelschema gegebenen Weisungen durch Hinweise auf das Verhältnis zwischen Christus und die Kirche. Weder Wortlaut noch Gesamtkomposition erlauben es, diesen Sachverhalt umzukehren[403], als ob das traditionelle Schema dem Verfasser eine Gelegenheit gebot, seine Ekklesiologie vorzutragen[404]. Die Erklärung des „großen Mysteriums" in Eph 5,31f. gibt vielmehr der irdischen Ehe eine besondere Würde. Die vorgetragene Interpretation von Gen 2,24 steht im Gegensatz zu anderen Auslegungen (vgl. bes. 5,32 ἐγὼ

---

[400][Vgl. Fr. W. Horn 1992, 87 Anm. 87; Luz 1989, 392: „In der ganzen Paränese des Briefes, insbesondere aber in 4,1-16, fallen die Berührungen zu Röm 12 auf. ... Mit keinem anderen Paulustext gibt es im Epheserbrief auf so knappem Raum eine solche Fülle von Berührungen wie mit Röm 12 [Anm. 60: Die Berührungen zu Röm 12 sind viel enger als die oft hervorgehobenen zu 1Kor 12.]]:

Eph 4,1 / Röm 12,1 (παρακαλῶ οὖν ὑμᾶς)
Eph 4,4 / Röm 12,4f (ἓν σῶμα)
Eph 4,7 / Röm 12,3 (χάρις, δίδωμι, ἕκαστος)
Eph 4,11f / Röm 12,6f (Propheten, Lehrer, Diakonie)
Eph 4,12f. 16 / Röm 12,3f (μέτρον, σῶμα)
Eph 4,23 / Röm 12,2 (ἀνανεοῦσθαι, τοῦ νοός)
Eph 4,28 / Röm 12,8. 14 (μεταδιδόναι, χρεία)
Eph 5,17 / Röm 12,2 (τί τὸ θέλημα τοῦ ...)
Eph 4,25 / Röm 12,5 (ἀλλήλων μέλη)
Eph 5,11 / Röm 12,2 (δοκιμάζειν τί εὐάρεστον)".]

[401]Wie wir oben Seite 70 gesehen haben, kommen Fischer 1973, 33-48 und Merklein 1973a, 57-117, 393-98 unter dieser Voraussetzung zu entgegengesetzten Ergebnissen: Nach Fischer versucht der Eph „die Struktur der paulinischen Missionsverfassung aufrechtzuerhalten" (ibid., 201); nach Merklein legitimiert er die Entwicklung des kirchlichen Amtes; [so auch Hübner 1993, 370f.]

[402][Siehe oben Abschnitt 5.2. auf Seite 64]

[403]Das hat R. P. Martin 1967/68, 296-302 richtig erkannt. Die Theorie von Lukas als möglicher Verfasser ist freilich phantastisch.

δὲ λέγω)[405]. Der Brief nimmt demnach gegen Geringschätzung oder Verwerfung der Ehe, wenn auch ohne direkte Polemik, bewußt Stellung. Wir dürften daraus schließen, daß die Irrlehren, vor welchen Eph 4,14 warnt, einen in der hellenistisch-spätantiken Welt weit verbreiteten, enkratitisch-mystischen [und gnostischen] Frömmigkeitstyp repräsentierten, für welche die kolossische Philosophie ein Beispiel unter vielen war[406].

Wenn aus Eph 4,12-14 und 5,31f. erkannt worden ist, daß eine antihäretische Tendenz im Epheserbrief eine größere Rolle spielt, als es zunächst den Anschein hat, liegt die Annahme nahe, daß sie auch sonst latent vorhanden ist. Die Exegese hat zu fragen, wie weit die plerophorische Rhetorik in Eph 1-3 dem Nachweis dient, daß die in Christus gegebene Offenbarung und Erlösung allem übertrifft, was Irrlehrer als esoterische Offenbarung und jenseitige – oder auch kosmische – Erlösung vortäuschten. Der zentrale Abschnitt Eph 2,11-22 muß schon hier beachtet werden. Im Vordergrund steht der Aufruf an ehemalige Heiden, die Größe der ihnen mit den Israeliten gemeinsam geschenkten Privilegien zu bedenken (vgl. bes. 2,11-13. 19-22). Ältere Kommentatoren fanden daneben oft einen Nachklang aus dem Kampf für die Freiheit der Heidenchristen von dem Gesetz und ihre Gleichberechtigung mit den Judenchristen[407]. Heute ist die Auffassung recht verbreitet, der Abschnitt sei vielmehr an Heidenchristen gerichtet, bei denen die Bindung an das Judenchristentum verloren zu gehen drohte[408]. Wenn das Verhältnis der Heidenchristen zu Juden und Judenchristen ein praktisch aktuelles Problem war, wäre aber zu erwarten, daß die Paränese darauf zurückkommen würde, was nirgends geschieht. Dagegen wird die Einheit von Heiden und Juden in der Kirche in Eph 3,2-12 als Offenbarung der verborgenen Weisheit Gottes verstanden. Demnach ist auch Eph 2,11-22 der Gedanke wichtig, daß der ewige, auf die Zusammenfassung des Alls in Christus zielende Ratschluß Gottes verwirklicht wurde, als Christus die bei-

---

[404][So aber wieder Dawes 1998, 168-91, der den zweifachen Bezug zwar feststellt, aber zum Ergebnis kommt, daß „Up until now the parallel between husband wife and Christ and the Church has been made by way of an explicit analogy. Here we move towards an implicit metaphorical identification of the two unions, insofar as the union of Church and Christ is described in words drawn from the bodily union of husband and wife" (ibid., 185); siehe auch oben Anm. 365 auf Seite 65.]

[405][So vor allem im Anschluß an M. Smith 1951, bes. 28 Sampley 1971, 89. Anders versteht die Formulierung Lindemann 1985, 105: „‚Ich aber deute ...' ... Doch hier enthält das ‚aber' keinen Gegensatz, als wolle der Verfasser sich von anderen Auslegungen distanzieren; es ist vielmehr ein ‚aber', das das Gewicht hervorhebt, der dem folgenden erläuternden Aussage zukommt (vgl. bei Paulus Röm. 3,22; 1.Kor 10,11; Phil. 2,8)". Aufgrund der Meinung, daß in Eph 5,31 der Verfasser des Epheserbriefes nicht vor hat, ein Zitat aus Gen 2,24 zu bringen, versteht Dawes 1998, 182 (im Gefolge Abbot's 1897/1985, 175) das ἐγὼ δὲ λέγω nicht als Distanzierungsmerkmal, sondern als Selbstaussage: „‚I am speaking'. The appropirate translation of v 32b would then be: ‚I am speaking, however, about Christ and the Church', or (more specifically), ‚It is Christ's relationship with the Church which I am describing as a ‚great mystery'".]

[406][Für Referenzen, siehe oben Anm. 380 auf Seite 68.]

[407][Siehe z.B. Ch. Core 1898, 107ff.; J. A. Robinson 1904, 60ff.]

[408]Vgl. schon Herm. von Soden 1893, 85f.; später bes. Schlier 1963, 27; Käsemann 1958, 517, und nach ihm Fischer 1973, 16, 79-94; auch Sampley 1971, 3, 160 et passim. Vgl. auch Barth 1959a und idem 1959b; in seinem Kommentar äußert sich Barth eher zurückhaltend, siehe idem 1974, 282-91; [so auch Fischer 1973, 86-94.]

den, d.h. Heiden und Juden, zu einem machte[409]. Dadurch hebt sich Eph 2,14ff. von der verbreiteten Anschauung ab, daß die Erlösung durch die Überwindung der geschlechtlichen Entzweiung markiert war[410]. Die Auslegung von Gen 2,24 in Eph 5,31f. macht es wahrscheinlich, daß eine derartige Anschauung auch in der unmittelbaren Umwelt des Epheserbriefs vertreten wurde. Auch in Eph 4,11-22 nimmt der Verfasser, allerdings nur in indirekter Weise, Stellung gegen eine enkratitisch-mystische Frömmigkeit[411].

Die Spuren einer anti-häretischen Tendenz im Epheserbrief ist an sich kein Argument für eine pseudonyme Abfassung. Sie wäre zu den Lebzeiten des Paulus möglich[412]. Daß die Tendenz nur indirekt zum Ausdruck kommt, wird aber verständlicher unter der Voraussetzung, daß wir zwischen einer *fiktiven Briefsituation* und der *wirklichen Lage* zur Zeit des Verfassers zu unterscheiden haben[413]. Der dann anzunehmende Unterschied zwischen den beiden Lagen kann in folgenden Punkten zusammengefaßt werden:

1. Der literarischen Fiktion nach war der Brief an neugewonnene heidenchristliche Gemeinden gerichtet, mit denen Paulus erstmalig in persönlicher Beziehung trat. Die räumliche Trennung ist aber ein Deckmantel für einen zeitlichen Abstand.
2. Scheinbar erinnert der Brief neugewonnene Christen an ihren Übergang vom Heidentum zum Christentum, um ihnen zu erklären, was alles in ihrer Berufung beschlossen lag. In Wirklichkeit greift der Verfasser bewußt auf die fundamentalen Ereignisse bei dem Anfang des kleinasiatischen Heidenchristentums zurück und betont deshalb den Auftrag und das Werk des Paulus, das erste Hören des Evangeliums, die Taufe, usw.
3. Die paränetischen Vorschriften sind im allgemeinen recht elementar. „Es gibt Mahnungen, die eigentlich nur für Neophyten nicht selbstverständlich sind"[414]. Der

---

[409][Hierzu DAHL 1986, 31-39, bes. 35-38; in diesem Band unten Aufsatz XV. Vgl. ferner LINTON 1964, 84ff.; LUZ 1989, 391: „Wenn es in 2,11-22 um die Einheit der Kirche geht, die Christus durch das Apostolat des Paulus zwischen Juden und Heiden gestiftet hat, so geht es in der Paränese darum, diese gestiftete Einheit im alltäglichen Zusammenleben in der Kirche zu bewahren und ihr entsprechend Kirche zu sein. So soll die Gemeinde den einheitsstiftenden Auftrag des Apostels Paulus weiterführen"; ähnlich HÜBNER 1997, 162-71, 181-83; BEST 1998, 233-69; SELLIN 1999, 1347: „Zentrum des Eph ist 2,11-22: der im Anschluß an die Symbole Sterben/Blut/Kreuz Christi vorgenommene und an der Einung von Juden und Heiden vorgestellte Entwurf der einen neuen Menschheit, in der Frieden, Versöhnung ... verwirklicht sein werden". Dagegen LINDEMANN 1985, 15 und bes. 46: „Schon daran (sc. V. 13) zeigt sich, daß das Thema von V. 11-13 nicht lautet ‚Juden und Heiden', sondern vielmehr: ‚Vergangene heidnische Existenz ohne Christus – gegenwärtige Existenz in Christus'".]

[410]Material bei D. C. SMITH 1973, 34-54. In einem späteren Aufsatz vermutet SMITH (1977, 78-103), daß die „Herätiker" Heiden seien, die zu einem mystischen Judentum und später zum Christentum bekehrt worden waren. [Dazu kritisch jetzt BEST 1988, 67.]

[411][Siehe oben zu und mit Anm. 366 auf Seite 65, und Anm. 384 auf Seite 70.]

[412]DACQUINO 1958, 338-49 sucht aus dem Gegensatz zum Irrtum vielmehr ein Argument für die Echtheit des Epheserbriefes zu gewinnen.

[413][Siehe hierzu bes. unten in diesem Band Aufsatz XVI. SELLIN 1999, 1345f. drückt dies durch Unterscheidung zwischen dem „implizien Autor" und dem "realen Verfasser" aus.]

Verfasser will aber einschärfen, daß nicht Verwerfung der Ehe und andere asketische Maßnahmen, sondern Christenliebe und Alltagsethik für eine der Berufung würdigen Lebensführung konstitutiv sind.
4. Die Botschaft des Epheserbriefs ist eigentlich schlicht und einfach; es geht um den Inhalt und die Konsequenzen des einen und allgemeinen christlichen Glaubens. Diese Botschaft ist aber in eine Sprache und eine rhetorische Form gekleidet, die allen häretischen Ansprüchen auf Offenbarung höherer Weisheit und Erlösung zu übertreffen sucht.
5. Nach der literarischen Fiktion sind Irrlehren eine drohende Gefahr, vor welcher die Empfänger im voraus gewarnt werden. In der wirklichen Lage des Verfassers dürfte aber die „Irrlehre" weit verbreitet und die Treue zu Paulus und seinem Evangelium, so wie es der Epheserbrief versteht, nur bei einer Minderheit der Christen Kleinasiens vorhanden gewesen sein[415].
6. Die Form ist völlig unpolemisch aber der Brief ist dennoch voll indirekter Polemik gegen einen in Hellenismus und in der Spätantike verbreiteten Typ von Offenbarungs- und Erlösungsreligion, die auch im Judentum und Christentum Eingang fand.
7. Infolge der Notiz über Tychikos am Ende des Briefes und wohl auch der ursprünglichen Anschrift wurde er nach einen lokal begrenzten Empfängerkreis gesandt. Der Inhalt richtet sich aber an alle Heidenchristen in Kleinasien und darüber hinaus.

Bestreiter wie Verteidiger der Authentizität haben Schwierigkeiten gehabt, eine befriedigende Antwort auf die Frage nach dem Zweck des Epheserbriefs und die Umstände bei seiner Abfassung zu finden. Das ist zum großen Teilen dadurch verursacht gewesen, daß man nicht zwischen *literarischer Fiktion* und *faktischer Lage* klar genug unterschied. Wenn man beides beachtet, werden nicht nur manche Einzelheiten, sondern der Brief als ganzer verständlicher[416]. Dadurch erhält das Nebeneinander von paulinischen und nicht-paulinischen Elementen und von „vorpaulinischen" Traditionen und nachpauli-

---

[414]Dibelius/Greeven 1953, 92.
[415]Eph 4,14 wäre in diesem Fall mit Ställen wie Apg 20,29f. und 1Tim 4,1-5 zu vergleichen. Percy 1946, 325f. und 447 hat erkannt, daß Eph 4,14 für die Annahme, der Brief sei an neugegründete Gemeinden gerichtet, erhebliche Schwierigkeiten macht, versucht sie aber zu vernebensächlichen. Fischer 1973, 17f., fragt mit Recht: „Ist der Verfasser vielleicht gar nicht in der Position der stärkeren Partei, sondern der schwächeren, die mit Polemik nur ihre letzte Chance verspielen würde, auf die zukünftige Entwicklung noch Einfluß nehmen zu können". [Vgl. die ähnliche Lage bezüglich der Johannesapokalypse und siehe dazu bes. H. Räisänen 1995, 151-66.
Sollte Hartman 1995, 38f. recht haben, daß die häretische „Philosophie" im Kolosserbrief eine Minorität darstellt, hätte sich die Minoritäts - Majoritätslage in Kleinasien bei der Abfassung des Epheserbriefs beträchtlich verändert, was wohl für eine Spätdatierung des Epheserbriefes sprechen würde.]
[416]Anders A. Jülicher 1931, 142: „Allerlei Einzelheiten im Brief werden ja durch die Annahme eines Apostelschülers als Verf. - der in vielem dem Meister recht nahegekommen wäre! - leichter verständlich; der Brief als Ganzes aber wird wohl immer rätselhaft bleiben".

nischer Perspektive eine plausible Erklärung. Auch die Pseudonymität wird besser verständlich. Sie war nicht ausschließlich und kaum vornehmlich ein Mittel, mit dessen Hilfe der Verfasser für seine eigene, aktualisierende Interpretation der paulinischen Lehre apostolische Autorität und Offenbarungsqualität beanspruchen konnte[417]. Die Abfassung eines angeblich von Paulus stammenden Briefes gab ihm die Möglichkeit, auf die grundlegende Anfangszeit der kleinasiatischen Heidenchristenheit zurückzugreifen und zugleich gegen die Häresien seiner eigenen Zeit Stellung zu nehmen, ohne durch direkte Polemik Leute wegzustoßen, die er zu gewinnen hoffte.

Wenn es mit unabhängigen Gründen gezeigt werden kann, daß der Kolosserbrief erst nach dem Tode des Paulus geschrieben wurde, folgt daraus, daß auch der Epheserbrief pseudonym ist[418]. Aber auch der umgekehrte Schluß ist kaum zu vermeiden: Wenn der Epheserbrief pseudonym ist, muß auch die im Kolosserbrief vorausgesetzte Briefsituation eine Fiktion sein, denn es ist schwer denkbar, daß ein zu den Lebzeiten des Apostels geschriebener Brief in vielen Hinsichten weniger „paulinisch" sein sollte als der spätere, anonyme Brief. Um die Entstehung der beiden Briefe, und dazu auch noch die Pastoralbriefe, in die nachpaulinische Zeit zu erklären, muß man die Existenz sonst unbekannter Umstände, etwa das Fortbestehen einer Paulus-Schule in Kleinasien postulieren[419].

Unser Wissen über die Geschichte des Christentums in Kleinasien in der Zeit zwischen Paulus und Ignatius ist leider sehr fragmentarisch. Es ist aber ziemlich klar, daß der paulinische Einfluß, wenn er jemals dominierend war, später von anderen Strömungen überlagert wurde[420]. Aus den Pastoralbriefen geht deutlich hervor, daß enkratitisch-mystische Tendenzen weiterbestanden (vgl. bes. 1Tim 4,1-5; 2Tim 2,18)[421]. Die Johannesapokalypse zeigt, daß auch „orthodoxe" Lehre keineswegs immer paulinisch war[422], und auch noch Ignatius hat gegen Irrlehre zu warnen[423]. Der Epheserbrief läßt sich ohne Schwierigkeiten in das Bild einordnen. Das bestätigt die Konklusion, die sich aus der Analyse des Briefes und der Lage seines Verfassers ergeben hat: Die Annahme einer pseudonymen Abfassung ist zwar komplizierter als die „Sekretärhypothese", aber dennoch historisch wahrscheinlicher, weil sie den gesamten Tatbestand zu erklären vermag.

---

[417]So bes. MERKLEIN 1973a, 215f., 220-22, 230f.

[418]Zu SYNGE; vgl. oben Anm. 154 auf Seite 23.

[419]Dazu SCHENKE 1974-75, 505-18; [und bes. CONZELMANN 1965/74, 231-44/177-90; IDEM 1979, 85-96; H. LUDWIG 1974; P. MÜLLER 1988; L. ALEXANDER 1992, 1005-11; EADEM 1995, 60-83; STANDHARTINGER 1999, 277-89].

[420]Vgl. W. BAUER, 1934/64 und KÖSTER 1971, 107-46; IDEM 1980, 698-746.

[421][Vgl. M. DIBELIUS/H. CONZELMANN 1966, 52-54; ROLOFF 1988, 228-39; L. OBERLINNER 1994, 171-86; IDEM 1995, 98-101; I. H. MARSHALL/P. H. TOWNER 1999, 50f.; ferner D. R. MACDONALD 1983; M. Y. MACDONALD 1988, 181-83; EADEM 1996, 161-65.]

[422]Über die Nikolaiten, siehe E. SCHÜSSLER FIORENZA 1973, 567-74; [jetzt auch RÄISÄNEN 1995, 151-66; ferner KLAUCK 1994, 115-43].

[423][Hierzu u.a. W. BAUER 1934/64, 65-80; E. MOLLAND 1970, 17-23; BAUER/PAULSEN 1985, 64f.; CH. TREVETT 1980; EADEM 1983, 1-18.]

Für die Exegese des Epheserbriefs bedeutet die Unterscheidung von *literarischer Fiktion* und *faktischer Lage* einen Vorteil. Sonst macht es keinen großen Unterschied, ob ein judenchristlicher Paulusschüler den Brief um das Jahr 60 oder um das Jahr 80 herum geschrieben hat. Versuche, die Lücken unseres Wissens durch Hypothesen und Spekulationen auszufüllen, haben nur einen begrenzten Wert. Es ist viel wichtiger, die allgemeine, sozial-historische Lage zu beachten, in welcher der Brief entstand. Von dem zweiten Jahrhundert an, ist der Epheserbrief unter wechselnden Verhältnissen gelesen und ausgelegt worden. Die Lage und damit auch die Voraussetzungen und die Fragen sind in späteren Zeiten anders gewesen als zu der Entstehungszeit des Briefes. Das ist eine wesentliche Voraussetzung für die vielen, einander widersprechenden Interpretationen. Einige Hinweise müssen hier genügen.

1. Der Epheserbrief steht der grundlegenden Missionszeit noch so nahe, daß er die angesprochenen Christen an ihre heidnische Vergangenheit erinnern kann. Der Gegensatz zwischen „Einst" und „Jetzt" geht durch den ganzen Brief hindurch. Besonders in einem pseudonymen Schreiben wäre dies auch zu einer Zeit möglich, in welcher manche Gemeindeglieder nicht selber die Bekehrung vom Götzendienst erlebt hatten[424]. Die meisten Schriften aus dem Anfang des zweiten Jahrhunderts zeigen dennoch, daß die Lage damals anders geworden war. Ignatius greift z.B. viel weniger als der Epheserbrief auf den durch die Taufe markierten Übergang zurück; er ruft vielmehr zur Sammlung um die Eucharistie und den Bischof auf, um die Einheit der Kirche zu bewahren[425]. Spätere Interpretationen des Epheserbriefs, und auch theologische Gesamtkonzeptionen unterscheiden sich in der Art, in welcher sie mit dem Gegensatz zwischen „Einst" und „Jetzt" zurechtkommen. Die Lösungen gingen auseinander, gerade weil der Gegensatz theologisch bedeutsam blieb, auch wenn sie nicht länger in aktuellen Erfahrungen verankert waren.

2. Der Epheserbrief redet die Adressaten als „Heilige" und „Glaubende" an und setzt voraus, daß sie alle Glieder des Leibes Christi sind. Anders als in den Pastoralbriefen und mehreren gleichzeitigen Schriften wird die Kirche nicht als ein „gemischter Körper" gesehen, in welcher echte und falsche Brüder beisammen sind[426]. In dieser Hinsicht hält der Epheserbrief die paulinische Linie inne. Bei Paulus können aber scharfe Urteile über eine Gemeinde und der Rückgriff auf die im Namen Jesu Christi und in dem Geist gegebene Heiligung und Rechtfertigung beisammen stehen (vgl. bes. 1Kor 6,1-11)[427]. Der Epheserbrief dagegen schweigt über das Vorhandensein von unwürdigen oder gar abtrünnigen Christen. Fragen der Kirchenzucht und der christlichen Buße werden nicht angeschnitten.

---

[424] Ähnlich der 1. Petrusbrief; [vgl. VIELHAUER 1975, 581f.: „... daß sie (sc. die Adressaten) häufig als Neugetaufte angesprochen werden (vor allem 2,2, aber auch 1,3. 12. 23; 2,10. 25; 3,21)..."; GOPPELT 1978, 56-64; BROX 1979, 24-34; B. OLSSON 1982, 19f., 83f.; ACHTEMEIER 1996, 50-58; SCHNELLE 1996, 460-63;] vgl. auch den Barnabasbrief [und hierzu, VIELHAUER 1975, 601-07 und, wenn auch sehr wenig zur Adressatenfrage, PROSTMEIER 1999, 111-34.]

[425] [Zu Ignatius, vgl. BAUER/PAULSEN 1985, 29-31; SCHOEDEL 1985, 21.]

[426] Vgl. z.B. 2Tim 2,20; Matt 7,21f.; 13,47-50 etc.; Joh 8,31; 1 Joh.

[427] [Vgl. CONZELMANN 1981c, 131-37; SCHRAGE 1991, 402-36.]

3. Es ist einseitig, die Ekklesiologie als das zentrale Thema des Epheserbriefs aufzufassen. Seine Aussagen über die Kirche gehen aber in der Tat über alles hinaus, was wir in anderen neutestamentlichen Schriften lesen. Das Wort ἐκκλησία bezieht sich, anders als bei Paulus, immer auf die Gesamtkirche und niemals auf eine bestimmte Lokalgemeinde. Alle nähere Ausführungen und Anweisungen betreffen dennoch das gemeinsame Leben von Christen, die gegenseitige persönliche Beziehungen haben. Von Querverbindungen zwischen den Ortsgemeinden hören wir nichts, was mit der paulinischen Kollekte für Jerusalem vergleichbar wäre. Wenn Paulus an die „Ekklesia der Thessalonicher" oder „die Kirche Gottes in Korinth" schrieb, wußten die Adressaten, welche Gruppe von Menschen gemeint war, und auch andere hätten es wissen können. Im Epheserbrief bleibt es in der Schwebe, inwiefern „die Kirche" überhaupt in soziologischen Kategorien faßbar ist. Jedenfalls wenn der Brief pseudonym ist, muß es schon zur Zeit der Abfassung schwer gewesen sein, genau anzugeben wo die Kirche, welche der Leib Christi ist, zu finden war. Im zweiten Jahrhundert schieden sich Gnostiker und Kirchenväter u.a. an der Frage nach der Identität der Kirche, auf welche die Ekklesiologie des Epheserbriefs zu beziehen war[428]. Darum, mehr als um exegetische Einzelfragen, ging es auch bei späteren Kontroversen etwa zwischen Volkskirche und Pietismus, Spiritualismus, Hochkirche, usw.

4. Der Epheserbrief ist betont universalistisch, nicht nur weil er die Einheit von Juden und Heiden betont, sondern auch weil er auf die Zusammenfassung des ganzen Weltalls in Christus hinausblickt und die Kirche als Kern eines erneuerten Universums versteht[429]. Dennoch war die Kirche des Epheserbriefs im römischen Weltreich eine winzige Minorität, die sich fast sektenhaft von ihrer Umwelt abgrenzte (vgl. Eph 2,1-3; 4,17-20; 5,5-14). Dieser Universalismus einer Sondergruppe konnte in der Kirche, vor allem nach Konstantin, nicht auf die Dauer aufrecht erhalten werden. Wo sie in Sondergruppen erneuert wurde, geschah das unter Abgrenzung von anderen getauften Christen, also im Gegensatz zu dem gesamtkirchlichen Anliegen des Epheserbriefs.

5. Die unter Punkt (2) bis (4) gemachten Bemerkungen führen alle zu der Konklusion, daß die Konzeption des Epheserbriefs etwas Utopisches an sich hat[430]. Paulus faßt den Gegensatz zwischen der in Christus wirksamen Macht Gottes und der Schwachheit der Christen bewußt als ein Paradox auf[431]. Die Kraft Christi ist in der Schwachheit wirksam (vgl. 1Kor 1,18-2,5; 2Kor 12,9; 13,3f. etc.). Auch der Epheserbrief weiß, daß diejenigen, die mit Christus schon auferweckt und erhöht

---

[428] [Es ist wohl kein Zufall, daß „as far as the RS (sc. Revelation-Schema) is concerned ... among the Gnostics Eph 3:3-5 is the NT text most frequently referred to and quoted ...;" vgl. nur Hippol. *Ref.* VI. 35, 1-2 (HELLHOLM 1998, 242).]

[429] [Zum Universalismus des Epheserbriefes, siehe auch MITTON 1976, 29; GNILKA 1990, 47 mit Anm. 5; KÖSTER 1980, 707f.; STRECKER 1996, 598f.; SELLIN 1999, 1346.]

[430] Das Utopische im Epheserbrief hat FISCHER 1973 und MEEKS 1977, 209-21 viel richtiger gesehen als MERKLEIN 1973a. Vgl. auch CHADWICK 1960, 147.

[431] [Vgl. BULTMANN 1965/84, 102ff.; HÜBNER 1997.]

sind, immer noch im Kampf und Leiden zu bestehen haben (vgl. Eph 3,13; 6,10ff.). Es fehlt aber hier die Paradoxie von dem Leben im Tod und der Kraft in Schwachheit. Gerade weil der Epheserbrief mehr utopisch als paradox ist, konnte man zu späteren Zeiten die Aussagen des Briefes in verschiedener Weisen hören und zurechtlegen. Der im Epheserbrief besonders deutliche Widerspruch zwischen dem in Christus schon verwirklichten Heil und der vorhandenen Weltwirklichkeit konnte in der Gnosis dadurch gelöst werden, daß die äußere Welt für einen Schein erklärt wurde. Als die Kirche Einfluß gewann, konnte die Ekklesiologie des Epheserbriefs, ganz anders verstanden, u.zw. als ideologische Grundlage für kirchliche Machtansprüche ausgenützt werden[432]. Es war aber wiederum möglich, aus dem Epheserbrief Trost für das geängstigte Gewissen herauszuhören; die Worte des Epheserbriefs sagten dem getauften Glied der Kirche Vergebung der Sünden, und damit Erlösung und Leben zu. Bewegungen, die sich um die Erneuerung und der Einheit der Kirchen bemühten, waren nicht selten ganz besonders vom Epheserbrief inspiriert, mit dem sie manchmal auch ein utopisches Element gemeinsam hatten. Erst relativ langsam hat sich die Erkenntnis durchgesetzt, daß der Epheserbrief nicht nur eine begeisterte Kirchlichkeit inspirieren könnte, sondern auch radikale Kritik an eine Kirche, in der neue trennende Mauern zwischen Christen und Juden und zwischen Nationen, Rassen und sozialen Klassen aufgerichtet worden sind.

6. Was für alle Schriften gilt, trifft für den Epheserbrief in einem besonderen Ausmaß zu: Das Verständnis hängt nicht nur von dem Gesagten, sondern von den Voraussetzungen der Leser ab[433]. Das dies im Falle des Epheserbriefs besonders deutlich ist, hängt mit dem utopischen Element zusammen. Es ist aber auch durch die literarische Art dieses Briefes bedingt. Der Brief ruft Christen auf, zu gedenken was ihnen in Christus geschenkt worden ist. Ein gedenkendes Erinnern setzt aber vorhergehende Erfahrung voraus, die zwar geklärt und vertieft, aber nicht durch das zum Gedenken rufende Wort allein gestaltet werden kann. Mit gewissem Recht kann man den Epheserbrief als ein Gratulationsschreiben bezeichnen, gerichtet an Heiden, die Christen geworden sein[434]. Wie man eine Gratulation hört, ist aber wiederum nicht weniger durch die Voraussetzungen des Gratulierten als durch die Worte des Gratulanten bestimmt. Die Worte des Epheserbriefes können mit demütiger Dankbarkeit gehört werden, aber es besteht auch die Gefahr, daß sie einem kirchlichen Triumphalismus Nahrung geben.

---

[432] Z.B. BEARE 1953, 607 belastet zu Unrecht den Epheserbrief mit seiner späteren Wirkung.
[433] [Vgl. hierzu MOUTON 1996, 280-307.]
[434] [Siehe in diesem Band die Aufsätze VIII und IX.]

Bibliography

ABBOTT, T. K. 1897/1985: *A Critical and Exegetical Commentary on the Epistles to the Ephesians and to the Colossians* (ICC), Edinburgh: Clark 1897. [Nachdruck 1985.]

ACHTEMEIER, P. J. 1996: *1 Peter. A Commentary on First Peter* (Hermeneia), Minneapolis, MN: Fortress 1996.

AEJMELAEUS, L. 1987: *Die Rezeption der Paulusbriefe in der Miletrede (Apg 20:18-35)* (AASF B 232), Helsinki: Suomalainen Tiedeakatemia 1987.

ALAND, K. (HRSG.) 1978: *Vollständige Konkordanz zum griechischen Neuen Testament, Band II: Spezialübersichten*, Berlin – New York: de Gruyter 1978.

ALAND, K. 1980: „Noch einmal: Das Problem der Anonymität und Pseudonymität in der christlichen Literatur der ersten beiden Jahrhunderte", in: E. DASSMANN/K. S. FRANK (HRSG.), *Pietas. Festschrift für Bernhard Kötting* (JbAC Erg. Band 8), Münster: Aschendorff 1980, 121-39.

ALEXANDER, L. 1992: „Schools, Hellenistic", in: *ABD*, Vol. 5, New York, NY: Doubleday 1992, 1005-11.

— 1995: „Paul and the Hellenistic Schools: The Evidence of Galen", in: T. ENGBERG-PEDERSEN (HRSG.), *Paul in His Hellenistic Context*, Edinburgh: Clark/Minneapolis, MN: Fortress 1995, 60-83.

ALLEN, J. A. 1958/59: „The ‚In Christ' Formula in Ephesians", in: *NTS* 5 (1958-59) 54-62.

AMLING, E. 1909: „Eine Konjektur im Philemonbrief", in: *ZNW* 10 (1909) 261-62.

ARNOLD, C. E. 1989: *Ephesians: Power and Magic* (SNTSMS 63), Cambridge: CUP 1989.

ASTING, R. 1930: *Die Heiligkeit im Urchristentum* (FRLANT 29), Göttingen: V&R 1930.

ATTRIDGE, H. W. 1989: *The Epistle to the Hebrews* (Hermeneia), Philadelphia, PA: Fortress 1989.

AUNE, D. E. 1987: *The New Testament in Its Literary Environment* (LEC), Philadelphia, PA: Westminster 1987.

— 1997: *Revelation 1-5* (WBC 52), Dallas, TX: Word Books 1997.

BALCH, D. L. 1981: *Let Wives Be Submissive. The Domestic Code in I Peter* (SBLMS 26), Atlanta, GA: Scholars Press 1981.

BARNETT, A. E. 1941: *Paul Becomes a Literary Influence*, Chicago, IL: UChP 1941.

BARTH, M. 1959a: *Israel und die Kirche im Brief des Paulus an die Epheser* (TEH 75), München: Kaiser 1959.

— 1959b: *The Broken Wall. A Study of the Epistle to the Ephesians*, Chicago, IL: Judson 1959.

— 1974: *Ephesians*, 2 Vols., (AncB 34), Garden City, NY: Doubleday 1974.

BARTSCH, H.-W. 1940: *Gnostisches Gut und Gemeindetradition bei Ignatius von Antiochien*, Gütersloh: Bertelsmann 1940.

BATEY, R. 1963: „The Destination of Ephesians", in: *JBL* 82 (1963) 101.

BAUER, J. B. 1995: *Die Polykarpbriefe* (KAV 5), Göttingen: V&R 1995.

BAUER, W. 1934/64: *Rechtgläubigkeit und Ketzerei im ältesten Christentum*. Zweite, durchgesehene Auflage mit einem Nachtrag hrsg. von G. STRECKER (BHTh 10), Tübingen: Mohr Siebeck 1964 [1. Aufl. 1934].

BAUER, W./PAULSEN, H. 1985: *Die Briefe des Ignatius von Antiochia und der Polykarpbrief* (HNT 18: Die Apostolischen Väter II), Tübingen: Mohr Siebeck 1985.

BAUR, F. C. 1844: „Kritische Miscellen zum Epheserbrief", in: *Theologische Jahrbücher*, 3 (1844) 378-95.

— 1845: *Paulus, der Apostel Jesu Christi*, Stuttgart: Becker & Müller 1845.

— 1866-67: *Paulus, der Apostel Jesu Christi*, besorgt von E. ZELLER, 2 Bände, Leipzig: Fues (L. W. Reisland) 1966-67.

— 1866: *Vorlesungen über neutestamentliche Theologie*, Leipzig: Fues (L. W. Reisland) 1866.

BAUSCH, K.-H. 1980: „Soziolekt", in: H. P. ALTHAUS/H. HENNE/H. E. WIEGAND (HRSG.), *Lexikon der Germanistischen Linguistik*, Band 2, 2. Aufl., Tübingen: Niemeyer 1980, 358-63.

BEARE, F. W. 1953: "Ephesians", in: *The Interpreters Bible*, Vol. 10, New York & Nashville, TN: Abingdon-Cokesbury 1953, 597-749.

BECKER, J. 1989: *Paulus. Der Apostel der Völker*, Tübingen: Mohr Siebeck 1989.

BELSER, J. 1908: *Der Epheserbrief des Apostels Paulus*, Freiburg i. Br.: Herder 1908.

BENOIT, P. 1961: „L'horizon paulinien de l'Épître aux Éphésiens", in: IDEM, *Exégèse et Théologie II*, Paris: Cerf 1961, 53-96.

— 1963: „Rapports littéraires entre les épîtres aux Colossiens et aux Éphésiens", in: J. BLINZLER/O. KUSS/F. MUSSNER (HRSG.), *Neutestamentliche Aufsätze. Festschrift für Josef Schmid*, Regensburg: Pustet 1963, 11-22.

— 1966: „Éphesiens", in: *DBS* VII, Paris: Letouzey et ané 1966, 195-211.

BERGER, KL. 1984: „Hellenistische Gattungen im Neuen Testament", in: *ANRW* II. 23.2, Berlin - New York: de Gruyter 1984, 1031-1432.

BEST, E. 1997a: *Essays on Ephesians*, Edinburgh: Clark 1997.

— 1997a(1): „Ephesians 1.1",in: IDEM 1997a, 1-16.

— 1997a(2): „Ephesians 1.1 Again", in: IDEM 1997a, 17-24.

— 1997a(4): „The Use of Credal and Liturgical Material in Ephesians", in: IDEM 1997a, 51-68.

— 1997b: „Who Used Whom? The Relationship of Ephesians and Colossians", in: *NTS* 43 (1997) 72-96.

— 1998: *A Critical and Exegetical Commentary on Ephesians* (ICC), Edinburgh: Clark 1998.

BETZ, H. D. 1974-75: „The Literary Composition and Function of Paul's Letter to the Galatians", in: *NTS* 21 (1974-75) 353-79. [Abgedruckt in: H. D. BETZ 1994, 63-97.]

— 1979: *Galatians* (Hermeneia), Philadelphia, PA: Fortress 1979.

— 1988: *Der Galaterbrief. Ein Kommentar zum Brief des Apostels Paulus an die Gemeinden in Galatien* (Ein Hermeneia-Kommentar), München: Kaiser 1988.

— 1994: *Paulinische Studien. Gesammelte Aufsätze III*, Tübingen: Mohr Siebeck 1994.

— 1995: „Paul's 'Second Presence' in Colossians", in: T. FORNBERG/D. HELLHOLM (HRSG.), *Texts and Contexts. Biblical Texts in Their Textual and Situational Contexts. Essays in Honor of Lars Hartman*, Oslo – Copenhagen – Stockholm – Boston 1995, 507-18.

BEYER, KL. 1968: *Semitische Syntax im Neuen Testament. I. Satzlehre* (StUNT 1), 2. Aufl., Göttingen: V&R 1968.

BEZA, TH. 1598: *Novum Testamentum Graece et Latine*, Genf: Vignon 1598.

BILLERBECK, P./[STRACK, H. L.] 1926: *Kommentar zum Neuen Testament aus Talmud und Midrasch, Band III: Die Briefe des Neuen Testaments und die Offenbarung Johannis*, München: Beck 1926.

BJERKELUND, C. J. 1967: *Parakalô. Form, Funktion und Sinn der parakalô-Sätze in den paulinischen Briefen* (BTN 1), Oslo – Bergen – Tromsø: Universitetsforlaget 1967.

BLANK, J. 1968: *Paulus und Jesus. Eine theologische Grundlegung* (StANT 18), München: Kösel 1968.

BLASS, F./DEBRUNNER, A./REHKOPF, F. 1976: *Grammatik des neutestamentlichen Griechisch*, 14. völlig neubearbeitete und erweiterte Auflage, Göttingen: V&R 1976.

BLOMKVIST, V. 1993: *Stilen i Efeserbrevet sammenlignet med Kolosserbrevets. Et bidrag til forfatterspørsmålet*, Hovedoppgave i Kristendomskunnskap, Det teologiske fakultet, Universitetet i Oslo 1993.

BORNKAMM, G. 1942: „μυστήριον", in: *ThWNT* Band 4, Stuttgart: Kohlhammer 1942, 809-34.

— 1961a: „Paulinische Anakoluthe im Römerbrief", in: IDEM, *Das Ende des Gesetzes. Paulusstudien. Gesammelte Aufsätze Band I* (BEvTh 16), 3. Aufl., München: Kaiser 1961, 76-92.

— 1961b: „Die Häresie des Kolosserbriefes", in: IDEM, *Das Ende des Gesetzes. Paulusstudien. Gesammelte Aufsätze Band I* (BEvTh 16), 3. Aufl., München: Kaiser 1961, 139-56.

BOUSSET, W. 1921/65: *Kyrios Christos. Geschichte des Christusglaubens von den Anfängen des Christentums bis Irenaeus*, 2. Aufl., Göttingen: V&R 1921 [5. Aufl. 1965 mit einem Geleitwort von R. BULTMANN].

BOUTTIER, M. 1991: *L'Épître de saint Paul aux Éphésiens* (CNT(N) 9), Genf: Labor et Fides 1991.

BRAUN, H. 1966: *Qumran und das Neue Testament*. Band I, Tübingen: Mohr Siebeck 1966.

— 1984: *An die Hebräer* (HNT 14), Tübingen: Mohr Siebeck 1984.

BROWN, R. E. 1963: „Ephesians among the Letters of Paul", in: *RExp* 60 (1963) 373-79.

— 1997: *An Introduction to the New Testament* (AchB Ref Lib), New York, NY etc.: Doubleday 1997.

BROX, N. 1979: *Der erste Petrusbrief* (EKK 21), Zürich: Benziger/Neukirchen-Vluyn: Neukirchener 1979.

— 1991: *Der Hirt des Hermas* (KAV 7), Göttingen: V&R 1991.

BROX. N. (HRSG.) 1977: *Pseudepigraphie in der heidnischen und jüdisch-christlichen Antike* (WdF 484), Darmstadt: WBG 1977.

BRUCKER, R. 1997: *‚Christushymnen' oder ‚epideiktische Passagen'? Studien zum Stilwechsel im Neuen Testament und seiner Umwelt* (FRLANT 176), Göttingen: V&R 1997.

BUJARD, W. 1973: *Stilanalytische Untersuchungen zum Kolosserbrief als Beitrag zur Methodik von Sprachvergleichen* (StUNT 11), Göttingen: V&R 1973.

BULTMANN, R. 1966: *Das Urchristentum im Rahmen der antiken Religionen* (rde 157/158), 31.-35 Tausend, München: Rowohlt 1966.

— 1984: *Theologie des Neuen Testaments* (NTG), 6. Aufl., Tübingen: Mohr Siebeck 1984.

BUSCHMANN, G. 1998: *Das Martyrium des Polykarp* (KAV 6), Göttingen: V&R 1998.

CADBURY, H. J. 1959-60: „The Dilemma of Ephesians", in: *NTS* 5 (1959-60) 91-102.

CANCIK, HILD. 1967: *Untersuchungen zu Senecas epistulae morales* (Spudasmata 18), Hildesheim: Olms 1967.

CARAGOUNIS, C. C. 1977: *The Ephesian Mysterion. Meaning and Content* (CB.NT 8), Lund: Gleerup 1977.

CERFAUX, L. 1960: „En faveur de l'authenticité des épîtres de la captivité", in: *RechBib* 5 (1960) 60-71.

CHADWICK, H. J. 1954-55: „All Things to All Men", in: *NTS* 1 (1954-55) 261-75.

— 1960: „Die Absicht des Epheserbriefes", in: *ZNW* 51 (1960) 145-53.

CHARLES, R. H. 1920: *A Critical and Exegetical Commentary on The Revelation of St. John* (ICC), Vol. I, Edinburgh: Clark 1920.

COLPE, C. 1960: „Zur Leib-Christi-Vorstellung im Epheserbrief", in: W. ELTESTER (HRSG.), *Judentum – Urchristentum – Kirche. Festschrift für Joachim Jeremias* (BZNW 26), Berlin: de Gruyter 1960, 172-87.

CONZELMANN, H. 1963: *Die Apostelgeschichte* (HNT 7), Tübingen: Mohr Siebeck 1963.

— 1965/74: „Paulus und die Weisheit", in: *NTS* 12 (1965) 231-44 [Abgedruckt in: IDEM, *Theologie als Schriftauslegung. Aufsätze zum Neuen Testament* (BEvTh 65), München: Kaiser 1974, 177-90].

— 1979: „Die Schule des Paulus", in: C. ANDRESEN/G. KLEIN (HRSG.), *Theologia Crucis – Signum Crucis. Festschrift für Erich Dinkler zum 70. Geburtstag*, Tübingen: Mohr Siebeck 1979, 85-96.

— 1981a: „Der Brief an die Epheser", in: J. BECKER ET AL., *Die Briefe an die Galater, Epheser, Kolosser, Thessalonicher und Philemon* (NTD 8), Göttingen: V&R 1981, 86-124.

— 1981b: „Der Brief an die Kolosser", in: J. BECKER ET AL., *Die Briefe an die Galater, Epheser, Kolosser, Thessalonicher und Philemon* (NTD 8), Göttingen: V&R 1981, 176-202.

— 1981c: *Der erste Brief an die Korinther* (KEK 5), 2. Aufl., Göttingen: V&R 1981.

CONZELMANN, H./LINDEMANN, A. 1995: *Arbeitsbuch zum Neuen Testament* (UTB 52), 11. Aufl., Tübingen: Mohr Siebeck 1995.

CORE, CH. 1898: *St. Paul's Epistle to the Ephesians. A Practical Exposition*, New York, NY: Scribner 1898.

COTTON, H. 1981: *Documentary Letters of Recommendation in Latin from the Roman Empire* (BKP 132), Königstein: Hain 1981.

COUTTS, J. 1956-57: „Ephesians 1:1-14 and 1 Peter 1:3-13", in: *NTS* 3 (1956-57) 115-27.

— 1957-58: „The Relationship of Ephesians and Colossians", in: *NTS* 4 (1957-58) 201-07.

CROUCH, J. E. 1972: *The Origin and Intention of the Colossian Haustafel* (FRLANT 109), Göttingen: V&R 1972.

DACQUINO, P. 1955: „I destinatari della lettera agli Efesini", in: *RivBib* 6 (1955) 102-10.

— 1958: „Interpretatio Epistolae ad Eph. in luce finis intenti", in: *VD* 36 (1958) 338-49.

DAHL, N. A. 1947: „Ernst Percy, ‚Die Probleme der Kolosser- und Epheserbriefe'", in: *SvTK* 23 (1947) 366-74.

— 1951: „Adresse und Proömium des Epheserbriefes", in: *ThZ* 7 (1951) 241-64. [Teilweise in diesem Band Aufsatz IX.]

— 1954/57: „Formgeschichtliche Beobachtungen zur Christusverkündigung in der Gemeindepredigt", in: W. ELTESTER (HRSG.), *Neutestamentliche Studien für Rudolf Bultmann*, Berlin: Töpelmann 1954 [= 2. Aufl., 1957], 3-9.

— 1956: „Epheserbrief", in: *EKL*, Band I, 2. Aufl., Göttingen: V&R 1956,1100-02.

— 1962: „Kolosserbrief", in: *EKL*, Band II, 2. Aufl., Göttingen: V&R 1962, 865-66.

— 1963: „Der Epheserbrief und der verlorene Erste Brief des Paulus an die Korinther", in: O. BETZ/M. HENGEL/P. SCHMIDT (HRSG.), *Abraham unser Vater. Juden und Christen im Gespräch über die Bibel. Festschrift für Otto Michel zum 60. Geburtstag*, Leiden – Köln: Brill 1963, 65-77. [In diesem Band Aufsatz X.]

— 1965: „Das Geheimnis der Kirche nach Eph. 3,8-10", in: E. SCHLINK/A. PETERS (HRSG.), *Zur Aufbauung des Leibes Christi. Festschrift Peter Brunner*, Kassel: Stauda 1965, 63-75. [In diesem Band Aufsatz XI.]

— 1966: *Et Kall. Bibelstudium over Efeserbrevet*, Oslo: Land og Kirke 1966.

— 1967: „Paul and the Church at Corinth according to 1 Corinthians 1-4", in: W. R. FARMER/ C. F. D. MOULE/R. R. NIEBUHR (HRSG.), *Christian History and Interpretation: Studies Presented to John Knox*, Cambridge: CUP 1967, 313-35.

— 1975: „Cosmic Dimensions and Religious Knowledge (Eph. 3:18)", in: E. E. ELLIS/E. GRÄSSER (HRSG.), *Jesus und Paulus. Festschrift für W. G. Kümmel zum 70. Geburtstag*, Göttingen: V&R 1975, 57-75. [In diesem Band Aufsatz XII.]

— 1976a/81a: „Ephesians, Letter to the", in: *IDBSup*, Nashville, TN: Abingdon 1976, 268-69. [2. Aufl. 1981.]

— 1976b/81b: „Letter", in: *IDBSup*, Nashville, TN: Abingdon 1976, 538-41. [2. Aufl. 1981.]

— 1977: „Interpreting Ephesians: Then and Now", in: *Theology Digest* 25 (1977) 305-15. [In diesem Band Aufsatz XVII.]

— 1982: „Dåpsforståelsen i Efeserbrevet", in: S. PEDERSEN (HRSG.), *Dåben i Ny Testamente, Festschrift Hejne Simonsen*, Århus 1982, 141-60. [Engl. Übers. in diesem Band Aufsatz XIV.]

— 1993: „Når Paulus spør", in: *Kirken i tiden – Troen i folket. Festskrift til biskop Georg Hille*, Oslo: Verbum 1993, 47-59.

DAWES, G. W. 1998: *The Body in Question. Metaphor and Meaning in the Interpretation of Ephesians 5:21-33* (Biblical Interpretation Series 30), Leiden etc.: Brill 1998.

DEICHGRÄBER, R. 1967: *Gotteshymnus und Christushymnus in der frühen Christenheit. Untersuchungen zu Form, Sprache und Stil der frühchristlichen Hymnen* (StUNT 5), Göttingen: V&R 1967.

DEISSMANN, A. 1892: *Die neutestamentliche Formel „in Christo Jesu"*, Marburg: Elwert 1892.

DEMING, W. 1995: *Paul on Marriage and Celibacy. The Hellenistic Background of 1 Corinthians 7* (MSSNTS 83), Cambridge: CUP 1995.

DIBELIUS, M. 1931: „Formgeschichte zum Neuen Testament (außerhalb des Evangeliums)", in: *ThR* 3 (1931) 207-42.

— 1921: *Der Brief des Jakobus* (KEK 15), 7. Aufl., Göttingen: V&R 1921.

DIBELIUS, M./CONZELMANN, H. 1966: *Die Pastoralbriefe* (HNT 13), 4. Aufl., Tübingen: Mohr Siebeck 1966.

DIBELIUS, M./GREEVEN, H. 1953: *An die Kolosser, Epheser, an Philemon* (HNT 12), 3. Aufl., Tübingen: Mohr Siebeck 1953.

— 1964: *Der Brief des Jakobus* (KEK 15), 11. Aufl., Göttingen: V&R 1964.

DONALDSON, L. R. 1986: *Pseudepigraphy and Ethical Argument in the Pastoral Epistles* (HUTh 22), Tübingen: Mohr Siebeck 1986.

DORMEYER, D. 1993: *Das Neue Testament im Rahmen der antiken Literaturgeschichte. Eine Einführung* (Die Altertumswissenschaft), Darmstadt: WBG 1993.

DUPONT, J. 1955: „Le problème de la structure littéraire de l'épître aux Romain", in: *RB* 62 (1955) 365-97.

EICHHORN, J. G. 1804-27: *Einleitung in das Neue Testament*, Leipzig: Weidmann 1804-27.

ERASMUS VON ROTTERDAM 1519/1705: *Annotationes in Novum Testamentum*, Basel: Froben 1519 [= „Annotationes in Novum Testamentum", in: *Opera Omnia*, Vol. VI, Luguduni Batavorum 1705].

ERNST, J. 1974: *Die Briefe an die Philipper, an Philemon, an die Kolossser, an die Epheser* (RNT), Regensburg: Pustet 1974.

— 1990: „Kolosserbrief", in: *TRE*, Band 19, Berlin – New York, NY: de Gruyter 1990, 370-76.

EVANSON, E. 1792: *The Dissonance of the Four Generally Received Evangelists and the Evidence of Their Respective Authenticity Examined*, Ipswich: Jermyn 1792, 261-63.

EWALD, P. 1910: *Die Briefe des Paulus an die Epheser, Kolosser und Philemon* (KNT 10), 2. Aufl., Leipzig: Deichert 1910.

FAUST, E. 1993: *Pax Christi et Pax Caesaris. Religionsgeschichtliche, traditionsgeschichtliche und sozialgeschichtliche Studien zum Epheserbrief* (NTOA 24), Göttingen: V&R/Freiburg (CH): UV 1993.

FEE, G. D. 1987: *The First Epistle to the Corinthians* (NICNT), Grand Rapids, MI: Eerdmans 1987.

FEINE, P./BEHM, J. 1950: *Einleitung in das Neue Testament*, Heidelberg: Quelle & Meyer 1950.

FIEDLER, P. 1986: „Haustafel", in: *RAC*, Band 13, Stuttgart: Hiersemann 1986, 1063-73.

FISCHER, K. M. 1973: *Tendenz und Absicht des Epheserbriefes* (FRLANT 111), Göttingen: V&R 1973.

FITZMYER, J. A. 1998: *The Acts of the Apostles* (AncB 31), New York, NY: Doubleday 1998.

FOERSTER, R. (HRSG.) 1927: *Libiani opera*, Vol. 9, Leipzig: Teubner 1927.

FOERSTER, W. 1938: „Ἰησοῦς", in: *ThWNT*, Band 3, Stuttgart: Kohlhammer 1938, 284-94.

FORBES, CH. 1997: *Prophecy and Inspired Speech. In Early Christianity and its Hellenistic Environment*, Peabody, MA: Hendrickson 1997.

FOSTER, O. D. 1913: *The Literary Relations of the 'First Epistle of Peter'* (Transactions of the Connecticut Academy of Arts and Sciences 17), New Haven, CT: YUP 1913, 363-538.

FRANCIS, F. O. 1973: „Humility and Angelic Worship in Colossae", in: MEEKS/FRANCIS (HRSG.) 1973, 163-95.

FRANCIS, F. O./SAMPLEY, J. P. 1984: *Pauline Parallels* (Foundations and Facets), Philadelphia, PA: Fortress 1984.

FRANZMANN, M. 1991: *The Odes of Solomon. An Analysis of the Poetical Structure and Form* (NTOA 20), Freiburg (CH): UV/Göttingen: V&R 1991.

VON FRITZ, K. (HRSG.) 1972: *Pseudepigraphia I. Pseudopythagorica – Lettres de Platon – Littérature pseudépigraphique juive* (Fondation Hardt pour l'étude de l'antiquité classique. Entretiens Tome 18), Vandœuvres-Genève: Hardt 1972.

FUNK, R. W. 1966: *Language, Hermeneutic, and the Word of God. The Problem of Language in the New Testament and Contemporary Theology*, New York, NY: Harper & Row 1966.

FURNISH, V. P. 1992: „Ephesians, Epistle to the", in: *ABD*, Vol. 2, New York, NY: Doubleday 1992, 535-42.

GABATHULER, H.-J. 1965: *Jesus Christus. Haupt der Kirche – Haupt der Welt* (AThANT 45), Zürich: Zwingli 1965.

GAMBLE, H. (Y.) 1975: „The Redaction of the Pauline Letters and the Formation of the Pauline Corpus", in: *JBL* 94 (1975) 403-18.

— 1977: *The Textual History of the Letter to the Romans. A Study in Textual and Literary Criticism* (StD 42), Grand Rapids, MI: Eerdmans 1977.

— 1995: *Books and Readers in the Early Church. A History of Early Christian Texts*, New Haven, CT – London: YUP 1995.

GESE, M. 1997: *Das Vermächtnis des Apostels. Die Rezeption der paulinischen Theologie im Epheserbrief* (WUNT 2/99), Tübingen: Mohr Siebeck 1997.

GNILKA, J. 1982: *Der Philemonbrief* (HThK 10/4), Freiburg i. Br.: Herder 1982.

— 1990: *Der Brief an die Epheser* (HThK 10/2), 4. Aufl., Freiburg i. Br.: Herder 1990.

— 1991: *Der Brief an die Kolosser* (HThK 10/1), 2. Aufl., Freiburg i. Br.: Herder 1991.

GÖRGEMANNS, H. 1997a: „Epistel A-F", in: H. CANCIK/H. SCHNEIDER (HRSG.), *Der Neue Pauly. Enzyklopädie der Antike*, Band 3, Stuttgart – Weimar: Metzler 1997, 1161-64.

— 1997b: „Epistolographie", in: H. CANCIK/H. SCHNEIDER (HRSG.), *Der Neue Pauly. Enzyklopädie der Antike*, Band 3, Stuttgart – Weimar: Metzler 1997, 1166-69.

GOGUEL, M. 1922-26: *Introduction au Nouveau Testament*, Tome I-IV.2, Paris: Leroux 1922-26.

— 1935/36: „Esquisse d'une solution nouvelle du problème de l'épître aux Éphésiens", in: *RHPhR* 111 (1935) 254-85; 112 (1936) 73-99.

GOLDSTEIN, J. A. 1968: *The Letters of Demosthenes*, New York – London: ColUP 1968.

GOODSPEED, E. J. 1933: *The Meaning of Ephesians*, Chicago, IL: UCP 1933.

GOPPELT, L. 1978: *Der Erste Petrusbrief* (KEK 12/1), Göttingen: V&R 1978.

GRÄSSER, E. 1990: *An die Hebräer (Hebr 1-6)* (EKK 17/1), Zürich: Benziger/Neukirchen-Vluyn: Neukirchener 1990.

HAGNER, D. A. 1973: *The Use of the Old and New Testament in Clement of Rome* (NT.S 34), Leiden: Brill 1974.

HAMMARSTRÖM, G. 1980: „Idiolekt", in: H. P. ALTHAUS/H. HENNE/H. E. WIEGAND (HRSG.), *Lexikon der Germanistischen Linguistik*, Band 2, 2. Aufl., Tübingen: Niemeyer 1980, 428-33.

HAMMER, P. L. 1960: „A Comparison of κληρονομία in Paul and in Ephesians", in: *JBL* 79 (1960) 267-72.

VON HARNACK, A. 1910: „Die Adresse des Epheserbriefes des Paulus", in: *SPAW* 37 (1910) 696-709.

— 1924/85: *Marcion. Das Evangelium vom fremden Gott. Eine Monographie zur Geschichte der Grundlegung der katholischen Kirche*, 2. Aufl., Leipzig: Heinrichs 1924. [Nachdruck: Darmstadt: WBG 1985.]

HARRISON, P. N. 1950: „Onesimus and Philemon", in: *AThR* 32 (1950) 268-94.

— 1964a: „The Author of Ephesians", in: F. L. Cross (Hrsg.), *Studia Evangelica, Vol. II, Part I: The New Testament Scriptures* (TU 87), Berlin: AV 1964, 595-604.

— 1964b: *Paulines and Pastorals*, London: Villiers 1964.

Hartke, W. 1961: „Vier urchristliche Parteien und ihre Vereinigung zur apostolischen Kirche", in: F. L. Cross (ed.), *Studia Patristica*, Band II (TU 79), Berlin: AV 1961, 431-34.

Hartman, L. 1985: *Kolosserbrevet* (KomNT 12), Uppsala: EFS 1985.

— 1995: „Humble and Confident. On the So-Called Philosophers in Colossae", in: D. Hellholm/H. Moxnes/T. Karlsen Seim (Hrsg.), *Mighty Minorities? Minorities in Early Christianity – Positions and Strategies. Essays in honour of Jacob Jervell on his 70th birthday 21 May 1995*, Oslo etc.: ScUP 1995, 25-39.

— 1997a: „On Reading Others' Letters", in: idem, *Text-Centered New Testament Studies. Text-Theoretical Essays on Early Jewish and Early Christian Literature* (WUNT 102), hrsg. von David Hellholm, Tübingen: Mohr Siebeck 1997, 167-77.

— 1997b: ,*Into the Name of the Lord Jesus'. Baptism in the Early Church* (Studies of the New Testament and its World), Edinburgh: Clark 1997.

Haupt, E. 1902: *Die Gefangenschaftsbriefe* (KEK VIII/IX), 8. Aufl., Göttingen: V&R 1902.

Hendrix, H. 1988: „On the Form and Ethos of Ephesians", in: *USQR* 42 (1988) 3-15.

von Henle, F. A. 1908: *Der Epheserbrief des hl. Apostels Paulus*, 2. Aufl., Augsburg: Huttler 1908.

Hegermann, H. 1961: *Die Vorstellung vom Schöpfungsmittler im hellenistischen Judentum und Urchristentum* (TU 82), Berlin: AV 1961.

— 1988: *Der Brief an die Hebräer* (ThHK 16), Berlin: EVA 1988.

Hellholm, D. 1980: *Das Visionenbuch des Hermas als Apokalypse. Formgeschichtliche und texttheoretische Studien zu einer literarischen Gattung I: Methodologische Vorüberlegungen und makrostrukturelle Textanalyse* (CB:NT 13), Lund: Gleerup 1980.

— 1995a: „Enthymemic Argumentation in Paul: The Case of Romans 6", in: T. Engberg-Pedersen (Hrsg.), *Paul in His Hellenistic Context*, Minneapolis, MN: Fortress/Edinburgh: Clark 1995, 119-79.

— 1995b: „Substitutionelle Gliederungsmerkmale und die Komposition des Matthäusevangeliums", in: T. Fornberg/D. Hellholm (Hrsg.), *Texts and Contexts. Biblical Texts in Their Textual and Situational Contexts. Essays in Honor of Lars Hartman*, Oslo – Copenhagen – Stockholm – Boston: ScUP 1995, 11-76.

— 1997: „Die argumentative Funktion von Römer 7.1-6", in: *NTS* 43 (1997) 385-411.

— 1998: „The ,Revelation-Schema' and Its Adaptation in the Coptic Gnostic Apocalypse of Peter", in: *SEÅ* 63 (1998) 233-48 [= Festschrift für Birger Olsson].

Hengel, M. 1973: *Judentum und Hellenismus. Studien zu ihrer Begegnung unter besonderer Berücksichtigung Palästinas bis zur Mitte des 2. Jh.s v. Chr.* (WUNT 10), 2. Aufl., Tübingen: Mohr Siebeck 1973.

Hester, J. D. 1968: *Paul's Concept of Inheritance* (ScJTh Occasional Papers 14), Edinburgh: Oliver and Boyd 1968.

Hilgenfeld, A. 1875: *Historisch-Kritische Einleitung in das Neue Testament*, Leipzig: Fues (A. Reisland) 1875.

Hitzig, F. 1870: *Zur Kritik der paulinischen Briefe*, Leipzig: Hirzel 1870.

Hoekstra, S. 1868: „Vergelijking van de brieven aan de Efez. en de Coloss. vooral uit het oogpunt van beider leerstellige inhoud", in: *Theologisch Tijdschrift* 2 (1868) 599-658.

Holmstrand, J. 1997: *Markers and Meaning in Paul. An Analysis of 1 Thessalonians, Philippians and Galatians* (CB.NT 28), Stockholm: A&W 1997.

Holtzmann, H. J. 1872: *Kritik der Epheser- und Kolosserbriefe auf Grund einer Analyse ihres Verwandtschaftsverhältnisses*, Leipzig: Engelmann 1872.

Horn, Fr. W. 1992: *Das Angeld des Geistes. Studien zur paulinischen Pneumatologie* (FRLANT 154), Göttingen: V&R 1992.

van der Horst, P. W. 1978: „PsPhokylides and the NT", in: *ZNW* 69 (1978) 187-202.

Hort, J. 1895: *Prolegomena to Saint Paul's Epistles to the Romans and to the Ephesians*, London: Macmillan 1895.

Hurd, Jr., J. C. 1965/83: *The Origin of 1 Corinthians*, London: SPCK 1965/Macon, GA: Mercer 1983.

Hvalvik, R. 1994/96: *The Struggle for Scripture and Covenant. The Purpose of the Epistle of Barnabas and Jewish-Christian Competition in the Second Century*, Oslo: Det teologiske Menighetsfakultet 1994. [= WUNT 2/82, Tübingen: Mohr Siebeck 1996.]

Hübner, H. 1993: *Biblische Theologie des Neuen Testaments. Band 2: Die Theologie des Paulus und ihre neutestamentliche Wirkungsgeschichte*, Göttingen: V&R 1993.

— 1997: *An Philemon, An die Kolosser, An die Epheser* (HNT 12), Tübingen: Mohr Siebeck 1997.

Jervell, J. 1960: *Imago Dei. Gen 1,26f. in Spätjudentum, in der Gnosis und in den paulinischen Briefen* (FRLANT 76), Göttingen: V&R 1960.

— 1998: *Die Apostelgeschichte* (KEK 3), Göttingen: V&R 1998.

Johanson, B. C. 1987: *To All the Brethren. A Text-Linguistic and Rhetorical Approach to I Thessalonians* (CB.NT 16), Stockholm: A&W 1987.

Johnston, G. 1943: *The Church in the New Testament*, Cambridge: CUP 1943.

— 1962: „Ephesians", in: A. Buttrick et alii (Hrsg.), *The Interpreter's Dictionary of the Bible*, Vol. II, Nashville, KY: Abingdon 1962, 108-14.

Jonas, H. 1964: *Die Mythologische Gnosis. Mit einer Einleitung zur Geschichte und Methodologie der Forschung* (FRLANT 51), 3. Aufl., Göttingen: V&R 1964.

Jülicher, A./Fascher, E. 1931: *Einleitung in das Neue Testament*, 7. Aufl., Tübingen: Mohr Siebeck 1931.

KÄSEMANN, E. 1933: *Leib und Leib Christi* (BHTh 9), Tübingen: Mohr Siebeck 1933.

— 1958: „Epheserbrief", in: *RGG*, Band II, 3. Aufl., Tübingen: Mohr Siebeck 1958, 517-20.

— 1959: „Kolosserbrief", in: *RGG*, Band III, 3. Aufl. Tübingen: Mohr Siebeck 1959, 1727-28.

— 1980: „Ephesians and Acts", in: L. E. KECK/J. L. MARTYN (HRSG.), *Studies in Luke–Acts*, Philadelphia, PA: Fortress 1980, 288-97.

KARRER, M. 1986: *Johannesoffenbarung als Brief. Studien zu ihrem literarischen, historischen und theologischen Ort* (FRLANT 140), Göttingen: V&R 1986.

KENNEL, G. 1995: *Frühchristliche Hymnen? Gattungskritische Studien zur Frage nach den Liedern der frühen Christenheit* (WMANT 71), Neukirchen-Vluyn: Neukirchener 1995.

KIEFFER, R. 1979: *Nytestamentlig Teologi*, 2. Aufl., Stockholm: Skeab–Verbum 1979.

KIM, C.-H. 1972: *Form and Structure of the Familiar Letter of Recommendation* (SBLDS 4), Missoula, MT: Scholars Press 1972.

KIRBY, J. C. 1968: *Ephesians. Baptism and Pentecost. An Inquiry into the Structure and Purpose of the Epistle to the Ephesians*, London: SPCK 1968.

KLAUCK, H.-J. 1994: „Das Sendschreiben nach Pergamon und der Kaiserkult in der Johannesoffenbarung", in: IDEM, *Alte Welt und neuer Glaube. Beiträge zur Religionsgeschichte, Forschungsgeschichte und Theologie des Neuen Testaments* (NTOA 29), Freiburg (CH): UV/ Göttingen: V&R 1994, 115-43.

— 1998: *Die antike Briefliteratur und das Neue Testament. Ein Lehr- und Arbeitsbuch* (UTB 2022), Paderborn etc.: Schöningh 1998.

KNOX, J. 1935/59: *Philemon among the Letters of Paul*, Chicago, IL: CUP 1935 [erweitert und neu veröffentlicht, Nashville, TN: Abingdon 1959].

— 1938: „Philemon and the Authenticity of Colossians", in: *JR* 18 (1938) 144-60.

— 1942: *Marcion and the New Testament: An Essay in the Early History of the Canon*, Chicago, IL: UCP/Cambridge: CUP 1942.

— 1966/80: „Acts and the Pauline Letter Corpus", in: L. E. KECK/J. L. MARTIN (EDS.), *Studies in Luke – Acts: Essays Presented in Honor of Paul Schubert*, New York – Nashville: Abingdon 1966, 279-87. [Neue Ausgabe: Philadelphia, PA: Fortress 1980, 279-87.]

KNOX, W. L. 1939: *St. Paul and the Church of the Gentiles*, Cambridge: CUP 1939.

KÖSTER, H. 1971: „GNOMAI DIAPHOROI: Ursprung und Wesen der Mannigfaltigkeit in der Geschichte des frühen Christentums", in: H. KÖSTER/J. M. ROBINSON, *Entwicklungslinien durch die Welt des frühen Christentums*, Tübingen: Mohr Siebeck 1971, 107-46.

— 1980: *Einführung in das Neue Testament im Rahmen der Religionsgeschichte und Kulturgeschichte der hellenistischen und römischen Zeit* (GLB), Berlin – New York 1980.

KOSKENNIEMI, H. 1956: *Studien zur Idee und Phraseologie des griechischen Briefes bis 400 n. Chr.* (AASF. Ser B 102.2), Helsinki: Akateminen Kirjakauppa 1956.

KRÄMER, H. 1967: „Zur sprachlichen Form der Eulogie Eph. 1,3-14", in: *WuD* 9 (1967) 34-46.

KUBCZAK, H. 1979: *Was ist ein Soziolekt? Überlegungen zur Symptomfunktion sprachlicher Zeichen unter besonderer Berücksichtigung der diastratischen Dimension* (Sprachwissenschaftliche Studienbücher), Heidelberg: Winter 1979.

KÜMMEL, W. G. 1963: *Einleitung in das Neue Testament*, 12. Aufl., Heidelberg: Quelle & Meyer 1963.

— 1973: *Einleitung in das Neue Testament*, 17. Aufl., Heidelberg: Quelle & Meyer 1973.

— 1985: „L'exégèse scientifique au XXe siècle: le Nouveau Testament", in: C. SAVART/J.-N. ALETTI (HRSG.), *Le monde contemporain et la Bible* (BiToTe) Paris: Beauchesne 1985, 473-515.

KUHN, K. G. 1960-61: „Der Epheserbrief im Lichte der Qumrantexte", in: *NTS* 7 (1960-61) 334-46.

KUSS, O. 1971: *Paulus. Die Rolle des Apostels in der theologischen Entwicklung der Urkirche*, Regensburg: Pustet 1971.

LAKE, K. & S. 1937: *An Introduction to the New Testament*, New York, NY: Harper 1937.

LAMBRECHT, J. 2000a: „Thanksgivings in 1 Thessalonians 1-3", in: K. P. DONFRIED/J. BEUTLER (HRSG.), *The Thessalonians Debate. Methodological Discord or Methodological Synthesis?*, Grand Rapids, MI – Cambridge, UK: Eerdmans 2000, 135-62.

— 2000b: „A Structural Analysis of 1 Thessalonians 4-5", in: K. P. DONFRIED/J. BEUTLER (HRSG.), *The Thessalonians Debate. Methodological Discord or Methodological Synthesis?*, Grand Rapids, MI – Cambridge, UK: Eerdmans 2000, 163-78.

LAMPE, G. W. H. 1968: *A Patristic Greek Lexicon*, 2nd printing, Oxford: Clarendon 1968.

LAMPE, P. 1998: *Der Brief an Philemon* (NTD 8/2), Göttingen: V&R 1998, 203-32.

LATTKE, M. 1995: *Oden Salomos*. Übersetzt und eingeleitet (FC 19), Freiburg i. Br. etc.: Herder 1995.

LAUSBERG, H. 1973: *Handbuch der literarischen Rhetorik. Eine Grundlegung der Literaturwissenschaft*, 2 Bände, 2. Aufl., München: Hueber 1973.

— 1976: *Elemente der literarischen Rhetorik*, 5. Aufl., München: Hueber 1976.

LESTER, H. 1973: *Relative Clauses in the Pauline Homologoumena and Antilegomena*, PhD Diss. Yale University, New Haven, CT 1973.

LEUTZSCH, M. 1994: *Die Bewährung der Wahrheit. Der dritte Johannesbrief als Dokument urchristlichen Alltags* (Stätten und Formen der Kommunikation im Altertum II; BAC 16), Trier: Wissenschaftlicher Verlag Trier 1994.

LIETZMANN, H. 1933/71: *An die Römer* (HNT 8), 4. Aufl., Tübingen: Mohr Siebeck 1933. [5. Aufl. 1971.]

LIGHTFOOT, J. B. 1889: *The Apostolic Fathers*, Part 2: *S. Ignatius, S. Polycarp*, Vol. 2, 2. Aufl., London: Macmillan 1889.

— 1893: „The Destination of the Epistle to the Ephesians", in: IDEM, *Biblical Essays*, London: Macmillan 1893, 375-96.

LINCOLN, A. T. 1990: *Ephesians* (WBC 42), Dallas, TX: Word Books 1990.

LINDEMANN, A. 1975: *Die Aufhebung der Zeit. Geschichtsverständnis und Eschatologie im Epheserbrief* (StNT 12), Gütersloh: Mohn 1975.

— 1976/99: „Bemerkungen zu den Adressaten und zum Anlaß des Epheserbriefes", in: *ZNW* 67 (1976) 235-51. [Abgedruckt in: IDEM, *Paulus, Apostel und Lehrer der Kirche. Studien zu Paulus und zum frühen Paulusverständnis*, Tübingen: Mohr Siebeck 1999, 211-27.]

— 1979: *Paulus im ältesten Christentum. Das Bild des Apostels und die Rezeption der paulinischen Theologie in der frühchristlichen Literatur bis Marcion* (BHTh 58), Tübingen: Mohr Siebeck 1979.

— 1983: *Der Kolosserbrief* (ZBK 10), Zürich: ThV 1983.

— 1985: *Der Epheserbrief* (ZBK 8), Zürich: ThV 1985.

LINTON, O. 1964: *Pauli mindre brev* (Tolkning av Nya Testamentet 9), Stockholm: SKDB 1964.

LOHMEYER, E. *Die Briefe an die Philipper, Kolosser und an Philemon* (KEK 9), 8. Aufl., Göttingen: V&R 1964.

LOHSE, E. 1968: *Die Briefe an die Kolosser und an Philemon* (KEK 9.2), Göttingen: V&R 1968.

LONA, H. E. 1984: *Die Eschatologie im Kolosser- und Epheserbrief* (FzB 48), Würzburg: Echter 1984.

— 1998: *Der erste Clemensbrief* (KAV 2), Göttingen: V&R 1998.

LÜDEMANN, G. 1996: *Heretics. The Other Side of Early Christianity*, London: SCM 1996.

LÜHRMANN, D. 1965: *Das Offenbarungsverständnis bei Paulus und in paulinischen Gemeinden* (WMANT16), Neukirchen-Vluyn: Neukirchener 1965.

— 1980: „Neutestamentliche Haustafeln und Antike Ökonomie", in: *NTS* 27 (1980) 83-97.

LUDWIG, H. 1974: *Der Verfasser des Kolosserbriefes – Ein Schüler des Paulus*, Diss. Theol., Göttingen 1974.

LUEKEN, W. 1917: „Die Briefe an Philemon, an die Kolosser und an die Epheser", in: J. WEISS/ W. BOUSSET/W. HEITMÜLLER (HRSG.), *Die Schriften des Neuen Testaments 2*, 3. Aufl., Göttingen: V&R 1917, 358-83.

LUZ, U. 1989: „Überlegungen zum Epheserbrief und seiner Paränese", in: H. MERKLEIN (HRSG.), *Neues Testament und Ethik. Für R. Schnackenburg*, Freiburg i. Br.: Herder 1989, 376-96.

— 1998a: *Der Brief an die Epheser* (NTD 8/1), Göttingen: V&R 1998, 105-80.

— 1998b: *Der Brief an die Kolosser* (NTD 8/1), Göttingen: V&R 1998, 181-244.

LYONNET, S. 1961: „La bénédiction de Eph 1,2-14 et son arrière-plan judaique", in: *A la rencontre de dieu. Mémoriale A. Gelin*, La Pay: Éditions Xavier Mappus 1961, 341-52.

MACDONALD, D. R. 1983: *The Legend and the Apostle: The Battle for Paul in Story and Canon*, Philadelphia, PA: Westminster 1983.

MacDonald, M. Y. 1988: *The Pauline Churches: A Socio-Historical Study of Institutionalization in the Pauline and Deutero-Pauline Writings* (MSSNTS 57), Cambridge: CUP 1988.

— 1996: *Early Christian Women and Pagan Opinion: The Power of the Hysterical Woman*, Cambridge, CUP 1996.

Maclean, J. 1995: *Ephesians and the Problem of Colossians: Interpretation of Texts and Traditions in Eph 1,1-2,10*, PhD. Diss. Harvard Divinity School, Cambridge, MA 1995.

Malherbe, A. J. 1988: *Ancient Epistolary Theorists* (SBLSBS 19), Atlanta, GA: Scholars Press 1988.

— 1992: „Hellenistic Moralists and the New Testament", in: W. Haase/H. Temporini (Hrsg.), *ANRW* II. 26.1, Berlin – New York, NY: de Gruyter 1992, 267-333.

Marshall, I. H./Towner, P. H. 1999: *A Critical and Exegetical Commentary on the Pastoral Epistles* (ICC), Edinburgh: Clark 1999.

Martin, J. 1974: *Antike Rhetorik. Technik und Methode* (HAW II.3), München: Beck 1974.

Martin, R. P. 1967-68: „An Epistle in Search for a Life-Setting", in: *ET* 79 (1967-68) 296-302.

Marxsen, W. 1978: *Einleitung in das Neue Testament*, 4. Aufl., Gütersloh: Mohn 1978.

Masson, Ch. 1950: *L'Épître de Saint Paul aux Colossiens* (CNT(N) 10), Neuchâtel: Delachaux et Niestlé 1950.

— 1953: *L'Épître de Paul aux Éphésiens* (CNT(N) 9), Neuchâtel: Delachaux et Niestlé 1953.

Mayerhoff, E. Th. 1938: *Der Brief an die Colosser mit vornehmlicher Berücksichtigung der drei Pastoralbriefe*, hrsg. von J. L. Mayerhoff, Berlin: Hermann Schultze 1938.

McArthur, K. 1968-69: „KAI Frequency in Greek Letters", in: *NTS* 15 (1968-69) 339-49.

McNeile, A. H. 1927: *An Introduction to the Study of the New Testament*, Oxford: OUP 1927.

McNeile, A. H./Williams, C. S. C. 1953: *An Introduction to the Study of the New Testament*, 2. Aufl., Oxford: OUP 1953.

Meade, D. G. 1986: *Pseudonymity and Canon* (WUNT 39), Tübingen: Mohr Siebeck 1986.

Mealand, D. L. 1995: „The Extent of the Pauline Corpus: A Multivariate Approach", in: *JSNT* 59 (1995) 61-92.

Meeks, W. A. 1974: „The Image of the Androgyne: Some Uses of a Symbol in Earliest Christianity", in: *HR* 13 (1974) 165-208.

— 1977: „In One Body: The Unity of Human Kind in Colossians and Ephesians", in: J. Jervell/W. A. Meeks (Hrsg.), *God's Christ and His People: Studies in Honour of Nils Alstrup Dahl*, Oslo etc.: Universitetsforlaget 1977, 209-21.

— 1983: *The First Urban Christians. The Social World of the Apostle Paul*, New Haven – London: YUP 1983.

Meeks, W. A./Francis, F. O. (Hrsg.) 1973: *Conflict at Colossae* (SBLSBS 4), Missoula, MT: Scholars Press 1973.

Meinertz, M. 1931: *Der Epheserbrief* (HSNT 7), 4. Aufl., Bonn: Hanstein 1931, 50-106.

MERKLEIN, H. 1973a: *Das kirchliche Amt nach dem Epheserbrief* (StANT 33), München: Kösel 1973.

— 1973b: *Christus und die Kirche. Die theologische Grundstruktur des Epheserbriefes nach Eph 2,11-18* (SBS 66), Stuttgart: KBW 1973.

— 1981a: „Eph 4,1-5. 20 als Rezeption von Kol 3,1-17", in: P. G. MÜLLER/W. STENGER (HRSG.), *Kontinuität und Einheit. Festschrift Franz Mußner*, Freiburg i. Br.: Herder 1981, 194-210.

— 1981b: „Paulinische Theologie in der Rezeption des Kolosser- und Epheserbriefes", in: K. KERTELGE (HRSG.), *Paulus in den neutestamentlichen Spätschriften*, Freiburg i. Br.: Herder 1981, 25-69.

MICHAELIS, W. 1954: *Einleitung in das Neue Testament*, 2. Aufl., Bern: Haller 1954.

MILL, J. 1707: *Novum Testamentum Graece*, Oxford: OUP 1707.

MITCHELL, M. M. 1991: *Paul and the Rhetoric of Reconciliation. An Exegetical Investigation of the Language and Composition of 1 Corinthians* (HUTh 28), Tübingen: Mohr Siebeck 1991.

— 1992: „New Testament Envoys in the Context of Greco-Roman Diplomatic and Epistolary Conventions: The Example of Timothy and Titus", in: *JBL* 111 (1992) 641-62.

— 1998: „Brief. I. Form und Gattung; II. Schrifttum", in: *RGG*, Band 1, 4. Aufl., Tübingen: Mohr Siebeck 1998, 1757-62.

MITTON, C. L. 1950: „The Relationship between I Peter and Ephesians", in: *JThSt* N.S. 1 (1950) 67-73.

— 1951: *The Epistle to the Ephesians. Its Authorship, Origin and Purpose*, Oxford: Clarendon 1951.

— 1976: *Ephesians* (NCB), London: Oliphants 1976.

MOFFAT, J. 1918: *An Introduction to the Literature of the New Testament* (International Theological Library), 3. erg. Aufl., Edinburgh: Clark 1918.

MOLLAND, E. 1954/70: „The Heretics Combatted by Ignatius of Antioch", in: *JEH* 5 (1954) 1-6. [Abgedruckt in: IDEM, *Opuscula Patristica* (BTN 2), Oslo: Universitetsforlaget 1970, 17-23.]

MORGENTHALER, R. 1992: *Statistik des neutestamentlichen Wortschatzes*, 4. Aufl., Zürich: Gotthelf 1992.

MORITZ, T. 1996: *A Profound Mystery. The Use of the Old Testament in Ephesians* (NT.S 85), Leiden: Brill 1996.

MORTON, A. Q./MCLEMAN, J. 1964: *Christianity and the Computer*, London: Hodder & Stoughton 1964.

MOSBECH, H. 1946-49: *Nytestamentlig Isagogik*, København: Gyldendal 1946-49.

MOSLEY, D. J. 1973: *Envoys and Diplomacy in Ancient Greece* (Historia: Einzelschriften 22), Wiesbaden: Steiner 1973.

MOULE, C. F. D. 1957: *The Epistles of Paul the Apostle to Colossians and to Philemon*, Cambridge: CUP 1957.

MOULTON, J. H./HOWARD, W. F. 1929: *A Grammar of New Testament Greek*, Vol. II, Edinburgh: Clark 1929 [= Nachdruck 1986].

MOULTON, J. H./TURNER, N. 1976: *A Grammar of New Testament Greek*, Vol. IV, Edinburgh: Clark 1976.

MOUTON, E. 1996: „The Communicative Power of the Epistle to the Ephesians", in: S. E. PORTER/T. H. OLBRICHT (HRSG.), *Rhetoric, Scripture and Theology, Essays from the 1994 Pretoria Conference* (JSNT.S 131), Sheffield: JSOT Press 1996, 280-307.

MOXNES, H. (HRSG.) 1997: *Constructing Early Christian Families. Family as Social Reality and Metaphor*, London/New York: Routledge 1997.

MÜLLER, P. 1988: *Die Anfänge der Paulusschule. Dargestellt am zweiten Thessalonicherbrief und am Kolosserbrief* (AThANT 74), Zürich: ThV 1988.

MÜLLER, W. G. 1994: „Brief", in: G. UEDING (HRSG.), *Historisches Wörterbuch der Rhetorik*, Band 2, Darmstadt: WBG 1994, 60-76.

MURPHY-O'CONNOR, J. 1965: „Who Wrote Ephesians", in: *BiTod* 18 (1965) 1201-09.

MUSSNER, F. 1963: „Beiträge aus Qumran zum Verständnis des Epheserbriefes", in: J. BLINZLER ET ALII (HRSG.), *Neutestamentliche Aufsätze. Festschrift für Prof. Josef Schmid zum 70. Geburtstag*, Regensburg: Pustet 1963, 185-98.

— 1982a: *Der Brief an die Epheser* (ÖTK 10), Gütersloh: Mohn/Würzburg: Echter 1982.

— 1982b: „Epheserbrief", in: *TRE*, Band 9, Berlin – New York, NY: de Gruyter 1982, 743-53.

NEUDECKER, CH. G. 1840: *Lehrbuch der historisch-kritischen Einleitung in das Neue Testament: mit Belegen aus den Quellenschriften*, Leipzig: Breitkopf 1840.

NEUGEBAUER, F. 1961: *In Christus. Eine Untersuchung zum Paulinischen Glaubensverständnis*, Göttingen: V&R 1961.

NIELSEN, C. M. 1965: „Polycarp, Paul and the Scriptures", in: *AThR* 47 (1965) 199-216.

NOACK, B. 1948: *Satanás und Sotería. Untersuchungen zur neutestamentlichen Dämonologie*, København: Gad 1948.

NOCK, A. D. 1937: *St. Paul*, New York, NY – London: Harper 1937.

NORDEN, ED. 1923: *Agnostos Theos. Untersuchungen zur Formengeschichte religiöser Rede*, 2. Aufl., Stuttgart: Teubner 1923 [= 1. Aufl. 1913].

OBERLINNER, L. 1994: *Die Pastoralbriefe. Erste Folge: Kommentar zum Ersten Timotheusbrief* (HThK XI.2/1), Freiburg i. Br. etc.: Herder 1994.

— 1995: *Die Pastoralbriefe. Zweite Folge: Kommentar zum Zweiten Timotheusbrief* (HThK XI.2/2), Freiburg i. Br. etc.: Herder 1995.

OCHEL, W. 1934: *Die Annahme einer Bearbeitung des Kolosser-Briefes im Epheser-Brief in einer Analyse des Epheser-Briefes untersucht*, Diss. Marburg, Würzburg: Triltsch 1934.

OLLROG, W.-H. 1979: *Paulus und seine Mitarbeiter. Untersuchungen zu Theorie und Praxis der paulinischen Mission* (WMANT 50), Neukirchen-Vluyn: Neukirchener 1979.

OLSSON, B. 1982: *Första Petrusbrevet* (KomNT 17), Stockholm: EFS 1982.

OSIEK, C./BALCH, D. L. 1997: *Families in the New Testament World. Households and House Churches* (The Family, Religion, and Culture), Louisville, KY: Westminster – Knox 1997.

PAGELS, E. H. 1975: *The Gnostic Paul. Gnostic Exegesis of the Pauline Letters*, Philadelphia, PA: Fortress 1975.

— 1983: „Adam and Eve, Christ and the Church", in: A. H. B. LOGAN/A. J. M. WEDDERBURN (HRSG.), *The New Testament and Gnosis*, Edinburgh: Clark 1983, 146-75.

PEARSON, B. A. 1973: *The Pneumatikos-Psychikos Terminology in 1 Corinthians. A Study in the Theology of the Corinthian Opponents of Paul and Its Relation to Gnosticism* (SBLDS 12), Missoula, MT: SBL 1973.

PERCY, E. 1946: *Die Probleme der Kolosser- und Epheserbriefe* (Acta reg. Societas Humanorum Litterarum Lundensis 39), Lund: Gleerup 1946.

PETERSEN, N. R. 1985: *Rediscovering Paul. Philemon and the Sociology of Paul's Narrative World*, Philadelphia, PA: Fortress 1985.

PFLEIDERER, O. 1890: *Der Paulinismus*, 2. Aufl., Leipzig: Reisland 1890.

PLETT, H. F. 1975: *Einführung in die rhetorische Textanalyse*, 3. Aufl., Hamburg: Buske 1975.

POKORNÝ, P. 1965: *Der Epheserbrief und die Gnosis. Die Bedeutung des Haupt-Glieder-Gedankens in der entstehenden Kirche*, Berlin: EVA 1965.

— 1987: *Der Brief des Paulus an die Kolosser* (ThHK 10/1), Berlin: EVA 1987.

— 1992: *Der Brief des Paulus an die Epheser* (ThHK 10/2), Leipzig EVA 1992.

POLHILL, J. B. 1973: „The Relationship between Ephesians and Colossians", in: *RExp* 70 (1973) 439-50.

PORTER, S. E. (HRSG.) 1997: *Handbook of Classical Rhetoric in the Hellenistic Period 330 B.C. – A. D. 400*, Leiden: Brill 1997.

PROSTMEIER, F. R. 1999: *Der Barnabasbrief* (KAV 8), Göttingen: V&R 1999.

RÄISÄNEN, H. 1995: „The Clash Between Christian Styles of Life in Revelation", in: D. HELLHOLM/H. MOXNES/T. KARLSEN SEIM (HRSG.), *Mighty Minorities? Minorities in Early Christianity – Positions and Strategies. Essays in honour of Jacob Jervell on his 70th birthday 21 May 1995*, Oslo – Copenhagen – Stockholm – Boston 1995, 151-66.

REED, J. T. 1997: „The Epistle", in: S. E. PORTER (HRSG.) 1997, 171-93.

RENSBERGER, D. K. 1981: *As the Apostle Teaches: The Development of the Use of Paul's Letters in Second-Century Christianity*, PhD Diss. Yale University, New Haven, CT 1981.

RESCH, A. 1906/67: *Agrapha. Außerkanonische Schriftfragmente*, 2. Aufl., Leipzig: Hinrichs 1906. [Nachdruck: Darmstadt: WBG 1967.]

RICHARDS, E. R. 1991: *The Secretary in the Letters of Paul* (WUNT 2/42), Tübingen: Mohr Siebeck 1991.

RIGAUX, B. 1964: *Paulus und seine Briefe. Der Stand der Forschung* (BiH 2), München: Kösel 1964.

ROBINSON, J. A. 1904: *St. Paul's Epistle to the Ephesians*, 2. Aufl., London: Macmillan 1904.

ROLLER, O. 1933: *Das Formular der paulinischen Briefe. Ein Beitrag zur Lehre von antiken Briefen* (BWANT 58), Stuttgart: Kohlhammer 1933.

ROLOFF, J. 1984: *Die Offenbarung des Johannes* (ZBK 18), Zürich: ThV 1984.

— 1988: *Der erste Brief an Timotheus* (EKK 15), Zürich: Benziger/Neukirchen-Vluyn: Neukirchener 1988.

— 1999: „Zur matthäischen Deutung der Winzerparabel (Mt 21, 42-44)", in: U. MELL/U. B. MÜLLER (EDS.), *Das Urchristentum in seiner literarischen Geschichte, Festschrift für Jürgen Becker zum 65. Geburtstag* (BZNW 100), Berlin – New York: de Gruyter 1999, 247-62.

VAN ROON, A. 1974: *The Authenticity of Ephesians* (NT.S 39), Leiden: Brill 1974.

RUDOLPH, K. 1980: *Die Gnosis. Wesen und Geschichte einer spätantiken Religion*, 2. Aufl., Göttingen: V&R 1980.

SAMPLEY, J. P. 1971: „*And the Two Shall Become One Flesh": A Study of Traditions in Eph 5:21-33* (SNTSMS 16), Cambridge: CUP 1971.

SANDELIN, K.-G. 1976: *Die Auseinandersetzung mit der Weisheit in 1. Korinther 15* (MSÅA 12), Åbo: Åbo Akademi 1976.

SANDERS, E. P. 1966: „Literary Dependence in Colossians", in: *JBL* 85 (1966) 28-45.

SANDERS, J. N. 1956: „The Case for the Pauline Authorship", in: F. L. CROSS (HRSG.), *Studies in Ephesians*, London: Mowbray 1956, 9-20.

SANDERS, J. T. 1965: „Hymnic Elements in Ephesians 1-3", in: *ZNW* 56 (1965) 214-32.

SANDNES, K. O. 1994: *A New Family. Conversion and Ecclesiology in the Early Church with Cross-Cultural Comparisons* (Studien zur Interkulturellen Geschichte des Christentums 91), Bern etc.: Lang 1994.

SANTER, M. 1969: „The Text of Ephesians i.1", in: *NTS* (1969) 247-48.

SCHENKE, H.-M. 1973: „Die neutestamentliche Christologie und der gnostische Erlöser", in: K.-W. TRÖGER (HRSG.), *Gnosis und Neues Testament. Studien aus Religionswissenschaft und Theologie*, Berlin: EVA 1973, 205-29.

— 1974-75: „Das Weiterwirken des Paulus und die Pflege seines Erbes durch die Paulus-Schule", in: *NTS* 21 (1974-75) 505-18.

SCHENKE, H.-M./FISCHER, K. M. 1978: *Einleitung in die Schriften des Neuen Testaments. I: Die Briefe des Paulus und Schriften des Paulinismus*, Berlin: EVA 1978.

SCHILLE, G. 1957: „Der Autor des Epheserbriefes", in: *ThLZ* 82 (1957) 325-34.

— 1965: *Frühchristliche Hymnen*, Berlin: EVA 1965.

SCHLEIERMACHER, F. 1895: *Einleitung in das Neue Testament* (Sämtliche Werke I), Berlin: Reimer 1895.

SCHLIER, H. 1929: *Religionsgeschichtliche Untersuchungen zu den Ignatiusbriefen* (BZNW 8), Berlin: Töpelmann 1929.

— 1930: *Christus und die Kirche im Epheserbrief* (BHTh 6), Tübingen: Mohr Siebeck 1930.

— 1963: *Der Brief an die Epheser. Ein Kommentar*, 4. Aufl., Düsseldorf: Patmos 1963.

SCHMAUCH, W. 1935: *In Christus. Eine Untersuchung zur Sprache und Theologie des Paulus*, (NTF Paulusstudien I/9) Gütersloh: Bertelsmann 1935.

SCHMID, J. 1928: *Der Epheserbrief des Apostels Paulus, seine Adresse, Sprache und literarischen Beziehungen* (BSt 22/3-4), Freiburg i. Br.: Herder 1928.

SCHMIEDEL, P. W. 1885: „Kolossae II", in: J. S. ERSCH/J. G. GRUBER (HRSG.), *Allgemeine Encyclopädie der Wissenschaften und Künste, IIe Section, 37er Theil*, Leipzig: Brockhaus 1885, 139ff.

SCHNACKENBURG, R. 1982: *Der Brief an die Epheser* (EKK 10), Zürich: Benziger/Neukirchen-Vluyn: Neukirchener 1982.

SCHNEEMELCHER, W. 1989a: „Der Laodicenerbrief", in: IDEM (HRSG.)1989, 41-44

— 1989b: „Paulusakten", in: IDEM (HRSG.)1989, 193-214.

SCHNEEMELCHER, W. (HRSG.)1989: *Neutestamentliche Apokryphen. II. Band: Apostolisches, Apokalypsen und Verwandtes*, 5. Auflage der von EDGARD HENNECKE begründeten Sammlung, Tübingen: Mohr Siebeck 1989.

SCHNELLE, U. 1996: *Einleitung in das Neue Testament* (UTB 1830), 2. Aufl., Göttingen: V&R 1996.

SCHNIDER, F./STENGER, W. 1987: *Studien zum neutestamentlichen Briefformular* (NTTS 11), Leiden: Brill 1987.

SCHOEDEL, W. R. 1985: *Ignatius of Antioch* (Hermeneia), Philadelphia, PA: Fortress 1985.

SCHOLEM, G. G. 1946: *Major Trends in Jewish Mysticism*, New York, NY: Schocken 1946.

— 1965: *Jewish Gnosticism, Merkabah Mysticism, and Talmudic Tradition*, 2. Aufl., New York: Jewish Theological Seminary 1965.

SCHOTTROFF, L. 1970: *Der Glaubende und die feindliche Welt. Beobachtungen zum gnostischen Dualismus und seiner Bedeutung für Paulus und das Johannesevangelium* (WMANT 37), Neukirchen-Vluyn: Neukirchener 1970.

SCHRAGE, W. 1991: *Der erste Brief an die Korinther (1Kor 1,1-6,11)* (EKK 7/1), Zürich: Benziger/Neukirchen-Vluyn: Neukirchener 1991.

— 1995: *Der erste Brief an die Korinther (1Kor 6,12-11,16)* (EKK 7/2), Zürich: Benziger/Neukirchen-Vluyn: Neukirchener 1995.

— 1999: *Der erste Brief an die Korinther (1Kor 11,17-14,40)* (EKK 7/3), Zürich: Benziger/Neukirchen-Vluyn: Neukirchener 1999.

SCHUBERT, P. 1939: *Form and Function of the Pauline Thanksgivings* (BZNW 20), Berlin: Töpelmann 1939.

SCHÜSSLER FIORENZA, E. 1973: „Apocalyptic and Gnosis in Revelation", in: *JBL* 92 (1973) 567-74.

SCHWEGLER, A. 1846: *Das nachapostolische Zeitalter in dem Hauptmoment seiner Entwicklung*, 2 Bände, Tübingen: Fues 1846.

SCHWEIZER, E. 1963: „Zur Frage der Echtheit des Kolosser- und des Epheserbriefes", in: IDEM, *Neotestamentica*, Zürich: Zwingli 1963, 429.

— 1976: *Der Brief an die Kolosser* (EKK 12), Zürich: Benziger/Neukirchen-Vluyn: Neukirchener 1976.

SEEBERG, A. 1966: *Der Katechismus der Urchristenheit*. Mit einer Einführung von F. HAHN (ThB 26), München: Kaiser 1966.

SEIM, T. KARLSEN 1995: „A Superior Minority? The Problem of Men's Headship in Ephesians 5", in: D. HELLHOLM/H. MOXNES/T. KARLSEN SEIM (HRSG.), *Mighty Minorities? Minorities in Early Christianity – Positions and Strategies*, Oslo etc.: ScUP 1995, 167-81.

SELLIN, G. 1986: *Der Streit um die Auferstehung der Toten. Eine religionsgeschichtliche und exegetische Untersuchung von 1 Korinther 15* (FRLANT 138), Göttingen: V&R 1986.

— 1992: „Über einige ungewöhnliche Genitive im Epheserbrief", in: *ZNW* 83 (1992) 85-107.

— 1996: „Die Paränese des Epheserbriefes", in: E. BRANDT/P. S. FIDDES/J. MOLTHAGEN (HRSG.), *Gemeinschaft am Evangelium. Festschrift für Wiard Popkes zum 60. Geburtstag*, Leipzig: EVA 1996, 281-300.

— 1998: „Adresse und Intention des Epheserbriefes", in: M. TROWITZSCH (HRSG.), *Paulus, Apostel Jesu Christi. Festschrift für Günter Klein zum 70. Geburtstag*, Tübingen: Mohr Siebeck 1998, 171-86.

— 1999: „Epheserbrief", in: *RGG*, Band II, 4. Aufl., Tübingen: Mohr Siebeck 1999, 1344-47.

SELWYN, E. G. 1947: *The First Epistle of St. Peter*, 2. Aufl., London: Macmillan 1947.

SHIMADA, K. 1991: „Is 1 Peter Dependent on Ephesians? A Critique of C. L. Mitton", in: *AJBI* 17 (1991) 77-106.

SMITH, D. C. 1970: *Jewish and Greek Traditions in Ephesians 2:11-22*, New Haven, CT: Diss. Yale Univ. [Erhältlich von Ann Arbor, MI: University Microfilms 1970.]

— 1973: „The Two Made One", in: *OJRS* 1 (1973) 34-54.

— 1977: „The Ephesian Heresy and the Origin of the Epistle to the Ephesians", in: *OJRS* 5 (1977) 78-103.

SMITH, M. 1951: *Tannaitic Parallels to the Gospels* (JBL.MS 6), Philadelphia, PA: SBL 1951.

VON SODEN, HERM. 1885: „Der Kolosserbrief", in: *JPTh* 11 (1885) 320-68, 497-542, 672-702.

— 1893a: *Der Brief an die Kolosser* (HC 3), 2. Aufl., Freiburg i. Br. – Leipzig: Mohr Siebeck 1893, 1-73.

— 1893b: *Der Brief an die Epheser* (HC 3), 2. Aufl., Freiburg i. Br. – Leipzig: Mohr Siebeck 1893, 79-154.

SPEYER, W. 1971: *Die literarische Fälschung im heidnischen und christlichen Altertum* (HAW I.2), München: Beck 1971.

STANDHARTINGER, A. 1999: *Studien zur Entstehungsgeschichte und Intention des Kolosserbriefes* (NT.S 94), Leiden etc.: Brill 1999.

STIREWALT, JR., M. L. 1993: *Studies in Ancient Greek Epistolography* (SBLSBS 27), Atlanta, GA: Scholars Press 1993.

STOWERS, S. K. 1995: „7.7-25 as a Speech-in-Character (προσωποποιία)", in: T. ENGBERG-PEDERSEN (HRSG.), *Paul in His Hellenistic Context*, Minneapolis, MN: Fortress/Edinburgh: Clark 1995, 180-202.

— 1998: „A Cult from Philadelphia: Oikos Religion or Cultic Association?", in: A. J. MALHERBE/F. W. NORRIS/J. W. THOMPSON (HRSG.), *The Early Church in Its Context. Essays in Honor of Everett Ferguson* (NT.S 90), Leiden: Brill 1998, 287-301.

STRECKER, G. 1980: „Judenchristentum und Gnosis", in: K.-W. TRÖGER (HRSG.), *Altes Testament – Frühjudentum – Gnosis*, Berlin: EVA/Gütersloh: Mohn 1980, 261-82.

— 1989: „Die neutestamentlichen Haustafeln (Kol 3,18-4,1 und Eph 5,22-6,9)", in: H. MERKLEIN (HRSG.), *Neues Testament und Ethik. Für Rudolf Schnackenburg*, Freiburg i. Br. etc.: Herder 1989, 349-75.

— 1992: *Literaturgeschichte des Neuen Testaments* (UTB 1682), Göttingen: V&R 1992.

— 1996: *Theologie des Neuen Testaments*. Bearbeitet, ergänzt und herausgegeben von FR. W. HORN (GLB), Berlin – New York: de Gruyter 1996.

STROKER, W. D. 1970: *The Formation of Secondary Sayings of Jesus*, PhD Diss., Yale University, New Haven, CT 1970.

STUHLMACHER, P. 1975: *Der Brief an Philemon* (EKK), Zürich: Benziger/Neukirchen-Vluyn: Neukirchener 1975.

SYKUTRIS, J. 1931: „Epistolographie", in: *RE Suppl.* 5, Stuttgart: Metzler 1931, 185-220.

SYNGE, F. C. 1941: *St. Paul's Epistle to the Ephesians: A Theological Commentary*, London: SPCK 1941.

— 1958: *Philippians and Colossians: Introduction and Commentary* (TBC), 2. Aufl., London: SCM 1958.

TCHERIKOVER, V. A. 1957: *Corpus Papyrorum Judaicarum*, Vol. I, Cambridge, MA: HUP 1957.

THOMAS, J. 1992: *Der jüdische Phokylides. Formgeschichtliche Zugänge zu Pseudo-Phokylides und Vergleich mit der neutestamentlichen Paränese* (NTOA 23), Freiburg (CH): UV/Göttingen: V&R 1992.

THOMPSON, G. H. P. 1967: *The Letters of Paul to the Ephesians, to the Colossians, and to Philemon* (CNEB), Cambrigde: CUP 1967.

THRAEDE, K. 1970: *Grundzüge griechisch-römischer Brieftopik* (Zetemata 48), München: Beck 1970.

— 1980: „Zum historischen Hintergrund der ‚Haustafeln' des NT", in: E. DASSMANN/K. S. FRANK (HRSG.), *Pietas. Festschrift für Bernhard Kötting* (JAC.E 8), Münster: Aschendorff 1980, 359-68.

THURÉN, L. 1990: *The Rhetorical Strategy of 1 Peter. With Special Regard to Ambiguous Expressions*, Åbo: ÅAP 1990.

THYEN, H. 1955: *Der Stil der Jüdisch-Hellenistischen Homilie* (FRLANT 65), Göttingen: V&R 1955.

TREVETT, CH. 1980: *Ignatius and His Opponents in the Divided Church in Antioch*, Thesis, Sheffield 1980.

— 1983: „Prophecy and Anti-Episcopal Activity: A Third Error Combatted by Ignatius?", in: *JEH* 34 (1983) 1-18.

TROBISCH, D. 1989: *Die Entstehung der Paulusbriefsammlung. Studien zu den Anfängen christlicher Publizistik* (NTOA 10), Freiburg (CH): UV/Göttingen: V&R 1989.

— 1994: *Die Paulusbriefe und die Anfänge der christlichen Publizistik* (KT 135), Gütersloh: Kaiser 1994.

— 1996: *Die Endredaktion des Neuen Testaments. Eine Untersuchung zur Entstehung der christlichen Bibel* (NTOA 31), Freiburg (CH):UV/Göttingen: V&R 1996.

TRÖGER, K.-W. 1980: „Gnosis und Judentum", in: IDEM (HRSG.), *Altes Testament – Frühjudentum – Gnosis*, Berlin: EVA/Gütersloh: Mohn 1980, 155-68.

ÜBELACKER, W. G. 1989: *Der Hebräerbrief als Appell. I. Untersuchungen zu exordium, narratio und postscriptum (Hebr 1-2 und 13,22-25)* (CB.NT 21), Stockholm: A&W 1989.

UEDING, G. (HRSG.) 1992ff.: *Historisches Wörterbuch der Rhetorik*, Band 1-4ff., Darmstadt: WBG (Band I) 1992; (Band 2) 1994; (Band 3) 1996; (Band 4) 1998.

ULRICHSEN, J. H. 1995: „Die Auferstehungsleugner in Korinth: Was meinten sie eigentlich?", in: T. FORNBERG/D. HELLHOLM (HRSG.), *Texts and Contexts. Biblical Texts in Their Textual and Situational Contexts. Essays in Honor of Lars Hartman*, Oslo – Copenhagen – Stockholm – Boston 1995, 781-99.

VAN UNNIK, W. C. 1978: „Gnosis und Judentum", in: B. ALAND (HRSG.), *Gnosis. Festschrift für Hans Jonas*, Göttingen: V&R 1978, 65-86.

USAMI, K. 1983: *Somatic Comprehension of Unity: The Church in Ephesus* (AnBib 101), Rom: Biblical Institute Press 1983.

USSHER, J. 1654: *Annales Vesteris et Novi Testamenti II*, London: Crook 1654.

USTERI, J. M. 1887: *Wissenschaftlicher und praktischer Commentar über den ersten Petrusbrief*, Zürich: Hohr 1887.

USTERI, L. 1824: *Entwicklung des paulinischen Lehrbegriffs mit Hinsicht auf die übrigen Schriften des Neuen Testamentes*, Zürich: Orell, Füsli und Co. 1824.

Vanhoye, A. 1978: „L'épître aux Éphésiens et l'épître aux Hébreux", in: *Bib.* 59 (1978) 198-230.

Verburg, W. 1996: *Endzeit und Entschlafene: syntaktisch-sigmatische, semantische und pragmatische Analyse von 1 Kor 15* (FzB 78), Würzburg: Echter 1996.

Verner, D. C. 1983: *The Household of God. The Social World of the Pastoral Epistles* (SBLDS 71), Chico, CA: Scholars Press 1983.

Vielhauer, Ph. 1975: *Geschichte der urchristlichen Literatur. Einleitung in das Neue Testament, die Apokryphen und die Apostolischen Väter* (GLB), Berlin – New York: de Gruyter 1975.

Wagenführer, M. A. 1941: *Die Bedeutung Christi für die Welt und Kirche. Studien zum Kolosser- und Epheserbrief,* Leipzig: Wigand 1941.

Walter, N. 1998: „Leibliche Auferstehung? Zur Frage der Hellenisierung der Auferweckungshoffnung bei Paulus", in: M. Trowitzsch (Hrsg.), *Paulus, Apostel Jesu Christi, Festschrift für G. Klein,* Tübingen: Mohr Siebeck 1998, 109-27.

Weber, R. D. 1970: *The Concept of Rejoicing in Paul,* PhD Diss., Yale University, New Haven, CT 1970.

Weichert, V. 1910: *Demetrii et Libanii qui ferunter Τύποι Ἐπιστολικοί et Ἐπιστολιμαῖοι Χαρακτῆρες,* Leipzig: Teubner 1910.

Weiss, H.-F. 1973: „Gnostische Motive und antignostische Polemik im Kolosser- und Epheserbrief", in: K.-W. Tröger (Hrsg.), *Gnosis und Neues Testament. Studien aus Religionswissenschaft und Theologie,* Berlin: EVA 1973, 311-24.

— 1991: *Der Brief an die Hebräer* (KEK 13), Göttingen: V&R 1991.

Weiss, J. 1910/70: *Der erste Korintherbrief* (KEK 5), 9. Aufl., Göttingen: V&R 1910 [Nachdruck 1970].

— 1912: „Literaturgeschichte, Urchristliche", in: *RGG,* Band III, 1. Aufl., Tübingen: Mohr Siebeck 1912, 2208-10.

— 1917: *Das Urchristentum,* Göttingen: V&R 1917.

Weisse, C. H. 1867: *Beiträge zur Kritik der paulinischen Briefe a. d. Gl., R., Eph. und Kol.,* hrsg. von E. Sulze, Leipzig: Hirzel 1867.

von Weiszäcker, C. 1902: *Das apostolische Zeitalter der christlichen Kirche,* 3. Aufl., Tübingen: Mohr Siebeck 1902.

Wendland, P. 1912: *Die urchristlichen Literaturformen* (HNT 1.3), Tübingen: Mohr Siebeck 1912.

Wengst, Kl. 1972: *Christologische Formeln und Lieder des Urchristentums* (StNT 7), Gütersloh: Mohn 1972.

Westcott, B. F. 1906: *Saint Paul's Epistle to the Ephesians,* London: Macmillan 1906.

de Wette, W. M. L. 1826/48: *Lehrbuch der historisch-kritischen Einleitung in die kanonischen Bücher des Neuen Testaments,* Berlin: Reimer 1826 [5. Aufl., 1848].

— 1847: *Kurze Erklärung der Briefe an die Colosser, an Philemon, an die Epheser und Philipper,* (KEHNT 2/4), Leipzig: Weidmann 1847.

WETTSTEIN, J. J. 1751-52/1962: *Novum Testamentum Graecum*, 2 Bände, Amsterdam: Dommerian 1751-52. [Faksimilieausgabe: Graz: Akademische Druck- und Verlagsanstalt 1962.]

WHITE, J. L. 1972a: *The Form and Function of the Body of the Greek Letter: A Study of the Letter-Body in the Non-Literary Papyri and in Paul the Apostle* (SBLDS 2), Missoula, MT: Scholars Press 1972.

— 1972b: *The Form and Structure of the Official Petition: A Study in Greek Epistolography* (SBLDS 5), Missoula, MT: Scholars Press 1972.

— 1984: „New Testament Epistolary Literature in the Framework of Ancient Epistolography", in: H. TEMPORINI/W. HAAS (HRSG.), *ANRW* 25.2, Berlin – New York: de Gruyter 1984, 1730-56.

— 1986: *Light from Ancient Letters* (Foundations and Facets), Philadelphia, PA: Fortress 1986.

— 1988: „Ancient Greek Letters", in: D. E. AUNE (HRSG.), *Greco Roman Literature and the New Testament* (SBLSBS 21), Atlanta, GA: Scholars Press 1988, 85-105.

WIFSTRAND, A. 1967: *Die alte Kirche und die griechische Bildung* (Dalp Taschenbücher 388 D), Bern – München: Francke 1967.

WIKENHAUSER, A. 1953: *Einleitung in das Neue Testament*, Freiburg i. Br.: Herder 1953.

WIKENHAUSER, A./SCHMID, J. 1973: *Einleitung in das Neue Testament*, 6. völlig neu bearbeitete Aufl., Freiburg i. Br. etc.: Herder 1973.

WILSON, W. T. 1994: *The Mysteries of Righteousness. The Literary Composition and Genre of the Sentences of Pseudo-Phokylides* (TStAJ 40), Tübingen: Mohr Siebeck 1994.

— 1997: *The Hope of Glory. Education and Exhortation in the Epistle to the Colossians* (NT.S 88), Leiden etc.: Brill 1997.

WIRE, A. C. 1990: *The Corinthian Women Prophets. A Reconstruction through Paul's Rhetoric*, Minneapolis, MN: Fortress 1990.

WOLFF, CH. 1996: *Der erste Brief des Paulus an die Korinther* (ThHK 7), Leipzig: EVA 1996.

WOLTER, M. 1987: „Verborgene Weisheit und Heil für die Heiden. Zur Traditionsgeschichte und Intention des ‚Revelationsschemas'", in: *ZThK* 84 (1987) 297-319.

— 1993: *Der Brief an die Kolosser. Der Brief an Philemon* (ÖTK 12), Gütersloh: Mohn/Würzburg: Echter 1993.

ZAHN, TH. 1873: *Ignatius von Antiochien*, Gotha: Perthes 1873.

— 1897-99: *Einleitung in das Neue Testament*, Leipzig: Deichert 1897-99.

ZELZER, M. 1997: „Epistel G-H", in: H. CANCIK/H. SCHNEIDER (HRSG.), *Der Neue Pauly. Enzyklopädie der Antike*, Band 3, Stuttgart – Weimar: Metzler 1997, 1164-66.

ZUNTZ, G. 1953: *The Text of the Epistles. A Disquisition upon the Corpus Paulinum* (The Schweich Lectures of the Britisch Academy 1946), London: OUP 1953.

II. Ephesians and Qumran

1. Introduction

The subject we are about to discuss comprises, on the one hand, a very limited area within a complex framework of larger questions, and, on the other hand, stands itself in need of considerable further limitation and prescription if we are to do it justice. By the "larger questions" we mean all those issues of the relationship of the Qumran material to the more sizeable units of historical-biblical scholarship: to the Old and New Testaments, in the first place; to Christian apocryphal and extra-canonical writings, in the second place; to the surrounding milieu of contemporary Judaism, in the third place; and to the whole subject-matter of *Religionsgeschichte* – classical and Jewish Gnosticism, Hellenistic mysticism, oriental astral speculation and philosophy –, in the fourth place. Many books have appeared which treat many of these "larger questions", notably in the form of composite volumes and *Festschriften*.[1] Of these we may here mention two to which we shall make special reference in the pages which follow: *The Scrolls and the New Testament*, ed. by Krister Stendahl; and *Aspects of The Dead Sea Scrolls*, the fourth volume of Scripta Hierosolymitana, ed. by Chaim Rabin and Yigael Yadin of the Hebrew University in Jerusalem.[2] Until all the scrolls have been published and translated and some perspective has been gained upon them, all these questions are subject to necessarily tentative judgements; and conclusions range the whole spectrum from far-flung generalization to cautious scholarly non-commitment.[3]

From out of this general background and framework we now seek to detach the limited question of the relationship of the Qumran writings to a single New Testament epistle. It is clear that this very act of detachment from the more comprehensive question of the relationship of Qumran to the New Testament as a whole involves us in a considerable loss at the very start. [Neither is a tradition-historical differentiation between Pre-Essene (e.g., the Temple Scroll or the War Scroll) and the Essenes own

---

[1] [See now, e.g., D. DIMANT/U. RAPPAPORT (EDS.) 1992, J. T. BARRERA/L. V. MONTANER (EDS.) 1992 and 1992, and in particular the two volumes by P. W. FLINT and J. C. VANDERKAM (EDS.) 1998 and IIDEM 1999.]

[2] KR. STENDAHL (ED.) 1957/92; CH. RABIN/Y. YADIN (EDS.) 1958.

[3] [This article was written in the early or mid 60's, long before the entire Qumran material was made available to the scholarly community.]

(e.g., the Community Rule or the Hodayot) writings here taken into account.[4]] For the methodology we are adopting is not such as to enable comparisons to be made between our Ephesian epistle, on the one hand, and the other Pauline epistles (we suspend the "authorship" issue for the moment) with respect to Qumran influence;[5] nor, on the other hand, will we have reference to other New Testament documents – the Johannine corpus, the Synoptics, 1 Peter, Hebrews or Revelation – in order to investigate the degree of Qumran influence in these writings, and so arrive at a comparative judgement about Ephesians and Qumran on the basis of an analysis of the New Testament as a whole. That would certainly be one very fruitful path for investigation; but it would seem that the task of adequately identifying the criteria which would decide when Qumran influence might or might not be present, and the setting of these criteria against the New Testament as a whole, would necessarily involve one in a book-length study, to say the least.[6] K. G. Kuhn reports[7] that a 1960 Heidelberg dissertation by Klaus Beyer[8] has made this sort of comparative attempt with regard to *one* single criterion – the criterion of Semitic sentence construction, especially in conditional clauses, in the Greek of the New Testament – and, on the basis of this evidence, Kuhn can say that such Semitic syntactical appearances are four times more numerous in Ephesians than in the rest of the Pauline corpus, and, further, can draw the conclusion that such semitisms are a direct legacy from the literature of Qumran Essenism.[9] But the criteria for a full comparative treatment could not be confined to questions of style and language alone, but would have to include specific yet comprehensive canons to interpret the theological concepts and motifs present in the Qumran documents and the New Testament writings.

Such a self-imposed circumscription of our task, in which we not only forgo discussion of comparisons with other New Testament writings but also pass over the introductory questions of the authorship of the epistle and of its relation to the Epistle to the Colossians, calls for an acknowledgment at the outset that our conclusions must by necessity be very limited. For we run the risk of having no *tertium quid*, no objective "neutral" standard, no "control group" (to use the sociologists' term) in other New Testament documents, by which we may measure the extent of Qumran influence on the epistle to the Ephesians. One recalls how C. Leslie Mitton has attempted to use the epis-

---

[4] [Hereto see, e.g., H. STEGEMANN 1983/89, 511-20; IDEM 1998, 95-104, and 104-18; further H.-W. KUHN 1999, 231 and 238.]

[5] ["The Impact of the Qumran Scrolls on the Understanding of Paul" is dealt with in H.-W. KUHN 1992a, 327-39; IDEM 1999, 227-46; and with regard to 1 Thessalonians in IDEM 1992b, 339-354; J. A. FITZMYER 1999, 599-621. Cf., however, for the entire Corpus Paulinum already S. E. JOHNSON 1955, 157-65; W. D. DAVIES 1957/92, 157-82; J. MURPHY-O'CONNOR/J. H. CHARLESWORTH (EDS.) 1990; esp. though H. BRAUN 1966a, 169-240.]

[6] [See the brief overview in M. BURROWS 1958/78, 119-32 and further below note 17 on page 111.]

[7] K. G. KUHN 1961, 334.

[8] [Now published: KL. BEYER 1962, esp. 298.]

[9] [KUHN 1960-61, 335.]

tle to the Philippians as a "control group" in his discussion of the dependence of Ephesians on Colossians[10]. By having no such objective point of cross-reference, we lay ourselves open to the danger of being without any check on our finding of Qumran echoes everywhere we care to look in Ephesians. But it is to be hoped that objectivity will not be thrown to the winds under the methodology which we are about to adopt. We shall simply lay the Epistle to the Ephesians alongside the Qumran writings, or, more strictly, the Greek of Ephesians alongside the English translation [by Florentino García Martínez & Eibert J. C. Tigchelaar] of the Hebrew Scrolls,[11] in order to see if we can find (a) any striking similarities of style and phraseology, and (b) any striking common usage of theological conceptions. We will, by this method, have the obligation of reporting the significant differences in both documents, as well as their similarities. The very fact that we are comparing Koiné Greek with a translation of Hebrew will demonstrate that all conclusions are susceptible to the risks inherent in any transcription of languages, with all the loss of nuances that this implies. Furthermore, it is necessary to repeat that any conclusions we may reach can, *ipso facto,* be only of the type – "there are/are not significant parallels between Ephesians and the Qumran literature", and cannot be of the type – "Ephesians is in these respects ... directly dependent upon Qumran". In order to make a judgement of this second type, it seems to me, a much greater investigation of the whole milieu in which Essenism and Christianity in the 1st century A.D. were set, and a much more thorough attempt to trace specific points of transference between them (such as, e.g., the origin of the "Two Ways", or the life-situation of John the Baptist), would have to be undertaken. David Flusser, for example, seems to have been aware of this oversimplification in a way that Kuhn is not.[12] Whereas the latter's judgement is dogmatic: "in view of the voluminous texts from Qumran, it must now be said that the language of the Epistle to the Ephesians stands under the influence of *these* writings"; Flusser is much more cautious:[13]

> Of course it is not our intention to argue that the body of ideas passed into Christianity *directly* from the sect; it is quite probable that it passed through several groups and movements ... before arriving at the point where it can be observed through some writings of the New Testament.

But, in fairness to Kuhn, it should be pointed out that even Flusser is prepared to make the judgement that the theological influence of Qumran on the New Testament, though

---

[10] C. L. Mitton 1951, 323f.: Appendix. 4.

[11] [F. García Martínez/E. J. C. Tigchelaar 1997 and iidem 1998. In Dahl's manuscript the English translation by G. Vermes of A. Dupont-Sommer 1961/73 was used as the basis for the comparison. In consultation with Professor Dr. Dr. Hartmut Stegemann of the University of Göttingen I have replaced all Qumran quotations with García Martínez's & Tigchelaar's translation. The new column and line numbers of the Hodayot have been provided by Prof. Stegemann, to whom I hereby express my sincere gratitude. The old column and line numbers provided by E. L. Sukenik are given in parenthesis in order to enable the use of older editions and translations.]

[12] Kuhn 1960-61, 335.

[13] D. Flusser 1958, 265.

indirect, is nonetheless very strong. After summarizing "practically everything that is important in the teaching of the Qumran covenantors" and after noting that "this is by no means to be predicated of the notions of Judaism generally", he then goes on to his conclusion that

> this means that the whole body of ideas described above could have come into Christianity only from the Qumran Sect: it is not sufficient to presume that we are dealing with ideas which are generally diffused among Jews.

The point we are here seeking to make is a methodological one: it is only after a thorough review of Judaism that Flusser is able to come to a conclusion about "dependence"; and even here it is questionable whether the conclusion is completely justified without a parallel investigation into the legacy of the other areas of *Religionsgeschichte* upon the New testament. Far preferable, in our view, is the *balanced judgement of Père Pierre Benoit*.[14] After exposing the methodological error of those who read St. Paul in the light of a highly-systematized "Gnosis" of the 2nd century A.D., and then proceed to criticize certain themes in him as "gnostic" in this latter-day sense, he goes on:

> Does one not commit the same error in the study of the Qumran documents, when one reads them with a Christian eye, and consequently discovers in them doctrines which are not yet there? Under this false illumination, thoughts or expressions which are still purely Jewish seem charged with a new sense, which in fact they only received *after* the work of Christ. Deceived by an indubitable resemblance in 'mentality', one then comes to believe that the 'spirit' is also similar ....

It may, of course, be argued that because Benoit is here referring to the error of trying to read Christianity into Qumran, his argument is irrelevant to our enterprise which is the reverse of this, viz. an attempt to investigate Qumran influence on Christianity; but we would maintain that this is not so. The chronological contemporaneity of Christianity and Essenism is not describable simply in terms of one-way influence from the latter to the former. In any case, Benoit is quite specific about this side of the question also:[15]

> Here a marvellous stroke of luck has bequeathed to us the library of a sect (which we may be permitted to call Essene) from a period prior to the destruction of the Temple. This is an extraordinary piece of fortune, which one would hardly know how to use to the full, on the one hand; but which, on the other hand, threatens us with a new illusion: that of believing, this time, that we hold in our hands all the Judaism of the 1st century; and of consequently arguing *from* all the points of contact *to* Essenisms in the New Testament .... This new illusion ... would attribute to a particular specific movement a host of ideas which were undoubtedly borne along on broader currents, where Essenism and Christianity would be equally steered.

---

[14] P. BENOIT 1961, 296.
[15] BENOIT 1961, 277.

Ephesians and Qumran

To use Benoit's terms then, what we are about to attempt is an analysis of the "points of contact" between the Ephesian epistle and the Qumran literature, and our conclusions will not, when we reach them, be of the type: "there are apparently these Essenisms in Ephesians".

Rather than spend much space in tracing through the epistle from beginning to end, listening for echoes in the Qumran documents, our procedure will be to study both sets of material under a number of general headings, under which we shall be able to see both the similarities and the differences.[16] Of the eight categories we have chosen, the first is limited to brief questions of style and sentence construction, and the remaining seven to theological concepts and motifs. For a thorough analysis of echoes in expressions and phrases in both bodies of literature, the reader is asked to consult [first of all the two volumes by Herbert Braun].[17] The most interesting parallel phrases will, however, be dealt with under the sections which follow. The eight categories are as follows: (1) Style and sentence construction; (2) Dualism; (3) Election and Predestination; (4) The Nature of the Community; (5) The Knowledge of the Community; (6) The Understanding of "Spirit"; (7) The Ethics of the Community; (8) Eschatology and Hope.

It hardly needs to be said that we can by no means give an exhaustive treatment here of any of these categories, but they at least provide a suitable organizational framework for some sort of comparison to be made.

2. Style and Sentence Construction

This initial section of our analysis must necessarily be brief, largely because we lack the qualifications which are required of those who would compare Hebrew syntax with Greek. We will content ourselves here only with a short statement of some of the more striking parallels which have been noticed by others, notably by K. G. Kuhn, but also by Ernst Percy and Heinrich Schlier, and will then pass to some more original works. Our concentration here will only be upon certain *similarities* of style and construction, not upon the differences.

There are six points to be made:

(1) Percy,[18] Kuhn[19] and Schlier[20] have pointed out that the "plerophoric" style of language, with its "tapeworm clauses", strings of long relative expressions (e.g. Eph 1:3-14), participial constructions, composite prepositional expressions and chains of genitives in combination, which are characteristic of the Ephesian epistle,[21] are a peculiar

---

[16] [Cf. the similar approach in STEGEMANN as far as John the Baptist and Jesus are concerned (1998, 211-27 and 228-57).]

[17] [H. BRAUN 1966a and 1966b.]

[18] E. PERCY 1946, 18ff. [notably prior to the discovery of the Qumran Scrolls!]

[19] K. G. KUHN 1960-61, 335.

[20] H. SCHLIER 1963, 19.

[21] [See, e.g., H. LESTER 1973; G. SELLIN 1992, 85-107.]

112   *Introductory Questions*

property of Semitic writing and are most closely paralleled in the "hymnic" sections of the Qumran literature.[22]

(2) A certain fondness for tautological expressions, especially connected with the concept of the "power of God", is evident in both Ephesians and Qumran. The expressions ἐνδυναμοῦσθε ἐν κυρίῳ καὶ ἐν τῷ κράτει τῆς ἰσχύος αὐτοῦ and δυνάμει κραταιωθῆναι of Eph 6:10 and 3:16, together with μέγεθος τῆς δυνάμεως αὐτοῦ of 1:19 find striking parallels in 1QH XV 20, 22 (VII 17,19); 1QH XX 38 (XII 35) and 1QM X 5, and the last phrase has a clear echo in 1QH VI 34 (XIV 23). In another striking phrase, Eph 1:5 has κατὰ τὴν εὐδοκίαν τοῦ θελήματος αὐτοῦ, which is echoed in Eph 1:11 κατὰ τὴν βουλὴν τοῦ θελήματος αὐτοῦ. A parallel to this may be found in the Damascus Documents CD III 15, "the wishes of His will". Dr. E. J. Vogt has argued that εὐδοκία in the New Testament always carries the "predestinating" and "electing" sense of רצון in the Scrolls,[23] and the context of both these Ephesian phrases would support that judgement, although Vogt is discussing the immensely important implications this has for the translation of Luke 2:14.

(3) Ephesians has strong parallels with the Scrolls in those phrase constructions in which the word "mysterion" occurs.[24] Both in the phrase γνωρίζειν τὸ μυστήριον (Eph 1:9; 3:3; 6:19) and in the phrase σύνεσις ἐν τῷ μυστηρίῳ (Eph 3:4) Kuhn finds parallels in the Qumran literature.[25] Cf., for the former, 1QH XII 28 (IV 27); XV 30 (VII 27); XVIII 5 (X 3); XIX 13 (XI 10); and for the latter, 1QH X 15 (II 13).

(4) Where the Old Testament uses the phrase "rich in mercy" Qumran tends to use substantival expressions like "the fullness of His mercy". This latter use is paralleled in Ephesians at 1:7 and 2:7: τὸ πλοῦτος τῆς χάριτος.

(5) Parallel to this substantival use is the similarity in the use of πᾶς and כול in Ephesians and Qumran respectively; compare Eph 1:3; 4:2, 19, 31; 5:3; 6:18 with 1QpHab VIII 13.

(6) A final and significant point of style and syntax, again evidenced by Kuhn, is the "conjunctive" use of the word "with" – עִם or בְּ in Qumran – σύν or μετά in Ephesians.[26] In each case the word is really equivalent to "and". Cf. Eph 4:31; 6:23 with 1QS IV 7, 8, 13; 1QS XI 2, 7. The Greek word ἐν is frequently used in this conjunctive sense also: Eph 4:19, perhaps also 5:26 and 6:24; cf. furthermore Eph 5:3, 5.

---

[22][Cf. R. Deichgräber 1967, 72-76.]

[23]E. J. Vogt 1957/92, 115.

[24][See Kuhn 1960-61, 336; F. Mussner 1963, 185-88: "Auffällig ist, daß der Epheserbrief nur im Singular von 'Mysterium' spricht" (*ibid*, 187); R. Schnackenburg 1982, 139: "Ohne eine direkte Abhängigkeit von den apokalyptischen und qumranischen Texten anzunehmen, ist das 'Mysterium' im Eph von daher zu verstehen und eine Ableitung aus dem Hellenismus oder Gnostizismus abzuweisen."]

[25][Cf., however, Schnackenburg 1982, 55: "In Eph 1,9 geht es nicht um die Festsetzung [so 1QS IV 18-22], sondern um das Kundtun des göttlichen Ratschlusses ...."]

[26][Kuhn 1960-61, 337.]

We shall now pass without further comment to our other headings, which seek to examine the theological concepts held in common by the Scrolls and Ephesians, looking for both parallels and differences in the way in which these are held.

3. Dualism

What do we mean by dualism? We mean the notion, which is clearly shared to some degree by Qumran and Ephesians, that the ontological nature of cosmic reality is divided between two opposing principles, which are described as (a) Good and Evil with respect to *Ethics*, (b) Light and Darkness with respect to *Physics*, and (c) Truth and Error with respect to *Knowledge*. Such a dualistic world-view is the characteristic feature of the Qumran documents,[27] and we may first make some brief comments as to the nature of that dualism, and then pass on to an examination of the ways in which Ephesians reflects a similar or varying usage.

(1) The first thing one has to say about the dualism of Qumran is that it is a *qualified* or *modified* dualism, i.e. the two principles are not independent and uncreated, but both are under the ultimate sovereign sway of the Creator God.[28] There is absolutely no doubt about this in Qumran, as the following quotations will make clear:[29]

> *From the God of knowledge stems all that is and shall be. Before they existed he established their entire design ... (1QS III 15);*
>
> *He created the spirits of light and of darkness and on them established every deed ... (1QS III 25);*
>
> *By his knowledge everything shall come into being and all that does exist he establishes with his calculations and nothing is done outside of him ... (1QS XI 11).*

---

[27][Cf. H. W. Huppenbauer 1959; H. Ringgren 1961, 59-68. See now also H.-W. Kuhn 1999, 238-46: „In allen drei Fällen (der Ausdruck ‚Kinder des Lichts'; sog. Tugend- und Lasterkataloge; Prädestination) geht es um einen Dualismus, wie er vor allem in der Zwei-Geister-Lehre anzutreffen ist, aber sich auch in eigentlichen Qumrantexten deutlich findet. Ob der traditionsgeschichtliche Weg bei diesen auch vor- und nebenqumranisch zu beurteilenden Aussagen über die Qumrangemeinde führt oder nicht, läßt sich nicht klar entscheiden, wenngleich die Herkunft aus der Qumrangemeinde nicht unwahrscheinlich ist" (*ibid.*, 244).]

[28][Cf. the qualification of the Iranian type of dualism in the so called Syriac-Egyptian type, and see hereto G. Widengren 1967/75, 40-42/679-84; H. Jonas 1934/64, 256ff., 348ff.; idem 1967/75, 101, 103f./641, 642-44; idem 1993, 338f., 341-42.; K. Rudolph 1983, 59ff.: The Iranian Zoroastrian dualism is essentially ethically oriented with the opposites "good" and "evil"; the ontological and metaphysical dualism is found in Greek philosophy with its "spiritual eternal ideas and their transitory material (spatial) counterparts which form the cosmos"; the gnostic dualism which is "anti-cosmic", anti-material; "The identification of 'evil' and 'matter', which is not to be found in Iranian and Zoroastrian thought, occurs in Gnosis as a fundamental conception".]

[29][Cf. Stegemann 1998, 204: "The demons were the bad angels. They, too, had been created by God (1QS 3:15-4:1) but had subsequently gone their own ways (Gen. 6:1-4), and even before the Flood they had become the mightiest power in the world opposed to God."]

From these instances and others it is very clear that there is no thought in Qumran of any so-called "gnostic" dualism, as Kuhn among others has stressed with force:[30]

> the antithesis 'light-darkness' is here completely different from the Gnostic dualism. In Gnosis, 'light-darkness' always means a dualism of *substance*, of the material substance of the divine world of Light, on the one hand, and of the earthly cosmos on the other. Here, on the other hand, there is no trace of a conception of substance, but much rather an opposition of two views of existence ....

Kuhn it was, too, who clarified the relation of this dualism both to the Old Testament and to Iranian Zoroastrianism.[31] With regard to the Old Testament, Kuhn has shown that the sort of dualism which is present in Qumran is "totally alien to Old Testament thought, nor can it be explained as an outgrowth of the Old Testament," although there is dualism in the pseudepigrapha, especially in the *T. 12 Patr.* (cf. *T. Judah* 20; *T. Asher* 5).[32] Stressing that the guiding inspiration of dualistic theology is clearly extra-biblical, Kuhn goes on to identify the Good and Evil principles of Qumran sectarian religion with the ethical and eschatological struggle of Ahura Mazda and Angra Mainyu of Iranian Zoroastrianism.[33]

(2) This leads directly to the second thing we have to say about the dualistic theology of Qumran: it is predominantly spelled out in the Scrolls in terms of *personal Spirits* who exercise benevolent and malevolent power over humans.[34] The good spirit is variously called "the Spirit of Truth, the Prince of Lights, the Angel of His Truth, the Holy

---

[30]KUHN 1960-61, 339; [cf. already KUHN 1952, 311f. Regarding the alternatives between Iranian apocalypticism and Gnosis, see nevertheless BURROWS 1956/78, 259ff.: "Gnosticism did not directly influence the Judaism of the Qumran sect, both may have drawn water from the same well: The ideas in which a kinship between them has been seen were especially at home in Zoroastrianism, the religion of Ancient Iran" (*ibid.*, 259); BRAUN 1966b, 177: "Und schließlich stellt Qumran ja nicht eine Alternative zu gnostischen Konzeptionen dar, sondern beweist vielmehr gerade gnostische Gedankenbildungen auf dem Boden des Judentums ... der qumranische Dualismus, ob iranisch oder hellenistisch geprägt, ist jedenfalls synkretistisch, und zwar auf palästinensischem Boden"; K. SCHUBERT 1973, 71f.: "It has often been thought that there is a connection between Gnosticism and apocalypticism. The Qumrân texts have strengthened this theory". The affinity, but not identity, between Iranian apocalypticism and Gnosticism has always been emphasized by WIDENGREN (e.g., 1969, 480-90: "Der indo-iranische Hintergrund [der Gnosis]") and is now appearant from the Nag Hammadi texts (see, e.g., G. MACRAE 1983/89, 317-25 and M. KRAUSE 1983/89, 621-37; see also RUDOLPH 1964/75, 89-102/510-53, esp. 537: "Für die Gnosis sind nun die iranischen Elemente von grundlegender Wichtigkeit;" and further J. DUCHESNE-GUILLEMIN 1962, 267ff.)].

[31]KUHN 1950, 192-211; IDEM 1952, 296-316, esp. 303ff.; [IDEM 1957/92, 266 note 10; cf. further DUPONT-SOMMER 1952, 5-35.]

[32] [See M. PHILONENKO 1995, 178-81].

[33][On Iranian eschatology and apocalyptic, see WIDENGREN 1965, 199-214; IDEM 1969, 440-79; IDEM 1983/89, 77-162; IDEM 1995a, 1-21; IDEM 1995b, 24-62; A. HULTGÅRD 1983/89, 387-411; IDEM 1991, 114-34; IDEM 1995, 63-162; IDEM 1998, 39-83; In its relation to Early Judaism and Qumran, see in addition to KUHN 1952, 307f., also WIDENGREN 1957, 197-241; IDEM 1966/75, 139-77/85-129; HULTGÅRD 1979, 512-90; PHILONENKO 1995, 163-211.]

[34][Cf. PHILONENKO 1995, 172-78: "Le zervanisme" and "Le dualisme qoumrânien et le dualisme zervanite".]

Spirit" (1QS III 18, 20, 24; CD VII 19-20).[35] He also bears the appellation "Michael" in the War Scroll 1QM XVII 6. The Evil Spirit is variously known as "The Spirit of Perversion, the Angel of Darkness, the Angel of Destruction, Mastema, and Belial" (1QS III 19, 21; IV 12, CD VII 20-21, CD XX 3ff.).[36] Although these personal identities are outside humans, and thus in some sense ontological realities [see 1QS IV 25 cited below], it is clear also that they are at other times spoken of in such a way that they refer to two "ways of acting" *within* a person; cf. 1QS IV 23-24 [25]:

> Until now the spirits of truth and injustice feud in the heart of man: [24] they walk in wisdom or in folly. In agreement with man's inheritance in the truth, he shall be righteous and so abhor injustice; and according to his share in the lot of injustice, he shall act wickedly in it and so [25] abhor the truth. For God has sorted them into equal parts until the appointed end and the new creation.

As R. E. Brown has pointed out, these two ways of speaking are not necessarily contradictory, for it is natural to shift from speaking of two personal spirits exercising dominion over humankind to speaking of two spirits of acting by which people show their respective adherence to their dominion.[37] We should also point out that although these are the two principal Spirits, they are by no means the only ones in the Qumran angelology: the Hymn Scroll 1QH V 25 (XIII 8) recognizes other angels which are subordinate to them – "a host of 'divine' spirits".

(3) The third thing we have to say about the dualism in the Qumran theology is that it works itself out in terms of a bitter conflict and struggle, waged on equal terms, and defining the whole nature of reality until the last age. Thus the struggle between the two Spirits in the cosmos and in man's heart is not only highly *ethical* in nature, but also highly *eschatological* in character.[38] This is most clearly revealed in the "The Teaching of the Two Spirits" 1QS IV 18f.:

> God, in the mysteries of his knowledge and in the wisdom of his glory, has determined an end to the existence of injustice and on the appointed time of the visitation he will obliterate it for ever.

In Qumran the battle in which this final apocalypse will take place is clearly considered as a *future* battle, though imminent.[39] The War Scroll gives a detailed plan for the organization of forces, for standards and weapons of battle, and also predicts the severity of

---

[35][Regarding CD VII 19, see J. J. COLLINS 1995, 63f.]

[36][Cf. the Testament of Amram (4Q548 [4Q‹Amram^f ar]; Aramaic text and English trans. in: GARCÍA MARTÍNEZ/TIGCHELAAR 1998, 1095; Engl. trans. in GARCÍA MARTÍNEZ 1994, 275) and hereto COLLINS, 1999, 418: If Milik's dating to the second century BC is correct, "4QAmram is our oldest witness to the kind of angelic dualism that plays a central role in the Instruction on the Two Spirits in the Community Rule from Qumran." Further, see PH. ALEXANDER 1999, 331-53.]

[37]R. E. BROWN 1957/92, 187.

[38][Cf. the Iranian parallels in WIDENGREN 1983/89, 77-80 ("Gathas"), 80-86 ("Die Jungavestische Apokalyptik"), 101-27 (Die mitteliranische Apokalyptik), 127-40 ("Die zervanitische Apokalyptik"), 141-51 ("Die letzten Dinge nach der zoroastrischen Überlieferung in Bundahišn XXXIV").]

[39][See further below note 49 on page 118.]

the eschatological punishment to be wreaked upon the forces of Error. But the characteristic feature of the Scrolls in this respect is that it is not until the end that a time of Renewal will come (1QS IV 25).[40]

Before passing to the dualism in the epistle to the Ephesians, we shall conclude this far too brief synopsis of the Qumran dualistic theology with a statement from Jacob Licht's article:[41]

> The three principles (of predestination, dualism and eschatology) can easily be defined as three aspects of a single subject: the preordained nature and moral history of mankind both being much the same thing. The subject corresponds roughly to the 'anthropology' of later theologians, expressing the sectarian view of the nature of man.

We turn now to the dualism that is apparent in the theology of the writer of the *Ephesian epistle*. In many respects it is clear that there are great resemblances. Similar conceptions of Light – Darkness are apparent (Eph 5:8-9). In both Ephesians (5:8: τέκνα φωτός) and Qumran [1QS I 9-10; 4Q548 (4Q^{c}Amram^f ar)][42] the striking phrase "children/sons of Light" occurs.[43] It is clear that the dualism in Ephesians is of the *modified* variety, existing solely under the overarching sovereignty of God, and not independent of His will (Eph 1:20, 21). Again, we have a striking confirmation of certain tendencies in the Qumran theology when we find, in Ephesians 2:2,[44] that the Principle of Evil is personified as

> the Prince of the Power of the air (ὁ ἄρχων τῆς ἐξουσίας τοῦ ἀέρος), the Spirit that is now at work in the sons of disobedience (ἐν τοῖς υἱοῖς τῆς ἀπειθείας).

---

[40][The text is quoted above on page 115.] In a most interesting treatise in the "Aspects of the Dead Sea Scrolls" volume [RABIN/YADIN (EDS.) 1958] to which we have already made reference, JACOB LICHT makes a thorough analysis of this clearly articulated dualistic theology of the Qumran covenanters, under the rubrics of predestination, dualism, and eschatology (J. LICHT 1958, 88-99).

[41]LICHT 1958, 89.

[42][1QS I 9-10: "... *in order to love all the sons of light, each one according to his lot in God's plan, and to detest all the sons of darkness each one in accordance with his guilt in God's vindication;*" (text and trans. in: GARCÍA MARTÍNEZ/TIGCHELAAR 1998, 71; and trans. in: GARCÍA MARTÍNEZ 1994, 3); 4Q^{c}Amram^f ar: "[... *the sons of] light will go to the light, to [everlasting] happiness, [to rejoicing;] and all the sons of dark[ness will go to the shades, to death] and to annihilation ...;*" (text and trans. in: GARCÍA MARTÍNEZ/TIGCHELAAR 1998, 1095; and trans. in: GARCÍA MARTÍNEZ 1994, 275.]

[43][Cf. also the discussion in BRAUN 1966a, 219-22; further H. HÜBNER 1997, 229; SCHNAKKENBURG 1982, 227: "Ein Zusammenhang mit qumranischer Denkungsart und Sprechweise ist darum anzunehmen. Allerdings braucht der traditionsgeschichtliche Weg nicht direkt oder ausschließlich von Qumran zum Eph zu verlaufen. Vielleicht haben bekehrte Qumran-Essener schon relativ früh die christliche Taufparaklese beeinflußt." Regarding the "Sons of Light", see now also H.-W. KUHN 1999, 239f.]

[44][Cf. the discussion in HÜBNER 1997, 156f., and the Excursus: "Der Aion und der Herrscher des Machtbereichs der Luft", *ibid.*, 158f.; regarding the God Aion, see W. BOUSSET 1979, 192-230; M. P. NILSSON 1974, 497ff.; WIDENGREN 1965, 225f., 230-32.]

Just as the cosmic struggle involves not only humans but the larger forces of the cosmos in the Qumran account, so we find that by the power of God, according to Ephesians, believers are "seated in the heavenly places" while still in the normal process of human life. In both Qumran and Ephesians the dualism is only secondarily thought of in ontological terms: its primary reference is to the *ethical* way that men walk under the impulses of the twin spirits. Kuhn has made this point almost too strongly, but it needs to be made: the light – darkness distinction of Eph 5:8-9 is immediately set in the context of the ethical freedom and responsibility to do "what is well-pleasing to God". The repeated use of the word περιπατεῖν is proof of this ethical concentration of the writer, though he is using the dualistic terminology and ideology. In both Scrolls and Ephesians, the dualism in man's nature is a matter of his personal relationship to God.[45]

In what ways, then, may we say that the dualistic theology which is apparent in Ephesians *differs* from its usage in the Dead Sea Scrolls? We may best summarize the difference by saying that the fact of Christ has brought about a radical new approach to the dualistic doctrine, both in regard to predestination and in regard to eschatology. We shall examine both of these a little more closely under the sections which follow, but we shall explain here the substance of the difference as it pertains to the dualistic theology. With regard to *predestination*, the problem may be defined as the differing ways in which each community looks from its present to its *past*.[46] The Qumran sectarian looks back to Moses and beyond him to the predetermination of the cosmos in creation in a spirit of unbroken continuity: as Pierre Benoit has said, the two camps of which the world consists have existed from time immemorial, and nothing has changed since the primordial situation, except perhaps that the community of light is becoming progressively more prepared to vindicate itself in the eschatological denouement which is to come. "Nothing has changed since Moses".[47] For the writer to the Ephesians the whole situation has been completely transformed by a radical break in the continuity – the event of Jesus Christ. This is clear (a) from the ποτέ of 2:2, (b) from the triumphant aorists of 2:5-6: συνεζωοποίησεν, συνήγειρεν, συνεκάθισεν, (c) from the new "creation" language of κτισθέντες in 2.10, (d) from the sharp notes of the phrase νυνὶ δέ in 2:13, and especially (e) from the striking contrast of 5:8: ἦτε γάρ ποτε σκότος, νῦν δὲ φῶς ἐν κυρίῳ. Consequently, the theology of Ephesians looks back upon the period before the radical interruption of Christ as a time when "we were all children of wrath" and walked according to the "aeon of the cosmos". There was no admixture of light and dark in men in those earlier days: ἦτε γάρ ποτε σκότος. For Qumran, on the other hand, the admixture of light and darkness, evil and

---

[45][Cf. HÜBNER 1997, 229: "Das theologische Wortfeld des Dualismus in 1QS ist weitgehend deckungsgleich mit dem theologischen Wortfeld des Eph. Wie im Eph, so tendieren in 1QS die Lichtaussagen auf eine Verwurzelung des Lichtgedankens in Gott hin. ... Wie im Eph wird vom Licht, das von Gott (wesenhaft) herkommt, im Kontext von Offenbarung und Erkenntnis gesprochen."]

[46][Cf. H. CONZELMANN 1973, 318: "Die *Söhne des Lichtes* ... 1QS 1,9; 2,16; 3,13. 24f. 1QM *passim* bringen sich ihr Sein zum Bewußtsein durch den Rückblick auf die Vergangenheit ...."]

[47]BENOIT 1961, 290.

good, truth and error, has been taking place in each person individually in varying degrees since the beginning of time: and even though there has been no change in the primordial struggle and the end is not yet, the community is yet to be thought of as the children of Light, and all those outside the community are *ipso facto* children of darkness and sons of disobedience.[48]

With regard to *eschatology*, the problem may be defined as the differing ways in which each community looks from its present to its *future*. For Qumran the hour of eschatological vindication is still to come;[49] for Ephesians that hour has struck, the victory has been won, and the "Renewal" has already taken place, although its counterpart in the human response of the believer has still to be worked out in the fruits of the spirit (Eph 5:9).[50] It is difficult to overestimate the magnitude of the implications which this radical difference between Ephesians and Qumran has for all the other theological categories which we shall be looking at: although the terminology and ideology of dualistic Iranian Zoroastrianism has wound a common thread through both documents, the

---

[48][Also in regard to this *admixture*, Qumran stands closer to the Iranian-Zervanite concept than Ephesians; cf. WIDENGREN 1983/89, 127-33: "Aber die von Areimanios geschaffenen Götter, die ebensoviele waren, durchbohrten das Ei, wodurch das Böse mit dem Guten vermischt wurde. Diesen Angriff von unten gegen die himmlische Welt kennen wir sowohl aus Bdhn [*Bundahišn*] I als auch aus Zātspr. [*Zātspram*] I, und die Eigestalt des Universums finden wir in MX (*Mēnōy i Xrat*) XLIV 8: ... Die durch diesen Angriff entstandene 'Mischung' (*gumēčišn*) ist ja ein Hauptdogma der zervanitischen Religion, die ebenfalls in [Plutarchs,] *De Iside et Osiride* als Resultat des Angriffes klar zum Ausdruck kommt: ὅθεν ἀναμέμικται τὰ κακὰ τοῖς ἀγαθοῖς (§ 47 [370 B])" (*ibid.*, 129); regarding the dualistic opposition between "light and darkness" already in Avestan Iranian myths, see on the one hand the hesitation in CONZELMANN 1973, 309f.; on the other the evidence in WIDENGREN 1983/89, 105-112: The Avestan material in the Pišyotan-Fragments of *Bahman Yašt* III; 127-33 and in Plutarch, *Is.* 46-47: "... Jener [sc. Zoroaster] nannte den einen Oromazes, den anderen Areimanios, und er meinte, daß der eine dem Lichte mehr als allen anderen wahrnehmbaren Dingen gleich sei, der andere aber im Gegenteil der Finsternis und Unkenntnis gleiche ..." (Übers. bei WIDENGREN 1983/89, 127) and also in *Zātspram* I. 1-2: "In der Religion ist es folgendermaßen geoffenbart, daß das Licht oben und die Finsternis unten waren, ... Ohrmazd befand sich im Lichte, Ahriman in der Finsternis ..." (Übers. bei WIDENGREN 1961, 87); PHILONENKO 1995, 171; and esp. HULTGÅRD 1998, 44f., 55f., 66, 71.]

[49][Regarding Qumran eschatology, see N. A. DAHL 1964/91; STEGEMANN 1983/89, 521-24; IDEM, 1998, 206: "Thus, the Essenes always lived in the expectation of the end of the current conditions, but only in certain phases of their history did they live in *immediate* anticipation of the changes they awaited. Usually their orientation was shifted to a relatively distant time ...;" cf. 1QpHab VII 5–VIII 3; further also 1QS III 19-22; 1QH XIX 10-12 (XI 10-12) and hereto H.-W. KUHN 1966, 44-188; J. GNILKA 1991, 123-25; A. T. LINCOLN 1990, 107: "Closer to the realized eschatology of Ephesians, while remaining within the developing tradition of Jewish apocalyptic, is the self-understanding of the Qumran community that as an elect group on earth, it already experienced the heavenly realm and formed a liturgical community with the inhabitants of heaven". See further below page 135 section 9.]

[50][Cf. HÜBNER 1997, 192: "Im apokalyptischen bzw. quasiapokalyptischen Horizont wird als Inhalt des Geheimnisses bzw. der Geheimnisse in den jüdischen Paralleltexten zu Eph 3 ein *futurisches* Heilseschaton verheißen. In Eph 3, vor allem 3,9, wird hingegen ... das seit Urzeiten verborgene Mysterium ... als *präsentisches* Heilseschaton ausgesagt."]

spirit in which this dualistic conception of the universe is applied is utterly different in the Scrolls and in the Ephesian epistle.[51]

4. Predestination and Election

The working-out of the dualistic theology can most clearly be seen in the coordinate concepts of predestination and election, which form such a large part of the theology of the sectarians from Qumran, and which are predominant theological motifs in Ephesians.[52]

We have already had occasion to notice that the sect held the doctrine of the predestination of all things under God from the beginning of time.[53] In "The Teaching of the Two Spirits" (1QS III 15-16) it says:

From the God of knowledge stems all there is and all there shall be. Before they existed he established their entire design. (16) And when they have come into being, at their appointed time, they will execute all their works according to his glorious design, without altering anything.

"The Teaching of the Two Spirits" goes on at this point to discuss the divine predestination of human life according to the two spirits, in which everyone shall walk until the time of God's Visitation (1QS III 21-23):

[Darkness is total dominion over the sons of deceit; they walk on paths of darkness. From the Angel of Darkness stems the corruption of (22) all the sons of justice, and all their sins, their iniquities, their guilts and their offensive deeds are under his dominion (23) in compliance with the mysteries of God, until his moment; and all their afflictions and their periods of grief are caused by the dominion of his enmity.]

In the Habakkuk Commentary we have this extension of the predestination of God until the end of time explicitly spelled out (1QpHab VII 13-14):

All the ages of God will come at the right time, as he established (14) for them in the mysteries of his prudence.

Just as in 1QS III 23, the word "Mysteries" is here chosen to describe the predestination of God in its eschatological mode.[54] It is the Knowledge of this particular Mystery that is the boon that God has conferred upon his chosen remnant in the sectarian commu-

---

[51][Cf. BRAUN 1966a, 217: "Der Dualismus des Epheserbriefs ist im einzelnen anders strukturiert als der qumranische Dualismus"; see further *ibid.*, 216f. and 221: "Denn das Heil, das in Qumran wie im Epheserbrief durch den Gebrauch der dualistischen Licht-Finsternis-Konzeption ausgesagt wird, ist beiderseits eben doch verschieden: in Qumran wird es gewonnen auf dem Wege der totalen Tora-Observanz, im Epheserbrief durch einen Gnadenerweis, der auch in diesem deuteropaulinischen Text zu Gesetz und Gesetzeswerken deutlich in Gegensatz gestellt wird (Eph. 2,15)."]

[52][Cf. MUSSNER 1963, 185-88; D. DIMANT 1984, esp. 536-38.]

[53][Cf. BRAUN 1966b, 243-50; J. C. VANDERKAM 1994, 76f., 78, 109f.]

[54][Cf. KUHN 1952, 303; MUSSNER 1963, 186; SCHNACKENBURG 1982, 57.]

nity; and it is this which is the seal of their election and the witness to the predestinating activity of God on their behalf. The Qumran covenanters evidently believed that this provident predestinating activity of God encompassed everything down to the very last detail; cf. Hymn 1QH IX 25-27 (I 23-25):

> *Everything (26) has been engraved before you with the stylus of remembrance for all the incessant periods and the cycles of the number of everlasting years in all their predetermined times, (27) and they will not be hidden, and will not be lacking from before you.*

The real purpose of the predestinating activity of God, and its subsequent manifestation in the election of a remnant among men as "children of Light", is clearly shown in the Hymn Scroll at 1QH XII 28-30 (IV 27-29) [and V 30 (XIII 13) respectively]:

> *For you have shown me your wondrous mysteries. (29) By your wondrous counsel you have strengthened my position and worked wonders in the presence of the Many on account of your glory, and to show (30) your powerful acts to all living things.*

> *[In the mysteries of your insight [you] have apportioned all these things to make your glory known.]*

The purpose of predestination and election, therefore, for Qumran, is the revelation of the power and glory of God. One cannot avoid stopping at this point to remark upon the striking parallel in the *Ephesian* concept of predestination, as it is set out in Eph 1:11-12 (and also in 2:7):

> *... being predestined according to the purpose of Him who works all things after the counsel of his own will, that we should be to the praise of His glory.*

Before this phrase in Ephesians, introducing it, stands the important word ἐκληρώθημεν which together with κλῆρος, κλητός and ἐκλεκτός, represents the most important terminology of the idea of "election" in the epistle.[55]

The Qumran community believed that not only the cosmos but human affairs as well were determined by divine providence.[56] Josephus had said that the Essenes taught "that everything is subject to the power of fate, and nothing happens to man which is not determined by destiny" (*Ant.* XIII. 171-73).[57] The sect held that the fact that they had been "illuminated" by God for his covenant was entirely due to the grace of God, and hence they may be said to have adhered very strictly to the concept of the Election of Grace. They called themselves the "sons of the Divine good pleasure" (בני רצון): 1QH XII 33-34 (IV 32-33); XIX 12 (XI 9); 1QS VIII 6. The clearest expression of this is to be found in the Hymn Scroll 1QH VII 25-27 (XV 12-14):

---

[55][Cf. P. POKORNÝ 1992, 57-60: Exkurs: Erwählung und Vorherbestimmung; Prädestination.]
[56][Cf. H.-W. KUHN 1999, 242-44, who states that „die engsten Parallelen zur Prädestination bei Paulus ... sich zweifellos wieder in den Qumrantexten (finden)".
[57][Cf. VANDERKAM 1994, 76.]

But I, I know, thanks to your intellect, that [...] is not by the hand of flesh, and that a man [can not choose] (26) his way, nor can a human being establish his steps. I know that the impulse of every spirit is in your hand, [and all] its [task] (27) you have established even before creating him ...

The concept of the sheer election of grace is set forth in the Hymn scroll and in "The Manual of Discipline" with tremendous persistence. Because of this election of grace, the sect calls its members "the elect of God" (1QpHab X 13; [4QMess Ar I 10;] cf. 1QS IX 14; [4QpIsa^d I 3; 4QpPs^a II 5]).[58] The parallel in Ephesians to "The Rule of the Community" 1QS XI 6-9:[59]

My eyes have observed what always is, (6) wisdom that has been hidden from mankind, knowledge and prudent understanding (hidden) 9 from the sons of man, fount of justice and well of (7) strength and spring of glory (hidden) from the assembly of flesh. To those whom God has selected he has given them as everlasting possession; and he has given them an inheritance in the lot of (8) the holy ones. He unites their assembly to the sons of the heavens in order (to form) the council of the Community and a foundation of the building of holiness to be an everlasting plantation throughout all (9) future ages ...

is not so close as that afforded by Col 1:12-13:[60]

Who has qualified us for a share of the lot of the Saints in Light, rescuing us from the Power of Darkness and transferring us to the kingdom of his beloved Son ...

but there are strong similarities nonetheless as the phrases in Eph 1:18 and 1:4 make abundantly clear:[61]

the riches of the glory of his inheritance in the Saints ... he has elected us in Him before the foundation of the cosmos to be holy and blameless before Him in love ....

---

[58][Cf. Fitzmyer 1971, 152: "Outside of this Aramaic text (sc. 4QMess Ar) the title occurs once in a Qumran Hebrew text (1QpHab 10:13: *ʾsr gdpw wyhrpw bhyry ʾl*, "who insulted and outraged the Elect of God"). There it is applied to the Qumran community as such." Further: F. García Martínez 1992, 1-44, esp. 12-15; the phrase בחיר אלהא הוא applies according to García Martínez to Noah, ibid., 19-24.]

[59][Cf. also 1QSa II 8f.; 1QH XI 23f. (III 22f.); 1QM XII 1, 4; see Hübner 1971-72, esp. 272f.]

[60][Cf. Deichgräber 1967, 78-82. The ἅγιοι are – primarily according to Qumran parallels – angels: E. Lohse 1971, 32-38, esp. 36; Gnilka 1991, 47; M. Wolter 1993, 65; A. Lindemann 1983, 22; E. Schweizer 1976, 47; Pokorný 1987, 43f. – The ἅγιοι are – in congruence with Col 1:2: τοῖς ἐν Κολοσσαῖς ἁγίοις – "holy people" or the church: Hübner 1997, 52; see also Rom 8:33 and Tit 1:1.]

[61][Cf. Kuhn 1950, 199-201; Hübner 1997, 134: "Qumranstellen wie z.B. 1QH XV 23 [= VII 36] כִּי בָּם בָּחַרְתָּה מִפּוֹל können ... höchstens Verbreitung des Erwählungsglaubens im damaligen Judentum signalisieren, kommen aber nicht als literarische Quelle in Frage." – The ἅγιοι are here in Ephesians the angels according to: Schlier 1963, 84; Schnackenburg 1982, 74; Mussner 1982, 53; Lindemann 1985, 29; Pokorný 1992, 80; E. Best 1998, 167f. – The ἅγιοι are instead representatives of the church according to: Lincoln 1990, 60: "Those who opt for a reference to the angels allow the Qumran parallels to be too decisive"; so also Hübner 1997, 150.]

The quotation from 1QS XI 7-8 above revealed that the sect held the concept of election in close correlation with their dualistic world view, and that in fact the human community was actually elected to a "common council" with the heavenly beings.[62] The parallel to this – always with the transformation of the idea through Christ – is striking in Eph 2:8: "seated us in the heavenly places …."[63] But Ephesians differs from the dualistic election doctrine of the Qumran community not only in the fact that it acknowledges that the Elect belonged to the realm of evil before their election (Eph 2:4) whereas the Elect of Qumran were not so, but also in two other respects. In the first place, the election of grace (and this is strongly emphasized in Ephesians 2:8) takes place for the writer of Ephesians solely in God's cosmic act in Christ, *not* in the believer's joining of the ecclesiastical community. But it is the joining of the community that seems to constitute election in Qumran. Secondly, the Life – Death antithesis of Ephesians 2:1-2 is absent from the Qumran terminology and ideology.

There is also the question of the freedom and responsibility of human action which is permitted in the two groups as a result of their stress on the predestination and election of a gracious God. There are many points in the Qumran documents where it would seem that no room for human freedom of choice is given to the member of the sect at all. The Hymn Scroll 1QH VII 25-30 (XV 12-17) from which we quoted above gives a very far-reaching account of the deterministic view of human destiny:

nor can a human being establish his steps … You, you alone, have [created] the just man, and from the womb you determined him for the period of approval … but the wicked you have created for [the time] of your wrath, from the womb you have predestined them for the day of slaughter ….

But at other points it is clear that a man can *wilfully* separate himself from the covenant of God and from the true congregation of the children of Light, and also that the ability to turn from evil and to adhere to the commandments of God's good pleasure (1QS V 1) is a *voluntary* choice that a man can make. There appears to be no consistent working out of this difficulty of freedom in determination in the Qumran theology: it seems that everything is determined in advance by God, but that fact somehow still gives humans freedom to go on sinning or to repent.[64] But it is in the act of repentance involved in becoming a member of the remnant-community that a man is somehow given the knowledge that he belongs to those who have been chosen from the beginning to be "elect".

---

[62][See also 1QH XI 20-24 (III 19-23) and hereto KUHN 1950, 200: "Es wird hier der Prädestinationsgedanke sichtbar, der dem grundlegenden Dualismus genau entspricht"; so also BRAUN 1966a, 216. This corresponds to the strong concept of predestination in the Iranian Zervanite religion, e.g., *Mēnōy i Xrat* 27:5, 10-11 and Plutarch, *Is.* 46-47, see, hereto esp. WIDENGREN 1983/89, 127-130 and PHILONENKO 1995, 175f.]

[63][Cf. SCHNACKENBURG 1982, 74: "Die Gemeinde von Qumran weiß sich mit den 'Heiligen' im Himmel verbunden, und diese Anschauung übernimmt offenbar auch der Eph (vgl. noch 2,19). So stehen die Bezeichnung der Gläubigen auf Erden als 'Heilige' (V 15) und der Aufblick zu den 'Heiligen' im Himmel (V 18) ohne Schwierigkeit nebeneinander (vgl. auch Kol 1,12f.)."]

It would seem that the election theology of Ephesians, while stressing the finite act of God in Christ as the consummation of the purpose which God had from the beginning of time (1:12), leaves more room than does the Qumran theology for the free response of the redeemed. God has certainly prepared beforehand our good works, that we should walk in them (Eph 2:10), but a παρακαλῶ to the fulfillment of our calling is still required. God has "created" us anew in Christ, but the "new man" has still to be put on (4:24).[65] Accordingly we may say that although Ephesians uses terminology about election and predestination that is strikingly similar to that found in the Scrolls, especially in its use of the phrases about "inheritance", "calling" and "foreordaining", and "lot", it *means* by such "election" something very different from the meaning in Qumran, namely, having "ones eyes illumined" to the fact that one's community is grounded in the past power of God who has raised Christ from the dead (1:20) and correspondingly living as one whose life is determined from that past reference point. It is in this sense that Christ is the cornerstone (2:20 [ὁ θεμέλιος]) and on this basis that we are rooted and grounded in Him. But "election" in the Qumran theology can only find the "seal" of its authenticity in the fact that one is a member of a remnant-community to which a future promise has been given. Past fact has nothing to do with it.

Before we leave the concept of election, we must take note of one further feature which both Ephesians and Qumran appear to hold in common. This is the association of the work of the Spirit or Holy Spirit with election. Ephesians 1:13-14 reads:

> *And you too, when you had heard the message of the truth, the good news of your salvation, and had believed it, became incorporated in Christ and received the seal of the promised Holy Spirit; and that Spirit is the pledge* (ἀρραβών) *that we shall enter upon our heritage, when God has redeemed what is his own, to His praise and glory.*

In other words, Christian election, for the writer to the Ephesians, consists in a process of hearing, believing, being accepted into the community of Christ, and *then* receiving the pledge of the Holy Spirit as the guarantee and seal of one's election, that we shall some day *become* what we in fact now *are* in Christ.[66] There are striking parallels to this in the Qumran theology. Hymn 1QH VI 22-24 (XIV 11-13) may be quoted (cf. further XX 14-22 (XII 11-19):

---

[64][Cf. BRAUN 1966b, 245-48: "Es muß für Qumran also bei dem Paradox bleiben: Prädestination und daneben Paränese" (ibid., 245); CONZELMANN 1973, 317f.: "... daß der wichtigste Abschnitt 1QS 3, 13-4,26, nicht einheitlich ist. Hinter 4,14 liegt ein Bruch. Vorher herrscht die abs[olute] Alternative der doppelten Prädestination, daß man dem einen oder dem anderen Geist u[nd] Bereich angehört. Nachher aber herrscht ein ethischer Aspekt, so daß der Mensch mehr oder weniger Anteil an beiden Bereichen hat. An der Bruchstelle verschwindet auch die Terminologie von Licht und Finsternis." Cf. further J. BECKER 1964, 83-89.]

[65][Hereto, see below in this volume article XIII.]

[66][Cf. hereto FR. W. HORN 1992, 391: "... so erhellt gerade die Verwendung des ἀρραβών-Motivs, daß über die bereits juridischen Aussagen hinaus zusätzlich noch die mit der Taufe eröffnete neue Rechtslage bekräftigt werden soll."

You teach your servant [... of the spirit]s of man, for corresponding to the spirits ... them between (23) good and evil, and set over them [... to sho]w them their actions. But I, I know, thanks to your insight (24) that in your kindness towards m[a]n [you] have enlar[ged his share with] the spirit of your holiness.

In both documents the Holy Spirit is that which confirms and gives certain knowledge of the mystery of election to the member of the community:[67] the only difference is that knowledge of the mystery for Ephesians is essentially knowledge of Christ, whereas for Qumran it is esoteric knowledge of God's future vindication of his own. But the usage appears to be the same in each case.

5. The Nature of The Community

What we have in mind here is not to describe the nature of actual regulations, and ordering, of the respective communities of belief to which the two documents we are considering are addressed, but rather to look at the ways in which the writers describe their communities – the images they use – to see if there are significant parallels and differences.[68]

What is the image, what are the images, which the writer to the Ephesian church has in his mind as he thinks of the community before him, and tries to describe it both to his readers and to himself? Let us glance through the epistle very swiftly, looking at the main threads of his thought as best we may. Then we shall try to assess how similar these conceptions are to ideas in Qumran.

In the very opening salutation, the community is described as "God's people at Ephesus, believers 'in' Christ Jesus". They are people upon whom every blessing has been bestowed in the heavenly realms, thanks to their election; an election which would constitute them holy and blameless and abounding in love (1:2-4). They are people who – by the sheer free gift of God – have been given a special knowledge, the knowledge of nothing less than the hidden purpose of God's will and pleasure, as it had been predestined from all time. What was the actual content of this knowledge? The secret that the whole universe was to be gathered up into a unity (ἀνακεφαλαιώσασ-θαι) in Christ. The community describes itself as "having been given a share in a heritage" – but only in Christ: the belief in this and the welcoming of this truth into the heart of the believer, called forth an answering "pledge" or guarantee in the Spirit (1:14). The community deems it important to remember that its function – above all others – is to love (1:15). Further illumination is still possible in the community; but not in the sense of a "new gnosis" or discovery: the object of the illumination is simply a recollection on the part of the community that it has (a) a "lot" and (b) vast resources at its command (1:18-19). The community describes itself with deliberate imagery as

---

[67][Cf. BRAUN 1966b, 252: "Das Neue der qumranischen Geistlehre gegenüber dem üblichen Judentum ist die *volle Gegenwart des Geistes.*"]

[68][Cf. STEGEMANN 1992, 83-166; IDEM 1998, 139-210; Ch. HEMPEL 1999, 67-92.]

being in the position of a "body" in its relation to a "head", a Head which determines the very existence of the body and enables it to participate in a certain "fullness" (πλήρωμα) – a fullness which it (sc. the Head) itself possesses (1:23).[69] The community has no doubt at all that before it was constituted a "new creation" and "workmanship" of God through Christ, its members were without exception evil and froward in all respects. This wickedness seemed to be caused by giving one's allegiance to "the commander of the spiritual powers of the air", and his henchmen. But now this former wicked heavenly alliance has been shattered by a parallel action – the community has been made to sit enthroned with Christ in the heavenly realms (2:6). The ability to change one's position vis-à-vis the heavenly power structure was in no sense due to the ability of the community: it was the gift of God. The community can be spoken of as a living example and demonstration of "peace" – the peace of reconciliation which comes about when varying elements are united in love (2:14). This drawing together of sundered and fractured elements was achieved by a sacrificial death, and by means of that death a foundation-stone was laid for the "growth" of a spiritual building. This process of growing into a "holy temple" is a very deliberately chosen image on the part of the Ephesian writer. There are two parallel elements in the movement: (a) a coming together of fitly-framed parts, and (b) a growing *up* of the whole towards its *telos* as a house of God (2:22).[70] The community recognizes with joy that there is within it the possibility and obligation of preaching and mission beyond itself (3:9). Indeed, the astonishing statement is made that the community is actually entrusted with the task of proclaiming the "new order of reality" to the rulers and authorities in the heavenly realms (3:10).[71] The community describes its hope as twofold: firstly, that it may come to know the fourfold dimensions of the surpassing love of Christ in whom it is grounded, and secondly, that it may attain to "fullness", indeed the "fullness of God Himself" (3:19).

One of the chief consciousnesses that the Ephesian writer has of the nature of his community is that it embodies a wondrous dialectic: it is on the one hand born out of an indescribable *unity* – one Lord, faith, baptism and Spirit – it is one *body* in every sense; and yet on the other hand it shares within itself a bewildering *diversity* of functions and gifts, all of which are used in the process of building up the body of Christ (4:12). In fact he has to repeat his conviction about the nature of this "growing up" into Christ: it takes place precisely at the point when the diverse members of the community "speak the truth to each other in love" (4:15). It seems that the writer's chief insight into the process of the community's growth is that it takes place in a harmonious working together of the several constituent members (4:16). There was originally (at initiation?) a teaching about the community's foundation in Christ (4:21). The writer spells out the ways in which harmonious loving relations are to be maintained and fostered in the community – with analogies of love in human affairs which strike him as superbly illus-

---

[69][Cf. Hübner 1997, 197f.]
[70][Cf. the Qumran parallels gathered in Schnackenburg 1982, 303f.]
[71][Cf. Dahl 1965; repr. in this volume as article XI.]

trative of the way in which the whole community stands to its Head and Lord (5:25). The final insight of the writer into the nature of the community is that it is presently engaged in a dire cosmic struggle, in which it needs to avail itself of spiritual weapons of truth, integrity, peace, faith, and the word of God's Spirit in the heart. The writer's last words are suggestive of the earnest prayer he has for the community: that it may know love, and peace in its faith (6:23).

The reader will, it is to be hoped, forgive the fact that this description of the community's view of itself in Ephesians has been so lengthy: we have made it so, because only in this way can we examine with speed the Qumran parallels and differences. It is quite amazing to find how many echoes there are in the Qumran documents of this self-description of the Ephesian community: we will confine ourselves only to the most important ones.

In the *first* place, one cannot help noticing the similar description "the holy ones" (ἅγιοι/קדושים). Both communities use this word with subtlety to refer not simply to the local human group but to the larger cosmic fraternity of which the human group is a privileged part.[72] This is clear from the wording in 1QS XI 7-9:

> To those whom God has selected he has given them as everlasting possession; and he has given them an inheritance in the lot of (8) the holy ones. He unites their assembly to the sons of the heavens in order (to form) the council of the Community and a foundation of the building of holiness to be an everlasting plantation throughout all (9) future ages.

We have already noted the similarity of conceptions about election, and will presently clarify the nature of the "knowledge" that each community prized so highly.

In the *second* place, the *wicked* in the Qumran theology are wicked because they have given their allegiance to the "Angel of Darkness" (1QS III 20-21). The ability to become the Children of Light is not in a man's power but is continually spoken of in the Hymn Scroll as the gift of God.

In the *third* place, and most importantly, the Qumran covenanters speak of their community as a "holy edifice" (1QS XI 8), and offer in their literature some very interesting examples of parallels to the Christian idea of the Church as a spiritual temple. Not only do the Qumran community speak of themselves as "the Called Ones", but they also describe themselves as "the Perfect Ones" (1QS VIII 20).[73] Because they thought that the Jerusalem Temple service was polluted, and consequently refrained from taking part in the sacrifices, they came to have, as Flusser has shown,[74] an ambivalent attitude towards sacrificial rites: on the one hand, they hoped to offer sacrifices by their own rites and through their own priests in a purified future Temple, but on the other hand they believed that their own ordinances of baptism, lustrations, prayers and – above all – strict adherence to the letter of the Law, were a substitute for the Temple

---

[72][See above note 60 on page 121.]
[73][Cf. BRAUN 1966a, 217.]
[74]FLUSSER 1958, 235.

service and, in fact, a supersession of it (1QS IX 4-5; VIII 6-7, 9-10).[75] It seems to be in this way that the sect could describe itself as a kind of spiritual Temple. Another phrase in this connection is particularly striking, since it occurs in both documents: the phrase "a sweet-smelling savior" or "pleasant incense". In Qumran, in the War Scroll 1QM II 5 the "sweet-smelling savour" or "pleasant incense" is to be produced from sacrifices which shall obtain the "lovingkindness of God"; but in the "The Rule of the Community" 1QS IX 4-5, this material sense is transcended: it is precisely "without the flesh of burnt offerings and without the fats of sacrifice" that lovingkindness on earth is to be procured – rather

> *the offering of the lips in compliance with the decree will be like the pleasant aroma of justice and the perfectness of behaviour will be acceptable like a freewill offering.*

This is a striking parallel to the passage in Ephesians 5:1-2:

> *In a word, as God's dear children, try to be like Him, and live in love as Christ loved you, and gave himself up on your behalf as an offering and sacrifice whose fragrance is pleasing to God.*

Yet once again we note how the superficial ideology which is shared by Ephesians and Qumran (in this case, the supersession of the Temple sacrifices and system) is transformed by the control of the figure of Christ over all the Ephesian writer's thinking: it is *Christ's* way of obedience which is the "sweet fragrance" for the member of the community to follow.[76]

In the *fourth* place, it is clear that there is a strongly parallel understanding in both documents of the community being engaged in a cosmic struggle. But the difference in Ephesians is that the Christian does battle – to use Cullmann's famous illustration – after D-Day, while the eschatological War for Qumran is impending and imminent.[77]

What, then, are the differences that we may observe in this matter of the respective self-understandings by each community of its own nature?

(1) There is no trace, in the Qumran literature, of the notion of the "*Pleroma*" doctrine.

(2) There is not the same stress in the Qumran material which Ephesians puts upon "love" as the welding force of the community: to be sure the "The Manual of Discipline" is explicit about the importance of harmonious relations in the community, but there is, along with this, a jarring note of injunction to *hatred*; cf. 1QS IX 21f. – "everlasting hatred for all the men of the Pit ...". In a word: while "loving charity" is stressed (1QS V 4), it does not have the same function in Qumran as it does in Ephesians, i.e., as the *cement* of the growth of the community.

---

[75][Cf. STEGEMANN 1992, 122-26; IDEM 1998, 174-76, 190-93.]

[76][Cf. Gal 1:4 and 2:20. See also HÜBNER 1997, 223: "Die Formel εἰς ὀσμὴν εὐωδίας findet sich atl. im kultischen Kontext, z.B. Ex 29,18. 25. 41; Lev 2,9. 12. In Eph 5,2 dient sie aber bewußt dem unkultischen Denken. Also verbale Übernahme bei fundamental inhaltlicher Divergenz!"]

[77][On the imminence of the eschatological war in the community, see STEGEMANN 1998, 205-209 and COLLINS 1999, 426f.]

(3) The Head – Body distinction is alien to the theology of Qumran.

(4) The Qumran community recognizes no obligation to Mission: on the contrary, it enjoins separation and abstinence from all contaminating contact (1QS V 1-2: "they should keep apart from the congregation of (2) men of injustice in order to constitute a Community in law and possessions").

(5) The idea of the Unity in Diversity of the community does not appear in Qumran: there is certainly separation of function, but the mutuality of contribution is not exalted into a principle of life and growth as it is in Ephesians.

Thus, again, our conclusion must be that although there are striking common usages of terminology and conceptions, the differences of application are such as to force one to describe the writings as considerably dissimilar in regard to their self-understanding of their community function, ground, and raison d'être.

6. The Knowledge of the Community

When we briefly glanced at the grammatical and stylistic similarities between Ephesians and the Scrolls we noticed with Kuhn that one striking occurrence concerned the verb "to know" and the ways in which it was used.[78] There seems to be a common complex of words which occur in close connection in the thought of the authors of both documents. These are the words Knowledge – Will – Mystery or Insight - Purpose – Secret. We will here give our attention to this complex of words, trying to understand what lies behind their use in each writer.[79]

The writer of the Ephesian letter is much concerned with what the community "knows". He uses expressions which relate to the insight, knowledge, learning, wisdom etc. of the community no less than 31 times. He prays for knowledge and illumination in his readers (1:18). The actual content of the free grace of God that was lavished on the Church was nothing else but knowledge: insight into His hidden purpose of Christ and the election of the community in Him. This is the message which the community has learned (4:21), heard (1:13), believed (1:13), and it is from this that the false teachers in the locality are trying to seduce them (4:14). The final building up of the community into the fullness of unity will be a marriage of both faith and knowledge of Christ, the Son of God (4:13). Again and again the writer implores his readers to "try to understand what the will of the Lord is" (5:17). He prays that they may know the many-sided love of Christ, but then corrects himself with magnificent eloquence to assure them that this is beyond mere reason to grasp (3:18).[80] And the very guarantee that the writer can bring forward that what he is saying has the stamp of utter truth is just this: that it has been made known to him by revelation – the revelation of a secret that was nothing else but Christ (3:4-5). The great wish of the author then is that his

---

[78] [See above page 111 section 2.]
[79] [Cf. RINGGREN 1961, 94-98.]
[80] [Cf. DAHL 1975; repr. in this volume as article XII.]

readers may be granted by God "spiritual powers of wisdom and vision, by which there comes knowledge of Him." Once their inward eyes are illumined they will know

> *the hope of their calling, and the wealth and glory of their inheritance ('lot') in the Saints, and the vast resources of His power ... (1:18).*

The author is an ambassador whose charter and credentials are "boldly and freely to make known God's hidden purpose"(6:19).

The Hymn Scroll of Qumran is particularly fecund in parallels to this kind of language about Knowledge – Mystery – Will. One may cite among many possibilities:

> *I give [you] thanks, [Lord,] because you have taught me your truth, (30) you have made me know your wonderful mysteries ... (1QH XV 29-30 (VII 26-27));*[81]

> *And your compassion for all the sons of your approval, for you have taught them the basis of your truth, (30) and have instructed them in your wonderful mysteries ... (1QH XIX 12-13 (XI 9-10));*

> *These things I know through your knowledge, for you opened my ears to wondrous mysteries ... (1QH IX 23 (I 21)).*

What is the substance of the "gnosis" of the covenantors? It is clearly an arcane, secret knowledge, an esoteric possession of the community alone. It lifts the elect above other people, and, in doing so, unites them with the angelic beings (1QS XI 3-8):[82]

> *To those whom God has selected he has given them [sc. knowledge, prudent understanding etc.] as everlasting possession; and he has given them an inheritance in the lot of (8) the holy ones ... (1QS XI 7-8).*

In this sense knowledge for Qumran is clearly a *saving* knowledge. It consists in knowing about God's work of Creation, and also of the dwelling-place of the "glory" of God.[83] It is thus probable that the secret teachings and knowledge of the sect are very much akin to the arcane lore of rabbinical circles in Judaism, and the pairs of principles in 1QS IV 16f., 25, find their echo in the later rabbinical mystics. In Cave IV at Qumran fragments of an esoteric work and a heavenly liturgy have been found which indicate connections with the *Merkavah* literature.[84] It is perhaps dangerous to call the Qumran knowledge a "Gnosticism", but the negative attitude to the world and the "saving" property of the knowledge are very similar to those features of classical Gnosticism.[85] The connection of the Qumran knowledge with apocalyptic eschatology is now well acknowledged – the knowledge is knowledge of the future destruction of the evil pow-

---

[81] [Cf. also 1QH XII 28-29 (IV 27-28).]

[82] [Cf. MUSSNER 1963, 188f.; BRAUN 1966b, 235-42; J. J. COLLINS 2000, 9-28.]

[83] Cf. the *merkavah* literature of rabbinic Judaism. [Cf. esp. G. G. SCHOLEM 1946; IDEM 1965; further: SCHUBERT 1973, 67-75; CH. ROWLAND 1982, 269-348; M. MACH 1998, 229-64.]

[84] [4QLiturgical Work (4Q392).]

ers in the eschatological War, combined with mystical speculations about the role of the archons and powers of the air in that final drama.[86]

We can therefore say that although the "insight into the Mysteries of the will of God" terminology is a strikingly parallel feature of both Ephesians and the Scrolls, the content of the "Mystery" is very different in each. For Qumran, as Fr. E. Vogt has shown[87] in his collection of forty uses of the term *mysterion* in the Scrolls, the word "mystery" refers to the secret decree of God on the impending destruction of all wickedness, and the eternal glorification of the men of his good pleasure who enter and persevere in the covenant. For the writer to the Ephesians, knowledge of the Mystery means knowledge of Christ: "that the whole universe, all in heaven and all on earth, will be brought to a unity in Christ" (Eph 1:10).[88]

7. The Understanding of "Spirit"

The Community Rule of the Qumran covenanters connects the idea of "knowledge" very intimately with the idea of "Spirit": indeed it speaks of the "Spirit of Knowledge" (1QS IV 4). There is a close parallel to this in Ephesians 1:17 – πνεῦμα σοφίας καὶ ἀποκαλύψεως: "the spirit of wisdom and revelation". Knowledge, as we have seen, is predominantly in Qumran, and largely in Ephesians, knowledge of one's election, "knowing the hope of your calling" (Eph 1:17-19), and it is the Spirit that "seals" this knowledge upon the believer in both documents, once his "eyes have been enlightened" (Eph 1:18; cf. 1QS II 3: "May He enlighten thy heart with understanding of Life, and favor thee with everlasting knowledge"). It will profit us then, to make a short examination of the ways in which both documents make use of the idea of *spirit* or *Spirit*.[89]

In both Qumran and Ephesians it is sometimes difficult to know whether the author is speaking of "spirit" in the uncapitalized form or "Spirit" in the sense of the Holy Spirit. Sometimes the concept of spirit is used in a generalized, sometimes in a specialized way. The Holy Spirit is specifically referred to more than once in Ephesians: cf. Eph 1:14 (where it is spoken of as the "pledge"), and 4:30, where the readers are

---

[85][Similarly SCHUBERT 1973, 71: "... it seems to me that there is a very close connection between the Jewish esoteric teachings ... and Gnosticism, not only because for both 'knowledge' is a saving possession ... but also because both had a thoroughly negative attitude toward the present state of the world." Differently MUSSNER 1963, 198: "... daß der Epheserbrief in einer Tradition steht ... deren Anschauungsformen von jenen des späteren Gnostizismus himmelweit verschieden sind." See also DAHL's sympathy with KUHN referred to at note 30 on page 114.]

[86][See I. GRUENWALD 1980.]

[87]VOGT 1956, 247-57. [Cf. also BROWN 1959, 74-84; W. BIEDER 1955, 329-43.]

[88][BIEDER 1955, 330; KUHN 1960-61, 336; MUSSNER 1963, 188; J. COPPENS 1960/90,142-65/132-158; C. C. CARAGOUNIS 1977, 129ff.: "A detailed comparison between this Qumran material and the *mysterion* in Eph 1 and 3 proves, however, somewhat disappointing" (*ibid.*, 129).]

[89]In this account we acknowledge a considerable debt to the work of DAVID FLUSSER, especially in his article from 1958, 246-63. [Further, cf. also SCHUBERT 1973, 66f., and in particular A. E. SEKKI 1989, 71-93: "*Ruah* as God's Spirit"; 95-143: "*Ruah* as Man's Spirit".]

urged not to "grieve" the Holy Spirit of God, since it is the seal which marks them for the final day of Liberation. But in 1:3 and 1:17 we are presumably to understand by *spirit* a *manifestation* of the Holy Spirit. The same is true of 2:22, in all probability. In 4:23, the word πνεῦμα is used of a man's spirit. There is One Spirit which provides the bond of the unity and peace for all the diversity of members in 4:3, but all the diverse gifts of the spirit are, in 4:11, an indication of the versatility of the concept. Although one is given the ἀρραβών of the Spirit at one's first entrance into the Christian community, one must continue to be filled with the Spirit, singing in psalms and hymns and spiritual songs (5:19); and in the equipping of oneself for the cosmic struggle with the powers of the air, the sword of the Spirit must be taken, along with prayer "in" the Spirit at all times. Here, clearly, we have a very flexible concept.

In the Scrolls the same ambiguity is noticeable. "The Teaching of the Two Spirits" with its doctrine of the "Two Spirits" (1QS III 25)[90] is echoed by a similar usage of πνεῦμα in 2:2 of Ephesians – "the spirit which is now at work in the sons of disobedience". This is a very striking and noteworthy parallel.[91] Qumran can speak of the "Spirit of Truth" as the "Holy Spirit" (1QS IV 21). This is the spirit which resides with the Elect, but not upon all to the same degree: there has to be an "annual review of their spirit and their works" among the covenanters (1QS V 24). The grade of spirit thus apparently fluctuated, although each member of the sect received the Spirit in his own peculiar proportion upon entering the covenant community (1QS III 11-14).[92]

We have already referred to the passage in Eph 5:19:[93]

> *Be filled with the Spirit, converse with one another in the music of psalms, and in hymns, and in spiritual songs, praise the Lord heartily, with words and music....*

There is something of a parallel to this in Qumran Hymn 1QH IX 29-33 (I 27-31); but the wording is not so close as the general idea behind the words. It is perhaps worth noting that in the *Haustafel* in Ephesians, the "fruit of light" is analogous to the "fruits of the spirit" in Gal 5:19, and the "deeds of darkness" of Eph 5:11 with the "deeds of the flesh" in the parallel Galatian passage. Both lists find their echo in Qumran in "The Teaching of the Two Spirits" 1QS IV 2-14.

Our conclusion here, therefore, inasmuch as we are able to come to one, is that the concept of "spirit" is one point at which there is very considerable similarity between the usage in Ephesians and in Qumran, except for the fact that the writer of Ephesians seems to be much more conscious of the *unifying* power of the Spirit in the economy of

---

[90][Cf. DUPONT-SOMMER 1954, 118-30, who advocates the Iranian background and provides the most important texts from the *Gatas*, viz. *Yasna* 45:2 and 30; 30:3, 4, 5, 8, 10, 11. Further see also SCHWEIZER 1959, 387-89; SEKKI 1989, 193-219; STEGEMANN 1998, 108-10.]

[91][Cf. SCHNACKENBURG 1982, 92.]

[92][Cf. BRAUN 1966a, 216f.]

[93][Cf. the commentaries by SCHNACKENBURG 1982, 241ff.; GNILKA 1990, 269ff.; LINCOLN 1990, 343ff.; POKORNÝ 1992, 213ff.; BEST 1998, 506ff.]

God's act in Christ, whereas the Qumran pneumatology tends to concentrate on the *twofoldness* of the spirits.[94]

8. The Ethics of the Community

Under this penultimate rubric we shall consider some of the ethical values held by the two communities respectively, as they are evident from the documents. In Ephesians the ethical section may be said to extend from 4:1 to the end of the epistle,[95] and takes the form of a call to the community to "put on the new creature" which God has chosen them to be already by his cosmic act in Christ's death and resurrection. Some of the ethical injunctions given by the writer to his Ephesian readers are most strikingly reminiscent of the terminology and prescriptions of Qumran.[96]

In order to try and bring out these similarities, we shall here tabulate most of the ethical prescriptions given to his readers by the Ephesian author, and seek parallels for them in the Scrolls, confessing openly when we cannot find a close approximation.

Eph 4:1	Live up to your calling:	CD II 14-16	Hear me, ... that you may walk in perfection in all His ways ...
4:2	Be humble ... gentle ... patient: be forbearing and charitable:	1QS V 25; VI 10; VIII 2; XI 1 1QS VIII 2; X 26	They shall rebuke one another in truth, humility, and charity.
4:3 cf. 4:30	keeping the unity of the Spirit: grieve not the Holy Spirit:	CD VII 3-4	They shall be careful ... not to defile each man his Holy Spirit ...
4:25	throw off falsehood, speak the truth to your neighbor:	1QS VII 3; X 22	Whoever has deliberately lied ...
4:26	let not the sun go down upon your wrath ...	CD IX 6	If he holds his peace towards him from one day to another, and thereafter speaks of him in the heat of his anger ...
4:28	give up stealing ... : giving to the needy ... :	CD VI 16 CD VI 21	They shall not rob ... succour the poor.

---

[94][Cf. BRAUN 1966b, 250-65.]
[95][See in this volume article I, page 5 and page 11.]
[96][Cf. BRAUN 1966b, 286-301; H.-W. KUHN 1999, 241f.]

4:29	no bad language ... :	1QS VII 1, 4	... Blaspheming ... Whoever has deliberately insulted his companion ...
4:31	no spite or passion, shouting, cursing, bad feeling ... :	1QS VII 15	Whoever has gone about slandering his companion.
5:3	Fornication ... indecency ... avarice ... :	CD IV 15-18	Three nets of Belial: Fornication, riches, and profanation of the Temple.
5:4	No coarse stupid talk ... :	1QS VII [9]/11	Whoever has spoken foolishly ...
5:11	Show them up for what they are (ἐλέγχειν) ... :	1QS V 24-25	Let him rebuke him (הוכיח) ...

These are but some of the parallels which are to be observed.[97] Of course it needs to be said that in the case of the Essenes, their ethics were characterized by the most meticulous observation of the letter of the law, and the refinements of a legalistic casuistry were carried to excess, as the Sabbath injunctions of the Damascus document make only too clear. On the contrary, the ethical injunctions of the writer to the Ephesians seem to be characterized by a *spirit* of benevolent concern that the readers should interpret the spirit of the ethics to the full, *not* just the letter. It is the interpretation of the letter that grieves the Spirit. The *Haustafel* with its threefold applications and analogies to the Christ – Church relation as it is reflected in the "husband – wife", "parent – child", "master – slave" complex, is totally unknown to the Qumran literature. Perhaps the most interesting parallels are the injunctions to refrain from slackness of speech and general frivolity: these are quite close. The threefold complex in Eph 5:3 – πορνεία, ἀκαθαρσία, πλεονεξία (see also 4:19: ἀσέλγεια κτλ.) – is strongly reminiscent of the Damascus Document CD IV 15-18:

> ... They are Belial's three nets, about which Levi, son of Jacob spoke, (16) by which he (Belial) catches Israel and makes them appear before them like three sorts of (17) justice. The first is fornication; the second, wealth; the third, (18) defilement of the temple ...

The reference to Levi indicates a mention of the Testaments of the 12 Patriarchs, where, both in the *T. Judah* 19:1 (*avarice*) and in *T. Reuben* 4:6 (*fornication*) the words concerned are followed by the phrase "which is idolatry" – a phrase which makes its

---

[97][Regarding the correspondence between the Greek ἐλέγχειν and the Hebrew הוכיח, see KUHN 1960-61, 340 and also below in this volume article X at note 5 on page 335.]

appearance in this context in the substantives which echo this complex in Eph 5:5. The injunction to separation from the unclean and the deceivers is also strongly stressed in Ephesians – μὴ οὖν γίνεσθε συμμέτοχοι αὐτῶν – (Eph 5:7); and this is the repeated warning of non-contamination heard in the Qumran teaching; cf. 1QS V 13, 15 (Exod 23:7 being quoted). There is also more than a passing similarity, it seems, between the phrasing in both accounts of the entry into the community, and the consequent disavowal of all previous evil and sin. This is found in Ephesians at 4:21ff. where the former way of life is to be put off, and the initiate to be "renewed in the spirit of his mind". In "The Rule of the Community" 1QS I 24-25, at the ceremony of entry into the Covenant, a confession of sin is required:

> *We have acted sinfully, (25) we have [trans]gressed, we have [si]nned, we have committed evil, we and our [fa]thers before us ...*

And then the Priests pray for blessing, protection and enlightenment of the initiates (1QS II 2-3):

> *May he bless you with everything (3) good, and may he protect you from everything bad. May he illuminate your heart with the discernment of life and grace you with eternal knowledge.*

One major difference in the ethics of the two communities however, may be seen in the role they ascribe to sanctification that comes from baptism. It is clear from 1QS IX 4 and from the Damascus Document CD IV 9-10, that the sect regarded it as one of its functions "to atone for the guilt of transgression and the iniquity of sin". They believed that the atonement came through the repentance of the community individually and collectively, as is clear from "The Rule of the Community" 1QS II 25-III 8:

> *And anyone who declines to enter (26) [the covenant of Go]d in order to walk in the stubbornness of his heart* (cf. the striking parallel to this phrase in Eph 4:18: "strangers from the life which is in God, through the ignorance that prevails among them, and through the hardness of their hearts") *shall not [enter the Com]munity of his truth, since (III 1) his soul loathes the disciplines of knowledge of just judgments ... (4) He will not become clean by the acts of atonement, nor shall he be purified by the cleansing waters, nor shall he be made holy by seas (5) or rivers, nor shall he be purified by all the water of ablution ... (7) and it is by the holy spirit of the community, in its truth, that he is cleansed of all (8) his iniquities. And by the spirit of uprightness and humility his sin is atoned.*

The purity of the "Men of Holiness" was defiled when an unclean man entered the water of baptism (1QS V 13). It should be pointed out, too, that the custom of daily purificatory lustrations was practiced in Qumran.

The practices and ideas about baptismal sanctification were not shared by the writer to the Ephesians. In the one baptism of that community (4:5) the consecration comes not from the purity and blamelessness of the individual members, but from the self-sacrificing act of Christ, who *cleansed it and consecrated it by water and the word so that he might present it to himself all glorious, without spot or wrinkle.*

Certainly ethical purity is strongly enjoined in the Ephesian letter, but the idea of atonement is very different. There is no trace in Ephesians that the community regards its task as one of the expiation of the world; nor is it understood that people can sanctify themselves in the sense of "The Rule of the Community" 1QS III 8-9:

And by the compliance of his soul with all the laws of God (9) his flesh is cleansed by being sprinkled with cleansing waters and being made holy with the waters of repentance.

The verb ἁγιάζειν in Eph 5:26 is used with Christ as the subject, which rules out any form of self-sanctification.

9. Eschatology and Hope

We have already mentioned that the Qumran covenanters lived in eager expectation of a future consummation and vindication of their cause in the "last days".[98] In a uniquely interesting document which has been bequeathed to posterity from their library – The War Scroll (1QM)– we are given a detailed and first-hand account of the nature of these expectations.[99] Their consciousness clearly was that the time in which they were living was the penultimate age. In "The Rule of the Community" 1QS I 18 this age is called "the dominion of Belial", in 1QpHab II 7 it is called "the final generation", and in the Damascus Document CD VI 10, 14 it is called "the age of wickedness". The best description of the way in which the community conceived of itself as living in the very shadow of apocalypse may be seen in the War Scroll, 1QM I 11f.:

It will be a time of (12) suffering fo[r al]l the nation redeemed by God. Of all their sufferings, none will be like this, hastening till eternal redemption is fulfilled.

At the End, evil would be exterminated for ever, on the one hand in a drastic War in which the Community would march out to fight, and the angels of God would come down from Heaven to help them,[100] and on the other the seams of the natural cosmos will burst with an appalling cataclysm 1QH XI 27-37 (III 26-36).[101] The high-priest's

---

[98][On apocalyptic and eschatological phenomena in Qumran, see, e.g., KUHN 1952, 307; BRAUN 1966b, 265-86; STEGEMANN 1983/89, 495-530; IDEM 1998, 205-10; PHILONENKO 1983/89, 211-18; DIMANT 1984, esp. 514-22; A. STEUDEL 1994; GARCÍA MARTÍNEZ 1998, 162-92; COLLINS 1997; IDEM 1999, 403-30; M. KNIBB 1999, 379-402; VANDERKAM 2000, 113-34.]

[99][Cf. BEST 1998, 586: "The immediate background to the Christian usage (sc. of the warrior language) lies in the OT and in Qumran, for example in the War Scroll."]

[100][Cf. the analogous *cosmic and earthly battles* in Iranian apocalypticism, and see hereto above all WIDENGREN 1983/89, esp. 125f., 133-40.]

[101][Cf. also the analogous *cosmic cataclysm* in Iranian apocalypticism, and see hereto once more WIDENGREN 1983/89, esp. 122-25, 145f.]

exhortation before the battle (1QM X 4) contains the assertion that God Himself walks with the community on its battle as is indicated in 1QM XII 8:

> *The King of glory is with us the nation of his holy ones are [our] he[roes, and] the army of his angels is enlisted with us.*

The War Scroll goes into considerable detail about the names which are to appear on the standards of the community's ranks, but prescribes only three kinds of weapons to be carried by infantrymen, the spear, sword and shield. The construction of these weapons is described in intimate detail (1QM V 5-14).

There is no doubt that the writer to the Ephesians envisages the participation of his readers in some sort of a coming struggle. In chapter 6 he issues a call to arms for this πάλη: The struggle will not be against human opponents but against the cosmic powers, against the authorities and potentates of this dark world, the superhuman forces of evil in the heavens.[102] What is supremely necessary for the community is that it arms itself against the enemy with nothing less than the full πανοπλία of God, in order that it may "stand in the day of wickedness". The phrase corresponds to the "Day of calamity" of 1QM I 11. The armor of God is spelled out with imagination: there are available to the warrior a belt, a breastplate, shoes, a shield to quench the flaming arrows of the "wicked one" (cf. the appellation of the javelins in 1QM VI 3 for a not-too-close parallel), a helmet and a sword. In addition to these weapons, an internal armor of prayer and trust, in a spirit of eternal vigilance is enjoined.[103]

Two points may be made with regard to the similarities and differences in the eschatological expectations of the two communities. In the *first* place, while it is clear that both envisage a war, it is indubitable that the Ephesian writer sees the struggle as an aftermath of the one important dramatic victory which has determined the whole course of the War: the self sacrifice of Christ. The Christian fights in the light of that once-for-all historical event, as the Qumran covenanter does not.

In the *second* place, the Ephesian ideas on eschatology are by no means exhausted by the sixth chapter of the letter. Unknown to Qumran is the concept of the *Pleroma*,[104] which is clearly the peaceful process towards which the upbuilding of the Church is directed. In other words, the hope of the Qumran community is a hope of utter vindication in a ghastly cosmic struggle and catastrophe, in which the "elect" will be

---

[102][Cf. the description of the cosmic and social catastrophes as well as the relationship between macro-cosmic powers and micro-cosmic human beings in Iranian apocalypticism from the *Gathas* and onwards in WIDENGREN 1983/89, 77-162, esp. the résumé *ibid.*, 154: "Dabei sind die Grundzüge in makro- sowie in microkosmischer Hinsicht die gleichen geblieben: *teils (1) Unordnung in (1a) Kosmos und (1b) Gesellschaft, teils (2) Kämpfe (2a) zwischen den guten und bösen Mächten und (2b) zwischen ihnen und ihren Anhängern unter den Menschen*". Cf. also the terse delineation in D. HELLHOLM 1998, 590f.]

[103]Cf. esp. KUHN 1954, 297-300.

[104][See also LOHSE 1971, 58: "The Christian community took up the word 'pleroma' from the Hellenistic milieu …."]

saved.[105] The hope of the Ephesian community is of a struggle against the cosmic powers, certainly, who are enjoying their lease of life before their doom, but it is also – and just as importantly – a hope of "fullness" and peace, when they will be a "Spiritual Temple" without spot or wrinkle, sharing in mutuality the Love that is Christ's.

10. Conclusion

What may we say, then, with regard to our comparative analysis of the two documents under these categories? Necessarily our conclusion will disappoint to a large extent. For although we have been able to see some of the striking ways in which expressions and ideas from the Qumran literature are paralleled in the Ephesian epistle, there remains the fact that the use that is made of these expressions and ideas is controlled by a huge new influence upon its author's mind and heart. It is impossible to say to what extent the imagery and ideology of Qumran actually do lie behind the Ephesian author's usage. Clearly the differences and transformations of expressions indicate the possibility that the point of connection between the documents may not have been in terms of direct conversance and dependence, but a common sharing in a widespread ideological and literary milieu.[106] And yet some of the expressions shared between the documents are so strikingly similar that the reader is moved to wonder whether the connection must not be much closer than its mere description in these terms must indicate.[107] Only a full examination of the rest of the milieu can decide that question.

Bibliography

ALEXANDER, PH. 1999: "The Demonology of the Dead Sea Scrolls", in: P. W. FLINT/J. C. VANDERKAM (EDS.) 1999, 331-53.

BARRERA, J. T./MONTANER, L. V. (EDS.) 1992: *The Madrid Qumran Congress. Proceedings of the International Congress on the Dead Sea Scrolls, Madrid 18-21 March, 1991* (STDJ 11/1), Vol. I, Leiden: Brill/Madrid: Editorial Complutense 1992.

— 1992: *The Madrid Qumran Congress. Proceedings of the International Congress on the Dead Sea Scrolls, Madrid 18-21 March, 1991* (STDJ 11/2), Vol. II, Leiden: Brill/Madrid: Editorial Complutense 1992.

---

[105][Cf. BRAUN 1966a, 225: "Qumrans Endhoffnung etwa in 1QS 4,19-23 ist un-universalistisch und bleibt auf den Kreis der Qumrangemeinde beschränkt;" IDEM 1966b, 235-42.]

[106][Cf. MUSSNER 1963, 198: "Hier zeigt sich im Epheserbrief ein Motivzusammenhang, der weithin auch im Qumranschrifttum begegnet ... Das stärkt uns in der Überzeugung, daß der Epheserbrief, motivgeschichtlich gesehen, in einer Tradition steht, die auch im Qumranschrifttum lebendig ist ...."]

[107][Cf. H.-W. KUHN 1999, 245: "Auf mancherlei Wegen mögen Qumrantraditionen bereits vor 70 n. Chr. von den im Land verstreuten essenischen Gemeinden in christliche Gemeinden und auch zu Paulus gelangt sein. Für die Zeit nach 70 n. Chr. sind der Kolossser- und vor allem der Epheserbrief ein Beleg für einen zunehmenden Einfluß qumranischer Vorstellungen und Terminologie".

BECKER, J. 1964: *Das Heil Gottes. Heils- und Sündenbegriffe in den Qumrantexten und im Neuen Testament* (StUNT 3), Göttingen: V&R 1964.

BENOIT, P. 1961: "Qumran et le Nouveau Testament", in: *NTS* 7 (1961) 276-97. [English trans. in: J. MURPHY-O'CONNOR/J. H. CHARLESWORTH (EDS.) 1990, 1-30.]

BEST, E. 1998: *A Critical and Exegetical Commentary on Ephesians* (ICC), Edinburgh: Clark 1998.

BEYER, KL. 1962: *Semitische Syntax im Neuen Testament. Band I: Satzlehre Teil 1*, Göttingen: V&R 1962.

BIEDER, W. 1955: "Das Geheimnis des Christus nach dem Epheserbrief", in: *ThZ* 11 (1955) 329-43.

BOUSSET, W. 1979: "Der Gott Aion" (Aus dem unveröffentlichten Nachlaß [ca. 1912-1919]), in: IDEM, *Religionsgeschichtliche Studien. Aufsätze zur Religionsgeschichte des Hellenistischen Zeitalters*. Hrsg. von A. F. VERHEULE (NT.S 50), Leiden: Brill 1979, 192-230.

BRAUN, H. 1966a: *Qumran und das Neue Testament, Band I*, Tübingen: Mohr Siebeck 1966.

— 1966b: *Qumran und das Neue Testament, Band II*, Tübingen: Mohr Siebeck 1966.

BROWN, R. E. 1957/92: "The Qumran Scrolls and the Johannine Gospel and Epistles", in: Kr. STENDAHL (ED.) 1957/92, 183-207.

— 1959: "The Semitic Background of the New Testament Mysterion (II)", in: *Bib.* 40 (1959) 74-84.

BURROWS, M. 1956/78: *The Dead Sea Scrolls*, London: Secker and Warburg 1956. [Repr. Grand Rapids, MI: Baker 1978.]

— 1958/78: *More Light on the Dead Sea Scrolls*, London: Secker and Warburg 1958. [Repr. Grand Rapids, MI: Baker 1978.]

CARAGOUNIS, C. C. 1977: *The Ephesian* Mysterion. *Meaning and Content* (CB.NT 8), Lund: Gleerup 1977.

COLLINS, J. J. 1995: *The Scepter and the Star: The Messiahs of the Dead Sea Scrolls and Other Ancient Literature* (AchB.RL), New York, NY: Doubleday 1995.

— 1997: *Apocalypticism in the Dead Sea Scrolls*, London/New York: Routledge 1997.

— 1999: "Apocalypticism and Literary Genre in the Dead Sea Scrolls", in: P. W. FLINT/J. C. VANDERKAM (EDS.) 1999, 403-30.

— 2000: "Powers in Heaven: God, Gods, and Angels in the Dead Sea Scrolls", in: J. J. COLLINS/ R. A. KUGLER (EDS.), *Religion in the Dead Sea Scrolls* (SDSSRL), Grand Rapids, MI – Cambridge, UK: Eerdmans 2000, 9-28.

COLLINS, J. J. (ED.) 1998: *The Encyclopedia of Apocalypticism. Volume I: The Origins of Apocalypticism in Judaism and Christianity*, New York, NY: Continuum 1998.

CONZELMANN, H. 1973: "φῶς κτλ.", in: *ThWNT* 9, Stuttgart: Kohlhammer 1973, 302-49.

COPPENS, J. 1960: "Le 'mystère' dans la théologie paulinienne et ses parallèles qumrâniens", in: A. DESCAMPS ET AL. (EDS.), *Littérature et théologie pauliniennes* (RechBib 5), Bruges:

Desclée de Brouwer 1960, 142-65. [English trans. in: J. MURPHY-O'CONNOR/J. H. CHARLESWORTH (EDS.) 1990, 132-58.]

DAHL, N. A. 1964/91: "Eschatologie und Geschichte im Lichte der Qumrantexte", in: E. DINKLER/H. THYEN (EDS.), *Zeit und Geschichte. Dankesgabe an Rudolf Bultmann zum 80. Geburtstag*, Tübingen: Mohr Siebeck 1964, 3-18. [Engl. trans. in: IDEM, *Jesus the Christ. The Historical Origins of Christological Doctrine*, ed. by DONALD H. JUEL, Minneapolis, MN: Fortress 1991, 49-64.]

DAVIES, W. D. 1957/92: "Paul and the Dead Sea Scrolls: Flesh and Spirit", in: Kr. STENDAHL (ED.) 1957/92, 157-82.

DEICHGRÄBER, R. 1967: *Gotteshymnus und Christushymnus in der frühen Christenheit. Untersuchungen zu Form, Sprache und Stil der frühchristlichen Hymnen* (StUNT 5), Göttingen: V&R 1967.

DIMANT, D. 1984: "Qumran Sectarian Literature", in: M. STONE (ED.), *Jewish Writings of the Second Temple Period. Apocrypha, Pseudepigrapha, Qumran Sectarian Wrigings, Philo, Josephus* (CRINT II), Assen: Van Gorcum/Philadelphia, PA: Fortress 1984, 483-550.

DIMANT, D./RAPPAPORT, U. (EDS.) 1992: *The Dead Sea Scrolls. Forty Years of Research*, Leiden: Brill/Jerusalem: Magnes 1992.

DUCHESNE-GUILLEMIN, J. 1962: *La religion de l'Iran ancien* (MANA 1:3), Paris: Presses universitaires de France 1962.

DUPONT-SOMMER, A. 1952: "L'instruction sur les deux ésprits dans le 'Manuel de Discipline'", in: *RHR* 142 (1952) 5-35.

— 1954: *The Jewish Sect of Qumran and the Essenes. New Studies on the Dead Sea Scrolls*, London: Vallentine, Mitchell & Co 1954.

— 1961/73: *The Essene Writings from Qumran*, Oxford: Blackwell 1961/Glouchester, MA: Peter Smith 1973.

FITZMYER, J. A., S.J. 1971: "The Aramaic 'Elect of God' Text from Qumran Cave 4", in: IDEM, *Essays on the Semitic Background of the New Testament*, London: Chapman 1971, 127-60.

— 1999: "Paul and the Dead Sea Scrolls", in: P. W. FLINT/J. C. VANDERKAM (EDS.) 1999, 599-621.

FLINT, P. W./VANDERKAM, J. C. (EDS.) 1998: *The Dead Sea Scrolls after Fifty Years. A Comprehensive Assessment, Volume I*, Leiden etc.: Brill 1998.

— 1999: *The Dead Sea Scrolls after Fifty Years. A Comprehensive Assessment, Volume II*, Leiden etc.: Brill 1999.

FLUSSER, D. 1958: "The Dead Sea Sect and Pre-Pauline Christianity", in: CH. RABIN/Y. YADIN (EDS.) 1958, 215-66.

GARCÍA MARTÍNEZ, F. 1992: "4QMess Ar and the Book of Noah", in: IDEM, *Qumran and Apocalyptic. Studies in the Aramaic Texts of Qumran*, Leiden: Brill 1992, 1-44.

— 1994: *The Dead Sea Scrolls Translated. The Qumran Texts in English*, Leiden: Brill 1994.

— 1998: "Apocalypticism in the Dead Sea Scrolls", in: J. J. COLLINS (ED.) 1998, 162-92.

García Martínez, F./Tigchelaar, E. 1998a: *The Dead Sea Scrolls Study Edition*, Volume 1, Leiden: Brill 1998.

— 1998b: *The Dead Sea Scrolls Study Edition*, Volume 2, Leiden: Brill 1998.

Gnilka, J. 1990: *Der Epheserbrief* (HThK 10/2), 4th ed., Freiburg i. Br.: Herder 1990.

— 1991: *Der Kolosserbrief* (HThK 10/1), 2nd ed., Freiburg i. Br.: Herder 1991.

Hellholm, D. (ed.) 1983/89: *Apocalypticism in the Mediterranean World and the Near East. Proceedings of the International Colloquium on Apocalypticism, Uppsala, August 12–17, 1979*, Tübingen: Mohr Siebeck 1983 [2nd ed. 1989.]

— 1998: "Apokalyptik. I. Begriffsdefinition als religionsgeschichtliches Problem", in: *RGG*, Band I, 4th ed., Tübingen: Mohr Siebeck 1998, 590-91.

Hempel, Ch. 1999: "Community Structures in the Dead Sea Scrolls: Admission, Organization, Disciplinary Procedures", in: P. W. Flint/J. C. VanderKam (eds.) 1999, 67-92.

Horn, Fr. W. 1992: *Das Angeld des Geistes. Studien zur paulinischen Pneumatologie* (FRLANT 154), Göttingen: V&R 1992.

Hübner, H. 1971-72: "Anthropologischer Dualismus in den Hodayoth", in: *NTS* 18 (1971-72) 268-84.

— 1997: *An Philemon, An die Kolosser, An die Epheser* (HNT 12), Tübingen: Mohr Siebeck 1997.

Hultgård, A. 1979: "Das Judentum in der hellenistisch-römischen Zeit und die iranische Religion – ein religionsgeschichtliches Problem", in: *ANRW* 19,1, Berlin: de Gruyter 1979, 512-90.

— 1983/89: "Forms and Origins of Iranian Apocalypticism", in: D. Hellholm (ed.) 1983/89, 387-411.

— 1991: *"Bahman Yasht:* A Persian Apocalypse", in: J. J. Collins/J. H. Charlesworth (eds.), *Mysteries and Revelations. Apocalyptic Studies since the Uppsala Colloquium* (JSP.S 9), Sheffield: JSOT 1991, 114-34.

— 1995: "Mythe et histoire dans l'Iran ancien: Étude de quelques thèmes dans le *Bahman Yašt*", in: G. Widengren/A. Hultgård/M. Philonenko 1995, 63-162.

— 1998: "Persian Apocalypticism", in: J. J. Collins (ed.) 1998, 39-83.

Huppenbauer, H. W. 1959: *Der Mensch zwischen zwei Welten. Der Dualismus der Texte von Qumran (Höhle I) und der Damaskusfragmente. Ein Beitrag zur Vorgeschichte des Evangeliums* (AThANT 34), Zürich: Zwingli 1959.

Johnson, S. E. 1955: "Paul and the Manual of Discipline", in: *HThR* 48 (1955) 157-65.

Jonas, H. 1934/64: *Gnosis und Spätantiker Geist. I: Die Mythologische Gnosis. Mit einer Einleitung zur Geschichte und Methodologie der Forschung* (FRLANT 51), Göttingen 1934 [= 3. verbesserte und vermehrte Auflage 1964].

— 1967/75: "Delimitation of the Gnostic Phenomenon – Typological and Historical", in: U. Bianchi (ed.), *Le Origini dello Gnosticismo. Colloquio di Messina 13-18 Aprile 1966* (SHR

12), Leiden: Brill 1967, 90-104 [German trans. in: K. RUDOLPH (ED.), *Gnosis und Gnostizismus* (WdF 162), Darmstadt: WBG 1975, 626-45; also in JONAS 1993.]

— 1993: "Typologische und historische Abgrenzung des Phänomens der Gnosis", in: IDEM, *Gnosis und spätantiker Geist. Zweiter Teil: Von der Mythologie zur mystischen Philosophie,* hrsg. von K. RUDOLPH (FRLANT 159), Göttingen: V&R 1993, 328-46.

KNIBB, M. A. 1999: "Eschatology and Messianism in the Dead Sea Scrolls", in: P. W. FLINT/J. C. VANDERKAM (EDS.) 1999, 379-402.

KRAUSE, M. 1983/89: "Die literarischen Gattungen der Apokalypsen von Nag Hammadi", in: D. HELLHOLM (ED.) 1983/89, 621-37.

KUHN, H.-W. 1966: *Enderwartung und gegenwärtiges Heil. Untersuchungen zu den Gemeindeliedern von Qumran* (StUNT 4), Göttingen: V&R 1966.

— 1992a: "The Impact of the Qumran Scrolls on the Understanding of Paul", in: D. DIMANT/ U. RAPPAPORT (EDS.) 1992, 327-39.

— 1992b: "Die Bedeutung der Qumrantexte für das Verständnis des Ersten Thessalonicherbriefes. Vorstellung des Münchener Projekts Qumran und das Neue Testament", in: J. T. BARRERA/L. V. MONTANER (EDS.) 1992, 339-354.

— 1999: "Qumran und Paulus. Unter traditionsgeschichtlichem Aspekt ausgewählte Parallelen", in: U. MELL/U. B. MÜLLER (EDS.), *Das Urchristentum in seiner literarischen Geschichte. Festschrift für Jürgen Becker zum 65. Geburtstag* (BZNW 100), Berlin – New York: de Gruyter 1999, 227-46.

KUHN, K. G. 1950: "Die in Palästina gefundenen hebräischen Texte und das Neue Testament", in: *ZThK* 47 (1950) 192-211.

— 1952: "Die Sektenschrift und die iranische Religion", in: *ZThK* 49 (1952) 296-316.

— 1954: "πανοπλία", in: *ThWNT* 5, Stuttgart: Kohlhammer 1954, 297-300.

— 1957/92: "New Light on Temptation Sin and Flesh in the New Testament", in: Kr. STENDAHL (ED.) 1957/92, 94-113.

— 1960-61: "Der Epheserbrief im Lichte der Qumrantexte", in: *NTS* 7 (1960-61) 334-46. [English trans. in: J. MURPHY-O'CONNOR/J. H. CHARLESWORTH (EDS.) 1990, 115-31.]

LESTER, H. 1973: *Relative Clauses in the Pauline Homologoumena and Antilegomena,* PhD Diss. Yale University, New Haven, CT 1973.

LINCOLN, A. T. 1990: *Ephesians* (WBC 42), Dallas, TX: Word Books 1990.

LINDEMANN, A. 1983: *Der Kolosserbrief* (ZBK 10), Zürich: TVZ 1983.

— 1985: *Der Epheserbrief* (ZBK 8), Zürich: TVZ 1985.

LOHSE, E. 1971: *Colossians and Philemon. A Commentary on the Epistles to the Colossians and to Philemon* (Hermeneia), Philadelphia, PA: Fortress 1971.

MACH, M. 1968: "From Apocalypticism to Early Jewish Mysticism", in: J. J. COLLINS (ED.) 1998, 229-64.

MACRAE, G. 1983/89: "Apocalyptic Eschatology in Gnosticism", in: D. HELLHOLM (ED.) 1983/89, 317-25.

MITTON, C. L. 1951: *The Epistle to the Ephesians. Its Authorship, Origin and Purpose*, Oxford: Clarendon 1951.

MURPHY-O'CONNOR, J./CHARLESWORTH, J. H. (EDS.) 1990: *Paul and the Dead Sea Scrolls*, New York: Crossroad 1990.

MUSSNER, F. 1963: "Beiträge aus Qumran zum Verständnis des Epheserbriefes", in: J. BLINZLER/O. KUSS/F. MUSSNER (EDS.), *Neutestamentliche Aufsätze. Festschrift für Prof. Josef Schmid zum 70. Geburtstag*, Regensburg: Pustet 1963, 185-98. [English trans. in: J. MURPHY-O'CONNOR/J. H. CHARLESWORTH (EDS.) 1990, 159-78.]

— 1968: *Christus das All und die Kirche. Studien zur Theologie des Epheserbriefes* (TThSt 5), 2. Aufl., Trier: Paulinus 1968.

— 1982: *Der Brief an die Epheser* (ÖTK 10) Würzburg: Echter/Gütersloh: Mohn 1982.

NILSSON, M. P. 1974: *Geschichte der griechischen Religion. Zweiter Band: die hellenistische und römische Zeit* (HAW V.2/2), 3rd ed., München: Beck 1974.

PERCY, E. 1946: *Die Probleme der Kolosser- und Epheserbriefe* (Acta reg. Societas Humanorum Litterarum Lundensis 39), Lund: Gleerup 1946.

PHILONENKO, M. 1983/89: "L'apocalyptique qoumrânienne", in: D. HELLHOLM (ED.) 1983/89, 211-18.

— 1995: "La doctrine qoumrânienne des deux ésprits. Ses origines iraniennes et ses prolongements dans le judaïsme essénien et le christianisme antique", in: G. WIDENGREN/A. HULTGÅRD/M. PHILONENKO 1995, 163-211.

POKORNÝ, P. 1987: *Der Brief des Paulus an die Kolosser* (ThHK 10/1), Berlin: EVA 1987.

— 1992: *Der Brief des Paulus an die Epheser* (ThHK 10/2), Leipzig: EVA 1992.

RABIN, CH./YADIN, Y. (EDS.) 1958: *Aspects of the Dead Sea Scrolls* (ScrHie 4), Jerusalem: Magnes 1958.

RINGGREN, H. 1961: *Tro och liv enligt Döda-Havsrullarna*, Stockholm: SKDB 1961.

ROWLAND, CH. 1982: *The Open Heaven. A Study of Apocalyptic in Judaism and Early Christianity*, New York: Crossroad 1982.

RUDOLPH, K. 1964/75: "Stand und Aufgaben in der Erforschung des Gnostizismus", in: *Tagung für Allgemeine Religionsgeschichte 1963. Sonderheft der Wissenschaftlichen Zeitschrift der Friedrich-Schiller-Universität Jena* 13 (1964) 89-102 [Repr. in: IDEM, *Gnosis und Gnostizismus* (WdF 262), Darmstadt: WBG 1975, 510-53].

— 1983: *Gnosis: The Nature and History of an Ancient Religion*, Edinburgh: Clark 1983.

SCHILLE, G. 1965: *Frühchristliche Hymnen*, Berlin: EVA 1965.

SCHLIER, H. 1963: *Der Brief an die Epheser. Ein Kommentar*, 4. Aufl., Düsseldorf: Patmos 1963.

SCHNACKENBURG, R. 1982: *Der Brief an die Epheser* (EKK 10), Zürich: Benziger/Neukirchen-Vluyn: Neukirchener 1982.

SCHOLEM, G. G. 1946: *Major Trends in Jewish Mysticism,* New York: Schocken 1946.

— 1965: *Jewish Gnosticism, Merkabah Mysticism, and Talmudic Tradition,* 2nd ed., New York: Jewish Theological Seminary 1965.

SCHUBERT, K. 1973: *The Dead Sea Community: Its Origin and Teachings,* Westport, CT: Greenwood 1973.

SCHWEIZER, E. 1959: "πνεῦμα κτλ. ", in: *ThWNT* 6, Stuttgart: Kohlhammer 1959, 387-453.

— 1976: *Der Brief an die Kolosser* (EKK 9), Zürich: Benziger/Neukirchen-Vluyn: Neukirchener 1976.

SEKKI, A. E. 1989: *The Meaning of Ruaḥ at Qumran* (SBLDS 110), Atlanta, GA: Scholars Press 1989.

SELLIN, G. 1992: "Über einige ungewöhnliche Genitive im Epheserbrief", in: *ZWW* 83 (1992) 85-107.

STEGEMANN, H. 1983/89: "Die Bedeutung der Qumranfunde für die Erforschung der Apokalyptik", in: D. HELLHOLM (ED.) 1983/89, 495-530.

— 1992: "The Qumran Essenes – Local Members of the Main Jewish Union in Late Second Temple Times", in: J. T. BARRERA/L. V. MONTANER (EDS.) 1992, 83-166.

— 1998: *The Library of Qumran. On the Essenes, Qumran, John the Baptist, and Jesus,* Grand Rapids, MI: Eerdmans/Leiden: Brill 1998.

STENDAHL, KR. (ED.) 1957/92: *The Scrolls and the New Testament,* New York: Harper 1957. [Republished with a new Introduction by J. H. CHARLESWORTH, New York: Crossroad 1992.]

STEUDEL, A. 1994: *Der Midrasch zur Eschatologie aus der Qumrangemeinde (4QMidrEschat^{a-b})* (STDJ 13), Leiden: Brill 1994.

VANDERKAM, J. C. 1994: *The Dead Sea Scrolls Today,* Grand Rapids, MI: Eerdmans/London: SCPK 1994.

— 2000: "Apocalyptic Tradition in the Dead Sea Scrolls and the Religion of Qumran", in: J. J. COLLINS/R. A. KUGLER (EDS.), *Religion in the Dead Sea Scrolls* (SDSSRL), Grand Rapids, MI – Cambridge, UK: Eerdmans 2000, 113-34.

VOGT, E., S.J. 1956: "Mysteria in textibus Qumran", in: *Bib.* 37 (1956) 247-57.

— 1957/92: "Peace Among Men of God's Good Pleasure", in: KR. STENDAHL (ED.) 1957/92, 114-17.

WIDENGREN, G. 1957: "Quelques rapports entre juifs et iraniens à l'époque des Partes", in: P. A. H. DE BOER (ED.), *Volume du congres Strasbourg 1956* (VT.S 4), Leiden: Brill 1957, 197-241.

— 1961: *Iranische Geisteswelt von den Anfängen bis Islam,* Baden-Baden: Holle 1961.

— 1965: *Die Religionen Irans* (RM 14), Stuttgart: Kohlhammer 1965.

— 1966/75: "Iran and Israel in Parthian Times with Special Regard to the Ethiopic Book of Enoch, in: *Temenos* 2 (1966) 139-77. [Repr. in: B. A. PEARSON (ED.), *Religious Synchretism in Antiquity*, Missoula, MT: Scholars Press 1975, 85-129.]

— 1969: *Religionsphänomenologie* (GLB), Berlin: de Gruyter 1969.

— 1967/75: "Les origines du gnosticisme et l'histoire des réligion", in: U. BIANCHI (ED.), *Le Origini dello Gnosticismo. Colloquio di Messina 13-18 Aprile 1966* (SHR 12), Leiden: Brill 1967, 28-60 [German trans. in K. RUDOLPH (ED.), *Gnosis und Gnostizismus* (WdF 162), Darmstadt: WBG 1975, 668-706.]

— 1983/89: "Leitende Ideen und Quellen der iranischen Apokalyptik", in: D. HELLHOLM (ED.) 1983/89, 77-162.

— 1995a: "Introduction Generale", in: WIDENGREN, G./HULTGÅRD, A./PHILONENKO, M. 1995, 1-21.

— 1995b: "Les quatre age du monde", in: G. WIDENGREN/A. HULTGÅRD/M. PHILONENKO 1995, 23-62.

WIDENGREN, G./HULTGÅRD, A./PHILONENKO, M. 1995: *Apocalyptique iranienne et dualisme qoumrânien* (Recherches intertestamentaires 2), Paris: Maisonneuve 1995.

WOLTER, M. 1993: *Der Brief an die Kolosser. Der Brief an Philemon* (ÖTK 12), Würzburg: Echter/Gütersloh: Mohn 1993.

Part Two
Ephesians in Texts and Editions of the Corpus Paulinum

III. Welche Ordnung der Paulusbriefe wird vom Muratorischen Kanon vorausgesetzt?

(1) In dem von Muratori nach einer Mailänder Handschrift (= A) herausgegebenen Fragment eines mit kommentierenden Bemerkungen erweiterten Verzeichnisses der neutestamentlichen Schriften, werden die paulinischen Briefe in den Zl. 39-68 behandelt[1]. Drei Bruchstücke von diesem Abschnitt, Zl. 42-50, 54-57 und 63-67 sind auch in anderen Handschriften erhalten und in den *Miscellanea Cassinese* II, 1 (1897), 1-5 ediert (= C). Der Text ist in einem barbarischen Latein geschrieben und nur schlecht überliefert. Statt den Text der Mailänder Handschrift nochmals abzudrucken oder eine hypothetische Rekonstruktion zu versuchen, gebe ich eine paraphrasierende Inhaltsübersicht, die an schwierigen Punkten bewußt unbestimmt gehalten ist. Auf einige wichtige Einzelheiten werde ich in der folgenden Diskussion zurückkommen. Nur um der besseren Übersicht willen, und um Rückverweise zu erleichtern, habe ich dabei den Text in Paragraphen eingeteilt:

§ 1. Die Paulusbriefe geben selber dem Interessierten darüber Auskunft, welche Briefe aus welchem Ort und aus welchem Anlaß geschrieben sind (Zl. 39-41).

§ 2. Paulus schrieb zuerst an die Korinther, danach an die Galater und an die Römer, und zwar so, daß er den Korinthern Häresien und den Galatern Beschneidung verbot, während er die Römer über die Schriften in ihrem Verhältnis zu Christus belehrte (Zl. 42-46).

§ 3. Über diese Dinge (bzw. Briefe) ist es notwendig, einzeln zu handeln (Zl. 46-47).

§ 4. Seinem Vorgänger Johannes (vgl. Apk 2-3) folgend, hat Paulus mit Namensnennung nur an sieben Gemeinden geschrieben (Zl. 47-50).

§ 5. Der Ordnung nach sind die Briefe an folgende Gemeinden gerichtet: 1. Korinther; 2. Epheser; 3. Philipper; 4. Kolosser; 5. Galater; 6. Thessalonicher; 7. Römer (Zl. 50-54).

§ 6. An die Korinther und an die Thessalonicher hat Paulus zu ihrer Zurechtweisung je einen zweiten Brief geschrieben (Zl. 54-55).

---

[1] Von den vielen Ausgaben des Textes habe ich folgende benutzt: Th. Zahn 1890, 1-143; idem 1904, 76-81; H. Lietzmann 1908; M.-J. Lagrange 1933a, 66-78; H. Leclercq 1935, 543-60; [siehe jetzt auch A. Souter/C. S. C. Williams 1965, 191-94]. Deutsche Übersetzung bei Lietzmann 1907/58, 15-98 [und W. Schneemelcher 1987, 28f., siehe Anm. 20 auf Seite 152.]

§ 7. Es gibt jedoch nur eine, in der ganzen Welt zerstreute Kirche (dadurch zu erkennen, daß Paulus eben nur an sieben Gemeinden schrieb), denn auch Johannes schreibt zwar an sieben Gemeinden, redet aber zu allen (Zl. 55-59).

§ 8. Es kommt ein Brief an Philemon, einer an Titus und zwei an Timotheus hinzu (Zl. 59-60).

§ 9. Diese Briefe sind zwar aus Zuneigung und Liebe zu den Adressaten geschrieben, aber zur Ehre der Gesamtkirche (von Paulus) der Förderung der kirchlichen Ordnung gewidmet (Zl. 60-63).

§ 10. Es zirkulieren auch gefälschte Paulusbriefe, darunter marcionitische Briefe an die Laodicener und an die Alexandriner; diese sind abzuweisen und nicht in die katholische Kirche aufzunehmen (Zl. 63-68).

(2) Ganz dunkel ist in diesem Abschnitt § 3. Ist wirklich gemeint, daß die nötige Einzelerörterung in §§ 4-9 folgt? Ist das Fragment einer größeren Schrift entnommen, wo eine genauere Erklärung später folgte[2]? Oder ist eine Negation weggefallen[3]? Die zuletzt genannte Annahme ist methodisch bedenklich, würde aber das Verständnis des Textes wesentlich erleichtern. Die Frage kann hier unentschieden bleiben.

(3) Im Allgemeinen wird angenommen, daß in §§ 5 und 8 die Briefe in der Reihenfolge genannt werden, in der sie in der dem Verf. vorliegenden Ausgabe des Corpus Paulinum standen. Diese vor allem auf Zahn zurückgehende Ansicht ist, trotz gelegentlichen Widerspruchs[4], *communis opinio* geworden, und so oft wiederholt, daß man oft vergessen hat, daß es sich um eine Hypothese handelt. Dergleichen kann ja auch sonst vorkommen. Demgegenüber möchte ich folgende These aufstellen: *Die Annahme einer von der uns vertrauten, kanonischen Ordnung der 13 Paulusbriefe abweichenden Reihenfolge ist unnötig; sowohl die frühe Geschichte des Corpus Paulinum als auch der Text des Fragments lassen sich viel besser verstehen unter der Voraussetzung, daß die Briefsammlung dem Verf. des Muratorianum eben in der gewöhnlichen, kanonischen Ordnung vorlag*[5].

(4) Einen ernsthaften Versuch, die herrschende Ansicht zu begründen, habe ich nur bei Zahn gefunden[6]. Er stellt zunächst fest, daß man nicht hätte bestreiten sollen, daß die Reihenfolge in dem Fragment als eine chronologische gemeint sei; dem kann ich nur beistimmen. Dann stellt er die Frage, woher der Fragmentist seine Ansicht von der sukzessiven Entstehung der Briefe geschöpft hat, und sagt: „Nur ein äußerlich sich aufdrängender Umstand kann die thörichte Vorstellung erzeugt haben; und es ist in der That kein anderer denkbar, als daß die Briefe in der Buchrolle, worin sie dem Fragmentisten vorlagen, so geordnet waren. Die Reihenfolge im Buch nahm er für die Zeitfolge der Abfassung". Das ist eigentlich alles. An der Richtigkeit dieses Räsonnements hängt die ganze Theorie von der in dem Muratorianum bezeugten, älteren Form des Corpus

---

[2] J. CHAPMAN (1904, 240-64, vgl. auch 369-74) vermutete sogar, das Fragment entstamme den Hypotyposen des Clemens Alexandrinus!
[3] So nach anderen ZAHN 1890, 66.
[4] Vgl. J. FINEGAN 1956, 86-103.
[5] [So, im Anschluß an DAHL, jetzt auch D. TROBISCH 1989, 43-45.]
[6] ZAHN 1890, 60f.

Paulinum. Man hätte, indessen, auf alle Fälle die Gegenprobe machen sollen, ob es wirklich unmöglich wäre, das Aufkommen der „törichten Vorstellung" in anderer Weise zu erklären.

(5) Eine Bestätigung dafür, daß Muratorianum eine alte Ordnung der Paulusbriefe reproduziere, hat man bei Tertullian finden wollen[7]. Er schreibt, *De praescr.* 36 (CSEL 70, 45)[8]:

> *Proxima est tibi Achaia, habes Corinthum. Si non longe es a Macedonia, habes Philippos, (habes Thessalonicenses). Si potes in Asiam tendere, habes Ephesum. Si autem Italiae adiaces, habes Romam, unde nobis quoque auctoritas praesto est.*
>
> *[Ist dir Achaia das Nächste, so hast du Korinth. Wohnst du nicht weit von Mazedonien, so hast du Philippi, (hast du die Thessalonicher). Wenn du nach Asien gelangen kannst, so hast du Ephesus. Ist aber Italien in deiner Nachbarschaft, so hast du Rom, von wo auch für uns die Lehrautorität bereit steht.]*

Hier werden aber offenbar die apostolischen Gemeinden, bei denen die authentischen Briefe rezitiert werden, in geographischer Ordnung genannt. Über die Reihenfolge der Briefe in Tertullians NT ist daraus nichts zu entnehmen. Nicht viel anders steht es mit *Adv. Marc.* IV, 5 (CSEL 47, 430)[9]:

> *Uideamus, quod lac a Paulo Corinthii hauserint, ad quam regulam Galatae sint recorrecti, quid legant Philippenses, Thessalonicenses, Ephesii, quid etiam Romani de proximo sonent.*
>
> *[Laßt uns nachsehen, welche Milch die Korinther von Paulus tranken, nach welcher (Glaubens-)Regel die Galater zurechtgewiesen wurden, was die Philipper, die Thessalonicher, die Epheser lesen, was die Römer, die uns am nächsten sind (?), äußern.]*

Auch hier ist jedenfalls die Nennung der Römer am Ende der Reihe geographisch bedingt. Auf den Gedanken, daß Tertullian die Briefe in dieser Reihenfolge las, wäre man kaum gekommen, wenn man nicht schon aus Muratorianum die Existenz einer mit 1. Korinther anfangenden und Römer endenden Ordnung der Gemeindebriefe erschlossen hätte. In *Adv. Marc.* V, 15 (CSEL 47, 627) redet Tertullian, nachdem er Galater, 1. und 2. Korinther und Römer in der Reihenfolge Marcions behandelt hat, von den übrigen Briefen als *breuioribus quoque epistulis*; das ist am leichtesten verständlich, wenn auch in Tertullians eigenem Kanon diese vier Briefe am Anfang, und dann natürlich in der kanonischen Reihenfolge standen[10].

(6) Zahn wollte auch sonst die mit 1. Korinther anfangende und mit Römer endende Ordnung der Gemeindebriefe bei frühen kirchlichen Schriftstellern wieder-

---

[7] Vgl. ZAHN 1890, 344-54, und nach ihm viele; [siehe nur K. ALAND 1979, bes. 327f.; dazu aber TROBISCH 1989, 44].

[8] [Übers. von K. A. KELLNER/G. ESSER 1915, 345; leicht modifiziert.]

[9] [Übers. von V. BLOMKVIST.]

[10] ZAHN (1888, 271 Anm. 3 und 11; 59 Anm. 2) vermag sich nur mit Schwierigkeit dieser Folgerung zu entziehen.

finden, nicht nur bei Origenes und Cyprian, sondern auch schon bei Polykarp und 1. Clemens[11]. Die Gründe, die er dafür anzuführen hat, würden aber nur dann von Interesse sein, wenn die Existenz einer solchen Ordnung schon eine bewiesene Tatsache wäre. Da ich eben dies bestreite, erübrigt es sich, auf Einzelargumente einzugehen. Die eigentliche Beweislast für die Existenz der Ordnung (von Zahn „Ordnung I" genannt), muß eben die Deutung des Muratorianum tragen, was sie bei dem methodisch sauber arbeitenden Zahn tatsächlich auch tut.

(7) Text- und kanongeschichtliche Gründe sprechen dagegen, daß die Ordnung des Muratorianum jemals in Handschriften vorgekommen sein sollte, denn in erhaltenen Handschriften und späteren Kanonlisten findet sich davon keine Spur. Mit dieser Tatsache konnte sich Zahn abfinden, da er das Aufkommen der kanonischen Ordnung (die er „Ordnung II" nennt) erst auf die Mitte des 3. Jh.s datierte. Heute wissen wir aber, daß zur Zeit des Muratorianum, um 200[12], diese Ordnung in ihren Hauptzügen schon in Gebrauch war; nur dadurch, daß Epheser vor Galater steht, unterscheidet sich die Reihenfolge in $\mathfrak{P}^{46}$ von derjenigen der späteren Handschriften[13]. Von der variierenden Stellung des Hebräer, der in $\mathfrak{P}^{46}$ zwischen Römer und 1. Korinther steht, können wir hier absehen; die Variation an diesem Punkt beweist eben, daß die Ordnung der 13 Paulinen im wesentlichen schon feststand, als Hebräer ins Corpus Paulinum aufgenommen wurde, was in Alexandrien vor 200 geschehen sein muß. Wir wissen heute ferner, daß bei den Christen der Kodex schon im frühen 2. Jh. verwendet wurde; mit der Kodex-Form muß sich aber auch eine feste Reihenfolge der Paulusbriefe eingebürgert haben[14]. Man kann daher auch nicht länger damit argumentieren, daß aus buchtechnischen Gründen das Corpus Paulinum auf zwei Rollen verteilt werden mußte, wobei die eine Rolle neben den beiden Korintherbriefen nur noch einen kürzeren Brief, etwa Galater oder Epheser, umfassen würde[15]. Damit ist freilich nicht bewiesen, daß die uns bekannte, kanonische Reihenfolge auf die erste Ausgabe des Corpus Paulinum

---

[11]ZAHN 1889, 811-39 und IDEM 1890, 347-54. [Vgl. TROBISCH 1989, 45: „Die ältesten Erwähnungen der Paulusbriefe (*1Clem 47,1-2; IgnEph 12,2; Pol-Phil 11,3; 2Petr 3,15-16*) lassen keine Aussagen über Umfang und Reihenfolgen der bezeichneten Paulusbriefsammlungen zu". Siehe ferner die ausführliche Diskussion bei A. LINDEMANN 1979, 71-97.]

[12][Diese Frühdatierung wird allerdings bestritten von A. C. SUNDBERG 1968, 452-61 und IDEM 1973, 1-41; vgl. auch DAHL 1978, 237 (= in diesem Band Aufsatz V, Seite 182); ferner G. A. ROBBINS 1986; IDEM 1992; H. Y. GAMBLE 1992, 856 (sic!); TROBISCH 1989, 66 Anm. 11. Siehe indessen auch die Auseinandersetzung mit Sundberg in SCHNEEMELCHER 1987, 20f., bes. Anm. 37 sowie die Ablehnung in W. G. KÜMMEL 1973, 434 Anm. 69; E. FERGUSON 1982, 677-83; GAMBLE 1985, 32 Anm. 25 (sic!) und die Erwägungen bei H. VON CAMPENHAUSEN 1968, 283f. und TROBISCH 1989, 42 Anm. 158.]

[13]Vgl. „The Chester Beatty Biblical Papyri", und siehe Fr. G. KENYON (HRSG.) 1936. [Dazu jetzt auch TROBISCH 1989, 26-28, 107f.; IDEM 1994, 80f.]

[14][Vgl. jetzt GAMBLE 1995, 49-66, bes. 59ff.]

[15]Vgl. FINEGAN 1956, *ibid.*, aber auch E. J. GOODSPEED 1951, 285-91, mit Literaturangaben. Nur Kuriositätsinteresse hat deshalb die Vermutung, die Reihenfolge in Muratorianum sei dadurch zu erklären, daß der Inhalt von zwei Rollen (I: Epheser, Korinther; II: Römer, Thessalonicher, Galater, Kolosser, Philipper) in umgekehrter Ordnung wiedergegeben sei, vgl. J. KNOX 1942, 41f. und C. L. MITTON 1955, 73f.

zurückgeht; wohl aber muß man es auf jeden Fall für wahrscheinlich halten, daß sie seit der Eingliederung der paulinischen Briefsammlung in das kanonische NT der Kirche in ihrer Grundstruktur festgestanden hat. Es ist kaum denkbar, daß vom Muratorianum eine ganz andere Ordnung vorausgesetzt wird, von der keine Nachwirkungen zu spüren sind.

(8) Nun gibt es allerdings einige Indizien dafür, daß sich – jedenfalls im Westen – die kanonische Ordnung erst allmählich durchgesetzt hat. Aber auch wo einzelne Variationen vorkommen, steht in Handschriften und Kanonverzeichnissen regelmäßig Römer am Anfang, von 1. und 2. Korinther gefolgt[16]. Die zu konstatierenden Abweichungen vom Normalen, betreffen nur die weitere Ordnung von Galater, Epheser, Philipper, Kolosser, Thessalonicher. Besonders variiert die Stellung des Kolosserbriefes, denn er findet sich vor Philipper (Codex Claromontanus), nach 1. und 2. Thessalonicher (Augustin, Vulgata-Mss. usw.) oder sogar nach Titus (Catal. Claromontanus). In Muratorianum ist nun allerdings Galater zwischen Kolosser und Thessalonicher plaziert, sonst aber stehen ausgerechnet Epheser, Philipper, Kolosser, Thessalonicher genau in der gewöhnlichen, kanonischen Folge[17]. Die tatsächlich vorhandenen Variationen lassen sich also als Nachwirkungen von der Ordnung des Muratorianum überhaupt nicht verstehen. Man kann auch nicht mehr, wie Zahn es wollte[18], darauf hinweisen, daß einige Spuren davon vorhanden sind, daß auch später die Reihenfolge 2. Korinther, Epheser, Galater vorgekommen ist. Das ist freilich auch in der gotischen Bibel der Fall, aber wie 𝔓[46] beweist, nur als alte Variante der kanonischen Ordnung zu beurteilen.

(9) Bei den vielen Untersuchungen über Text, Sprache, Zeit, Ort und mutmaßlichen Verfasser des Muratorianum, ist die eigentliche Interpretation des Dokuments oft etwas zu kurz gekommen. Auch wo Einzelheiten dunkel bleiben, kann man im Allgemeinen erkennen, worauf der Verf. hinzielt. In dem Abschnitt über die Paulusbriefe verfolgt er offenbar einen dreifachen Zweck: (a) Er will eine vollständige Liste der echten, allein anzunehmenden Briefe des Apostels geben, und andere, angeblich paulinische Dokumente als abzuweisende Fälschungen hinstellen (§§ 5, 6, 8 und 10). (b) Er will, innerhalb der beiden Hauptgruppen, die Briefe in chronologischer Reihe anführen (§§ 2, 5 und 8); das wird sowohl durch das *„primum omnium – deinceps"* in Zl. 42 und 43 (C hat dafür *primo omnium – deinde"*), wie durch *„prima (bzw. primam) – secunda(m) - septima(m)"* in Zl. 51-54 deutlich. (c) Er will zeigen, daß die Briefe, obwohl an einzelne Gemeinden und Personen adressiert, für die gesamte Kirche bestimmt sind (§§ 4, 7 und 9); dazu dient der Vergleich zwischen den paulinischen Briefen an sieben Gemeinden und den sieben Sendschreiben in der Apokalypse ebenso wie die Bemerkungen zu den an Einzelpersonen gerichteten Briefen. Bei diesem dreifa-

---

[16] [Vgl. GAMBLE 1977, 118: „We can be absolutely certain only that there was an early order of the Pauline letters in which Romans held first place. This has firm and ancient support and is attested by all extant MSS"; vgl. auch die Darstellung bei TROBISCH 1989, 12-62.]

[17] [Siehe weiter Anm. 26 auf Seite 154.]

[18] ZAHN 1892, 351f.

chen Zweck ist die Darstellung etwas kompliziert geworden; in dem vorliegenden Fragment ist die syntaktische Struktur in Zl. 46-59 (§§ 3-7) nur schwer zu enträtseln[19]. Das liegt z.T. an der fehlenden Schulung des Schreibers, evtl. auch des Übersetzers, aber kaum nur daran. Schon im Urtext wird das Satzgefüge reichlich unübersichtlich gewesen sein, und der intendierte Gedanke ist kaum zu einem klaren Ausdruck gekommen[20].

(10) Die Darstellung des Muratorianum ist offenbar nicht aus einem Guß. Es wird besonders in der parenthetisch nachholenden Bemerkung (§ 6) deutlich, daß Paulus an die Korinther und die Thessalonicher je zweimal geschrieben hat: *"Uerum Corinthiis et Thessalonicensibus, licet pro correptione iteretur"* (Zl. 54-55; Text nach A und C wiederhergestellt). Aber auch schon die numerierte Ordnung der sieben Gemeinden in § 5 (*"ordine tali"*, Zl. 50 usw.) unterbricht den intendierten Vergleich zwischen Paulus und Johannes. Was der Verf. sagen will, ist ganz deutlich: Wie Johannes vor (!) ihm, hat Paulus an sieben Gemeinden geschrieben; die sieben Gemeinden vertreten aber dabei die gesamte, in der Welt verstreute Kirche; also hat Paulus das, was er an eine einzelne Gemeinde schrieb, an die gesamte Kirche gesagt[21]. Bei Victorin von Pettau († 304) kommt der Gedanke viel deutlicher zum Ausdruck[22]. Durch Dionysius Bar Salibi († 1171) ist er für Hippolyt bezeugt; derselbe Gedanke findet sich auch bei Cyprian und

---

[19]In ZAHN 1890, 67-71 wollte er unsere §§ 3-7 als eine, durch eine Parenthese unterbrochene, Periode verstehen, in welcher der mit *„cum"* Zl. 47 anfangende Kausalsatz sich bis *„denoscitur"* (wofür *„dignoscatur"* konjiziert wird) erstreckte. In ZAHN 1904, 80 nimmt er aber *„Cum ipse - scribat"* (Zl. 47-50) als Vordersatz und *„una tamen - ecclesia diffusa esse dignoscitur"* (Zl. 55-57) als Nachsatz, was sich unter den verschiedenen Möglichkeiten am wahrscheinlichsten scheint. LIETZMANN 1908, 1, 7 suppliert ja doch wohl zu viel, wenn er schreibt: „durch Breviloquenz unklar, gemeint ist: *verum Corinthiis et Th. licet pro correptione iteretur, tamen <ex numero septenario ecclesiarum> ad unam ecclesiam per omnem orbem terrae diffusam <Paulus scribere> dinoscitur"*.

[20]Vgl. auch die Übersetzung [des das Corpus Paulinum betreffenden Teils, Zl. 39-68] bei SCHNEEMELCHER 1987, 28f.[: „Die Briefe aber des Paulus, welche es (d.h. von Paulus) sind, von welchem Orte und aus welchem Anlaß sie geschrieben sind, erklären das denen, die es wissen wollen, selbst. Zuerst von allen hat er an die Korinther, (denen) er die Häresie der Spaltung, sodann an die Galater (denen) er die Beschneidung untersagt, sodann aber an die Römer, (denen) er darlegt, daß Christus die Regel der Schriften und ferner ihr Prinzip sei, ausführlicher geschrieben. Über sie müssen wir einzeln handeln, da der selige Apostel Paulus selbst, der Regel seines Vorgängers Johannes folgend, mit Namensnennung nur an sieben Gemeinden schreibt in folgender Ordnung: an die Korinther der erste (Brief), an die Epheser der zweite, an die Philipper der dritte, an die Kolosser der vierte, an die Galater der fünfte, an die Thessalonicher der sechste, an die Römer der siebente. Aber wenn auch an die Korinther und an die Thessalonicher zu ihrer Zurechtweisung noch einmal geschrieben wird, so ist doch deutlich erkennbar, daß eine Gemeinde über den ganzen Erdkreis verstreut ist. Denn auch Johannes in der Offenbarung schreibt zwar an sieben Gemeinden, redet jedoch zu allen. Aber an Philemon einer und an Titus einer und an Timotheus zwei, aus Zuneigung und Liebe (geschrieben), sind doch zu Ehren der katholischen Kirche zur Ordnung der kirchlichen Zucht heilig gehalten". Englische Übersetzung in W. SCHNEEMELCHER/R. McL. WILSON 1991, 34-36; in einem Appendix bringt auch GAMBLE 1985, 93-95 eine englische Übersetzung des Fragments.]

[21][So auch - unter Verweis auf DAHL - KÜMMEL 1973, 436. Vgl. auch die Hinweise auf Iren., *Adv. haer.* IV. 12, 5; Tert., *Adv. Marc.* V. 17,1; Ambr., *Abr.* I 6, 55 in: M. DULAEY 1997, 160.]

späteren Vätern[23]. In Muratorianum ist die Idee nur unklar ausgedrückt, weil der Verf. gleichzeitig betonen will, daß nur die Briefe an die sieben Gemeinden – darunter auch 2. Korinther und 2. Thessalonicher – authentisch sind; andere paulinische Gemeindebriefe sind eben Fälschungen. Dazu will er ja noch die Briefe chronologisch ordnen. Offenbar hat der Verf. den Gedanken vom siebenförmigen paulinischen Briefkorpus vorgefunden und in seinen Traktat über anzunehmende und zu verwerfende Bücher eingearbeitet, was nicht ohne eine gewisse Unebenheit der Darstellung gegangen ist. Obwohl der Vergleich zwischen den sieben johanneischen und den sieben paulinischen Gemeindebriefen in Muratorianum erstmalig bezeugt wird, ist er also nicht von dem Verf. des Fragments erstmalig konzipiert. Nebenbei sei bemerkt, daß dadurch ein zugunsten der Hypothese von Hippolyt als Verfasser des Muratorianum gern gebrauchtes Argument seine Beweiskraft verliert[24].

(11) Ebenso auffallend wie die Nachholung von 2. Korinther und 2. Thessalonicher ist es aber, daß die Briefe an die Korinther, Galater und Römer innerhalb einer Liste der kanonischen Bücher zweimal genannt werden (§§ 2 und 5); auch das muß einen besonderen Grund haben. Nur bei diesen Briefen wird auch das Thema kurz angegeben. Man könnte sagen, daß der Verf. die vier Hauptbriefe hervorzuheben wünsche; wenn aber eine Vorstellung von den vier Hauptbriefen im Altertum überhaupt existiert hat, wird sie jedoch nur auf Grund der kanonischen (oder auch der marcionitischen) Reihenfolge möglich gewesen sein (vgl. Tertullian, *Adv. Marc.* V, 15, oben Seite 149). Daß Paulus gerade in diesen Briefen ein Thema ausführlicher behandle[25], stimmt für die Korintherbriefe eigentlich nicht, und daß der Verf. je einen Brief aus Anfang, Mitte und Ende seiner Sammlung hervorheben möchte, wäre überhaupt keine Erklärung. Die Vorwegnahme wird aber verständlich unter der Voraussetzung, daß

---

[22]*Comm. in Apoc.* I, 7 (zu 1, 20, CSEL 49, 27f.; [jetzt auch lateinischer Text mit franz. Übers. bei DULAEY 1997, 52-55 mit Anm. auf Seite 160-62]): *Septem autem ecclesiae, quas nominatim uocabulis suis uocat, ad quas <et> epistolas facit, non quia illae solae <sint> ecclesiae aut principes, sed quia quod uni dicit, omnibus dicit; ... deinque siue in Asia siue in toto orbe, septem ecclesias omnes et septem nominatas unam esse catholicam Paulus docuit: primum quidem, ut seruaret <ipse> et ipsum, septem ecclesiarum non excessit numerum, sed scripsit ad Romanos, ad Corinthios, ad Ephesios, ad Tessalonicenses, ad Galatas, ad Philippenses, ad Colosenses; postea singularibus personas scripsit, ne excederet numerum septem ecclesiarum.*

[Was die sieben Kirchen anbelangt, die er mit ihren Namen nennt und an die er auch Briefe schreibt, nicht deswegen, weil sie die einzigen Kirchen oder die wichtigsten sind, sondern weil das was er einer sagt, das sagt er allen; ... Weiterhin, entweder in Asien oder in der ganzen Welt lehrte Paulus, daß alle sieben Kirchen und die sieben genannten die eine katholische Kirche sind. Damit er selber daran festhalte, überschritt er zuerst diese Zahl von sieben Kirchen nicht, sondern schrieb an die Römer, an die Korinther, an die Epheser, an die Thessalonicher, an die Galater, an die Philipper und an die Kolosser; danach schrieb er an Einzelpersonen, um nicht die Zahl von sieben Kirchen zu überschreiten. – Übers. von V. BLOMKVIST.]

[23]Vgl. ZAHN 1922/29, 58-75, bes. 65f. Das weitere bei ZAHN 1890, 73 Anm. 2 gesammelte Material scheint in der neueren Diskussion über ein siebenförmiges, paulinisches Briefkorpus nicht beachtet zu werden.

[24]Zur Diskussion vgl. den in der vorigen Anmerkung angeführten Aufsatz von ZAHN 1922/29; ferner A. VON HARNACK 1925, 1-16, und LAGRANGE 1933b, 161-86 (vgl. IDEM 1933a, 59-84).

[25]ZAHN 1890, 59.

zunächst diejenigen Briefe genannt werden, die in der nachfolgenden Liste an einem außergewöhnlichen Platz erscheinen[26]: Die Korintherbriefe stehen am Anfang, der Galaterbrief erst nach Epheser, Philipper und Kolosser, und der Römerbrief am Ende. Das sind genau die drei Punkte, an denen sich die „chronologische" Ordnung des Muratorianum von der kanonischen Ordnung der Briefe im NT unterscheidet. Es kann kaum Zufall sein, daß gerade die Briefe an diese drei Gemeinden zunächst für sich genannt werden, und zwar unter Betonung dessen, daß Paulus zuerst an die Korinther, danach an die Galater und zuletzt – das werden wir (mit Zahn) hinzudenken dürfen – an die Römer schrieb. Damit läßt sich also erklären, wie die Reihenfolge in Muratorianum entstanden ist: Der Verf. hat die Gemeindebriefe in der kanonischen Ordnung vorgefunden, und gemeint, daß diese Ordnung im großen Ganzen eine chronologische sei, aber an einzelnen Punkten korrigiert werden müsse.

(12) Die Umstellung des Römerbriefes ist ohne weiteres verständlich, wenn eine chronologische Reihe angestrebt wurde. Offenbar konnte der Verf. den Römerbrief nicht als den ersten Brief des Apostels stehen lassen. Über seine historischen Kenntnisse wissen wir allerdings nicht viel; dem Abschnitt über die Apostelgeschichte (Zl. 34-39) können wir aber entnehmen, daß er über das Problem des Schlusses dieses Buches reflektiert hat. Er meint, Lukas habe nur so weit erzählen wollen, als er selber bei den Geschehnissen gegenwärtig war; deshalb habe er nicht das Martyrium des Petrus und Paulus' Reise nach Spanien erwähnt. Das Martyrium des Petrus wird ihm aus der (römischen) Tradition bekannt gewesen sein; daß Paulus nach Spanien fuhr, wird er eher Röm 15 entnommen haben. *1Clem* 5 wird ja Spanien nicht unzweideutig genannt. Es ist also zu erschließen – was an sich bemerkenswert ist –, daß der Verf. den vollständigen Text des Römerbriefes, einschließlich Kap. 15 und dann wohl auch Kap. 16, vor sich gehabt hat. Er hat auch über die darin enthaltenen historischen Mitteilungen nachgedacht, unter Vergleich mit der Apostelgeschichte. Dann lag aber der Schluß nicht so ferne, daß der Römerbrief, der über des Apostels Kommen nach Rom und seine Reise nach Spanien sprach, als letzter der Gemeindebriefe geschrieben sei.

Bei dieser Deutung muß freilich vorausgesetzt werden, daß der Verf. keine feste Tradition oder Überzeugung darüber besaß, daß die Gefangenschaftsbriefe aus der römischen Gefangenschaft geschrieben waren. Das ist aber bei der traditionellen Deutung nicht anders. Unmöglich ist die Voraussetzung keineswegs; nach den marcioniti-

---

[26][Siehe jetzt die Zustimmung zu DAHLS Interpretation und die Übersichtstabelle bei TROBISCH 1989, 44: „Dahl hat darauf hingewiesen, daß, wenn man die zuerst erwähnten und chronologisch einander zugeordneten Briefe Kor Gal Röm aus der zweiten Aufzählung herausnimmt, die restlichen Briefe Eph Phil Kol Thess in der üblichen Reihenfolge übrigbleiben.

Reihe	Kor	Eph	Phil	Kol	Gal	Thess	Röm
ohne	Kor				Gal		Röm
ergibt		Eph	Phil	Kol		Thess	

... so meine ich, daß eine Interpretation, die ohne die Annahme einer einzigartigen, anderweitig nicht bezeugten Ausgabe auskommt, unbedingt der Vorzug zu geben ist".]

schen Prologen[27] ist der Kolosserbrief in Ephesus geschrieben. Auf alle Fälle konnte der Verf. wissen, daß Paulus mehrmals in Gefangenschaft gesessen hatte, vgl. 2Kor 11,23 und *1Clem* 5. Vielleicht hat er gedacht, daß Paulus – wie Johannes! – die Briefe an die sieben Gemeinden innerhalb einer kurzen Zeitspanne schrieb; dann wäre seine Zurechtlegung der Chronologie gar nicht so töricht. Vielleicht hat er aber auch nicht so sehr viel nachgedacht, sondern hat einfach die kanonische Ordnung zugrundegelegt und dem Brief an Rom, den er unmöglich für den ersten halten konnte, doch eine hervorgehobene Stellung geben wollen, wenn nicht die erste, so die letzte.

(13) Bedeutend schwieriger ist es, zu erkennen, weshalb auch der Galaterbrief umgestellt worden ist. An diesem Punkt bleibt eine Unsicherheit, ich habe aber eine Vermutung. Nachdrücklich wird betont, daß Paulus zuerst an die Korinther und erst nachher an die Galater und die Römer schrieb. Darin könnte ein Stück Polemik stecken. Daß Römer nicht der erste Brief sei, mußte deshalb betont werden, weil in der kirchlichen Sammlung Römer an erster Stelle stand. Sollte dann nicht die nachdrückliche Betonung dessen, daß auch Galater nicht zuerst geschrieben wurde, dadurch veranlaßt sein, daß es eine andere Sammlung gab, in der Galater an erster Stelle stand – das *Apostolikon* Marcions? Zwar wird die Ordnung Marcions kaum durch chronologische Motive bestimmt sein; Galater war aus dogmatischen Gründen an den Anfang gerückt[28], die übrigen Briefe der Länge nach geordnet, freilich so, daß – anders als in dem kirchlichen Kanon – die beiden Korinther- und Thessalonicherbriefe als stichometrische Einheiten gezählt wurden[29]. Es konnte jedoch nahe liegen, die marcionitische Ordnung als eine chronologisch gemeinte aufzufassen. Auf alle Fälle ist eine antimarcionitische Polemik gegen Voranstellung des Galaterbriefes voll verständlich. Dabei hätte der Verf. des Muratorianum allerdings Galater an zweiter Stelle, hinter Korinther, stehen lassen können. Unser Verf. ist aber ein richtiger Polemiker, und möchte mit dem bekämpften Mißverständnis möglichst gründlich aufräumen; also rückt er Galater von der zweiten auf die mehr zurücktretende fünfte Stelle herunter. Dafür mag er auch historische Gründe gehabt haben; denn wenn die Tendenz stark genug ist, lassen sich ja immer historische Argumente finden.

(14) Die oben vorgetragene Deutung scheint mir deshalb möglich und sogar wahrscheinlich, weil die antimarcionitische Tendenz des Muratorianum mit Händen zu greifen ist[30]. In Zl. 65 (vgl. 83) wird ja z.B. Marcions Häresie mit Namen genannt.

---

[27]Trotz Widerspruch von W. MUNDLE 1925, 56-77 und LAGRANGE 1926, 161-73 dürfte die marcionitische Herkunft der Prologe, seit D. DE BRUYNE 1907, 1-16, und P. CORSSEN 1909, 1-45 und 97-102, feststehen. [Siehe aber jetzt die Diskussion in DAHL 1978 (in diesem Band Aufsatz V)]. Text z.B. auch in J. WORDSWORTH/H.J. WHITE 1913, 41f. und bei den einzelnen Briefen.

[28][Vgl. VON CAMPENHAUSEN 1968, 181 Anm. 21: „Sicher hat er (sc. Marcion) den Galaterbrief aus dogmatischen Gründen an den Anfang gestellt"; anders H. J. FREDE 1964, 165-68; IDEM 1969, 295-96 gefolgt von GAMBLE 1985, 42.]

[29]VON HARNACK 1924/85, 168f.; KNOX 1942, 60ff.; J. FINEGAN 1956, 86-103.

[30]Das hat VON HARNACK lange betont, und in seiner m.W. letzten Veröffentlichung zum Thema scharf formuliert: „Der formelle Charakter des letzteren (sc. Muratorianum) ist noch immer nicht ganz aufgeklärt, gewiß ist aber, daß es streng antimarcionitisch ist" (1928, 340).

Besonders bemerkenswert ist es, daß diese Tendenz gerade auch in der vorangestellten Behandlung von Korinther, Galater und Römer (§ 2) zum Vorschein kommt. Allgemein antihäretisch ist die kurze Angabe des Inhalts von 1. Korinther (und 2. Korinther?): „*Corintheis scysmae heresis interdicens*" (A, C hat „*Corinthis scisma haeresis interdicens*"; man konjiziert meistens „*schismae haereses*"). Der Inhalt des Briefes wird nicht nur in einseitiger Weise wiedergegeben, sondern auch direkt auf die Häresien zur Zeit des Muratorianum bezogen: Zu allererst hat Paulus häretische Splitterung verboten! Direkt antimarcionitisch wird die Angabe des Inhaltes des Römerbriefes zu verstehen sein:

> *Romanis autem ordinem scripturarum sed et principium earum esse Christum intimans, prolixius scripsit (Zl. 44-46).*

Das heißt sicherlich nicht, daß Paulus den Römern über den – den neutestamentlichen Schriften untergeordneten – Rang der Schriften (des AT) schrieb[31]. Entweder gehört auch „*ordinem*" zu „*esse Christum*": „Christus ist Ordnung (τάξις?), aber auch Anfang (ἀρχή) der Schriften", wobei nur das „*sed*" auffallend wäre[32], oder aber man wird ungefähr wie Zahn zu deuten haben: Paulus habe den Römern die innere Ordnung und den Zusammenhang der Schriften gezeigt, aber auch auf Christus als Hauptsache derselben hingewiesen[33]. Ob man die eine oder die andere Auslegung bevorzugen möchte, auf alle Fälle dient die Formulierung der Polemik gegen Marcions Verwerfung des AT. In diesem Kontext ist dann auch der Notiz über den Inhalt des Galater wichtig: „*deinceps callatis* (C: *galathis*) *circumcisionem*" (sc. *interdicens*); Paulus hat den Galatern die Beschneidung verboten, keineswegs aber die Schriften des AT verworfen. Es liegt also in dem Fragment ein echt katholisches Paulusverständnis aus der Zeit des antimarcionitischen Kampfes vor: Als Paulus an die sieben Gemeinden und damit an die ganze Kirche schrieb, fing er damit an, Häresien zu verbieten, und endete damit, die Übereinstimmung der alttestamentlichen Schriften mit Christus aufzuzeigen. Der von Marcion bevorzugte Galater nahm dagegen bei der Abfassung keinen hervortretenden Platz ein, und die antijudaistische Polemik zielte nicht über das Verbot der Beschneidung hinaus.

(15) Die Ordnung der Briefe an Einzelpersonen (§ 8) bildet kein großes Problem. Es lag überaus nahe, den mit Kolosser zusammenhängenden Philemon an den Anfang und 2. Timotheus als Abschiedsbrief ans Ende zu stellen, wenn nämlich der Verf. auch hier die Briefe in chronologischer Folge bringen wollte. Das übrige ergab sich dann von selbst. Demnach ist es nicht nötig, anzunehmen, daß der Verf. die Briefe in einer anderen Ordnung als der kanonischen vorgefunden hat. In der Betonung der gesamtkirchlichen Bedeutung dieser Briefe (§ 9) dürfte eine Polemik gegen Marcions Verwerfung der Pastoralbriefe stecken. Es heißt nämlich:

---

[31]So LAGRANGE 1933a, 73, Anm. 1.

[32]LIETZMANN 1908: „... daß Christus die Regel der Schriften und auch das Prinzip derselben sei". [Ähnlich SCHNEEMELCHER 1987, 29; siehe Anm. 20 auf Seite 152.]

[33]ZAHN 1890, 64f.; vgl. IDEM 1904, 80f., wo ZAHN in Zl. 45 *praecipuum* (= τὸ ἐξαίρετον) mit C lesen will.

... in honore(m) tamen ecclesiae catholic(a)e in ordinatione(m) ecclesiasticae(a)e disciplin(a)e s(an)c(t)ificat(a)e sunt (Zl. 61-63).

Tertullian vermutet aber, daß Marcion die Pastoralbriefe deshalb verwarf, weil sie an Einzelpersonen gerichtet waren, und wirft ihm deshalb, da er doch an Philemon festhielt, Inkonsequenz vor[34]:

Soli huic epistolae (= Phlm) breuitas sua profuit, ut falsarias manus Marcionis euaderet. Miror tamen, cum ad unum hominem litteras factas receperit, quod ad Timotheum duas et unam ad Titum de ecclesiastico statu compositas recusauerit" (Adv. Marc. V. 21; CSEL 47, 649).

[*Allein diesem Brief ist seine Kürze von Nutzen gewesen, insofern als er den verfälschenden Händen Marcions entgangen ist. Ich wundere mich dennoch darüber, daß, als er diesen Brief, der an eine Einzelperson geschrieben war, aufnahm, er die beiden Briefe an Timotheos und den einen an Titus über die kirchliche Disziplin, ablehnte.*]

(16) Ob ich im Einzelnen die Motive, die den Verf. zu seiner Chronologie der Paulusbriefe geführt haben, richtig enträtselt habe, mag natürlich fraglich bleiben. Das hat weniger Bedeutung. Notwendig, um die *communis opinio* zu widerlegen, war allein der Nachweis, daß die Reihenfolge im Buch nicht der allein denkbare Umstand ist, welcher den Fragmentisten zu seiner Auffassung geführt haben kann. Diesen Nachweis meine ich geführt zu haben. Grundlage meiner Hypothese bilden nicht Vermutungen über die Motive des Verf.s, sondern Beobachtung der Tatsachen: Zunächst werden, mit kurzer, antihäretischer Inhaltsangabe diejenigen Briefe genannt, die sowohl im NT der Kirche wie in Marcions *Apostolikon* an erster Stelle stehen, wobei die chronologische Folge dieser Briefe betont wird; in der folgenden, chronologisch gemeinten Liste sind es nur diese Briefe, die an einem von der kanonischen Reihenfolge abweichenden Platz erscheinen. Von der Annahme aus, daß der Verf. die von ihm vorgefundene Reihenfolge im Buch mit der chronologischen Ordnung verwechselte, sind diese Tatbestände nicht, oder doch nur sehr schwer, zu erklären. Bei der Annahme, daß der Verf. die Briefe in der kanonischen Ordnung vorfand, sind die Tatbestände viel leichter verständlich zu machen. Da nun die mehr allgemeinen text- und kanongeschichtlichen Gründe hinzukommen, kann die Entscheidung nicht zweifelhaft sein: *Der Verf. des Muratorianum hat die paulinischen Briefe in der kanonischen Ordnung vorgefunden.* Da aber die Hypothese von einer älteren, mit 1. Korinther anfangenden und Römer endenden Sammlung der paulinischen Gemeindebriefe sich nicht durch Interpretation des Muratorianum erhärten läßt, hat sie aus der Diskussion über die Frühgeschichte der Paulusbriefe überhaupt auszuscheiden[35].

(17) Nach allem, was in mehreren Generationen über die Geschichte des neutestamentlichen Kanons geschrieben wurde, ist das Ergebnis erstaunlich: Neben $\mathfrak{P}^{46}$ ist Muratorianum ein positiver Zeuge dafür, daß um 200, vielleicht schon einige Dezennien früher, die kanonische Ordnung der Paulusbriefe gebräuchlich war. Nicht ganz

---

[34][Übers. von V. BLOMKVIST.]

sicher zu entscheiden ist, ob in der dem Muratorianum bekannten Ordnung, wie in 𝔓[46], Epheser vor Galater stand, oder ob schon die später gewöhnliche Reihenfolge Galater, Epheser vorlag. Wenn das Erstere zutreffen sollte, könnte die Nachstellung des Galater einfach aus der chronologischen Erwägung verursacht sein, daß die aus Gefangenschaft geschriebenen Briefe Epheser, Philipper, Kolosser ungefähr gleichzeitig entstanden sein müßten. Wahrscheinlicher ist mir aber die oben versuchte Erklärung, daß die Nachstellung des Galater durch die antimarcionitische Tendenz bestimmt ist; dann wird man aber annehmen, daß dem Muratorianum die Reihenfolge Römer, 1. und 2. Korinther, Galater, Epheser schon vorlag. Kanongeschichtlich liegt das Problem des von Muratorianum vorausgesetzten Corpus Paulinum dann nicht darin, daß es von der später üblichen Ordnung abweiche, sondern vielmehr darin, daß die Reihenfolge der Briefe auch in Einzelheiten mit unserer Ordnung genau übereinstimmt. Denn was die kleineren Gemeindebriefe betrifft, hat man ja, wie schon gesagt, sonst den Eindruck, daß im Westen sich diese Ordnung erst allmählich durchgesetzt hat. Sollte die schon im Muratorianum vorausgesetzte „Normalordnung" die römische sein, die erst allmählich andere, etwa afrikanische oder gallikanische, vollständig verdrängt hat?

(18) Mehr als Anhang sei noch auf einen besonderen Fragenkomplex hingewiesen, der mit dem Anfang des hier behandelten Abschnittes (§ 1, Zl. 39-41) zusammenhängt. Es heißt hier:

Epistulae autem Pauli, quae a quo loco vel qua ex causa direct(a)e sint, uolentibus intellegere ips(a)e declarant.

A. von Harnack hat die schlagende Beobachtung gemacht, daß gerade die hier genannten Fragen in den marcionitischen Prologen zu den Paulusbriefen beantwortet werden. Daraus zog er den Schluß, daß Muratorianum diese Prologe in der erweiterten, alle 13 Briefe berücksichtigenden Form schon als Bestandteil des Paulustextes vorgefunden

---

[35]Nicht ausgeschlossen ist es allerdings, daß es einmal eine mit 1Kor anfangende Sammlung der Paulusbriefe gegeben hat. Ob sich das aus *1Clem* 47 und der erweiterten Adresse in 1Kor 1:2b erschließen läßt, ist allerdings fraglich. Man kann aber auf Marcions *Apostolikon* verweisen, wo bei der Ordnung Gal, Korr, Röm, Thess, Laod (=Eph), Kol (Phlm?), Phil, Phlm (?) aus dogmatischen Gründen Gal an die Spitze der sonst durch die Länge bestimmten Reihe (vgl. Anm. 28 und Anm. 29 auf Seite 155) gerückt ist. Ein ähnliches Ordnungsprinzip, wobei Korr und Thess noch als Einheit zählen, scheint auch bei Victorin von Pettau (vgl. oben Anm. 22 auf Seite 153) und im Decr. Gel. vorzuliegen, wo sich die Reihenfolge Röm, Korr, Eph, Thess, Gal, Phil, Kol findet. Hier könnte eine ältere Ordnung noch durchschimmern, die nur insofern ‚normalisiert' war, als Röm vor 1 und 2Kor gerückt ist. Über Edition(en) des Corpus Paulinum vor Marcion wissen wir aber in Wirklichkeit herzlich wenig, weshalb der Raum frei ist für Konstruktionen, die Hypothesen auf Hypothesen bauen und mit neuen Hypothesen begründen, wie es neuerdings wieder W. SCHMITHALS 1960/65, 225-45 bzw. 175-200 tut. Der Aufsatz ist mir gerade vor Abschließen des Manuskripts zu Gesicht gekommen; da es mir hier nur um die Deutung des Muratorianum geht, erübrigt sich eine Auseinandersetzung. Ich darf aber meine Überzeugung aussprechen, daß wir in der Diskussion über die Sammlung der Paulusbriefe und ähnliche Fragen nur dann weiter kommen, wenn wir in der neutestamentlichen Forschung von heute wieder lernen, so wie ZAHN, VON HARNACK und DE BRUYNE mit genauen Einzeluntersuchungen zu arbeiten, und zwischen Präsentation des Materials und Deutung desselben methodisch zu unterscheiden.

hatte[36]. Darin ist ihm D. de Bruyne gefolgt, der gleichzeitig auf die ältesten, antimarcionitischen Prologe zu den Evangelien verweisen konnte. De Bruyne und Harnack meinten deshalb, daß in der Zeit zwischen Marcion und Muratorianum (etwa 160-180) in Rom eine katholische Edition des NT stattgefunden haben müsse, wobei die antimarcionitischen Prologe zu den Evangelien entstanden, während man die marcionitischen Prologe zu den Paulusbriefen, ohne das Gift zu bemerken, in erweiterter Gestalt übernahm. Ferner soll bei dieser Gelegenheit auch Römer den ersten Platz unter den Paulusbriefen erhalten haben[37]. Dabei scheint freilich übersehen zu sein, daß man Muratorianum nicht gleichzeitig als Zeuge dieser katholischen Edition und als Beweis für die Existenz einer früheren, mit 1. Korinther anfangenden und Römer endenden Sammlung der paulinischen Gemeindebriefe verwerten darf. Diese Schwierigkeit ist nun durch meine Deutung des Muratorianum weggefallen. Es bleiben aber andere.

Man fragt zunächst, ob man schon im 2. Jh., als der Kampf gegen Marcion noch tobte, wirklich die marcionitischen Prologe, nichts Böses ahnend, in eine katholische Edition hat übernehmen können. Schwierig ist auch die Annahme, daß der Verf. des Muratorianum die Prologe als Teil der Briefe selbst hätte ansehen können (NB! „*ips(a)e declarant*"). Die Worte „*uolentibus intellegere*" scheinen auch anzudeuten, daß ein gewisses Nachdenken nötig sei, um den Briefen zu entnehmen, woher und weshalb sie geschrieben seien. Endlich lassen sich die geographischen Angaben der Prologe mit der Chronologie des Muratorianum nicht vereinbaren. Zwar läßt sich der sonst auffallende Umstand, daß die Abfassung des Kolosser nach Ephesus, diejenige des Philemon aber nach Rom verlegt wird, am besten verstehen, wenn man die Annahme zugrundelegt, daß die Briefe an Einzelpersonen erst nach den Gemeindebriefen geschrieben waren; und so hat es sich vielleicht auch der Verf. des Muratorianum vorgestellt[38]. Nach den Prologen soll aber Philipper aus Rom durch Epaphrodit geschrieben sein; das läßt sich nicht mit der Annahme vereinigen, daß Philipper vor Römer abgefaßt wurde. Man müßte also entweder vermuten, daß unser Verf. die Prologe nur flüchtig und ohne Nachdenken gelesen hat, oder man müßte postulieren, daß der Text des Prologs zu Philipper nachträglich geändert worden sei. Keine dieser Annahmen kann recht befriedigen[39].

---

[36] von Harnack 1926, 160-63.

[37] de Bruyne 1928, 193-214. Vgl. dazu von Harnack 1928, 321-41. – Dagegen Lagrange 1929, 115-21.

[38] Vgl. Victorin von Pettau, oben Anm. 22 auf Seite 153.

[39] Nach den Prologen, so wie sie in Vulgata-Mss. erhalten sind, ist auch Eph in Rom geschrieben. Auch dieser Prolog müßte nach der Hypothese de Bruynes und von Harnacks dem Muratorianum bekannt gewesen sein, einerlei ob man mit de Bruyne die Prologe zu Eph, 2Kor, 2Thess, 1 und 2Tim, Tit für katholisch hält, oder mit Harnack eine marcionitische Bearbeitung der Prologe in Verbindung mit einer Erweiterung des marcionitischen Corpus Paulinum annimmt. – Nach der Chronologie des Muratorianum ist es freilich auch sonst schwierig, den Eph unterzubringen; eigentlich müßte man eine weder in Rom noch in Ephesus lokalisierte Gefangenschaft des Apostels postulieren. Die chronologischen Vorstellungen des Verfassers, der ja die Apokalypse vor den Paulusbriefen geschrieben sein läßt, werden aber recht unklar gewesen sein.

(19) Wenn man dennoch eine Bezugnahme des Muratorianum auf die marcionitischen Prologe festhalten will, – und Harnacks Beobachtung der Übereinstimmung bleibt einleuchtend! – wird man vielmehr vermuten, daß es sich um eine Bezugnahme *polemischer* Art handelt. Man würde dann anzunehmen haben, daß unser Verf. die Prologe noch als marcionitisch gekannt hat, wahrscheinlich nicht als Prologe zu den einzelnen Briefen, sondern vielmehr als ein einziges zusammenhängendes Schriftstück[40]. Wenn dies zutreffen sollte, könnte Muratorianum sogar als ein katholisches Gegenstück zu dem den Prologen zugrundeliegenden marcionitischen Dokument entworfen sein, etwa als eine Art „Einleitung ins NT" oder ein „Vorsatzstück" zu einer Ausgabe[41]. In den Angaben über Korinther, Galater und Römer stehen sich jedenfalls marcionitisches und frühkatholisches Paulusverständnis gegenüber. Vor allem die Bemerkungen des Muratorianum zum Römer lassen sich sehr wohl verstehen als bewußte Korrektur der Auffassung, daß Paulus die Römer zum wahren evangelischen Glauben zurückrufe, weil sie von falschen Aposteln „unter dem Namen unseres Herrn Jesu Christi in das Gesetz und die Propheten eingeführt waren". Eine etwaige Bezugnahme kann hier in der Tat nur polemisch sein. Mit seiner einleitenden Bemerkung (§ 1) hat dann unser Verf. etwa Folgendes sagen wollen: „Die Fragen nach Abfassungsort und Veranlassung der einzelnen Paulusbriefe zu behandeln, ist nicht notwendig. Darüber redet freilich ein marcionitisches Dokument; wer für solche Fragen interessiert ist, kann aber aus den Briefen selbst die nötige Auskunft erhalten. Übrigens sind solche Fragen recht belanglos, da der Apostel das, was er an eine Gemeinde schreibt, in Wirklichkeit an alle sagt". Wenn in § 3 (Zl. 46) eine Negation ausgefallen sein sollte, wäre dieser Gedanke sogar recht deutlich ausgesprochen. Wenn meine, eingestandenermaßen unsichere, Vermutung einer polemischen Bezugnahme auf die marcionitischen „Prologe" zutreffen sollte[42], würde sich auch in diesem Punkt eine bemerkenswerte Übereinstimmung mit der antimarcionitischen Polemik Tertullians ergeben. Dieser spottet nämlich *Adv. Marc.* V, 17 (CSEL 47, 632) über Marcion der als „*diligentissimus explorator*" wissen will, der Epheser sei an die Laodicener gerichtet, fügt aber hinzu: „*Nihil autem de titulis interest, cum ad omnes apostolus scripserit dum ad quosdam*".

(20) Eine gewisse Bestätigung für die zuletzt ausgesprochene Vermutung läßt sich vielleicht in dem letzten Punkt des uns beschäftigenden Abschnittes finden: „*Fertur etiam ad Laudicenses, alia ad Alexandrinos, Pauli nomine finct(a)e ad h(a)eresem Marcionis ...*" (Zl. 63 -65). Da die, von Harnack vermutete, marcionitische Herkunft des in Vulgata-Handschriften überlieferten apokryphen Laodicenerbriefes unsicher bleibt[43], liegt die Vermutung nahe, hier an den Brief zu denken, der in Marcions Kanon nun wirklich den Titel „An die Laodicener" führte. Dann kann aber der Verf. des Muratia-

---

[40] VON HARNACK 1924/85, 131*.

[41] Vgl. LIETZMANN 1907/58, 53; SCHNEEMELCHER 1987, 22; [so auch VON CAMPENHAUSEN 1968, 285; TROBISCH 1989, 42].

[42] [Siehe nunmehr auch VON CAMPENHAUSEN 1968, 285: „Dies ist eine ansprechende Vermutung Dahls".]

[43] VON HARNACK 1923, 235-45; IDEM 1924/85, 134*-49*. Dagegen B. CAPELLE (1921-29), 130-31; [und nunmehr auch SCHNEEMELCHER 1989, 42f.].

num diesen Brief nicht selber gesehen haben, denn dann würde er wissen, daß er mit Epheser identisch war. Er muß von anderswoher sein Wissen über den marcionitischen Brief „An die Laodicener" erhalten haben; wenn er das den „marcionitischen Prologen" zugrundeliegende Dokument gekannt hätte, wäre sein Mißverständnis leicht erklärbar.

An den zuletzt genannten Punkten habe ich nur Vermutungen vortragen können; die in der Überschrift gestellte Frage scheint mir aber mit einem sehr hohen Maß von Wahrscheinlichkeit beantwortet worden zu sein.

Bibliographie

ALAND, K. 1979: „Die Entstehung des Corpus Paulinum", in: IDEM, *Neutestamentliche Entwürfe* (TB 63), München: Kaiser 1979, 302-50.

DE BRUYNE, D. 1907: „Prologues bibliques d'origin marcionite", in: *RBén* 24 (1907) 1-14.

— 1928: „Les plus anciens prologues latins des évangiles", in: *RBén* 40 (1928) 193-214.

VON CAMPENHAUSEN, H. FR. 1968: *Die Entstehung der christlichen Bibel* (BHTh 39), Tübingen: Mohr Siebeck 1968.

CAPELLE, B. 1929: „Besprechung von A. von Harnack, ‚Der apokryphe Brief des Apostels Paulus an die Laodicener, eine Marcionitische Fälschung aus der 2. Hälfte des 2. Jh.s', in: *SPAW* 27 (1923) 235-45", in: *BALCL/RBén Suppl.* Tome I (1921-28), Maredsous: Abbaye de Maredsous 1929, 130-31.

CHAPMAN, J. 1904: „L'auteur du Canon Muratori", in: *RBén* 21 (1904) 240-64, 369-74.

CORSSEN, P. 1909: „Zur Überlieferungsgeschichte des Römerbriefes" (with an Appendix), in: *ZNW* 10 (1909) 1-45, 97-102.

DULAEY, M. 1997: Victorin de Poetovio: *Sur l'Apocalypse suivi du fragment chronologique et de la construction du monde. Introduction, texte critique, traduction, commentaire et index* (SC 423), Paris: Cerf 1997.

FERGUSON, E. 1982: „Canon Muratori: Date and Provenance", in: *StPatr* 18 (1982) 677-83.

FINEGAN, J. 1956: „The Original Form of the Pauline Collection", in: *HThR* 49 (1956) 86-103.

FREDE, H. J. 1964: *Altlateinische Paulus-Handschriften. Vetus Latina: Die Reste der altlateinischen Bibel nach Petrus Sabatier, neugesammelt und herausgegeben von der Erzabtei Beuron* (AGLB 4), Freiburg i. Br. etc.: Herder 1964.

— 1969: „Die Ordnung der Paulusbriefe und der Platz des Kolosserbriefs im Corpus Paulinum", in: *Vetus Latina: Die Reste der altlateinischen Bibel* 24/2, Freiburg i. Br. etc.: Herder 1969, 290-303.

GAMBLE, JR., H. (Y.) 1985: *The New Testament Canon: Its Making and Meaning* (GBS), Philadelphia, PA: Fortress 1985.

— 1992: „Canon: New Testament", in: *ABD*, Vol. I, New York etc.: Doubleday 1992, 852-61.

GOODSPEED, E. J. 1951: „Ephesians and the First Edition of Paul", in: *JBL* 70 (1951) 285-91.

VON HARNACK, A. 1923: „Der apokryphe Brief des Apostels Paulus an die Laodicener, eine Marcionitische Fälschung aus der 2. Hälfte des 2. Jh.s", in: *SPAW* 27 (1923) 235-45.

— 1924/85: *Marcion. Das Evangelium vom fremden Gott*, 2. Aufl., Leipzig: Hinrichs 1924 [Nachdruck Darmstadt: WBG 1985].

— 1925: „Über den Verfasser und den literarischen Charakter des muratorischen Fragments", in: *ZNW* 24 (1925) 1-16.

— 1926: „Die Marcionitischen Prologe zu den Paulusbriefen, eine Quelle des muratorischen Fragments", in: *ZNW* 25 (1926) 160-63.

— 1928: „Die ältesten Evangelien-Prologe und die Bildung des Neuen Testaments", in: *SPAW.PH* 24 (1928) 322-41.

KELLNER, K. A./ESSER, G. 1915: *Tertullians Apologetische, Dogmatische und Montanistische Schriften* (Bibliothek der Kirchenväter: Tertullians ausgewählte Schriften ins Deutsche Übersetzt, II. Band), Kempten – München: Kösel 1915.

KENYON, FR. G. 1936: *The Chester Beatty Biblical Papyri: Descriptions and Texts of Twelve Manuscripts on Papyrus of the Greek Bible;* Fasc. III Suppl.: Pauline Epistles, London: Walker 1936.

KNOX, J. 1942: *Marcion and the New Testament*, Chicago, IL: UChP 1942.

KÜMMEL, W. G. 1973: *Einleitung in das Neue Testament*, 17. Aufl., Heidelberg: Quelle & Meyer 1973.

LAGRANGE, M.-J. 1926: „Les prologues prétendues marcionites", in: *RB* 35 (1926) 161-73.

— 1929: „Besprechung von de Bruyne", in: *RB* 38 (1929) 115-21.

— 1933a: *Introduction à l'étude du Nouveau Testament, Vol. 1: Histoire ancienne du canon du Nouveau Testament*, 2e éd., Paris: Gabalda 1933.

— 1933b: „Le canon d'Hippolyte", in: *RB* 42 (1933) 161-86.

LECLERCQ, H. 1935: „Muratorianum", in: *DACL* 12/1 (1935), Paris: Letouzey et ané 1935, 543-60.

LIETZMANN, H. 1907/58: *Wie wurden die Bücher des NT heilige Schrift. Fünf Vorträge*, Tübingen: Mohr Siebeck 1907 [= IDEM, *Kleine Schriften II* (TU 68), Berlin: AV 1958, 15-98].

— 1908: *Das Muratorische Fragment* (KlT 1), 2. Aufl., Berlin: de Gruyter 1908.

LINDEMANN, A. 1979: *Paulus im ältesten Christentum. Das Bild des Apostels und die Rezeption der paulinischen Theologie in der frühchristlichen Literatur bis Marcion* (BHTh 58), Tübingen: Mohr Siebeck 1979.

MITTON, C. L. 1955: *The Formation of the Pauline Corpus of Letters*, London: Epsworth 1955.

MUNDLE, W. 1925: „Die Herkunft der ‚marcionitischen' Prologe zu den Paulusbriefen", in: *ZNW* 24 (1925) 56-77.

ROBBINS, G. A. 1986: *PERI TON ENDIATHEKON GRAPHON: Eusebius and the Formation of the Christian Bible*, (PhD Diss. Duke University), Ann Arbor, MI: University Microfilms 1986.

— 1992: „Muratorian Fragment", in: *ABD*, Vol. 4, New York: Doubleday 1992, 928f.

SCHMITHALS, W. 1960/65: „Zur Abfassung und ältesten Sammlung der paulinischen Hauptbriefe", in: *ZNW* 51 (1960) 225-45. [Abgedruckt in IDEM, *Paulus und die Gnostiker. Untersuchungen zu den kleinen Paulusbriefen* (ThF 35), Hamburg-Bergstedt: Reich 1965, 175-200.]

SCHNEEMELCHER, W. (ED.) 1987: *Neutestamentliche Apokryphen, I. Band: Evangelien*, 5. Aufl., Tübingen: Mohr Siebeck 1987.

SCHNEEMELCHER, W./WILSON, R. McL. (EDS) 1991, *New Testament Apocrypha. Volume One: Gospels and Related Writings,Cambridge*, UK: Clarke/Louisville, KY: Westminster & John Knox 1991.

SOUTER, A./WILLIAMS, C. S. C. 1965: *The Text and Canon of the New Testament*, London: Duckworth 1965.

SUNDBERG, A. C. 1968: „Towards a Revised History of the New Testament Canon", in: *StEv* IV (TU 102), Berlin: AV 1968.

— 1973: „Canon Muratori: A Fourth-Century List", in: *HThR* 66 (1973) 1-41.

TROBISCH, D. 1989: *Die Entstehung der Paulusbriefsammlung. Studien zu den Anfängen christlicher Publizistik* (NTOA 10), Freiburg (CH): UVF/Göttingen: V&R 1989.

— 1994: *Die Paulusbriefe und die Anfänge der christlichen Publizistik* (KT 135), Gütersloh: Kaiser 1994.

WORDSWORTH, J./WHITE, H. J. (EDS.) 1913-41: *Novum Testamentum Domini nostri Iesu Christi latine 2*, H. F. D. SPARKS/C. JENKINS (EDS.), Oxford: Clarendon 1913-41.

ZAHN, TH. 1888: *Geschichte des neutestamentlichen Kanons, Vol. I,1: Das Neue Testament vor Origenes*, Erlangen: Deichert 1888.

— 1889: *Geschichte des neutestamentlichen Kanons, Vol. I,2: Das Neue Testament vor Origenes*, Erlangen: Deichert 1889.

— 1890: *Geschichte des neutestamentlichen Kanons, Vol. II, 1: Urkunden und Belege zum ersten und dritten Band*, Erlangen: Deichert 1890.

— 1892: *Geschichte des neutestamentlichen Kanons, Vol. II, 2: Urkunden und Belege zum ersten und dritten Band*, Erlangen: Deichert 1892.

— 1904: *Grundriß der Geschichte des neutestamentlichen Kanons*, 2. Aufl., Leipzig: Deichert 1904.

— 1922/29: „Hippolyt der Verfasser des Muratorischen Kanons", in: *NKZ* 83 (1922) 417-36 (= IDEM 1929, 58-75; danach zitiert).

— 1929: *Forschungen zur Geschichte des neutestamentlichen Kanons und der altkirchlichen Literatur*, Leipzig: Deichert 1929.

IV. The Particularity of the Pauline Epistles as a Problem in the Ancient Church

In one of his brilliant, smaller essays Oscar Cullmann has dealt with "The Plurality of the Gospels as a Theological Problem in Antiquity."[1] As he points out, the plurality of epistles caused no difficulty: "It was easy to grasp the fact, that Paul had written to a number of Churches."[2] It was, however, not equally easy to see why letters written to particular churches on particular occasions should be regarded as canonical and read in all churches. The theological problem raised by the Pauline Epistles was not their plurality but their particularity. As canonicity meant much the same as catholicity,[3] this problem was by no means an imaginary one. An answer was found in the observation that Paul, like John in Revelation 2-3, had written to seven Churches, and, thus, to the whole Church. Obviously, this answer is closely akin to the theory of Irenaeus that there has to be four Gospels, corresponding to the four regions of the world, the four living creatures, etc.[4]

The theory of the seven churches of Paul found its first literary attestation in the Muratorian canon, but is not likely to be an invention of its unknown, anti-Marcionite author.[5] Hippolytus of Rome is reported to have made the same point,[6] which reappears in writings of Cyprian, Victorinus of Pettau and later authors.[7] In Victorinus' commentary on Rev 1:20 the argument is turned around, but stated more clearly and fully than in the Muratorian fragment;[8] a scriptural proof is adduced: the seven women, who take hold of one man (Isa 4:1), represent the "seven Churches", who are the one Church, the bride of Christ, called by his name. In his *Testimonia* (I. 20) Cyp-

---

[1] O. CULLMANN 1956, 39-54; (= IDEM 1945, 23-42).

[2] CULLMANN 1956, 41.

[3] Cf. clauses like *"in catholica habentur"* in the Muratorian fragment line 69. [Cf. H. FR. VON CAMPENHAUSEN 1972, 153 note 22 and esp. 252: "The author of the Muratorianum is here wrestling with a problem of which others too had been aware, and which was responsible, among other things, for the 'catholicising' corrections to the Pauline epistles: namely that the particularity of the occasions which had given rise to the epistles seemed to be an obstacle to their universal relevance and their liturgical use." Here with reference to N. A. DAHL 1962 = this article.]

[4] *Adv. Haer.* III. 11,8; cf. CULLMANN 1956, 51f. In his *De fabrica mundi* Victorinus of Pettau states both theories. [See also the quotation from Victorinus, *Comm. in Apoc.* I. 7 (on Rev 1:20) below in note 8, and also in this volume article III, note 22 on page 153.]

[5] Cf. my article DAHL 1961, 39-53 [= in this volume article III; in agreement with DAHL now also D. TROBISCH 1989, 42-45].

[6] According to Dionysius Bar Salibi; cf. TH. ZAHN 1929, 65f.; M.-J. LAGRANGE 1933, 182.

rian starts with Isa 54:1ff. in order to prove that the church, which was formerly barren, is to have more sons from the Gentiles than the synagogue ever had. The argument is substantiated by reference to the seven sons of the barren one (1 Sam 2:5), and Cyprian comments: "Therefore even Paul wrote to seven churches, and Revelation states that there are seven churches, in order to preserve the number of seven, as there are seven days (of creation) etc." A long list follows: seven archangels, sevenfold lampstand, seven eyes of God, seven spirits and lamps in Revelation, and seven columns in the house of Wisdom (Prov 9:1). A similar list is given in *Ad Fortunatum de martyrio* XI; here the mother of the seven Maccabean martyrs is taken as a symbol of the – formerly barren – Church, the mother of seven churches. Quite a number of further references are added by Victorinus in the fragment *De fabrica mundi*, where the seven days of creation are the occasion for the inclusion of the list, in which the seven churches of Paul are but one example of many. The basic proof-texts for the idea of seven churches representing the whole Church Universal, are Isa 4:1 and 1 Sam 2:5, possibly also Isa 11:2-3 (the *"spiritus septiformis"*); these texts have led to a combination of the argument for the catholicity of the Pauline letters with traditional, originally Jewish, lists of *testimonia* for the importance of the number seven.

After the inclusion of Hebrews in the Pauline corpus it became difficult to uphold the idea that Paul wrote to seven churches. By some authors this point is dropped and only the seven churches in Revelation are mentioned.[9] Jerome masters the difficulty, partly by drawing a parallel between the Pauline Epistles and those in Rev 2-3 without stressing their number,[10] partly by stating that many put Hebrews "outside the number".[11] In his book on Numbers, Isidore of Sevilla ignores Hebrews; in his *Prooemia* he advances the theory that Hebrews was not written to a church but to Hebrews who had

---

[7] Cyprian, *Test.* I. 20, *Ad Fort.* XI (*CSEL* III. i, 52f. 337f.); Victorinus, *In Apoc.* I. 7 (on Apc 1:20), *De fabr. mundi* 11 (*CSEL* 49, 26ff. and 6ff.). On the relation of these sources to each other, cf. also H. KOCH 1926, 205f., 473f. The patristic material was gathered by ZAHN 1888-90, vol. II, 73f. note 2. Cf. esp. Pseudo-Chrysostom, *Opus imperfectum in Matthaeum* I, *MPG* 56. 621. KR. STENDAHL has kindly let me read the manuscript of a forthcoming article, *The Apocalypse of John and the Epistles of Paul in the Muratorian Fragment*, to be published in a volume of essays presented to O. A. Piper [now STENDAHL 1962, 239-45], in which he draws attention to the fact, that it is the inspired Book of Revelation which provides the argument for the canonicity of the Pauline epistles. [Hereto VON CAMPENHAUSEN 1972, 252 note 233.]

[8] [See the more extensive Latin text and German trans. above in article III, note 22 on page 153. Abbreviated Latin text with English trans. is provided by H. Y. GAMBLE 1977, 117:

Those seven stars are the seven churches which he (John) names by name in his addresses, and calls them to whom he wrote letters. Not that they are themselves the only or even the principal churches, but what he says to one he says to all ... In the whole world Paul taught that all the churches are arranged by sevens, and that the catholic church is one. And first of all, certainly in order that he too might maintain the type of seven churches, he did not exceed that number. But he wrote to [seven communities].]

[9] Augustine, *De Civ. Dei* XVII. iv. 4; Ps.-Theophilus, *Alleg.* I. 12, cf. IV. 2, ed. Zahn 1929, 40, 80.

[10] *Comm. in Eph., Praef.*, ed. D. VALLARSI VII. 539f.

[11] *De viris ill.* 5, *Epist.* LIII. 9, *Ad Paulinum.*

believed in Christ, but receded.[12] Through the mediation of Jerome and Isidore, the idea of Pauline letters to seven churches found its way into prefaces to the Epistles in the Vulgate.[13] As it was no longer really adequate, it could, however, be exchanged for the idea that Paul wrote ten letters to churches, corresponding to the ten commandments of the old covenant.[14]

The idea of seven Pauline churches was long retained because of the number symbolism. Originally it did serve a more definite purpose: to prove the catholicity of the Pauline Epistles. The conclusion to be drawn is clearly stated in what is said about John in the Muratorian fragment: "*Licet septem ecclesiis scribat, tamen omnibus dicit*," and by Victorinus: "*Quod uni dicit, omnibus dicit.*" Commenting upon Marcion's pretended knowledge that Ephesians was, in fact, a letter to the Laodiceans, Tertullian makes a very similar statement about Paul: "*Ad omnes apostolus scripserit, dum ad quosdam.*"[15] Possibly he is drawing the conclusion of the argument, which he may have known, even if he does not state it. In any case, there is a marked contrast between the orthodox authors, who stress the catholicity of the Pauline Epistles, and the Marcionite prologues, which show much more interest in the historic origin of each letter in Paul's conflict with false apostles.

The analogy with Rev 2-3 established the catholicity of Paul's letters to churches. But what about the letters to individuals? To Victorinus their existence is an additional proof, showing that the Apostle intentionally wrote to seven, and only to seven, churches; afterwards he wrote to individuals.[16] But this line of argument could be used only at a time in which the canonicity of the Pastoral Epistles was no longer a matter of dispute. Marcion and other heretics did not, however, recognize the letters to Timothy and Titus as canonical. Most modern scholars think they were no part of the collection which served as the base for Marcion's revision. Tertullian takes it for granted that he consciously rejected them, and comments ironically upon Marcion's lack of consistency, as he did include Philemon, the only letter which escaped the critical manipulations of the heretic.[17] The Muratorian fragment brings a special argument in favor of the catholicity of the letters to individuals; Paul wrote out of affection and love but consecrated the letters to "the order of ecclesiastical discipline." (Paul is probably to be taken as the logical subject in the clause "*in ordinationem ecclesiasticae disciplinae sanctificatae*", line 62f.). The statement comes pretty close to what Tertullian says about the Pastoral letters ("*litteras ... de ecclesiastico statu compositas*").[18]

---

[12] *De num.* 38 and 42, *Prooem.* 92 and 94, *MPL* 83. 176 f., 187.
[13] J. WORDSWORTH/H. J. WHITE 1913, 7, 9, 10f. Cf. D. DE BRUYNE 1915, 374 and 378.
[14] The preface "*Primum quaeritur quare*", WORDSWORTH/WHITE II 1913, 1f. cf. 6.
[15] *Adv. Marc.* V. 17, *CSEL* 47. 632.
[16] [Latin text and German trans. above in this volume article III, note 22 on page 153.]
[17] *Adv. Marc.* V. 21, *CSEL* 47. 649.
[18] *Ibid.*

The argument in favor of the catholicity of the letters to churches is – if we accept its premises – considerably stronger than the corresponding argument in favor of the letters to individuals, which would seem to be mostly in need of support. It is, therefore, not unreasonable to ask, whether the argument from the analogy with the letters in Revelation was originally based on the canonical collection of thirteen epistles and not rather upon a pre-Marcionite corpus without the Pastorals. If the letters to the Corinthians and the Thessalonians were regarded as two – and not four – units, and Philemon was closely connected with Colossians being written to (part of) the same church, the *Corpus Paulinum* would, in fact, appear as a collection of letters to seven churches.[19] Even additional evidence, pointing to the existence of an early corpus of this type, can be adduced though it has to be admitted that the argument falls short of proof.[20]

Of all Pauline letters, Philemon was the one which dealt with the most particular subject matter. Already in the second century this fact may, possibly, have caused some doubts as to its general use in the churches. For certain we know that it was excluded from the canon of, at least, those parts of the Syrian Church of which Ephraem was representative. In the introductions to their commentaries, Theodore of Mopsuestia and [Ps.-]Chrysostom defend its right to canonicity, as does also Jerome.[21] The latter draws upon a Greek source in which Philemon was defended against a literary attack by some early representative of higher criticism, whose arguments are summarized and refuted. This critic made the point that we have to distinguish between what is said by Christ, speaking in the Apostle, and what Paul said as a human being, e.g., 2 Tim 4:13 or Gal 5:12. The Epistle to Philemon would in its totality belong to the second category, if it was written by Paul at all; that is to be doubted, as the letter was rejected by some of the older fathers. In answer to this it is, among other things, said that it is a great error to think that the Holy Ghost is alienated by concerns for matters of every day life, like

---

[19][Cf. GAMBLE 1995, 61: "It is intriguing that at the end of the first century and the beginning of the next there appeared in Christian circles two other groups of letters addressed to seven churches: the letters at the beginning of the Apocalypse (2:1-3:22) and the letters of Ignatius of Antioch. The group of seven letters in the Apocalypse is a literary creation of its author, while the group of seven letters of Ignatius is an editorial creation of Polycarp. Neither is an imitation of the other, but if their appearance in the same general area and period is not a mighty coincidence, each may well reflect an early edition of the Pauline letters presented as a collection of letters to seven churches." GAMBLE, *ibid*, 273 note 84 states that this observation was made by E. J. GOODSPEED 1927, 1-64.]

[20]Cf. J. KNOX 1942, esp. 39-46; IDEM 1959, 71-90. It should be observed that KNOX' argument for the existence of a sevenfold collection is not necessarily dependent upon the GOODSPEED theory of Ephesians as an introductory letter. Furthermore, Victorinus' order of the letters, identical to that of the Gelasian decree, is remarkable: Rom, 1-2 Cor, Eph, 1-2 Thess, Gal, Phil, Col. The principle is, as in Marcion's *Apostolikon*, one of decreasing length – if 1 and 2 Thess are taken as one unit. Cf. DAHL 1961, 49 note 23 [in this volume article III note 35 on page 158], and J. BRINKTRINE 1938, 129f. For further literature, cf. C. L. MITTON 1955; W. SCHMITHALS, 1960/65, 236 note 32/185 note 28; W. G. KÜMMEL 1961, 195-98.

[21]*Theodori ... comm.*, H. B. SWETE (ED.) 1882, 259ff.; Chrysostomos ... *in epist. ad Philem.*, *MPG* LXII, 702ff.; *Hieronymus*, VALLARSI (ED.), VII, 741-44. Cf. ZAHN 1888/89, 267ff.; 1890/92, 997-1006.

those dealt with in Philemon. In the terms used in this article: there is no exclusive contrast between the particularity of the Pauline Epistles and their canonicity or catholicity.

Philemon is the only known example of a Pauline letter explicitly rejected because of its limited scope. Mostly, it was not opposition to the letters, but rather the factual use of them, which made it necessary to provide some reason, or rationalization, for their general use in churches to which they were not addressed. The catholic destination of the Pauline Epistles could be assumed without polemics and without any specific motivation, as in 2 Peter (3:15f.; cf. 1:1), and by Apollonius (at the end of the second century) who criticizes the Montanist Themison for his boldness in imitating the Apostle and writing a "catholic" letter.[22] On the other hand, where Paul was rejected or passed over in silence – as by Cerinthus, Papias, Justin, Hegesippus and the Pseudo-Clementines – it was for other reasons than the particularity of his epistles.[23] There is, however, one ancient author who holds Paul in high esteem, and yet neither mentions his letters nor makes, apparently, any use of them, the author of Luke–Acts. It is difficult to believe that he had no knowledge of their existence. The possibility that he knew but consciously ignored them has to be taken seriously.[24] The fact that the letters were written on particular occasions and for particular destinations, may at least have provided one of his reasons for doing so.

However that may be, the need for Pauline letters of a more general type was early felt. In spite of their individual address, 1 Timothy and Titus have largely the literary character of church-orders, 2 Timothy that of a "testament" of Paul. The very general outlook of Ephesians is one of the reasons which has made many doubt or deny its authenticity. According to one hypothesis, it should be regarded as a revised, "catholic" edition of Colossians.[25] Johannes Weiß made the suggestion, that the author of Ephesians was also the first editor of the Pauline corpus, and responsible for a number of "catholic" interpolations in 1 Corinthians and other epistles.[26] According to Edgar J. Goodspeed and John Knox, Ephesians was written as an introduction to the first edition of the *Corpus Paulinum*, and actually held the first place in that collection.[27] In this way, the old theory of the sevenfold Pauline corpus has been revived to new popularity, with the difference, that now the author of Ephesians, identified by Knox as Onesimos, is supposed to have transformed the particular letters into a catholic corpus of letters. But even apart from such special theories, any explanation of Ephesians as a non-

---

[22]Eusebius, *Hist. eccl.* V. 18,5.

[23][On the influence of Paul in Early Christianity, see A. LINDEMANN 1979 and IDEM 1999, 294-322; D. K. RENSBERGER 1981, and KL. KOSCHORKE 1981, 177-205.]

[24]Cf. G. KLEIN 1961, 189-201. [Cf. further the discussion in J. KNOX 1966/80, 279-87; H. CONZELMANN 1966/80, 298-316; and with further literature recently in J. A. FITZMYER 1998, 133ff. and J. JERVELL 1998, 83f.]

[25]W. OCHEL 1934.

[26]Cf. J. WEISS 1912, 2209; IDEM 1910/70, XL-XLI, and on 1 Cor 1:2b, 4:17, 7:17, 11:16 and 14:33; IDEM 1917, 534.

[27]GOODSPEED 1933, and a number of publications; [cf. above note 20 on page 168].

authentic letter will seek one of the motifs of its author in his wish to preserve the Pauline tradition in the church by creating a Pauline letter of a more general type.

I would, however, like to add that in spite of its "catholicity" even Ephesians appears to have a specific, epistolary function. The letter is – in fact or as fiction – sent to a church, or a number of churches, in Asia Minor. The addressees, former Gentiles who do not know Paul personally, are reminded of the greatness of their calling: they should realize the implications of their incorporation into the body of Christ, and even see how their existence in Christ is bound up with the commission given to the Apostle of Gentiles. If the letter is written after the death of Paul, what appears as a distance in space must be taken as a symbol for what was, in fact, a distance in time.[28]

Furthermore, it is unlikely that the text of Eph 1:1, found in the oldest manuscripts, is the original one. The address "to the saints who are also faithful in Christ Jesus" is most unnatural; after (τοῖς οὖσιν) a geographical designation must have been left out. This omission could easily be explained if the letter was originally issued in several copies with a special address in each of them. In any case, the letter must have had a prehistory before it was published as part of the Pauline corpus.[29] The text without any concrete address is to be understood as a result of a secondary "generalization" or "catholicization", to which we have an analogy in the textual tradition of Romans.

In Romans 1:7 (and 1:15) an omission of the words "in Rome" can be traced back to three sources:[30]

(1) The common archetype of the bilingual manuscripts D E F G; I would take this to be not just one manuscript (P. Corssen's "Z"), but rather a colometric, bilingual edition from the fourth century, an edition of which even the small fragment 0230 (PSI 1306) is a descendant, and which served as model for Gothic-Latin bilinguals.[31] In Rom 1:7, as in many other cases, the original text of this edition is preserved by G: (τοῖς οὖσιν ἐν ἀγάπῃ θεοῦ), cf. g: *in caritate/dilectione Dei*. In the text of d: *omnibus qui sunt Romae in caritate Dei*, *Romae* is evidently a secondary insertion.

(2) Early Greek manuscripts, probably of the second century, from which the Latin version was made and/or corrected, cf. Vulg[A D]: *Romae in dilectione Dei*, and Vulg[F* L], Pelagius, Ambrosiaster: *Romae in caritate Dei*. The exposition in Ambrosiaster proves that *Romae* is not an original part of the Old Latin text.

(3) The commentary of Origen on Romans, in which, according to a marginal note in 1739 (and 1908), the words "in Rome" were absent both from the text and from the exposition. Rufinus, in his translation, inserted the words, but retained the original in the phrase "*dilectis Dei, ad quos scripsit*".[32]

---

[28][See above article I, page 76ff. and below article XVI.]

[29]Cf. G. ZUNTZ 1953, 228 note 1, 276-279; DAHL 1951, 241-64 [partly in this volume article IX].

[30][Cf. now H. GAMBLE 1977, 29-33; TROBISCH 1989, 66-70.]

[31]This I hope to be able to prove on another occasion. [See now DAHL 1979; in this volume article VI.]

[32]*Comment. in epist. ad. Rom* I. 8, C. H. E. LOMMATZSCH (ED.) 1836-37, VI. 31. [Cf. also the edition by C. P. HAMMOND BAMMEL 1990.]

In Rom 1:15 ἐν Ρώμῃ is again omitted by G. The support for the omission is somewhat weaker here, but the text of D (cf. d: *in vobis in Roma*) goes back to that presupposed by G.[33] Traces of the same text are probably to be found in Latin manuscripts (Vulg[A D F*]) which have *in* before *vobis*. That Origen omitted "in Rome", can still be seen in the translation of Rufinus: "*ita quod in me est, promptus sum et vobis evangelizare.*"[34] It seems fairly certain that the text without geographical address can be traced back to the same three sources in Rom 1:15 as in 1:7. In fact, the ancient support is as good for this text as for the usual one.

The complicated textual problems connected with the place of the doxology (Rom 16:25-27) and the ending of the epistle, are further evidence for the existence of more than one recension of Romans.[35] Even if it can not be strictly proved, it is – especially because of the Old Latin evidence – likely, and generally assumed, that the text without geographical address goes back to the "short recension" which ended at 14:23, eventually followed by a short greeting (*gratia cum omnibus sanctis*) and the doxology.[36] This means that in early days a form of the Epistle circulated in which no geographical reference was found at all; the epistle appeared, not as an epistle to the Romans, but as a catholic epistle of the apostle Paul.

The short recension, omitting "in Rome", is often supposed to be a product of Marcion's textual and literary criticism.[37] But Origen is not very likely to have used a Marcionite text in his commentary. Marcion's influence upon later textual tradition has often been overstressed; the most competent scholars seem, today, to prefer the view that he used a "Western" text, common at his time. As he did, in his *Apostolikon*, keep the superscription "To the Romans", he had no reason to change the text of the address. And as already stated, the Marcionite prologues are more interested in the special occasion of each letter than what was common in the Church.

According to other theories, the apostle himself issued the letter in several recensions. J. B. Lightfoot thought that Paul sent copies of his letter to the Romans, without address and without chapters 15 and 16, to other churches.[38] Kirsopp Lake, on the other hand, was inclined to assume that the letter sent to Rome was an expanded copy of an earlier, catholic letter of Paul's, contemporary with Galatians.[39] None of these the-

---

[33] Cf. H. J. VOGELS 1933, 283f.

[34] I. 12. LOMMATZSCH (ED.), 1836-37, VI. 45. [Cf. also the edition by HAMMOND BAMMEL 1990.]

[35] On the textual evidence and different types of solutions, see, e.g., the commentaries of W. SANDAY/A. C. HEADLAM 1902; ZAHN 1910/25 and H. LIETZMANN 1933/71; [further now also, e.g., C. E. B. CRANFIELD 1975, 5-11; J. A. FITZMYER 1993, 55-67; J. D. G. DUNN 1988b, 884f.]. Cf. also R. SCHUMACHER 1929, and studies mentioned in the following notes; [see now also the studies of GAMBLE 1977; W.-H. OLLROG 1980, 221-44; TROBISCH 1989, 71-79; P. LAMPE 1991, 216-30; N. R. PETERSEN 1991, 337-47].

[36] Cf. DE BRUYNE 1911, 132-42.

[37] P. CORSSEN 1909, 1-45, 97-102; T. W. MANSON 1948/62/91. Cf. also SANDAY-HEADLAM 1902, LIETZMANN 1933/71, 27 and DE BRUYNE 1911.

[38] J. B. LIGHTFOOT 1869/93, 264-95/287-320, and IDEM 1871/93, 193-214/ 352-74. On this theory and earlier ones, cf. SANDAY-HEADLAM 1902, xci-xcviii.

[39] K. LAKE 1911, 335-70.

ories have gained wide support. It is as a letter to Rome that the epistle has an integral function in Paul's apostolic ministry. The theme of the doctrinal section (1:16-17) is introduced as a motivation for the apostle's intention to preach in Rome, and the whole argument serves to prepare for his coming for the further mission to Spain, and – quite especially – for the final appeal to the Roman Christians, to join in prayer for Paul's visit to Jerusalem, and thus to solidarize themselves with the Gentile churches in the East, praying that their gift might be well received – and the unity of Jews and Gentiles in the Church be fully recognized. The main section has a general theological character just because of the very specific epistolary situation in which this letter was written.[40]

The deletion of the concrete address, as well as of the last sections of the Epistle, will have to be explained as the result of editorial activity, which must have occurred between the times of Paul and Marcion.[41] A theory of T. W. Manson,[42] which has been adopted by others, could still hold good. Rom 16 is supposed to be a postscript, added by the apostle when a copy of his letter to the Romans was sent to Ephesus.[43] However, the arguments in favor of an Ephesian address of Rom 16 are counterbalanced by the consideration that it is not easy to understand how Paul could greet only a limited number of persons in Ephesus, where he was known by the majority. In a letter to Rome, the function of a long list of personal salutations would be obvious. If Rom 16 is an original part of the letter to Rome,[44] the existence of a text which ended with 15:33 and the doxology – indirectly attested by $\mathfrak{P}^{46}$ – would be a further example of the tendency to make Paul's letters more general; what was too specific, was left out.[45]

The same tendency is, probably, to be observed even in the text of 1 Corinthians. The clause "together with all etc." in 1 Cor 1:2b is often held to be an interpolation, by which the letter was given a wider and more general address.[46] It can, however, also be argued that the expansion is genuine, and is to be interpreted in the light of Jewish litur-

---

[40][Cf. now, in addition to recent commentaries, esp. the articles collected in K. P. DONFRIED (ED.) 1991; further PH. VIELHAUER 1975, 181ff.]

[41][Otherwise now TROBISCH 1989, 75ff.: "Mein Vorschlag ... geht davon aus, daß die 14 Kapitel-Ausgabe des Röm auf einen defekten Archetyp zurückführt und die Doxologie als Ersatz für den verlorenen Schluß konzipiert wurde. Dafür spricht, daß der Text nach Kapitel 14 mitten im Zusammenhang endet. Ein Abbruch genau an dieser Stelle ist als gezielte Redationsarbeit nicht leicht zu motivieren ... Auch GAMBLES [1977, 115] Einwand, daß eine defekte Handschrift unmöglich als Archetyp einer nennenswerten Handschriftenfamilie gedient haben könnte, läßt sich durch eine Fülle von Beispielen widerlegen: Sämtliche griechischen Zeugen des *Polykarpbriefes* führen auf einen Archetyp zurück in dem der Text mitten im Satz von Kapitel 9 des Polykarpbriefes nach Kapitel 5 des *Barnabasbriefes* übergeht. Der *Diognetbrief* ist nur in Abschriften eines defekten Archetyps überliefert. ...".]

[42]MANSON 1948/62/91.

[43][Thus today, e.g., PH. VIELHAUER 1975, 187-90; H. KOESTER 1982, 138-39; SCHMITHALS 1988, 554-62; PETERSEN 1991, 337-47; TROBISCH 1994, 104-06 (sic!).]

[44][Thus today – possibly with the exception of vv. 17-20 – , e.g., CRANFIELD 1975, 6-11; GAMBLE 1977; W.-H. OLLROG 1980, 221-44; TROBISCH 1989, 63-79 (sic!); LAMPE 1991, 216-30; FITZMYER 1992, 55-67; U. SCHNELLE 1996, 143-47; J. A. D. WEIMA 1994, 215-17; M. MÜLLER 1997, 210f., 214-16.]

[45][Thus GAMBLE 1977, 115-24, 126, 128; IDEM 1995, 98; TROBISCH 1989, 79.]

[46]Cf. WEISS 1910/70, *ad. loc.* and many after him.

gical language, and of the Apostle's intention to make the Corinthians realize that they were not a religious guild of their own, but part of the Church Universal.[47] The textual evidence would be more in favor of another theory. In a number of manuscripts the clause τῇ οὔσῃ ἐν Κορίνθῳ follows after ἡγιασμένοις ἐν Χριστῷ Ἰησοῦ. This does not make sense.[48] The best explanation is the hypothesis that one of the clauses that were lacking in some early manuscripts was later added in the margin, and then came into the text at a wrong place.[49] The two clauses could also have been alternative readings. It is, therefore, probable that in one branch of early tradition any geographical designation was lacking in 1 Cor 1:2, as in Eph 1:1 and Rom 1:7.[50]

These three epistles, Romans, 1 Corinthians and Ephesians, are all, according to modern scholarship, supposed to have stood at the beginning of some old edition of the *Corpus Paulinum*. The hypothesis might, therefore, be ventured, that in each one of three subsequent editions the first letter was given a general address. But after all, it is not certain that 1 Corinthians, and very doubtful whether Ephesians ever held the first position. The edition of Paul's collected letters would in itself imply the general importance of all of them. In order to show that Paul was speaking to all churches, when he wrote to one, it would neither be necessary nor sufficient to give the first letter in the collection a general address.

I would rather like to link the generalized addresses with another, well established fact: 1 Corinthians, Romans and Ephesians are the three epistles which are most often echoed in writings of pre-Marcionite Christian authors.[51] It is reasonable to assume that these epistles circulated among the churches before the publication of a *Corpus Paulinum*.[52] Each of them, I would think, was published in separate editions; in such editions the particular addresses could be left out in order to make the letters "catholic". Some vestiges of them are still left in the textual tradition of the collected corpus.

---

[47]Cf. LIETZMANN 1933/71, *ad. loc.*; U. WICKERT 1959, 73-82.

[48][Cf. so also: CONZELMANN 1975, 20f.; W. SCHRAGE 1991, 103 note 35; otherwise: G. D. FEE 1987, 27f. note 4 and Ch. WOLFF 1996, 16f.; as conflation of an edition with concrete addressees and an edition with general addressees: TROBISCH 1989, 81f., 107.]

[49]Cf. VOGELS 1933, 287; his explanation seems more likely than that of ZUNTZ 1953, 91f. who supposes the 'sanctified' clause to have been absent from some ancestor manuscript.

[50]There is a slight possibility that even 2 Thessalonians once circulated in a form without geographical address, as Polycarp seems to have taken the letter to be written to Philippi, Polyc., *Phil* XI 3, cf. III 2. According to E. SCHWEIZER 1945, 90-105, 286-89, cf. IDEM 1946, 74, it originally was.

[51]Cf., e.g., *The New Testament in the Apostolic Fathers*, Oxford 1905; A. E. BARNETT 1941.

[52][Following DAHL, GAMBLE 1995, 98 states: "These editorial revisions were made very early and must have had as their aim the adaptation of these letters for use in communities other than those addressed by Paul. The letters then must have circulated individually, before any collection of Paul's letters, among various Christian communities", and TROBISCH 1989, 82 makes the following deliberation: "Vielleicht sollten die Briefe mit allgemeiner Adresse als Einzelbriefe zirkulieren".] The earliest direct references to Pauline Epistles, *1 Clem.* 47:1f., *Ign. Eph.* 12:2, *Pol. Phil.* 3:2 and 11:3, are not very favorable to any theory of a standard edition of the Pauline corpus before 100 A.D. [So also TROBISCH 1989, 45.] The question whether our whole textual tradition goes back to one archetypical manuscript of the whole collection, will need further investigation; cf. [G. D. KILPATRICK] 1958, 132; G. BORNKAMM 1961/71, 33-36/187-90 + 190- 94; [TROBISCH 1989, 76f.].

To sum up: The particularity of the Pauline Epistles was felt as a problem, from a time before the *Corpus Paulinum* was published and until it had been incorporated into a complete canon of New Testament Scriptures. Later on, the problem was no longer felt, but the tendency towards generalizing interpretation has remained, not only when the Epistles were used as dogmatic proof-texts, but also when they served as sources for reconstruction of a general "biblical theology" or a system of "paulinism." Even "existential interpretation" and the approach of "Heilsgeschichte" may lead to similar consequences. In a way, a generalization is unavoidable, if the Pauline letters shall at all be read as Scriptures relevant to the whole church and not simply as historical documents. It is also legitimate because there is an implicit catholicity of the Pauline letters. Yet Cullmann is right in saying that the argument of the Muratorian fragment was based upon "a false presupposition"[53] – the assumption that the canonicity and catholicity of the epistles can be stressed only at the expense of their particularity. To the apostle himself, letters to particular churches written on special occasions were the proper literary form for making theological statements. Of this fact both exegesis and theology, not to mention preaching, have to take account. The particularity of the Pauline epistles points to the historical locatedness of all theology, even that of the apostle.

Bibliography

BARNETT, A. E. 1941: *Paul becomes a Literary Influence*, Chicago, IL: UChP 1941.

BORNKAMM, G. 1961/71: "Die Vorgeschichte des sogenannten Zweiten Korintherbriefes", in: *SHAW.PH* 1961/2, 33-36 [Repr. in: IDEM, *Geschichte und Glaube. Zweiter Teil. Gesammelte Aufsätze Band IV* (BEvTh 53), München: Kaiser 1971, 162-94.

BRINKTRINE, J. 1938: "Nach welchen Gesichtspunkten wurden die einzelnen Gruppen des neutestamentlichen Kanons geordnet", in: *BZ* 24 (1938) 125-35.

DE BRUYNE, D. 1911: "La finale marcionite de la lettre aux Romains retrouvée", in: *RBen* 28 (1911) 133-42.

— 1915: "Étude sur les origines de notre text latin de Saint Paul", in: *RB* 12 (1915) 358-92.

VON CAMPENHAUSEN, H. FR. 1972: *The Formation of the Christian Bible*, London: Black 1972.

CONZELMANN, H. 1966/80: "Luke's Place in the Development of Early Christianity", in: L. E. KECK/J. L. MARTYN (EDS.), *Studies in Luke – Acts. Essays Presented in Honor of Paul Schubert*, Nashville, TN and New York: Abingdon 1966, 298-316. [Repr. Philadelphia, PA: Fortress 1980; German version in: G. BRAUMANN (ED.), *Das Lukas-Evangelium. Die Redaktions- und Kompositionsgeschichtliche Forschung* (WdF 280), Darmstadt: WBG 1974, 236-60.]

— 1975: *1 Corinthians. A Commentary on the First Epistle to the Corinthians* (Hermeneia), Philadelphia, PA: Fortress 1975.

---

[53]CULLMANN 1956, 41 note 3.

CORSSEN, P. 1909: "Zur Überlieferungsgeschichte des Römerbriefes", in: *ZNW* 10 (1909) 1-45; supplement, *ibid.*, 97-102.

CRANFIELD, C. E. B. 1975: *A Critical and Exegetical Commentary on the Epistle to the Romans*, Vol. I (ICC), Edinburgh: Clark 1975.

CULLMANN, O. 1945/56: "The Plurality of the Gospels as a Theological Problem in Antiquity", in: IDEM, *The Early Church*, ed. by A. J. B. HIGGINS, London: SCM 1956, 39-54 [Orig. published in German as "Die Pluralität der Evangelien als theologisches Problem im Altertum. Eine dogmengeschichtliche Studie", in: *ThZ* 1 (1945) 23-42].

DAHL, N. A. 1951: "Adresse und Prooemium des Epheserbriefes", in: *ThZ* 7 (1951) 241-64. [Partly repr. in this volume as article IX.]

— 1961: "Welche Ordnung der Paulusbriefe wird vom Muratorischen Kanon vorausgesetzt?", in: *ZNW* 52 (1961) 39-53. [In this volume article III.]

— 1979: "0230 (=PSI 1306) and the Fourth-Century Greek–Latin Edition of the Letters of Paul", in: E. BEST/R. McL. WILSON (EDS.), *Text and Interpretation. Studies in the New Testament presented to Matthew Black*, Cambridge: CUP 1979, 79-98. [In this volume article VI.]

DUNN, J. D. G. 1988a: *Romans 1-8* (WBC 38A), Dallas, TX: Word Books 1988.

— 1988b: *Romans 9-16* (WBC 38B), Dallas, TX: Word Books 1988.

FEE, G. D. 1987: *The First Epistle to the Corinthians* (NICNT), Grand Rapids, MI: Eerdmans 1987.

FITZMYER, J. A. 1993: *Romans. A New Translation with Introduction and Commentary* (AncB 33), New York, etc.: Doubleday 1993.

— 1998: *The Acts of the Apostles. A New Translation with Introduction and Commentary* (AncB 31), New York, etc.: Doubleday 1998.

GAMBLE, H. Y. 1977: *The Textual History of the Letter to the Romans* (StD 42), Grand Rapids, MI: Eerdmans 1977.

— 1995: *Books and Readers in the Early Church. A History of Early Christian Texts*, New Haven, CT – London: YUP 1995.

GOODSPEED, E. J. 1927: *New Solutions of New Testament Problems*, Chicago, IL: UChP 1927.

— 1933: *The Meaning of Ephesians*, Chicago, IL: UChP 1933.

HAMMOND BAMMEL, C. P. 1990: *Der Römerbriefkommentar des Origenes: Kritische Ausgabe der Übersetzung Rufins. Buch 1-3* (VL 16), Freiburg i. Br.: Herder 1990.

JERVELL, J. 1998: *Die Apostelgeschichte* (KEK 3), Göttingen: V&R 1998.

KILPATRICK, G. D. 1958: "The Transmission of the New Testament and its Reliability", in: *BiTr* 9 (1958) 127-36.

KLEIN, G. 1961: *Die zwölf Apostel. Ursprung und Gehalt einer Idee* (FRLANT 77), Göttingen: V&R 1961.

KNOX, J. 1942: *Marcion and the New Testament. An Essay on the Early History of the Canon*, Chicago, IL: UChP 1942.

— 1959: *Philemon among the Letters of Paul*, 2nd ed., New York/Nashville, TN: Abingdon 1959.

— 1966/80: "Acts and the Pauline Letter Corpus", in: L. E. KECK/J. L. MARTYN (EDS.), *Studies in Luke – Acts. Essays Presented in Honor of Paul Schubert*, Nashville, TN and New York: Abingdon 1966, 279-87. [Repr. Philadelphia, PA: Fortress 1980.]

KOESTER, H. 1982: *Introduction to the New Testament. Volume 2: History and Literature of the New Testament*, Philadelphia, PA: Fortress/Berlin – New York: de Gruyter 1982.

KOCH, H. 1926: *Cyprianische Untersuchungen*, Bonn: Marcus und Weber 1926.

KOSCHORKE, KL. 1981: "Paulus in den Nag-Hammadi-Texten. Ein Beitrag zur Geschichte der Paulusrezeption im frühen Christentum", in: *ZThK* (1981) 177-205.

KÜMMEL, W. G. 1961: "Paulusbriefe", in: *RGG*, 3rd ed., Vol. V, Tübingen: Mohr Siebeck 1961, 195-98.

LAGRANGE, M.-J. 1933: "Le canon d'Hippolyte et le fragment de Muratori", in: *RB* 42 (1933) 161-86.

LAKE, K. 1911: *The Earlier Epistles of St. Paul: Their Motive and Origin*, London: Rivington 1911.

LAMPE, P. 1991: "The Roman Christians of Romans 16", in: K. P. DONFRIED (ED.), *The Romans Debate. Revised and Expanded Edition*, Peabody, MA: Hendrickson 1991, 216-30.

LIETZMANN, H. 1933/71: *An die Römer* (HNT 8), 5. Aufl., Tübingen: Mohr Siebeck 1971 [= 4. Aufl. 1933].

LIGHTFOOT, J. B. 1869/93: "M. Renan's Theory of the Epistle to the Romans", in: *JP* 2 (1869) 264-95 [Repr. in: IDEM, *Biblical Essays*, London: Macmillan 1893, 287-320].

— 1871/93: "The Epistle to the Romans", in: *JP* 3 (1871) 193-214 [Repr. in: IDEM, *Biblical Essays*, London: Macmillan 1893, 352-74].

LINDEMANN, A. 1979: *Paulus im ältesten Christentum. Das Bild des Apostels und die Rezeption der paulinischen Theologie in der frühchristlichen Literatur bis Marcion* (BHTh 58), Tübingen: Mohr Siebeck 1979.

— 1999: "Der Apostel Paulus im 2. Jahrhundert", in: IDEM, *Paulus, Apostel und Lehrer der Kirche. Studien zu Paulus und zum frühen Paulusverständnis*, Tübingen: Mohr Siebeck 1999, 294-322.

LOMMATZSCH, C. H. E. (ED.) 1836-37: "Commentaria in epistolam S. Pauli ad Romanos", in: IDEM (ED.), *Origenis opera omnia*, vols. 6-7, Berlin: Haude und Spener 1836-37.

MANSON, T. W. 1948/62/91: "St. Paul's Letter to the Romans – and Others", in: *BJRL* 31 (1948) 224-40. [Repr. in: IDEM, *Studies in the Gospels and Epistles*. Edited by M. BLACK, Manchester: MUP 1962, 225-41; and in: K. P. DONFRIED (ED.), *The Romans Debate. Revised and Expanded Edition*, Peabody, MA: Hendrickson 1991, 3-15.]

MITTON, C. L. 1955: *The Formation of the Pauline Corpus of Letters*, London: Epworth 1955.

MÜLLER, M. 1997: *Vom Schluß zum Ganzen: Zur Bedeutung des paulinischen Briefkorpusabschlusses* (FRLANT 172), Göttingen: V&R 1997.

OCHEL, W. 1934: *Die Annahme einer Bearbeitung des Kolosser-Briefes im Epheser-Brief*, Diss. Marburg 1934.

OLLROG, W.-H. 1980: "Die Abfassungsverhältnisse von Röm 16", in: D. LÜHRMANN/G. STRECKER (EDS.), *Kirche. Festschrift für Günther Bornkamm*, Tübingen: Mohr Siebeck 1980, 221-44.

PETERSEN, N. R. 1991: "On the Ending(s) to Paul's Letter to Rome", in: B. A. PEARSON (ED.), *The Future of Early Christianity. Essays in Honor of Helmut Koester*, Minneapolis, MN: Fortress 1991, 337-47.

RENSBERGER, D. K. 1981: *As the Apostle Teaches: The Development of the Use of Paul's Letters in Second-Century Christianity*, New Haven, CT: PhD Diss., Yale University 1981.

SANDAY, W./HEADLAM, A. C. 1902: *A Critical and Exegetical Commentary on the Epistle to the Romans* (ICC), 5th ed., Edinburgh: Clark 1902.

SCHMITHALS, W. 1960/65: "Zur Abfassung und ältesten Sammlung der paulinischen Hauptbriefe", in: *ZNW* 51 (1960) 225-45. [Repr. in: IDEM, *Paulus und die Gnostiker. Untersuchungen zu den kleinen Paulusbriefen* (ThF 35), Hamburg-Bergstedt: Reich 1965, 175-200.]

SCHNELLE, U. 1996: *Einleitung in das Neue Testament* (UTB 1830), 2nd ed., Göttingen: V&R 1996.

SCHRAGE, W. 1991: *Der erste Brief an die Korinther (1Kor 1,1-6,11)* (EKK VII/1), Zürich: Benziger/Neukirchen-Vluyn: Neukirchener 1991.

SCHUMACHER, R. 1929: *Die beiden letzten Kapitel des Römerbriefes. Ein Beitrag zu ihrer Geschichte und Erklärung* (NTA 14/4), Münster: Aschendorff 1929.

SCHWEIZER, E. 1945: "Der zweite Thessalonicherbrief ein Philipperbrief?", in: *ThZ* 1 (1945) 90-105, 286-89.

— 1946: "Zum Problem des zweiten Thessalonicherbriefes", in: *ThZ* 2 (1946) 74f.

STENDAHL, KR. 1962: "The Apocalypse of John and the Epistles of Paul in the Muratorian Fragment", in: W. KLASSEN/G. F. SNYDER (EDS.), *Current Issues in New Testament Interpretation, Festschrift O. A. Piper*, New York: Harper 1962, 239-45.

SWETE, H. B. (ED.) 1882: *Theodori episcopi mopsuesteni in epistulas b. Pauli commentarii: The Latin Version with the Greek Fragments, with an Introduction, Notes and Indices*, Vol. II, Cambridge: CUP 1882.

TROBISCH, D. 1989: *Die Entstehung der Paulusbriefsammlung. Studien zu den Anfängen christlicher Publizistik* (NTOA 10), Freiburg (CH): UV/Göttingen: V&R 1989.

— 1994: *Die Paulusbriefe und die Anfänge der christlichen Publizistik* (KT 135), Gütersloh: Kaiser 1994.

VALLARSI, D. 1734/42: S. *Hieronymi Opera omnia*, 1-11, Verona: Vallarsi 1734-42.

VIELHAUER, PH. 1975: *Geschichte der urchristlichen Literatur. Einleitung in das Neue Testament, die Apokryphen und die Apostolischen Väter* (GLB), Berlin – New York: de Gruyter 1975.

VOGELS, H. J. 1933: "Der Codex Claromontanus der Paulinischen Briefe", in: H. G. WOOD (ED.), *Amicitiae Corolla: A Volume of Essays presented to J. Rendel Harris*, London: LUP 1933, 274-99.

WEIMA, J. A. D. 1994: *Neglected Endings: The Significance of the Pauline Letter Closing* (JSNTSup 101), Sheffield: JSOT 1994.

Weiss, J. 1910/70: *Der erste Korintherbrief* (KEK V), 10th ed., Göttingen: V&R 1910 [Repr. 1970].

— 1912: "Literaturgeschichte des NT", in: *RGG*, Vol. III, 1st ed., Tübingen: Mohr Siebeck 1912, 2175-225.

— 1917: *Das Urchristentum*, Göttingen: V&R 1917.

Wickert, U. 1959: "Einheit und Eintracht der Kirche im Präskript des ersten Korintherbriefes", in: *ZNW* 50 (1959) 73-82.

— 1962: *Studien zu den Pauluskommentaren Theodors von Mopsuestia als Beitrag zum Verständnis der antiochenischen Theologie* (BZNW 27), Berlin: Töpelmann 1962.

Wordsworth, J./White, H. J. (eds.) 1913: *Novum Testamentum Latine* II, Oxford: OUP 1913ff.

Wolff, Ch. 1996: *Der erste Brief des Paulus an die Korinther* (ThHK 7), Leipzig: EVA 1996.

Zahn, Th. 1888/89: *Geschichte des neutestamentlichen Kanons. Erster Band: Das Neue Testament vor Origenes*, Erlangen: Deichert 1888/89.

— 1890/92: *Geschichte des neutestamentlichen Kanons. Zweiter Band: Urkunden und Belege zum ersten und dritten Band*, Erlangen – Leipzig: Deichert 1890/92.

— 1910/25: *Der Brief des Paulus an die Römer* (KNTh 6), Leipzig: Deichert 1910 [3rd ed. 1925].

— 1929: *Forschungen zur Geschichte des neutestamentlichen Kanons und der altkirchlichen Literatur*, Band II, Leipzig: Deichert 1929.

Zuntz, G. 1953: *The Text of the Epistles. A Disquisition upon the Corpus Paulinum* (The Schweich Lectures 1946), London: British Academy /OUP 1953.

V. The Origin of the Earliest Prologues to the Pauline Letters

Abstract

From de Bruyne and Corssen to Frede and Schäfer, scholars have argued for or against the Marcionite origin of the Prologues. A fresh investigation ought to postpone the controversial question and proceed step by step.

Patristic and Old Latin attestation prove that the Prologues were present in Latin manuscripts from the mid-4th century onward. Shortly after 400 A.D. they were incorporated into all major branches of the Vulgate text. Textual variants and expansions make it likely that the whole series of Latin Prologues goes back to the 3rd century. Some textual variants are of material importance. The Prologue to 1 Corinthians originally had the plural form *ab apostolis*.

The Prologues presuppose an edition which had Paul's letters to churches in the same order as Marcion. The author of the Prologues understood this as a chronological order. Form, vocabulary and other criteria prove that not only the Prologues to 2 Corinthians and 2 Thessalonians but also the Prologues to the letters to Timothy and Titus and to Philemon are secondary. The Prologue to Ephesians is likely to have been substituted for a prologue which had the Laodiceans as addressees. The addition of secondary prologues changed the character of the text, from an introduction to Paul's letters to seven churches to a series of prefaces to thirteen discrete letters.

The edition of Paul's letters to seven churches, for which the original set of Prologues was composed, had many features in common with Marcion's *Apostolikon*. But traces in other, mainly Syriac and Latin, sources make it likely that in the 2nd century these features were not Marcionite peculiarities. The series of Prologues was expanded in the 3rd century, when collections of thirteen (or fourteen) of Paul's letters prevailed and made the original order and number of prologues obsolete.

Only the content of the Prologues can provide an answer to the crucial question, whether the opposition between Paul and false apostles corresponds to a conflict between Catholics and heretics or to a conflict between Marcionites and other Christians. The decision turns out to depend upon the interpretation of the Prologues to the letters to the Corinthians and to the Romans. It is more difficult to attribute the Corinthian Prologue to a Marcionite than to attribute the Prologue to Romans to a Catholic author who opposed Judaizing tendencies.

The history of transmission makes a Marcionite origin extremely unlikely, and the content of the Prologues does not really favor the hypothesis. Just because they are not of Marcionite origin, the Prologues are a very important testimony to one of the main forms in which the Pauline letter collection circulated in the second century. The Prologues have also an interest of their own, as a very early and influential example of the genre "Introduction" to New Testament writings.

1. History and Present State of Research

1.1. In an article in *Revue Bénédictine* (1907) Dom Donatien de Bruyne argued that an ancient series of *argumenta* or prologues to the Pauline Letters, found in the majority of Latin manuscripts, were of Marcionite origin.[1] De Bruyne's observations were so striking and the result so sensational that A. von Harnack immediately drew attention to the article in Germany and J. Rendel Harris and F. C. Burkitt did the same in England.[2]

1.2. Unaware of de Bruyne's article, Peter Corssen independently arrived at the same conclusion.[3] He later added a "Nachtrag" in which he discussed some differences between his own view and de Bruyne's.[4] De Bruyne had argued that only the prologues to Galatians, 1 Corinthians, Romans, 1 Thessalonians, Colossians, Philippians, and Philemon were original and of Marcionite origin. The other prologues were added when the series was adapted to a Catholic edition of Paul. Mainly because of the Prologue to Titus Corssen argued that all the prologues were of Marcionite origin. Both scholars agreed that the author of the original prologues, like Marcion, considered Ephesians as a letter to the Laodiceans. But whereas de Bruyne maintained that the present Prologue to Ephesians had been substituted for an original prologue whose main content could be inferred from the Prologue to Colossians, Corssen thought that only the name of the addressees had been altered from Laodiceans to Ephesians. In all later discussion, the question of which, if any, prologues are secondary has remained a vexing problem.

1.3. Due to the studies of de Bruyne and Corssen, the ancient *argumenta* became generally known as the "Marcionite Prologues." They are printed as such in the Wordsworth and White edition of the New Testament Vulgate.[5] Their Marcionite origin has become common opinion.[6] It has been used to support the theory that Marcion's edi-

---

[1] D. DE BRUYNE 1907, 1-14.
[2] A. VON HARNACK 1907, 138-40; J. R. HARRIS 1907, 392-94; F. C. BURKITT 1907/11, 353-57.
[3] P. CORSSEN 1909, 36-45.
[4] *Ibid.*, 97-102.
[5] J. WORDSWORTH/H. J. WHITE 1913-41 print the *Argumentum Marcioniticum* and other introductory materials before the text of each letter (41f., 153, 279, etc.). The whole series is printed by A. SOUTER 1954, as Document A (188-91), and in most of the basic studies (e.g., DE BRUYNE 1907; CORSSEN 1907; VON HARNACK 1924/85; K. Th. SCHÄFER 1970a). An English translation of what DE BRUYNE assumed to be the original series was first made by BURKITT (1907, 355f.); see also D. J. THERON (1957, 79-83) and C. S. C. WILLIAMS (1969, 45f.). Here I have reproduced the text of most of the Prologues at appropriate points (§§ 5.1.1-3., 7.1., and note 58 on page 191). For practical reasons, I have retained the W-W sigla for Vulgate manuscripts. The Beuron *Vetus Latina* and R. WEBER's edition of the Vulgate (1969) use the same letters for the most important manuscripts (A F G M R, etc.). Manuscripts not used by W-W are designated by the siglum in *Vetus Latina*, prefaced by Vet Lat. The reader should observe that Vet Lat W (Würzburg, Univ. Libr. M. p.th.f. 12) is not identical with W in W-W (= Vet Lat Ω^W) and Vet Lat S (St. Gallen, Stiftsbibl. 70) not identical with S in W-W (= Vet Lat E). For Old Latin manuscripts, I always give the number in Vetus Latina, alone or together with earlier sigla. Information about the manuscripts are mostly drawn from H. J. FREDE's introductions to Ephesians, Philippians, Colossians, and Thessalonians in the Beuron *Vetus Latina* (1962, 24/1-2 and 1969, 25).

tion of the Pauline letters had a far-reaching influence upon later textual history, especially upon the Latin version.[7] Von Harnack accepted Corssen's view that later Marcionites included the Pastoral Epistles in their collection of Paul's letters.[8] In a series of publications he added hypothesis to hypothesis, in order to reconstruct the early history of the New Testament canon.[9]

1.4. Objections to the theory of a Marcionite origin were first voiced by Mundle and Lagrange.[10] Von Harnack could easily refute some of Mundle's arguments,[11] but in a careful survey of the evidence and the arguments on both sides, G. Bardy concluded that the debate had reached an impasse.[12] More recently, the number of sceptical voices has increased.[13]

1.5. The argument against the Marcionite origin of the Prologues has been best stated by Frede.[14] Over against Frede's objections Schäfer has restated de Bruyne's case with great vigor and clarity and with some additional arguments. In contrast to the debate in the 1920s, the discussion between Frede and Schäfer has brought some clarification, at least by eliminating untenable arguments and unnecessary ramifications. Yet, even in its latest phase, the debate has suffered from the tendency of the participants to use all observations as arguments for or against the supposed Marcionite origin. The most obvious argument for a Marcionite origin is derived from the order of Paul's letters to churches presupposed by the Prologues. It is equally obvious that their attestation in Catholic biblical manuscripts constitutes a difficulty for the hypothesis. Almost all scholars have failed to pay sufficient attention to the possibility that the Prologues presuppose an edition which was very similar to, but not identical with, Marcion's *Apostolikon*.[15] De Bruyne's protagonists, including Schäfer, have been too rash to conclude identity from similarity. De Bruyne's opponents, including Frede, have tended to underestimate the strength of his arguments.

1.6. In order to avoid methodological confusion, it is necessary to distinguish between several questions and proceed step by step. I shall deal with the issues in this order: Attestation; text; the order of letters; original and secondary prologues; the relationship of the Prologues to the shape of the *Apostolikon* and to other early editions of Paul; the content of the Prologues. As it will become clear, only the last topic can provide criteria for answering the question whether or not the Prologues are, indeed, of

---

[6] See, e.g., SOUTER 1954, 12, 188-91; H. VON CAMPENHAUSEN 1972, 246 note 1; WILLIAMS 1969, 45f; W. G. KÜMMEL 1975, 486f.

[7] E.g., H. J. VOGELS 1953.

[8] E.g., VON HARNACK 1924/85, 132*.

[9] VON HARNACK 1923; IDEM 1926; IDEM 1928; see also DE BRUYNE 1928.

[10] W. MUNDLE 1925; M.-J. LAGRANGE 1926.

[11] VON HARNACK 1925.

[12] G. BARDY 1957.

[13] W. SCHNEEMELCHER 1974, 130; [IDEM 1991, 23ff.]; J. REGUL 1969, 85-94; B. FISCHER 1972, 26 note 74; H. GAMBLE 1977, 111-13.

[14] FREDE 1964, 165-78; IDEM 1973a, 156-58.

[15] [So also GAMBLE 1995, 273 note 84.]

Marcionite origin. But I hope that my separate treatment of the other issues will contribute to clarification of the evidence and have some importance of its own.

2. Attestation

2.1. There is no direct evidence that the Prologues were ever used by Marcionites. Neither Tertullian nor Epiphanius nor any other anti-Marcionite writer ever alludes to them.

2.2. The hypothesis of de Bruyne and von Harnack,[16] that a late 2nd-century Roman edition of the New Testament included the "anti Marcionite Prologues" to the Gospels and the "Marcionite Prologues" to the Pauline letters, has proved untenable.[17] If the Muratorian fragment does presuppose the Prologues, it would contain a veiled polemic.[18] But even this theory is unnecessary.[19] The question lost most of its importance when A. C. Sundberg argued that the Muratorian canon list[20] is of 4th-century Eastern origin and proved that it is considerably later than usually assumed.[21]

2.3. The Prologues are first attested by Marius Victorinus in his commentaries on Pauline letters, ca. 355-365.[22] Somewhat later, Ambrosiaster and Pelagius (ca. 410) made fairly extensive use of them in the introductions to commentaries on the letters. Recently, Frede has edited two Vetus Latina manuscripts with the Prologues.[23]

2.3.1. The Prologues are absent from the Greek-Latin bilingual manuscripts, Claromontanus (Greek D, Latin d = 75 Vet Lat), Boernerianus (G, g = 75) and Augiensis (F, f = 78). Obviously, the common 4th-century archetype did not have the Prologues either.[24]

2.3.2. The Prologues were not part of the original text but were later added to the Freising fragments of the Pauline letters (r or r^3 = 64[25] 6th century, Africa). Augustine used a similar type of text but did not create it.[26]

2.3.3. The Prologues do occur in the fragmentary manuscript Monza, Bibl. Cap. i-2/9 (86 or mon; 10th century, N. Italy;[27]). The text is similar to that of Ambrose and of

---

[16] DE BRUYNE 1928, 193-214; VON HARNACK 1928, 322-41.
[17] R. G. HEARD 1955, 1-16; REGUL 1969.
[18] N. A. DAHL 1961, 51f. [in this volume article III, page 158f.]
[19] FREDE 1964, 176; SCHÄFER 1970a, 145; [GAMBLE 1977, 113 note 91].
[20] [Engl. trans. is found in GAMBLE 1985, 93-95: "Appendix: The Full Text of the Muratorian Canon List;" and in SCHNEEMELCHER 1991, 34-36.]
[21] A. C. SUNDBERG 1973, 1-41. [Following SUNDBERG G. A. ROBBINS 1986; IDEM 1992, and now also GAMBLE 1992, 856 (sic!); Cf. however the rejection in SCHNEEMELCHER 1991, 27f. and 72 note 37; KÜMMEL 1975, 492 note 69; VON CAMPENHAUSEN 1972, 243f.; E. FERGUSON 1982, 677-83; GAMBLE 1985, 32 note 25 (sic!); D. TROBISCH 1989, 42 note 158.]
[22] CORSSEN 1909, 40f.; FREDE 1964, 173-77; SCHÄFER 1970a 148-50; IDEM 1970b, 7-16..
[23] FREDE 1964; IDEM 1973-74.
[24] FREDE 1964, 88-101.
[25] Edited by DE BRUYNE 1921.
[26] FREDE 1964, 102-20.
[27] Edited by FREDE 1964, 121-286.

the same general type as that of Marius Victorinus and Ambrosiaster. The Prologues also occur in Budapest, Nat. Libr., (Cod. lat.m.ae. 1; ca. 800, Salzburg[28]). The text of this manuscript is, apart from some Vulgate influence, of the same type as the Latin text used for the 4th century bilingual edition and also by Lucifer of Cagliari. Both manuscripts contain not only the "Marcionite Prologues", but also a *brevis* or *capitulatio* (summary) of each letter, based upon the old Latin text (KA S).[29] Especially the Monza manuscript 86 proves that variant readings in, and expansions of, the text of the Prologues go back to the old Latin stage. Occasionally either 86 or 89 may have retained original readings with little or no attestation in Vulgate manuscripts.

2.4. We do not know who the scholar was who around 400 A.D. prepared a revised version of the Pauline Epistles which, mostly with minor or greater adaptations to old Latin texts, became part of the Vulgate. The editor of the Pauline Epistles, possibly a disciple of Jerome, was familiar with the ancient *argumenta* but composed a new prologue to the whole collection, known by its initial words as the Prologue *Primum quaeritur*.[30] In spite of this attempted substitution, the ancient prologues reappear not only in the vast majority of Vulgate manuscripts but also, what is more important, in the earliest and best manuscripts and in all major branches of the textual transmission of the Vulgate.

2.4.1. The experts seem to agree that the best witness to the Vulgate text in Paul is, on the whole, ms. G (Sangermanensis, early 9th century, St. Germain des Prés). The manuscript is a pandect (whole Bible) whose archetype was a 7th century Italian Bible. The text for the various parts of the Bible goes back to still earlier sources.[31] Ms. G has no chapter lists and does not have any of the secondary prologues to Hebrews which were composed to supplement the ancient series.[32] Apart from some errors and peculiarities, G seems to be our best witness to the original text of the Prologues as well as to that of the letters themselves. Like ms. G, a number of other manuscripts have the ancient prologues but no, or only partial, chapter lists, as P, Q and W c diu. (= Vet Lat $\Omega^{W\,C\,D}$; all French, 8th-13th century); further Vet Lat mss. I and J (= k and s, Weber; both fragmentary, Italy, 6th century); Vet Lat Z^P (French, 9th century), W (Irish, 8th century), and X (Spanish, 10th century). In contrast to G, most of these manuscripts have not had a textual history separate from the main streams of the Vulgate text in the Middle Ages. Occasionally, some of them support the text of G in the Prologues.

2.4.2. In mid-5th century Spain a certain Peregrinus prepared an edition of Proverbs and of Paul.[33] The latter includes not only the ancient prologues but also special

---

[28] Edited by FREDE 1973-74.
[29] See FREDE 1973a, 158-60. The abbreviations for the chapter lists are those of DE BRUYNE 1914. On the characteristics of the various lists, see FREDE (1962ff. *Vet Lat*, 24/2, 261-63. 25). Most of the lists are printed in W-W, in the order of the manuscripts in which they occur, KA A in the first column, etc. KA S is not included, but the related KA R is.
[30] WORDSWORTH/WHITE 1913-41, Vol. 1-5; WEBER 1969, Vol. I-II; cf. *Vet Lat* 25, 99-101.
[31] FISCHER 1963, 576-86; IDEM 1972, 69-73; FREDE 1973b, esp. 534f.
[32] See WORDSWORTH/WHITE 1913-41, 679-81.
[33] FISCHER 1963, 534-36; R. LOEWE 1969, 121-25.

chapter lists (KA Sp), lists of Old Testament testimonies and of names in each epistle, and also the *canones* of Priscillian[34] and other prefaces to the whole collection. In Wordsworth/White the Peregrinus edition is represented by C (Cavensis, 9th century) and T (Toletanus, 10th century). The apparatus, but not the text, of this edition was taken over in the Bibles of Theodulf,[35] represented by H and Θ in Wordsworth/White (Vet Lat Θ^H and Θ^M; both France, 8th-9th century). The Peregrinus text of the ancient prologues seems to have been part of the Italian Vulgate text which the editor combined with the edition of Priscillian. In the ancient prologues, the text of C T and H Θ has a clear affinity to that of G.

2.4.3. Most famous among Vulgate mss. is Amiatinus (shortly before 716, Jarrow-Wearmouth;[36]). Here the Prologues are preceded by another old Latin *capitulatio*, which also occurs in a number of other manuscripts (KA A, printed as the first column in Wordsworth/White[37]). It is often placed before the Prologues in manuscripts written by Anglo-Saxon monks, at home or on the continent, e.g., mss. O S Z and Vet Lat V and Z$^{C\,M\,R}$. The order is of Italian origin, cf. Vet Lat Γ^A (10th century, N. Italy, with elements of an old Milan text type). The text of the Prologues printed in Wordsworth/White follows that of Amiatinus to a large, probably too large, extent.

2.4.4 In ms. R (mid-8th century, N. Italy) the Prologues are followed by chapter lists (KA R), similar to, and probably derived from, the series in Vet Lat 86 and 89 (KA S, see § 2.3.3).

2.4.5. Our earliest Vulgate manuscript is Fuldensis (F; 547, ed. Victor of Capua;[38]). F has the same *capitulatio* as A, but after the Prologues. This arrangement is common in Vulgate manuscripts with a strong Old Latin component in the text, e.g., M (8th century, Freising) and Vet Lat S (8th century, St. Gallen, Winithar). In F and M, as in the Book of Armagh (D, 61 or ar) and a couple of other mss., Colossians is placed after 2 Thessalonians and followed by the apocryphal Letter to the Laodiceans (*Vet Lat*, 24/2, 302). Victor used a manuscript similar to M and Vet Lat S as his exemplar, but corrected it after a text similar to that of R A Vet Lat J, both before and after it was copied. Both ancestor manuscripts must have contained the ancient prologues.

2.5. Both the paucity of Vulgate manuscripts without the arguments[39] and the positive evidence prove that the Prologues were incorporated into Vulgate manuscripts

---

[34]WORDSWORTH/WHITE 1913-41, 17-32.
[35]FISCHER 1963, 593-96; LOEWE 1969, 126-29.
[36]See, e.g., LOEWE 1969, 116f.
[37]WORDSWORTH/WHITE 1913-41, 44f. etc.
[38]FISCHER 1963, 545-57, esp. 553f.; LOEWE 1969, 115.
[39]Only a very small number of more than 80 Vulgate mss. collated by FREDE do not have the Prologues. Ms. L (9th and 10th century, S. Italy) has only some of the Prologues; they may have been absent in an archetype. Vet Lat 54 (Paris, Bibl. Nat. lat. 321) has also an incomplete series. The Prologues are missing in Paris, Ass. Nat. (Chambre des Deputés) 1 (A. 20) = λ^P in *Vet Lat* 25 (9th century) and Verona, Bibl. Cap. LII = Vet Lat λ^R. See also the survey of the evidence in *Vet Lat* 25,108, and cf. 109-117 on later alterations. FREDE, however, thinks that the Prologues were present in a common archetype (1973b, 528).

long before the mid-6th century, the date of our earliest manuscript (F). The Prologues would seem to have been introduced into Vulgate manuscripts on more than one occasion, either alone or in conjunction with various Old Latin chapter lists (see § 2.4.1. and §§ 2.4.3.-5.). They were added to manuscripts with a more or less pure Vulgate text as well as to manuscripts with a mixed type of text. All the major branches of the textual tradition seem to have originated in Italy, whence the Vulgate version of Paul spread to other parts of Europe. With few, if any, exceptions, the Prologues were already included when the new version began to circulate outside its place of origin. Together with the patristic and Old Latin attestation (see § 2.3), the evidence from Vulgate manuscripts proves that the Prologues were, in general, considered an indispensable part of an edition of Paul in Italy around 400 A.D. They must have originated a good deal earlier. Von Harnack explained the Catholic use of Marcionite prologues as due to the lack of tools for biblical studies and to the ignorance of Christians in the West.[40] But the Prologues were not copied only by thoughtless scribes. Editors used them for their editions and exegetes relied upon them for their commentaries. Some of these persons were quite intelligent, but only at a later date did the Prologue to Romans cause some offense. The Theodulf manuscripts H and Θ have a rewritten version,[41] and some manuscripts leave it out (e.g., 89 U V). Most manuscripts have other prefaces as well before Romans.[42]

3. Text

3.1. In biblical manuscripts there is no necessary correlation between textual affinity and similarity of apparatus (cf. § 2.4.2. on Theodulf). Yet, at least to some extent, the main branches of transmission of the Vulgate represent discernible types of text in the ancient Prologues. My text-critical comments are mainly intended to show that there must have been a considerable textual variation already at the pre-Vulgate stage. In some cases I shall also discuss important variant readings in order to find out which one is most likely to be original. For Vulgate manuscripts I am entirely dependent upon the text and apparatus in Wordsworth/White, but I have also used the text of the Prologues in Vet Lat 86 and 89 and in some manuscripts of the Ambrosiaster commentary, which include the Prologues to all letters except Romans and 2 Corinthians.[43] I shall refer to them as Amst-mss.

3.2. In general, later manuscripts tend to accumulate, rather than to omit, introductory materials, even though there are some exceptions.[44] Moreover, the rule of thumb that the shorter text is the better one seems in most cases to hold good for the text of the Prologues.

---

[40] Von Harnack 1924/85, 131f.
[41] Wordsworth/White 1913-41, 42.
[42] Wordsworth/White 1913-41, 1-40.
[43] Edited by Vogels *CSEL* 81.2,3; 81.3,3 etc.
[44] E.g., Frede 1973b, 528f.

3.2.1. In most manuscripts, the Prologues are introduced by "incipit" and concluded by "explicit" formulas, but the wording is open to great variation. Several manuscripts lack a varying number of the formulas (F, M, N, and T and H Θ). Ms. G has no "explicits" and only four "incipits" which, however, refer to the following letter itself and not to the *argumentum* (2 Corinthians, Galatians, Philippians, Colossians). Ms. W has no such formulas and may have happened to preserve the original form.

3.2.2. The shorter text is clearly original in the opening sentence of Prol 2 Thess: *Ad Thessalonicenses secundam scribit,* 89 G F M P Amst-mss.; *scribit + epistulam,* A N pc; + *apostolus,* H Θ Z al; + *epistulam apostolus,* K V (Alcuin) al; *item ad eos scribit,* 86.

3.2.3. The last sentence of Prol 2 Thess is a less clear case: *Scribit hanc epistulam ab Athenis,* G A pm; *hanc epistulam* om. R F M D (= 61 or ar); *scribit et hanc,* Amst-mss.; *s. autem eis,* 89; *s. eis de urbe,* 86 (cf. απο Ρωμης min. 86 al[45]).

3.2.4. Prol 1 Thess, opening sentence: *Thessalonicenses sunt Macedones in Christo Iesu,* 89 G A* pm; *in Christo Iesu* om. 86 C T A^c R M. Here a decision is difficult. An archetype of the Theodulf mss. H Θ is likely to have had the same short text as the Peregrinus mss. C T. The same could possibly apply to the archetype of G, but the omitted words can also be original; see 1 Thess 1:1.

3.3. In most manuscripts a variable number of prologues conclude with a remark about the letter carrier. These clauses are certainly secondary in many cases, and it seems likely that the original prologues contained none of them. Remarks about the places from which Paul wrote to Timothy and Titus likewise seem to be secondary accretions. But there is no room for doubt that such accretions go back to Old Latin manuscripts. The additions are likely to have been inspired by, in some cases taken over from, similar pieces of information in subscriptions and *argumenta* (ὑποθέσεις) to the Pauline letters in Greek manuscripts. This points to the later part of the 4th or the early 5th century, when the Greek influence upon the Latin Bible was strong. The Greek influence is obvious in secondary Latin prologues to the Epistle to the Hebrews.[46]

---

[45]E. & E. NESTLE/B. & K. ALAND 1996, 542.

[46]Greek subscriptions are given in the apparatus in NESTLE/ALAND 1996. The Greek *Argumenta* occur in the majority of minuscle manuscripts, either alone or in conjunction with chapter lists and/or with the "Euthalian Apparatus". See L. CH. WILLARD's survey of the history and state of research (1970, 92-97) and, especially, his survey of the occurrence of the *Argumenta* and genuinely Euthalian matters in ca. 400 manuscripts (*ibid.*,209-219). Secondary readings in the Latin Prologues concur with Greek or, occasionally, Syriac or Coptic evidence, e.g., in ascribing Romans to Corinth; 2 Corinthians to Macedonia; 1 Timothy to Macedonia, Rome, Laodicea, or Nicopolis; 2 Timothy to Rome or Laodicea (! Vulg. CTU, Greek A); Titus to Nicopolis. Some of the oriental versions even concur in making Tychicos the carrier of either 1 or 2 Thessalonians (J. B. LIGHTFOOT 1879/1959, 275). The *Argumenta* were edited as part of the Euthalian Apparatus (L. A. ZACAGNI 1698, 570ff.; *MPG* 85. 748-75); as part of Ps.-Athanasius, *Synopsis scripturae sacrae* (*MPG* 28. 412-28) and of the Oecumenius commentary (*MPG* 118. 317f., 635f.) and also by HERM. VON SODEN (1902, 339-49). The notion that Paul did not begin his letter to the Hebrews by introducing himself by name and title, because he was the apostle of the Gentiles and not their apostle, is common to the last paragraph of the Greek (e.g., *MPG* 85. 776; VON SODEN, 1902, 347) and two Latin prologues, one attested by A N W Z pl., another by C T U (WORDSWORTH/WHITE 1913-41, 679f., 680). [See now extensively DAHL article VII in this volume.]

3.3.1. Mss. G CT H (cf. Θ) and Z (800-820, N. France) contain no information about letter carriers. Such information is poorly, if at all, attested in the Prologues to the Letters to the Romans, Galatians, Timothy and Titus. In some manuscripts a corrector has added clauses about the carrier (Θ Z F, once in A [2 Corinthians]).

3.3.2. In Prol 1 Cor the concluding phrase *per Timotheum* is attested by 86, 89, Amst-mss. as well as by A R F M P S pm. In spite of Wordsworth/White 1913-41, the remark about the letter carrier would be original here, if anywhere. The attestation for *per Epafroditum* in Prol Phil and *per Tychicum diaconum* in Prol Eph is slightly less impressive; A R F M pl, but not 89 P S Amst-mss. The attestation is considerably poorer in Prol Col (86 N W al) and Prol Phlm (A R F^c al).

3.3.3. In a number of manuscripts, either 1 Thessalonians (Θ^c) or 2 Thessalonians (R) or both letters (86 KV [Alcuin] P U, cf. S W c diu.) are said to have been sent by Tychicos (the deacon) and Onesimos (the acolyte). The information clearly belongs to Prol Col, but the confusion must go back to an early date since it is attested by 86. The variants *per Timotheum diaconum* in Prol 1 Thess (F N) and *per Titum (diaconum) et Onesimum (acolitum)* in Prol 2 Thess (K P V W c diu.) are attempts to correct the error. I take the confusion to confirm that all notes about letter carriers are secondary, with the possible exceptions of Prol 1 Cor and Prol Phil.

3.3.4. Mss. G Z* and P contain no information about the place from which Paul wrote to Timothy and Titus. The many variants in other manuscripts prove the short text to be the original one, but again the additions must be early, since they occur in 86 F M (Titus), A H Θ (1 Timothy), R (2 Timothy), etc.

3.4. Only few other variant readings deserve attention, but some of them are of material importance.

3.4.1. Prol Rom: *ad ueram euangelicam fidem*, A* F Z; read *ad ueram et euangelicam fidem*, 86 G CT R al//*scribens eis a Corintho*, 86 A R F M pm; read *ab Athenis*, G CT c. Athens can easily have been corrected to Corinth but not the other way around; the original reading presupposes the short version of Romans, without chapters 15-16.[47]

3.4.2. Prol 1 Cor: *et hi similiter ab apostolo audierunt uerbum ueritatis*, M N D (= 61, ar); *ab apostolos*, F; read *ab apostolis*, 89 Amst-mss. G CT HΘ A R Z W pm (on 86, see Frede 1973b[48]). On analogy with Prol Gal (*ab apostolo*), one would have expected "the apostle" in singular, but the plural is attested by so many, diverse, and excellent manuscripts that it cannot be due to a correction//*quidam a philosophiae uerbosa eloquentia, alii a secta legis iudaicae inducti*, 89 G C T A R F M pm; ... *ad ... uerbosam eloquentiam, alii ad sectam ...*, 86; *ad sectam* also N K (P). At least in the latter part of the clause, 86 may have preserved the original text. A common type of scribal error accounts for the variants, final "m" being indicated by a line above the preceding letter.

3.4.3. Prol Titus: *et hereticis uitandis qui in scripturis iudaicis credunt*, 86 89 G C T A F M pm Amst-mss.; ... *traditionibus iudaicis*, O S c D (= 61); *iudaicis fabulis*, R. Here the variants are obviously tendentious alterations.

---

[47] CORSSEN 1909, 44; GAMBLE 1977, 19f.
[48] FREDE 1973b, 157 note 3.

3.5. The textual variants, especially the addition of information about letter carriers and about the places from which Paul wrote to Timothy and Titus, confirm that the ancient prologues must have circulated widely and in somewhat divergent versions in the latter part of the 4th century. Their origin is, therefore, likely to go back at least to the beginning of that century. One variant reading points to a considerably earlier date. In Prol Titus, 86 and all but one Vulgate manuscripts read *de constitutione presbyterii*, with some negligible errors. But 89 and Amst-mss. read *de constitutione maiorum natu*, as does Vet Lat W.[49] This variant must go back to a time when the word presbyter had not yet become current in ecclesiastical Latin, possibly to the time of Cyprian. The general tendency was, no doubt, to correct an obsolete term, so that the attestation in three independent witnesses makes it likely that *maiorum natu* is the original reading. If so, the Prologues are likely to have existed in Latin for about a century before Marius Victorinus attests them. Together with the occurrence of the Prologues in ms. 86, the variant reading in Prol Titus may cause doubts about the assumption of Frede that the Prologues were first incorporated in the edition of the "I-type" of text attested by Victorinus, Ambrosiaster, and ms. 86. Frede himself concedes that this type of text was very fluid.

4. Order

4.1. Nobody has ever refuted the basic argument of de Bruyne and Corssen that the Prologues presuppose an edition in which Paul's letters to churches were arranged in the same order as in Marcion's *Apostolikon*. Schäfer has restated the argument in full,[50] and Frede does not disagree at this point, so that I can be brief. The basic observation is that connective words prove that 1 Corinthians followed immediately after Galatians and Colossians followed after another letter to Christians in Asia (Prol 1 Cor: *et hi similiter* ...; Prol Col: *et hi* ... *et ipsi* ... *nec ad hos* ... *sed et hos* ...). There are no such connectives in Prol Phil or Prol 1 Thess, although both the Philippians and the Thessalonians are identified as Macedonians. The letters to them did not, therefore, follow one another.

4.2. According to the Prologues, Paul wrote to the Colossians from Ephesus, already in chains (*iam ligatus*), and to the Philippians from prison in Rome. These two letters must have been the last ones, and the author of the Prologues is likely to have intended the order to be chronological.[51] The information about the place of writing fits neatly into the chronological order: Paul wrote to the Galatians and to the Corinthians from Ephesus (2 Corinthians from Troas), to the Romans and to the Thessalonians from Athens, to the Colossians from Ephesus when he had already been imprisoned, and to the Philippians from prison in Rome. Only Prol Eph does not fit into the scheme; the

---

[49] FREDE 1973a, 157.
[50] SCHÄFER 1970a.
[51] FREDE 1964, 176f.; SCHÄFER 1970a, 140.

transmitted text states that Ephesians, like Philippians and Philemon, was written from Paul's prison in Rome.

5. Original and Secondary Prologues

5.1. Whereas the question of order has been solved, scholars have not been able to reach an agreement about which, if any, of the Prologues are secondary. Sound methodology requires that an internal analysis be carried as far as possible before the problem of Marcionite origin is brought into the discussion. On formal criteria, the Prologues are of three different types: (A) Prol 2 Cor and Prol Phlm deal with literary genre; (B) the Prologues to 2 Thessalonians, 1 and 2 Timothy and Titus summarize the content of these letters; (C) the Prologues to Galatians, 1 Corinthians, Romans, 1 Thessalonians, (Ephesians), Colossians, and Philippians share a highly stereotyped phraseology and follow, with omissions and variations, a common pattern. In its fullest and most regular form, this pattern includes: (1) an introductory identification of the recipients; (2) information about them, mostly (a) their first acceptance of the gospel and, in some cases, their persistence in faith, (b) their depravation by or rejection of false apostles; (3) a statement about the letter itself, (a) in what manner and to what purpose, and (b) from where Paul wrote. Two examples of each type will illustrate the difference between the three patterns.[52]

5.1.1. Prol Gal: (1) *Galatae sunt Graeci.* (2a) *Hi uerbum ueritatis primum ab apostolo acceperunt,* (2b) *sed post discessum eius temtati sunt a falsis apostolis ut in legem et circumcisionem uerterentur.* (3a) *Hos apostolus reuocat ad fidem ueritatis,* (3b) *scribens eis ab Epheso.* Prol 1 Thess: (1) *Thessalonicenses sunt Macedones (in Christo Iesu).* (2a) *qui accepto uerbo ueritatis persteterunt in fide etiam in persecutione ciuium suorum,* (2b) *praeterea nec receperunt ea quae a falsis apostolis dicebantur.* (3a) *Hos conlaudat apostolus,* (3b) *scribens eis ab Athenis.*

[Prol Gal: (1) *The Galatians are Greeks.* (2a) *They received the word of truth first from the Apostle,* (2b) *but after his departure they were tempted by false apostles that they might be converted to the law and circumcision.* (3a) *The Apostle calls them back to the true faith* (3b) *[by] writing to them from Ephesus.* Prol 1 Thess: (1) *The Thessalonians are Macedonians (in Christ Jesus).* (2a) *who after [they] had accepted the word of truth, persevered in faith even during the persecution "by" their [fellow-]citizens;* (2b) *and furthermore they did not accept those things which were advocated by false apostles.* (3a) *The Apostle praises them* (3b) *when he writes to them from Athens.*]

5.1.2. Prol 2 Cor: *Post actam paenitentiam consolatorias scribit eis a Troade et conlaudans eos hortatur ad meliora.* Prol Phlm: *Philemoni familiares litteras facit pro Onesimo seruo eius. Scribit autem ei a Roma de carcere.*

[Prol 2 Cor: *After [their] penitence, he writes a consoling [letter] to them from Troas and praising them, he exhorts them unto better things.* Prol Phlm: *He writes a personal let-*

---

[52][Trans.: THERON 1957, 79ff.]

ter to Philemon on behalf of his slave Onesimus. He, however, writes to him from Rome from the prison.]

5.1.3. Prol 2 Thess: *Ad Thessalonicenses secundam scribit et notum facit eis de temporibus nouissimis et de aduersarii detectione. Scribit (hanc epistulam) ab Athenis.* Prol Titus: *Titum commonefacit et instruit de constitutione maiorum natu et de spiritali conuersatione et hereticis uitandis qui in scripturis iudaicis credunt.*

[Prol 2 Thess: *He writes a second [epistle] to the Thessalonians and makes known to them both [things] about the last times and about the exposing of the Adversary. He writes from Athens.* Prol Titus: *He reminds and instructs Titus concerning an older*[53] *constitution and concerning spiritual walk and heretics who believe in Jewish books, and who must be avoided.*]

5.2. In view of the three discrete types of prologues, it is impossible to give in to Frede's explanation that the difference of style and phraseology is due to the varying subject matter of the letters themselves.[54] The main group of prologues constantly deals with false apostles and reactions to them, even in cases in which the text of the letters gives little reason for doing so. The term "false apostles" is derived from 2 Cor 11:13, but Prol 2 Cor does not mention the activity of false apostles. The author of the main group of prologues would certainly have done that, if he had written a prologue to 2 Corinthians. The secondary character of Prol 2 Cor is confirmed by the observation that Prol 1 Cor covers both letters. This Prologue tells us that the Corinthians had been perverted by false apostles in several ways (*multifarie*), "some by the wordy eloquence of philosophy, others misled to (or, by) a sect of the Jewish law." The reference to 2 Corinthians is as clear in the latter part of this statement as the reference to 1 Corinthians (esp. 1-4) in the former.

5.3. Prol 2 Thess is of another type than Prol 2 Cor (see §§ 5.1.2. and 5.1.3.). But the author who treated Paul's Corinthian correspondence as one unit must also have treated the Thessalonian correspondence as one unit. Prol 2 Thess is secondary and Prol 1 Thess covers both letters. In fact, both letters speak about endurance of persecution (1 Thess 1:6; 2:14; 2 Thess 1:3ff.); a reference to false apostles, whom the Thessalonians did not receive, could more easily be found in 2 Thessalonians (2:1ff.; 3:6) than in 1 Thessalonians.

5.4. It would be conceivable that one author first dealt with Paul's letters to churches and then, in a different style, with his letters to individuals. The Muratorian canon list and some other texts (e.g., Victorinus of Pettau, in Rev I. 7 (ad Rev 1:20), *CSEL* 49:26-30) would provide partial analogies. But as Prol Phlm is of the same type as the secondary Prol 2 Cor, and the Prologues to the Pastoral Epistles are of the same type as the secondary Prol 2 Thess, it is unlikely that any of these prologues belong to the original set. Moreover, Paul is said to have written to Philemon from the prison in Rome and not from Ephesus, whence he wrote to the Colossians. For this reason, J. Knox suspected

---

[53][THERON 1957, 82f. gives the text: *de constitutione presbyterii* and trans.: *concerning the constitution of a presbytery*. See DAHL's text-critical discussion above § 3.5. on page 188.]

[54]FREDE 1964, 172.

that Prol Phlm was secondary, but other scholars have not paid any attention to his observation.[55] Frede thought that even de Bruyne had to reckon Prol Phlm as belonging to the original stock.[56] De Bruyne did not at all have to do so; he simply assumed that a set of Marcionite prologues would include a prologue to Philemon. So did Schäfer, who suspected that the last clause of Prol Phlm was secondary.[57]

5.5. The Prologue to Ephesians raises special problems. It reproduces almost verbatim Prol Phil but lacks the statement that the addressees did not receive the false apostles. Prol Col seems to presuppose that the preceding prologue dealt with some other Asian Christians who had been reached or overtaken (*praeuenti*) by false apostles and to whom Paul himself had not come but whom he corrects in a letter.[58] It is conceivable but not likely that Prol Col rather compares the Colossians with the Romans.[59] As Schäfer pointed out, Marius Victorinus seems to have read a Prologue to Ephesians that corresponded exactly to what Prol Col makes us expect the preceding prologue to have contained.[60] Victorinus writes i.a. that even the Ephesians seem to have been corrupted by false apostles to join Judaism with the Christian discipline, and that the letter is written in an admonishing and correcting manner (*MPL* 8. 1235). Finally, according to the received text, Ephesians like Philemon (and Philippians) is said to have been written from Paul's prison in Rome. This runs contrary to the chronology of the original set of prologues.[61] Even Frede seems now to concede that Prol Eph may indeed be secondary.

---

[55] J. Knox 1942, 43f.; cf. idem 1959, 84-86.
[56] Frede 1964, 172.
[57] Schäfer 1970a, 141; idem 1970b, 8.
[58] de Bruyne 1907, 10 and 14. The problems may best be illustrated by putting asterisks around words in Prol Col which one would expect to have had antecedents in the preceding prologue. In the text of Prol Phil square brackets indicate words which are missing in Prol Eph, parentheses the diverging text in Prol Eph. [Trans.: Theron 1957, 79ff.]

Colosenses et hi sicut Laodicenses *sunt Asiani*; et ipsi *praeuenti erant a pseudapostolis, nec ad hos accessit ipse apostolus,* sed et *hos per epistulam recorrigit.* Audierant enim uerbum ab Archippo, qui et ministerium in eos accepit. *Ergo apostolus iam ligatus scribit eis ab Epheso.*

[The Colossians, they also, just as the Laodiceans, *are Asians.* They themselves *had been reached beforehand by false apostles. The Apostle himself did not come to them,* but he *corrects even them by an epistle.* For they had heard the word from Archippus who received the ministry to them. *The Apostle then, after he had already been arrested, writes to them from Ephesus.*]

Philippenses (Ephesi) sunt Macedones (Asiani). Hi accepto uerbo ueritatis persteterunt in fide, [nec receperunt falsos apostolos.] Hos apostolus conlaudat (conlaudat apostolus), scribens eis a Roma de carcere.

[The Philippians (Ephesians) are Macedonians (Asians). They persevered in faith after {they} had accepted the word of truth [and they did not receive false apostles.] The Apostle praises them, writing to them from Rome from the prison.]

[59] Thus Frede 1964, 170.
[60] Schäfer 1970a, 148f.; idem 1970b, 12-14.
[61] Schäfer 1970a, 138 and 140.

5.6. The reason why the present Prol Eph was substituted for another, original prologue may have been that the original had the Laodiceans and not the Ephesians as recipients of the letter. De Bruyne felt certain that this was the case. He found the proof in the opening clause of Prol Col: *Colosenses et hi sicut Laodicenses sunt Asiani*, assuming that this means: "The Colossians too are Asians, like the Laodiceans" (to whom the preceding letter was addressed).[62] Frede objects to this and takes *sicut* to have a coordinating meaning.[63] On his understanding, the clause would mean: "The Colossians too are Asians, as are also the Laodiceans" (whom the letter to the Colossians repeatedly mentions; Col 2:1; 4:13, 15f.). While linguistically possible, this understanding seems less likely than the other. Schäfer thought that his reference to Marius Victorinus would definitely resolve the question in de Bruyne's favor,[64] but it does not. If Marius Victorinus read an original prologue, similar to Prol Col, but with the Ephesians as addressees, it follows that it was the content and not the address of the original prologue that caused the substitution. In the 4th century, the Ephesians were assumed to have been mature Christians, who would in no way have succumbed to false apostles.[65] Yet it is more likely than not that the original prologue had the Laodicean address. The chronological scheme confirms, what would in any case be likely, that the author of the original prologues assumed the two letters to Asian churches to have been written from the same place, where Paul was already in prison, i.e., from Ephesus. The Ephesians cannot possibly have been the addressees of a letter written from Ephesus.[66]

5.7. We can now draw the conclusions from our internal analysis of the Prologues. The original series contained seven *argumenta* which dealt with Paul's letters to churches in the order: (1) the Galatians, (2) the Corinthians, (3) the Romans, (4) the Thessalonians, (5) the Ephesians or, more likely, the Laodiceans, (6) the Colossians, (7) the Philippians.[67] The inner coherence makes it quite likely that, originally, these prologues were not placed as prefaces to the individual letters but formed one coherent text, possibly a preface to an edition of the Corpus Paulinum, as the author knew it.[68] As Frede has pointed out, similar types of "introductions" existed in profane literature.[69] It is possible, and even probable that the original prologues were composed in Greek and later translated into Latin. Von Harnack and Frede assumed a Greek original for all prologues.[70] No definite proof seems possible.[71] But while the original prologues

---

[62] DE BRUYNE 1907, 1-14.
[63] FREDE 1964, 169f.
[64] SCHÄFER 1970a, 149; IDEM 1970b, 15f.
[65] FREDE 1964, 170.
[66] SCHÄFER 1970a, 148f.; IDEM 1970b, 14f.
[67] [See also GAMBLE 1995, 272f. note 82.]
[68] Cf., e.g., VON HARNACK 1924/85, 131*; IDEM 1925, 207; SCHÄFER 1970a, 147f.
[69] FREDE 1964, 173.
[70] VON HARNACK 1924/85, 130*; FREDE 1964, 177f.
[71] SCHÄFER 1970a, 147.

can fairly easily be (re-)translated into Greek, some phrases indicate that the secondary prologues were from the beginning composed in Latin.[72]

5.8. The addition of prologues to 2 Corinthians, 2 Thessalonians, and to the letters to individuals not only expanded the original text but altered its character. What had been an "introduction" that dealt with the churches to which Paul wrote, and with the occasion and nature of his letters to them, was turned into prefaces to thirteen distinct letters. Since the Prologues to 2 Corinthians and to 2 Thessalonians are likely to have originated at the same time, the presence of two types of secondary prologues (see § 5.1) does not make it necessary to assume a gradual expansion. The data are adequately accounted for, if we assume that the secondary prologues were added on the same occasion on which the prologues were distributed among the individual letters in the order which, with minor variations, is found in all existent manuscripts. The Laodicean address was probably changed on the same occasion, even if the present Prol Eph was, possibly, added later, in the time between Marius Victorinus and Ambrosiaster (see §§ 5.5 and 5.6). The data do not call for any more complicated theory of expansion. The explanation of Schäfer that Prol Phlm was part of the original set and that the Prologues to the Pastorals were added on one occasion and Prol 2 Cor and Prol 2 Thess on another, is definitely improbable.[73]

6. Early Editions of Paul

6.1. While we have no fixed data, it is reasonable to assume that the distribution of the prologues among the letters, with new prologues added, occurred some time around the middle of the 3rd century. At that time, the shape of the Pauline Corpus presupposed by the original prologues must have been obsolete. We have now to look for possible remains of editions of the Pauline letters which would match the original set of prologues. Marcion's *Apostolikon* is the most obvious candidate, but we have to bear in mind that it is the only 2nd century edition of Paul about whose shape we have fairly detailed information. Tertullian (*Adv. Marc.* V. 17 and 22) took it for granted that Marcion had left out the letters to Timothy and Titus and changed the address of Ephesians. But it is equally possible that Marcion used an already existing edition and only, as he saw it, deleted interpolations and corrected corrupt passages. For this reason it is

---

[72] See, e.g., Prol 2 Cor, *post actam paenitentiam*; Prol 2 Tim, *de exhortatione martyrii* and *temporibus nouissimis* (temporal ablative); Prol Titus, *de ... hereticis uitandis*. While all of these phrases might be translated into Greek, at least some of them, especially the last one, are such idiomatic Latin that translation from Greek is not likely. The assumption of a Greek original causes no similar problem with regard to the original set of prologues. For this insight I am indebted to Professor M. R. D'Angelo, who made a tentative translation of the Prologues into Greek in a seminar paper (1968-69). I hope that she will some day publish a revised version of her translation.

[73] Schäfer 1970a, 142f.

entirely possible that the original set of prologues presuppose an edition which was very similar to that of Marcion without being identical with it.[74]

6.2. According to the Muratorian Fragment and many other sources, Paul, like John in Revelation, wrote to seven churches and thereby to the whole church.[75] The theory remained popular even after the inclusion of Hebrews made it obsolete. It is possible that it goes back to a time when the Pauline letters were in fact arranged as a collection of Paul's letters to seven churches. It is worth observing that Victorinus of Pettau enumerates Paul's letters to seven churches in the order Romans, Corinthians, Thessalonians, Ephesians, Galatians, Philippians, Colossians (*De fabr. mundi* 11; CSEL 49:26-30). Except for Romans, which is placed first, the order is one of decreasing length. Several scholars have observed that this principle of decreasing length, with the Corinthian correspondence counted as one unit and the Thessalonian letters as another, has also influenced the order common to Marcion and the Prologues.[76] As Colossians and Philippians are equally long, the Marcionite order deviates from the principle only by placing Galatians first and having Ephesians after the Thessalonian letters. The basic principle was hardly an invention of Marcion's; it may well go back to an ancient edition of Paul's "letters to seven churches."[77]

6.3. It has frequently been assumed that the whole textual transmission of the Pauline letters goes back to one common archetype for the whole collection. But this assumption is untenable in view of the textual history of Romans.[78] Except for the varying position of Hebrews, the order of the Pauline letters is almost constant in Greek manuscripts. Here the prevalent order is the decreasing length of each of the thirteen (or fourteen) letters, with the letters to churches and the letters to individuals treated as separate groups. $\mathfrak{P}^{46}$ and the Gothic version place Ephesians, the longer letter, before Galatians; they may have preserved the original order. In Latin manuscripts the order varies much more. In conjunction with other evidence, that indicates even greater variations in the 2nd century. Yet it is possible to explain the whole complex evidence as due to alterations and conflations of two basic editions, one in which Paul's thirteen (or fourteen) letters and another in which his letters to seven churches were arranged according to the principle of decreasing length. Frede, who has compiled the full evidence (*Vet Lat*, 24/2:290-303), distinguishes a "Western" order, which became obsolete, from the order that ultimately prevailed.[79] One does not have to accept all of his detailed explanations to find that the general idea of two primitive orders, partial conflation, and ultimate victory of one order works extremely well.

---

[74][So also GAMBLE 1995, 61 and 273 note 84; further J. J. CLABEAUX 1989.]
[75]TH. ZAHN 1892/1975, 73-75; DAHL 1962, 261-62 [in this volume article IV].
[76]E.g., VON HARNACK 1924/85, 168f.; KNOX 1959, 78ff.
[77][Cf. GAMBLE 1995, 60: "This edition must go back to a very early time and indeed has the best claim to have been the most ancient edition of the Pauline letter collection;" further *ibid.*, 272 note 77, and FREDE 1969, 292; J. FINEGAN 1956, 85-103.]
[78]See GAMBLE 1977.
[79][See, above notes 76 and 77 on page 194.]

6.4. The placement of Galatians, Corinthians, and Romans as the first letters in the Pauline Corpus is not exclusively Marcionite. The same order is attested for the Old Syriac version, both by the commentary of Ephraem and by a Syriac canon list (*Catalogus Sinaiticus*, ca. 400;[80]). In the Old Syriac, Hebrews follows Romans. Ephraem's commentary includes the apocryphal 3 Corinthians but not Philemon. The arrangement of the letters in the old Syriac version seems to be due to an amalgamation of an order like that of Marcion and the Prologues for the first four letters and an order more like that of our Greek manuscripts for the others.[81] Textual affinities are not so striking that they suggest Marcionite influence upon the Old Syriac version of Paul.[82] The Syriac evidence, therefore, proves that it was not Marcion's preference for Galatians which gave this letter the first place in the collection.[83] The deviation from the principle of decreasing length is more likely to be due to chronological considerations.[84]

6.5. The Pastoral Epistles were certainly not part of Marcion's *Apostolikon* and, probably, not part of the edition for which the original Prologues were composed. But Valentinians and other 2nd century gnostics did not have the Pastorals in their Pauline collections either. In contrast to Frede, I doubt that the Pastorals were from the beginning part of the edition which had the "Western" order of the letters and which I would like to call the "seven churches edition." Their inclusion in the Old Latin and Old Syriac versions could well be examples of the early conflation of two primitive editions.

6.6. The early place of Romans within a chronological scheme, as well as the assignment of its composition to Athens rather than to Corinth, proves that the author of the original Prologues did not know Romans 15-16. But the short version of Romans was not created by Marcion; it must have been current in manuscripts with a "Western" or early Antiochene type of text.[85]

---

[80] See, e.g., SOUTER 1954, 209.

[81] The order Corinthians, Romans, Hebrews is one of decreasing length, with the Corinthian letters treated as one unit, but the *Catalogus Sinaiticus* places the two Thessalonian letters as the last of the letters to churches, and Ephraem may have followed the same order (*Vet Lat*, 24/2:293-95). It is conceivable that Hebrews was first included in a collection of this type. This would explain the irregular place of Hebrews in $\mathfrak{P}^{46}$, immediately after Romans, and in the ancient chapter division of Vaticanus, with Hebrews as the fifth letter (chaps. 59-69), following Romans, 1-2 Corinthians and Galatians (chaps. 1-58). The Old Syriac order may well go back to a Greek archetype. In later manuscripts the position of Hebrews does not vary as much as one might think on the basis of W. H. P. HATCH's article (1936); the apparent confusion exists only in manuscripts of the Theophylact commentary, not in purely biblical manuscripts. It cannot be repeated often enough that commentary manuscripts ought to be singled out as such, and not included in the general list of biblical manuscripts without some special sign. At this point VON SODEN's nomenclature had a definite advantage over the system of C. R. GREGORY-K. ALAND.

[82] See, e.g., J. KERSCHENSTEINER 1970.

[83] [Cf. now GAMBLE 1995, 60 and 272 note 80.]

[84] FREDE 1964, 165f. [Cf., however, also the considerations by TROBISCH 1989, 65: "Es handelt sich dabei wahrscheinlich um den Versuch einer chronologischen Ordnung. Daraus könnte gefolgert werden, daß der kurze Röm verwendet war, da nach den Angaben aus Kap. 15 und 16 Röm am Ende der Sammlung stehen müßte."]

[85] GAMBLE 1977, 16-29, 100-24.

6.7. Schäfer concedes that neither the absence of the Pastorals nor the order of letters are exclusively Marcionite peculiarities, but he thinks that the Laodicean address of our Ephesians is.[86] As the Ephesian address is only attested from Irenaeus onward, it is hard to understand his confidence at this point. The author of the apocryphal letter to the Laodiceans clearly intended to reconstruct a lost letter; he might have known that a letter from Paul to the Laodiceans had once existed, without realizing that this letter was identical with Ephesians.[87] Be that as it may, the address "To the Laodiceans" may very well have been one of the peculiar features of the ancient edition of "Paul's letters to seven churches," which must have existed in the 2nd century (see §§ 6.2-6.5) but which soon became obsolete. If the Prologues are not of Marcionite origin, they would provide evidence that this was indeed the case. If so, the original set of Prologues must have been composed before the title "To the Ephesians" was generally accepted, i.e., before the end of the 2nd century. No other inference can be drawn with certainty. It is more likely than not that a lost prologue treated Ephesians as a letter to the Laodiceans, but it is also more likely that the Laodicean address goes back to an early edition of Paul than that Marcion invented it.[88] The question of the origin of the Prologues, Marcionite or not, must be decided upon other criteria.

---

[86] E.g., SCHÄFER 1970b, 15.

[87] The author of the apocryphal Laodiceans is mostly supposed to have been inspired by Col 4:16 (e.g., SCHNEEMELCHER 1974, 129; [IDEM 1992, 43]). But in antiquity, the "letter from Laodicea" was seldom assumed to be a letter from Paul to the Laodiceans (LIGHTFOOT 1879/1959, 272-79). VON HARNACK argued, with great conviction, that the apocryphal letter to the Laodiceans was a Marcionite product (1923; IDEM 1924/85, 134*-49*). His theory has rightly been rejected (e.g., SCHNEEMELCHER 1974, 130f.; [IDEM 1992, 43f.]). But VON HARNACK had correctly observed a certain congruence between the apocryphon and Prol Col (1924/85, 146f.). The similarity between the letter to the Laodiceans and Marius Victorinus' preface to his commentary on Ephesians is also striking (*MPG* 8:1235 AB; cf. above §§ 5.5-6. on page 191f.). There is a puzzle here. Did the author of the apocryphon know the original prologue to the letter to the Laodiceans (= Ephesians)? That hypothesis would only work if the author knew the prologues in Greek and wrote his "reconstructed" letter in that language, as LIGHTFOOT argued that he did (1879/1959, 289-92). Existing Latin and English prologues to the Letter to the Laodiceans are poorly attested and clearly secondary (DE BRUYNE 1907,12; LIGHTFOOT 1879/59, 295f.). In early manuscripts, the letter never has a prologue of its own. The letter is likely to have had its original place immediately after Colossians, whether the order was Colossians, Laodiceans, Thessalonians, as in C T and other Spanish manuscripts (also c and 58), or Thessalonians, Colossians, Laodiceans, as in F M and D (61). The latter order is likely to be the earlier one, taken over from one form of the Old Latin. There would then seem to be a possibility that the author was inspired by the opening sentence of Prol Col, *Colosenses et hi sicut Laodicenses sunt Asiani*. Assuming that the sentence referred to two letters, one to the Colossians and another to the Laodiceans, he tried to reconstruct the lost one. In that case, the apocryphal letter to the Laodiceans would right from the beginning have been part of an edition of the Pauline letter collection and have been composed in Latin. But there is evidence that an apocryphal letter to the Laodiceans was known to Greek fathers (e.g., Theodore of Mopsuestia, H. B. SWETE (ED.) 1880, 310f.). It can well have been the Greek original of the Latin apocryphon. I have not been able to solve the puzzle. Only the vague possibility remains that the author of the apocryphon had some knowledge that a letter from Paul to the Laodiceans once existed.

6.8. The secondary nature of Prol Phlm does not solve the disputed question either. One cannot exclude the possibility that the original prologues presuppose a collection of Paul's letters which did not include Philemon. Ephraem did not comment upon the letter, probably because it was not in his canon. In their prefaces to Philemon, Jerome (*MPL* 26. 635f.), Chrysostom (*MPG* 62. 702-704) and, more indirectly, Theodore of Mopsuestia[89] defend the canonicity and value of the letter. Apparently, their opponents did not so much attack the letter as defend an ancient form of the Pauline letter collection which did not include Philemon.[90] If the original prologues presuppose a collection without Philemon, they cannot be of Marcionite origin. But there is another possibility. In *Adv. Marc.* V. 21,1, Tertullian treats Philemon after Philippians, as the last of Paul's letters, wondering why the heretic did not exclude this letter but left it intact. Epiphanius, however, reports that Philemon was placed immediately after Colossians, before Philippians (*Panarion*, 42. 9,4). John Knox can, therefore, be right, that Marcion followed an ancient order which treated the letters to the Colossians and to Philemon as one unit, just as the two letters to the Corinthians were treated as one unit and the two

---

[88]The textual history of Romans helps to elucidate the problems caused by the title and prescript of Ephesians. Both in Rom 1:7 and 15 and in Eph 1:1 the text without a local address is likely to go back to a very early period when each letter circulated separately and not as part of a collection (GAMBLE 1977, 29-33, 115-20). In the case of Romans, manuscript attestation proves that there must have existed two primitive editions of the Pauline Corpus, one with and one without chapters 15-16 and the local address. Especially the attestation of the doxology (Rom 16:25-27) at the end of chapter 14 proves that the latter edition has left some traces in the Antiochene as well as in the "Western" type of text (GAMBLE 1977, 22-29, 121-29). As for Ephesians, it is clear that the edition which ultimately prevailed had the title "To the Ephesians" as well as the full text of Romans 1-16. The title may have caused the insertion of the words ἐν Ἐφέσῳ in the prescript, Eph 1:1. But it is also possible that this version included ἐν Ἐφέσῳ from the beginning. If the letter is pseudonymous, it is even conceivable that this was the original text, as J. GNILKA 1990, 6f. and A. LINDEMANN 1976, 235-51 have recently argued. The other version, i.e., the edition of Paul's "letters to seven churches", certainly lacked a local address in Eph 1:1 as well as in Rom 1:7 and 15. Ms. G, a 9th century descendant of a 4th-century bilingual archetype, is the chief witness for the omission of ἐν Ῥώμῃ in Rom 1:7 and 15, but in 1:7 the omission is supported by other witnesses, esp. 1739^mg Origen. In Eph 1:1 the text without ἐν Ἐφέσῳ is attested by 𝔓[46] B* S* 1739 Origen. In spite of considerable variation, the attestation is of the same type in both cases: one typical representative of the "Western" text (G or Marcion) is supported by early Alexandrian or Caesarean witnesses which have preserved a number of variant readings that are otherwise characteristic for the "Western" text. Since Marcion is the only Western witness to the text without a local address in Eph 1:1, it is entirely possible that he alone has also preserved the title of the letter in the "seven churches edition", i.e., "To the Laodiceans". Marcion had no reason to change the title of the letter, and it is easily understandable that an obsolete title was corrected earlier and more consistently than the text of the prescript. A secondary addition to Prol Eph (WORDSWORTH/WHITE 1913-41, 406; Vet Lat 25:108) states that "the heretics, especially Marcion" (*heretici et maxime Marcion*) had the title "To the Laodiceans" for Ephesians but, unfortunately, neither Valentinians nor other 2nd- century gnostics quote the letter by title. Only the non-Marcionite origin of the Prologues would provide conclusive evidence that Ephesians once was known as a letter to the Laodiceans outside Marcionite circles. But even the theory, which A. VAN ROON has recently restated (1974, 72-85), that the Laodiceans were among the intended addressees of the letter, still deserves consideration in view of Col 2:2f. and 4:13-16. [See further in this volume article III, page 160f. with lit.!]

[89]SWETE (ED.) 1882, 257-67.

letters to the Thessalonians as another.[91] Thus, the Prologue to Colossians can have been meant to cover both Colossians and Philemon.

6.9. The probable shape of the edition presupposed by the original set of Prologues allows for both possibilities: the prologues may or may not be of Marcionite origin. The probability that a lost Prologue treated Ephesians as a letter to the Laodiceans does not prove a Marcionite origin; neither does the probable lack of an original prologue to Philemon disprove it. If not Marcionite, the Prologues would add a good deal to our knowledge of the shape of the Pauline Corpus in the 2nd century, but our knowledge is too fragmentary to allow for any certain decision of the disputed question. Only the content of the Prologues can provide criteria by which to decide whether or not they are of Marcionite origin.

6.10. Our deliberations so far have, however, yielded one clear conclusion: it is much more difficult to explain the history of transmission on the assumption that the Prologues are Marcionite than on the assumption that they are not. The later theory of de Bruyne and von Harnack,[92] that they were incorporated into the Catholic New Testament in the late 2nd century, while the Marcionite controversy was still raging, is extremely improbable (see § 2.2.). But it is equally impossible to assume that the Prologues were not included in Catholic manuscripts until ca. 400, when the battle against Marcion had been won.[93] As there is no clear evidence that Marcionites ever accepted the Pastoral Epistles, the Prologues to the letters to Timothy and Titus create further complications which are not explained by Schäfer's theory of a gradual expansion of the series (see § 5.8).

6.11. By contrast, the history of transmission is easy to explain on the assumption that an "orthodox" author composed the original set of prologues as an introduction to Paul's letters to seven churches, most likely in Greek, in the latter part of the 2nd century. At a later stage, probably in the mid-3rd century when the "seven churches edition" had become obsolete, the original prologues were translated into Latin and new prologues composed, to be used as prefaces to the individual letters in an edition of the

---

[90] I owe this insight to DAVID WORLEY (seminar paper, 1976). ZAHN gives more information about the controversy concerning Philemon, but his source analysis of Jerome's text is very conjectural (1888, 267-70; IDEM 1892, 997-1006). The most intriguing question is the identity of the "ancients" who were alleged, by the author whom Jerome combats, to have rejected Philemon. One possible candidate is Tatian, of whom Jerome, in the preface to his commentary on Titus, reports that he did not reject Titus although he did reject some other letters of Paul (*MPL* 26. 590). We can safely assume that Tatian, due to his encratism, rejected 1 Timothy. The other letters which he could possibly have rejected would have to be 2 Timothy and Philemon. If he did reject Philemon, we would at least have one point of contact between Tatian's edition of Paul and the Old Syriac, which, however, included 1 and 2 Timothy. Eusebios' report, that Tatian dared to alter the style of the apostle (*Hist. eccl.* IV. 29,6), does not bring us closer to a solution of this puzzle. The only inference that can be drawn with some degree of certainty is that, in the second part of the 2nd century, not only the text and the order but also the content of the Pauline letter collection was open to variation, even outside Marcionite circles.

[91] KNOX 1959, 83-86; IDEM 1942, 43f.

[92] DE BRUYNE 1928,193-214; VON HARNACK 1928, 322-41.

[93] Thus, e.g., VON HARNACK 1924/85, 133*; ED. C. BLACKMAN 1948, 54.

thirteen letters of Paul. At least in Italy, in the 4th century the Prologues became a common part of Paul manuscripts, and various types of texts emerged already before the Prologues were incorporated into Vulgate manuscripts in the early 5th century. I will not, of course, pretend that this summary gives a full account of what actually happened, but the known data do not, as far as I can see, require a more complicated explanation, unless the content of the Prologues proves that they are, after all, Marcionite.

7. Paul and the False Apostles

7.1. Not unlike modern scholars, the author of the original set of prologues found that conflicts between Paul and his opponents provided the key to understanding the letters of Paul and the circumstances under which they were written. At least from the 4th century onward, commentators and editors took the "false apostles" to represent heresy, while Paul was the representative of the true and apostolic orthodox faith. De Bruyne and his followers thought that the false apostles represented a Judaistic distortion of the gospel, preserved by the Catholics, while Paul was the representative of the true and apostolic faith as recovered by Marcion. The crucial question is which of the two ways of reading the Prologues comes closer to their original meaning. The Prologue to Galatians does not help to solve this question, since the information that the Galatians had been "tempted by false apostles to turn to the law and circumcision" could easily be derived from the letter itself. Other prologues which only speak in general terms about the false apostles do not bring us closer to a solution. This means that the whole discussion ultimately hinges upon the interpretation of the Prologues to the letters to the Corinthians and the Romans. Referring to my comments upon variant readings (§§ 3.4.1-2), I reproduce them here:[94]

> *Corinthii sunt Achaei, et hi similiter ab apostolis audierunt uerbum ueritatis, et subuersi multifarie a falsis apostolis, quidam a philosophiae uerbosa eloquentia, alii a(d) secta(m) legis Iudaicae inducti; hos revocat apostolus ad ueram et euangelicam sapientiam, scribens eis ab Epheso per Timotheum.*

> [The Corinthians are Achaeans. And they similarly heard the word of truth from the Apostles, but they were subverted in many ways by false apostles – some were misled by verbose eloquence of philosophy, others by a sect of the Jewish law. [Paul], writing to them from Ephesus by Timothy, calls them back to the truth and evangelical wisdom.]

> *Romani sunt in partibus Italiae. Hi praeuenti sunt a falsis apostolis, et sub nomine Domini nostri Iesu Christi in legem et prophetas erant inducti. Hos reuocat apostolus ad ueram et euangelicam fidem, scribens eis ab Athenis.*

> [The Romans 'live' in the regions of Italy. They had been reached beforehand by false apostles, and under the name of our Lord Jesus Christ they were misled into the Law

---

[94][Trans.: THERON 1957, 79.]

and the Prophets. The Apostle, writing to them from Corinth, calls them back to the true evangelical faith.]

7.2. The author assumed, as several modern scholars have done, that Paul fought on two fronts in his correspondence with the Corinthians, both against opponents who excelled in philosophical orations and against teaching derived from, or resulting in, a form of Jewish sectarianism. Marcionites could possibly have engaged in polemics against philosophical gnostics as well as against Catholic "Judaizers". But the notion of two different types of heresy, one Judaizing and the other rhetorical and philosophical (i.e., gnostic?), corresponds more to what we would expect from an anti-heretical spokesman for Catholic orthodoxy. In any case, it is clear that the false apostles do not form a unified group but are supposed to have taught several forms of heresy. This means that we have no right to generalize and to assume that all unspecified references to false apostles aim at advocates of the Jewish law or of the Old Testament, as Schäfer did.[95] Finally, the statement that the Corinthians had heard the word of truth from the apostles proves that the author did not operate with a simplistic contrast between Paul as the only true apostle and all others as false apostles, as, e.g., von Harnack assumed.[96] The plural *ab apostolis* could possibly refer to Paul, Silvanus, and Timothy (2 Cor 1:19). More likely, however, the plural refers to Paul and Cephas (and Apollos? – 1 Cor 1:11ff.; 3:21ff.). If so, the prologue would agree with Dionysios of Corinth (ca. 170) who considered Paul and Peter to be co-founders of the Corinthian church as well as of the Roman (Eusebios, *Hist. eccl.* II. 25,8).

7.3. While the *argumentum* to the Corinthian letters makes difficulties for the conjectured Marcionite origin, the Prologue to Romans provides the strongest argument in its favor. We do, certainly, not expect a Catholic author to say that false apostles introduced (or misled) the Roman Christians to the law and the prophets. This sounds as if the author rejected the Old Testament scriptures and assumed that Paul had done the same. Yet the force of this argument can be weakened, if not completely invalidated. There is no reason to take *praeuenti sunt a falsis apostolis* to mean that false apostles were the first who preached Christianity in Rome.[97] The passive perfect *praeuenti sunt* does not mean that the Romans had been "reached beforehand" but that they had been reached by false apostles who came upon them, hindering or overtaking them.[98] The Prologue to Romans leaves out the usual clause about the first reception of the word for the simple reason that the text of the letter provided no information. But the Prologue presupposes the standard pattern, that the true preaching came first and the false apostles later, since Paul is said to call the Romans back (*reuocat*) to the true faith.

7.4. Another consideration further weakens the case for a Marcionite origin. Romans does not explicitly refer to false teachers except in 16:17f., which the author of the prologue did not have in his text. But the author is likely to have followed his general practice and derived his information from the text of the letter. He must have inferred

---

[95]Schäfer 1970, 138.
[96]Von Harnack 1924/85, 130*.
[97]Thus von Harnack 1924/85, 130.; more hesitantly Schäfer 1970a, 143.

what he says about the activity of the false apostles from those parts of Romans in which Paul explains how the law and the prophets are properly to be understood. But precisely these parts of the letter (Rom 1:17b, 3:31-4:25, most of 9-11) are not attested for Marcion, who is likely to have deleted them.[99] This means that the author had the short version of Romans, without chapters 15-16, but not Marcion's revision of that text in front of him. He accepted Paul's interpretation of the Old Testament testimony to universal salvation in Christ, while he rejected a Christian preaching that led to allegiance to the law and the prophets. He was a staunch anti-Judaizer but no Marcionite. Mundle was mistaken in thinking that he was dependent upon Ambrosiaster,[100] but the commentary confirms that a non-Marcionite understanding of the prologue was and is possible (see CSEL 81: 5-9).

7.5. The proposed interpretation of the Prologue to Romans may not be entirely satisfactory, but a "Marcionite" interpretation hardly solves the problem. On the balance of evidence, it is easier to ascribe the Prologue to Romans to a Catholic author than to ascribe the Prologue to the Corinthian letters to a Marcionite. It must be added, however, that in the attitude to the Old Testament, the original Prologues deviate a great deal from the more standard orthodoxy of, e.g., 1 Clement, Justin, Irenaeus, or Tertullian. The only analogies that come to my mind are the Fourth Gospel and, even more, Ignatius of Antioch, who claims the prophets for Christianity but who otherwise shows little interest in the law and the prophets (*Magn.* 8-10; *Phld.* 6-8).[101]

---

[98]Since BURKITT (1907, 355f.), translators have rendered *praeuenti sunt* in Prol Rom and *praeuenti erant* in Prol Col as "were (had been) reached beforehand" by false apostles. According to WORDSWORTH/WHITE (1913-41, 41) the Greek original was, perhaps, προυλήφθησαν or προκατελήφθησαν. But a look at the concordances to the Vulgate and the Septuagint shows that *praeuenti sunt* (*erant*) is much more likely to render a passive of προφθάνω (or φθάνω). The passive locution *praeuentus sum ab aliquo* can be transformed into the active construction *aliquis praeuenit me*. It is not an equivalent of *aliquis praeuenit ad me*. In other words, the Romans and Colossians are not said to have been "reached beforehand" by false apostles who arrived before Paul or before Paul intervened with his letter. They were, much more, preceded, prevented, or overtaken by false apostles. In the Vulgate, the passive construction occurs only in 2 Macc 14:31, *ille cognouit fortiter se a uiro praeuentum*, i.e., Nicanor recognized that his intended action had been effectively prevented by Judas. The Greek word is here ἐστρατήγηται "outwitted" (RSV) or "outmaneuvered" (NEB). When used as a transitive verb, *praevenire* frequently means to precede or get ahead of (e.g., Mark 6:33; 1 Thess 4:15). The meaning "they were preceded by" does not fit the context of the Prologues, but the passive form could be used in a figurative sense, "they were outrun (or overtaken) by false apostles." It is not even certain that the prefix *prae-* has any temporal meaning; see, e.g., Ps 17:19 (18:18 = 2 Sam 22:19), *praeuenerunt me in die adflictionis meae*, "they (the enemies) came upon me in the day of my calamity." Whatever the exact connotations, the meaning of *praeuenti sunt* (*erant*) differs only slightly from *tem(p)tati sunt* (Prol Gal) or *subuersi* (Prol 1 Cor). In his preface to his commentary on Ephesians, Marius Victorinus used *deprauati*, possibly as a paraphrase for *praeuenti* (MPL 8. 1235A; cf. above, § 5.5. on page 191). In Medieval Latin *praeueniri* can even mean "to be deceived or misled" (see, e.g., J. F. NIERMEYER 1976, 846).

[99]VON HARNACK 1924/85, 102*-111*.

[100]MUNDLE 1925, 56-77.

[101][Cf. W. BAUER/H. PAULSEN 1985, 52-54, 64-5, 83-86; W. R. SCHOEDEL 1985, 118-27, 204-09.]

7.6. Next to the Prologue to Romans the Prologue to Titus is the one in which one can most easily find a Marcionite rejection of the Old Testament. It is indeed remarkable that this Prologue says that the heretics, who are to be avoided, believed in "Jewish scriptures" rather than in Jewish myths or fables, as one would expect on the basis of Titus 1:14. Yet, a Marcionite origin of the Prologues to the Pastorals would only be worth considering if the main set of Prologues was proved to be Marcionite. De Bruyne was himself never willing to alter his original opinion that the Prologues to the Pastorals, like those to 2 Corinthians and 2 Thessalonians, were due to a Catholic expansion of the ancient series, for good reasons.[102] If the Prologue to Titus is not Marcionite, there is no reason to take the *scripturae iudaicae* to be the canonical Scriptures. What the author had in mind were simply Jewish writings, perhaps pseudepigrapha like the Book of Jubilees or Enoch. The author of this Prologue probably considered the Old Testament books as part of the Christian canon, not as "Jewish writings". If so, he probably did not belong to the same time and environment as the author of the original set of Prologues.

7.7. One more argument deserves consideration. The last Prologues in the original series presuppose that Paul was already imprisoned when he wrote to the Colossians from Ephesus and that he was brought as a prisoner to Rome, whence he wrote to the Philippians. Thus, the author either did not know the account in Acts, or he ignored it, as a Marcionite would have done.[103] This argument carries some weight, but it is not conclusive. We have only scant evidence that Acts was used, or in any sense considered canonical, before Irenaeus. At the end of the 2nd century, the author of the Acts of Paul knew the book of Acts but did not follow its itinerary; he made Paul travel by ship from Corinth to Italy.[104] A series of Greek *argumenta* to the letters of Paul, which possibly were composed in the 4th century [and affiliated to the Euthalian 'Apparatus'], still contain information which cannot be harmonized with the Lucan account of Paul's life.[105] Apparently, the author of these Greek *argumenta* had no clear picture of Paul's life and travels. The author of the ancient Latin prologues seems to have made up a picture of his own on the basis of the letters. This is a further indication of an early date but not necessarily of Marcionite origin.

---

[102] DE BRUYNE 1921-28, nos. 13, 252, 540-41.

[103] SCHÄFER 1970a, 32.

[104] SCHNEEMELCHER 1974, 380f.; [IDEM 1992, 230f.].

[105] According to the *Affiliated Argumenta* [see hereto above note 46 on page 186 and esp. article VII in this volume, pages 231ff.], not only the letters to the Ephesians, Colossians, Philippians, Philemon, and 2 Timothy, but also Galatians and 2 Thessalonians were written from Rome, and Hebrews from Italy. Paul is explicitly said to have written to the Ephesians from Rome, before he had seen them (*MPG* 85. 761; VON SODEN 1902, 343). Theodore of Mopsuestia was, for good reasons, of the opinion that Paul could not yet have seen the Ephesians when he wrote his letter to them (SWETE (ED.) 1882, 116f.). The author of the *Argumenta* would seem to combine this theory with other pieces of information which he derived from subscriptions to manuscripts in his hand. The ascription of Galatians to Rome is common in Koine manuscripts (NESTLE/ALAND 1996, 503). 2 Thessalonians was written from Rome according to min. 6 al; probably the text of the *Argumenta* also varies at this point.

8. Conclusion

8.1. Several scholars who have written about the "Marcionite Prologues" have pretended that their arguments and conclusions were irrefutable. My own pretensions are more modest, but I do think that I have given a more plausible explanation of the data than any current theory. The observations which caused de Bruyne, Corssen, and more lately, Schäfer to assume a Marcionite origin for the ancient Latin Prologues carry more weight than the opponents of the theory have been willing to concede. Nevertheless, the conclusion that the Prologues were indeed Marcionite has turned out to be both unnecessary and improbable. Attestation and history of transmission make it improbable, and no single feature requires a Marcionite origin. The striking similarities between Marcion's *Apostolikon* and the original Prologues receive a satisfactory explanation on the assumption that, in the 2nd century, an edition of Paul's letters similar to that of Marcion circulated even outside Marcionite circles. Even so, it is interesting to observe how difficult it has been to find criteria for deciding whether the Prologues are Marcionite or not. The border lines between orthodoxy and heresy are fluid, especially in the fields of Bible editions and biblical studies.

8.2. Whereas earlier discussions have centered around the alleged Marcionite origin of the Prologues, the chief contribution of this article has been the attempt to use the Prologues to shed light upon the early history of the Pauline letter collection. Due to the scantness of contemporary evidence, no reconstruction of this history can claim more than a relatively high degree of probability. In partial agreement with Frede, but modifying his results, I have argued that the theory of one common archetype for the Pauline Corpus does not adequately explain the complex data, but that a plausible explanation is possible if we assume the existence of two primitive editions. The one which prevailed was arranged as a collection of Paul's thirteen (or fourteen) letters. The other, which was probably the earlier one, was arranged as an edition of Paul's letters to seven churches. This edition did not include Romans 15-16 and is likely to have had an early form of the "Western" type of text.[106] Originally, it included neither Hebrews nor the Pastoral Epistles, and it may have had Ephesians as a letter to the Laodiceans. Marcion used a collection of this type as the basis for his critical revision, and the original set of Prologues was composed for another edition of the same type. Otherwise, this form of the Pauline Corpus has left some traces in the Old Syriac version and in Latin sources but hardly any traces in Greek manuscripts, with the exception of "Western" variant readings. These suggestions are in need of further elaboration, but they are suf-

---

[106]The term "Western" text should here be understood in a very loose sense. A great number of readings in the main witnesses to the Western text in Paul, esp. in the bilingual mss. D G F, are obviously secondary. What I have in mind are the ancient components of the "Western" type of texts, many of which are also attested in the early Egyptian witnesses and to some extent even in Syriac translations and later Greek manuscripts. I am largely relying upon G. ZUNTZ 1953 for my general understanding of the textual transmission of the Pauline letters, even though I disagree with his theory about the first edition of the collection.

ficiently plausible to call for revision of the current theories about the origin and early shape of the Pauline letter collection.[107]

8.3. The original set of Prologues can be conjectured to go back to a continuous, 2nd-century Greek text. But as this text is not attested, conjectures about its exact date and place of origin remain very uncertain. Apparently, it had no letter to Ephesus but mentioned Ephesus as the place of origin for the letters to four of the seven churches – Galatians, Corinthians, Laodiceans, and Colossians (with Philemon?). The letters to the Romans and to the Thessalonians were assigned to Athens and only one letter, Philippians, to Rome. It would seem likely that the text originated in an Eastern province, possibly in Ephesus. (The address "To the Ephesians" is more likely to have originated in a church that had received the letter from Ephesus.) But it is equally possible that the original Prologues originated in Antioch, as Frede has suggested, mainly because he assumes the "Western text" to be of Antiochene origin.[108] As the Western text is in itself a complex entity, the author of the Prologues cannot have been the originator of "the 'Western' recension". He may not even have initiated the chronological order in editions of Paul's letters to seven churches. But an Antiochene provenience of the original prologues would fit well with what we otherwise know about the relationship between Christians, Jews, and Judaizing Christians in Antioch.[109] Ignatius, especially, was involved in a two-front battle against Judaizers and other heretics, analogous to the problems which the Prologues find in the letters of Paul.[110]

8.4 Finally, the Prologues deserve to be studied for their own sake, not only for the information that they yield, or do not yield, about the history of the Marcionite schism and about early editions of Paul. They represent, probably, the earliest example of a literary genre that later developed into the standard form of "Introduction to the New Testament". For centuries, the Prologues were a regular part of the Latin Bible. They were taken over in pre-Reformation vernacular translations. Their understanding of conflicts in early Christianity, between Paul and "false apostles", made a great impact, both directly and, perhaps even more, through the mediation of Ambrosiaster and Pelagius. The indirect influence might be traced right up to F. C. Baur and to the present day. Thus, the Prologues exemplify the degree to which an editor may influence the way in which a literary text is read, especially if the editor has written the preface.

8.5. In my generation, Amos Wilder has been a pioneer for a literary approach to the writings of the New Testament. He has, in a unique way, combined literary culture and poetic sensitivity with common sense. He is well versed in hermeneutical problems concerning the role of text, genre, structure, author, audience, and later readers and interpreters. But he is, certainly, also fully aware of the minor role played by editors of literary texts, sacred and profane. This paper has dealt with editorial matters, a some-

---

[107] See, e.g., C. L. MITTON 1955; and KÜMMEL 1975, 478f., 486f.
[108] FREDE 1964, 167, 178.
[109] See W. A. MEEKS 1976, 33-65.
[110] See P. J. DONAHUE 1978, 81-93.

what peripheral, but not negligible, area of New Testament studies. I am happy to be able to present the results of long labor to Amos Wilder, with love.

Bibliography

BARDY, G. 1957: "Marcionites (Prologues)", in: *DBSup* 5, Paris: Letouzey et ané 1957, 877-81.

BAUER, W./PAULSEN, H. 1985: *Die Briefe des Ignatius von Antiochia und der Polykarpbrief* (HNT 18), Tübingen: Mohr Siebeck 1985.

BEURON, ERZABTEI (GENERAL ED.) 1962: *Vetus Latina: Die Reste der altlateinischen Bibel 24/1-2* (Ephesians, Colossians and Philippians), 25 (Thessalonians, etc.). H. J. FREDE (ED.), Freiburg i. Br. etc.: Herder 1962ff.

BLACKMAN, ED. C. 1948: *Marcion and His Influence*, London: SPCK 1948.

DE BRUYNE, D. 1907: "Prologues bibliques d'origin marcionite", in: *RBén* 24 (1907) 1-14.

— 1914: *Sommaires, divisions et rubriques de la Bible latin*, Namur: Godenne 1914.

— 1921: *Les fragments de Freising* (Collectanea biblica latina 5), Rome: Bibliotèque Vaticane 1921.

— 1921-28: Book reviews, quoted by number, in: *RBénSup: Bulletin d'ancienne littérature chrétienne latine* 1921-28.

— 1928: "Les plus anciens prologues latins des évangiles", in: *RBén* 40 (1928) 193-214.

BURKITT, F. C. 1907/11: *The Gospel History and its Transmission*, Edinburgh: Clark 1907. [3rd ed. 1911.]

VON CAMPENHAUSEN, H. 1972: *The Formation of the Christian Bible*, Eng. trans., Philadelphia, PA: Fortress 1972.

CLABEAUX, J. J. 1989: *A Lost Edition of the Letters of Paul. A Reassessment of the Text of the Pauline Corpus Attested by Marcion* (CBQ.MS 21), Washington, DC: CBA 1989.

CORSSEN, P. 1909: "Zur Überlieferungsgeschichte des Römerbriefes" (with an Appendix), in: *ZNW* 10 (1909) 1-45, 97-102.

DAHL, N. A. 1961: "Welche Ordnung der Paulusbriefe wird vom muratorischen Kanon vorausgesetzt?", in: *ZNW* 52 (1961) 39-53. [In this volum article III.]

— 1962: "The Particularity of the Pauline Epistles as a Problem in the Ancient Church", in: W. C. VAN UNNIK (ED.), *Neotestamentica et Patristica. Freundesgabe O. Cullmann* (NT.S 6), Leiden: Brill 1962, 261-71. [In this volume article IV.]

DONAHUE, P. J. [1978]: "Jewish Christianity in the Letters of Ignatius of Antioch", [in: *VigChr* 32 (1978) 81-93].

FINEGAN, J. 1956: „The Original Form of the Pauline Collection", in: *HThR* 49 (1956) 86-103.

FISCHER, B. 1963/85: "Bibelausgaben aus dem frühen Mittelalter", in: *Settimane di studio del Centro italiano sull'alto medioevo* 10. La Bibbia nell' alto medioevo. Spoleto: Centro italiano di studi sull'alto medioevo 1963, 519-600 (and 685-704). [Repr. in: IDEM (ED.), *Lateinische Bibelhandschriften im frühen Mittelalter* (Vet Lat: AGLB 11), Freiburg i. Br. etc.: Herder 1985, 35-100.]

— 1972: "Das Neue Testament in lateinischer Sprache", in: K. ALAND (ED.), *Die alten Übersetzungen des Neuen Testaments, die Kirchenväterzitate und Lektionare* (Vet Lat: ANTT 5), Berlin – New York: de Gruyter 1972, 1-92.

FREDE, H. J. 1964: *Altlateinische Paulus-Handschriften. Vetus Latina: Die Reste der altlateinischen Bibel nach Petrus Sabatier, neugesammelt und herausgegeben von der Erzabtei Beuron* (AGLB 4), Freiburg i. Br. etc.: Herder 1964.

— 1969: "Die Ordnung der Paulusbriefe und der Platz des Kolosserbriefs im Corpus Paulinum", in: *Vetus Latina: Die Reste der altlateinischen Bibel* 24/2, Freiburg i. Br.: Herder 1969, 290-303.

— 1973a-74: *Ein neuer Paulustext und Kommentar*, Vols. I-II (Vet Lat: AGLB 7/9), Freiburg i. Br.: Herder 1973-74.

— 1973b: "Ein Paulustext aus Burgund", in: *Bib.* 54 (1973) 516-536.

— *Vet Lat* (see BEURON, ERZABTEI).

FERGUSON, E. 1982: "Canon Muratori: Date and Provenance", in: *StPatr* 18 (1982) 677-83.

GAMBLE, JR., H. (Y.) 1977: *The Textual History of the Letter to the Romans: A Study in Textual and Literary Criticism* (SD 42), Grand Rapids, MI: Eerdmans 1977.

— 1985: *The New Testament Canon: Its Making and Meaning* (GBS), Philadelphia, PA: Fortress 1985.

— 1992: "Canon: New Testament", in: *ABD* Vol. I, New York etc.: Doubleday 1992, 852-61.

— 1995: *Books and Readers in the Early Church. A History of Early Christian Texts*, New Haven, CT – London: YUP 1995.

GNILKA, J. 1990: *Der Epheserbrief* (HThK 10/2), 4th ed., Freiburg i. Br. etc.: Herder 1990.

VON HARNACK, A. 1907: "Review of de Bruyne (1907)", in: *ThLZ* 32 (1907) 138-40.

— 1923: "Der apokryphe Brief des Apostels Paulus an die Laodicener, eine marcionitische Fälschung ...", in: *SPAW. PH* 27 (1923) 235-45.

— 1924/85: *Marcion. Das Evangelium vom fremden Gott*, 2nd ed., Leipzig: Hinrichs 1924 [Repr. Darmstadt: WBG 1985].

— 1925: "Der marcionitische Ursprung der ältesten Vulgata-Prologe zu den Paulusbriefen", in: *ZNW* 24 (1925) 204-18.

— 1926: "Die Marcionitischen Prologe zu den Paulusbriefen, eine Quelle des muratorischen Fragments", in: *ZNW* 25 (1926) 160-63.

— 1928: "Die ältesten Evangelien-Prologe und die Bildung des Neuen Testaments", in: *SPAW. PH* 24 (1928) 322-41.

HARRIS, J. R. 1907: "Marcion and the Canon", in: *ExpT* 18 (1907) 392-94.

HATCH, W. H. P. 1936: "The Position of Hebrews in the New Testament", in: *HThR* 29 (1936) 133-51.

HEARD, R. G. 1955: "The Old Gospel Prologues", in: *JThS* n.s. 6 (1955) 1-16.

KERSCHENSTEINER, J. 1970: *Der altsyrische Paulustext* (CSCO 315), Louvain: CSCO 1970.

KNOX, J. 1942: *Marcion and the New Testament*, Chicago, IL: UCP 1942.

— 1959: *Philemon among the Letters of Paul*, Rev. ed., Nashville, TN: Abingdon 1959.

KÜMMEL, W. G. 1975: *Introduction to the New Testament*, Rev. ed. Trans. H. C. KEE, Nashville, TN: Abingdon 1975.

LAGRANGE, M.-J. 1926: "Les prologues prétendues marcionites", in: *RB* 35 (1926) 161-73.

LIGHTFOOT, J. B. 1879/1959: *Saint Paul's Epistles to the Colossians and to Philemon*, London: Macmillan 1879 [Repr. Grand Rapids, MI: Zondervan 1959].

LINDEMANN, A. 1976: "Bemerkungen zu den Adressaten und zum Anlaß des Epheserbriefes", in: *ZNW* 67 (1976) 235-51.

LOEWE, R. 1969: "The Medieval History of the Latin Vulgate", in: G. W. H. LAMPE (ED.), *The Cambridge History of the Bible 2*, Cambridge: CUP 1969, 102-54.

MEEKS, W. A. 1976: "Jews and Christians in Antioch in the First Four Centuries", in: G. MACRAE (ED.), *SBLASP*, Missoula, MT: Scholars Press 1976, 33-65.

MITTON, C. L. 1955: *The Formation of the Pauline Corpus of Letters*, London: Epworth 1955.

MUNDLE, W. 1925: "Die Herkunft der 'marcionitischen' Prologe zu den Paulusbriefen", in: *ZNW* 24 (1925) 56-77.

NESTLE, EB. & ER./ALAND, B. & K. (EDS.) 1996: *Novum Testamentum Graece*, 27th ed., Stuttgart: Deutsche Bibelgesellschaft 1996.

NIERMEYER, J. F. 1976: *Mediae latinitatis lexicon minus*, Leiden: Brill 1976 (1st ed., 1954).

REGUL, J. 1969: *Die antimarcionitischen Evangelienprologe* (Vet Lat: AGLB 6), Freiburg i. Br. etc.: Herder 1969.

ROBBINS, G. A. 1986: *PERI TON ENDIATHEKON GRAPHON: Eusebius and the Formation of the Christian Bible*, Ann Arbor, MI: University Microfilms 1986.

— 1992: „Muratorian Fragment", in: *ABD*, Vol. 4, New York etc.: Doubleday 1992, 928f.

VAN ROON, A. 1974: *The Authenticity of Ephesians* (NT.S 39), Leiden: Brill 1974.

SCHÄFER, K. TH. 1970a: "Marcion und die ältesten Prologe zu den Paulusbriefen", in: P. GRANFIELD/J. A. JUNGMANN (EDS.), *Kyriakon. Festschrift Johannes Quasten*, Münster: Aschendorff 1970, 135-50.

— 1970b: "Marius Victorinus und die marcionitischen Prologe zu den Paulusbriefen", in: *RBén* 80 (1970) 7-16.

SCHNEEMELCHER, W. (ED.) 1974: *New Testament Apocrypha* (3rd ed. of EDGAR HENNECKE, *Neutestamentliche Apokryphen*, Trans. R. MCL. WILSON, Philadelphia, PA: Westminster 1974.

— 1991: *New Testament Apocrypha. Vol. One: Gospels and Related Writings*, Revised Edition, Trans. R. McL. WILSON, Cambridge: Clarke/Louisville, KT: Westminster – John Knox 1991.

— 1992: *New Testament Apocrypha. Vol. Two: Writings Relating to the Apostles; Apocalypses and Related Subjects*, Revised Edition, Trans. R. McL. WILSON, Cambridge: Clarke/Louisville, KT: Westminster – John Knox 1992.

SCHOEDEL, W. R. 1985: *Ignatius of Antioch. A Commentary on Ignatius of Antioch* (Hermeneia), Philadelphia, PA: Fortress 1985.

VON SODEN, HERM. 1902: *Die Schriften des Neuen Testaments in ihrer ersten erreichbaren Textgestalt 1/1*, Göttingen: V&R 1902.

SOUTER, A. 1954: *The Text and Canon of the New Testament*, Rev. by C. S. C. WILLIAMS, London: Duckworth (Repr. 1960).

SUNDBERG, A. C. 1973: "Canon Muratori: A Fourth-Century List", in: *HThR* 66 (1973) 1-41.

SWETE, H. B. 1880-82: *Theodori episcopi Mopsuesteni in epistolas B. Pauli commentarii*, Vols. I-II, Cambridge: CUP 1880-82.

THERON, D. J. 1957: *Evidence of Tradition*, London: Bowes & Bowes 1957.

TROBISCH, D. 1989: *Die Entstehung der Paulusbriefsammlung. Studien zu den Anfängen christlicher Publizistik* (NTOA 10), Freiburg (CH): UVF/Göttingen: V&R 1989.

— 1994: *Die Paulusbriefe und die Anfänge der christlichen Publizistik* (KT 135), Gütersloh: Kaiser 1994.

— 1996: *Die Endredaktion des Neuen Testaments. Eine Untersuchung zur Entstehung der christlichen Bibel* (NTOA 31), Freiburg (CH): UVF/Göttingen: V&R 1996.

Vetus Latina: see: BEURON, ERZABTEI (ED.)

VOGELS, H. J. 1953: "Der Einfluß Marcions und Tatians auf Text und Kanon des Neuen Testaments", in: J. SCHMID/A. VÖGTLE (EDS.), *Synoptische Studien Alfred Wikenhauser ... dargebracht*, München: Zink 1953, 278-89.

WEBER, R. (ED.) 1969: *Biblia Sacra iuxta Vulgatam versionem*, Vols. I-II, Stuttgart: Württembergische Bibelanstalt 1969.

WILLARD, L. CH. 1970: *A Critical Study of the Euthalian Apparatus*. PhD Dissertation; New Haven, CT: Yale University 1970 (Ann Arbor: University Microfilms).

WILLIAMS, C. S. C. 1969: "The History of the Text and Canon of the New Testament to Jerome", in: G. W. H. LAMPE (ED.), *Cambridge History of the Bible 2*. Cambridge: CUP 1969, 27-53.

WORDSWORTH, J./WHITE, H. J. (EDS.) 1913-41: *Nouum Testamentum Domini nostri Iesu Christi latine 2*, H. F. D. SPARKS/C. JENKINS (EDS.), Oxford: Clarendon 1913-41.

ZACAGNI, L. A. 1698: *Collectanea monumentorum ecclesiae graecae 1*, Rome: Congregatio de propaganda fide 1698.

ZAHN, TH. 1888-92/1975: *Geschichte des neutestamentlichen Kanons*, Vols. I-II, Erlangen/Leipzig: Deichert 1888-92 [Repr. Hildesheim/New York: Olms 1975].

ZUNTZ, G. 1953: *The Text of the Epistles: A Disquisition upon the Corpus Paulinum*, London: OUP 1953.

VI. 0230 (= *PSI* 1306) and the Fourth-Century Greek-Latin Edition of the Letters of Paul

1. Introductory Remarks

In 1953 Giovanni Cardinal Mercati published a tiny parchment fragment, not greater than ca. 13.5 x 2.5 cm. The hair side (*recto*) contains the text of Eph 6:5b-6 in Latin, the flesh side (*verso*) Eph 6:11b-12a in Greek. The fragment was found near Antinoë in Egypt and published, as no. 1306, among the *Papiri Greci e Latini* edited by the Società Italiana per la ricerca dei Papiri greci e latini in Egitto, volume XIII (1953), 87-97. In the list of Greek New Testament manuscripts the fragment has received the signum 0230; in the Beuron edition of the *Vetus Latina*, the Latin text is no. 85.

In comparison with other manuscripts discovered in the last generation, the small fragment seems to be insignificant, especially since it does not contain any variant readings of real importance for New Testament textual criticism. Yet Cardinal Mercati rightly claimed that the interest of the fragment is out of proportion to its size. On the basis of paleography, he was able to date the manuscript to the early fifth or the late fourth century. In its original form, the manuscript is likely to have contained the whole Pauline Corpus, with the Greek and Latin texts in parallel columns. It is, therefore, the earliest example of a Greek-Latin biblical bilingual. The Egyptian provenience adds to its significance. It is quite likely that the manuscript was written and used in the same area in which the fragment was found.[1]

Since its foundation by Hadrian, Antinoë had been a center of Roman military and civil administration in Egypt. The city with its surroundings also became one of the centers of early Christian monasticism.[2] In the fourth and fifth centuries the use of the Latin language was increasing in Egypt,[3] both in general and among Christians.[4] We also have information to the effect that men and women, who had retired from the world, could best support themselves by copying manuscripts. By doing so, they could follow the prescription of the apostle and work with their own hands, without any

---

[1] As the editor, CARDINAL G. MERCATI 1953, 91 and 94, points out, the form of the Greek letter Mu betrays that the scribe was accustomed to the Coptic alphabet. He leaves open the possibility that the Latin column was written by another scribe (*ibid.*, 92f.).

[2] On Antinoë or Antinoopolis, see esp. H. LECLERCQ 1907, 2326-59. Palladius, who was in exile there in A.D. 408-12, tells that about 1,200 hermits lived in the surroundings and that there were twelve convents of women, see *Historia Lausiaca* 58-9, (C. BUTLER [ED.] 1904), 151-53.

interruption of their monastic life.⁵ Thus, our fragment adds a small piece of evidence that fits into the general picture of the cultural and religious history of the time and the area.

The importance of the fragment would be greatly increased if 0230 could be demonstrated to have a family relationship to the major Greek Latin bilingual manuscripts of the Pauline letters. In his edition, Cardinal Mercati paid some attention to these manuscripts, but he did not pursue the question of whether or not 0230 might go back to the same archetype as the other Pauline bilinguals. I have myself long been of the opinion that a close family relationship does exist, without ever stating my reasons in a printed publication.⁶ In direct contradiction to this, H. J. Frede, the editor of the Pauline Epistles in the Beuron *Vetus Latina*, has repeatedly denied that any such relationship exists.⁷ The problem is important enough to deserve a detailed discussion.

---

³ Several Latin papyri found at Antinoë have been edited in C. H. ROBERTS or J. W. BARNS/H. ZILLIACUS (EDS.) 1950-67, and/or R. CAVENAILE (ED.) 1958. They include two fragments of Virgil (P. Antin. 29-30, *CPL* 15, 17), one of Juvenal (*CPL* 37), two other literary texts (P. Antin. 154-55), two Greek-Latin legal fragments (P. Antin. 152-53, 5th-6th century), a Latin alphabet (CPL 58), and a small number of other texts (*CPL* 72, 78(?), 135, 181). The most interesting Christian text is fragments of a Gothic-Latin bilingual with some verses from Luke 23-24 (P. Giessen 15, ed. by P. GLAUE/H. HELM 1910 (= *Vetus Latina* 36; *CPL* 53; 5th or 6th century). Another fragment has been supposed to contain a hagiographic text, or a version of Esther (P. Antin. 14; *CPL* 54; 5th century).

⁴ Among the literary papyri collected in *CPL*, nos. 1-47, only nos. 12-14 are dated before A.D. 300; nos. 27-29 are from the fourth-fifth century, no. 3 from the sixth; one small fragment is not dated, and nos. 8 and 16 are from 6th century Palestine. Virgil seems to have been the most popular Latin author in 4th-5th century Egypt, see *CPL* 1-7, 9-15, 17. The data indicate that in Egypt the need for Latin biblical texts reached its peak around A.D. 400, the time when our Pauline bilingual originated. On the use of Latin among Christians in Egypt, see also G. BARDY 1948, 143-46.

⁵ MERCATI 1953, 96, reports a touching story about the poor brother Symeon who mastered no craft except copying Latin books. An old hermit helped him to support himself for a whole year by copying the Latin Apostolus, which the hermit wanted an alleged brother in the army to read for his edification; see Johannes Cassianus, *De institutis coenobiorum*, 5.38 (*CSEL* 17, pp. 110-12). For other references to writing hermits, see Johannes Cassianus, *ibid.*, 4.12, pp. 54f.; Palladius, *Historia Lausiaca* 38 (on Euagrios Pontikos) and 13, 32, 35 (BUTLER 1904, 120, 36, 96, 133); *S. Melaniae Iunioris Acta Graeca*, ed. by H. DELEHAYE 1903, 23, 26, 36.

<In antiquity copying and book production was a profession practiced by independent smaller craftsmen and larger undertakers bound up to publishing firms, bookstores and libraries. It was scarcely any different among the Christians; they needed professional and proficient scribes. At the end of Paul's letter to the Romans we read: "I Tertius, the writer of this letter, greet you in the Lord" (16:22); it is likely that this Tertius is the first known example of a professional writer who could use his skills in the service of his Christian faith, and he certainly had many followers" > (Eng. trans. by DH from a paper read at the Norwegian Academy 1963, see the following note.)

⁶ My reasons were given in unpublished papers read at the Annual Meeting of the Society for Biblical Literature in 1961 and at a meeting of the section for humanities of Det Norske Videnskabs-Akademi i Oslo in 1963. I stated my opinion but not my reasons in N. A. DAHL 1962, 267 [in this volume article IV, page 170].

⁷ See H. J. FREDE 1964, 100; IDEM 1973, 83.

2. Pauline Bilinguals

The major Pauline bilinguals are known to all students of the Greek New Testament, mainly because they are the chief witnesses to the "Western text" of the letters of Paul. In two annual "programs" of a German Gymnasium, Peter Corssen published the fundamental study of the relationship between these manuscripts, some 90 years ago.[8] I need only give the basic data, as I can refer to the works of Frede, who has not only summarized the results of Corssen and his successors but also added fresh insights of his own.[9] As Corssen already recognized, there are two streams of textual transmission which both go back to the same source. The chief representative of the *first line* is Codex Claromontanus (D^{Paul} = 06 = a 1026 von Soden; in Latin d = 75).[10] This manuscript was written in southern Italy, in the fifth, rather than the sixth, century. The manuscript was worked over by several correctors, none of whom were later than the sixth century. The main correctors were more interested in the Greek than in the Latin text. Their general tendency was to eliminate singular readings and thus to normalize the text(s) according to current standards.[11]

Subsidiary representatives of this line are all copies of Codex Claromontanus, made in the eighth, ninth, or tenth century, in Corbie or its environs. One of them has been well preserved; 176 of 188 leaves remain of Codex Sangermanensis (E^{Paul} = D^{abs1} = a 1031; in Latin e = 76). The scribe copied sometimes the original text and sometimes the corrections in Claromontanus, most often both.[12] Some fragments, with text from Eph 1-2, have been preserved of another copy, Codex Waldeccensis (D^{abs2}, in Latin 83). In general, this manuscript reproduces the corrected text of Claromontanus.[13] A lectionary fragment in Leningrad, with text from Eph 2:19-22, is also a descendant of the corrected text of Claromontanus.[14] An eleventh-century catalogue from Corbie attests the existence of a bilingual Paul manuscript which has been lost. Frede conjectures that it was another copy of Claromontanus.[15]

The *other stream* of transmission is represented by two manuscripts, Codex Boernerianus (G^{Paul} = 012 = a 1028; in Latin g = 77) and Codex Augiensis (F^{Paul} = 010 = a 1029; in Latin f = 78). Scholars have long recognized that these two manuscripts were closely related, but only Frede has been able to figure out the exact nature of that rela-

---

[8] P. CORSSEN 1887 and 1889; cf. IDEM 1909, 1-46, esp. 2-8.

[9] FREDE 1964, 15-101; IDEM 1973, 76-83. See also *Vetus Latina* 24/1: *Epistula ad Ephesios* 1962/64, 11*-13*; 25/1: *Epistula ad Thessalonicenses* 1975ff., 23*-27*. Cf. also E. NELLESEN 1965, 28-33.

[10] I have used the standard editions, C. TISCHENDORF 1852; A. REICHARDT 1909; F. H. SCRIVENER 1859. In 1968 I had the opportunity to consult Codex Claromontanus at the Bibliothèque Nationale in Paris.

[11] See FREDE 1964, 20-33.

[12] FREDE 1964, 34-42. Sangermanensis does not always follow the colometry in Claromontanus, as I was able to observe on a microfilm at the *Vetus Latina* Institut in Beuron, in 1961.

[13] See V. SCHULTZE 1904; FREDE 1964, 47-48.

[14] FREDE 1964, 46-47.

[15] FREDE 1964, 44-45.

tionship. His solution is elegant, simple, and fully convincing. In the ninth century, an ancient but defective bilingual manuscript, since Corssen called "X", was brought from Italy to the Benedictine monastery in St. Gallen, where there was a revival of Greek studies but no available Greek copy of Paul's letters. In order to prepare for a Greek text with interlinear Latin translation, an Irish monk, possibly Moengal, edited the ancient exemplar, marking the division between words, adding alternative Latin translations etc. To this purpose the editor made use of various tools, including a local St. Gallen version of the Old Latin translation, a variant of Frede's text type "I". The scribe who carried out the plan copied the text with much care but little knowledge of Greek. He sometimes failed to understand the editorial notes.[16]

Somewhat later, the ancient exemplar "X" came from St. Gallen to the sister monastery at Reichenau, where it was copied a second time. The scribe at Reichenau, however, wrote the Latin and Greek texts in separate columns. He revised the Latin text, more or less carefully, according to a local form of the Vulgate, but retained some of the alternative translations which he, like the editor of the exemplar, placed above the Greek words. As a consequence, the Greek text is with few exceptions the same in the St. Gallen copy, our Boernerianus, and in the Reichenau copy, Augiensis. The exceptions are due to scribal errors or to corrections after the Latin in Augiensis. The Latin texts, by contrast, have many common elements but are far from identical. Both are mixed texts, but not of the same type.[17]

Corssen already recognized that both branches of Pauline bilinguals go back to a common fourth-century archetype, which he called "Z". For reasons which will become apparent later in this article, I am inclined to think of this archetype as a very carefully planned and executed edition of which the existing manuscripts are but degenerated descendants. The editor made use of an already existing Latin version which he adapted to the Greek text in order to make the sense lines of the two columns correspond exactly to each other.[18] For the Greek column, he used a manuscript with a text of a type that in the fourth century was already obsolete in most parts of Christendom. It was similar to but not identical with the Greek text from which the Latin translation had originally been made. It would seem that some discrepancies between the Greek and the Latin texts in the Pauline bilinguals go back to the original edition.

---

[16]FREDE 1964, 50-77. The "I text" is a fluid type of text, represented by the manuscripts *Vetus Latina* 61 (Book of Armagh, formerly Vulgate MS D) and 86 (Monza 1 2/9, ed. by FREDE 1964), by the commentaries of Marius Victorinus, Ambrosiaster, and Pelagius (B text only), and by Ambrose and other fathers. Its main characteristics are changes in the Latin vocabulary and, more occasionally, corrections after the Greek text. See FREDE 1964, 137-50; *Vetus Latina* 24/1, 33*-35*, with references to earlier studies of the author.

[17]This conclusion is drawn on the basis of FREDE's data, esp. 1964, 80-7. I have myself done some work with the text of Ephesians and of Rom 11:33-15:13.

[18]Since A. SOUTER 1905, 240-43, it has been recognized that Lucifer used a text similar to that of Claromontanus (d), but one which was not drawn from the bilingual edition. Cf. FREDE 1964, 92 note 2, 93, 96f. Recently, FREDE has been able to identify a manuscript which contains a text very similar to the text adapted for use in the bilingual edition (Budapest, National Library, Cod. lat. med. aevi I = 89 *Vetus Latina*). See FREDE 1973, *passim*.

In the course of transmission, both the Greek and/or the Latin texts were corrected. In most cases, the one or the other was made to conform more closely to the predominant text used in the environment, but even some secondary harmonization between the two columns seems to have occurred. In spite of such complications, however, the original text of the bilingual edition can be recovered with a remarkably high degree of probability.[19] The Greek text was already at an early date corrected in both branches of the transmission. In many cases, Boernerianus and Augiensis have retained the original reading. By contrast, the text that has undergone the least amount of change is the Latin of Claromontanus, obviously because this codex and its immediate predecessor(s) originated in an area where Greek was the predominant language. The consequence of this is that where the Greek of Boernerianus and Augiensis (G F) and the Latin of Claromontanus (d) coincide, the combination of G and d almost certainly represents the original text of the two columns of the common archetype. In several cases it is even likely that the Latin of Claromontanus (d) alone has preserved the original text of the bilingual archetype and that the Greek column originally had a corresponding text.[20]

The Greek-Latin bilinguals, D and G/F, are not only our most important witnesses to the "Western text", and, in Frede's words, a "museum of textual history", preserving a number of otherwise obsolete variant readings. They also have a more general interest for the study of textual history. I know of no other case in which so many important New Testament manuscripts can be traced back to one common archetype and thus form a family of manuscripts in the strictest sense of this term. It is therefore all the more important to observe the great textual variation within this family. Codex Claromontanus, in its original form, and the lost manuscript "X", the exemplar from which Boernerianus and Augiensis derive, must still have had Greek and Latin texts of the same type, in spite of a number of variant readings. But if we also take into consideration the corrections in Claromontanus (esp. in D^2), the descendants of this codex, and the Latin texts of Boernerianus and Augiensis (g f), the one family of manuscripts includes several types of mixed texts.

The Pauline bilinguals provide a school example from which we can gain two insights: (1) We should make a strict distinction between *families of manuscripts* and *types of texts*. (2) The extreme complexity of New Testament textual history is due to the activity of *editors and correctors*, much more than to the errors or whims of scribes. There are other reasons for these assumptions, but a school example may be a useful reminder. Both insights must be kept in mind when we now return to the fragment 0230 and the question of its relationship to the major Pauline bilinguals.

---

[19]NELLESEN's investigation of 1 Thessalonians includes a reconstruction of the Greek as well as the Latin column (1965, 115-28). For corrections, cf. FREDE 1973, 81-82. NELLESEN's assumption that the colometric system was the same in the bilingual archetype as in Claromontanus is questionable, see below page 223. The D-line in Frede's edition of the Pauline letters, *Vetus Latina*, is important for the Latin text of the bilingual original.

[20]H. J. VOGELS 1933, 274-99. Cf. FREDE 1973, 81.

3. The Text of the Antinoë Fragment

The facsimiles make it quite clear that 0230 derives from a codex that was more similar to Claromontanus than to Boernerianus or Augiensis. The following reproduction of the text of the fragment and corresponding passages in Claromontanus will give an impression of similarities and differences.

Ephesians 6:5b-6a
0230 recto

INSIMPLICITATE] CORDISVESTRAESICV [TX̄PO
NONADOCVLVM SERVIENTES
QVASIHOMINIBVS PLACENTES
SEDQVASISERVIX̄PI

Claromontanus

ΕΝΑΠΛΟΤΗΤΙ	INSIMPLICITATE
ΤΗΣΚΑΡΔΙΑΣΥΜΩΝ	CORDISVESTRIS
ΩΣΤΩΧ̄Ω	SICVTX̄PO
ΜΗΚΑΤΟΦΘΑΛΜΟΔΟΥΛΙΑΝ	NONADOCVLVM SERVIENTES
ΩΣΑΝΘΡΩΠΑΡΕΣΚΟΙ	QVASIHOMINIBVS PLACENTES
ΑΛΛΩΣΔΟΥΛΟΙΧ̄Ῡ	SEDVTSERVIX̄PI

Ephesians 6:11b-12a
0230 verso

ΠΡΟΣΤ]ΟΔΥΝΑΣΘΑΙΥΜΑΣ[ΣΤΗΝΑΙ
ΠΡΟΣΤ]ΑΣΜΕΘΟΔΕΙΑΣΤΟΥΔΕΙΑΒΟΛΟΥ
ΟΤΙΟΥΚΕΣΤΙΝΗΜΙΝΗΠΑΛΗ
ΠΡΟΣΑΙΜΑΚΑ]ΙΣΑΡΚΑ

Claromontanus

ΕΙΣΤΟΔΥΝΑΣΘΑΙΣΤΗΝΑΙΥΜΑΣ	VTPOSSITISSTARE
ΠΡΟΣΤΑΣΜΕΘΟΔΙΑΣ	ADVERSVSREMEDIVM
ΤΟΥΔΙΑΒΟΛΟΥ	DIABOLI
ΟΤΙΟΥΚΕΣΤΙΝΥΜΙΝ	QVIANONESTVOBIS
ΗΠΑΛΗ	COLLVCTATIO
ΠΡΟΣΑΙΜΑΚΑΙΣΑΡΚΑ	ADVERSVS SANGVINEM ETCARNEM

In 0230 as in Claromontanus the text is written in sense lines without any distinction between *cola* and *commata* or, to use roughly corresponding English terms, between clauses and phrases. The only difference is that four lines in 0230 correspond to six lines in Claromontanus, both in Latin and in Greek. The first Latin line of 0230 *recto* is written as three lines in Claromontanus, while the second and third lines of the Greek *verso* correspond to two lines each. In general, the length of the lines in Claromontanus varies a great deal, and that does not seem to the same extent to have been the case in the codex of which 0230 is a fragment.

In spite of the similarity of design, 0230 has no striking textual affinity to Claromontanus. A comparison of the text must take account of the whole textual history of the major bilinguals and of other representative witnesses as well. I list the variants according to the lines in 0230, beginning with the Greek text on the *verso*.[21]

Ephesians 6:11b-12a, Greek, 0230 *verso*:

Line 1: προς, (0230?) $\mathfrak{P}^{46}$ S B A P pm.; εις D E G F
υμας στηναι, 0230 with G F and S B 1739 P pm.; στηναι υμας, D E;
στηναι (om. υμας), $\mathfrak{P}^{46}$ K.

Line 2: μεθοδειας, 0230 with D^c B^c P al.; μεθοδιας D* G F with $\mathfrak{P}^{46}$ S B* A pm.
δειαβολου, 0230; διαβολου, D G F pm.

Line 3: ημιν, 0230 with D^c E and S A 1739 I K P pm., Clement; cf. *nobis*, g* with 61 (= Vulgate D, Book of Armagh) al. Vg;
υμιν D* G F with $\mathfrak{P}^{46}$ B al., cf. *vobis*, d e g^c (first hand?) f 86 89 Lucifer.

Line 4: No variant. But cf. *carnem et sanguinem*, 89 Lucifer latt. pl.; *sanguinem et carnem*, d g.

In comparison with D G F, the four preserved Greek lines of 0230 contain four variant readings. As the lost part of the first line is likely to have contained five, rather than four letters, Cardinal Mercati was probably correct in restoring προς το ... If so, 0230 had the common text at this point, in contrast to the bilingual edition which had εις το, attested by D E G F but, apparently, by no other manuscript. Of the other variants, two are purely orthographical. While δειαβολου is an itacistic error, the spelling μεθοδειας was also preferred by the correctors of Vaticanus and Claromontanus. In line 3 the fragment agrees with D^c and most manuscripts over against the bilingual edition (D* G F) and the earliest Egyptian manuscripts($\mathfrak{P}^{46}$ B). At the end of the first line, the word order υμας στηναι is supported by G and F. Since this is the common text, the variant στηναι υμας in D and E could more easily go back to the bilingual archetype. But it is equally possible, and I would think more likely, that the archetype had the same text as $\mathfrak{P}^{46}$, without the personal pronoun. The Latin, of course, has no pronoun. The text of D would then be a less and the text of "X" (= G F) a more successful correc-

---

[21] I have consulted separate editions of $\mathfrak{P}^{46}$, S (= Sinaiticus), B, A, and P, as well as of the bilinguals D/d, G/g and F/f (see above note 10 on page 213) and of the Latin manuscripts 86 and 89 (see above note 16 and note 18 on page 214). I have found it most practical to retain the sigla d, g and f for the Latin texts of the bilinguals but to use the Beuron *Vetus Latina* numbers 86 and 89 for the Monza and Budapest manuscripts edited by FREDE 1964 and IDEM 1973. For the text of 1739 I am dependent upon the collation in K. LAKE/S. NEW (EDS.) 1932. Other information is taken over from the critical editions of the Greek New Testament by TISCHENDORF, VON SODEN, NESTLE-ALAND [NESTLE, EB. & ER./ALAND, B. & K.] and the *United Bible Societies*, and, for the Latin text, from the Beuron *Vetus Latina* and/or J. WORDSWORTH/H. J. WHITE (EDS.) 1889-1954.

tion, intended to make the obsolete text of the bilingual edition conform to the common Greek text.[22]

Apart from the scribal error δειαβολου, the text of 0230 is identical with that of P (= 025 = ȧ 3, ninth century). In other words, the Greek fragment has a normal Egyptian text from the time around A.D. 400. The fragment contains no ancient variant characteristic of the bilingual edition, nor any variant peculiar to $\mathfrak{P}^{46}$ and/or B. But we should also observe that three of the variants in 0230 are attested within the family of bilingual manuscripts, either by G F (line 1 end) or by D^c and E (lines 2-3).[23] This fact does not prove anything about common ancestry, but these variants do illustrate how the original text of the bilingual edition was corrected during the process of transmission. Before we draw any conclusion, we must also consider the Latin text of the fragment.

Ephesians 6:5b-6a, Latin, 0230 *recto*:

Line 1: *cordis+vestrae*, 0230; *vestris*, d; *vestri*, e g f rell.
Lines 2-3: No variants.
Line 4: *quasi servi*, 0230 with g, Cyprian, *Test.* III.72, pc.; *ut servi* d 61 86 89 al., Vg.; *sicut servi*, f pc.

The first of these two variants simply proves that the scribe of 0230 was not strong in Latin, just like the scribe of Claromontanus who made another grammatical error at the same point. Apart from this error, the Latin text of 0230 is identical with the interlinear version in Boernerianus (g). The second *quasi* in g and 0230 goes back to the ancient version which was used by Cyprian but later became obsolete. The reading can hardly have been known at St. Gallen in the ninth century if it was not present in the ancient exemplar "X". It is therefore likely that the *sicut* of f and the *ut* of d are due to correctors, while the *quasi* of g (and 0230) represents the text of the bilingual archetype.[24]

The textual evidence is so slim that it remains inconclusive. The Greek text of 0230 is a normal Egyptian text and would, therefore, seem to favor Frede's opinion that there is no connection between 0230 and the major Pauline bilinguals. But three of the variants in the Greek text occur elsewhere as corrections of the ancient bilingual text, and the conjectured προς in 0230 can very well be due to a correction of the same type. The Latin text of 0230 is slightly in favor of a connection between the fragment and the

---

[22]$\mathfrak{P}^{46}$ (and/or B) has several ancient variant readings in common with the bilinguals. There are several examples in Ephesians: 3:3, οτι om. $\mathfrak{P}^{46}$ B G d; 5:19 πνευματικαις om. $\mathfrak{P}^{46}$ B d; 6:16 end, τα om. $\mathfrak{P}^{46}$ B D* G; 2:4, αυτου om. $\mathfrak{P}^{46}$ D* G; ελεησεν $\mathfrak{P}^{46}$ d ½g; 3:20 υπερ om. $\mathfrak{P}^{46}$ D G; 5:20 πατρι και θεω $\mathfrak{P}^{46}$ D G; 6:1 εν κυριω om. B D* G. Cf. 2:15 κοινον $\mathfrak{P}^{46}$ G (error ?). For examples from other letters, see G. ZUNTZ 1953, 87, 90-107, 117-23.

[23]The alterations in Eph 6:11b and 6:12a were both made by the corrector of Claromontanus which TISCHENDORF named D*** and which FREDE 1964, 29f., assigns to the sixth century and considers an early witness to the Byzantine text.

[24]In *Vetus Latina* 24/1, p. 270, Frede himself prints *quasi ...sed quasi ...* in the D-line of Eph 6:6. This is likely to be correct, even though the Budapest manuscript (89) has *quasi ... sed ut ....*

other bilinguals, but it is not conclusive either. If considerable parts of the manuscript had been preserved, one would expect that some characteristic variants of the fourth-century bilingual edition had escaped the notice of the corrector(s), i.e., if 0230 were one of its descendants. The total absence of any such variants would then be a strong argument against any family relationship. But the preserved fragment is so brief that no decision can be reached on textual grounds. The actual data are fully compatible with what we might expect from a member of the family of bilingual manuscripts prepared for use in Egypt: the Greek text has been corrected to conform with the current standard, whereas the Latin, less current in Egypt, has been left unchanged. But textual investigations can only prove that this is one possible explanation, not that it is the true one.

Further study of the *layout* of the manuscript, from which 0230 derives, holds more promise of leading to a definitive result. We have already observed a striking similarity between 0230 and Claromontanus in the use of sense lines and have to try to find out how far the similarity extends. Both Claromontanus and 0230 have the Greek text in the left and the Latin in the right column. Claromontanus has the two columns on opposite pages. Cardinal Mercati assumed that 0230 had two columns, Greek and Latin, on each page. Some of his arguments, however, have little or no value, and the result is not entirely convincing. No trace of a second column exists. The question of whether there were one or two columns on each page depends upon the interpretation of horizontal and vertical ruling lines that delineate the space intended for writing. The lines were scratched on the *verso* but are clearly visible on both sides, even in reproduction.

The beginning of the Greek and the end of the Latin lines have been lost, but it is easy to figure out that the breadth of the room intended for writing must have been *ca.* 132 mm, as stated by Cardinal Mercati.[25] The Cardinal made no attempt to calculate the height of the columns, but an approximate calculation is possible. The distance between the horizontal ruling lines alternates between *ca.* 3 mm, the size of average letters, and *ca.* 4 mm, the intervals between the lines of the text. The text intervening between the end of the Latin and the beginning of the Greek portion of 0230, i.e., Eph 6:6b-11a, occupies 24 lines in Codex Claromontanus. If we assume a constant proportion of 2 lines in 0230 to 3 lines in Claromontanus, as in the preserved fragment, the same text would have occupied 16 lines in 0230. This figure is probably very nearly correct. Attempts to write the intervening text in sense lines, similar to those in 0230, have convinced me that one would at least need 15 and could at the utmost use 20 lines. With the 4 preserved lines added, 0230 must therefore have had between 19 and 24 lines. A likely figure would be 21, the same number of lines as in Claromontanus. Considering the distance between the horizontal lines, we can draw the conclusion that the height of the columns must have been *ca.* 160, but certainly not more than 200 mm.

---

[25] MERCATI 1953, 90. See also Table 6 at the end of *PSI* volume XIII for a reproduction of no. 1306 (= 0230).

Leaves with one column 132 mm wide and, approximately, 160 mm high would fit a normal size parchment codex whereas leaves with two such columns would be unusual, the breadth being considerably greater than the height. Cardinal Mercati estimated that the total breadth would have been *ca.* 27 cm text, with addition of margins on both sides. But this figure is too small, as it leaves too little room between the two columns. There are two vertical ruling lines, at a distance of 6-7 mm, placed near the beginning of the *recto*, and at the end of the *verso*, of the fragment. But these lines cannot possibly have marked the middle of the page, as the learned Cardinal seems to have assumed.[26] If there were indeed two columns on both sides of the leaf, the vertical lines can only have marked the beginning of the second, Latin, column on the *recto* and the limit of the space allotted for the first, Greek, column on the *recto*. We can safely assume that the beginning of the Greek (and the end of the Latin) text was delineated by similar ruling lines. If there were two columns a page, there must have been four pairs of parallel lines, and there must have been a distance of *ca.* 20 mm or more between the end of the first and the beginning of the second column.[27] The total space delineated for writing must therefore have been *ca.* 29 cm plus margins on both sides.

On the basis of these calculations, I am inclined to think that the 0230 codex had the same arrangement as Claromontanus, with the Greek and Latin columns written on opposite pages. The fact that the preserved fragment has four lines of one column almost intact, with no trace of a second column, is itself in favor of this assumption. The only difficulty is that the horizontal lines would then be extended into the margin, beyond the space designed for writing. To the left of the page, initial letters at the beginning of a new section may have been placed outside the delineated space. The designer could also have anticipated the possibility that some of the sense lines might be too long to fit between the vertical lines, whose main function was to mark the beginning and not the end of the lines of text. Yet the extension of the horizontal lines remains a

---

[26] I have not been able to find the reasons for this assumption. The Latin text begins at the first vertical line on the *recto* and the longest Greek line (line 3 with 28 letters) extends to the first vertical line on the *verso* (= the second line on the *recto*). But these facts do not tell anything about whether there was a second column or where it began. The observations, that there is no evidence that the parchment sheet was folded or that a second sheet was attached (MERCATI 1953, 89-90) are equally irrelevant On p. 95 the Cardinal states that he first thought that he could see traces of two letters after the end of the fourth Greek line on the *verso* and assumed that they were illegible remnants of the beginning of the second, Latin column. My guess is that he never really abandoned this idea although he later detected that there was no evidence for it. On the facsimile (*PSI* XIII, plate 6), I have not been able to detect any traces of the alleged letters. If they were written a bit below the ruling line ("un pò sotto del solco della riga"), they would represent a marginal gloss rather than a second column.

[27] The Greek text corresponding to the first Latin line on the *recto* must have contained 30 or 31 letters, depending upon whether the genitive of the name of Christ was abbreviated $\overline{XY}$ (as in D) or $\overline{XPY}$ (as in G and the Latin text of 0230 and d). If the preserved pair of ruling lines had marked the middle of the page, the Greek text on the *recto* would have reached to the point where the Latin text begins and should, definitely, have been visible on the fragment.

fact which may favor Mercati's assumption that the horizontal ruling lines continued through two columns of texts.[28]

The probability of a family relation between 0230 and Claromontanus would increase if both codices had the Greek and the Latin texts on opposite pages, possibly with 21 lines. But these may remain open questions.[29] What I have been driving at is another point. If the vertical ruling lines were designed to delineate one single column, as they certainly were, it becomes a problem why there are two parallel lines rather than one single line. On the *recto* of 0230 all Latin lines of text begin at the first vertical line, and we have every reason to think that the lost beginning of the Greek text was arranged in the same way. As initial letters of new sections had to be placed before this line, we have to ask: What is the function of the second vertical line? It would only have a function if some lines of text were to be indented and were to begin at the second ruling line. These indented lines cannot have contained minor sense units (*commata*), since the colometry in 0230 does not make any distinction between *cola* and *commata*. But what kind of lines were then to be indented? Codex Claromontanus provides the answer, and I can see no other answer that would make sense. The lines to be indented were quotations from the Old Testament. In Claromontanus, quotations are not only indented but also written with red ink, as are the opening lines of each letter. For lack of evidence, we cannot tell whether or not the similarity between 0230 and Claromontanus extended to the use of red ink. But the small, vertical lines not more than 2.5 cm long on the parchment of 0230, indicating the indenting of biblical quotations, are the conclusive link in the circumstantial evidence that indicates, beyond reasonable doubt, that the fragment derives from a codex that belonged to the same family as Claromontanus.

In Boernerianus and Augiensis the layout is different, and that would also seem to have been the case in "X", the exemplar from which they both derive. Apparently, even this manuscript was written in sense lines, but in a colometric system that was less like that of Claromontanus and 0230 than like that of Codex Euthalianus ($H^{Paul} = 015$) and of Codex Amiatinus and other Vulgate manuscripts. That is, the *cola* were treated as the important units, with little or no attention paid to the subdivision of the *cola* into smaller units (*commata*).[30]

---

[28]On pricking and ruling of manuscripts, see e.g. B. M. METZGER 1964, 8. I regret that I have not had time for a comparative study of various systems for pricking and ruling.

[29]It is quite possible that both the exemplar "X" and the bilingual archetype "Z" had two columns on each page, with the Greek to the left. Augiensis has the Latin text on both sides and the Greek in the inner columns of the opened book, but this is likely to be an innovation, just as the interlinear translation in Boernerianus. Codex Sangermanensis ($E = D^{abs\,1}$) has two columns with the Greek on the left side of the pages. As we shall see, it may be more important that the preserved leaves of a Gothic-Latin bilingual have the Gothic column on the left and the Latin on the right side of the pages. On the archetype "Z", cf. FREDE, *Vetus Latina*, 25/1, 26.

<Had the text from Antinoë (0230) been written κατὰ κῶλα καὶ κόμματα it would have looked differently, as, e.g., in the most famous of all the Vulgate manuscripts, Codex Amiatinus:[31]

> IN SIMPLICITATE CORDIS VESTRI,
>   SICUT CHRISTO:
> NON AD OCULUM SERVIENTES,
>   QUASI HOMINIBUS PLACEATIS:
> SED UT SERUI CHRISTI: >

Thus it would seem that the kinship between 0230 and Claromontanus is not simply due to their common descent from the fourth-century bilingual edition. They even belong to the same branch of the family of bilingual manuscripts, even though the family features in 0230 are only recognizable in the editorial design, not in the character of the text.

When the family relationship has been recognized, the difference between Claromontanus and 0230 calls for an explanation. In 0230 the length of the lines varies from 35 to 16 letters in Latin and from 28 to 16 in the Greek text. In the corresponding lines in Claromontanus the variation is from 23 to 8 letters in Latin and from 23 to 5 in Greek. The difference is not so much that the lines in 0230 are longer as that the variation is much greater in Claromontanus, which also has some lines with more than 30 letters. By comparison, the arrangement in 0230 did not only save space and parchment. It also resulted in more regular subdivisions of the text and more beautiful pages. If any of the two arrangements of the text is dependent upon the other, the more irregular arrangement in Claromontanus is likely to be the earlier one. It is, however, conceivable that the combination of similarity and difference is due to different executions of a common design, an editor being responsible for the design and two scribes for the dif-

---

[30] The demarcation of new *cola* in "X" is indicated by big colored letters in Boernerianus (G). Such big letters occur less frequently in Augiensis, but in the Latin column of this codex (f) a point, mostly placed slightly higher than a regular period, indicates the beginning of a new colon. By and large, the two manners of demarcation attest the same length of the *cola*. This means that the common exemplar "X" exhibited a colometric arrangement of the text. In some cases, G and/or f indicate a division of the text into lines of the same length as we find in Claromontanus (D/d). NELLESEN 1965, 37 and 51f. gives some examples (1 Thess 5:4-8 in G. f and D/d; 1 Thess 1:4-5; 3:3-4 in G and D). Similar, even if somewhat less striking, cases occur, e.g., Eph 2:5, 8; 4:4-6, 11, 25-26, 31 (f); 5:4-5, 14, 18. Such instances, however, are much too infrequent to allow for the conclusion that the colometric display was by and large the same in "X" as in D/d. In the great majority of cases, the big letters and/or the punctuation in G and f make it clear that the main colometric unit in "X" was the colon, not the type of short sense lines which we find in Claromontanus (and 0230). The cases in which sense units in "X", indicated by G and f, coincide with the lines in D can easily be explained: some *cola* were very short, and in other cases a big letter in G and a period in f marks a division between *commata* and not between *cola*. I am not able to say how far such "errors" are due to the scribes and how far they go back to the exemplar "X". The indications are that the colometry in "X" was similar to that of Codex Amiatinus and other Latin codices, in which the *cola* may or may not be subdivided into regular *commata*. In *Vetus Latina* 89 a similar colometry is indicated by periods in a continuous text.

[31] [See below note 34 on page 224.]

ferences in execution. In order to leave time for textual corrections, especially in the Greek of 0230, we would then have to assume that the common colometric system did not originate much later than the original bilingual edition itself, perhaps in the mid-fourth century.

What calls for an explanation is the very irregular colometry in Claromontanus. In a study of this codex, H. J. Vogels was able to show that attention to colometric irregularities could be used to reconstruct the prehistory of the text and to recover the original text of the bilingual archetype. In several cases, alteration of text is the cause of the overlong lines in Codex Claromontanus.[32] But this explanation does not account for all, and so far as I can see, not even for the majority of cases. More often, the variation in the length of lines is better explained on the assumption that Claromontanus derives from an archetype in which only one small unit, a comma, was written on each line. A scribe, probably not the scribe of Claromontanus but one of his predecessors, sometimes retained the very short lines; in other cases he wrote two or, occasionally, three lines as one. The scribe from whose work 0230 is derived proceeded with more consistency. Apparently he tried to give the lines a fairly equal length and combined short lines whenever that could be done in the space available without doing violence to natural sense units.

4. A Gothic-Latin Bilingual: Codex Carolinus

In order to proceed, and to substantiate the explanation which I have just given, it would be necessary to draw further materials into the discussion. In his fundamental study of the Pauline bilinguals, Corssen drew attention to the similarity between Claromontanus and the fragments of a Gothic-Latin bilingual manuscript which is preserved in the Codex Carolinus at Wolfenbüttel. The Latin column is known as Guelferbytanus (gue = 79).[33] The length of the lines in Claromontanus and Guelferbytanus coincides so often that there must be some connection, especially since the colometric similarities between these two manuscripts have little in common with the system used in manuscripts like Euthalianus (H[Paul]) and Amiatinus (A [Vg]).[34]

A detailed comparison between d and gue confirms Corssen's insight. The four preserved leaves of the Gothic-Latin bilingual have two columns, Gothic and Latin, each with 27 lines on the page. Four lines have been lost but can easily be reconstructed. Of the 216 lines in gue, more than 100, almost 50 per cent, are identical with

---

[32]Cf. VOGELS 1933.

[33]The manuscript was written in the 5th century, probably in the Ostrogoth kingdom in Italy. It contains four leaves with text from Rom 11:33-12:5; 12:17-13:5; 14:9-20; 15:3-13. See H. HENNING 1913, with 8 plates of the palimpsest. The Latin text (gue = 79) was edited by TISCHENDORF 1855, 155-58 and, with exact colometry and critical apparatus, by P. ALBAN DOLD 1950, 13-29. W. STREITBERG 1908/65 prints both the Gothic and the Latin text, without attention to the colometry. For a detailed investigation, see G. W. S. FRIEDRICHSEN 1939, 49-61, 116-23. My own comments point to questions in need of further study.

lines in d except for minor textual variations. A page with 21 lines in d contains more or less exactly the same amount of text as a page with 27 lines in gue. This could be more than a coincidence. The irregular colometry in Claromontanus would be explained if, at some stage in the process of transmission, the content of pages with 27 lines was condensed to fit pages with 21 lines.[35] In more than 30 per cent of the lines, the relation is 2:1. Mostly, two lines in gue are written as one in d, but in three cases it is the other way round.[36] The remaining difference in the length of lines can easily be explained as due to one or more of three causes: (1) Three short sense units have been written on two lines, with the second line beginning at different points in the two codices. (2) Due to scribal errors, one word has been misplaced, at the end of one line instead of at the beginning of the next. (3) The difference in colometry is due to alteration of the text, usually in gue.[37]

Unfortunately, Corssen was not able to make full use of the clue which he held in his hand. The reason for this was that he relied upon Tischendorf's edition of gue, an edition which reproduced the individual lines but paid no attention to the distinction between the beginning of a new colon and indented *commata* in the Gothic-Latin bilingual. Facsimiles show that the parchment was very carefully prepared for colometric writing of the bilingual text. On each leaf there are four sets of three parallel vertical ruling lines, marking the beginning of new sections, *cola*, and *commata* in two columns on both sides. Old Testament quotations are marked by a sign (>) in the margin. This means that the divergent colometric systems in Claromontanus, 0230 and the common exemplar of Boernerianus and Augiensis can all be explained as simplifications of an ingenious arrangement of the text similar to the layout of the Gothic-Latin fragments. In other words, it is likely that the Gothic-Latin edition, of which a fragmentary copy has been preserved, was modeled upon a Greek-Latin bilingual and gives a better

---

[34] A page from codex H (= 015) is reproduced on Plate XXXII in W. H. P. HATCH 1959. See also the reconstructed pages in J. A. ROBINSON 1895/1967, 48-65. The editions of the Vulgate by WORDSWORTH/ WHITE and H. F. D. SPARKS 1889-1954 and by R. WEBER ET AL. 1969 give a good impression of the colometry in Codex Amiatinus. The Gothic manuscripts of the Pauline letters, codices Ambrosiani A and B, likewise display a colometry that neglects subdivisions of the *cola*, see FRIEDRICHSEN 1939, 90-116. Ports of cod. Ambr. A are written in sense lines, but mostly the colometry is indicated by punctuation. FRIEDRICHSEN thinks that the two codices go back "to a different continuous colometric original" (1939, 123), but cod. A at least may have been copied from an exemplar which had a typographic display of lines.

[35] I owe this suggestion to CORSSEN.

[36] The three cases are Rom 12:3, *sed sapere/ad prudentiam*; 14:14 *scio et confido / in domino*; 14:15 *iam non secundum caritatem / ambulas*. The text is that of gue; / marks the beginning of a new line in d.

[37] Three lines are written as two in Rom 11:36b where gue divides *ipsi gloria / in saecula amen* and d *ipsi gloria in saecula / amen*; <originally: *ipsi gloria / in saecula / amen*>. Similar cases occur Rom 13:3a: gue *nam principes / non sunt timori bono operi*; d *nam principes not sunt timori / boni operi*; <originally: *nam principes / non sunt timori / bono operi*>. Further also 13:3b 14:15a. In d one word is misplaced in Rom 12:5a; 14:14c, 15c; cf. also Rom 15:16 in gue, *et patrem domini / nostri Iesu Christi*. Textual difference accounts for the difference in colometry in Rom 11:34b; 12:5b; 13:1a, 4d. I refrain from treating more complicated cases here.

impression of the editorial design of the fourth-century archetype than does any of the preserved manuscripts with Greek and Latin texts.

Possibly the original edition had an even more sophisticated arrangement of the text, with Old Testament quotations marked, not by quotation marks, as in Guelferbytanus and Boernerianus, but by being indented further to the right and/or written with red ink as in Claromontanus. This means that the parchment sheets would have to be very carefully prepared with probably four parallel vertical ruling lines on both sides of each column. It is very easy to understand that later editors and scribes simplified the complicated system. In any case, the original design for the bilingual edition presupposes a high standard of craftsmanship and can only have originated at a major center of book production. My guess is that it was produced in Rome, at a time when Greek was still used in the liturgy even though Latin was the common language spoken by Christians in the city.[38]

My theory would have to be checked and, if possible, verified by an investigation of the text(s) in the Latin-Gothic fragment. Frede has denied that there is any close relationship between the text in gue or the Gothic version and the text(s) of the major Pauline bilinguals. He is certainly right that gue does not, on the whole, represent the same type of text as the Greek-Latin bilinguals (his D text) but, rather, a more fluid type of text that was current in northern Italy (his "I" type).[39] Even the undeniable Latin influence upon the Gothic text in the Pauline epistles may be due to other sources than Greek-Latin bilinguals.[40] But our investigation of 0230 has demonstrated that textual differences do not disprove a family relationship between manuscripts.

One can imagine the possibility that a Greek-Latin bilingual provided the inspiration and the model for the person who first planned a Gothic-Latin or, possibly, a Greek-Gothic-Latin edition, even if the editor took his Latin as well as his Gothic text from other sources. I think, however, that some textual and colometric peculiarities in

---

[38] At an early stage of my research, I played with the idea that the bilingual edition of the Pauline letters might have been produced at the Christian library of Caesarea, the place where Origen's Hexapla originated, as did the colometric writing of Paul's letters attested by codex H (015) and the Euthalian apparatus. [See now in this volume article VII.] I have abandoned that idea, considering the text of the edition and its use, possibly first for liturgical reading and later, certainly, for purposes of study. It remains possible that bible editions produced at Caesarea, or Alexandria, provided models for the creator of the fourth century bilingual edition of Paul. Profane analogies are also likely to have existed, see esp. CPL 8 (P. Colt 1), at the beginning the text of, later only a glossary to, the Aeneid, and CPL 279 (P. Bon. 5), a handbook with model letters. I have found no clear indications that Greek-Latin editions of the Gospels and Acts, or Greek-Coptic manuscripts of Paul, were arranged according to the same ingenious system as the Gothic-Latin and the original Greek-Latin editions of Paul.

[39] See the materials collected by DOLD 1950, 23-29, and the conclusions drawn by FREDE 1964, 100f., and IDEM 1973, 117.

[40] On the influence of Latin versions and commentaries (esp. Ambrosiaster) upon the Gothic text of Paul, see esp. FRIEDRICHSEN 1939, 172-231 and 260ff. Cod. Arnbr. A and B and Guelferbytanus are likely to have a remote common ancestor which would seem to have been a Gothic-Latin bilingual or, possibly, a Greek-Gothic-Latin trilingual. The originators of this edition used existing Gothic and Latin versions but would seem to have taken account of the Greek text of the Greek-Latin bilinguals.

gue make it more likely that some genealogical relationship exists between the Latin text of gue and that of the Greek-Latin bilinguals.[41] One would then have to assume that the text had been thoroughly revised, on more than one occasion, both to conform with a current form of the Latin version and to conform with the Gothic text.[42] In order to make this assumption more than a loose conjecture, it would be necessary to undertake a minute investigation which would have to extend to the Gothic version as well as to the Greek and Latin texts.

The investigation would also have to take account of some evidence for the history of the Latin text which has no certain connection with the bilinguals. H. J. Vogels has demonstrated that two manuscripts of the Ambrosiaster commentary are witnesses to a text which is not that of Ambrosiaster but closely akin <to *min.* 629 and> to the text used by Rufinus in his translation of Origen's commentary on the Epistle to the Romans.[43] G. Bardy has suggested that Rufinus made use of a Greek-Latin bilingual for the lemma in the Latin version of this commentary.[44] If Bardy is right, we would have evidence for an ongoing revision of the Latin column in Greek-Latin bilinguals. For several variant readings, we would also be able to identify the connecting link between the Latin of d and g and the Latin of gue. In order to move from suggestive possibilities to probability one would have to engage in detailed and extensive investigations. The laborious work would only be meaningful in conjunction with an attempt to recon-

---

[41]Colometric irregularities in Guelferbytanus, Rom 12:5 and 13:1, are best explained on the assumption that an ancestor manuscript had the same text as d g and 89. A number of variants which gue shares with d, g and 89 are likely to represent an early layer of the text. In cases of disagreement between these manuscripts, however, gue follows the independent text of 89 against the bilinguals d and g as often as it follows d and g against 89. In most, but not in all, such cases, the Latin of gue coincides with the Gothic text. Under these circumstances it is very hard to decide on textual grounds whether the elements of the D-type of text in gue stem from the Latin column of a Greek-Latin bilingual or from a separate Latin manuscript with the same type of text. There are, however, some instances in favor of the former alternative:

Rom 12:3, *et nolite*: *et* om. d* gue with goth and 1739 and its allies 424** and 1908. Here both D and G/F are likely to have a corrected text, whereas d* and both columns in Guelferbytanus have preserved the original text of the bilingual edition.

Rom 12:20, *sed si*: *sed* om. f g gue (d^c) with goth and D* F G. 12:20b, *si*: *et si* d gue with goth and D*. The two variants are interrelated; Claromontanus and Guelferbytanus have preserved the text of "Z". The textual evidence does not provide any definite proof, but the data are fully compatible with the assumption that the text of gue is a thoroughly revised offshoot of the Latin text of the Greek-Latin bilingual edition.

[42]We may distinguish between various components in the text of gue: (1) relics of an ancient text, similar to that of d g and 89 and, probably, either derived from or influenced by the Latin text of a Greek-Latin bilingual; (2) alterations of Latin vocabulary and word order, as in the "I"-type of text; (3) corrections after the Greek; (4) an incomplete adaptation to the Gothic text; (5) scribal errors and other alterations within the transmission of the Gothic-Latin bilinguals.

[43]See VOGELS 1955. The two manuscripts are Amiens, Bibl. Munic. 87 (Amst A) and Wien, Nationalbibl., Lat. 743 (Amst W). The texts have several variants in common with the Vulgate, by which they may have been influenced. But they, most often Rufinus, do also have variants in common with gue. Some of these variants have little, if any, attestation elsewhere, see Rom 12:20 *sitierit*; 15:4 *praescribta* (*-pta*). There is no clear evidence for any Vulgate influence in gue.

struct the colometry as well as the text of the original fourth-century bilingual edition. I am inclined to think that the task can be accomplished but will certainly not have time for it until well after my retirement, if ever.

5. Conclusion

My study of Pauline bilinguals has not only illustrated the necessity of making a clear-cut distinction between types of texts and families of manuscripts, it has also convinced me that neither the use of computers and statistical methods nor an eclecticism based upon stylistic and linguistic criteria can ever substitute for careful examination of the most important manuscripts and their prehistory. I have also found that early editions of biblical texts is a neglected field of study, probably because of the separation of textual criticism from the history of the New Testament canon, and of both these disciplines from the history of book production, illumination, prologues, colometrical writing, and Bible editions in general.[45] Bilingual manuscripts have to be studied as such, not simply as textual witnesses, and this is only one example among many in this area. I hope that this preliminary report of my own efforts in the area will be of some interest to my friend and colleague Matthew Black, who for so many years has been the editor of *New Testament Studies* and before that the treasurer of Studiorum Novi Testamenti Societas, and whose contributions to New Testament studies have included textual criticism, ancient translations and many other fields.

Bibliography

BARDY, G. 1920: "Le texte de l'épître aux Romains dans le commentaire d'Origène-Rufin", in: *RB* 29 (1920) 229-41.

— 1948: *La question des langues dans l'Église ancienne* (ETH), Paris: Beauchesne et ses fils 1948.

BUTLER, C. (ED.) 1904: *Historia Lausiaca* (TS n.2) Cambridge: CUP 1904.

CAVENAILE, R. (ED.) 1958: *Corpus Papyrorum Latinarum*, Wiesbaden: Harrassowitz 1958.

---

[44]See BARDY 1920, 229-41. Bardy's conclusion, which was anticipated by WESTCOTT 1882/1967, 117; and C. H. TURNER 1898/1988, 490f. is based upon Rufinus' references to the Greek text, not upon the character of the text. If the conjecture holds good, and textual evidence would seem to support it, the bilingual edition had a somewhat greater influence than FREDE is willing to concede in IDEM 1964, 82f. As Amiens 87 (Amst A) was written in Corbie in the 8th or 9th century, we can even speculate that the lost bilingual which existed in Corbie in the 11th century may have been a revised version like the one which Rufinus used, and not a copy of Claromontanus, as FREDE 1964, 39-45 thinks.

[45]Even the *Cambridge History of the Bible*, Vol. I (Cambridge: CUP 1970), does not overcome the dichotomy between history of the text and history of the canon. A model for the kind of work which ought to be done is B. FISCHER 1963/85, 519-600 and 685-704/35-100. Only very preliminary studies seem to exist for the early period, see e.g. L. CH. WILLARD 1970 and my own article, DAHL 1968, 133-51 [as well as article VII in this volume].

CORSSEN, P. 1887/89: *Epistularum Paulinarum codices Graece et Latine scriptos Augiensem, Boernerianum, Claromontanum examinavit inter se comparavit ad communem originem revocavit*, Vols. I and II (Programme des Gymnasiums Jever), Kiel: Fiencke 1887 and 1889.

— 1909: "Zur Überlieferungsgeschichte des Römerbriefes", in: *ZNW* 10 (1909) 1-45.

DAHL, N. A. 1962: "The Particularity of the Pauline Epistles as a Problem in the Ancient Church", in: W. C. VAN UNNIK (ED.), *Neotestamentica et Patristica: Freundesgabe O. Cullmann*, Leiden: Brill 1962, 261-71. [In this volume chapter IV.]

— 1968: "Bibelutgaver i oldkirken", in: *Kirkens arv – kirkens fremtid*: Festskrift til Biskop J. Smemo, Oslo: Land og Kirke 1968, 133-51.

DELEHAYE, H. (ED.) 1903: "S. Melaniae Iunioris Acta Graeca", in: *Analecta Bollandiana* 22 (1903) 5-50.

DOLD, P. A. 1950: "Die Provenienz der altlateinischen Römerbrieftexte in den gotisch-lateinischen Fragmenten des Codex Carolinus zu Wolfenbüttel", in: *Aus der Welt des Buches: Festgabe ... Georg Leyh* (Zentralblatt für Bibliothekswesen, Beiheft 75), Leipzig: Bibliographisches Institut 1950, 13-29.

FISCHER, B. 1963/85: "Bibelausgaben des frühen Mittelalters", in: *Settimane di studio del Centro italiano di studi sull'alto medioevo*, Vol. X, (La Bibbia nell'alto medioevo), Spoleto: Centro italiano di studi sull'alto medioevo 1963, 519-600 and 685-704. [Repr. in: IDEM (ED.), *Lateinische Bibelhandschriften im frühen Mittelalter* (Vet Lat: AGLB 11), Freiburg i. Br.: Herder 1985, 35-100.]

FREDE, H. J. 1964: *Altlateinische Paulus-Handschriften* (Vetus Latina: Aus der Geschichte der lateinischen Bibel 4), Freiburg i. Br.: Herder 1964.

— 1973: *Ein neuer Paulustext mit Kommentar* (Vetus Latina: Aus der Geschichte der lateinischen Bibel 7.1), Freiburg i. Br.: Herder 1973.

FRIEDRICHSEN, G. W. S. 1939: *The Gothic Version of the Epistles. A Study of its Style land Textual History*, London: OUP 1939.

GLAUE, P./HELM, H. (EDS.) 1910: "Pap. Giessen 15", in: *ZNW* 11 (1910) 1-38.

HATCH, W. H. P. 1959: *The Principal Uncial Manuscripts of the New Testament*, Chicago, IL: UChP 1959.

HENNING, H. 1913: *Der Wulfila der Bibliotheca Augusta zu Wolfenbüttel*, Hamburg: Behrens 1913.

LAKE, K./ NEW, S. (EDS.) 1932: *Six Collations of New Testament Manuscripts* (HTS 17), Cambridge, MA: HUP 1932.

LECLERCQ, H. 1907: „Antinoë", in: *DALC* 1.2 (1907), Paris: Letouzey et ané, 2326-59.

MERCATI, G. CARDINAL 1953: "No. 1306", in: *Papiri Greci e Latini*, edited by the Società Italiana per la ricerca dei Papiri greci e Latini in Egitto, Volume XIII, Firenze: Enrico Ariani 1953, 87-97.

METZGER, B. M. 1964: *The Text of the New Testament. Its Transmission, Corruption, and Restoration*, New York/London/Oxford: OUP 1964.

NELLESEN, E. 1965: *Untersuchungen zur altlateinischen Überlieferung des Ersten Thessalonicherbriefes* (BBB 22), Bonn: Hanstein 1965.

NESTLE, EB. & NESTLE, ER./ALAND, B. & K. 1996: *Novum Testamentum Graece*, 27th ed., Stuttgart: Deutsche Bibelgesellschaft 1996.

REICHARDT, A. 1909: *Der Codex Boernerianus ... in Lichtdruck nachgebildet*, Leipzig: Hiersemann 1909.

ROBERTS, C. H./BARNS, J. W. /ZILLIACUS, H. (EDS.) 1950-67, *The Antinoopolis Papyri*, Vols. I-III, London: Egypt Exploration Society 1950-67.

ROBINSON, J. A. 1895/1967: *Euthaliana* (TS 111.3), Cambridge: CUP 1895. [Repr. Nendeln: Kraus 1967.]

SCHULTZE, V. 1904: *Codex Waldeccensis* (Dw Paul), München: Beck 1904.

SCRIVENER, F. H. 1859: *An Exact Transcript of Codex Augiensis*, Cambridge/London: CUP 1859.

VON SODEN, HERM. 1911-13: *Die Schriften des Neuen Testaments in ihrer ältesten erreichbaren Textgestalt hergestellt auf Grund ihrer Textgeschichte*, 2nd ed., 2 parts in 4 vol., Göttingen: V&R 1911-13.

SOUTER, A. 1905: "The Original Home of Codex Claromontanus", in: *JTS* 6 (1905) 240-43.

STREITBERG, W. 1908/65: *Die gotische Bibel*, 1908, 5th ed., Darmstadt: WBG 1965.

TISCHENDORF, C. 1852: *Codex Claromontanus*, Leipzig: Hinrichs 1852.

— 1855: *Anecdota sacra et profana*, Leipzig: Hinrichs 1855.

TURNER, C. H. 1898/1988: "Greek Patristic Commentaries on the Pauline Epistles", in: J. HASTINGS (ED.), *A Dictionary of the Bible*, Vol. 5, : Edinburgh: Clark 1898, 484-531. [Repr. Peabody, MA: Hendrickson 1988.]

Vetus Latina 24/1, *Epistula ad Ephesios*, ed. by ERZABTEI BEURON (H. J. FREDE [ED.]), Freiburg i. Br.: Herder 1962-64.

Vetus Latina 25/1: *Epistula ad Thessalonicenses*, ed. by ERZABTEI BEURON (H. J. FREDE [ED.]), Freiburg i. Br.: Herder 1975-82.

VOGELS, H. J. 1933: "Der Codex Claromontanus der Paulinischen Briefe", in: H. G. WOOD (ED.), *Amicitia Corolla: A volume of Essays presented to J. Rendel Harris*. London: ULP 1933, 274-99.

— 1955: *Untersuchungen zum Text paulinischer Briefe bei Rufin und Ambrosiaster* (BBB 9), Bonn: Hanstein 1955.

WEBER, R. ET AL. 1969: *Biblia sacra iuxta Vulgatam versionem* (Vulgata Stuttgartiensis), Stuttgart: DBG 1969.

WESTCOTT, B. F. 1887/1967: "Origenes", in: W. SMITH/H. WACE (EDS.), *A Dictionary of Christian Biography, Literature, Sects and Doctrines During the First Eight Centuries*, Vol. 4, London: Murray 1887, 96-142. [Repr. New York: AMS/Kraus 1967.]

WILLARD, L. CH. 1970: *A Critical Study of the Euthalian Apparatus* (PhD Diss. Yale University), New Haven, CT 1970 (Ann Arbor, MI: University Microfilms).

WORDSWORTH, J./WHITE, H. J./ SPARKS, H. F. D. (EDS.) 1889-1954: *Novum Testamentum Domini Nostri Iesu Christi Latine Secundum Editionem Sancti Hieronymi*, Oxford: OUP 1889-1954.

ZUNTZ, G. 1953: *The Text of the Epistles: A Disquisition upon the Corpus Paulinum*, London – Oxford: OUP 1953.

VII. The 'Euthalian Apparatus' and the Affiliated 'Argumenta'

1. The Euthalian Apparatus to the Pauline Letters: What is Euthalian?

When I have mentioned to colleagues and students that I was working on the so-called Euthalian Apparatus, quite a few have not known what it was about. A few had possibly seen references to it in textbooks on New Testament textual criticism or articles on Euthalius in theological lexicons or in encyclopedias on the history of religions without getting to know who Euthalius was or what the apparatus that bears his name contains. This lack of clarity aroused my curiosity. My interest grew even more after I began to work with Early Church editions of Paul's letters and realized that much of what is found in Greek in the apparatuses for Paul's letters sooner or later was connected to the Euthalian apparatus. It is attested in a very impressive number of Middle Age minuscule manuscripts from the ninth century onwards. On the other hand, whatever the evidence may be from the Greek manuscripts, the Syrian and Armenian translations of parts of the apparatus indicate that the apparatus for Paul's letters was known much earlier.[1]

The Euthalian edition originally included fourteen Pauline epistles with Hebrews placed after 2 Thessalonians and before the Pastorals and Philemon. Another later volume included Acts and the seven Catholic epistles. This agrees exactly with the canon first attested in the famous festal letter by Athanasius of Alexandria which dates from 367 CE. The last part of the prologue to Paul's letters refers explicitly to Eusebius. With that the *terminus a quo* is placed in the middle of the fourth century. Information about lections (ἀναγνώσεις), chapters (κεφάλαια), testimonies (μαρτυρίαι) and lines (στίχοι) are common to all three sections and were obviously parts of the original edition. They are, however, only preserved in a minority of manuscripts, possibly because they did not accurately describe the content of later editions. All other items may be secondary additions, including the *argumenta* (ὑποθέσεις) which are attested more often than any other part.

Parts of the Euthalian apparatus were printed as additions to the Greek NT, both in the *Complutensian Polyglott* (1514) and in Desiderius Erasmus' edition of the Greek NT (1516).[2] A comprehensive critical edition of the apparatus unaccompanied by biblical

---

[1] See S. P. Brock 1979, 120-30; P. A. Vardanian 1930.
[2] Erasmus of Rotterdam 1516/1986.

text was published by L. A. Zacagni in 1698.[3] The edition in Migne's *Patrologia Graeca*, volume 85. 627-790 (1864) reproduces essentially all of Zacagni's edition.[4] Zacagni based his edition on nine manuscripts that he had access to in Rome. For the most part, however, he followed minuscule 181, but also 623 for the Catholic and Pauline epistles.

In more recent research the discussion about the Euthalian apparatus was particularly lively between 1890 and 1914. A seminal work was produced by J. Armitage Robinson (1895).[5] Other contributions came from J. Rendel Harris,[6] E. von Dobschütz,[7] F. C. Conybeare,[8] Th. Zahn,[9] and Hermann von Soden.[10] In the introduction to his edition of the New Testament von Soden brought to light many more manuscripts than those that had been used previously, but also proposed theories that became very controversial. Since World War I the debate has more-or-less subsided. A series of articles on the Armenian material by P. A. Vardanian was published in a collected edition (1930).[11] One can additionally mention contributions by G. Zuntz[12] and B. Hemmerdinger[13] among others. The need for a new critical edition has often been expressed, but never fulfilled. A new edition would have to be based on a large selection of manuscripts and would be a difficult, time-consuming task. By way of preparation one can take into account L. Ch. Willard's Yale dissertation (1970) where he presents a comprehensive survey of the research that has been done and of close to four hundred relevant manuscripts.[14] The Euthalian apparatus is referred to in some articles in more recent encyclopedias, e.g., DB(H),[15] DBS,[16] DECA,[17] LThK,[18] and RGG.[19] By contrast, neither LAW, nor ABD, nor TRE, nor DNP have an article on Euthalius. In modern Introductions to the New Testament only the one by A. Jülicher and E. Fascher devotes any attention to Euthalius.[20]

---

[3] L. A. Zacagni 1698.

[4] The Euthalian Apparatus is in *MPG* 85 divided into the following parts: Acts 627-664; Catholic epistles 665-692; Pauline epistles 693-790.

[5] J. A. Robinson 1895.

[6] J. Rendel Harris 1896.

[7] E. von Dobschütz 1893; idem 1899.

[8] F. C. Conybeare 1904.

[9] The most comprehensive collection of a more or less analogous treatment of the apostolic writings in or outside the NT is still Th. Zahn 1888-92/1975; see also Zahn 1904, 305-30 and 375-90.

[10] Herm. von Soden 1902/11, 637-82.

[11] Vardanian 1930.

[12] G. Zuntz 1945; idem 1953.

[13] B. Hemmerdinger 1960a; idem 1960b.

[14] L. Ch. Willard 1970. Unfortunately it has not been published but is available from *University Microfilms*, Ann Arbor, Michigan.

[15] C. H. Turner 1898/1988, 224-29.

[16] G. Bardy 1934, 1215-18.

[17] M. G. Bianco 1990, 927.

[18] Bianco 1995, 1018-19.

[19] M. Welte 1999, 1682.

[20] A. Jülicher/E. Fascher 1931, 573-77.

My own work builds primarily on the material that Willard has presented. When I was his dissertation adviser I did not ascertain that it provided a basis for raising other questions than those that had been at the forefront of previous discussions. The research has been too dependent on the printed editions.[21] As a result of this the term *euthalian* is used in several ways. The one that comes most immediately to mind is that the publisher of the Euthalian apparatus was a particular person called Euthalius who lived at a particular time and place. Such is the case in Latin Bibles published with an apparatus. As far as I know the name Euthalius occurs only on the front pages. In some instances he is described as a deacon, mostly though as a bishop of Sulce or Sulci. There are also manuscripts in which there is no mention of the name of the prologue's author. One of von Soden's colleagues came across a Trinitarian Catholic confession by Bishop Euthalius at Sulci. The content indicates that it came from the latter part of the seventh century. Based on that and a personal confession (πρὸς ἐμαυτόν) von Soden produced a history of Euthalius' life.[22] While this has been generally rejected, the problem remains as to how Euthalius' name came to be connected to the apparatus under consideration. J. N. Birdsall has aptly written that "his part in the work cannot have been other than that of bringing to a conclusion and final edition the product of four centuries of effort."[23] Another suggestion is that the original name was Euagrius. Alternative suggestions refer to either Euagrius Ponticus (ca. 346-400), or to the less known Euagrius of Antioch (ca. 320-397), a friend of Hieronymus.[24] For the time being we have no clear answer regarding the identity of the author of the prologues and the publisher of the original Euthalian edition. In the editions persons are named or partially named who have occasioned their production or have had the editions dedicated to them.

The alternative possibility is to start from the printed editions. Given the lack of any other name it is simply necessary to use the designation Euthalius for the work that is attributed to him. The first edition must have already included material that was previously available in the form of lists and/or notes on the New Testament texts. Other pieces were incorporated later into the Euthalian apparatus or were combined with elements of it. At the same time, however, they may have preserved their independent existence and survived for hundreds of years independently of the more comprehensive Euthalian apparatus. The so-called *argumenta* (ὑποθέσεις) are the clearest example of this.

The third use of the name Euthalius is to keep it as a designation for the original publisher regardless of who he was or what his name was. One ought then to place Euthalius within inverted commas, but for practical reasons I will use the abbreviation EUTH. As a consequence it is possible that the term euthalian should also be reserved for prologues or those entities that have been linked to them from the beginning. Divergent terminology, however, has hardly had any significance for the objective dis-

---

[21][ZACAGNI's and later printed editions.]
[22]HERM. VON SODEN 1902/11, 637-82.
[23]J. N. BIRDSALL 1970, 362.
[24]This theory is advocated by BIRDSALL 1970, 362f.

cussion of the EUTH edition's origin and history. The discussion has largely been occupied with what was a part of the original edition and what is secondary. Dependence on the published editions has occasioned a one-sided orientation. There has been a one-sided interest in the development from the original edition to the printed editions and in particular with the manuscripts that have an extensive apparatus. The view that there was a gradual growth of the EUTH apparatus is based on correct observations, but it is extremely one-sided. The picture that is drawn from it is misleading, since the EUTH apparatus is not the only point of departure for what was transmitted. Furthermore, the highly restricted group of manuscripts that form the basis of the printed editions is not in any way the final stage of its historical development. Moreover, in contrast to the study of Latin and other translations, the study of the transmission of Greek biblical writings has tended to concentrate on textual history and criticism with the history of interpretation as a separate discipline. To me this seems to imply a neglect of the importance of various biblical editions for the history of piety. The importance of editions can even be illustrated by the various types that have been predominant in Protestantism, from Luther up to the present day.

Furthermore, the EUTH apparatus can give a picture of how Paul and his letters were understood in wider circles of Eastern Christianity. I tend to assume that the edition was mainly designated for post-baptismal instruction.[25] It may also have been used by lay people who owned and read biblical writings themselves.[26] This article will mainly deal with the section on the Pauline epistles with special attention paid to Ephesians. There are only occasional references to the other editions. The most important sources then will be the comprehensive prologue to Paul's letters and the parts that are common to the three main sections of the apparatus, namely the list of lections, chapters, testimonies, and also *argumenta*.

2. The Prologue to the Pauline Epistles (PROL)

The edition of the Pauline letters is dedicated to a most honored father (693 A), who in the prologue to Acts is referred to as one of our fathers in Christ (629 B). The Pauline letters with text and apparatus were edited first, Acts and the Catholic letters later, when EUTH was asked to prepare an edition to these writings similar to his edition of Paul. The recipient of this later publication is addressed as "my dearest Athanasius." (668 A) This Athanasius can hardly be the famous bishop of Alexandria. It seems most likely that he is the Athanasius who succeeded Basil as bishop of Ancyra in 360, when he was consecrated by Acacius of Caesarea.[27] Especially in the prologue to Acts EUTH writes

---

[25]The letters to the Romans, to the Ephesians, and to the Colossians can all be said to be catechetical.

[26]A. von Harnack 1912: A remarkable blend of genuine scholarship and vulgar anti-Catholicism.

[27]Regarding Athanasius of Ancyra and Acacius of Caesarea, see M. Simonetti 1990, 14 and J. Gribomont 1990, 291.

in detail about the task's greatness and the unworthiness of the author. In addition one can detect that the prologue to Acts to a greater degree than the prologue to Paul's letters emphasizes the importance of an audible, clear and meaningful reading (629 A-C, 633 B). The publisher also consulted both fathers and brothers for their reactions before delivering the book. In connection with Acts and the Catholic epistles there are lections, chapters and testimonies immediately following the introduction.

The prologue to the Pauline letters, which is rather extensive (693 A-713 B), opens with a sketch of the life of Paul. This shows that the publisher thought that the readers/listeners should have a more general picture of the life, works and sufferings of the Apostle. The prologue contains *three sections:* (a) First there is a general portrayal of Paul's life and work from his birth as a Hebrew of the tribe of Benjamin to his death as a Christian martyr in Rome (693 A-701 A). (b) After that comes a section about each of the fourteen letters (701 A-708 A). (c) The third section supplements the first section with a chronology of the most important events in Paul's life as well as his final years (708 B-713 A). This chronology, as it is explicitly said, is borrowed from Eusebius' chronicle and his history of the church. The introduction to the third section makes it clear that it is a secondary addition. The information in the first section, however, is for the most part correctly seen as coming from Acts and Paul's letters. There is hardly anything at all from the traditions about Paul in the apocryphal literature about the apostles, or from discussions about Jewish-Christian, Gnostic or Marcionite views of Paul. Information that does not originate from the canonical writings is most often a secondary addition, e.g., the etymological word-play in the change of name from Saul to Paul:

> *Saul used to shake (ἐσάλευε) the whole church, but Paul ceased (πέπαυται) from further persecution and maltreatment of the disciples of Christ. (697 B)*

On the other hand, we find a general tendency to generalize and to sharpen formulations in the canonical sources.[28] Already in Tarsus Paul is supposed to have persecuted God's church, and because of that to have been present at the murder of Stephen so as to take care of the clothes of those who stoned Stephen; thus he could use their hands for the murder. Such expressions as "extreme of madness" and a "wrath greater than all the people's" are used. In addition we get to hear that his hate was due to the Christian message winning followers at the cost of true Jewish teaching. Nevertheless, his good intentions are adduced as the reason for the Lord to intervene and take away his sight by the shining light he saw on the road to Damascus. His meeting with Ananias is given particular importance (697 B):

> *So it was that he went to Ananias and was baptized and he became a sharer of the secret mysteries, both a protector and a fellow combatant worthy of the kerygma.*

Further on in the account EUTH follows Galatians more than Acts. In fact Paul's first meeting with Peter (Gal 1:18; cf. Acts 12:25) is not mentioned, but Gal 2 provides a

---

[28]The complete prologue is translated into English by WILLARD 1970, 193-207.

background for this statement: "After some time, Paul again went up to Jerusalem and saw Peter." From the Jerusalem meeting of the apostles (Gal 2; cf. Acts 15) it is emphasized that Paul and Peter divided up the whole world between them (697 C):

> Paul received the Gentile part, just as Peter was assigned to teach the Jewish people.

Paul's missionary journeys are only quite briefly discussed. It is emphasized that he

> suffered and endured countless terrible things for faith in Christ, and he ran many and varied hazards for the Gospel, as he himself describes. (698 C)

Paul's work is regarded as a genuine actualization of God's plan that he should live among people until he had preached the gospel to all nations. The prologue goes into greater detail with regard to what happened after Paul's last journey to Jerusalem with the offering for the saints there. The Jews tried to take his life, but he appealed to Caesar and was sent to Rome. Beyond what Acts has to narrate, it is said that somewhat later, when Nero wished to take Paul's earthly life, he secured for him a true and genuine life as a citizen of the heavenly realm. The conclusion of this part of the prologue alludes to Phil 1:21-23 and 2 Tim 4:6-7.[29]

In the third and last part of the prologue EUTH gives additional information about Paul's life. This is taken from Eusebius. It deals in part with chronology and in part with what happened after Paul came to Rome. The Savior's passion is dated in Tiberius' eighteenth year (708 B). Already in the same year Stephen is killed and Paul completely consented to the murder, but when he went to Damascus with a letter from the Jewish leaders against the Christians "the call came to him from God." Paul began to travel through the whole world preaching devotion to Christ (εὐαγγελιζόμενος τὴν εἰς Χριστὸν εὐσέβειαν). His missionary journeys began early the year after his call and lasted till the thirteenth year of Claudius' reign, twenty-one years in all. After two years in prison in Caesarea Maritima, two years in Rome and, according to the account, ten years in freedom, he allowed Nero to take his life in his thirteenth year as Caesar. According to this reckoning Paul was martyred in the thirty-sixth year after the Savior's passion, so that thirty-five years passed from when he was called to be an apostle until his consummation (709 C-712 A and 712 C).

EUTH presupposes that Luke was with Paul on his journey to Rome and goes out of his way to show that it was during those two years that he wrote the Acts of the Apostles. What EUTH has to say about Paul's last years, as with the chronology, is taken essentially from Eusebius.[30] Some of the formulations are word-for-word citations. Regarding the years in Rome it says that Paul "spent them under no restraint (ἄνετον) and that he preached God's word unhindered."

---

[29] Most striking is the extent to which 2 Tim 4:6-8 is utilized in different connections in the Euthalian apparatus and already in Eusebius. In the first main section of the prologue this section from 2 Tim is referred to when it is said: "So there the blessed Paul having fought the good fight (τὸν καλὸν ἀγῶνα ἠγωνισμένος), as he says himself, was decorated with the crown (στέφανος) of the conquering martyrs of Christ" (700 C-701 A); see further 705 B; 712 B; 713 B; and cf. 784 D and 785 C.

[30] Eusebius, Hist. eccl. II. 25 and 26.

Both Eusebius and EUTH write about the madness and increasing cruelty of Nero in his last years and mention the persecution of the Christians as a prominent example. The words differ except for an identical final clause: "He was led to the slaughter of the Apostles". Eusebius uses the plural for the apostles Paul who was beheaded, and Peter who was crucified. Here EUTH has preserved the plural in spite of the fact that he only writes about Paul. This is no accident. In the first part of the prologue, it mentions that the Romans enclosed the relics of Paul in magnificent shrines and that the date of his martyrdom was commemorated on the third day before the calends of July, i.e., the 29th of June (701 A). Otherwise the EUTH apparatus does not mention that the memorial of Peter and Paul was celebrated on the same day and that the two basilicas, *San Pietro in Vaticano* and *San Paolo fuori le mura*, were usually mentioned together. As a concession to Roman and subsequent widespread tradition it appears that also other apostles besides Paul became victims of Nero's general persecution of the Christians. That Peter's name is not mentioned may fit together with the feature that according to the prologue's first section Paul and Peter had divided the world between them, so that the Gentile nations belonged to Paul, while the Jewish people were Peter's assignment (697).

EUTH continues to follow Eusebius when he regards the words in 2 Tim 4:16-17 as a reference to the first trial against Paul in Rome. This was about Paul's first defense, when all abandoned him, but the Lord saved him from the lion's (Nero's) jaws. By contrast, when Paul writes to Timothy and asks him to come, he knows that he is already on the point of being sacrificed (2 Tim 4:6). We are not told whether Paul was able to realize his plan of going to Spain, or where he spent the last years of freedom. What is important for the picture of EUTH is contained in the quotation from 2 Tim 4:17: "The Lord stood by me and gave me strength in order that the message should be fully proclaimed and all the nations should hear it." It is the *universal* scope of Paul's mission that is of interest, *not* the different journeys.

The prologue to Paul contains several general statements about his letters; the first one comes almost immediately after the passage about his call:

Thus he was converted to a strong passion of piety (εὐσέβεια) so that he would strengthen the disciples for piety through writing, if at any time he was absent, in order that they might possess for the future his teaching not only through deeds, but also through words and that fortified by both, they might carry about an unmovable bulwark of piety in the soul. (697 B)

This implies that Christians even at the time of EUTH had Paul's words in the form of his fourteen letters and could be strengthened by them.

At the transition from the prologue's first section to the part about the letters it says:

Before this time, the blessed one, Paul the Apostle, had already given many exhortations (παραινέσεις) concerning both life and virtue, and he had explained many things concerning what humans ought to do. Moreover, throughout the text of the fourteen letters, he had described all patterns of proper social conduct (πολιτεία). (701 A)

Immediately after this the fourteen letters are dealt with in succession (701 A-708 A). Regarding Romans it is said that it contains

> a catechesis in Christ (εἰς Χριστόν) and makes use of arguments drawn from nature. For this reason it is placed first, because it was written for people who only had the beginning of piety. (701 A)

These words about Romans serve as the source of the thought that each of Paul's letters is placed in order according to the *principle of continued growth* (κατὰ προσαύξησιν).[31] The letters to Corinth and Galatia were written to churches that Paul had established and where there would have been time for growth. The Corinthians were already believers, but their conduct was not worthy of the faith. Therefore he especially calls them to account. After they changed their behavior, he sends them another letter in order to strengthen them for further improvement. When promises and/or threats of his personal return to Corinth are finally advanced, this assumes readers who are acquainted with passages in 2 Corinthians, especially chapters 10-13. The Galatians were susceptible to Jewish propaganda. After having argued against that, the apostle took his leave of them by saying: "Henceforth let no man trouble me; for I bear on my body the marks of Christ." This also points to possibilities with which Christians in later times may be confronted, that their growth may be distorted and that they must be converted again in order not to be lost. When Galatians is placed above Corinthians, it is from the point of view of what was said about the Galatians' genuine faith before they became victims of the propaganda. Ephesians was taken to be written to recipients whom Paul had neither taught nor known personally.[32] About Ephesians it is said that

> it is directed to people who were faithful and had remained steadfast. In the prologue to this letter, the mystery is explained as in Romans. In both cases, the recipients were known to Paul from what he had heard. In contrast to other letters, these two are basic teaching for catechumens and introduction for believers (newly baptized). (704 A)

It is obvious that the Ephesians had reached a more advanced stage than the Pauline communities in Corinth and Galatia.

With regard to the rest of the letters there is the possible suspicion that EUTH unilaterally draws on factors that support the theory of continued growth. The Christians in Philippi receive high praise both for being faithful and bearing fruit. The text of the letter itself, however, gives the impression that the situation in Philippi was considerably more complicated than stated here.[33] The Colossians are said to have been faithful and steadfast. They too are presented as having grown further and borne fruit. Their advantage when compared to the Philippians might be that they have not yielded to the

---

[31] Otherwise there are at least two other principles of organization: One organizes them by chronology, the other by their length; see N. A. DAHL 1961, 39-53 [in this volume article III].

[32] This view is shared by Theodore of Mopsuestia in his commentary on Ephesians, *Theodori episcopi Mopsuesteni in epistolas B. Pauli commentarii*, H. B. SWETE (ED.) 1880, 112-18. Even according to the ARG (761 C-764 C) Ephesians was written to recipients whom Paul had neither taught nor seen.

[33] See DAHL 1995, 3-15.

false philosophy and Jewish observances that were propagated among them. The Thessalonians are considered the most advanced among the Pauline communities, simply because they had to endure persecution from their fellow countrymen, as had also the Christians in Judea. In the letters to the Thessalonians as in Philippians Paul gives expression to his expectation of steady continued growth.

On Hebrews it is said that it

> deals with Jewish (cultic) mysteries and the application of these to Christ, which was announced beforehand by the prophets. (705 A)

At this point, the letters conclude the treatment of the growth that is particular to the people. *People* must refer here to the congregations, or possibly to the lay people in contrast to the leaders of the church, to whom the remaining letters are addressed.

The idea of continued growth may also be applied to *individual* persons. The passages on 1 Timothy and Titus are extremely short and mention only a few of the tasks Paul gave to his co-workers. The passage on 2 Timothy, however, begins with praise of the faith Timothy has inherited from his grand-mother and mother. In so doing it gives expression to the idea of continued growth. This praise is in sharp contrast to accusations against other persons mentioned by name. In the end, Paul asks Timothy to hurry to him, since his time of departure is near. The conclusion of 2 Timothy is quoted or alluded to in the whole EUTH apparatus more often than any other passage.[34]

In the letter to Philemon we hear that

> Onesimos became a believer in Christ. He who had been useless to Philemon became respected as worthy of freedom, carried out tasks for the Apostle and ended by becoming a martyr in Rome where his legs were broken. (705 C)

In this way Onesimos became a special example of continued growth, from being a slave to becoming a co-worker with Paul and dying as a martyr.[35]

At the conclusion of the prologue's treatment of the letters it says:

> Thus the whole book (with Paul's letters) includes all sorts of social conduct (πολιτεία), arranged with regard to continued growth. (708 A)

This indicates that the purpose of the passages on the letters in the prologue is not to expound on the individual letters, but to emphasize what believers can obtain from the *collection of letters in all their multiplicity*.

This is followed by a remark on EUTH's revision of an earlier edition:

> In what follows in respect to each letter concisely we shall first place (προτάξομεν) a brief survey of the chapters (κεφάλαια) which was laboriously created by one of the wisest of our fathers, a Christ-lover (φιλόχριστος). Not only that, but we have also with scholarly method summarized the most exact division of the lections (τὴν τῶν

---

[34] See note 29 on page 236.
[35] The statement about Onesimos as a martyr is an addition that also occurs in the EUTH versions of ARG, although neither in CAP nor in the ARG version in Pseudo-Athanasius.

ἀναγνώσεις ἀκριβεστάτην τομήν) and a most convenient way to find the divine testimonies (μαρτυρίαι), going through the text of the entire work (ὑφή). This we will present just after this prologue. (708 A)

This programmatic statement deals with the revision of the list of chapters and of testimonies and is closely related to the list of lections, chapters, testimonies, and *stichoi* (716 A-720 C), to which we will turn in the following section.

3. The Origin and Development

3.1. The Origin

EUTH-apparatus is not based upon a biblical text without notes and comments but is a critical revision of one or two earlier editions. The statements just quoted conclude the section of the prologue that deals with the letters of Paul (702 A-708 A). The conclusion can, and should, however also be perceived as a *programmatic transition* to the revised apparatus which the author (EUTH) is to present following the prologue, beginning with the list of lections (716 A-720 B), testimonies and lines (720 C-745 D), and chapters (749ff.). From the conclusion (708 A) we learn that EUTH retained the list(s) of chapters which was elaborated by "one of the wisest of our fathers, and one who loved Christ". The name of "wisest of our fathers" is never mentioned but a great number of scholars are inclined to identify him with Pamphilus, Eusebius' master and adoptive father, and head of the library at Caesarea Maritima, in the time between Origen and Eusebius. I am inclined to think that this is correct and do occasionally use the abbreviation PAMPH for the earlier edition of the Pauline epistles, by analogy with the use of EUTH for the revised apparatus of the prologue edition.

One gets the impression that the programmatic conclusion of the section on the letters was also intended as a *transition* to the review of the apparatus. The third section of the prologue (708 B-713 A) is explicitly said to be a chronological summary based on writings of Eusebius. The longest and latest version of the Martyrdom of Paul (713 B-715 A) is, no doubt, a still later insertion.[36] It is therefore likely that in the first draft the conclusion of the segment on the letters was the conclusion of the entire prologue. If so, the treatment of the lections (ἀναγνώσεις, readings) would originally have followed directly upon the section in the prologue that dealt with the Pauline epistles. This assumption is also favored by the analogy with the transition from prologue to lections in the corresponding sections on Acts and the Catholic epistles (636 AB and 668 B respectively).

EUTH has, as we just mentioned, explicitly stated that he is indebted to his highly appreciated Christian "father" (possibly Pamphilus), who in his edition had accounted for the number of chapters (CAP) in each letter.[37] EUTH took this over without changing the number and order of the chapters. EUTH found a chapter-list which did not

---

[36] On the last part of the Prologue, see above page 236ff. and on MART, see below page 251ff.
[37] See above the quotation from 708 A on page 239f.

provide any exact division between the parts of the letter that ought to be read and studied together. His solution to this problem was to divide the text of the letters into "lections" that encompass at least one, and normally no more than nine CAPs.

The other aspect of EUTH program was to explain "the most convenient way to find the divine testimonies" (708 A). This implies that EUTH was familiar with an edition that identified the occurrence of more or less exact quotations from the Septuagint and, possibly, the Gospel of Matthew and other sources by means of notes in the margin. EUTH has, apparently, not made any effort to compare the quotations in the Pauline letters with the wording in the sources.

EUTH does indeed claim that his edition represents an improvement. This pretension is subtly stated when he declares that he has achieved

the most precise division of the lections and a most convenient way to find the divine testimonies. (708 A)

This is what EUTH (and fellow workers) are said to have achieved "by going through the reading of the text" (ἐπιπορευόμενοι τῇ τῆς ὑφῆς ἀναγνώσει [708 A]). The "text" (ἡ ὑφή) must here refer to the entire PAMPH edition. There the source of a quotation must have been indicated, e.g., by a note in the margin of the text. In a similar way, some comment or sign will also have indicated when a chapter ceased to continue the discussion of a theme and began the introduction of another. How EUTH has done this is worked out in the lists of lections (716 A-720 B) and the lists of testimonies (720 C-724 C and 725 D-745 D). The lists of more comprehensive lections must be intended to spare the reader's time consuming labor to grasp the composition of the letters and to find out where a quotation occurred.

The relationship between the PAMPH edition of the Pauline letters and the contemplated EUTH edition is clear in general. The former contains: (a) a collected list of chapters that, in agreement with general practice in antiquity, served as an introduction and a table of contents. This is followed by (b) the text of the letters, presumably with marginal notes. In the revision by EUTH the organization became: (a) a long prologue to Paul's letters, and right after that (b) lists of lections and testimonies that to varying degrees represented the result of the publisher's own work.

No manuscript or exact copy of the editions of PAMPH and/or EUTH is known today. The history of transmission is to a large extent a history of omissions and editions. The evidence which we have is in favour of the assumption that the original EUTH edition was based on a corpus of 14 Pauline letters in which Hebrews was placed after 1 Thess and 2 Thess. Moreover it seems to be clear that the original edition included the number and order of lections, chapters, testimonies and also the number of lines of verses (στίχοι). There is, however, one important problem to which we obtain no direct answer: Why are there no traces of a list of the themes and the problems treated in each chapter? Such a list has been transmitted, letter by letter, in conjunction with the so-called ARG, which – as an entity of its own – definitely is a secondary addition. It is unlikely that this is the original place for the detailed list of the themes of the chapters. The analogy with the lists of testimonies favours the idea that already the original edition had something to say about the content of the chapters as well as of the testimonies.

3.2. The Main Parts of the Apparatus: Lections, Chapters, Testimonies, et cetera

3.2.1. Lections and Chapters (LECT and CAP)

The word ἀνάγνωσις means "reading". Euthalius uses it about reading aloud to an audience but more often, I think, about a lection, i.e., about a section of text that mostly includes more than one chapter but has a common theme and/or some inner unity of thought. The list of lections (ἀνακεφαλαίωσις τῶν ἀναγνώσεων = LECT) in the Pauline Epistles (716 A) is almost *verbatim* repeated in the list about the Catholic Epistles (cf. 668 B):[38]

> Summary of the lections and how many chapters and testimonies they have for each of the Apostle's letters and how many lines each of them contains. (716 A)

The statement about Ephesians[39] may serve as a good illustration of the common pattern:[40]

> In the letter to the Ephesians there are two lections, ten chapters, six testimonies and 312 lines.
> The first lection (1:3-3:21) has five chapters, the first, second, third, fourth, fifth; one testimony, the first; 136 lines.
> The second lection (4:1-6:20) has five chapters, the sixth, seventh, eighth, ninth, tenth; five testimonies, the second, third, fourth, fifth, sixth; 176 lines. (717 B)

The summaries of the lections all have the same brief form as in Ephesians. They indicate how many lections each writing contains and also how many chapters, testimonies, and lines the writings and each lection contain. In order to find out which texts are cited and to get a hold of the actual content of the lections it is necessary to consult the chapters. The lections and the line numbers they provide are thus a kind of meta-infor-

---

[38]About lections we otherwise hear next to nothing, not even in lists of chapters or lists of testimonies. A peculiar exception is found in *min. 5*, which in all three parts (Pauline epistles, Acts, and Catholic epistles) has lections, arguments and chapters (in Acts also the itinerary). This ms comes from the fourteenth century, but is presumably a copy of an older edition, which stands out among other things by placing Colossians before Philippians. The bilingual Codex D (06) is the only Greek ms that attests this sequence; see D. TROBISCH 1989, 15 and 56-62; The same sequence occurs in some Latin mss, see H. J. FREDE 1969, 290-303.

[39]One may find a similar analysis of the composition of Ephesians in modern commentaries. Ephesians has in my opinion two main parts, chapters 1-3 and 4-6, and new subsections begin at 1:3; 1:15; 2:1 and 3:14 in the first and at 4:1; 4:17; 5:3; 5:22 and 6:10 in the second part; see the more detailed analysis above in article I, section 1.1. of this volume. A modern rhetorical analysis of other Pauline letters would differ a good deal more from the Euthalian apparatus.

[40]In order to give a general impression of the apparatus I have found it suitable to illustrate the different sections by using passages from Ephesians. In most cases they are short and easy to grasp. Consequently they can illustrate a structure that also occurs in the corresponding but often much more complicated statements about the other letters.

mation. Introductory and summary statements give the impression that it is EUTH who compiled the lection lists and carried out the task of finding out how many lines they contain. This is especially evident from the summary statement at the end of the lection list for Paul's letters quoted above that runs as follows:

> *All together the fourteen letters have 31 lections, 127 chapters, 147 testimonies, 4936 lines. I have distinguished/divided (διεῖλον) [between] lections and counted exactly the lines of the whole Apostolic Book, fifty by fifty. And I presented the chapters of each lection and the testimonies contained in them, and even the number of lines which make up each lection. (720 B)*

The content of the *lection-lists* coincides so well with the programmatic statement in the prologue (708 A)[41] that there are very good reasons to believe that the original EUTH edition included prologues, lections, chapters and testimony lists and numbers of lines, but no other materials.[42] This does, however, not imply that we know what the original edition looked like. The references to the counting of every 50 lines clearly refer to lines of the standard length of about 16 syllables (or ca. 36 letters). In other contexts, however, the word στίχος can be applied to the length of a line that was written κατὰ κῶλα καὶ κόμματα. In this case the writing paid attention to rhythm, syntax and accentuation in order to further a proper reading aloud as well as a better understanding of the texts. This double use of the word στίχος is not without analogies: Ἀνάγνωσις can mean "reading aloud", but can also refer to a written lection. Κεφάλαιον is used about a main point or theme, but does also mean chapter. Μαρτυρία means testimony, and can refer to the testimony of a martyr, but the same term is also applied to quotations of passages from the sacred Scripture of the OT, only seldom from other sources.[43] At the time of EUTH the Psalms and even other parts of the OT were printed in verse-lines, and an ancestor of the Greek-Latin bilingual edition of the Pauline letters written in sense-lines is also likely to have existed about the same time.[44]

Since I hesitate to get into the unnecessary task of isolating sources, the question to focus on is how normal lines may be combined with any form of colometry. It is necessary then first to point out that counting the number of normal lines applies to all that was included in the original EUTH-edition, while the arrangement of the text for reading may only be valid for texts of the Bible. There is the possibility that EUTH had

---

[41] See the quotation given above on page 239f.

[42] WILLARD's *Manuscript Survey* (1970, 209-19) includes some manuscripts that do not contain any genuine EUTH items at all, but it illuminates a history of transmission that includes omissions, additions and combination with heterogeneous materials. No more than nineteen of the manuscripts contain a lection-list. Almost all of them also contain the *argumenta*. In the Pauline section, most also have Paul's martyrdom.

[43] In the prologue to Acts it is stressed that the text had been written in verse lines (στιχίδια or sim.) in order that it should be properly read aloud (629 A; 623 C; for the Catholic letters, cf. 668 B).

[44] On Gothic-Latin manuscripts, cf. my article on *PSI* 1306 from 1979 (DAHL 1979, 93 note 2; in this volume article VI); see also ZUNTZ 1945, 89-104; H. J. FREDE 1964, 180ff. and IDEM 1973-74.

access both to manuscripts with normal lines as well as to manuscripts with colometric writing. Indeed it is not inconceivable that both types were produced in EUTH's scriptorium. The later minuscules with parts of the EUTH apparatus have a very diverse format.[45] Indeed, several scholars have argued that the EUTH-edition was written colometrically.[46] I would be more inclined to assume that the text of the Apostolic letters and Acts was written colometrically, while lists and other parts of the apparatus were written in standard prose lines. It can, however, not be taken for granted that there ever existed one uniform first edition.[47] If the chief editor was in charge of a scriptorium associated with the library in Caesarea Maritima, it is likely that both the manuscript(s) used and those which they produced, may have had different shapes. One has, however, also to consider a summary statement at the end of the EUTH volume that contains Acts and the Catholic epistles (692 A). It states that the *prooemium* to Acts contains 167 lines, the Acts of Apostles 2556, the *prooemium* to the Catholic epistles 36 and these epistles 1046 lines. This makes the sum of 3806 lines for this volume. The lines of the prologues and those of the texts are added together without any distinction in shape. The average length of a *stichos* in EUTH is less than half of a verse in the Bible-editions we are familiar with.[48] This points to another possibility, namely that the length of the κῶλα and κόμματα were modified to avoid a length that differed too much from the standard lines.

One further observation of great importance is that, if we relate the text on page 692 to the entire apparatus to the Catholic epistles, we can ascertain the following: The *argumenta* are *not* mentioned here, even if they are attested in many more manuscripts in any part of the genuine EUTH-apparatus. The *argumenta* alone occurs in so many manuscripts that we should not speak of the *argumenta* as an addition to the EUTH-apparatus, but rather about an affiliation of two different editions of the Apostolos. We will later have to deal with the affiliation of the EUTH-edition and the Argumenta-edi-

---

[45]There are many examples both in Bible manuscripts and in other books that had *scriptio continua*. Among the bilingual manuscripts of Paul's works Codex D has preserved remnants of the original colometric way of writing, whereas the later codices G and F have continuous text, but frequently indicate divisions between *cola* and *commata*. In G divisions between individual words are also indicated. Among the Gothic manuscripts only Romans and the beginning of 1 Corinthians in Codex Ambrosianus are written colometrically. In two manuscripts of the Vetus Latina, 86 and 89 is the division between cola marked with dots in the text in a way that most often corresponds to the division of lines in the Vulgate manuscript Codex Amiatinus. See ZUNTZ 1945, 89-104; DAHL 1979 [in this volume article VI]; FREDE 1964, 180ff. and IDEM 1973.

[46]ZUNTZ 1945, 78-88 has provided a basis for this. K. and B. ALAND 1989, 178 have not had anything to say about Euthalius other than the following: "A Christian grammarian, perhaps also deacon and bishop, edited the Apostolos in sense lines, following Greek rhetorical principles."

[47]Codex H (015) is written colometrically and contains elements of the EUTH apparatus. It is mainly akin to two *min.*, viz. 88 and 915.

[48]The writing of biblical verses is an old custom. But it was not before the 16th century that the verses of a chapter were also numbered; [see W. G. KÜMMEL 1973, 457: "Die Verseinteilung stammt von dem Pariser Buchhändler Robert Stephanus (Estienne) und erscheint zum ersten Mal in dessen Ausgabe des NT von 1551." Cf. *ibid.*, 479.].

tion. The consequence of this affiliation has been that very few, if any manuscripts, have retained the treatment of chapters immediately after the treatment of lections.

The *chapter-lists* referring to the *Pauline epistles*, as we now read them in the extant edition, follow after the *argumenta* to each of the Pauline letters and are in fact likely to be based upon an edition in which only chapters were added to the *argumenta*, i.e., a common form that only had *argumenta* and chapters distributed to each of the 14 letters (see the tables). Several observations can be explained, if we assume this. Neither an introductory statement about the chapters of the Pauline epistles nor a summary of lines has been preserved in contrast to the introduction and concluding summary to the *lection-lists* and the *testimony-lists*, and also in contrast to the *chapter-list in Acts* (652 B and 662 BC).[49]

This observation might also make it easier to understand, why the *chapter-lists*, as we now have them, do not suggest the existence of a division of the texts into more extensive lections on the one hand, and why the *lection-lists* say nothing about sub-sections (ὑποδιαιρέσεις, *subdivisiones*) of the chapters on the other. In the outline of the chapters (κεφάλαια = CAP) in Ephesians, for instance, it says at first that the chapters in this letter do not have any subsections. In the list of chapters no attention is given to the division into two lections either. When presenting the chapter-list of Ephesians as an illustration I have for the sake of clarity added in parenthesis the places where the different chapters in modern Bible editions of Ephesians begin.[50]

> *On our election, our initiation and completion in Christ. (Eph 1:3)*
> *Prayer for the understanding of the benefits brought to us in Christ. (1:15)*
> *About the domestication of Gentiles and Jews to God, through Christ, unto hope, according to grace. (2:11)*
> *About the divine wisdom that has been given him to enlighten the Gentiles and rebuke the demons. (3:1)*
> *Prayer on behalf of the church for the power and love of God. (3:14)*
> *Exhortation (παραίνεσις) about unifying love, even if the gifts of grace are distributed to the common benefit. (4:1)*
> *About prudence and righteousness, making us God-like. (4:17)*
> *About living worthy of the sanctification, rebuking evil with works, not with words, and being filled with the Spirit through hymns, not with wine. (5:3)*
> *Regulation of domestic rules for those who are ruled and for those who rule in accordance with Christ. (5:22)*
> *In the figure of preparing for battle, about the power of Christ. (6:10-20) (764 A-C)*

---

[49] See below page 246 and Table III on page 269.

[50] The delimitations between the particular κεφάλαια differ somewhat form those in modern editions. In contrast to the modern chapter division the Euthalian apparatus lets new κεφάλαια begin at Eph 1:15; 3:14; 4:17 and 6:10, while no new chapter begins in Eph 6:1 in the middle of the "Haustafel". More dubious is it, when the apparatus, like in modern editions, reckons Eph 2:1-10 and 2:11-22 as one chapter. It makes good sense when, in contrast to Euthalius and our editions, the Gothic *ms* lets a new *laiktjo* begin with Eph 2:11. [See Dahl's delimitation above in article I page 10.]

Without study of the primary manuscripts it is impossible to do more than to offer a suggestion: The chapter-list is likely to have existed in *two forms:* (a) A brief survey of the chapters was placed at the beginning of the entire text as an index; (b) later, however, the heading was repeated at the beginning of a new chapter as in modern editions. Probably the sub-sections of the EUTH-apparatus had originally simply been marked by an asterisk, use of red color, or similarly.[51] One can imagine that the manuscript that EUTH had inherited only indicated the content of the chapters in the order in which they were to be read. EUTH had revised this by composing a list of lections to which he added an index of chapters and a survey of quotations. What he achieved by doing this was that it became easier to find the chapters and the more comprehensive context of the lections. This would save time for the reader who would otherwise have to read through the entire text to find the thoughts and statement he was looking for. It would have been even easier, if this index once was arranged as in Acts, where the beginning of new lection was indicated by means of a quotation of the words with which it began.[52]

In column 692 BC there are two statements, one about the inscription to an unknown god in Athens, and one about Paul's travel to Rome by ship. It has often been assumed that these were meant as additions to the Catholic epistles. But it is clear that they relate to Acts and were part of the same volume. If we check the regular list of chapters in Acts, we will find that the inscription in Athens is referred to in chap. 26 and Paul's sea-travel in chaps. 38-39. None of these items, however, are attested in the alternative list of 36 units in Acts (662 C-664). The reason for this is obvious. This list does not deal with the content of the chapters, but quotes the first words of a new section: in this case Acts 17:11 and 28:11.[53]

An additional problem has to do with the *relationship* between lections and chapters. As noted in connection with the list of Ephesians, the *chapter-lists* do not suggest the existence of a division of the texts in more extensive lections, and the *lection-lists* say nothing about sub-sections (ὑποδιαιρέσεις, *subdivisiones*) of chapters. The Greek terms, κεφάλαιον and ἀνάγνωσις, much like our word 'chapter' can denote delimited sections of a book. The two terms were used as synonyms to some extent. Furthermore, while κεφάλαιον can also mean a 'main thing', ἀνάγνωσις was used for 'reading out loud'.

Both lections and chapters have strongly differing lengths. Six letters have only *one* lection each, with 2 chapters in Phil; 6 in 2 Thess and Tit; 7 in 1 Thess; 9 in 2 Tim and

---

[51] The sub-sections are numbered in the printed editions, but according to WILLARD 1970, 70-73 there are at least four different ways of numbering sub-divisions attested. All of them are likely to be secondary.

[52] The book of Acts has been copied less frequently and less carefully than the apostolic letters and for this reason a number of ancient features have been better preserved in Acts than elsewhere.

[53] This other list of the content of Acts has an introductory note to this second list which is of special interest. It says: "And these are the numbers that you found placed in the volume 'according to the text of the lections' (κατὰ τὸ ὕφος τῆς ἀναγνώσεως): after 40 chapters and 30 testimonies there are counted altogether 36 sections." This is an unexpected evidence for the fact that the original order: lections, chapters, testimonies, numbers was not totally forgotten.

18 (!) in 1 Tim. Four letters have *two* lections: Gal has 6 chapters in each lection (1-6, 7-12); Eph 5 in each (1-5, 6-10); Phil has 4 and 3 (1-4, 5-7), and Col has 9 and 1 (1-9, 10).[54] Heb has only *three* lections with 22 chapters (6+9+7); 2 Cor has *four* lections with 10 or 11 chapters (5+3+1 or 2); 1 Cor has *five* lections with 9 chapters (3+1+3+1+1);[55] Rom has *five* lections with 19 chapters with remarkably different length.[56] 1 Cor deals with a number of specific problems among the addressees (e.g., chapters 5, 7, 12-14) and in the mutual relations between them and the apostle. Rom is more likely a theological treatise where the same themes may be treated under several perspectives; for instance the theme "the grace of God" in chap. 3:9-4:25 is resumed in 7:1ff., while the theme "hope" is introduced in 5:1-11 and resumed in chap. 8:18ff.[57]

In a few cases a chapter and a lection may be equally long and encompass up to three of our present-day chapters, e.g., Rom 12-14 and 1 Cor 12-14. In other cases a chapter may be a short wish-prayer for the Lord's peace or something similar (1 Thess 5:23-24; 2 Thess 3:16). The introductory prescripts and epilogues in the letters are not treated. In a few letters some situation-specific, introductory, and possibly also some closing passages are also not included.

The lection lists presuppose that content and sequence in the chapter lists were fixed, but no information about the content of CAPs and LECTs is provided. The relationship between the two lists and the different divisions is not a real problem. The divisions into lections are presumably carried out by EUTH, but they are carried out in a way that respects the older divisions into chapters. He conjoined the chapters so as to form one or more lections. Thus, he created a new list, a list of lections, from an overarching structural principle. All lections start at the beginning of a new chapter and connect agreeably with what is said about the content in the following one, e.g., Eph 1:3-14 and 4:1-16[58] or 1 Cor 1:10-4:20; 5:1-13 and 6:1-11 + 12-20; 7 and 8-10 (+11) and 12-14 and 15:1-58. In this way there never came to a collision between PAMPH's chapter list and EUTH's lection list.

The co-ordination of several chapters in a lection offers an important contribution to the interpretation of the thought structure in the letters, especially in Romans, 1 and 2 Corinthians, Hebrews, and also Colossians. The expression 'subsection' presumably

---

[54] The number of chapters are with very few exceptions identical with the number which are printed in the inner margin of the *Novum Testamentum Graece*. This means that one easily can figure out where the lections begin. I have only detected two exceptions, one at the beginning of Gal (1:6 or 1:11) and the other at the conclusion in 2 Cor (10:1 or 11:1 [or 11:21]).

The distinctions between lections and chapters pertain only to the body of the letters and not to the epistolary prescript and postscript.

[55] The 2nd, 4th, and 5th lection has only one chapter each, namely 1 Cor 7:1-40; 12:1-14:40; and 15:1-58.

[56] Lection two (= Rom 5:1-8:39) has 9 chapters; lection four (= Rom 12-14) has only 1 chapter.

[57] In Rom and 1 Cor not only the initial and the final greetings but also the opening *prooemium* (or *exordium*) and the concluding statements about Paul's delegates, personal matters and greetings are not considered part of the body of the letter that contains the lections and the chapters. Neither is the *peroratio* of Col (4:7-18) considered as belonging to the body of the letter.

[58] [See the quotation above on page 242.]

comes from EUTH. It serves to clarify the content of the individual lections and chapters and is often inserted quite simply with a formula such as ἐν ᾧ καὶ περί … "in this (chapter) also about …." Zacagni has numbered them and by doing so has given them a greater independence than they were intended to have.

At the end of this essay, I will add some remarks about the relationship between the chapters and the *argumenta*.

3.2.2. Testimonies (TEST)

With regard to the testimonies, a short and a long list are given, both of them with the title ἀνακεφαλαίωσις θείων μαρτυρίων. The short list (*MPG* 720 C-724 C) gives the number of quotations that occur in the individual letters, beginning with Genesis, followed by Exodus, etc. The other list (726 B-745 D) adduces the quotations in the order they have in each of the letters. The form of the wording here is that of the text in Paul's letters. With regard to Ephesians the *short list* (TEST I) is as follows:

> Six quotations: One from Genesis, the fifth. One from Deut, the sixth. One from Psalm 4, the third. One from Psalm 67 (LXX), the second. One from Isaiah, the first. One from an apocryphon of Jeremiah, the fourth. (721 C)

The *long list* (TEST II) runs as follows:

> From Isaiah, the twenty-second: 'Peace to them who are far off and peace to them who are near' (Isa 57:19 = Eph 2:17). From Psalm 67, the thirteenth from the Psalms: 'He ascended on high. He took captives and gave people gifts' (Ps 68:19 = Eph 4:8). From Psalm 4, the fourteenth from the Psalms: 'Be angry but do not sin' (Ps 4:5 = Eph 4:26). In an apocryphon of Jeremiah the Prophet, the first: 'Wake up you who are sleeping and arise from the dead and Christ will shine for you' (Eph 5:14). From Genesis, the thirteenth: 'Therefore a man shall leave his father and his mother and be joined to his wife and the two shall become one flesh' (Gen 2:24 = Eph 5:31). From Deuteronomy, the eleventh: 'Honor your father and your mother that it may go well with you and you shall be long-lived on earth' (Deut 5:16 = Eph 6:2-3). (737 C-740 A)

These texts from Ephesians illustrate the two forms of referring to the testimonies which also recur in all the other lists. The shorter form (TEST I) refers to the sources from which the quotations are taken (720 C-724 C), and the longer form (TEST II) refers to the order of the quotations within the different letters and quotes the form the quotation had in the Pauline letters (726 B-745 D).

In the programmatic statement (708 A) it is explicitly said that the work of EUTH was intended to make it easy to find the divine testimonies within the letters. Apparently his work was not really to identify the passages that were quotations but to formulate two lists that were correlated with each other. It is obvious that EUTH presupposes the work of others who had already identified and collected the quotations. The *short list* gives information about the number of quotations from the different sources and the *order* of the quotations in each letter. The *long list* numbers the quotations from each source. In this way of counting, the Corpus Paulinum is treated as one continuous text.

The long list also renders the quotations in the form in which they occur in the Apostolic books.[59] This list must be derived from marginal notes to the text in which the quotations occurred.

The lists must be a product of very solid work, but one can occasionally detect some errors.[60] As a rule both lists adduce the same texts normally from the OT, but they also include quotations from the Gospel of Matthew, from apocryphal writings, and from profane authors under the same title "Summary of the divine testimonies" (ἀνακεφαλαίωσις θείων μαρτυρίων).[61] There are reasons to believe that the lists originally were intended to quote only the divine testimonies of the OT. This is particularly striking in the long list that expresses the quotations in the wording and the sequence they have in Acts. In any case in the short list the testimony comes from the OT at the beginning; those from the apocryphal writings, etc., come at the end. The number of testimonies varies from 48 in Romans and 30 in Hebrews to no divine testimonies at all in 2 Thessalonians and Philemon. The testimonies given within the different Pauline letters vary considerably: in Romans chapters 9-11 dominate completely.

There is, however, a problem with the *relationship* between the two testimony-lists. The distribution of the testimony-lists is different in the three parts of the apparatus (Paul's letters, Acts, Catholic epistles). The *short list* arranges the quotations in a sequence that comes from the Septuagint and gives their place in the sequence of quotations in the different Apostolic writings. This is the one that fits the best with EUTH's expressed purpose, that it should function in a "convenient way to find the divine testimonies" (708 A).

An additional argument for the priority of the short list is that its line number is given as in the case of the scripture texts, prologues, lections and other redactional passages in the original EUTH edition. Even if the short list is the original, the long one can hardly be regarded as a revision of it. Several disagreements between the two lists make it likely that both lists are developed on the basis of the notes in the PAMPH edition. In one case one can even conjecture that it presupposes an acquaintance with Origen's Hexapla.[62] The fact that the *combination* of the two lists almost exclusively occurs

---

[59][This can best be illustrated by the citation-list in regard to Romans (728 C): The "second citation" from Genesis (Rom 4:17 = Gen 17:5), the "third citation" (Rom 4:18 = Gen 15:5) – VB.]

[60]The words from Ps 8:7 in Eph 1:22 and the formulations from Zech 8:16 in Eph 4:25 are not taken into account as citations.

[61]Most conspicuous is the statement that the text which is regarded as a Christian baptismal hymn in Eph 5:14 is a testimonium from a Jeremiah apocryphon. For further alternatives as to quotations from Jewish apocryphal and profane sources, see A.-M. DENIS 1970, 76f.

[62]The prophecy of a prophet like Moses (Deut 18:15) is cited both in Acts 3:22 and 7:37. It is assigned to originate partly from Deuteronomy and partly from Exodus. The prophecy occurs in the Samaritan Pentateuch right after the decalogue in Exodus. That placement was also known in Qumran and is noted in Origen's Hexapla. Since the original text of the testimony lists in Acts is not preserved, this development proves to be incapable of giving a complete explanation of the problem. See WILLARD 1970, 48-54.

in manuscripts that contain lection-lists also indicates that the combination took place at an early period.[63]

In manuscripts that do not have lection-lists both variants of the testimony-lists occur only one time (*min.* 436). A simple list occurs almost as frequently in the manuscripts as the combination of a lection-list with two testimony-lists. There is nevertheless a clear difference: Modifications of the short form in Paul's letters are the norm, whereas in Acts and the Catholic epistles only the long form occurs, with only three manuscripts manifesting this for the Catholic epistles. This may be supported on the assumption that the original EUTH edition had only the short testimony sequence, while the long one may be due to a somewhat later revision based on PAMPH, but which was more liable to give a general picture of Paul's relation to the OT scriptures. The fact that both forms got placed in the same manuscript should be attributed to one of EUTH's co-workers.[64] In *Paul's letters* the long form occurs in fourteen of them; the short form in only three manuscripts, while the short form never occurs in Acts or the Catholic epistles. In Paul's letters the combination occurs in seventeen manuscripts. One or another shortened variant of TEST I occurs in fourteen manuscripts, whereas TEST II by itself is found only in three manuscripts. In *Acts* both forms occur in nine manuscripts, with TEST II occurring about as frequently, while TEST I never occurs by itself. In the *Catholic epistles* both occur in nine manuscripts, TEST II in three, while TEST I also does not occur here by itself. There is a connection here between Acts and the Catholic epistles that one hardly finds any traces of in the original edition.

3.2.3. Omissions and additions

The complicated history of the EUTH apparatus implies great changes, omissions and additions. Originally, the Pauline letters – as we noted – were edited in one volume and Acts and the Catholic epistles in another. This arrangement is hardly preserved at all. A great number of the manuscripts surveyed by Willard are manuscripts that contain all three sections. There are also many which include the Catholic and Pauline epistles, and more than fifty that have only the Pauline section. Manuscripts with other constellations or with just one section are extremely rare. Table I gives the total number of manuscripts and their parts of each section.

The *mss* of EUTH that have been preserved and are known today, obviously differs much from the originals. Some pieces, esp. the lections and the testimonies, have been omitted while other pieces have been added (see the tables in the appendix). There are some minor additions for instance about Paul's change of names and a statement that Onesimos later became a martyr in Rome.[65] Among the longer additions there is a

---

[63] This circumstance and the likely acquaintance with Origen's Hexapla serve to corroborate the theory that the testimony lists originated in Caesarea.

[64] Both lists occur together in practically all the manuscripts that are included in Appendix I: Table II on page 267.

[65] The latter is included in the prologue to Paul's letters (705 B) and in the *argumenta* (783 D), but not in the chapter list (790) nor in the pseudo-Athanasian edition of the *argumenta* (MPG 28. 423).

piece that deals with the authorship of Hebrews (776).[66] It argues that Paul wrote in Hebrew to the Jewish Christians who lived among Hebrew-speaking Jews, and that the letter later was translated into Greek either by Luke or Clement. This is a variant of theories set forth by Tertullian and Origen, and also recurs in later Latin texts. A piece about Paul's travels in foreign countries (ἀποδημίαι) tends to float around. It is mostly linked to the *argumenta* in Acts, but can also be connected with the passion story of Paul.[67]

The most important addition to the Pauline edition is a segment about Paul's martyrdom (MART). This is significantly inserted after the prologue and before the apparatus that begins the lections (713 B-715 A). The original text (MART I) was a short summarizing statement that Paul was martyred by means of decapitation when Nero was the emperor of Rome. It says that this happened in the thirty-sixth year after the Savior's passion and in the sixty-ninth year after his arrival on earth. The date for the celebration of the martyrdom is indicated according to a Syro-Macedonian calender, two Roman calenders, and often also an Egyptian calender. According to our calender it is June 29. The segment has been augmented at least twice with statements about how much time has passed between Paul's martyrdom and the present. The first addition (MART II) gives the time as being 396 CE according to our calender. The second addition (MART III) was written later in 458 CE. The addition of a special treatment of Paul's martyrdom presupposes that the persecutor who became an apostle of Christ was not only commissioned to call the Gentiles, he was also blessed (μακάριος) as a holy martyr whose memory was solemnly celebrated in Rome. Apart from chronological data, however, the short report gives no information that is not contained in the last part of the prologue as well as in the works of Eusebius.[68] The repeated dates given by the copyists do not make sense in connection with this short passage. They would fit much better if they were added at the end of a more extensive document. The observation that the basic core (MART I) only occurs in manuscripts that also have the ARG, makes me wonder: Did the MART originally function as a postscript to the ARG list? This is only a possibility, but it is difficult to find a better explanation.

Both the form and the location of MART vary widely. There is hardly any other piece that so clearly demonstrates how complicated the history of transmission was. This is particularly indicated where the Egyptian term for June 29, i.e. the fifth day of ἐπιφί, is inserted into the text from 458 (MART III) without any connection with the context. This error is reproduced later in an array of copies and from two of them it entered Zacagni's edition.[69]

---

[66] The discussion of these questions can be attributed to Pantaenus via Eusebius, *Hist. eccl.* VI. 14:2-4 and 25:11-14. Variants of this section is also attested in Syriac and Armenian translations and in manuscripts containing the Oecumenius' commentary; see WILLARD 1970, 96 and TROBISCH 1989, 18-19 with note 25.

[67] In order not to make his *mss* survey too complicated, WILLARD 1970 lists all additional pieces at the place where they most often occur.

[68] See WILLARD 1970, 79-91.

[69] See Appendix I: Table II on page 267.

Apparently at a late period the martyrdom was combined with a secondary addition to the Acts apparatus, i.e. the ἀποδημίαι (APOD). This takes place most often with one of the augmented forms of the martyrdom (MART II or MART III), but also a few times with the original short form (MART I). The segment is introduced with an account of Paul's journey from Damascus to Jerusalem. Following this is a detailed description of his travels. A few specific events, usually miraculous incidents, are related. It concludes with his journey to Rome and his teaching there for a considerable time. Subsequently he suffered martyrdom. The segment is usually placed between the chapter sequences and the argument for Acts. While the argument for Acts is relatively detailed with regard to what the twelve apostles and also the seven deacons experienced, it is quite brief in treating Paul's journeys.[70] Ἀποδημίαι (APOD) appears therefore to be a supplement to the argument. When MART is combined with APOD and inserted into the prologue, as it is occasionally, it creates a connected account of Paul's life, imprisonment and death.[71] Another secondary segment in the Acts edition is a list with thirty-six chapters that otherwise are found exclusively with the normal list of forty chapters. This is the case in the same manuscripts that have the augmented form of MART III.

In scholarship the EUTH-edition has for the most part been regarded as a model codex. However, there are several indications that the EUTH-edition was produced in a scriptorium with several managers and writers. The two testimony lists, both of which presumably are dependant on PAMPH, as well as the apparent tension between stichometry and colometry testify that the EUTH-edition has had different shapes from the very beginning. As for the printed edition, it gives the impression of being the final product of this complicated history of transmission. The fact that this view of the edition as a model codex has not been seriously shaken by previous critical research is due to the tendency to focus on the manuscripts that contain large parts of the EUTH-apparatus, including the various additions. This approach does not clarify how many different constellations there are. The combination with ARG, which led to the division of the chapters in individual letters, has led to there being hardly any manuscript that contains the original EUTH edition with additions. Apart from the great number of manuscripts that only contain ARG, there are many that only contain ARG and CAP. There are many that contain PROL, ARG and CAP or only PROL and ARG. On the other hand, there are only a few manuscripts with PROL and CAP. Approximately ten manuscripts have only PROL and MART. As previously mentioned, MART also occurs in a number of different constellations. In manuscripts with Oecumenius' commentary the short form of the martyrdom occurs appreciably more frequently than otherwise.[72] A problem that should also be scrutinized is the possible family relations among manu-

---

[70]The argument for Acts appears to understand the title of the work πράξεις τῶν ἀποστόλων, as "The Miracles of the Apostles".

[71]For manuscripts that have this combination, see WILLARD 1970, 90 note 5. WILLARD indicates which pieces occur in the various manuscripts, but often abstains from giving the section in which they occur. See also below note 76.

scripts that besides lections also have PROL and CAP, two testimony sequences, ARG and MART in part.[73] The fact that the lection-lists are preserved so seldom is probably conditioned by their providing a content that virtually no longer occurred in the standard copies. It will demand extensive work to unearth the different families of manuscripts tied to specific dates and places. The source for family 181 must have had a specific originator. One may ponder over whether his name was Euthalius, Bishop of Sulci.

It should be added that the *mss* copied were not only brought up to date by omissions of some pieces that were no longer read, and by additions of other pieces. It should further be noted that smaller or larger parts of the EUTH-apparatus were incorporated into Catena commentaries, most often in the commentary ascribed to Oecumenius. One may also add that most of the *mss* that contained both the lections, the testimonies, and the *argumenta* seem to be late because they also contain the latest form of the martyrium (MART II eg). This fact points to an antiquarian interest to restore the original text.[74]

3.3. Argumenta (ARG)

The so called ὑποθέσεις or *argumenta* are attested more often than any original or secondary piece of the EUTH-edition. According to Willard's survey the *argumenta* occurs in 350 of 381 *mss* with the Pauline letters, in 313 of 316 *mss* with the Catholic epistles, and in 120 of ca. 160 *mss* with Acts.

In his manuscript survey, mostly from microfilms, when looking for elements of EUTH, Willard also included all the manuscripts in which he found ARG. It turns out that ARG occurs in 99% of the manuscripts of Catholic epistles, in almost 90% of the manuscripts of Pauline letters, and in close to 80% of the manuscripts of Acts. However, it also turns out that a considerable number of these manuscripts contains *only* ARG and no piece of the EUTH apparatus, while others contain *only* ARG and CAP.[75] Consequently there can be no doubt that ARG is neither an original part nor a secondary addition to EUTH. It represents a *special addition* which continued to exist through centuries and which is also independently attested by a Pseudo-Athanasian addition of

---

[72] Manuscripts 619 and 1162 presuppose the same combination of an Oecumenius edition with another manuscript that has the EUTH apparatus. Due to this they have two variants of the prologue and two variants of the martyrdom.

[73] Exceptions are *min.* 5 which, in all three parts, has LECT, ARG and CAP, and the Acts part of 621 which has PROL, LECT and CAP. Although it is conceivable, it is impossible to prove that these represent an ancient form.

[74] If one uses the term the EUTH edition to include original, secondary and restored parts of the apparatus, it might be justified to say that von Soden 1902/11, 637-82 was not so wrong as most critics have assumed. An edition that included all original and secondary elements, like 181, may have been issued by bishop Euthalius of Sulci.

[75] Of 316 manuscripts of the Catholic epistles, 313 have ARG, 171 only ARG and 92 ARG and CAP. For the Pauline epistles, see the tables in Appendix I.

the CAP to the Pauline letters (*MPG* 28. 412 D-428 C).[76] It also seems to be clear that the first fusion took place when CAP were added to ARG and not the other way around. Noteworthy is that already Zacagni realized that the *argumenta* was not part of the original EUTH edition, and most later scholars have agreed with him.

The translation of ὑπόθεσις (sub-thesis) with *argumentatio* (ARG) is used differently in different contexts and refers to a subject matter, a presupposition or a proposal. In reference to texts it can almost be a synonym for κεφάλαιον. The ARG to the Pauline epistles (748 A-787 D[77]) differs from the CAP. The CAP mostly refers to what the various chapters of a letter *speak about* (περί ...). By contrast, the ARG deals with what Paul *does* by saying what he *says* in the different parts of his letters.[78]

The ARG are composed according to a relatively strict schema: (1) first comes an introductory notice; (2) thereafter a section of varying length about the actual reason (πρόφασις) for the letter; (3) then follows a statement concerning the content of the letter and its function (τοίνυν ... γράφει ταύτην τὴν ἐπιστολὴν ὥσπερ κατηχητικήν); this part is divided into sub-sections according to what comes first (πρῶτον), what comes thereafter (ἔπειτα or εἶτα), and concludes with the final words (λοιπόν); (4) a concluding notice about the way Paul ends his letters is given in connection with the last sub-section in the third part (τελειοῖ τὴν ἐπιστολήν). The ARG to Ephesians is – apart from the λοιπόν marker[79] – a clear example of this disposition:

Argument of the letter to the Ephesians:
He sends this letter from Rome, not yet having seen them, but having heard about them.

The occasion (πρόφασις) of the letter is this: The Ephesians had believed in our Lord Jesus Christ. Their faith in Him and their love for all the saints were genuine and they wished to be strengthened by Paul.

Hence (τοίνυν), the Apostle, having learned (this), writes this letter to them as a catechetical epistle:

First (πρῶτον), he shows that the mystery that concerns us is not novel, but is from the beginning, and that this was the good pleasure of God before the foundation of the world, that Christ should suffer for us, and that we should be saved.

Next (ἔπειτα), he discusses the call of the Gentiles, in order to show that they had believed in a worthy manner. And he demonstrates that our call has come not through a human being, but through Christ, who is the Son of God, in order that they also may learn from this that, having believed in Christ, they have not become worshipers of some human being (ἀνθρωπολάτραι), but true worshipers of God (θεοσεβεῖς). He informs them that he himself was sent for this purpose, that he should preach the gospel, and that he was concerned about them, too.

---

[76]It is helpful that WILLARD has included the occurrence of ARG in his survey, but the reader should realize that in many cases he mentions a piece where it most often occurs, not where it occurs in a specific manuscript. It is therefore misleading when WILLARD 1970 in his *mss* survey lists them as if they were parts of the EUTH apparatus.

[77][In the editions of Zacagni and *PGM* the ARG are intercalated with the CAP.]

[78]See below note 89 and note 90 on page 258.

[79]As to λοιπόν see, e.g., 749 B Rom: καὶ λοιπὸν κτλ.

Next (ἔπειτα), he places hortatory words (παραινετικοὺς λόγους) in the letter, to men and women, fathers and children, masters and slaves, and he completely contrives everything against the devil and his daemons, saying that the struggle is against them.

And as a good anointer, having anointed everybody against the diabolic action, he brings the letter to its conclusion (τελειοῖ τὴν ἐπιστολήν). (761 C-764 A)

Most of the ARG follow the same pattern. They start by naming the place from which Paul writes and then make a distinction: The letters to the Romans, the Ephesians and the Colossians, are written to believers whom Paul had not seen, but had heard about. By contrast, the letters to the Corinthians, Galatians, Philippians and Thessalonians are written to believers whom Paul had seen and taught.

This corresponds to a remarkable degree to a *general* statement: The *argumenta* to Romans are preceded by two statements which are likely to derive from a *general introduction to the argumenta* (745 C-748 A). A numeration of the 14 letters of Paul is followed by the question, why Paul's letters are said to be 14. The answer states that it is

ἐπειδὴ ταύτας αὐτὸς ὁ Ἀπόστολος ἰδίᾳ ἐπιστέλλει, καὶ διὰ τούτων, οὓς μὲν ἤδη ἑώρακεν καὶ ἐδίδαξεν, ὑπομιμνήσκει καὶ διορθοῦται· οὓς δὲ μὴ ἑώρακεν σπουδάζει κατηχεῖν καὶ διδάσκειν, ὡς ἔστιν ἀπ' αὐτῶν τὸν ἐντυγχάνοντα καταμαθεῖν. *(748 A)*

because the Apostle himself sends them personally and through them he reminds and corrects those whom he had already seen and taught. But those whom he had not seen he is eager to instruct and teach so that the one who comes across them can learn from them.

It is hard to understand how this can provide an answer to why Paul's letters are said to be 14, but so far as I can see the discussion has centered on this problem to such an extent that hardly anyone has observed the close correspondence between what must have been an introductory statement and the corresponding passages in the ARG.

The wording that is used in the Pseudo-Athanasian edition (*MPG* 28. 421-427) simply states that the 14 letters of Paul are called thus because Paul sent them to known or unknown addressees. What is beyond doubt is that this distinction is made in all the letters to communities: We learn that Paul had seen and taught the communities at Corinth, Galatia, Philippi and Thessaloniki, but not those in Rome, in Ephesus (!) and Colossae. The correspondence between the general statement and the treatment of the individual letters is so great that the only reasonable conclusion must be that the general statement must have been an introduction to an *argumenta*-edition of the Pauline letters.[80]

It makes it clear that in all three sections (Paul's letters, Acts, Catholic epistles) the secondary *argumenta* occur much more frequently than the prologue or any other part

---

[80] To my knowledge this proposal has not been made by others. ZUNTZ 1945, 86 finds the present position of the statement about Paul's 14 letters to be absurd and thinks that it originally was placed at the beginning of the book that was edited by "Euthalius" to indicate what it contained.

of the original edition. In the Pauline section, the martyrdom of Paul occurs several times more often than the testimonies and the lections. It is perhaps not so astonishing that the lections have not been transmitted so often, since they no longer described the actual contents of the manuscripts. The prologues never occur in more than half of the manuscripts in any given section.[81] Only the secondary *argumenta* may occur somewhat more frequently. This fact, however, still cannot clarify that the lections essentially occur in the most comprehensive manuscripts and that they almost without exception occur together with both testimony sequences. The tables of the most comprehensive manuscripts show this in detail. The seven manuscripts placed first in Table II belong to one family.[82] These manuscripts have a special historical importance, as Zacagni based his edition on two of them (181 and 623). This group of manuscripts, as well as 619 and 1162, have close counterparts in the sections on Acts and the Catholic epistles. In the section on the Catholic epistles, the remaining manuscripts, as table IV shows, contain neither the lections nor the two forms of the testimonies.[83] Only minuscule 915 contains parts of TEST II. In the Acts section, these two manuscripts contain both the lections and the two forms of the testimonies, but neither the MART nor the ARG. In the Pauline section of 88, MART is placed after Philemon, indicating that it is an addition. This makes it reasonable to think that also the presence of the *argumenta* in the Pauline section is secondary. As already stated, there is only one manuscript that has a comprehensive apparatus without ARG, namely minuscule 81.[84] This manuscript includes MART in its very latest form which is otherwise attested in minuscule 181 and its allies. It is much easier to assess that the lections are seldom attested than to understand why they are regularly linked with the double testimony sequences. One ought to consider the possibility that the linkage was commonly made from the very beginning, so that the transmission of an individual sequence need not be seen as primary. To uncover the grounds for omissions and additions would demand a comprehensive study of the various groups of manuscripts. The additions would possibly be easier to identify.

Already Zacagni doubted that the *argumenta* were an original part of the edition. Today all scholars seem to agree that they are secondary. *The* argumenta *are never mentioned in the prologue, in the lection list or in other statements presumably made by the editor.* It is also worth observing that the number of lines which are mentioned at the end of the list of lections, chapters, etc., are not added to the *argumenta*. What is remarkable is that the addition of *argumenta* is more common than any other addition. It is also the only real addition made to the section on the Catholic epistles. The appended tables make clear that about 313 of the 316 manuscripts containing the Catholic epistles have the *argumenta*, and of these about 170 have the *argumenta* alone, while 92 have only the

---

[81]See Appendix I: Table I on page 267.
[82]See Appendix I: Table III on page 269.
[83]See Appendix I: Table IV on page 269.
[84]As *ms* 81 shows MART has by all likelihood been added at the same time as the expansion of the PROL occurred.

argumenta and chapters. Not many more than 50 have the prologue and only three have the chapters alone. Even in the Pauline epistles, the *argumenta* occur in about 350 of 381 manuscripts. In almost half of them, the *argumenta* and chapters are combined. Of around 160 manuscripts of Acts about 120 contain *argumenta*, while the majority, about 75 of them also have the chapters. These statistics show, however, that the *argumenta* are not simply to be considered a secondary part of the EUTH apparatus.[85] They have had an independent existence and have been combined at an early stage with chapter lists which were not necessarily borrowed from the EUTH edition. The *argumenta* for the Pauline letters are also attested independently in Pseudo-Athanasius *Synopsis scripturae sacrae*, a compilation of brief treatments of most of the biblical writings (MPG 28. 412 D-428 C).

Those manuscripts that are closely involved with Zacagni's primary manuscript 181[86] must have been based on an edition in which the original prologue edition was fused together with an *argumenta*-edition that had also contained chapters. This fusion may have taken place in part by making additions, but also by leaving out certain parts. In several cases it is a question of whether the EUTH apparatus has had an *argumenta*-edition added to it or the converse. There is indeed only one Pauline manuscript (81) that has most of the EUTH apparatus without *argumenta*. Similarly there are two manuscripts of Acts (88 and 915) which lack the *argumenta*. That these manuscripts presuppose an older edition is supported by the Syrian translation, where at least one manuscript has most of the parts of the EUTH apparatus, but not the *argumenta*.[87] To some degree this is also supported by the Armenian translation. Regarding this P. A. Vardanian asserts that the *argumenta* here have been translated in a later form of Armenian than the original parts.[88]

The arguments (ARG) – as we saw already – regularly begin with statements about the recipients and the occasion and content of each letter. While the chapters (CAP) are tables of contents, as is well known from both ancient and modern writings, the *argumenta* are more to be compared with brief essays that are not critical reviews but which give somewhat detailed information about the writing and its purpose. The point is not simply what the author writes about, but what he *does* with his writing. One may say that the *argumenta* are pragmatic, not merely descriptive.[89] To a remarkable degree the terminology that is used about what Paul *does* in these letters, i.e. their *illocutionary function*, is similar to the terminology that is used in ancient handbooks on epistolography.[90]

---

[85]See Appendix I. WILLARDS survey is misleading in so far as it includes manuscripts that only contain the argumenta or argumenta and chapters. That is more than half of the manuscripts.

[86]See Appendix I.

[87]See BROCK 1979, 170-95.

[88]See VARDANIAN 1930.

[89][As to Speech Act theories in connection with Biblical texts, see D. HELLHOLM 1980, 52-58; IDEM 1998, 286-344, esp. 299-304. Further cf. also L. HARTMAN 1997, 195-209.]

The statements of content often begin with lexemes that are not only *semantic* in nature but also *illocutionary* from a pragmatic point of view:[91] Paul is said to 'approve' (ἀποδέχομαι[92]; 748 B Rom; 772 B 1 Thess) the faith of the addressees; he 'gives thanks' (εὐχαριστέω[93]; 765 D Col) for them and he 'bears witness' (μαρτυρέω[94]; 753 A 1 Cor) to their insight and knowledge. Even the fact that Paul 'strengthens' (βεβαιόω; 761 A Eph) them indicates his approval of what they have reached. On special occasions it is also said that he 'comforts' (παραμυθέομαι[95]; 749 B Rom; 772 C 1 Thess) his readers. He is said 'to answer' (ἀποκρίνομαι; 753 A 1 Cor), 'to write back' (ἀντιγράφω; 756 D 2 Cor), and 'to remind' (ὑπομιμνήσκω[96]; 780 D 1 Tim) the addressees about what they should know as well as 'to make known' (κηρύττω; 773 C Heb) to them what they do not yet know. On the other hand it is often said that Paul 'accuses' (αἰτιάομαι[97]; 748 C Rom) either the recipients or third parts: He 'corrects' (ἐλέγχω[98]; 748 C Rom), 'blames' (μέμφομαι[99]; 760 C Gal), and 'censures' (ἐπιτιμάω[100]; 753 A 1 Cor). Even longer is the list of words used for advice and exhortation: Paul 'exhorts' (παραινέω[101]; 760 D Gal), and is explicitly said to terminate Ephesians and Romans with 'exhortations' (παραινετικοὶ λόγοι[102]; 764 A Eph; 749 C Rom). He 'gives advice' (συμβουλεύω[103]; 753 A 1 Cor), encourages (προτρέπω[104]; 780 D 1 Tim). He can also 'entreat earnestly' (καθικετεύω; 757 A 2 Cor). In special cases Paul was forced to use stronger words: he 'orders' (διατάσσω; 781 A 1 Tim), 'bids' (κελεύω; 757 A 2 Cor), 'commands' (ἐντέλλομαι); 784 D 2 Tim), and 'forbids'

---

[90]See hereto above all the ancient theorists like Demetrius, Ps.-Demetrius, Ps.-Libanius edited and translated in A. J. MALHERBE 1988. [The references to Demetrius, Ps.-Demetrius, Ps.-Libanius et cetera are in the following all given according to page- and line-numbers in the edition by MALHERBE 1988.]

[91][The text references to ARG in the following are only a selection with examples chosen from a variety of Pauline letters in order to show the pervading pragmatic tendency.]

[92][Ps.-Demetrius 36.17: ἀποδέχομαι; 32.22: ἀποδοχή.]

[93][Ps.-Libanius 66.16; 68.20; 74.28: εὐχαριστικός.]

[94][Ps.-Libanius 68.26: μαρτυρικός.]

[95][Ps.-Demetrius 30.27; 34.8: παραμυθητικός; Ps.-Libanius 70.6: παραμυθέομαι; 66.20; 70.6; 78.9: παραμυθητικός]

[96][Ps.-Libanius 72.2: ὑπομιμνήσκω; 66.24; 72.1; 80.26: ὑπομνηστικός.]

[97][Ps.-Demetrius 30.29; 38.1: αἰτιολογικός.]

[98][Ps.-Demetrius 36.13: ἐλέγχω; Ps.-Libanius 70.21: ἐλέγχω; 66.22; 70.21; 78.32: ἐλεγκτικός.]

[99][Ps.-Demetrius 30.32; 38.35: μέμφομαι; 30.27; 32.27: μεμπτικός; Ps.-Libanius 68.13: μέμφομαι; 66.15; 68.13; 74.14: μεμπτικός.]

[100][Ps.-Demetrius 36.30: ἐπιτιμάω; 30.27; 34.20: ἐπιτιμητικός; Ps.-Libanius 70.24: ἐπιτιμάω; 66.22; 70.24; 80.1: ἐπιτιμητικός.]

[101][Ps.-Demetrius 34.18: παραινέω; Ps.-Libanius 68.1: παραινέω; 68.2, 4, 5, 7: παραίνεσις.]

[102][Ps.-Libanius 66.15; 68.1, 5; 74.11: παραινετικός.]

[103][Bologna Papyrus 5 54.17: συνβουλεύω; 46.2: συνβουλευτικός; Ps.-Demetrius 30.28; 36.19: συμβουλευτικός; Ps.-Libanius 68.3, 8: συνβουλευτικός.]

[104][Demetrius 18.25: προτρέπω; Ps.-Demetrius 36.20: προτρέπω; Ps.-Libanius 68.1: προτρέπω; 68.3: προτροπή.]

(κωλύω; 753 B 1 Cor). All this corresponds astonishingly well with the letter-types mentioned in Ps.-Demetrius, in Ps.-Libanius or Proclus respectively.

The letter-theoreticians also know about didactic letters, but in this respect the terminology in ARG is more diverse: Paul both 'instructs' (κατηχητικός; 762 C Eph) and 'teaches' (διδάσκω[105]; 753 B 1 Cor). Furthermore he 'indicates' (σημαίνω[106]; 764 D Phil), 'discusses' (διαλέγομαι[107]; 761 D Eph), 'shows' (δείκνυμι; 761 C Eph), 'demonstrates' (ἀποδείκνυμι[108]; 765 A Phil), 'explains' (ἐξηγέομαι; 768 A Col; διηγέομαι; 764 D Phil) and 'proves' (κατασκευάζω; 749 A Rom).

All this shows that the Pauline letters give more room for logical argumentation than the ancient theoreticians from Aristotle onwards thought appropriate in private correspondence.[109] It is first of all an indication of the uniqueness of the Pauline letters, but at the same time also an indication of the differences between the various letters: What exactly Paul is said to do differs from letter to letter. He responds, gives thanks, reproves, corrects et cetera.

Two short statements appear to be intended as an introduction to the *argumenta*-edition. The first one has the regular form of a statement of content. It opens with the words, "This book contains" (τάδε ἔνεστιν), followed by a list of the fourteen letters of Paul: ἡ πρὸς Ῥωμαίους κτλ. (745 C-D). The next one starts with the question of why Paul's letters are said to be fourteen (748 A)[110]. This is answered in a somewhat mysterious way to the effect that the apostle himself had sent them. He reminds and rebukes those whom he knew and had taught, while he is also eager to instruct and teach the others as well. One may ask oneself whether this is a variant of the ancient view that Paul wrote to seven churches.[111] Willard regards the two statements as a secondary addition, while Zuntz has the astounding notion that the words originally served as an introduction to the whole EUTH edition and that their present location is absurd.[112] In the manuscripts they are most often placed immediately before the argument for Romans. The distinction between the recipients Paul had met and those whom he had only heard of is otherwise emphasized throughout the *argumenta*. The former are reminded and to some extent rebuked. The latter are instructed.

An array of smaller additions are attached to particular parts of the apparatus. The statements about the change of name from Saul to Paul and the martyrdom of Onesi-

---

[105][Demetrius 18.27: διδάσκω; Ps.-Demetrius 34.32: διδάσκω; Ps.-Libanios 70.20: διδάσκω; 66.21; 70.20; 78.28: διδασκαλικός.]

[106][Ps.-Demetrius 38.10, 13, 17, 22: σημαίνω.]

[107][Demetrius 16.4, 6, 8; 18.2: διάλογος; 16.10, 14, 19, 20: διαλέγομαι; Ps.-Libanius 72.35: διαλεκτικῶς.]

[108][Demetrius 18.30: ἀποδείκνυμι; 18.26, 30: ἀπόδειξις; Ps.-Demetrius 40.26: ἀποδείκνυμι; 40.2,3: ἀπόδειξις.]

[109][Regarding Paul's logical argumentation, esp. in Romans, see HELLHOLM 1995b, 119-79, and IDEM 1997, 385-411.]

[110]Quoted above on page 255.

[111]See DAHL 1961, 39-53 *passim*; [in this volume article III].

[112]ZUNTZ 1945, 86.

mos have already been mentioned. The statements about the cities Paul sent his letters from and about his co-senders, which have been placed between the two testimony sequences, probably belong here (724 C-725 B). A list of repeated quotations of the same testimonies (716 AC) probably also belongs here. A segment on how Paul may be the author of Hebrews is added to the *argumenta*-edition. The solution to this is that the letter comes from Paul but that it has been translated from Hebrew, a theory that is known in several formulations. There is also an alternative chapter list for Acts that is added in a number of manuscripts to the regular chapter list. Apart from the *argumenta* there is no evidence of any addition to the edition of the Catholic epistles.[113]

4. The Teachings

A thorough study of the teaching content in the various parts of the EUTH apparatus for the Pauline letters presupposes an investigation of a representative selection of manuscripts. It also presupposes familiarity with the tendencies and the debates that were characteristic of the times and places of origin for the various groups of manuscripts. In this regard the goal of my deliberations is very modest, namely to submit some observations and suggest some prospects that may deserve to be followed up on by younger scholars.

The statement at the beginning of the *argumenta*-section in Pseudo-Athanasius that Paul wrote two types of letters will serve as a point of departure:[114]

> ... οὓς μὲν ἤδη ἑώρακε καὶ ἐδίδαξεν, ὑπομιμνήσκει καὶ ἐπιδιορθοῦται· οὓς δὲ μὴ ἑώρακε, σπουδάζει κατηχεῖν καὶ διδάσκειν ... *(MPG 28. 412 D).*
>
> ... *He reminds and corrects the (churches) he already knew and had instructed, but is anxious to teach and instruct those he had not met* ....

ARG describes Romans as a didactic letter (διδασκαλικὴν ἐπιστολήν),[115] Ephesians and Colossians as catechetical letters (γράφει [[πρὸς αὐτοὺς ταὐτην]] τὴν ἐπιστολὴν ὥσπερ κατηχητικήν) to Christians whom Paul had heard of but not met,[116] and Hebrews as written in a demonstrative style (ἀποδεικτικὴν ἐπιστολήν).[117]

A comparison between the chapter sequence in Romans and the one in 1 Corinthians is particularly enlightening for the two types of letters. From this the former may be seen as an official, apostolic document and the latter more as one party's contribu-

---

[113]The printed edition places two short statements after the apparatus for the Catholic epistles (692BC). One of them deals with the inscription in Athens. The other one deals with the journey by sea to Rome. Both more likely belong to the Acts edition.

[114]The text in Pseudo-Athanasius, *Synopsis Scriptura Sacræ, MPG* 28. 421-427 eliminates any doubt that this statement was already present in the introduction to ARG (85. 748 A quoted above page 255) before it was incorporated into EUTH.

[115]ARG 748 B Rom.

[116][The text within [[...]] is from ARG 761 C Eph, and is not contained in ARG 765 D Col.]

[117]ARG 773 C Heb.

tion to a dialogue. Most of the chapters and subsections in both types are introduced with a περί followed by an indication of what it is about.[118] In Romans we find various theological themes: Judgment, justification through grace, hope, Israel and the Gentiles, spiritual gifts, etc. On the other hand, in 1 Corinthians one has to do with factions and other problems in the church and with its relationship with Paul. It does not mean that instruction and admonition are excluded from this type of letter, but rather that, when matters of instruction are brought in, it is in conjunction with their relevance for a current situation in the community. In ARG it is explicitly stated that Paul taught the Corinthians about the resurrection (1 Cor 15). Theological teaching at a general level, however, is more prominent in 2 Corinthians, Galatians, and Philippians than in 1 Corinthians.

In 1 Thessalonians it is emphasized that the addressees should not be dejected over the death of some of their members, since death is a path to the resurrection (1 Thess 4:13-5:11). In 2 Thessalonians they are taught that Christ the Savior will come again only after the apostasy and the Anti-Christ had arrived.

Also a special pretext (πρόφασις) is often pointed out for what is expressed in the letters that contain general theological teaching. The chapter sequence for Romans is introduced by the statement that the content is gospel teaching (εὐαγγελικὴ διδασκαλία) about those who are outside the faith, those who are in the faith, and about hope and spiritual conduct (πολιτεία πνευματική). The expression θεολογία Χριστοῦ constitutes a title for the entire ARG list for Hebrews. The chapter sequences for Ephesians and Colossians do not have any sort of title, but in content they confirm that they have to do with teaching.

In Colossians the pretext is some sort of ascetic-mystic teaching with both Greek and Jewish traits that, according to EUTH, involves a denial that those who believe in and are baptized into Christ have already crossed over from darkness to the light of truth. Regarding the letter to the Ephesians (or to whomever they may have been), no clear cause or unambiguous occasion is given for Paul to have written a didactic letter. In ARG it is asserted that the recipients' faith in Jesus Christ and their love for all the saints were genuine, and that they wished to be strengthened by Paul.

Nevertheless, for my essay it is expedient to limit myself to the themes that are prominent in the typical didactic letters. It would encompass too much to take up all the questions and controversies that are mentioned in the apparatus for all of Paul's letters.

Consequently, there are three subject areas that are particularly important:

(1) What is said about faith in Christ;

(2) The view of circumcision and the Mosaic Law's regulations as a shadow (σκιά) of what is to come and the related issue of the relationship between Christians and Jews;

(3) Then comes what is a common feature of all the letters, namely paraenesis.

---

[118][Regarding the περί (δέ)-formula, see M. M. MITCHELL 1989, 229-56; cf. hereto also HELLHOLM 1995a, 22 note 62.]

4.1. What is said about Faith in Christ

If one compares the extant letters of Paul, it is quite striking how seldom the name Jesus is mentioned in EUTH. Christ is unquestionably the name that is most frequently used, but the name Jesus rarely occurs. The latter is used in the account of how the revelation on the Damascus road led the persecutor Paul to be converted to believe that Jesus was Christ.[119] The occurrence of more extended formulations such as "our Lord Jesus Christ" is relatively infrequent. Also, κύριος and σωτήρ may be used. The formulation διὰ Χριστοῦ τοῦ θεοῦ occurs a few times.[120] If this means "*by God's Anointed One*", it would be a unique formulation.[121] Very often Christ is used in a genitive construction, e.g., "the grace of Christ" (χάρις Χριστοῦ) or "faith in Christ" (πίστις Χριστοῦ). In a number of other sentences there are prepositional phrases that speak of what God has done and what people receive in, through, and in accordance with Christ (ἐν Χριστῷ, διὰ Χριστοῦ, κατὰ Χριστόν). Of the relatively few strictly Christological statements, there are a few that refer to who Christ is: He is God's Son (υἱός),[122] God's image (εἰκών), God's Word (λόγος).[123] Some of the more extensive texts are paraphrases of the formulations in the letters themselves.[124] One must also be aware of the fact that the content of "faith in Christ" is not only determined by specific christological formulations, but also by the conviction that the outpouring of God's grace, forgiveness, liberation, joy, life and blessedness, both now and in the future, had in view what God had done and will do in Jesus Christ.

Christology in EUTH and its various parts must be placed in relation to the christological conflicts in the fourth and subsequent centuries. The Council of Nicea and the creed it produced is obviously presupposed. There is not a part of EUTH that could be regarded as Arian or heretical. It emphasizes that all that is has come into being by Christ and that he is the firstborn of creation and of the new creation.[125] The incarnation is also clearly emphasized. On the basis of Philippians it can even be said that God became a human being for our sake.[126] In the ARG for Romans it says in a loose paraphrase that just as sin came into the world through one human being, likewise grace comes through one human being.[127]

---

[119]PROL Paul 697 A.

[120]E.g., ARG 749 B Rom.

[121]The translation "*by Christ (who is) God*" would after all be less probable.

[122]Among others, ARG 761 D Eph.

[123]ARG 765 D Col.

[124]See the texts referred to in the preceding and following notes. In addition, among others, ARG 766 A Phil; CAP 768 C Col 3; ARG 773 C-776 A Heb, etc.

[125]ARG 765 D-768 A Col and 768 C Col. According to the ARG for Romans it was God's eternal power that was manifest in the creation, God's Logos in whom and by whom God created all that is. The concept of the cosmic Christ both here and at other points in the ARG for Romans goes beyond what is found in the text.

[126]ARG 765 A Phil. In CAP 3 for Hebrews it says that Christ became flesh (ἐσαρκώθη) like us in order to free us from death by our being united with him.

[127]ARG 750 B Rom.

I have found only one statement that seems to pay explicit attention to the christological controversies of the fourth and fifth centuries, namely the discussion about the relationship between Christ's two natures. In the ARG for Ephesians it is claimed that Ephesians emphasizes that our election did not come about by a mere human being, but by Jesus Christ who is God's Son.[128] From this the recipients should learn that, when they came to faith in Christ, they did not become worshipers of a human being, but true God-fearers (θεοσεβεῖς). The expression "worshipers of a human being" (ἀνθρωπολάτραι) had been used against the Arians. It was also used later against the Nestorians.[129] It is a most reasonable possibility that Euthalius may have been accused of holding a position similar to the one Theodore of Mopsuestia and later Nestorius were condemned for maintaining.

Not even the more precise formulation of Trinitarian doctrine during the time between Nicea (325) and Chalcedon (451) has left any appreciable traces in EUTH. The Trinitarian wish of blessing at the close of 2 Corinthians is not mentioned, nor is the three part formula in Eph 4:4-6 developed into a trinitarian statement.

On the other hand, it is strongly emphasized that the word of Scripture about circumcision and the individual laws has a spiritual meaning that those enlightened by the Spirit will grasp and value, and that this spiritual meaning should not cease to be valid.[130]

4.2. Election, Circumcision and the Shadow of the Law

When one considers that EUTH comes from the fourth century and later, it is striking that the relationship to Judaism is given such weight as the case turns out to be. A significant number of passages contain statements about circumcision and the shadow of the Law. The various passages express in different ways that for those who believe in Christ circumcision has ceased and the literal meaning of a number of regulations in the Mosaic Law no longer has validity. This could be documented in detail. The difficult question, however, is why this is so. It should be seen against the background of the fact that the Old Covenant's sacred books became and remained Holy Scripture for Christians. The christology in EUTH is not only contained in kerygmatic, hymnic and confessional formulations, but also to a great extent it was based on the testimonies which constituted a distinctive part of EUTH. By far the largest part of the testimonies comes from the Hebrew Scriptures. Of these only a few were generally accepted as predictions about the Jewish Messiah. For Christians some of the quoted passages, e.g., Ps 2 and Ps 110, pointed forward to Jesus as Messiah. In addition other Psalms were interpreted christologically, e.g., Pss 18, 22, 69, 89, and 118, as were also prophetic promises, especially from the book of Isaiah. If we take a look at the testimonies that occur in Paul's letters, there are quite a few that refer in general to God's salvation, but which are read as statements about salvation in Christ. It is also assumed that God's will and mes-

---

[128] ARG 762 D Eph.
[129] Thus according to G. W. H. Lampe, 1968, s.v.
[130] See, i.a., ARG 758 A 2 Cor and CAP 4 758 D, CAP Gal 11-12, 762 C, CAP Rom 8-11, 752 A.

sage are contained in the Holy Scriptures, but also that they must be given an interpretation that agrees with what is given in the New Covenant.[131]

In both types of letters we often find statements indicating that circumcision has come to an end and that the literal meaning of the commandments has ceased to be valid.[132] One could adduce a whole series of quotations in this vein. This clearly also applies to the deeper meaning assigned to the individual commandments. From Jewish texts it appears that it was common to hold to the ceremonial regulations, but to emphasize what they meant with regard to a morally and religiously correct behavior. EUTH interprets Paul in this way. The emphasis lies on this, namely that, since the evangelist reached the Gentiles without their taking on the Law, the letter of the Law has quite simply ceased to be valid. The first chapter of Romans is adjusted in this way. There is no difference between Gentiles and Jews. The Gentiles could know God's will from God's actions in nature and from their conscience and they will be punished because they have not done God's will as they knew it. God's will was revealed to the Jews in the Law, but they did not keep it and for that they will be punished.[133]

There is very little specific explanation to be found of the deeper meaning in the individual ceremonial commandments. Galatians is regarded as a letter to Christians whom Paul himself had taught, but only EUTH CAP: Chaps. 2-3,[134] deals with the relationship between the church and Paul. The subsequent chapters of EUTH CAP: i.e., Chaps. 4-10[135] are not introduced by the preposition περί, but with ὅτι. They enjoin that sanctification and justification take place by faith and not on the basis of the Law.[136]

What remains rather unclear is why the Christian Jews are required to keep the letter of the Law. In the ARG of Romans we find that, since Abraham had received a new name from God, neither the Gentiles nor Jews according to the flesh should undergo circumcision, in order that his name should stand firm and he should be called a father of many people.[137] Furthermore, it says that Jews do not transgress the Law if they place their faith in Christ. As for the Gentiles who came to faith, Paul admonishes them not to elevate themselves over Israel, but to recognize that they themselves have been

---

[131] [Cf., e.g., H. HÜBNER 1995, 901-10.]

[132] ARG 748 B Rom: "Circumcision was binding until a specific time and has now ceased." *Ibid.* 748 CD: "When the election of the gentiles took place, it was necessary that circumcision and the shadow in the Law should cease." ARG 757 A 2 Cor: "One must not hold to the letter of the Law alone, but study its meaning by means of the letter (ἀλλ' ἐν αὐτῷ τῷ γράμματι τὴν διάνοιαν ἐρευνᾶν). For the Law is not only word, but the Spirit's intended meaning is also found in what is said. For after Christ came, a new creation has taken place and one ought not to live in accord with the old, but in all things be renewed as in the new creation.

[133] ARG 748 B-749 A Rom. In this text "God's eternal power" (Rom 1:20) is identified with God's Logos and thus with Christ. No other goes this far.

[134] EUTH CAP Gal 761 A-B.

[135] EUTH CAP Gal 761 A-B.

[136] See Gal 1:1-2:21 and 3:1-5:17 respectively.

[137] In the context it was emphasized that Abram had not been circumcised yet and that he had received the new name Abraham when he was justified. ARG Rom 748 D-749 A; cf. Gen 17:1-4.

grafted in as branches on the root.[138] In EUTH Chap. 10 for Hebrews it is emphasized that the Aaronite priesthood is replaced by Christ's priesthood which is connected neither with the flesh nor with a law pertaining to the flesh. With Heb 11:1-40 in view it says that also the fathers from Abel onwards were justified by faith and not by the works of the Law.[139]

4.3. Paraenesis

In contrast to the foregoing christology and views on circumcision and legal regulations paraenesis is a common topic for letters to recipients whom Paul had personally taught, as well as to others he only knew by report. The term paraenesis itself does not occur at all in Paul's letters (The verb παραινέω occurs only twice in Acts 27:9 and 27:22, and as v.l. in Luke 3:18 in codex D). In Paul's letters the paraenetic sections are usually introduced with a formula such as παρακαλῶ οὖν ὑμᾶς, ἀδελφοί (Rom 12:1; Eph 4:1; 1 Thess 4:1).[140] In EUTH, however, this is rendered by the verb παραινέω (sometimes with the addition εἰς τὰ ἔθη or ἤθη) or by expressions such as παραίνεσις or παραινετικοὶ λόγοι. Παραίνεσις is in fact rendered most often with "admonition" and is distinguished from "advice", according to a widely shared opinion among the rhetoricians, with both terms encompassing both "warning" (ἀποτροπή) and "exhortation" (προτροπή).[141] While these words may be used in connection with specific actions that ought to be done or avoided, they may also be used, as in modern biblical research, for *paraenesis* in the form-critical sense that has become particularly common due to Martin Dibelius' studies.[142]

The chapter list for Romans describes the contents of Rom 12-14 as *paraenesis* about virtue in relation to God and people (752 BC). According to the chapter list for Ephesians the admonitions start in Eph 4:1 with the *paraenesis* about unifying love, even though the gifts of grace there are distributed for the common good alone: Παραίνεσις περὶ ἀγάπης ἑνωτικῆς, εἰ καὶ τὰ χαρίσματα διῄρηται πρὸς ὠφέλειαν κοινήν (764 BC). In the ARG for 1 Corinthians παραινετικοὺς λόγους εἰς τὰ ἤθη is added at the end of the letter. This can only refer to the exhortation in 1 Cor 15:58 (753 B). It was apparently regarded as almost necessary for a letter of Paul to close with *paraenesis*. One could continue with a long list of examples. What is typical is

---

[138] ARG Rom 750 C.

[139] Cf. ARG Heb 776 A.

[140] As C. J. BJERKELUND 1965 has shown, this usage has a close analogy in the letters from minor Hellenistic kings to free Greek cities and serves as an urgent appeal which expresses respect for the recipients' independence.

[141] [Thus CAP Gal 761 B; see, further, e.g., Ps-Libanios, Ἐπιστολιμαῖοι Χαρακτῆρες 5; text and trans. in MALHERBE 1988, 68f.]

[142] See, e.g., M. DIBELIUS 1921/76; [cf. now the recent discussion with DIBELIUS in W. POPKES 1996. It is noteworthy that neither DIBELIUS 1921/76, nor LAMPE 1968, nor POPKES 1996 make any references to the records in the Euthalian Apparatus! See further the forthcoming study on "*Parainesis* as an Ancient Genre-Designation" by HELLHOLM/BLOMKVIST.]

that, without any particularly systematic use of words, they talk about both specific Christian attitudes as well as general human duties and virtues.

Even though it is not explicitly stated, I have the impression that this combination of Christian and human ethics has a connection with the points that have already been emphasized, namely:

(1) That Christ is the firstborn of both the first creation and of the new creation, and

(2) that there is actually not any difference between Jews and Gentiles.

The Gentiles know God's will from the Creator's work and from their own conscience, while the Jews know it from the regulations of Moses' Law. There is no distinction, since both parties have committed a crime against God and are justified by faith alone. Unity lies not in uniformity but in the shared belonging to God's people, which is the solidarity and common policy (πολιτεία) among those who are promised citizenship in the heavenly city.

The EUTH apparatus does not contain any attempt to give a systematic presentation of Pauline theology. The goal of the various parts was to help those who read Paul's letters, or more often heard them read, so that they would obtain the best possible understanding and the greatest possible benefit from the texts. Thus it may presumably have been an advantage that different parts of the apparatus brought out various aspects.[143] In this way those who listened would be able to take for themselves what was most applicable to them in their own situations. This raises a fascinating question: Could this be a stance that was typical of the Eastern Orthodox Church in contrast to the more dogmatic Paulinism that was framed in the Western Church after the controversy between Augustine and Pelagius?

---

[143]It is noteworthy that EUTH contains practically no ascetic tendencies. E.g., nothing ascetic appears in the summary of what Paul writes in 1 Cor 7: The unmarried esteem continence and therefore Paul writes that it must be due to conviction and not necessity that they remain unmarried (οὐ κατ' ἀνάγκην ἀλλὰ πειθοῖ τοῦτο γινέσθω), ARG 1 Cor 753 B. It is also emphasized that women should be silent and should not teach. Cf. ARG 1 Tim 782 A.

Appendix I: Manuscript Evidence

Table I: Manuscript Evidence – General Survey

	Total	PROL	LECT	TEST	ARG	CAP	APOD	MART
Pauline Epistles	381	144	18	34	350	169	100?	100+
Acts	159	34	12	20	120	75	80 ??	??
Catholic Epistles	316	52	10	13	313	143	–	–

Table II: Pauline Epistles – Comprehensive Manuscripts

C.o.N. = Change of name, the etymological word-play in the change of name from Saul to Paul (697B) The symbol d = double attestation: It is found here in 619 and 1162. Question marks indicate that something may have existed in a manuscript that is not completely preserved. The first or the last leaves of a codex may have been lost. The symbol p = partial, and indicates that the section is reproduced in an incomplete or divergent form. This table differs from the foregoing in that it deals with individual manuscripts and distinguishes between different forms of the martyrdom and the two testimony lists. For the martyrdom the numeral I indicates its oldest and shortest form, while the numeral II stands for both extended forms. The symbol eg placed after numeral II designates the misplaced Egyptian dating. In manuscript 88 MART is added after Philemon.

MSS	PROL	C.o.N.	MART	LECT	TEST I	TEST II	ARG	CAP
181	x	x	IIeg	x	x	x	x	x
623	x	x	IIeg	x	x	x	x	x
917	x	x	IIeg	x	x	x	x	x
1836	x	x	IIeg	x	x	x	x	x
1845	x	x	IIeg	x	x	x	x	x
1874	x	x	IIeg	x	x	x	x	x
1875	x	x	IIeg	x	x	x	x	p
1846	x	?		x	x	x	p	p

MSS	PROL	C.o.N.	MART	LECT	TEST I	TEST II	ARG	CAP
88	x		II	x	p	x	x	x
915	x			x	x	x	x	x
1244	d			x	x	x	x	x
619	d		d	x	x	x	x	
1162	d		d	x	x	x	x	?
81	x		IIeg	x	x	x		x
466	x	x		x	x	x	x	x
637	x		I	x	x	x	x	x
436	x	x	II		p	p	x	x
919	x	x	II	x	?		x	x

Table III: Acts – Comprehensive Manuscripts

Abbreviations used in the tables that have not been explained in the text above:
  CAP INT = Introduction to the chapter lists (652B)
  CAP 40 = List containing forty chapters
  CAP 36 = List containing thirty-six chapters.

MSS	PROL	LECT	TEST I	TEST II	ARG	CAP INT	CAP 40	CAP 36	APOD
181	x	x	x	x	x	x	x	x	x
917	x	x	x	x	x	x	x	x	x
1845	x	x	x	x	x	x	x	x	x
1874	x	x	x	x	x	x	x	x	x
1875	?	x	x	?			p	p	
88	x	x	x	x		x	x	x	
915	?	x	x	x		x	x	x	
1244	x	x	x	x	x	x	x	x	
619	?	x	x	x	x	x	x	x	
1162	?	x	x	x	?	x	x	x	
919	x	?	?	?	x	x	x		

Table IV: Catholic Epistles – Comprehensive Manuscripts

MSS	PROL	LECT	TEST I	TEST II	ARG	CAP
181 623 917 1845 1846 1874 1875	x	x	x	x	x	x
619 1162	x	x	x	x	x	x
88 915	x			p (915)	x	x
466 919 1244 1836	x				x x p	x x

Appendix II: Text and Translation of Prologue, Lections and Chapters of the 'Euthalian Apparatus', and of the 'Affiliated Argumenta' to Ephesians

PROL (704 A)	PROL (704 A)
Πέμπτη ἡ πρὸς Ἐφεσίους κεῖται, πιστοὺς ἀνθρώπους καὶ παραμένοντας, ἧς ἐν τῇ προγραφῇ τὸ μυστήριον ἐκτίθεται, παραπλησίως τῇ πρὸς Ῥωμαίους· ἀμφοτέροις δὲ ἐξ ἀκοῆς γνωρίμοις. Καὶ εἰσὶν αὗται πρὸς ἀντιδιαστολὴν ἀρχαὶ κατηχουμένων, καὶ πιστῶν εἰσαγωγαί.	Ephesians is directed to people who were faithful and had remained steadfast. In the prologue to this letter, the mystery is explained as in Romans. In both cases, the recipients were known to Paul from what he had heard. In contrast to other letters, these two are basic teaching for catechumens and introduction for believers (newly baptized).

LECT (717 B)[a]	LECT (717 B)
Ἐν τῇ πρὸς Ἐφεσίους ἐπιστολῇ ἀναγνώσεις β', κεφάλαια ι', μαρτυρίαι ς', στίχοι τιβ'. Ἀνάγνωσις πρώτη κεφαλαίων Π, α', β', γ', δ', ε'· μαρτυρίας Ι, α'· στίχων ρλς'. Ἀνάγνωσις δευτέρα κεφαλαίων Π, ς', ζ', η', θ', ι'· μαρτυρίων Π, β', γ', δ', ε', ς'· στίχων ρος'.	In the letter to the Ephesians there are two lections, ten chapters, six testimonies and 312 lines. The first lection (1:3-3:21) has five chapters, the first, the second, the third, the fourth, the fifth; one testimony, the first; 136 lines. The second lection (4:1-6:20) has five chapters, the sixth, seventh, eighth, ninth, tenth; five testimonies, the second, third, fourth, fifth, sixth; 176 lines.

a. [As to the mixture of Attic and Roman ciphers esp. in the usage by Evagrius of Antioch, see HEMMERDINGER 1960b, 352-54: "Utilisant en grec les moins romains, Evagrius a dû être séduit par la ressemblance entre chiffres attique et chiffres romains:

I	II	III	IIII	V	VI	VII	VIII	VIIII	X
I	II	III	IIII	Π	ΠΙ	ΠΙΙ	ΠΙΙΙ	ΠΙΙΙΙ	Δ."]

ARG (761 C-764 A)	ARG (761 C-764 A)
ΥΠΟΘΕΣΙΣ Τῆς πρὸς Ἐφεσίους Ἐπιστολῆς· Ταύτην ἐπιστέλλει ἀπὸ Ῥώμης, οὔπω μὲν ἑωρακὼς αὐτούς, ἀκούσας δὲ περὶ αὐτῶν. Ἡ δὲ πρόφασις τῆς Ἐπιστολῆς αὕτη. Ἐφέσιοι πιστεύσαντες εἰς τὸν Κύριον ἡμῶν Ἰησοῦν Χριστὸν, γνησίαν ἔσχον εἰς αὐτὸν τὴν πίστιν καὶ εἰς πάντας τοὺς ἁγίους τὴν ἀγάπην, καὶ ἠβούλοντο παρὰ τοῦ Παύλου βεβαιωθῆναι. Μαθὼν τοίνυν ὁ Ἀπόστολος, γράφει πρὸς αὐτοὺς ταύτην τὴν Ἐπιστολὴν ὥσπερ κατηχητικήν. Καὶ πρῶτον μὲν δείκνυσι μὴ νεώτερον εἶναι τὸ καθ' ἡμᾶς μυστήριον· ἀλλ' ἐξ ἀρχῆς, καὶ πρὸ καταβολῆς κόσμου εἶναι ταύτην εὐδοκίαν τοῦ θεοῦ, ὥστε τὸν Χριστὸν ὑπὲρ ἡμῶν παθεῖν καὶ ἡμᾶς σωθῆναι. Ἔπειτα περὶ κλήσεως τῶν ἐθνῶν διαλέγεται, ἵνα δείξῃ ἀξίως αὐτοὺς πεπιστευκέναι. Καὶ ἀποδείκνυσιν ὅτι ἡ κλῆσις ἡμῶν γέγονεν οὐ δι' ἀνθρώπου, ἀλλὰ διὰ Χριστοῦ, ὅς ἐστιν Υἱὸς τοῦ Θεοῦ· ἵνα καὶ ἐκ τούτου μάθωσιν, ὅτι οὐκ ἀνθρωπολάτραι γεγόνασιν, πιστεύσαντες τῷ Χριστῷ, ἀλλὰ ἀληθινοὶ θεοσεβεῖς. Σημαίνει δὲ καὶ ἑαυτὸν διὰ τοῦτο ἀπεστάλθαι, κηρύσσειν τὸ Εὐαγγέλιον, καὶ ὅτι καὶ περὶ αὐτῶν ἐφρόντισεν. Ἔπειτα παραινετικοὺς λόγους ἀνδράσι καὶ γυναιξὶν, πατράσι καὶ τέκνοις, κυρίοις καὶ δούλοις τίθησιν ἐν τῇ Ἐπιστολῇ, καὶ καθόλου πάντα παρασκευάζει κατὰ τοῦ διαβόλου καὶ τῶν δαιμόνων αὐτοῦ, λέγων πρὸς ἐκείνους εἶναι τὴν πάλην. καὶ ὥσπερ ἀγαθὸς ἀλείπτης ἀλείψας τοῖς λόγοις πάντας κατὰ τῆς διαβολικῆς ἐνεργείας, οὕτως τελειοῖ τὴν Ἐπιστολήν.	ARGUMENT of the letter to the Ephesians: He sends this letter from Rome, not yet having seen them, but having heard about them. The occasion of the letter is this: The Ephesians had believed in our Lord Jesus Christ. Their faith in Him and their love for all the saints were genuine and they wished to be strengthened by Paul. Hence, the Apostle, having learned (this), writes this letter to them as a catechetical epistle. First, he shows that the mystery that concerns us is not novel, but is from the beginning, and that this was the good pleasure of God before the foundation of the world, that Christ should suffer for us, and that we should be saved. Next, he discusses the call of the Gentiles, in order to show that they had believed in a worthy manner. And he demonstrates that our call has come not through a human being, but through Christ, who is the Son of God, in order that they also may learn from this that, having believed in Christ, they have not become worshipers of some human being, but true worshipers of God. He informs them that he himself was sent for this purpose, that he should preach the gospel, and that he was concerned about them, too. Next, he places hortatory words in the letter, to men and women, fathers and children, masters and slaves, and he completely contrives everything against the devil and his demons, saying that the struggle is against them. And as a good anointer, having anointed everybody against the diabolic action, he brings the letter to its conclusion.

CAP (764 B-C)	CAP (764 B-C)[a]
Περὶ τῆς ἐν Χριστῷ ἐκλογῆς ἡμῶν, καὶ εἰσαγωγῆς, καὶ τελειώσεως.	On our election, our initiation and completion in Christ. (Eph1:3)
Εὐχὴ περὶ γνώσεως τῶν ἐν Χριστῷ εἰσαχθέντων ἀγαθῶν εἰς ἡμᾶς.	Prayer for the understanding of the benefits brought to us in Christ. (1:15)
Περὶ τῆς ἐθνῶν καὶ Ἰουδαίων οἰκειώσεως πρὸς θεὸν διὰ Χριστοῦ ἐπ' ἐλπίδι κατὰ χάριν.	About the domestication of Gentiles and Jews to God, through Christ, unto hope, according to grace. (2:11)
Περὶ δοθείσης αὐτῷ θείας σοφίας εἰς φωτισμὸν ἐθνῶν, καὶ ἔλεγχον δαιμόνων.	About the divine wisdom that has been given him to enlighten the Gentiles and rebuke the demons. (Eph 3:1)
Εὐχὴ ὑπὲρ τῆς Ἐκκλησίας εἰς δύναμιν καὶ ἀγάπην θεοῦ.	Prayer on behalf of the church for the power and love of God. (3:14)
Παραίνεσις περὶ ἀγάπης ἑνωτικῆς, εἰ καὶ τὰ χαρίσματα διήρηται πρὸς ὠφέλειαν κοινήν.	Exhortation about unifying love, even if the gifts of grace are distributed to the common benefit. (4:1)
Περὶ σωφροσύνης καὶ δικαιοσύνης ποιούσης ἡμᾶς θεοειδεῖς.	About prudence and righteousness, making us God-like. (4:17)
Περὶ τοῦ ζῆν ἐπαξίως τοῦ ἁγιασμοῦ, ἔργοις τὴν κακίαν ἐλέγχοντας, μὴ λόγοις· πνεύματι πληρουμένους διὰ ψαλμῶν, μὴ οἴνῳ.	About living worthy of the sanctification, rebuking evil with works, not with words, and being filled with the Spirit through hymns, not with wine. (5:3)
Διάταξις οἰκετικῶν καθηκόντων ἀρχομένοις καὶ ἄρχουσι κατὰ Χριστὸν.	Regulation of domestic rules for those who are ruled and for those who rule in accordance with Christ. (5:22)
Ἐν σχήματι ὁπλίσεως περὶ τῆς κατὰ Χριστὸν δυνάμεως.	In the figure of preparing for battle, about the power of Christ. (6:10)

a. For the sake of clarity the places where the different chapters in modern Bible editions of Ephesians begin are added in parenthesis.

Bibliography

ALAND, K. & B. 1989: *The Text of the New Testament. An Introduction to the Critical Editions and to the Theory and Practice of Modern Textual Criticism*, 2nd ed., Leiden: Brill/Grand Rapids, MI: Eerdmans 1989.

BARDY, G. 1934: "Euthalius", in: *DBS*, Vol. II, Paris: Letouzey et ané 1934, 1215-18.

BIANCO, M. G. 1990: "Euthalius", in: *DECA*, Vol. I, Paris: Cerf 1990, 927.

— 1995: "Euthalius", in: *LThK*, Vol. II, 3rd ed., Freiburg i. Br. etc.: Herder 1995, 1018-19.

BIRDSALL, J. N. 1970: "The New Testament Text", in: P. R. ACKROYD/C. F. EVANS (EDS.), *The Cambridge History of the Bible. Volume I. Form the Beginnings to Jerome*, Cambridge – London – New York – Melbourne: CUP 1970, 308-77.

— 1984: "The Euthalian Material and its Georgian Versions", in: *OrChr* 68 (1984) 170-95.

BJERKELUND, C. J. 1967: *Parakalô. Form, Funktion und Sinn der parakalô-Sätze in den paulinischen Briefen* (BTN 1), Oslo – Bergen – Tromsø: Universitetsforlaget 1967.

BROCK, S. P. 1979: "The Syriac Euthalian Material and the Philoxenian Version of the New Testament", in: *ZNW* 70 (1979) 120-30.

CONYBEARE, F. C. 1904: "The Date of Euthalius", in: *ZNW* 5 (1904) 39-52.

DAHL, N. A. 1961: "Welche Ordnung der Paulusbriefe wird vom Muratorischen Kanon vorausgesetzt?", in: *ZNW* 52 (1961) 39-53.

— 1979: "0230 (= PSI 1306) and the Fourth-Century Greek-Latin Edition of the Letters of Paul", in: E. BEST/R. McL. WILSON (EDS.), *Text and Interpretation. Studies in the New Testament Presented to Matthew Black*, Cambridge: CUP 1979, 79-98.

— 1995: "Euodia and Syntyche and Paul's Letter to the Philippians", in: L. M. WHITE/O. L. YARBROUGH (EDS.), *The Social World of the First Christians. Essays in Honor of Wayne A. Meeks*, Minneapolis, MN: Fortress 1995, 3-15.

DENIS, A.-M. 1970: *Introduction aux pseudépigraphes grecs d'Ancien Testament* (SVTP 1), Leiden: Brill 1970.

DIBELIUS, M./GREEVEN, H. 1976: *James. A Commentary on the Epistle of James* (Hermeneia), Philadelphia, PA: Fortress 1976 [1st KEK edition, Göttingen: V&R 1921].

VON DOBSCHÜTZ, E. 1893: "Ein Beitrag zur Euthaliusfrage", in: *ZblB* 10 (1893) 49-70.

— 1899: "Euthaliusstudien", in: *ZKG* 19 (1899) 107-54.

ERASMUS OF ROTTERDAM, D. 1516/1986: *Novum Instrumentum Omne*, Basel: Froben 1516. [Faksimile-Nachdruck mit einer historischen, textkritischen und bibliographischen Einleitung von HEINZ HOLECZEK, Stuttgart: Frommann-Holzboog 1986.]

FREDE, H. J. 1964: *Altlateinische Paulus-Handschriften. Vetus Latina: Die Reste der altlateinischen Bibel nach Petrus Sabatier, neugesammelt und herausgegeben von der Erzabtei Beuron* (AGLB 4), Freiburg i. Br. etc.: Herder 1964.

— 1969: "Die Ordnung der Paulusbriefe und der Platz des Kolosserbriefes im Corpus Paulinum", in: *Vetus Latina: Die Reste der altlateinischen Bibel* 24/2, Freiburg i. Br. etc.: Herder 1969, 290-303.

— 1973-74: *Ein neuer Paulustext und Kommentar*, Vols. I-II (Vet Lat: AGLB 7/9), Freiburg i. Br. etc.: Herder 1973-74.

GRIBOMONT, J. 1990: "Athanase d'Ancyre", in: *DECA*, Vol. I, Paris: Cerf 1990, 291.

VON HARNACK, A. 1912: *Über den privaten Gebrauch der Heiligen Schrift in der alten Kirche* (Beiträge zur Einleitung in das Neue Testament 5), Leipzig: Hinrichs 1912.

HARRIS, J. RENDEL 1896: "Euthalius and Eusebius", in: IDEM, *Hermas in Arcadia and Other Essays*, Cambridge: CUP 1896, 60-83.

HARTMAN, L. 1997: "Doing Things with the Words of Colossians", in: IDEM, *Text-Centered New Testament Studies. Text-Theoretical Essays on Early Jewish and Early Christian Literature*, ed. by D. HELLHOLM (WUNT 102), Tübingen: Mohr Siebeck 1997, 195-209.

HELLHOLM, D. 1980: *Das Visionenbuch des Hermas als Apokalypse. Formgeschichtliche und texttheoretische Studien zu einer literarischen Gattung. I: Methodologische Vorüberlegungen und makrostrukturelle Textanalyse* (CB.NT 13/1), Lund: Gleerup 1980.

— 1995a: "Substitutionelle Gliederungsmerkmale und die Komposition des Matthäusevangeliums", in: T. FORNBERG/D. HELLHOLM (EDS.), *Texts and Contexts. Biblical Texts in Their Textual and Situational Contexts. Essays in Honor of Lars Hartman*, Oslo – Copenhagen – Stockholm – Boston: ScUP 1995, 11-76.

— 1995b: "Enthymemic Argumentation in Paul: The Case of Romans 6", in: T. ENGBERG-PEDERSEN (ED.), *Paul in His Hellenistic Context*, Minneapolis, MN: Fortress 1995, 111-79.

— 1997: "Die argumentative Funktion von Römer 7,1-6", in: *NTS* 43 (1997) 385-411.

— 1998: "Beatitudes and Their Illocutionary Functions", in: A. Y. COLLINS (ED.), *Ancient and Modern Perspectives on the Bible and Culture. Essays in Honor of Hans Dieter Betz*, Atlanta, GA: Scholars Press 1998, 286-344.

HEMMERDINGER, B. 1960a: "L'auteur de l'édition 'euthalienne'", in: F. DÖLGER/H.-G. BECK (EDS.), *Akten des XI. internationalen Byzantinistenkongresses München 1958*, München: Beck 1960, 227-31.

— 1960b: "Euthaliana", in: *JThS* 11 (1960) 349-55.

HÜBNER, H. 1995: "Eine hermeneutisch unverzichtbare Unterscheidung: Vetus Testamentum und Vetus Testamentum in Novo receptum", in: T. FORNBERG/D. HELLHOLM (EDS.), *Texts and Contexts. Biblical Texts in Their Textual and Situational Contexts. Essays in Honor of Lars Hartman*, Oslo – Copenhagen – Stockholm – Boston: ScUP 1995, 901-10.

JÜLICHER, A./FASCHER, E. 1931: *Einleitung in das Neue Testament*, 7th ed., Tübingen: Mohr Siebeck 1931.

LAMPE, G. W. H. 1968: *A Patristic Greek Lexicon*, Oxford: Clarendon 1968.

MALHERBE, A. J. 1988: *Ancient Epistolary Theorists* (SBLSBS 19), Atlanta, GA: Scholars Press 1988.

MITCHELL, M. M. 1989: "Concerning ΠΕΡΙ ΔΕ in 1 Corinthians", in: *NT* 31 (1989) 229-56.

POPKES, W. 1996: *Paränese und Neues Testament* (StBS 168), Stuttgart: KB 1996.

ROBINSON, J. A. 1895: *Euthaliana* (Texts and Studies III/3), Cambridge: CUP 1895.

SIMONETTI, M. 1990: "Acace de Césarée", in: *DECA*, Vol. I, Paris: Cerf 1990, 14.

VON SODEN, HERM. 1902/11: *Die Schriften des Neuen Testaments in ihrer ältesten erreichbaren Textgestalt hergestellt auf Grund ihrer Textgeschichte*, Vol. 1, Berlin: Dunker 1902, 637-82. [2nd ed. 1911.]

SWETE, H. B. (ED.) 1880: *Theodori episcopi Mopsuesteni in epistolas B. Pauli commentarii. The Latin Version with the Greek Fragments*, Vol. 1, Cambridge: Clarendon 1880. [Repr. Westmead: Gregg 1969.]

TROBISCH, D. 1989: *Die Entstehung der Paulusbriefsammlung. Studien zu den Anfängen christlicher Publizistik* (NTOA 10), Freiburg (CH): UV/Göttingen: V&R 1989.

TURNER, C. H. 1898/1988: "Patristic Editors of the Pauline Epistles – Evagrius and Euthalius", in: J. HASTINGS (ED.), *A Dictionary of the Bible*, Vol. 5, Edinburgh: Clark 1889, 224-29. [Repr. Peabody, MA: Hendrickson 1988.]

VARDANIAN, P. A. 1930: *Euthalius. Werke, Untersuchungen und Texte* (Kritische Ausgabe der armenischen Schriftsteller und Übersetzungen 3/1), Vienna: Mechitharisten-Buchdr. 1930.

WELTE, M. 1999: "Euthalius", in: *RGG*, Vol. II, 4th ed., Tübingen: Mohr Siebeck 1999, 1682.

WILLARD, L. CH. 1970: *A Critical Study of the Euthalian Apparatus*, PhD Diss. Yale University, New Haven, CT 1970.

ZACAGNI, L. A. 1698: *Collectanea monumentorum veterum veteris ecclesiae graece*, Vol. I, Rome: Typis Sacrae Congreg. de propag. fide 1698, 401-708.

ZAHN, TH. 1888-92/1975: *Geschichte des neutestamentlichen Kanons*, Vols. I-II, Erlangen/Leipzig: Deichert 1988-92 [Repr. Hildesheim/New York: Olms 1975].

— 1904: "Neues und Altes über den Isagogiker Euthalius", in: *NKZ* 15 (1904) 305-30, 375-90.

ZUNTZ, G. 1945: *The Ancestry of the Harklean New Testament* (The British Academy, Suppl. Papers 7; ed. H. MILFORD), London: OUP 1945.

— 1953: "Euthalius – Euzoius?", in: *VigChr* 7 (1953) 16-22.

Part Three
Interpretation of Texts and Themes

VIII. Benediction and Congratulation

1. Introduction

Penetrating studies have dealt with the history and prehistory of the regular synagogue worship and with its importance for early Christian worship, esp. the eucharistic liturgy.[1] Far less attention has been paid to *congratulatory* and other *occasional* benedictions (*berakot*) that did not belong to *regular worship* and/or *daily prayer* hours. This is also the case in commentaries and special studies on the eulogies in 2 Corinthians, Ephesians and 1 Peter. All three texts, esp. Eph 1:3-14, have various elements in common with Jewish benedictions and prayers, but are also related to a specific epistolary situation. Today few, if any, scholars still hold the view that the eulogy in Ephesians is dependent upon 2 Corinthians and the one in 1 Peter dependent upon Ephesians.[2] Even a variety of attempts to derive the text in Ephesians 1:3-12 (or 14) from an early Christian hymn have failed to carry conviction.[3] Like kerygmatic and creedal formulae, even "psalms, hymns, and spiritual songs" are likely to have left room for spontaneity, even if content, form and phraseology more or less conform to traditional patterns. The same holds true for Jewish *berakot*. The standard rules did not prescribe the exact

---

[1] See, e.g., the classical works by I. ELBOGEN 1931/62; J. P. AUDET 1958a, 371-99; G. DIX 1945, 50-102, 214-25; [J. C. KIRBY 1968].

[2] [Cf., however, H. HÜBNER 1997, 133: "doch dürfte der AuctEph hier wohl kaum auf die LXX zurückgreifen, da 3a εὐλογητὸς ... Χριστοῦ wörtliche Übernahme von 2Kor 1,3 ist. Als methodischer Grundsatz gilt für die Auslegung von Eph, daß die Reihenfolge Kol, authentische Paulinen und dann erst LXX für die Erklärung von wörtlichen Übereinstimmungen maßgebend ist. Insofern ist die Korrespondenz mit hebräischem בָּרוּךְ אֱלֹהִים o.ä., z.B. Ps 66,20, für die Exegese von 1,3 unerheblich." Differently E. BEST 1998, 105f.: "Berakoth may have been employed eucharistically in AE's community and this may have prompted him to use one here or he may have imitated 2 Cor 1.3ff. The latter is less probable because even if he knew 2 Corinthians ... Eph 1.3ff is developed differently from 2 Cor 1.3ff and unlike the latter is followed by a normal thanksgiving section. ... If, as is probable, 1 Pet 1.3ff is dependent on neither 2 Cor 1.3ff nor Eph 1.3ff, this increases the probability that the form was in use among Christians." Regarding 1 Pet 1:3, cf. L. GOPPELT 1978, 49: "So kann hier von einer literarischen Abhängigkeit keine Rede sein;" P. J. ACHTEMEIER 1996, 93: "It is not typical enough of Paul to say with confidence the author of 1 Peter must have gotten it from him; it is more likely that it represents an early Christian doxological formula, used by both Paul and the author of 1 Peter."]

[3] [Cf. H. KRÄMER 1967, 34-46; R. DEICHGRÄBER 1967, 66f.; C. C. CARAGOUNIS 1977, 41-45; A. LINDEMANN 1985, 22; J. GNILKA 1990, 59f.; A. T. LINCOLN 1990, 14; M. BOUTTIER 1991, 58ff.; P. POKORNÝ 1992, 54; HÜBNER 1997, 131f.; BEST 1998, 108ff.]

wording but left room for variation, in the synagogue prayers as well as in benedictions for special occasions.

* * *

"Blessed be He who has given of His wisdom to them that fear Him." According to rabbinic rules a Jew should utter this benediction (*berakah*) whenever he saw a scholar of his own people. The rabbis valued secular scholarship as well. Seeing a Gentile scholar, one should say: "Blessed be He who has given of His wisdom to His creatures" (*b.Ber.* 58a). Other benedictions were to be used when one met other types of persons, when one observed storms, hail, or other natural phenomena, and on various other occasions.[4] Such *occasional* benedictions were imperious in addition to the *regular daily prayers* which, according to Rabbi Meir, required a Jew to say at least one hundred *berakot* a day.[5] The early Christians took over the practice of accompanying doings and sayings with praise of God, but they never developed the same type of fixed rules. They added a new element: a reference to Jesus was included in the thanksgivings and benedictions which accompanied life as well as in liturgical prayers (cf. Col 3:17; Eph 5:20).

Since their use was a *religious convention*, in a particular instance a benediction might or might not express a genuine sense of gratitude and devotion. A story in the Babylonian Talmud illustrates that the custom could also have a *social function*: a benediction could be used as a form of greeting. Once R. Pappa and R. Huna, the son of R. Joshua, met R. Hanina, the son of R. Ika. They greeted him with two benedictions:

> *Blessed be He who has given of His wisdom to them that fear Him,* and *(Blessed be He) who has kept us alive (and preserved us and let us reach this special time).*

As we mentioned above, the first of these benedictions was prescribed for the occasion; the addition of the second was a special compliment, because the benediction for the season (*zeman*) was to be recited on a joyous occasion like a great festival, the oblation of a sacrifice in the temple, or the acquisition of a new house, etc. (*m.Ber.* 9:3; *t.Ber.* 5:22; 7:10). R. Hanina, however, outdid his colleagues. He remarked: "On seeing you, I

---

[4] *m.Ber.* 9 with Gemara, *t.Ber.* 7. In addition to literature referred to in the previous note some further important studies deserve mentioning: L. FINKELSTEIN 1925/26, 1-43, 127-70; [M. LIBER 1949/50, 331-57;] E. BICKERMANN 1962a, 542-32; IDEM 1962b, 163-85; J. HEINEMANN 1960, 264-80; IDEM 1977, esp. 77-122; Z. AZENSIO 1967, 253-58; W. S. TOWNER 1968, 386-99; [J. SCHARBERT 1973a, 808-41; IDEM 1973b, 1-28; L. A. HOFFMAN 1979; H.-P. MÜLLER 1991, 220-52]. Cf. also P. DREWS 1898, 18-39; AUDET 1958a, 371-99; IDEM 1958b, 377-98; J. M. ROBINSON 1964, 196-235; A. STUIBER 1966, 900-28; S. NORIN 1998, esp. 24-26; [F.-L. HOSSFELD 1998, 1295-97; C. HEZSER/K. CAPLAN 1998, 1297f.]

[5] *b.Menaḥ* 43b. Later it was figured out which, exactly, the 100 benedictions were. Cf. *Seder Rab Amram Gaon*, D. HEDEGÅRD (ED.) 1951, chapters 1 and 3 (pp. 4, 5, 16-18). References to synagogue prayers are given according to this edition (*Seder R. Am.*). In some cases HEDEGÅRD's translation has been revised, for the sake of homogeneity of style, or for other reasons. Personal pronouns referring to God have been capitalized in quotations. The somewhat objectionable form "Blessed be ..." has been retained, because it is the traditional one. Similar changes have been made in other translations used, including the RSV of the Bible; The Apocrypha and Pseudepigrapha of the OT, R. H. CHARLES 1913; The Dead Sea Scrolls in English, G. VERMES (ED.) 1962; Joseph and Asenath, E. W. BROOKS (ED.) 1918.

counted it as equal to seeing sixty myriads of Israel." He used the same benedictions as they but added a third one: "Blessed be He who discerns secrets." He ought not to have done that. The story tells that the two other rabbis answered: "Are you as wise as all that?" They cast their eyes upon him, and he died (*b.Ber.* 58b). It is not quite clear exactly what R. Hanina's offense was. The benediction "Who discerns secrets" was to be recited when one saw a crowd of Israelites. Was it excessive, hypocritical flattery to apply it to two individuals only? Or was R. Hanina ironical, suggesting that only God, who knows the secret thought of every man in a crowd, knew what the wisdom of his two colleagues was worth? More likely, the benediction implied a blasphemous pretension, since only God could know how much the wisdom of the two rabbis counted in comparison with the thoughts of myriads of Israelites.

In the talmudic story, some of the benedictions are quoted in an abbreviated form. Perhaps, we should preface all of them with an introductory formula like "Blessed Be Thou YHWH, Our God, King of the universe, who...." If so, we should use the second person singular ("Thou") in the translation. The benedictions would not in that case function directly as greeting formulae; the rabbis would have paid compliments to each other by reciting benedictions that they addressed to God in the usual style of synagogue prayers. But the "He"-form remained customary in benedictions used in the rabbinic schools (*beth midrash*) and in other brief formulae of praise.

Two other talmudic stories illustrate the persisting use of this form. One of them is a clear example of a *congratulatory* benediction: When Rabbi Judah had recovered from illness, some of his colleagues congratulated him by saying:

> *Blessed be the Merciful, who has given you back to us and has not given you to the dust (b.Ber. 54b).*

A religious dimension is more prominent in the second story: Once Rabbi Eleazar ben Arak made an exposition of the "works of the chariot" (*ma'aseh merkabah*, Ezek 1) in the presence of his teacher, Rabbi Johanan ben Zakkai, whom he accompanied on a journey. When Eleazer had finished, Rabbi Johanan kissed his student and said:

> *Blessed be YHWH, the God of Israel, who has given a son to Abraham our father, who knows to speculate upon, and to investigate, and to expound the work of the chariot ... You (Eleazar) expound well and perform well. Happy are you, O Abraham our father, that Rabbi Eleazer ben Arak has come forth from your loins (b.Hag. 14b).*

Here the benediction of God corresponds to a beatitude which is addressed to Abraham, but in an oblique way Eleazer receives the highest praise.

The rabbinic anecdotes illustrate one traditional use of benedictions. The purpose of this essay is to show that this usage provides a wider context for the benedictions which occur in the openings of some early Christian letters. But before we turn to that topic, we must survey more generally congratulatory benedictions and their relation to cultic benedictions and prayers.

2. Situational Benedictions:
Congratulatory and Self-Congratulatory

In the Hebrew Scriptures blessings of God occur in two distinct contexts. In *historical narratives* they are related to specific events and persons, most often David and Solomon. In *psalms* and *hymns*, benedictions praise God in the context of hymns or prayers of lamentation and thanksgiving. Except in rabbinic texts from the Mishnah onward congratulatory benedictions are only attested in narrative contexts, but even cultic celebrations may provide the occasion for benedictions (see 1 Kgs 8). Overt *overlapping of the genres* is rare (e.g. Psalm 18 and 2 Samuel 22) and likely to be due to the work of a later editor or redactor. A mixture of the two main forms, occasional and poetic-devotional benedictions, is characteristic of writings that are later than the main parts of the Hebrew Scriptures, e.g., Daniel, the Greek 1 Esdras and Tobit. The Benedictus of Zechariah (Luke 1:68-79) as well as the eulogies at the beginning of New Testament letters combine the two forms.

How frequently a book attests the use of benedictions of various types is, obviously, contingent upon the literary genre and content. The books of Samuel, Kings and Chronicles only report benedictions that are attributed or pertain to David and Solomon! The majority of benedictions of God has, obviously, never been written down. Even so, it is also clear that an increasing use of benedictions was part of the praxis of communal and personal piety that developed in and after the exile, especially in Hellenistic and early Roman times. In the early period, I would think, benedictions were mainly used when people had a special reason to praise God.

2.1. Congratulatory Benedictions

In using benedictions as a solemn form of greeting and of congratulation, the rabbis followed a tradition many centuries old.[6]

(1) One group of congratulatory benedictions pertain to the *installation of a king*. The blessing pronounced by the queen of Sheba in 1 Kgs 10 belongs to this category. Here the blessing of Solomon's God is parallel to the preceding beatitudes which she pronounced on his wives (LXX, Syr.) and on his servants. Before she left, the queen of Sheba paid more cordial, exquisite compliments to king Solomon, concluding with a benediction that is formulated as a wish:

---

[6] [See D. PARDEE 1982, 154: Greeting formulae are found in letters from the sixth century BCE Judean family correspondence. E. S. GERSTENBERGER 1988, 258: "Originally this formula was used in greetings but then came to be used in cultic proceedings." So already W. SCHOTTROFF 1969, 194: "Nun muß es auffallen, daß in den erzählenden Texten des AT ברך pi. 'segnen' merkwürdig häufig den Gruß bezeichnet;" *ibid.*, 195-98; See also: J. PEDERSEN 1926, 202f.; S. MOWINCKEL 1924/61, 10; J. SCHARBERT 1958, 24; AUDET 1958a, 376-78; TOWNER 1968, 388f.; DEICHGRÄBER 1967,40; R. SCHNACKENBURG 1982, 48.]

> *Blessed be the LORD your God, who has delighted in you and set you on the throne of Israel! Because the LORD loved Israel for ever, he has made you king, that you may execute justice and righteousness.* (יְהִי יהוה אלהיך ברוך, LXX: γένοιτο κύριος ὁ θεός σου εὐλογημένος [1 Kgs 10:6-9; LXX: 3 Kgs 10:6-9]).[7]

Minor variants in 2 Chr 9:8 further stress the ties between the king and his god,

> *who ... set you on his throne as king for the LORD your God! Because your God loved Israel ... etc.*

King Hiram's response to the report that Solomon had ascended the throne provides another example of court style:

> *Blessed be YHWH this day, who has given unto David a wise son to be over this great people!* (3 Kgs 5:21 LXX: Εὐλογητὸς ὁ θεός ... ; 1 Kgs 5:21 MT: ברוך יהוה = RSV 1 Kgs 5:7).

Variants of this benediction were later on assumed to have been a part of a letter from Hiram (see 2 Chr 2:11-16). The earlier version is likely to imply that the delegates conveyed Hiram's response to Solomon's request both orally and in writing, as a missive (1 Kgs 5:8-9) and only orally reported the benediction. His words do in any case represent the courteous style of diplomatic communication.[8]

Whereas the two foreign monarchs hail Solomon with their benedictions, the dying king David primarily expressed his own happiness when he learned that Solomon had been anointed and acclaimed as his successor:

> *Blessed be YHWH, the God of Israel, who has this day made one of my offspring to sit upon my throne, and my own eyes see it!* (3 Kgs 1:48 LXX: Εὐλογητὸς κύριος ὁ θεὸς Ισραηλ ...).

The benediction is only congratulatory in the wider sense that David shares the joy of the jubilant crowd in Jerusalem. In a different way, Solomon's benediction of God, who has fulfilled what he promised to David (1 Kgs 8:16-21) primarily praises God because he has granted Solomon to sit on David's throne and build the temple; by doing so at the consecration of the temple, however, Solomon does at the same time "bless" – or congratulate – all the assembly of Israel (8:14-15). The initial and concluding benedictions form the frame around Solomon's prayer and intercessions at the consecration of the temple (1 Kgs 8:22-53). Their form and function is in many ways similar to the benedictions in psalms, hymns and prayers.

Only the Old Greek version attests that David had blessed the Lord who chose him to be king (2 Kgs 6:21 LXX). The context is the transfer of the ark to the city of David,

---

[7] [Cf. B. O. Long 1984, 119: "'Blessed be Yahweh your God ...,' a frequent formulaic speech in the books of Kings and elsewhere ... Here, of course, the words indirectly praise Solomon, too, because of the way they are inseparably bound to the eulogy in v. 9b and indeed to the eulogistic tone of the entire section (vv. 6-9). ... Beatitude is different from the *barûk* praise speech because the latter always offers praise to God, while the former never does."]

[8] [Cf. Long 1984, 79.]

when David's wife Michal, the daughter of Saul, saw David dance in the festival procession without being properly dressed. When Michal objected to his dancing, as the ark entered Jerusalem, David responded, according to the Greek text, by saying:

Before the LORD I shall dance! Blessed be the LORD, who has chosen me above your father and above all his house, to appoint me ruler over His people, over Israel; I shall play and dance before the LORD! (2 Kgs 6:21 LXX: εὐλογητὸς κύριος, ὅς ἐξελέξατό με …).

David insists that he will continue to dance like the maidens who dance uncovered in a hilarious procession, and thus be worthless in the eyes of Michal.[9] In this context, the benediction does not at all convey a congratulation; it has the force of an oath or a curse.[10] The end of the story is that Michal never had any children. Thus, no pretender of the throne of David could claim to be descendant of Saul as well as of David.

The elaborate story of Abigail and her rich husband Nabal in 1 Samuel 25 includes two benedictions with which David praised God while he was the chief of a mixed gang of warriors. When Abigail went out to David in the wilderness with rich gifts, to make up for her husband's treatment of David and his men and warn him not to take a hasty revenge but leave the retaliation to God, David responded: "Blessed be the Lord … who sent you this day to meet me!" He appends blessings of Abigail, whose discretion has kept him from shedding innocent blood, and lets her return in peace (25:32-35). It is, however, not until he has received the "good news" of Nabal's sudden death that David finally drops the idea of revenging himself and blesses the Lord, who avenged the insult, kept David back from evil, and returned the evildoing of Nabal upon his own head (25:39). The tale has a happy ending: David marries the widowed Abigail. In the form in which we read it, however, the story has a wider significance; in the "deuteronomistic history" it is placed between two incidents at which David spares the life of Saul (1 Samuel 24 and 26) and the words of Abigail anticipate the history of David's reign, teaching him not to take vengeance in his own hand, but trust that God will take care of the retribution (25:28-31). Several later incidents tell how David heeded the lesson.[11]

---

[9] The Greek translation of 1 and 2 Samuel, in Greek 1-2 Book of Kingdoms [I-II *Regnorum*], was made from a Hebrew text that differed considerably from the pre-Masoretic text. In 2 Sam 6:22 most modern translators prefer "in your eyes" (LXX: 2 Kgs) to "in my eyes" (MT). The omission of "… I will dance. Blessed be the LORD" in 6:21 MT could possibly be due to *homoioteleuton*, the double occurrence of the *Tetragrammaton*. In any case, the benediction was part of an early form of the story and is therefore included here.

[10] [In the OT as well as in the Qumran fragm. *berakot* sometimes functions as a curse (in form of a euphemism, H. W. BEYER 1935, 756; L. KOEHLER/W. BAUMGARTNER/J. J. STAMM 1994, 160, s.v. ברך; H. G. LIDDELL/R. SCOTT/H. S. JONES 1966, 720 s.v. εὐλογέω 3.; G. W. H. LAMPE 1968, 568 s.v. εὐλογέω II.C.).]

[11] See 2 Sam 1-4; 16:5-12; 19:16-30. In several cases, however, David avoided to shed blood himself, but left it to others to do so, see 2 Sam 20:4-22; 21:1-14; 1 Kgs 2:5-9. On the ambiguous portrait of David in the deuteronomistic history, see the stimulating comments of D. DAMBROSCH 1987, 144-260, esp. 209-17 and 250-60.

As these royal benedictions show, the pure form of a congratulatory benediction follows a specific pattern: "Blessed be YHWH (your God), who has done this to you." But a benediction may be congratulatory without having this form, and a benediction in which the blessing of God precedes personal words to a man or woman is not always congratulatory.

(2) Another such occasion could be *military victory*, or *rescue from a hostile attack*. A pure example of such a congratulatory benediction is the messenger's report of Joab's victory over Absalom and his seditious army:

Blessed be YHWH, your God, who has delivered up the men who raised their hand against my Lord the King! (2 Sam 18:28).

By choosing this form the messenger who first reached David managed to keep silent about the sad part of the news, the death of Absalom. A similar congratulatory benediction is attributed to Moses' father-in-law. When Moses had told him about the deliverance from Egypt, Jethro said:

Blessed be YHWH, who has delivered you out of the hand of the Egyptians and out of the hand of Pharaoh! (Exod 18:10).

To this type of benediction at victory or rescue from enemies belongs also the double formula with which Melchizedek greeted Abraham when the latter had defeated the allied kings and recaptured goods and people:

Blessed be Abraham by God Most High (לאל עליון ברוך אברם), *who created* (קנה, LXX: ἔκτισεν) *heaven and earth; and blessed be El Elyon* (ברוך אל עליון), *who has delivered your enemies into your hand* (Gen 14:19f.).[12]

According to the opinion of a later age, Melchizedek committed a serious error in blessing Abraham before he blessed God; for that reason the priesthood was taken from him and given to Abraham.[13] A double blessing, of Judith and of God, follows the pattern of Gen 14:19f. (Jdt 13:18f.). But in the book of Judith, the congratulatory blessings follow a benediction addressed to God:

Blessed be Thou, our God, who has this day brought to nought the enemies of Thy people! (Jdt 13:17).[14]

In other double formulae as well, the benediction of God holds the first place (1 Sam 25:32-35; Tob 11:17 cod. S; *JosAs* 15:13; cf. *Jub.* 22:6ff., 27f.; 25:12f., 15ff.).

(3) The Former Prophets (Joshua – Kings) attest no, the other Hebrew Scriptures only few benedictions of God that pertain to *family life*. The words with which the

---

[12][For the difference between the *Genitivus auctoris* construction ברוך אל עליון and the adverbial construction ברוך אברם לאל עליון, see H.-P. MÜLLER 1991, 231f.; cf. also the adverbial construction with ל in the *Arad* letters referred to below on page 297 with note 43.]

[13]*b.Ned.* 32b. Cf. P. BILLERBECK 1928, 453ff.; further SCHOTTROFF 1969, 194f.

[14]Further examples of benedictions for victory or rescue: Pss 18:47; 124:6f.; 1 Macc 4:24f.; 2 Macc 1:17; 15:34; (Ps.-Philo) *LAB* 31:9. Cf. 1QM XIV 4ff.; XVIII 6ff.

women greeted Naomi when Ruth had given birth to Obed, the father of Jesse and grandfather of David, is a good example of a congratulatory benediction:

> Blessed be the LORD, who has not left you this day without next of kin (גאל = 'redeemer') etc. (Ruth 4:14-15).

Another, somewhat different example is part of the narrative about the servant whom Abraham sent to Mesopotamia to find a bride for his son Isaac (Gen 24). When he had met Rebekah at the well and understood that God had heard his prayer, the servant exclaimed: "Blessed be the LORD, the God of my master Abraham!" and praised God for his faithfulness to his master and the success of his own mission (Gen 24:26-27; cf. vv. 11-14 and 42-48). Both of these stories report events of a special importance with artistic realism: most likely even ordinary persons did "bless" God when a child was born or the right wife had been found. The story about Noah's drunkenness contains the benediction "Blessed be the LORD, the God of Shem!" (Gen 9:26 MT LXX etc.). The blessing of Shem's God implies that Shem is blessed, as Canaan is cursed, but in the context it is clear that curse, blessing and good wishes are realized in the history and the mutual relations between the descendants of Shem (the ancestor of the Israelites), Canaan and Japhet.

(4) Not much can be learned about the analogous use of benedictions in *everyday life!* The best evidence that even *ordinary people* did bless God in various situations is indirect. When Job received the messages about the disasters that almost simultaneously had hit his animals, his servants, and his sons and daughters, he responded by the famous saying:

> The LORD gave, and the LORD has taken away; the name of the LORD be blessed! (Job 1:21 יהי שם יהוה מברך).

This is reported as an extraordinary reaction but presupposes that it was customary to respond to good news by blessing God. A fairly widespread use of benedictions is also indicated by the obscure oracle of doom in Zech 11:4-17, which in a metaphoric language denounces shepherds who do not care for the well-being of the flock, but buy and slay the sheep, and when they sell them they say: "Blessed be the LORD, I have become rich!" (Zech 11:5). The shepherds are, obviously, the religious and political leaders of the post exilic Jewish community, possibly including representatives of Persian (or Seleucid?) government, who pretend to worship God while they enrich themselves by mistreating and exploiting his people.[15] The imagery presumes that the utterance of a benediction-formula because one is happy to have made an unfair gain at the expense of others does not perform any genuine praise of God; it is in vain. Possibly, this might be an example of the apotropaic use of benedictions: the rich bless God in order to avert evil. Such misuse does, however, presuppose that the use of benedictions had become more common than it was before the exile.

(5) *Praise of God* and *blessing of a human being* can be expressed in *parallel statements* and by the same words, *baruk* (ברוך) and εὐλογητός (εὐλογέω). In either case, the blessing is not simply to be understood as a statement of fact or as a pious wish. It is

a performative utterance.[16] To say *baruk YHWH* or εὐλογητὸς ὁ θεός *is* to praise God, not to state that he is praised or to wish that he might be praised. The blessing of a human person was considered an effective, irrevocable act, as best illustrated by the story of Isaac's blessing of Jacob (Gen 27). To bless a person and to bless God for that person are related acts. One may even bless a person by blessing his God. Noah did bless Shem, just as he cursed Canaan, when he said: "Blessed be YHWH, the God of Shem, and Canaan shall be his servant!" (Gen 9:25f.). The Qumran War Scroll contains a double formula:[17]

> [5]Blessed be the God of Israel for all his holy plan and for his deeds of his truth and blessed be all who serve him in justice, who know him in faith (1QM XIII 2-3).

This blessing is followed by a double curse, upon Satan and upon all the spirits of his company. The conventional use of benedictions in greetings and in congratulations is still reminiscent of such solemn acts of blessing. The difference between religious hypocrisy and real praise of God, or between polite flattery and words that convey an effective blessing, does not depend upon the formula used but upon the intention and quality of the speaker.

Solomon's prayers at the dedication of the temple combine "blessing" of God and blessing the people, even though he does not use a double *baruk* formula. The narrative states that Solomon "blessed all the assembly of Israel." Yet, he begins with the formula "Blessed be YHWH, who…" and continues with recollection of past history and with prayer (1 Kgs 8:14ff., and 8:56ff.; 2 Chr 6:3-42). This tripartite form (benediction, recollection, prayer) reflects the cultic setting, but another element also deserves attention: Praising God, Solomon at the same time congratulates himself and the people at the completion of the Temple.

2.2. Self-Congratulatory Benedictions

As benedictions of God are normally expressions of gratitude and happiness, they often contain an element of *self-congratulation*. We find examples of this from various

---

[15]From Amos onward, prophets had declared sacrifices and other religious ceremonies to be in vain if practiced by people who failed to practice justice and exploited those who were in need of their care. The oracle of doom in Zech 11:4-17 applies the same judgement to leaders who utter pious benedictions while they exploit the flock whose shepherds they should be. Both the time and the interpretation of the oracle has been topics of extended discussions. Apparently, the prophet is himself appointed to be a shepherd. His words and symbolic actions do, however, not bring any relief but imply that the doom will become even more severe before the last wicked shepherd is destroyed. In the context of the proto-apocalyptic oracles of Zech 9-11 and 12-14, the oracle in 11:4-17 is best understood as an announcement that the doom has to become even more severe before God will redeem and restore his oppressed and scattered people (see, e.g., 13:7-9 and 10:3-12).

[16][On *performatives*, see the exposition in D. HELLHOLM 1998, esp. 298 and 301ff.; cf. also GERSTENBERGER 1988, 258: "In some cases … the words are believed to set into motion what they call for."]

[17][Text and trans.: F. GARCÍA MARTÍNEZ/E. J. C. TIGCHELAAR 1997, 133f.]

periods. When David heard that Nabal, the husband of Abigail, was dead, he expressed his happiness by saying:

Blessed be YHWH who has avenged the insult I received at the hand of Nabal, and has kept back his servant from evil (1 Sam 25:39).

When Abraham's chief servant met Rebekah at the well, he exclaimed:

Blessed be YHWH, the God of my master Abraham, who has not forsaken His steadfast love and His faithfulness toward my master, etc. (Gen 24:27).

Thus he gave thanks to God and showed his esteem for Rebekah, while at the same time congratulating his master and himself on the successful completion of the expedition.

The story of Joseph and Asenath contains a late but clear example of self-congratulation. When messengers had told Pentephres, the father of Asenath, that Joseph intended to visit him, he rejoiced and said: "Blessed be the Lord, the God of Joseph; for my lord Joseph has thought me worthy!" (3:4). Pentephres felt flattered. Yet, his words are a testimony to the greatness of Joseph's God from the mouth of a Gentile. An oracle of doom, spoken by Zechariah against those who profit from oppression, contains – as we saw already – an early example of the use of benedictions in the lives of private individuals: "Blessed be YHWH, I have become rich" (Zech 11:5). Possibly, this self-congratulation might be an example of the apotropaic use of benedictions: the rich bless God in order to avert evil.

A pseudepigraphical story shows that a benediction might be uttered in a state of confusion, perhaps in order to execrate it: Jeremiah sent the Ethiopian Abimelech to pick figs, in order that he might be spared from seeing the destruction of Jerusalem. A magic sleep fell upon him, and when Abimelech returned after 60 years he exclaimed: "Blessed be the LORD, for a great dizziness (ἔκστασις) has come upon me today: this is not the same city" (*ParJer* 5:8; cf. 5:14).[18] Only afterwards did he realize that a miracle had happened.

According to rabbinic Halakah, God is to be praised on all possible occasions, even when one goes to the outhouse. Lack of modern facilities and fear of demons may have given special reasons for that. But basically, the benediction,

Blessed be He, who has formed man in wisdom and created him with many perforations and channels, etc.,[19]

is an honest recognition that successful evacuation and urination are elementary conditions for human happiness, just like the daily food for which we thank God.

---

[18] J. Rendel Harris (ed.) 1889; [cf. also R. A. Kraft/A.-E. Purintun (eds.) 1972; H.-J. Klauck 1998, 215-21].

[19] *Seder R. Am.* 1; *b.Ber.* 60b.

3. Situational and Cultic Benedictions

Congratulatory and self-congratulatory benedictions both belong to the category that we have called "situational benedictions" to distinguish it from "cultic benedictions". In the Psalter, *baruk YHWH* is one of several introductory formulae used at the beginning of a hymn or of a hymnic segment. In the Synagogue service it became customary to begin and/or to end prayers with a benediction.[20] But while some benedictions are clearly liturgical and others situational, the two types often overlap. A cultic benediction may also be occasioned by some special event, like victory over enemies or rescue from them (e.g. Pss 18:47ff.; 124:6). A "situation" may itself be cultic in nature, like the dedication of the temple in 1 Kgs 8 or the assembly at the conclusion of David's reign in 1 Chr 29. The latter text contains one of the few Old Testament examples of a benediction opening with "Blessed be Thou, YHWH" (1 Chr 29:10ff.; cf. Ps 119:12).[21] This combination of benediction and prayer is quite common in post-biblical Judaism. The use of benedictions as responsories is another example of worship providing the occasion for praise.[22] A blessing of the God who hears prayers is related to the situation of prayer.[23] The benedictions before and after the recitation of the *Shema* are, in their present form, fairly extensive prayers. But their primitive kernel is probably a formula of praise for the privilege granted to the Israelites, who have been chosen to proclaim the unity and sovereignty of God. The benediction after the *Shema* in the morning includes a beatitude: "Happy is the man who hearkens unto Thy commandments and lays Thy word upon his heart." This may be a later expansion, but it shows how a benediction of Israel's God is an indirect blessing of those who worship him and vice-versa.

3.1. Extended Benedictions within Narrative Frameworks

Examples of *poetic* compositions that include a benediction do, however, already occur in *narrative* contexts within the Hebrew Scriptures. The report of the transfer of the ark to the city of David in 1 Chronicles 16 omits the encounter of David and Michal and has instead a long thanksgiving and praise that is based upon a combination of Psalm 105 and Psalm 96 with a concluding thanksgiving and benediction from Psalm 106. Instead of "the last words of David" in 2 Sam 23:1-7 a benediction introduces praise of

---

[20]Cf. Pss 144:1; 28:6; 31:22; 68:20, etc.; 1QH XIII (V) 20; XVIII (X) 14; XIX (XI) 27ff. [The 1QH references in this article are according to the edition of GARCÍA MARTÍNEZ/TIGCHELAAR 1997 and IIDEM 1998; those in parenthesis are according to the numbering of E. L. SUKENIK]; 11QPs^b [11Q6] XIX 7. An opening benediction, derived from a prayer of the hellenistic synagogue, is preserved in *Const. Apost.* VII. 34. Concluding benedictions are found in, e.g., Pss 35:21; 66:20; 68:36; *Pss. Sol.* 6:6; *Const. Apost.* VII. 33:7. For later practice, cf. b.Ber. 46a, Pesaḥ 104b; ELBOGEN 1931/62, 5 and 241f.; HEDEGÅRD 1951, XXXV.

[21][Cf. S. J. DE VRIES 1989, 222.]

[22]E.g. 1 Chr 29:20; Neh 9:5; Tob 13:18; b.Taʿan. 16b; *Seder R.Am.* 17, 69, etc.; ELBOGEN 1931/62, 494f., etc.

[23]Cf. Pss 28:6; 66:20; the 15th. (Palest. 16th.) of the Eighteen Benedictions; m.Ber. 4:4; t.Ber. 3:7.

God, confession and prayer [with thanksgiving] in 1 Chr 29:10-19.[24] The best known example is the almost verbatim identity of 2 Samuel 22 with Psalm 18. In both cases the introduction says that the psalm was spoken by David "on the day when the LORD delivered him from the hand of all his enemies and from the hand of Saul." Especially in Chronicles even psalmlike compositions which do not contain any benedictions have been inserted into the narrative framework and, on the other hand, several other psalms are ascribed to a specific situation in the life of David (e.g. Pss 34 and 51).

According to the Halakah, every observance of a commandment should be accompanied by a benediction:

Blessed be He who has sanctified us by His commandments and given us command concerning (e.g.) *the washing of hands.*

There were special benedictions for sabbaths and festivals, for the privilege of hearing readings from the Torah and from the prophets, for listening to expositions of the texts, for the priestly blessing, and so on.[25] It is in this context that we should understand the benediction to be said after rising in the morning:

Blessed be He who has not made me a Gentile (or *Who has made me an Israelite*) ... *Who has not made me a slave ... Who has not made me a woman!*

The free Jewish man alone was obliged to keep all the commandments and observe all rites. The prayer recognizes that this obligation is a privilege for which the Jewish male should praise God. R. Jakob, is said to have rebuked his son when he used an alternative version of the second clause: "Who has not made me a *bor*."[26] A *bor* was an uneducated person, who was ignorant of the Torah but, in contrast to the slave, was obliged to keep it in full. In the opinion of the father, it was excessive self-praise when the son blessed God because he was not a *bor* but knew the Torah and obeyed its commands. One may doubt, however, that the choice of wording makes the difference between proud self-congratulation and humble recognition that all privileges and all achievements are nothing but gifts for which God is to be praised.

The comprehensive system of standardized benedictions codified in Mishnah, Tosefta, the Talmuds, and Prayer Books is a product of Rabbinic Judaism, codified in the years and centuries following Jerusalem's destruction by the Romans. But the development from situational benedictions to prayers said by individuals in daily life had started much earlier.[27] A classical example is the benedictory prayer offered by Daniel when he had succeeded in interpreting the dream of Nebukadnezzar (Dan 2:20-23). The Greek version of Daniel includes the hymns of Azariah and of the three young men, both introduced by the phrase "Blessed be Thou LORD, the God of our fathers"

---

[24][Cf. DE VRIES 1989, 225f.]
[25]Cf. ELBOGEN 1931/62, 16ff., 72, 171f., 180ff.
[26]*b.Menaḥ.* 43b; cf. *p.Ber.* X, 2-9; *t.Ber.* 7:18; *Seder R. Am.* 1.
[27][See above page 286, § 2.1., sect. (4).]

(Dan 3:26ff., 52ff.; LXX and Theod.). The Book of Tobit contains several examples of situational benedictions that have been expanded into prayers on occasions of sickness, marriage, miraculous rescue, healing, and family reunion (Tob 3:11-15; 8:5-7, 15-17; 9:6; 11:14, 17; 13:1ff.). In paraphrases of the biblical story, benedictions, thanksgivings, and prayers are added at various points.[28]

Extended benedictions within a narrative framework have several features in common with *berakot* found in thanksgiving hymns from Qumran and in Synagogue prayers. The *baruk*/εὐλογητός formula is often followed by a hymnic segment which may combine "ascriptions" and "predications" (to use Towner's terminology), because relative or casual clauses and participial phrases frequently refer to the constant, regular activity by which the Creator upholds and governs the universe, rather than to the specific events which provided the occasion for the benediction.[29] Promises and precedents from the past may also be included.[30] The special occasion, if there is one, is often introduced by a transitional phrase, e.g., "And now ..." followed by a verb of thanksgiving or supplication.[31] We find several of these features already in 1 Kgs 8:15ff., 54ff. and 1 Chr 29:10ff.[32] In later benedictions God is often praised for his wisdom, which is reflected in the work of creation and imparted to men through the Torah by means of special revelations; prayers for wisdom and knowledge may follow.[33] The prominence of the wisdom theme may result in some similarity to Hellenistic eulogies of the cosmic deity, of the harmoniously ordered universe, and of man, the intelligent being on earth.[34] But closer examination of such similarities would require a separate study.

The majority of extended "situational benedictions", like the synagogual *berakot*, conform to the usual prayer pattern of praise, thanksgiving, and petition, introduced by *baruk ʾattah* or εὐλογητὸς εἶ. But apparently the second and the third person forms could both be used in benedictions that are otherwise of the same type and that

---

[28] *Jub.* 22:27; 25:12, 17; 45:3f.; 1QGen Apocr [1QapGen ar] XX 12ff.; (Ps.-Philo) *LAB* 25:5; 26:6; 27:13; 31:9; *Tg. Yer. II Gen* 16:13. Cf. *1 Enoch* 22:14; 39:10ff.; 84,2ff., not to mention indirect references like *Jub.* 13:7; 16:27; 22:6.

[29] Cf. 1 Chr 29:10-12; Dan 2:20-22; Dan Greek 3:26ff., 52ff; Tob 3:11; 8:5, 15; 13:1ff.; *1 Enoch* 39:10-12; 84:2f.; 1QGen Apocr [1QapGen ar] XX 12ff.; 11QPs[a] Creat [11Q5] VII 15; XXVI 14f.; 1QH XIII (V) 20-22; XIX (XI) 29f.; VIII 16 (XVI 8); *Seder R. Am.* 28:1-3 (*tefillah*), 20 (*yoser ʿor*), etc.; *Const. Apost.* VII. 34.

[30] Cf. 1 Kgs 8:15ff., 56; 1 Macc 4:30f.; Tob 8:5ff.; Dan Greek 3:35ff.; *Jub.* 22:27; 45:4; (Ps.-Philo) *LAB* 26:6; 31:9; 1QM XIV 8f.; *Seder R. Am.* 28 (*ʾæmæt we-yassib*), 91 (*ʾæmæt weʾæmunah*); *Tg. 1 Chr* 29:11; Luke 1:70ff.

[31] 1 Chr 29:13, 17; Tob 3:1-12; 8:7; Dan 3:31 (LXX); 3:33, 41 (LXX; Theod.); *1 Enoch* 84:4, 5, 6; 1QGen Apocr [1QapGen ar] XX 14. Cf. *Jub.* 22:6f.

[32] [See note 21 on page 289.]

[33] Ps 119:12; Dan 2:20-22; 1 Esdr 4:60, 62; (Ps.-Philo) *LAB* 25:5; *1 Enoch* 39:11; 84:3; 1QS XI 15f.; 1QH XVIII (X) 14f.; XIX (XI) 27f., 32f.; *Seder R. Am.* 38:4 (*tefillah*), 91 (*ʾahabat ʿolam*). Cf. *Barn.* 6:10: [εὐλογητὸς ὁ κύριος ἡμῶν, ἀδελφοί, ὁ σοφίαν καὶ νοῦν θέμενος ἐν ἡμῖν τῶν κρυφίων αὐτοῦ. Hereto F. R. PROSTMEIER 1999, 267f.: "mit κύριος ἡμῶν (ist) Gott gemeint"].

have almost the same wording.[35] When a human person is addressed as "you", the *baruk*/εὐλογητός formula refers to God as "He," as in Tobit's words of welcome to Sarah: "Blessed be God, who has brought you to us" (Tob 11:17; cod. S has "your God" and adds "daughter" at the end). But benedictions used at encounters may also be influenced by the style of prayers or hymns. Already in the Book of Ruth, the women add a prayer wish and a prediction to the congratulation they address to Naomi at the birth of Obed (Ruth 4:14f.). In a similar way, Uzziah expands the blessing and benediction he addressed to Judith with the assertion that her deed will not be forgotten, and with a prayer (Jdt 13:18-20). In the Book of Jubilees, a benediction ascribed to Jacob, which he pronounced when he met Joseph in Egypt, includes hymnic elements as well as words addressed to Joseph (*Jub.* 45:3-4). Patriarchal and matriarchal blessings are considered to be due to prophetic inspiration: they are stylized as prayer wishes, and are preceded by thanksgiving or by benediction of God (*Jub.* 25:11-23; cf. 8:18; 22:6-30; 31:12ff.). Spiritual blessings are somewhat more prominent than in corresponding Old Testament texts, as illustrated by the rephrasing of Gen 9:26:

> Blessed be the LORD, the God of Shem, and may the LORD dwell in the dwelling of Shem! (*Jub.* 8:18).

In the novel about Joseph and Asenath (*JosAs* 15:13), the latter responds to the angel's message that she shall be created anew and become Joseph's bride by saying:

> Blessed be the LORD, your God, who has sent you to deliver me from darkness and to bring me from the depth of the abyss to the light! Your name be also blessed!

---

[34][See, e.g., *Poimandres* (Corp. Herm.) 32:4: εὐλογητὸς εἶ, πάτερ; 30:9: διὸ δίδωμι ἐκ ψυχῆς καὶ ἰσχύος ὅλης εὐλογίαν τῷ πατρὶ θεῷ; cf. also 27:2: ἐγὼ δὲ εὐχαριστήσας καὶ εὐλογήσας τὸν πατέρα τῶν ὅλων ἀνείθην ὑπ' αὐτοῦ. Cf. H. D. BETZ 1998, 220. GOPPELT 1978, 91 characterizes εὐλογητός as "im außerbiblischen Griech. unbekannte(s) Verbaladjektiv;" similarly alreadey STUIBER 1966, 905f.; This is hardly true as the occurrence in *Poimandres* shows, even if the creation story in Gen 1 is alluded to; cf. K. RUDOLPH 1983, 86f., 107f. Regardning Jewish influence on Corp. Herm., see H. J. SHEPPARD/A. KEHL/R. McL. WILSON 1988, 794f. Jewish influence upon the epitaph of the nobleman Fl. Amphicles from Chalcis is according to L. ROBERT 1978, 245-52 almost certain due to its parallels with texts from Deuteronomy, e.g., the expression εὐλογοῖτο ἐν παντὶ δήμῳ (*that he be praised among all people*); see hereto H. W. PLEKET 1981, 185. On the other hand, however, see also PLEKET 1981, 186f.: "*Eulogia* and *eulogein* do actually occur in Greek religious language, though not frequently. In Euripides' *Ion* it is Ion himself who 'praises his Lord Apollo' [[*Ion*, vs. 130ff.]] ... Similarly *eulogia* is on record in at least one 3rd cent. inscription from Phokis (Elatea) in which a certain Eukleides is said to have ornamented the statue of Potnia Athenaia with 'words of praise' [[IG IX, 1, 131]] ... an example of *eulogia* [occurs] in a funerary context from the 1st/2nd cent. A.D. from Tomi where the passer-by is asked to praise the deceased [[SEG, XXIV, 1071]]." See further the quotation from PLEKET in note 55 on page 300.]

[35]Cf. Tob 8:17, where the text of S ("Blessed be God") differs from B and A ("Blessed be Thou God"). Similar variations are found in a Christian grace, possibly based upon a Jewish model, *Const. Apost.* VII. 49 (F. X. FUNK (ED.) 1905, 459: "Blessed be Thou Lord"); Ps.-Athanasius, *De Virginitate* 12 (*MPG* 28. 265) and Chrysostomos, *In Matth. hom.* 55 (*MPG* 58, 545: "Blessed be God").

A petition addressed to the angel follows: Asenath obviously speaks as a model proselyte and as a symbol of conversion.

In the Book of Tobit a concluding prayer draws the moral of the whole story, making Tobit's experience a paradigm for Israel and Jerusalem:

> *Blessed be the living God for ever, and His kingdom, for He punishes and shows mercy!* (Tob 13:1-2; cf. 11:14 and 13:10).[36]

The prayer includes an exhortation to the Israelites to praise God and a call to repentance. It continues by quoting an acclamation praising Jerusalem; her delivery is certain. Public recitation of this acclamation acknowledges Jerusalem's preeminence. The prayer concludes with a benediction to be said on that occasion (Tob 13:18 mss. A and B). A didactic purpose is obvious, as in many post-canonical Jewish benedictions; but an element of congratulation is also present, most clearly in the blessing of those who love Jerusalem and in the beatitude of those who have been grieved by her plagues (13:14, 16 mss. A and B). Of even greater interest is the Benedictus of Zacharias:

> *Blessed be the LORD, the God of Israel, for He has visited and redeemed His people, etc.* (Luke 1:68ff.).

The benediction is an inspired, prophetic utterance, occasioned by the birth of a son. The first part is an eschatological hymn, which recalls the promises of old. But the hymnic praise introduces words addressed to the newborn baby: "And you child, will be called the prophet of the Most High" etc. This section is a prophetic prediction of the future work of John the Baptist; it is also a blessing. Thus the Benedictus represents a combination of psalm-style and congratulatory type benedictions.[37]

3.2. Differences between Benedictions on Special Occasions and in Hymns and Prayers

Here I am not going to analyze the use of benedictions in the *Psalms*, but shall only point out some of the differences between (a) the typical "situational" benediction uttered by a specific person on a special occasion and (b) the use of benedictions in hymns and psalms. The form "blessed be the LORD" (ברוך יהוה) is regularly used in the Psalms as one among several formulae for praising the Lord. A fairly common alternative is, e.g., "Great is the LORD and greatly to be praised" (Pss 48:1; 96:4; 1 Chr 16:25). The *baruk*-formula is not a constitutive element but occurs in different genres: hymns and psalms of lamentation, prayer and/or thanksgiving.

What is common to the different genres is that they were intended to be *used in worship;* in Psalm 66 and 68 the cultic setting is made explicit. The first of them includes a vow to enter the temple and offer sacrifices (Ps 66:13-19), and concludes with a benediction (Ps 66:20). The same combination of benediction and sacrifice is also attested in 1 Kgs 8 (vv. 15-21 and 55-63) and in 1 Chronicles 16 (vv. 8-36, 1-2 and 40); 1 Chr 29:20-22 and 2 Chr 6:4-11 and 7:1-7. Ps 68 opens with a slightly adapted form of the

---

[36][The Greek text is quoted in note 57 on page 301.]
[37][Cf. H. Schürmann 1969, 86; J. A. Fitzmyer 1981, 382; F. Bovon 1989, 103.]

versicle prescribed for the moving of the ark (Num 10:35). A benediction is followed by a reference to the festival procession into the sanctuary (vv. 19-20, 24-27) and concludes "Blessed be God!" The psalm is, probably, composed for an annual procession, and has clear points of contact with the reports about the transfer of the ark to Jerusalem and the temple in 2 Sam 6:12-15 and 1 Kgs 8:1-11, elaborated in 1 Chr 15-16 and 2 Chr 5-6. The Chronicler not only emphasizes the assignment of Levites to make music, raise shouts of joy, and praise the LORD (1 Chr 15:16, 28; 16:4-7) ‒ "for His steadfast love endures for ever!" (1 Chr 16:34, 41; 2 Chr 5:13; 7:3, 6). Moreover, we learn that the people responded to longer thanksgivings and prayers by saying "Amen!" and praising the LORD (1 Chr 16:36; 29:20; 2 Chr 7:3-6; see also 2 Chr 29:25-30; Ezra 3:10-11; Neh 9:5-6).

As generally recognized, the conclusion of David's thanksgiving in 1 Chr 16:34-36 is modeled upon Ps 106:1 and 47-48. The entire psalm, including the final benediction and the call for a response, is therefore likely to be earlier than the book of Chronicles. Psalm 106 stands at the end of the fourth of the five books into which the Psalter has been divided, and even the three preceding books conclude with a benediction, Pss 41:13; 72:18-19 and 89:52. Due to the double "Amen! Amen!" they are, like the benediction in Ps 106:48, best understood as liturgical rubrics that point to a response by an assembled community.[38] In two other psalms a benediction comes at the very end, preceded by calls to sing to God (Ps 68:32-35) or to praise the LORD (Ps 135:19-21). The brief form "Blessed be God!" (Ps 135:21) would be a most fitting response. Like Psalm 106 and 1 Chr 16:8-36, quite a few psalms begin with exhortations to praise God, among them Pss 66:1-3; 113:1; 135:1-4, see also 68:4. A response by a benediction or, at least "Amen!" or "Hallelujah!" seems to be called for. The inserted words "Let Israel now say" in Ps 124:1 does, likewise, make one expect an acclamation by which the audience would make the benediction (v. 6) its own.

The presence, or at least the possibility, of an acclamatory response is characteristic of liturgical benedictions, and so is the absence of formulations that address or refer to contemporary individuals who have been objects of the action for which God is praised. The beneficiaries are indicated by first person forms: God is blessed for what He has done "to me" (Pss 18:46-48; 28:6; 31:21; 66:20; 144:1-2), or "to us" (Ps 124:6; cf. Pss 68:19-20; 135:19-21; 1 Kgs 8:56). Some benedictions are quite general and do not mention beneficiaries (Ps 113:2; 1 Chr 29:10 and texts which – like Ps 106:48 – may relate to a response, see above). Even other formulations may be generally applicable, e.g.: "Blessed be the LORD! for He has heard the voice of my supplications" (Ps 28:6; cf. Pss 31:21-22; 68:19). Both the 1st person plural forms and the generalizing tendency is alien to benedictions of God for what He had done in a specific case.

---

[38]MOWINCKEL 1955, 99 and 226, notes. [Cf. KL. SEYBOLD 1996, 2-13 and 172, 279, 421, 425; GERSTENBERGER 1988, 174: "The concluding *baruk* formula in v. 14 ... with the following 'Amen, Amen' of the congregation probably comes from synagogal worship practice, being a response to Scripture reading or prayer ....".]

Regardless of type, the great majority of benedictions in the Hebrew Scriptures use the form "Blessed be He!" The only exceptions are the single verse Ps 119:12 and 1 Chr 29:10, where God is addressed with "Blessed are You!" In 2 Chronicles, God is addressed in 2nd person sing. throughout the praise, confession and prayer in 29:10-19. Well attested in additions to the Greek Old Testament, i.e. in the hymns inserted in Daniel 3 and in the Book of Tobit, and common in the Qumran Thanksgiving Hymns and the synagogue liturgy, the form must have antedated its earliest literary attestation.[39] In the context of the Psalms, God is mainly addressed as "You" in thanksgiving and prayer (see Pss 28:1-4, 9; 31:1-20; 144:3-11). By contrast, "He" ("the LORD" or sim.) is the only form used in two hymns (Psalms 113 and 124, see also 135:1-12, 14-21; 1 Chr 16:8-34, and the benedictions in 1 Kgs 8). In Psalms 18, 66 and 68 the two forms alternate.

Both forms ("He" and "You") can be used to praise God, His attributes and His regular way of acting (e.g. Pss 18:30-34, 25-29; 135:5-7, 13). Reminders of what God has done to His people normally speak about God (Pss 66:5-9; 68:5-6; 135:8-12), but words addressed to God may be added (Pss 66:10-12; 68:7-10; 135:13). The report of an individual who has been delivered from distress is more often addressed to God (Pss 18:35-45; 31:21-22, but see also Ps 18:4-24). In some cases, the choice of form is dependent upon introductory formulae. One can expect that both God and a human audience will listen, but not address both in the same clauses. In exhortations it is, therefore, necessary to speak about God in the 3rd person. That does also apply to the first reason added to the call to praise God ("for He is good" or sim.), as well as to formulations like "come and see ..." and "come and hear ..." (Ps 66:5,16). An addition of "Say to God ..." does, however, make it possible to state in direct speech what is to be said to God (Ps 66:3-4; cf. 1 Chr 16:35). In vows about what the speaking subject will say or do, both forms are attested: "I call upon the LORD", and "I will extol You, O LORD" (Ps 18:3 and 49); "I know that the LORD ..." and "I know that You, my God ..." (Ps 135:5; 1 Chr 29:17). See also Ps 66:13-15 "I will come into Your house with burnt offerings" etc.

An investigation of such introductory formulations, and other matters as well, would have to take account of a much wider material than psalms and songs that contain benedictions as well as of the possibility of antiphonal singing and different speaking voices, perhaps including that an oracle of a temple prophet had its place at the transition from lament to thanksgiving and praise. The purpose of my observations has simply been to illustrate the interrelations and differences between the situational, often congratulatory, benedictions and the liturgical use of the form. The most useful study by Ch. W. Mitchell seems to prove that this problem has been neglected in Old Testament studies.[40]

---

[39]TOWNER 1968.

4. Benedictions, Good News, and Letters

The congratulatory benediction may be regarded as a subcategory of situational benedictions, functionally related to greetings and beatitudes. The normal form is a "blessing" of God for what he has done to some other person who is addressed with pronouns and verbs in the second person form. Our survey of material has proved, however, that there are no fixed borderlines, either between "liturgical" and "situational" or between "congratulatory" and "self-congratulatory" benedictions.

4.1. Benedictions in Personal Encounters and Oral Reports

The specific setting of a congratulatory benediction is personal encounters. A report brought by a messenger may also have the form of a benediction (1 Kgs 1:48). More often, the person who receives a good message responds with a benediction, which may or may not be congratulatory. The story of Job provided a paradigm from which it was inferred that God was to be praised for evil as well as for good news (Job 1:21). According to the Mishnah, the benediction "Blessed be He who is good and does good" (*ha-tob wehametib*) should be used for good news and "He who judges (in) truth" (*dayyan ha-aemaet*) for bad (*m.Ber.* 9:2). Both formulae were prescribed for other occasions too. They might, no doubt, be expanded so that due account could be taken of the specific news reported. Yet the prescription of standard formulae is typical rabbinic practice: the special occasion for a benediction is considered an illustration of God's regular way of acting.

4.2. Benedictions in Written Messages

From the use of benedictions as a response to news reported *orally* it is only a small step to the use of benedictions in connection with exchanges of *written* messages.

According to Greek epistolographic theory, a letter is part of a dialogue between persons who are locally separated from one another.[41] Opening and concluding greetings, good wishes and other assertions of appreciation correspond, more or less exactly, to locutions used to greet and/or bid farewell. The same holds good for the eulogies at the beginning of a letter. They are related to the use of benedictions at personal encounters and/or oral reports of good news. Such situational, mostly congratu-

---

[40]Following CL. WESTERMANN 1965, CH. W. MITCHELL 1987, 145, 149-50, 160, 169-70 distinguishes between "spontaneous expressions of thanks and praise" and "doxological praise" which is "a response to the entirety of God's character". This distinction fails to pay attention to the degree to which also the responses to a recent, specific act of God conform to traditional patterns. And why should not a general praise of God be a spontaneous response? Even today, we often use stereotype formulations to extend a cordial, spontaneous congratulation. To say "Blessed be God" is *illocutionary* simply to praise God. The use of the expression to congratulate another person because of a special event is *perlocutionary*, and I tend to doubt that this usage is primary. The investigation of MITCHELL is mainly lexicographical. It contains a comprehensive and helpful bibliography. [Concerning *illocutionary* and *perlocutionary* speech acts, see HELLHOLM 1980, 56 and IDEM 1998, 299-304.]

[41][See above in this volume article I, § 1. note 47 on page 8, and note 72 on page 13.]

latory benedictions are attested at all periods in the history of Israel. If addressed to a corporate body, a letter may substitute for an address which the sender would have given if he had been personally present. We may safely assume that the opening eulogies in three New Testament letters represent a form that on special occasions was also used to address a Christian congregation.

Some few examples of benedictions related to *letter-writing* have been preserved.[42] [In the Hebrew letters from Tel Arad in the northern Negev mostly on ostraca from the period prior to 597 B.C. there are three administrative letters introduced by a benediction of the addressee *to* YHWH:[43]

Your brother Hananyahu (hereby) sends greetings to (you) Elyashib and to your household. I bless you to YHWH (brktk lyhwh). And now, when I left your house I sent the [mo]ney ... (Arad 16 lines 1-5);

Your son Yehukal (hereby) sends greetings to (you) Gedalyahu [son of] Elyair and to your household. I bless you ʿtoʾ [YHW]H. And now, if my lord has done ... (Arad 21 lines 1-3);

Your son Gemar[yahu], as well as Nehemyahu, (hereby) sen[d greetings to (you)] Malkiyahu. I bless [you to YHW]H. And now, your [se]rvent ... (Arad 40 lines 1-4a).[44]

A similar formula found also in a *Phoenician* letter reads in lines 1-3:

To Arishut daughter of Eshmunyaton. Say to my sister: (Thus) says your sister Basu. I hope you are fine. I'm fine. I bless you to Baal-Saphon and to all the gods of Tahpanhes. May they keep you well. I hope to receive the money you sent to me ....[45]

One should also compare the Aramaic documents from *Hermopolis* West: "*brktk lpth* I bless you to Ptah"[46] and an analogous Ugaritic example, not in a letter but in poetry.[47]]

---

[42][A few examples of wishes for the blessing by a deity in connection with greetings and courtesy formulas are found in New Babylonian, New Assyrian and Late Babylonian letters, see E. SALONEN 1967, 86, 88, 94, 96f., 104, 112.]

[43][See PARDEE 1982, 28-29: "The letters from Arad do not reveal anything startling for the history of the period ... Rather, they furnish glimpses into the administration and personal concerns of the time" (*ibid.*, 29); PARDEE 1978, 223: "Though *brk l* may mean both 'declare a blessing in favor of someone to a deity' and 'effect a blessing on someone (by declaring it) to a deity', the analogy to the many verbs of sound production + *l*, as well the many cases of *brk* in Hebrew and elsewhere which refer to the act of stating a blessing, indicate that the *l* points up the one to whom a verbal blessing is directed. The notion of *brk l*, then, is that of expressing a verbal blessing directed to a deity".]

[44][Text, trans., and notes: PARDEE 1982, 48f., 57f., 63ff.; further *ibid.*, 154: "The combination of formulaic features in Arad 16, 21, and 40 seems to identify these letters as examples of sixth century B.C. Judaean family correspondence."]

[45][Text, trans., and notes in PARDEE 1982, 166f.: "The *brk* formula is the same ('I bless you to NN') in Phoenician, Hebrew (Arad 16, 21, 40), and Aramaic (cf. especially the *Hermopolis* papyri ..." (*ibid.* 167).

[46][See E. BRESCIANI/M. KAMIL 1966, letter III 1-2 and the "similar expressions ... found in I 2; II 2; IV 2; V 1-2; VI 1; VIII 1-2, that is in each letter except No. VII" (PARDEE 1976, 222 note 154); further P.-E. DION 1977, 419-20, and 432.]

In the memories of Ezra, genuine or not, the letter which Ezra received from King Artaxerxes is followed by a benediction:

> *Blessed be the LORD, who put this into the heart of the king, to glorify His house in Jerusalem, and to me He gave honor before the king, etc.* (1 Esdr 8:25f.; cf. Ezra 7:27).

The young man, who had eulogized truth, reacted in a similar way to the letters which King Darius issued at his request:

> *Blessed be Thou, who has given me wisdom; I will praise Thee, Sovereign of the fathers!* (1 Esdr 4:60).

Seeing the miraculous salvation of the three young men, King Nebukadnezzar exclaimed:

> *Blessed be the God of Shadrach, Mesach, and Abednego, who sent His angel and delivered His servants ... Therefore I make a decree, etc.* (Dan 3:28f.).

The Septuagint translation suggests, more clearly than the Hebrew text, that the benediction was the opening of the decree (Dan 3:95f. LXX; Theod.). The circular letter from Nebukadnezzar, reporting his dream, its interpretation, and its fulfillment, is opened and concluded with clauses of praise, functionally equivalent to the "Blessed be" formula (Dan 3:31-4:34; Dan 4:1-37 Theod.; Dan 4:1-37c LXX, with additions).[48] In one instance, it is possible to follow the development from an exchange of messengers to letter writing within the literary tradition. The benediction spoken by King Hiram of Tyre (3 Kgs 5:21 LXX; 1 Kgs 5:21 MT = RSV 1 Kgs 5:7) is in 2 Chr 2:11ff., considered a part of Hiram's response in a letter sent to Solomon. Preceded by a compliment, its style is formal and flattering:

> *Blessed be YHWH, the God of Israel, who made heaven and earth, who has given King David a wise son, endued with discretion and understanding, who will build a house for YHWH and a house for his kingdom.*

The Chronicler's version says explicitly that Hiram's answer was put in writing, but one still gets the impression that the messengers were to read the letter aloud, not simply to deliver it.[49] The Jewish-Hellenistic historian Eupolemos, re-working the episode,

---

[47][PARDEE 1976, 221-23; IDEM 1978, 167 note 4.]

[48]Cf. H. SCHLIER 1957, 37 note 1. [See now also J. J. COLLINS 1993, 232: "In its MT form this tale is cast as an epistle ...." This, however, is also true of 4:1 Theod.: Ναβουχοδονοσορ ὁ βασιλεὺς πᾶσι τοῖς λαοῖς φυλαῖς καὶ γλώσσαις τοῖς οἰκοῦσιν ἐν πάσῃ τῇ γῇ Εἰρήνη ὑμῖν πληθυνθείη. – VB. Further COLLINS, *ibid.*, 220: "The most obvious difference between the two texts of Daniel 4 lies in the fact that the MT begins with a proclamation and doxology (Dan 3:31-33), whereas the parallel passage in the OG [= Old Greek] is found at the end of the story;" *ibid.*, 222: "The use of short hymns or doxologies in an epistolary context is paralleled in some NT passages (2 Cor 1:3-4; Eph 1:3-14; 1 Pet 1:3-5 .... while the phraseology and formulation of Dan 3:33 are biblically inspired, the use of such a doxology in the introduction of a royal proclamation is compatible with neo-Babylonian and especially Persian practice."]

made the style to conform more to Greek epistolary conventions, but retained a congratulatory benediction:

Suron to the great king Solomon (βασιλεὺς μέγας), Greetings (χαίρειν). Blessed be God, who created heaven and earth, who has chosen an excellent son of an excellent man. As soon as I read your letter, I rejoiced greatly and praised (εὐλόγησα) God that you have taken over the kingship (Eusebius, Praep. evang. IX. 34).[50]

Josephus drops the formula of benediction, and makes the letter begin: "It is proper to praise God" (τὸν μὲν θεὸν εὐλογεῖν ἄξιον, *Ant* VIII. 53).

In 2 Maccabees, the fictitious letter from Jerusalem to Aristobulos and the Egyptian Jews (1:10-2:17) opens with a report of the destruction of their enemies, introduced by a thanksgiving period (1:11: εὐχαριστοῦμεν) and concluded by a benediction (1:17: κατὰ πάντα εὐλογητὸς ἡμῶν ὁ θεός, ὃς παρέδωκεν τοὺς ἀσεβήσαντας). The letter opening as a whole states the reason for the celebration for the purification of the temple; the Egyptian Jews are then asked to celebrate a festival too.[51]

A benediction concludes the opening segment in Ignatius' letter to the Ephesians as well:

Blessed be He, who graciously gave you, who are worthy of it, to have obtained such a bishop (Ign. *Eph.* 1:3).

In this case, the benediction serves as a congratulation to the Ephesians for their bishop, and at the same time, as a recommendation of him.[52]

Benedictions were used in *letter-openings* only when some special situation or event in the life of the senders or of the addressee called for them. It is questionable whether or not one may speak of an epistolary convention established in Jewish usage analogous to the thanksgiving rendered to the gods in Hellenistic letters.[53] The clearly recognizable genre is the *situational benediction*, used at encounters and in the exchange of

---

[49][Cf. DE VRIES 1989, 242ff. Further B. Z. WACHOLDER 1974, esp. 120 for a structural comparison between 1 Kgs 5:21 MT = RSV 1 Kgs 5:7 and 2 Chr 2:10-11; PARDEE 1982, 180: "In syntax the letter is primarily declarative. Its type is business letter from inferior to superior, both of royal stature. It is not impossible that vv 10-11 are part of the *praescriptio* and that the body begins with v 12 *weʿattâ*, though it is more likely that the *weʿattâ* represents a maker of transition within the letter, as in Jer 29:27 and Neh 6:7."]

[50][Cf. DEICHGRÄBER 1967, 64; GOPPELT 1978, 90. Text and trans. in C. HOLLADAY 1983, 122f. and 146 notes 58-60: "The use of this title (sc. βασιλεὺς μέγας) reflects Hellenistic practice: Antiochus III: *OGIS* 230.5; 237.12; 239.1; 240.1; 245k.18, 40; 249.2; 250.2; 746.1; Antiochus VII Sidetes: *OGIS* 255.1, 2; 256.2, 3" (*ibid.*, 146 note 59). For these references, see also M. HENGEL 1973, 173.]

[51][Cf. I. TAATZ 1991, 33; KLAUCK 1998, 204. Regarding the problems of the authenticity of the second letter, see the discussion in CH. HABICHT 1976, 199-202 and J. A. GOLDSTEIN 1983, 157-67.]

[52][Cf. J. T. FITZGERALD 1988, 154: "When Ignatius writes to the Ephesians (1:3) ... he is doing three things simultaneously. He is 1) praising God for his gracious gift, 2) congratulating the Ephesians on having secured Onesimus as their bishop and praising their worthiness to have such a man, and 3) praising and commending Onesimus to them." See also W. R. SCHOEDEL 1985, 44.]

messages. It is possible that various writers of letters, both genuine and fictional, may have independently adapted the form for epistolary use.

[Benedictions to God are frequently found in synagogual and other Jewish *inscriptions* from Asia Minor.[54] A written example is to be found in P. R. Trebilco's work *Jewish Communities in Asia Minor*, where he states:[55]

> A manumission document from Gorgippia in the Bosporus Kingdom and dated to 41 CE begins θεῶι ὑψίστωι παντοκράτορι εὐλογητῶι – 'To God Most High, Almighty, Blessed' and ends with the oath formula ὑπὸ Δία, Γῆν, Ἥλιον – under Zeus, Ge, Helios. The manumission took place (ἐν) τῆι προσευχῆι.

This is obviously a situational benediction used at the occasion of a slave's manumission and thus serves as praise vis à vis God and simultaneously as congratulation and recommendation vis à vis the freed slave.]

The New Testament contains three examples of the formula "who is blessed for ever!" (Rom 1:25; 9:5; 2 Cor 11:31).[56] The four examples of *more extended* praise of God introduced with εὐλογητός in the New Testament are all related to a special occasion but are at the same time a more general praise. The Benedictus of Zechariah begins by blessing "the Lord, God of Israel," because He visited and redeemed His people, remembering His holy covenant with Abraham. It continues by addressing the child

---

[53]Cf. P. Schubert 1939, 95-122 and 122-85. [Cf. further the first letter of Apion (*BGU* 423): "... Εὐχαριστῶ τῷ κυρίῳ Σεράπιδι, ὅτι μου κινδυνεύσαντος εἰς θάλασσαν ἔσωσε εὐθέως ...;" Text and German trans. in Klauck 1998, 29f.]

[54][E. Faust 1993, 215 with note 452: "Die Eulogie als solche kann ... als eine für (kleinasiatische) Juden sehr characteristische religiöse Haltung gelten."

[55][P. R. Trebilco 1991, 136. Trebilco, *ibid.* states: "The opening formula strongly suggests that this is a Jewish inscription, παντοκράτωρ and εὐλογητός being common in Jewish literature and only rarely used by pagans." See further *ibid.*, 242 note 41-43. On the εὐλογία terminology in Greek, Oriental-Hellenistic as well as in Jewish cults in Lydian-Phrygian inscriptions, see also Pleket 1981, 183-89: "The Anaeitis-worshippers may have chosen the term independently of, and basically for the same reason, as the Jews and their LXX-translators: it was *the* non-secularized Greek word for 'praise' and, moreover, a term which had been used in situations of great awe and respect for the god" (*ibid.*, 187); see also above note 34 on page 292. On manumission forms in Jewish synagogues, see J. A. Harrill 1995, 172-78.]

[56][Cf. F. Schnider/W. Stenger 1987, 179f. (a) As part of an *apotropaic defence* in Rom 1:25; cf. E. Käsemann 1974, 44; U. Wilckens 1978, 109; J. D. G. Dunn 1988, 64; O. Michel 1978, 105 Anm. 24; Schlier 1977, 61: "..., daß er (sc. Paulus) in den Lobpreis des frommen Juden ausbricht. Damit stellt er die Ehre des Schöpfers wieder her ... 3 Esr [1 Esdr] 4,40 ... Pirke Aboth 6 ... Das ἀμήν zeigt, daß Paulus eine gottesdienstliche Eulogie verwendet die von Seiten der Gemeinde mit einer Akklamation bestätigt wird." (b) As part of a *doxology* in Rom 9:5; cf. Schlier 1977, 288; Käsemann 1974, 249f.; Michel 1978, 296f.; C. E. B. Cranfield 1979, 464-70; Wilckens 1980, 189; Fitzmyer 1993; 548f. (c) As part of an *oath* in 2 Cor 11:31; cf. H. Windisch 1924/70, 362f.; R. Bultmann 1976: "feierliche Schwurformel"; Schnider/Stenger 1987, 178; P. Barnett 1997, 552: "Paul here speaks as both a Christian and a Hebrew. As a devoted Israelite (v. 22), he acknowledges the 'God ... who is blessed forever' ... But as a Christian believer he now 'blesses' the God of his fathers as 'The God and Father of the Lord Jesus.'"]

whose birth was the occasion for this hymnic praise (Luke 1:67-79). The three other examples are the *letter-opening* benedictions in 2 Cor 1:3-7; Eph 1:3-14 and 1 Pet 1:3-7.

The strongest indication that an *epistolary* benediction should be considered a special genre is its occurrence in the opening of three New Testament letters just referred to: 2 Corinthians, Ephesians, and 1 Peter.[57] All three examples are modeled upon a common pattern: the opening phrase εὐλογητὸς ὁ θεός is expanded by the designation of God as "the God and Father of our Lord Jesus Christ" and, further, by an articular, attributive participle with God as actor and with "us" as the objects of his action. The continuation is much less stereotyped but includes in all three letters purposive phrases or clauses; the letters all make glorification of God or thanksgiving rendered to him the ultimate goal. At some point there is a transition from the first to the second person plural, so that the recipients of the letter are directly addressed (2 Cor 1:6; Eph 1:13; 1 Pet 1:4b-5). The similarity of design cannot be due simply to literary imitation on the part of the authors of Ephesians and 1 Peter, since each of the three benedictions has its own structure and function. The common phraseology and the shift to the second person form, therefore, make it likely that these eulogies reflect a form that was used also by Paul and other preachers.[58]

In 2 Cor 1:3ff. the first person plural refers to the author(s) of the letter. Paul has his own rescue from impending danger in mind but formulates the benediction in general terms, in analogy with many Jewish *berakot*. The praise is addressed to "the God and Father of our Lord Jesus Christ, the Father of all mercies and the God of all comfort." The choice of divine names is not fortuitous. By analogy to designations like "the God of my lord Abraham" (Gen 24:27) or "the God of Israel," the phrase "the God and Father of our Lord Jesus Christ" is used to praise him for what he has done in his capacity as the Father of Jesus Christ, the God who raised him from the dead.[59] Benedictions use genitives of abstract nouns to indicate divine attributes for whose manifestation God is blessed.[60] In 2 Cor 1:3 "the Father of mercies and the God of all comfort" is praised as the one "who comforts us in all tribulation". As often, the relative clause has a causal function. The letter opening goes on to spell out how the comfort, experienced by Paul, enables him to comfort all who are in trouble, especially the Corinthians (2

---

[57] [See also the opening of the *written* prayer of joy and gratitude by Tobit in Tob 13:2: εὐλογητὸς ὁ θεὸς ὁ ζῶν εἰς τοὺς αἰῶνας καὶ ἡ βασιλεία αὐτοῦ κτλ.]. In the present article I have both developed and modified opinions first set forth in N. A. DAHL 1951, 241-64 [partly reprinted in this volume as article IX]. The possibility that Eph 1:3ff. and 1 Pet 1:3ff. have a common background in baptismal benedictions, needs no reconsideration in this context; [see hereto now also J. COUTTS 1956-57, 124f.; DEICHGRÄBER 1967, 76].

[58] [Similarly K. SHIMADA 1966, 150: "a liturgical-formulary character"; so also C. L. MITTON 1950, 67-73; DEICHGRÄBER 1967, 77f.; GOPPELT 1978, 90f. note 6; ACHTEMEIER 1996, 93f.]

[59] [H. LIETZMANN/W. G. KÜMMEL 1949/69, 196 (supplement by Kümmel): "Die II [Kor] 1,3 zuerst begegnende Formel (vgl. 11,31; R[ö]m 15,6) ist wohl so entstanden, daß die jüdische Formel 'gelobt ist Gott' christianisiert wurde durch καὶ πατήρ usw.;" quoted by BULTMANN 1976, 25f.; cf. already WINDISCH 1924/70, 37; further V. P. FURNISH 1984, 108f.; M. THRALL 1994, 100-02; BARNETT 1997, 67f.]

Cor 1:4-7). Then follows the information about Paul's experience in Asia, the most specific reason given for the benediction (2 Cor 1:8-11).

It has often been observed that in 2 Corinthians Paul has substituted a benediction for the usual thanksgiving period because the circumstances did not permit an expression of gratitude for the state of affairs in the church at Corinth.[61] We should also recognize that the benediction, by means of which Paul pronounces himself happy because God has comforted him and enabled him to comfort others, is a most appropriate opening for this particular letter. In the main body of the letter Paul speaks repeatedly on his own behalf, recommending himself and boasting of the power of God at work in his own weakness, to the benefit of the Corinthians (cf. esp. 2 Cor 1:12-14; 2:14-6:10; 7:2-4; 10:1ff.; 11:16ff.).[62]

In the opening benedictions of Ephesians and 1 Peter ἡμᾶς is used in an inclusive way: the God and Father of our Lord Jesus Christ is praised for what he has done for the senders, the recipients, and their fellow Christians: God has blessed them in Christ (Eph 1:3); he has given them new birth by the resurrection of Jesus Christ (1 Pet 1:3). The transition from the first to the second person plural is made in quite different ways in the two epistles. In Ephesians it does not follow until 1:13-14, in the form of a relative clause appended to the benediction, which is developed, almost like a hymn, in 1:3-12.

In 1 Peter, the first person pronoun is used only in the clause that states the reason for the benediction, 1:3b. The second person is already introduced in 1:4, in apposition to the prepositional phrase that states the goal of the regeneration: εὐλογητὸς ... ὁ ... ἀναγεννήσας ἡμᾶς ... εἰς κληρονομίαν ... τετηρημένην ... εἰς ὑμᾶς.[63] The congratulatory nature of this letter opening becomes most obvious towards its conclusion. Reborn by the resurrection of Christ, the recipients of the letter are kept by the power of God, through faith, unto the salvation for which the prophets searched; what has now been announced by those who preached the good news are things into which angels long to look (1 Pet 1:10-12). The congratulatory benediction also envisages the many trials which the readers are suffering, but in the midst of which they rejoice with unspeakable joy (1:6-9). The note struck by the introductory benediction resounds throughout the epistle, most clearly in the beatitudes of those who suffer for righteousness' sake and are insulted for the sake of Christ's name (3:14; 4:14). In a sense, the

---

[60]Cf. the benedictions of the God of Shem, Gen 9:26; God of Sedrach, Mesach, and Abednego, Dan 3:28; God of Joseph, *JosAs* 3:3; God of Israel, 1 Sam 25:32; 1 Kgs 1:48, etc.; God of the fathers, Ezra 7:27; Tob 8:5, etc.; God of truth, 1 Esdr 4:40; God of mercy (and compassion), 1QH XVIII (X) 14; XIX (XI) 29; God of knowledge, 1QH XXII 15 (= fr. IV 15); God of thanksgivings, *b.Ber.* 59b; Lord of righteousness and God of the ages, *Jub.* 25:15.

[61][See the references in note 59 on page 301.]

[62][FITZGERALD 1988, 153-57, esp. 154f.: "The benediction that begins 2 Corinthians is also to be understood as congratulatory in function. It differs from the benediction of Ephesians (and that of 1 Peter) by the fact that it is a self-congratulation ... In the benediction Paul presents himself as 'the comforted comforter'." Similarly BARNETT 1997, 65f. note 6.]

[63][Cf. GOPPELT 1978, 90 and 92.]

whole epistle is a letter of congratulation to Christians who suffer persecution.[64] The initial benediction, with its congratulatory component, is a most appropriate opening.

In Ephesians the blessing of God for all the blessings in Christ is related to God's eternal election and predestination; the richness of his grace is developed in various directions. The emphasis on the gift of wisdom, as well as the cosmic outlook (Eph 1:8-10), and several phraseological details are reminiscent of contemporary Jewish hymns and prayers, often beginning with a *berakah*.[65] Yet the letter-opening is a *situational* benediction occasioned by the conversion of former Gentiles, who are addressed in Eph 1:13-14. All spiritual blessings given in Christ belong to them; the evidence for this is the Holy Spirit, which they received when they heard the gospel and believed in it. The benediction (vv. 3-14) is followed by thanksgiving (vv. 15-16) and an intercession (vv. 17-23), the last two normally found at the beginning of a Pauline letter.[66] There may be several reasons for the combination of benediction and thanksgiving in this letter, especially if it is written by a disciple and not by the apostle himself.[67] But one reason may be that the benediction functions as a congratulation for blessings bestowed by God, whereas a Pauline thanksgiving normally expresses gratitude for the recipients' good standing in Christian faith and love.[68]

Like 1 Peter, Ephesians may be read as a letter of congratulation, with corresponding exhortations. In 1 Peter the congratulation is extended to Christians who suffer persecution; in Ephesians it is addressed to Gentiles who have experienced the grace of God and have become members of the church, the body of Christ.[69] The intercessory prayers ask that they may fully understand the privileges bestowed upon them. The believing Gentiles are reminded of what has happened to them and asked to live up to

---

[64][See B. OLSSON 1982, 32-36; ACHTEMEIER 1996, 92-95.]

[65]Cf. S. LYONNET 1961, 341-52. KIRBY 1968, 84ff., 133ff., etc. GNILKA 1990, 60 note 2 finds Qumran analogies more impressive. He gives no reason but the earlier date of the Qumran texts, failing to realize that the analogies become most impressive when Qumran hymns and synagogue prayers are considered in conjunction. [Cf. also H. CONZELMANN 1981, 90: "Der Stil ist orientalisch-liturgisch;" DEICHGRÄBER 1967, 72-75 with the conclusion: "Die Sprache der Briefeingangseulogie des Eph zeigt den Einfluß der hebräisch formulierten liturgischen Tradition bestimmter nicht-rabbinischer Gruppen des Spätjudentums, wie sie uns in den Qumrantexten erstmals literarisch begegnen." DEICHGRÄBER recognizes, however, the stylistic differences when he concedes: "Ganz unsemitisch ist nun freilich in unserem Ephesertext die durchgehende Hypotaxe. Sie ist aus semitischer Syntax schlechthin nicht erklärlich, sie ist griechisch." (*ibid.*, 75); similarly BEST 1998, 108-13.]

[66][Cf. SCHNIDER/STENGER 1987, 42-49.]

[67][See DAHL in this volume article I, section 4. on page 48ff.]

[68][W. SCHENK 1967, 99f. and P. T. O'BRIEN 1977, 239 suggest in addition to DAHL's proposal that *berakot* were used when thanks were being returned to God for blessings in which writer as well as readers participate, while thanksgiving were used when thanks were being returned for clemencies bestowed upon the readers. So also FAUST 1993, 213 note 443: "Während sich die Danksagung ausschließlich auf die Situation der Adressaten bezieht, vermag die Eulogie auch die Erfahrung des Verfassers und seiner Gruppe miteinzubeziehen – darin liegt u.a. ihre formgeschichtliche Besonderheit." BEST 1998, 107 remarks, however: "Again this does not wholly answer the question why AE chose a eulogy to begin his letter since he also includes a thanksgiving (1.15ff)."]

[69][See now also BEST 1998, 144f.]

their calling. Reading Ephesians as a letter of congratulation, one is able to appreciate its rhetoric, without turning the letter into a dogmatic tractate or into a meditation upon the theme of Christ and the church. Without lowering rigid philological and historical standards, one should realize the limitations of any scholarly interpretation. The meaning of a congratulation can hardly ever be determined with strict objectivity; the person to whom it is extended will always color it in his own way. The same wording may become a reason for self-complacent pride or for humble gratitude. In Ephesians, Gentile Christians are congratulated for receiving the grace of God in Christ. Ultimately, our understanding of the epistle will depend upon our attitude toward that reality.

5. Conclusion

The preceding survey should be sufficient to show the difference between the occasional, often congratulatory benedictions in narrative contexts and the more devotional benedictions in Psalms and songs. The two types do, however, have some elements in common: Psalms and related texts are more or less comprehensive and include calls to praise God and a variety of reasons to do so, but the actual praise is mainly performed by benedictions at the beginning and/or at the end, less often in the middle. With few exceptions, the form "Blessed is He" has been retained, even when God is addressed as "You" in other parts of a psalm. Benedictions in early narrative contexts bless God for deliverance from enemies or for what he has done to kings (David and Solomon); Psalm 18 does it because God has given the king vengeance and delivered him from his enemies (see esp. vv. 47-51). Psalm 144 is dependent upon the earlier royal psalm, but the emphasis has shifted from military victory to protection against a hostile attack. Even in psalms the reasons for blessing God are at the same time reasons for rejoicing, here with a joy that is shared by a leader or some other individual and the community. Psalm 144 concludes with a beatitude: "Happy is the people whose God is the LORD!" Other psalms express the confidence that no other God is like the God of Israel (Pss 113, 135 and, e.g., Ps 18:31-33). Thus, an element of congratulation is present even in devotional benedictions.[70]

There is no need here to discuss whether or not one type of benedictions was more original than the other.[71] In the course of time both of them seem to have been "democratized" and more widely used in the life of common people. There is clear evidence that psalms and songs were assigned to specific situations in the life of David, or integrated in a narrative context, and also that devotional benedictions to an increasing degree influenced the form of benedictions used at encounters and other special occasions.

---

[70] On congratulation in a number of Psalms, see LIPIŃSKI 1968.

[71] [See the lit. referred to in note 6 on page 282.]

The forms were not always kept separate (see Gen 24:26; Exod 18:10-12); the benedictions of Solomon in 1 Kgs 8 are due to a cultic occasion, the dedication of the temple. Solomon is said to have blessed all the assembly of Israel; we may say that he congratulated the people and himself (8:14, 55). In the opening benediction, Solomon praises "the LORD, the God of Israel," who has fulfilled what He promised to David and enabled Solomon to complete the building of the temple. At the conclusion of his intercession, Solomon blesses "the LORD who has given rest to His people Israel" in accordance with the promises given through Moses, and adds prayer wishes and exhortation (1 Kgs 8:15-21, 56-61).

Like the references to God's promises in these benedictions, references to God's past actions in psalms were precedents for God's actions in the present and for the hope that He will act in a similar way in the future. As time passed, the Psalms were again and again read and chanted by new generations for whom the benefactions that the Psalms praised became the basis for the trust that God would still act in a similar way and eventually realize the eschatological salvation. What was said about the victory and protection granted to the king, the leaders and the people nourished the messianic hope. Those who read or listen can make the benediction of the God who hears prayers their own.

A number of Jewish texts from Hellenistic times attest the increased use of benedictions. Several new blessings of God are added to the paraphrase of the biblical story in the Book of Jubilees and the (Pseudo-Philonic) Biblical Antiquities (*LAB*), more occasionally in the Genesis apocryphon and Palestinian Targumim, and also occur in the novel of Joseph and Asenath. Benedictions related to war and victory were reactualized by the Maccabees (1 Macc 4:30-33; 2 Macc 1:17; 15:34). The Dead Sea War Scroll prescribes benedictions to be pronounced by the High Priest at the last eschatological battle (1QM XIII 1-9; XIV 4-7 etc.). Benedictions are also part of new hymns and psalms (*Pss Sol* 2:37; 5:19; 6:6; 1QS XI 15-22; 1QH XIII (V) 20; XVIII (X) 14 etc.).

More important for the ordinary Jews was the use of benedictions in daily life. The Book of Tobit provides an early example of this. The main persons of the story bless God both in their difficulties and when they experience miraculous help. One can say that the moral of the whole story is that God is to be blessed both when He afflicts and when He shows mercy (Tob 11:14; 13:1-2, 5). This theme is spelled out in Tobit's final "prayer of rejoicing" in chapter 13. Beginning with the benediction in 13:1-2, its first part has a general address, but a second part is a congratulation addressed to Jerusalem, the holy city which God will afflict for the deeds of her sons, but again show mercy and make glorious. Thus, the story of Tobit and his family not only teaches a moral lesson but points forward to the eschatological future, when Jerusalem will resound with the cry of "Hallelujah!" and the benediction "Blessed be God, who has exalted you for ever!" (13:18). Daily life and eschatology coexist – not only in the history of Tobit!

The fragments of several of the Dead Sea Scrolls attest benedictions to be used at various occasions, in daily prayers, at festivals etc.:[72]

---

[72][The trans. is from F. García Martínez/E. J. C. Tigchelaar 1998.]

[4Q Ritual of Marriage:
4Q502: fr. 7-10: 5, 16 — Blessed is the God of Israel who ...
fr. 24: 2 — Blessed be the God of Israel who has helped ...

4Q Daily Prayers[a]:
4Q503: fr. 1-3: 2, 6 — Blessed be the God of Israel
fr. 4:1, 7 — Blessed be the God of Israel ...
fr. 7-9: 8 — Blessed be the God of Israel ...
fr. 13-16: 4 — Blessed be your name, God of Israel;
fr. 13-16: 14 — Blessed be the God of Israel, he who performs wonders ...
fr. 21-25: 8-9 — Blessed be the God of Israel who has chosen us from among all the nations ...
fr. 29-32: *passim* — Blessed be the God of Israel, {who has sanctified} ...
fr. 33-35: 6ff. (col. I) — Blessed be the God of Israel ...;
Blessed be you, God of Israel, who has established ...
fr. 33-35: 1 (col. II) — Blessed be you God of Israel, who renews our joy with the light of day ...
fr. 33-35: 6f. (col. II) — Blessed be you God, who
fr. 33-35: 11 (col. II) — Blessed be God, who ...
fr. 36: 3: — Blessed be God ...
fr. 37-38: 13f., 18f. — Blessed be the God of all {the} holy ones ...
fr. 48-50: 3 — Blessed be the God of Israel who ...;
fr. 48-50: 7f. — Blessed be the God of Israel, the God of all the armies of the gods, who with the sons of justice, justifies ...
fr. 51-55: 6, 12 — Blessed be the God of Israel ...

4Q Words of the Luminaries[a]:
4Q504: fr. 3: 2 (col. II) — Blessed is the God who has given us rest ...
fr. 4: 14 (col. III) — Blessed is the Lord who taught us ...

4QFestival Prayers[a]:
4Q507: fr. 2: 2 — Blessed be the Lord ...
fr. 3: 1 — Blessed be the Lord ...

4QFestival Prayers[c]:
4Q509: fr. 1: 8 (col. I) — Blessed is the Lord, who makes us rejoice ...
fr. 8: 3 (col. III) — Blessed be the Lord who has compassion on us in the time of ...

4QSongs of the Sage[a]:
4Q510: fr. 1: 1 — Blessings to the King of glory ...

4QSongs of the Sage[b]:
4Q511: fr. 16:4 — Blessed be you, God of gods ...
fr. 52, 54, 57-59: 4 — Blessed are you, my God, king of glory, because from you comes judgment ...
fr. 63-64: 2f. — May your name be blessed for eternal centuries. Amen. Amen.

4QRitual of Purification B:

4Q512: fr. 29-32: 1	Blessed be you, God of Israel ...;
fr. 29-32: 8f.	May you be blessed, God of Israel, who forgave me all my sins and purified me from impure immodesty ...
fr. 29-32: 21	Blessed be you, God of Israel ... for the atonement ...
fr. 1-3: 1f.	Blessed be you, God of Israel, who commanded the temporarily impure to purify themselves from the impurity of ...;
fr. 1-3: 7f.	Blessed be you, God of Israel, who has given to ...
42-44: 3 (col. II)	Blessed are you, God of Israel ...]

Another set of rules is attested by the Mishnah and later documents of classical Judaism. The whole system cannot be traced back to the time of Jesus, but many patterns and phrases certainly can. In addition to the daily prayers and prayers for special days, even *berakot* to be used on occasions like the observations of a commandment, the reception of good and bad news and other events, have a standard nucleus which could be adapted according to the occasion. Most of the *berakot* to be used in regular worship began by "Blessed be You, LORD our God, King of the universe." Short blessings more often retained the form "Blessed be He," which seems to have been more common in the rabbinic school houses. The exact wording of the benedictions was, however, not fixed, and it seems likely that even the "You"-form and the "He"-form could alternate.

Used as a translation of the Hebrew word ברוך, the Greek word εὐλογητός took on a meaning that differed from ordinary Greek usage. Philo of Alexandria only seldom uses the word and Josephus avoids it. Even early Greek-speaking Christians preferred to use the word and the noun for thanksgiving, εὐχαριστία, which had become virtually synonymous with "blessing" in the meaning praise of God. It is, however, erroneous to think that the formula εὐλογητὸς ὁ θεός simply became obsolete in later Christianity.[73] A glance at a Greek *euchologion* is sufficient to prove that the formula has remained in frequent use until this day. It is also attested in the Apostolic Constitutions, which even include some christianized Jewish prayers. I have also found some examples that the Desert Fathers could still use the ancient form of a congratulatory benediction.

Most Pauline letters begin with the assertion that Paul gives thanks to God for the faith, love (and hope) of the addressees. An opening benediction praises God, the Father of Jesus Christ for what He has done for and to the recipients. In 2 Corinthians God is praised for what He has done to Paul and through him to others, including the Corinthians. While expressions of thanksgiving and joy are common in official and private hellenistic letters, the opening of a letter with a congratulatory benediction was, no doubt, unusual, although there are some indications that on special occasions it

---

[73]The study of ROBINSON 1964 does not allow for the statement of DEICHGRÄBER 1980, 562 that "der Gebrauch des judenchristlichen εὐλογητός ist schon früh zurückgetreten." [So already DEICHGRÄBER 1967, 42. Even in the new, 4th ed. of *RGG*, Vol. I (1998) the article "Benediktionen" has only sections on "I. Altes Testament" and "II. Judentum" but none on "Neues Testament und die Alte Kirche" and the article "Eulogia" in Vol. II (1999) offers no treatment of the "Briefeingangs-Eulogie"!]

could be used in a Jewish letter. The phraseology in the benedictions has much in common with that of Old Testament and later Jewish benedictions, hymns and prayers, but the continuous subordination of phrases and clauses in Eph 1:3-14 which make the thought move forward like a spiral, is without analogy.[74]

Bibliography

ACHTEMEIER, P. J. 1996: *1 Peter. A Commentary on First Peter* (Hermeneia), Minneapolis, MN: Fortress 1996.

AUDET, J. P. 1958a: "Esquisse historique du genre littéraire de la 'bénédiction' juive et de l'Eucharistie chrétienne", in: *RB* 65 (1958) 371-99.

— 1958b: *La Didachè. Instruction des apôtres* (EtB), Paris: Gabalda 1958.

— AZENSIO, Z. 1967: "Trajectoria historico-theologico de la 'Benedicion' bilica en labios del hombre", in: *Gr.* 48 (1967) 253-58.

BARNETT, P. 1997: *The Second Epistle to the Corinthians* (NICNT), Grand Rapids, MI: Eerdmans 1997.

BEST, E. 1998: *A Critical and Exegetical Commentary on Ephesians* (ICC), Edinburgh: Clark 1998.

BETZ, H. D. 1998: "Hermetism and Gnosticism: The Question of the Poimandres", in: IDEM, *Antike und Christentum. Gesammelte Aufsätze IV*, Tübingen: Mohr Siebeck 1998, 206-21.

BEYER, H. W. 1935: "εὐλογέω κτλ.", in: *ThWNT* 2, Stuttgart: Kohlhammer 1935, 751-63.

BICKERMANN, E. 1962a: "Bénédiction et prière", in: *RB* 69 (1962) 542-32.

— 1962b: "The Civic Prayer for Jerusalem", in: *HThR* 55 (1962) 163-85.

BILLERBECK, P. /[STRACK, H. L.] 1928: *Kommentar zum Neuen Testament aus Talmud und Midrasch, Vol. IV.1: Exkurse zu einzelnen Stellen des Neuen Testaments*, München: Beck 1928.

BOUTTIER, M. 1991: *L'Épître de Saint Paul aux Éphésiens* (CNT IXb), Genève: Labor et Fides 1991.

BOVON, F. 1989: *Das Evangelium nach Lukas (Lk 1,1-9,50)* (EKK III/1), Zürich: Benziger/Neukirchen-Vluyn: Neukirchener 1989.

BRESCIANI, E./KAMIL, M. 1966: *Le lettere aramaiche di Hermopoli* (Atti della Accademia Nazionale dei Lincei, Anno CCCLXIII – 1966: Memorie: Classe di Scienze morali, storiche e filologiche, Serie VIII, Volume XII, Fascicolo 5) Rome: Accademia Nazionale dei Lincei 1966.

BROOKS, E. W. 1918: *Joseph and Asenath. The Confession and Prayer of Asenath Daughter of Pentephres the Priest* (Translation of Early Documents II. Hellenistic-Jewish Texts 7), London – New York: Macmillan 1918.

---

[74] A number of questions need to be dealt with in greater detail. For some of them I refer to the shortened reprint in this volume of my article from 1951 on the Proömium of Ephesians. [In this volume article IX.]

BULTMANN, R. 1976: *Der zweite Brief an die Korinther* (KEK Sonderband), ed. by E. Dinkler, Göttingen: V&R 1976.

CARAGOUNIS, C. C. 1977: *The Ephesian Mysterion. Meaning and Content* (CB.NT 8), Lund: Gleerup 1977.

CHARLES, R. H. 1913: *The Apocrypha and Pseudepigrapha of the Old Testament in English, Vol. I: Apocrypha, Vol. II: Pseudepigrapha*, Oxford: Clarendon 1913.

COLLINS, J. J. 1993: *Daniel. A Commentary on the Book of Daniel* (Hermeneia), Minneapolis, MN: Fortress 1993.

CONZELMANN, H. 1981: "Der Brief an die Epheser", in: J. BECKER/H. CONZELMANN/G. FRIEDRICH, *Die Briefe an die Galater, Epheser, Philipper, Kolosser, Thessalonicher und Philemon* (NTD8), 2nd ed., Göttingen: V&R 1981, 86-124.

COUTTS, J. 1956-57: "Ephesians I. 3-14 and I Peter I. 3-12", in: *NTS* 3 (1956-57) 115-27.

CRANFIELD, C. E. B. 1979: *A Critical and Exegetical Commentary on the Epistle to the Romans. Vol. II* (ICC), Edinburgh: Clark 1979.

DAHL, N. A. 1951: "Adresse und Proömium des Epheserbriefes", in: *ThZ* 7 (1951) 241-64. [Repr. in shortform in this volume as article no. VIII.]

DAMBROSCH, D. 1987: *The Narrative Covenant: Transformations of Genre in the Growth of Biblical Literature*, San Francisco, CA: Harper & Row 1987.

DEICHGRÄBER, R. 1967: *Gotteshymnus und Christushymnus in der frühen Christenheit. Untersuchungen zu Form, Sprache und Stil der frühchristlichen Hymnen* (StUNT 5), Göttingen: V&R 1967.

— 1988: "Benediktionen II, N.T.", in: *TRE* 5, Berlin – New York: de Gruyter 1980, 562-66.

DELLING, G. 1963: "Partizipiale Gottesprädikationen in den Briefen des Neuen Testaments", in: *StTh* 17 (1963) 1-59.

DION, P.-E. 1977: "A Tentative Classification of Aramaic Letter Types", in: *SBLSP* 16 (1977) 415-41.

DIX, G. 1945: *The Shape of Liturgy*, 2nd ed., Glasgow: Dacre 1945.

DREWS, P. 1898: "Zur Geschichte der Eulogien in der alten Kirche", in: *ZPrTh* 20 (1898) 18-39.

DUNN, J. D. G. 1988: *Romans 1-8* (WBC 38A), Dallas, TX: Word Books 1988.

ELBOGEN, I. 1931: *Der jüdische Gottesdienst in seiner geschichtlichen Entwicklung*, 3rd ed., Frankfurt/Main: J. Kauffmann Verlag 1931; 4th ed. Hildesheim: Ohlms 1962.

FAUST, E. 1993: *Pax Christi et Pax Caesaris. Religionsgeschichtliche, traditionsgeschichtliche und sozialgeschichtliche Studien zum Epheserbrief* (NTOA 24), Freiburg (CH): UV/Göttingen: V&R 1993.

FINKELSTEIN, L. 1925-26: "The Development of the Amidah," in: *JQR* 16 (1925-26) 1-43, 127-70.

FITZGERALD, J. T. 1988: *Cracks in an Earthen Vessel. An Examination of the Catalogues of Hardships in the Corinthian Correspondence* (SBL.DS 99), Atlanta, GA: Scholars Press 1988.

FITZMYER, J. A. 1981: *The Gospel According to Luke (I-IX). A New Translation with Introduction and Commentary* (AncB 28), Garden City, NY: Doubleday 1981.

— 1993: *Romans. A New Translation with Introduction and Commentary* (AncB 33), New York etc.: Doubleday 1993.

FUNK, F. X. 1905: Διαταγαὶ τῶν ἁγίων ἀποστόλων διὰ Κλήμεντος· *Didascalia et Constitutiones Apostolorum I*, Paderborn: Schöningh 1905.

FURNISH, V. P. 1984: *II Corinthians. Translated with Introduction, Notes, and Commentary* (AncB 32A), Garden City, NY: Doubleday 1984.

GARCÍA MARTÍNEZ, F./TRIGCHELAAR, E. J. C. 1997: *The Dead Sea Scrolls. Study Edition, Volume One 1Q1-4Q273*, Leiden – Boston – Köln: Brill 1997.

—1998: *The Dead Sea Scrolls. Study Edition, Volume Two 4Q274-11Q31*, Leiden – Boston – Köln: Brill 1998.

GERSTENBERGER, E. S. 1988: *Psalms. Part 1 with an Introduction to Cultic Poetry* (FOTL 14), Grand Rapids, MI: Eerdmans 1988.

GNILKA, J. 1990: *Der Epheserbrief* (HThK X/2), 4th ed., Freiburg i.Br.: Herder 1990.

GOLDSTEIN, J. A. 1983: *II Maccabees. A New Translation with Introduction and Commentary* (AncB 41A), Garden City, NY: Doubleday 1983.

GOPPELT, L. 1976: *Der erste Petrusbrief* (KEK 12/1), Göttingen: V&R 1976.

HABICHT, CH. 1976: *2. Makkabäerbuch* (JSHRZ I/3), Gütersloh: Mohn 1976.

HARRILL, J. A. 1995: *The Manumission of Slaves in Early Christianity* (HUTh 32), Tübingen: Mohr Siebeck 1995.

HARRIS, J. RENDEL (ED.) 1889: *The Rest of the Words of Baruch*, London – Cambridge, UK: CUP 1889.

HEDEGÅRD, D. 1951: *Seder Rab Amram Gaon. Amram bar Sesna*, Lund: Gleerup 1951.

HEINEMANN, J. 1960: "Prayers of Beth Midrash Origin", in: *JSSt* 5 (1960) 264-80.

— 1977: *Prayer in the Talmud: Forms and Patterns* (SJ 9), Berlin: de Gruyter 1977.

HELLHOLM, D. 1980: *Das Visionenbuch des Hermas als Apokalypse. Formgeschichtliche und texttheoretische Studien zu einer literarischen Gattung. I. Methodologische Vorüberlegungen und makrostrukturelle Textanalyse* (CB.NT 13.1), Lund: Gleerups 1980.

— 1998: "Beatitudes and Their Illocutionary Functions", in: A. Y. COLLINS (ED.), *Ancient and Modern Perspectives on the Bible and Culture. Essays in Honor of Hans Dieter Betz* (Scholars Press Homage Series 22), Atlanta, GA: Scholars Press 1998, 286-344.

HENGEL, M. 1973: *Judentum und Hellenismus. Studien zu ihrer Begegnung unter besonderer Berücksichtigung Palästinas bis zur Mitte des 2. Jh.s v. Chr.* (WUNT 10), 2nd ed., Tübingen: Mohr Siebeck 1973.

HEZSER, C./CAPLAN, K. 1998: "Benediktionen. II. Judentum", in: *RGG* I, 4th ed., Tübingen: Mohr Siebeck 1998, 1297f.

HOFFMAN, L. A. 1979: *The Canonization of the Synagogue Service* (SJCA 4), Notre Dame, IN: UNDP 1979.

HOLLADAY, C. R. 1983: *Fragments from Hellenistic Jewish Authors. Volume I: Historians* (Texts and Translations: Pseudepigrapha Series 20/10), Chico, CA: Scholars Press 1983.

HOSSFELD, F.-L. 1998: "Benediktionen. I. Altes Testament", in: *RGG* I, 4th ed., Tübingen: Mohr Siebeck 1998, 1295-97.

HÜBNER, H. 1997: *An Philemon, An die Kolosser, An die Epheser* (HNT 12), Tübingen: Mohr Siebeck 1997.

KÄSEMANN, E. 1974: *An die Römer* (HNT 8a), 3rd ed., Tübingen: Mohr Siebeck 1974.

KIRBY, J. C. 1968: *Ephesians: Baptism, and Pentecost*, London: SPCK 1968.

KLAUCK, H.-J. 1998: *Die antike Briefliteratur und das Neue Testament* (UTB 2022), Paderborn etc.: Schöningh 1998.

KOEHLER, L./BAUMGARTNER, W./STAMM, J. J. 1994: *The Hebrew and Aramaic Lexicon of the Old Testament* I: א- ח, Leiden - New York - Köln: Brill 1994.

KRÄMER, H. 1967: "Zur sprachlichen Form der Eulogie Eph. 1,3-14", in: *WuD* 9 (1967) 34-46.

KRAFT, R. A./PURINTUN, A.-E. 1972: *Paraleipomena Jeremiou* (Texts and Translations 1; Pseudepigrapha Series 1), Missoula, MT: SBL 1972.

LAMPE, G. W. H. 1968: *A Patristic Greek Lexicon*, Oxford: Clarendon 1968.

LIBER, M. 1949/50: "Structure and History of the Tefilah", in: *JQR* 40 (1949/50) 331-57.

LIDDELL, H. G./SCOTT, R./JONES, H. S. 1966: *A Greek English Lexicon*, Oxford: Clarendon 1966.

LIETZMANN, H./KÜMMEL, W. G. 1949/69: An die Korinther I/II (HNT 9), Tübingen: Mohr Siebeck 1949 (Repr. 1969).

LINCOLN, A. T. 1990: *Ephesians* (WBC 42), Dallas, TX: Word Books 1990.

LINDEMANN, A. 1985: *Der Epheserbrief* (ZBK 8), Zürich: ThV 1985.

LIPIŃSKI, E. 1968: "Macarismes et psaumes de congratulation", in: *RB* 75 (1968) 321-67.

LONG, B. O. 1984: *1 Kings with an Introduction to Historical Literature* (FOTL 9), Grand Rapids, MI: Eerdmans 1984.

LYONNET, S. 1961: "La bénédiction de Eph. 1.3-14 et son arrière-plan judaique", in: *A la rencontre de Dieu. Memorial A. Gelin*, Le Puy: Mappus 1961, 341-52.

MICHEL, O. 1978: *Der Brief an die Römer* (KEK 4), 5th ed., Göttingen: V&R 1978.

MITCHELL, CH. W. 1987: *The Meaning of BRK "To Bless" in the Old Testament* (SBL.DS 95), Atlanta, GA: Scholars Press 1987.

MITTON, C. L. 1950: "The Relationship between I Peter and Ephesians", in: *JThSt* 1 (1950) 67-73.

Mowinckel, S. 1924/61: *Psalmenstudien* III-VI, Oslo: Dybwad 1924. [Repr. Amsterdam: Schippers 1961.]

— 1955: *Det Gamle Testamente i ny oversettelse* IV.1 [Norwegian translation with introduction and notes], Oslo: Aschehoug 1955.

Müller, H.-P. 1991: "Segen im Alten Testament", in: idem, *Mythos – Kerygma – Wahrheit* (BZAW 200), Berlin – New York: de Gruyter 1991, 220-25.

Norin, S. 1998: "Boskapsdjur, kräldjur och vilda djur. Reflektioner över Gen 1:24-25", in: *SEÅ* 63 (1998) 19-29 (= Festschrift Birger Olsson).

O'Brien, P. T. 1977: *Introductory Thanksgivings in the Letters of Paul* (NT.S 49), Leiden: Brill 1977.

Olsson, B. 1982: *Första Petrusbrevet* (Kom. till NT 17), Stockholm: EFS 1982.

Pardee, D. 1976: "The Preposition in Ugaritic", in: *UF* 8 (1976) 215-322.

— 1982: *Handbook of Ancient Hebrew Letters* (SBibSt 14), Missoula, MT: Scholars Press 1982.

Pedersen, J. 1926: *Israel. Its Life and Culture I-II*, London: OUP/Copenhagen: Branner og Korch 1926.

Pleket, H. W. 1981: "Religious History as the History of Mentality: The 'Believer' as Servant of the Deity in the Greek World", in: H. S. Versnel (ed.), *Faith, Hope and Worship. Aspects of Religious Mentality in the Ancient World* (SGRR 2), Leiden: Brill 1981, 152-92.

Pokorný, P. 1992: *Der Brief des Paulus an die Epheser* (ThHK 10/II), Leipzig: EVA 1992.

Prostmeier, F. R. 1999: *Der Barnabasbrief* (KAV 8), Göttingen: V&R 1999.

Robert, L. 1978: "Malédictions funéraires grecques", in: *CRAI*, Paris: Diffusion de boccard 1978, 241-89.

Robinson, J. M. 1964: "Die Hodajot-Formel in Gebet und Hymnus des Frühchristentums", in: W. Eltester/F. H. Kettler (eds.), *Apophoreta. FS Ernst Haenchen* (BZNW 30), Berlin: Töpelmann 1964, 194-235.

Rudolph, K. *Gnosis, the Nature and History of an Ancient Religion*, Edinburgh: Clark 1983.

Salonen, E. 1967: *Die Gruß- und Höflichkeitsformeln in babylonisch-assyrischen Briefen* (Studia Orientalia 38), Helsinki: Kirjallisuuden 1967.

Scharbert, J. 1958: "'Fluchen' und 'Segnen' im AT", in: *Bib.* 39 (1958) 1-26.

— 1973a: "ברך", in: *ThWAT*, Vol. I, Stuttgart: Kohlhammer 1973, 808-41.

— 1973b: "Die Geschichte der barûk-Formel", in: *BZ* 17 (1973) 1-28.

Schenk, W. 1967: *Der Segen im Neuen Testament*, Berlin: EVA 1967.

Schlier, H. 1957: *Der Brief an die Epheser*, Düsseldorf: Patmos 1957.

— 1977: *Der Römerbrief* (HThK 6), Freiburg i. Br.: Herder 1977.

Schnackenburg, R. 1977: "Die große Eulogie Eph 1,3-14", in: *BZ* 21 (1977) 67-87.

— 1982: *Der Brief an die Epheser* (EKK 10), Zürich: Benziger/Neukirchen-Vluyn: Neukirchener 1982.

SCHNIDER, F./STENGER, W. 1987: *Studien zum neutestamentlichen Briefformular* (NTTS 11), Leiden: Brill 1987.

SCHOEDEL, W. R. 1985: *Ignatius of Antioch. A Commentary on the Letters of Ignatius of Antioch* (Hermeneia), Philadelphia, PA: Fortress 1985.

SCHOTTROFF, W. 1969: *Der altisraelitische Fluchspruch* (WMANT 30), Neukirchen-Vluyn: Neukirchener 1969.

SCHUBERT, P. 1939: *Form and Function of the Pauline Thanksgivings* (BZNW 20), Berlin: Töpelmann 1939.

SCHÜRMANN, H. 1969: *Das Lukasevangelium. Erster Teil. Kommentar zu Kap. 1,1–9,50* (HThK III/1), Freiburg i. Br. 1969.

SEYBOLD, KL. 1996: *Die Psalmen* (HAT I/15), Tübingen: Mohr Siebeck 1996.

SHEPPARD, H. J./A. KEHL/R. MCL. WILSON 1988: "Hermetik", in: *RAC* 14, Stuttgart: Hiersemann 1988, 780-808.

SHIMADA, K. 1966: *The Formulary Material in First Peter*, Ann Arbor, MI: Xerox University Microfilms 1966.

STUIBER, A. 1966: "Eulogia", in: *RAC* 6, Stuttgart: Kohlhammer 1966, 900-28.

TAATZ, I. 1991: *Frühjüdische Briefe. Die paulinischen Briefe im Rahmen der offiziellen religiösen Briefe des Frühjudentums* (NTOA 16), Freiburg (CH): UV/Göttingen: V&R 1991.

THRALL, M. 1994: *A Critical and Exegetical Commentary on The Second Epistle to the Corinthians, Vol. I: Introduction and Commentary on II Corintians I-VII* (ICC), Edinburgh: Clark 1994.

TOWNER, W. S. 1968: "'Blessed be YHWH' and 'Blessed be Thou YHWH'", in: *CBQ* 30 (1968) 386-99.

TREBILCO, P. R. 1991: *Jewish Communities in Asia Minor* (MSSNTS 69), Cambridge: CUP 1991.

USAMI, K. 1983: *Somatic Comprehension of Unity: The Church in Ephesus* (AnB 101), Rome: BIP 1983.

VERMES, G. 1962: *The Dead Sea Scrolls in English*, Harmondsworth: Penguin 1962.

DE VRIES, S. J. 1989: *1 and 2 Chronicles* (FOTL 11), Grand Rapids, MI: Eerdmans 1989.

WACHOLDER, B. Z. 1974: *Eupolemus. A Study of Judaeo-Greek Literature* (MHUC 3), Cincinnati, OH – New York: HUC and JIR 1974.

WEHMEIER, G. 1970: *Der Segen im Alten Testament*, Basel: Reinhardt 1970.

WESTERMANN, CL. 1965: *The Praise of God in the Psalms*, Richmond, VA: John Knox Press 1965.

WHITE, J. L. (ED.) 1982: *Studies in Ancient Letter Writing* (Semeia 22), Chico, CA: Scholars Press 1982.

WILCKENS, U. 1978: *Der Brief an die Römer (Röm 1-5)* (EKK VI/1), Zürich: Benziger/Neukirchen-Vluyn: Neukirchener 1978.

— 1980: *Der Brief an die Römer (6-11)* (EKK VI/2), Zürich: Benziger/Neukirchen-Vluyn: Neukirchener 1980.

WINDISCH, H. 1924/70: *Der zweite Korintherbrief* (KEK 6), Göttingen: V&R 1924 (2nd ed. edited by G. STRECKER 1970).

IX. Das Proömium des Epheserbriefes[1]

1. Briefeingangs-Eulogien

Das „Proömium" des Epheserbriefes ist formgeschichtlich als eine „Eulogie" oder „Benediktion" zu bezeichnen und zwar als eine „Briefeingangs-Eulogie"[2]. Andere Beispiele solcher Briefeingangs-Eulogien finden sich wie bekannt im 2. Korintherbrief und im 1. Petrusbrief. Dazu kommt als Beispiel aus spätisraelitischer Zeit der Brief des Königs Hiram (Huram, Suron) aus Tyrus in der Wiedergabe des Chronisten (2Chr 2,10f.) und des jüdischen Geschichtsschreibers Eupolemos (bei Eusebios, *Praep. evang.* IX. 34,1). Den neutestamentlichen Beispielen am nächsten steht die Eupolemos-Form des Briefes[3]:

Σούρων Σολομῶνι βασιλεῖ μεγάλῳ χαίρειν·
Εὐλογητὸς ὁ θεός, ὃς τὸν οὐρανὸν καὶ τὴν γῆν ἔκτισεν, ὃς εἵλετο ἄνθρωπον χρηστὸν ἐκ χρηστοῦ ἀνδρός. ἅμα τῷ ἀναγνῶναι τὴν παρὰ σοῦ ἐπιστολὴν σφόδρα ἐχάρην, καὶ εὐλόγησα τὸν θεὸν ἐπὶ τῷ παρειληφέναι σὲ τὴν βασιλείαν.

Damit ist die Wiedergabe des Briefes des Königs Eiromos an König Salomon bei Josephus (*Ant.* VIII. 2, 7 § 53) zu vergleichen[4]:

Βασιλεὺς Εἴρωμος βασιλεῖ Σολομῶνι·
τὸν μὲν θεὸν εὐλογεῖν ἄξιον, ὅτι σοι τὴν πατρῴαν παρέδωκεν ἡγεμονίαν ἀνδρὶ σοφῷ καὶ πᾶσαν ἀρετὴν ἔχοντι κτλ.

---

[1] [Auf Wunsch von Prof. DAHL ist der erste Teil „Adresse" des 1951 publizierten Artikels „Adresse und Proömium des Epheserbriefes" hier getilgt worden, da er der Auffassung DAHLS von der Verfasserschaft dieses Briefes nicht mehr entspricht. Hierzu siehe jetzt ausführlich in diesem Band Aufsatz I bes. Abschnitt 4., Seite 48ff. sowie Aufsatz XVI auf Seite 451ff. – Dementsprechend ist der Text des zweiten Teils „Proömium" geändert bzw. ergänzt worden.]

[2] [Diese Terminologie wird von vielen Exegeten übernommen, z.B. von R. DEICHGRÄBER 1967, 64; R. SCHNACKENBURG 1977, 67; IDEM 1982, 43; G. SELLIN 1992, 88; E. FAUST 1993, 212; M. GESE 1997, 31f.; H. HÜBNER 1997, 140.]

[3] [Text und engl. Übers. in C. R. HOLLADAY 1983, 122f.; Die engl. Übers. findet sich oben im Aufsatz VIII auf Seite 299.]

[4] [Text und engl. Übers. in H. ST. J. THACKERAY/R. MARCUS 1934/66, 598f.]

Der entsprechende Text in der Chronik ist etwas schwierig, da der Brief hier eine doppelte Einleitung zu haben scheint: 2,10 und 2,11. Deutlich ist aber auch hier, daß der Lobspruch zum Brief gehört. Im 1. Buch der Könige ist das dagegen nicht der Fall. Der hier (3Kön 5,21 LXX = 1Kön 5,7 MT) referierte Lobspruch Hirams ist nicht Einleitung seiner Antwort, sondern seine mündliche Äußerung beim Empfang des Briefes von Salomo. Rein literargeschichtlich können wir also in diesem Falle die Entwicklung von einem Lobspruch beim Empfang einer Botschaft zu einer „Briefeingangs-Eulogie" verfolgen[5].

Lobsprüche für eine gute Botschaft sind auch sonst bezeugt[6]. Es findet sich im AT jedenfalls auch ein Beispiel dafür, daß der Botschafter seine Freudenbotschaft mit einem Lobspruch einleitet, 2Sam 18,28. Bei dem nahen Zusammenhang zwischen mündlicher Botschaft und Brief wird man annehmen dürfen, daß die Form der „Briefeingangs-Eulogie" überhaupt aus solchen Lobsprüchen der Botschafter und Botschafts-Empfänger entstanden ist. Die Umformung des Textes vom 1. Königsbuch in der Chronik, bei Eupolemos und Josephus läßt sich am besten verstehen, wenn die Verwendung eines Lobspruches als Eingang eines Briefes eine bekannte Sitte war[7]. Dafür läßt sich außer den ntl. Beispielen auch noch der Brief der Jerusalemer Juden in 2Makk 1,10ff. anführen. Der Brief beginnt zwar hier, hellenistischer Sitte entsprechend, mit einer Danksagung, mit dem Verbum εὐχαριστοῦμεν, aber die Danksagung schließt mit einem Lobspruch, V. 17: κατὰ πάντα εὐλογητὸς ἡμῶν ὁ θεός, ὃς ...[8]. Rabbinische Beispiele für die Eröffnung eines Briefes mit einem Lobspruch sind mir dagegen nicht bekannt. Trotzdem wird man vermuten dürfen, daß sich die ntl. Briefeingangs-Eulogien an eine Form anschließen, die schon im Judentum verwendet werden konnte, wo die Briefsituation einen besonderen Anlaß zu einer Lobpreisung gab. Es liegt also ein jüdisches Gegenstück zu der brieflichen Danksagung im Hellenismus vor[9].

Das Material ist also sehr spärlich, erlaubt aber doch eine formkritische Analyse. Die Funktion der Briefeingangs-Eulogie ist dieselbe wie die der Danksagung; sie ist nicht ein dem Briefe vorangestellter Hymnus, sondern ein durch die Briefsituation bestimmter Briefeingang. Zwar sind die Eulogien nicht so direkt an die Adressaten gerichtet wie die Versicherungen der Danksagung; der Stil der Eulogie fordert, daß mit einem sich auf Gott beziehenden, appositionellen Partizip oder Relativsatz fortgefah-

---

[5] [Im Hinblick auf die in diesem Band oben Aufsatz VIII, Abschnitt 4.2., Seite 296ff. angeführten Brieftexte, u.a. aus Arad, ist die Behauptung DEICHGRÄBERS, „die Briefeingangseulogie (sei) eine spezifisch christliche Sitte" (1967, 64) wenig überzeugend. Auf DEICHGRÄBER stützen sich J. GNILKA 1990, 58; L. GOPPELT 1978, 90 Anm. 2.; so auch A. T. LINCOLN 1990, 11; erwogener dagegen ist das Urteil von H. SCHLIER 1963, 37 Anm. 1; SCHNACKENBURG 1982, 43; P. POKORNÝ 1992, 55; E. BEST 1998, 106.]

[6] 1Sam 25,32. 39; 1Kön 1,48; Esra 7,27 (= 3Esra 8,25), 3Esra 4,58-62 (= Josephus, *Ant.* XI 3,9). Hinweise auf den Eupolemos-Text, aber nicht auf das sonst zu berücksichtigende Material, finden sich bei R. KNOPF 1912, 40 und J. MOFFAT 1918, 337.

[7] [Siehe ferner oben in diesem Band Aufsatz VIII, Abschnitt 4., Seite 296ff.]

[8] [Siehe oben in diesem Band Aufsatz VIII, Seite 299.]

[9] Vgl. dazu P. SCHUBERT 1939.

ren wird. Die Eulogien haben deshalb ein Handeln Gottes zum Gegenstand, während sich die Danksagungen zunächst auf ein Erlebnis oder ein Sich-Verhalten der Briefempfänger beziehen[10]. Die Briefeingangs-Eulogie gibt demnach dem Schreiben ein stärker religiös gehobenes und weniger intimes Gepräge als eine einleitende Danksagungs-Periode[11].

Auch in den brieflichen Eulogien werden die Briefempfänger sofort ins Auge gefaßt. Im Brief Surons bei Eupolemos wird Salomo zunächst in dritter Person als Objekt des Handelns Gottes genannt; danach wendet sich Suron direkt an ihn mit einer Versicherung seiner Freude und Lobsagung. Im 1. Petrusbrief schließt sich der Briefschreiber zunächst mit den Adressaten und allen Christen als Objekte des Handelns Gottes ein, um sofort zu der Bedeutung dieses Handelns Gottes für die Situation der Briefempfänger hinüberzugehen. Die Eulogie des 2. Korintherbriefes ist insofern etwas anders orientiert, als hier die Situation der Briefschreiber im Vordergrund steht und Gott für sein Handeln gegen sie gepriesen wird. Dies ist durch die besondere Veranlassung und Stimmung dieses Briefes bedingt. Aber auch hier wird sofort dargelegt, wie dieses Handeln Gottes auch den Briefempfängern zugute kommt.

Im allgemeinen können wir sagen, daß die Briefeingangs-Eulogien Gott für ein Handeln preisen, das den Briefschreibern und/oder den Briefempfängern zugute gekommen ist, Briefschreiber und Briefempfänger verbindet und dadurch in entscheidender Weise die Briefsituation bestimmt. Dies trifft auch für die Eingangs-Eulogie des Epheserbriefes zu. Am nächsten berührt sie sich mit derjenigen des 1. Petrusbriefes[12]. Auch im Epheserbrief wird Gott zunächst für sein Handeln mit den Christen insgesamt gepriesen, nachher wird dies auf die Briefempfänger appliziert (Eph 1,13f.; vgl. 1Petr 1,6ff.)[13].

Auffallend ist, daß *die Eulogie im Epheserbrief nicht die Versicherung der Danksagung verdrängt hat.* Diese folgt in 1,15f.; ihre Form ist freilich durch die Berücksichtigung der vorangestellten Eulogie am Anfang modifiziert. Diese Verdoppelung, Eulogie und Versicherung der Danksagung, hat aber eine Analogie im Brief Surons. Vgl. hier im Epheserbrief:

Gepriesen ist Gott (εὐλογητὸς ὁ θεός) ..., der .... Darum auch ich, nachdem ich gehört von dem Glauben, der bei euch ist ... lasse ich nicht nach in Danksagung (οὐ παύομαι εὐχαριστῶν) ....

---

[10] [Siehe oben in diesem Band Aufsatz VIII, Anm. 68, Seite 303.]
[11] [Ähnlich schon H. WINDISCH 1924/70, 36f.]
[12] [So auch DEICHGRÄBER 1967, 77f.]
[13] [Vgl. GOPPELT 1978, 48-51: „So kann hier von einer literarischen Abhängigkeit keine Rede sein" (ibid., 48); P. J. ACHTEMEIER 1996, 93: „It (sc. the Eulogy) is not typical enough of Paul to say with confidence the author of 1 Peter must have gotten it from him; it is more likely that it represents an early Christian doxological formula, used by both Paul and the author of 1 Peter".]

Und dort im Brief Surons bei Eupolemos:

> *Gepriesen ist Gott (εὐλογητὸς ὁ θεός), der .... Als ich den Brief von dir las, wurde ich sehr erfreut und pries Gott (εὐλόγησα τὸν θεὸν)....*

Am wenigsten berührt sich der Aufbau der Eulogie des Epheserbriefes mit demjenigen des 2. Korintherbriefes. Eine literarische Nachbildung wird also auf keinen Fall vorliegen[14]. Nur insofern liegt eine Analogie vor, als in beiden Fällen die mehr „objektive" Form der Eulogie als Brieferöffnung gewählt wird statt der mehr vertraulichen Form der Versicherung der Danksagung. Die Ursache ist aber in beiden Fällen eine andere. Im 2. Korintherbrief hat die Trübung des Verhältnisses zwischen der Gemeinde und dem Apostel zur Ersetzung der Danksagung durch eine Eulogie geführt[15]; vgl. die Auslassung der Danksagung im Galaterbrief[16]. Im Epheserbrief ist die Form der Eulogie gewählt, weil der Brief unter allen [echten und unechten] Paulusbriefen am wenigsten ein intimes Gepräge hat; der Brief ist ja [in seiner fiktiven Situation[17]] als Enzyklika[18] an mehrere Gemeinden adressiert gewesen, die dem „Apostel" nicht persönlich bekannt waren. Was den Briefschreiber mit den Briefempfängern verbindet, ist keine konkrete Veranlassung, die zur Abfassung des Briefes geführt hat, sondern das Handeln Gottes, das sie miteinander verbindet (1,3ff.; 3,1ff.). Die persönliche Versicherung des Verfassers, daß er für den Glauben (das Gläubigwerden) der Adressaten dankt, folgt deshalb hier erst nach einer Lobpreisung, die das Handeln Gottes zum Gegenstand hat.

---

[14][Similarly BEST 1998, 105: „Berakoth may have been employed eucharistically in AE's community and this may have prompted him to use one here or he may have imitated 2 Cor 1.3ff. The latter is less probable because even if he knew 2 Corinthians ... Eph 1.3ff is developed differently from 2 Cor 1.3ff and unlike the latter is followed by a normal thanksgiving section". Anders HÜBNER 1997, 133: „Εὐλογητός findet sich öfters in der LXX (z.B. Gen 14,20; ψ 17,47; Tob 13,1); doch dürfte der AuctEph hier wohl kaum auf die LXX zurückgreifen, da 3a εὐλογητός ... Χριστοῦ wörtliche Übernahme von 2Kor 1,3 ist. Als methodischer Grundsatz gilt für die Auslegung von Eph, daß die Reihenfolge Kol, authentische Paulinen und dann erst LXX für die Erklärung von wörtlichen Übereinstimmungen maßgebend ist. Insofern ist die Korrespondenz mit hebräischem ברוך אלהים o.ä., z.B. Ps 66,20, für die Exegese von 1,3 unerheblich ..."; so schon C. L. MITTON 1976, 45; ähnlich auch U. LUZ 1998, 116: „Der Verfasser orientiert sich am paulinischen zweiten Korintherbrief".]

[15][So auch SCHUBERT 1939, 50: „The reason why Paul did not begin II Corinthians with the regular εὐχαριστῶ thanksgiving and chose the more liturgical, less personal εὐλογία (εὐλογητὸς ὁ θεὸς κτλ., 1,4-11), must be looked for in the particular epistolary situation which called forth this letter"; sowie R. BULTMANN 1976, 25: „... weder Rede in erster Person noch Dank für den Stand der Gemeinde; Motiv des Gedenkens und der Fürbitte fehlen"; anders V. P. FURNISH 1984, 116-17; P. BARNETT 1997, 65f.]

[16][Dazu N. A. DAHL 1973, 12: „The most obvious peculiarity of Galatians in comparison with the other letters of Paul is the absence of an initial assertion of thanksgiving. As generally recognized, this is an indication of a strained relationship between sender and recipients"; vgl. auch H. D. BETZ 1988, 97: „Man wird zugeben müssen, daß die übliche Danksagung am Ende des Präskripts im Galaterbrief unangebracht wäre".]

[17][Siehe hierzu oben in diesem Band Aufsatz I, Seite 76ff., sowie unten Aufsatz XVI *passim*.]

[18][Siehe hierzu oben in diesem Band Aufsatz I, zu Anm. 12 und Anm. 13, Seite 3.]

Im Römerbrief sowie im [deutero-paulinischen] Kolosserbrief ist die Situation insofern ähnlich, als auch diese Briefe an Gemeinden geschrieben sind, die dem Apostel[/bzw. dem „Apostel"] persönlich unbekannt waren. Aber die Sache liegt dort doch wieder anders, schon dadurch, daß diese Briefe jeweils nur an eine Gemeinde gerichtet waren, vgl. auch die Grußlisten Röm 16 und Kol 4,10-17. Der Römerbrief ist auch in einer bestimmten, rein briefgemäßen Situation geschrieben, die durch das bevorstehende Kommen des Apostels nach Rom bestimmt ist. Dies wird in der Brieferöffnung sofort in den Vordergrund gestellt und leitet zum Thema der folgenden Ausführungen über. Im Römerbrief erfüllt aber die Erweiterung des Präskripts (1,2-6) eine ähnliche Funktion wie die Eulogie im Epheserbrief; es wird klargemacht, daß durch das Evangelium Gottes und den Auftrag des Apostels eine „objektive" Verknüpfung der Gemeinde mit dem Apostel schon besteht[19].

Denselben Zweck hat im Kolosserbrief die Erweiterung der Fürbitte durch den Hinweis auf das Handeln Gottes, für welches die Kolosser Gott zu danken haben (Kol 1,12-23)[20]. In diesem Fall aber ist durch Epaphras schon eine mehr persönliche Beziehung zwischen der Gemeinde und dem „Apostel" hergestellt. Der Brief dient dazu, die Gemeinde zum Festhalten an dem von Epaphras verkündigten Evangelium zu bewegen. Ein Anlaß zur Änderung des gewöhnlichen Briefformulars lag also hier nicht vor. Anders im Epheserbrief, dessen Abweichung von dem gewöhnlichen Schema durch die besondere Art und Veranlassung voll verständlich wird.

2. Der formale Aufbau

Der formale Aufbau des „Proömiums" (Eph 1,3-14) ist von der Funktion der Briefeingangs-Eulogien aus zu analysieren[21]. Zuerst steht die eigentliche Lobpreisung, mit εὐλογητός und Gottesname, dann folgt eine Prädikation, die durch ein determiniertes Partizip aussagt, wofür Gott zu loben ist, in diesem Falle dafür, daß er „uns gesegnet hat" (V. 3). Was das heißt, wird in Vv. 4-12 näher erläutert. In V. 13 folgt dann die direkte Hinwendung zu den Adressaten und die Applizierung des Gesagten auf sie[22]. Darauf zielt die ganze Eulogie hin, und dadurch wird der Übergang zur Versicherung der Danksagung vorbereitet. Die strukturell tragenden Elemente der [Briefeingangs]-Eulogie sind etwa: εὐλογητὸς ὁ θεός ..., ὁ εὐλογήσας ἡμᾶς ... ἐν Χριστῷ, ...[V. 3]; ἐν ᾧ καὶ ὑμεῖς ... πιστεύσαντες ἐσφραγίσθητε ... εἰς ἀπολύτρωσιν [Vv. 13-14]. Die nähere Erläuterung von V. 3b in Vv. 4-12 hat dagegen *nicht* eine so direkte Bedeutung für die *briefgemäße* Funktion der Eulogie. Von hier aus ergibt sich, daß jede

---

[19] [Zur Funktion des Römerbriefpräskripts, siehe bes. W. SCHMITHALS 1988, 47-54.]
[20] [Vgl. dazu jetzt die Analyse von M. WOLTER 1993, 57-97.]
[21] [So auch KRÄMER 1967, bes. 38ff., und SCHNACKENBURG 1977, 69ff. Anders argumentiert BEST 1998, 110: „If then AE neither adapted an existing hymn nor created one, we must seek the structure of the eulogy in its content rather than in a formal pattern". Siehe ferner den forschungsgeschichtlichen Überblick in LINCOLN 1990, 10-19.]
[22] [Vgl. oben in diesem Band Aufsatz I, Seite 4.]

formale Analyse des Proömiums abzuweisen ist, die das Ganze als eine Einheit betrachtet, ohne auf die besondere Stellung von (V. 3 und) Vv. 13-14 zu achten[23].

Die nähere Analyse muß davon ausgehen, daß das Proömium nicht nach festen poetischen Regeln, weder der griechischen noch der semitischen Poesie, gebaut ist[24].

Als Hauptregel muß deshalb gelten, daß man nicht ohne weiteres annehmen darf, daß sich die formale (kolometrische) Gliederung nicht mit der syntaktischen und inhaltlichen deckt[25]. Es ist deshalb z.B. kaum möglich, anzunehmen, daß die drei Partizipien ὁ εὐλογήσας – προορίσας – γνωρίσας die Struktur des Ganzen bestimmen[26]. Eher könnte man mit Dibelius annehmen, daß das wiederholte ἐν αὐτῷ V. 4, ἐν ᾧ Vv. 7. 11. 13 disponierende Kraft hätte[27]. Aber auch das möchte ich bezweifeln; vorläufig mag nur darauf hingewiesen werden, daß die von Dibelius gegebene Inhaltsangabe nicht zutreffend ist. Vv. 4-6 handelt z.B. nicht nur von der Erwählung.

Schwierigkeiten bietet nur die Analyse von Vv. 4-12[28]. Und auch hier ist der Aufbau klar in Vv. 4-6. Die Eulogie wird in V. 4a durch einen καθώς-Satz fortgeführt, daran schließt sich ein finaler Infinitiv, V. 4b, und ein *participium coniunctum*, V. 5, an. Ich möchte dabei ἐν ἀγάπῃ in V. 4b zum Folgenden ziehen[29]; klar ist auf alle Fälle, daß προορίσας eine nähere Bestimmung zu ἐξελέξατο ist, nicht eine selbständige Fortführung von ὁ εὐλογήσας[30]. Die syntaktische und kolometrische Einheit wird durch zwei Präpositionsausdrücke abgeschlossen, wovon besonders der letztere (εἰς ἔπαινον δόξης τῆς χάριτος αὐτοῦ) ziemlich lose angefügt ist.

---

[23][Eine Dreiteilung vertreten auch E. LOHMEYER 1926, 122; G. SCHILLE 1965, 66; KRÄMER 1967, 39-41 und ihm folgend LINDEMANN 1985, 22; ferner POKORNÝ 1992, 54f.; LUZ 1998, 117. Bei der Textdelimitation ist dies die einzige Stelle, wo DAHL, KRÄMER, SCHNACKENBURG und LINCOLN alle übereinstimmen, selbst wenn LINCOLN die Dreiteilung durch eine Vierteilung und SCHNACKENBURG durch eine Sechsteilung ersetzen, wo bei SCHNACKENBURG der sechste Teil „nur den Sinn einer ‚Erinnerung' an den ihnen (sc. den Empfängern) gnadenhaft eröffneten Weg zum Heil" hat (IDEM 1977, 84); siehe unten Appendix II auf Seite Seite 330f.]

[24]Zu der von LOHMEYER 1926, 120-25 gegebenen Analyse, vgl. die Kritik von A. DEBRUNNER 1926, 231-33.

[25][Siehe Appendix I unten Seite 328f.]

[26][So neuerdings wieder J. GNILKA 1990, 59 und LINCOLN 1990, 15f.; dagegen aber auch KRÄMER 1967, 34; SCHNACKENBURG 1977, 71; HÜBNER 1997, 132.]

[27]M. DIBELIUS 1927, 45; M. DIBELIUS/H. GREEVEN 1953, 59; [so schon HERM. VON SODEN 1893, z.St.; ganz entschieden nunmehr auch KRÄMER 1967, *passim*, bes. 38ff. und ihm folgend A. LINDEMANN 1985, 21f.]

[28][Siehe aber jetzt die unterschiedliche Beurteilung von V. 3b: einerseits als Teil der „Benediktionsformel" bei DAHL 1951, 254, 261 (= in diesem Aufsatz); SCHLIER 1963, 39; J. CAMBIER 1963, 103; KRÄMER 1967, 39ff., und ihm folgend LINDEMANN 1985, 22; LINCOLN 1990, 15; POKORNÝ 1992, 54, bzw. andererseits als Teil des „Begründungsabschnitts" bei SCHNACKENBURG 1977, 73f., 78; IDEM 1982, 42ff., und ihm folgend F. MUSSNER 1982, 40; FAUST 1993, 212ff.]

[29]Vgl. E. PERCY 1946, 268 Anm. 17; [so auch SCHLIER 1963, 52; SCHNACKENBURG 1977, 73, 76f.; GNILKA 1990, 72; dagegen DIBELIUS/GREEVEN 1953, 60; LYONNET 1961, 348; KRÄMER 1967, 40; LINCOLN 1990, 15ff.]

[30][So auch KRÄMER 1967, 42.]

Zu diesem Abschnitt ist zu bemerken, daß er mehrere Berührungspunkte mit den Briefeingängen anderer paulinischer Briefe hat. Das trifft zunächst für den καθώς-Satz zu, vgl. 1Kor 1,6; Phil 1,7 (2Thess 1,3; 2Kor 1,5; Röm 1,13; Kol 1,6; 1Thess 1,5; 2,13)[31]. Zur Bestimmung des Zieles: „damit wir heilig und untadelig vor ihm seien", sind zu vergleichen die Stellen Kol 1,22; Phil 1,6. 10; 1Kor 1,8; 1Thess 3,13. Endlich hat das abschließende εἰς ἔπαινον δόξης κτλ. in der Danksagung des Philipperbriefes eine nahe Parallele; hier steht am Schluß (1,11) der lose hinzugefügte Präpositionsausdruck εἰς δόξαν καὶ ἔπαινον θεοῦ.

Eigentlich hätte man erwarten sollen, daß die Eulogie des Epheserbriefes ebenso wie die Danksagung des Philipperbriefes mit dem Hinweis auf die Verherrlichung Gottes als Endziel den krönenden Abschluß erreicht hätte. Und in der Tat bildet dieser Hinweis den Schluß, er kehrt nämlich in Vv. 12 und 14 wieder. Das führt zu der weiteren Beobachtung, daß im Folgenden auch sonst auf Vv. 4-6a zurückgegriffen wird. Auf den Ausdruck κατὰ τὴν εὐδοκίαν τοῦ θελήματος αὐτοῦ wird in V. 9 zurückgegriffen durch τὸ μυστήριον τοῦ θελήματος αὐτοῦ und κατὰ τὴν εὐδοκίαν αὐτοῦ, ἣν προέθετο .... Auf denselben Ausdruck, so wie er durch Vv. 9-10 erläutert ist, wird auch in Vv. 11-12 zurückgegriffen: κατὰ πρόθεσιν τοῦ τὰ πάντα ἐνεργοῦντος κατὰ τὴν βουλὴν τοῦ θελήματος αὐτοῦ. Direkt auf προορίσας in V. 5 weist προορισθέντες in V. 11 zurück. Man wird dann auch die Finalbestimmung V. 12 εἰς τὸ εἶναι ἡμᾶς κτλ. als eine Art Wiederaufnahme von εἶναι ἡμᾶς ἁγίους κτλ. in V. 4 ansehen dürfen, was insofern auch exegetisch bedeutsam ist, als es eine eschatologische Bezogenheit der beiden Finalbestimmungen nahelegt. An die Erwähnung der Gnade Gottes V. 6a schließt sich V. 6bff. direkt an. Das immer wieder wiederholte ἐν Χριστῷ, ἐν αὐτῷ, ἐν ᾧ usw. findet sich dagegen in dem ganzen Abschnitt Vv. 3-14.

In Vv. 4-6a liegt alles schon beschlossen, was im Folgenden dargelegt wird: die ewige Auserwählung und der liebevolle Ratschluß Gottes, das Heil der Glaubenden und die Verherrlichung Gottes als letztes Ziel. Aber die Vv. 6b-12 bilden nicht einfach eine nähere Erläuterung zu den Vv. 4-6a. Der Gesichtspunkt ist vielmehr in diesen beiden Abschnitten ein anderer. In Vv. 4-6a ist vom Heil die Rede, so wie es *im ewigen Gnadenwillen beschlossen* liegt, Vv. 6b-12 redet dagegen von der *Verwirklichung dieses Willens* im Gnadenhandeln Gottes. Unter beiden Gesichtspunkten zusammen wird dargelegt, welche Fülle von „geistlichem Segen" in Christus gegeben ist.

Es bleibt die nähere Analyse von Vv. 6b-12. Es ist vor allem in diesem Abschnitt, daß immer neue Gedanken in völlig unübersichtlicher Weise aneinandergefügt zu werden scheinen. Die Art, in der die neuen Gedankenreihen hinzugefügt werden, ist aber immer wieder dieselbe. Jede Gedankenreihe (= jedes *Kolon*) wird mit einem nachhinkenden Präpositionsausdruck abgeschlossen, und daran wird mit einem Relativsatz eine neue Gedankenreihe angefügt[32]. Die nachhinkenden Präpositionsausdrücke bilden in dieser Weise den Übergang von der einen Reihe zur nächsten. Diese Art der

---

[31] Vgl. PERCY 1946, 243f. und SCHUBERT 1939, 31, 46.
[32] [Vgl. auch KRÄMER 1967, der bes. Gewicht auf die Satzschlüsse legt: „Das entscheidende Argument für die Gliederung der Eulogie bieten also die Satzschlüsse …" (*ibid.*, 38).]

Anknüpfung findet sich nicht nur in Vv. 6a-6b: εἰς ἔπαινον δόξης τῆς χάριτος αὐτοῦ, ἧς ἐχαρίτωσεν ..., sondern auch in Vv. 7-8: κατὰ τὸ πλοῦτος τῆς χάριτος αὐτοῦ, ἧς ἐπερίσσευσεν ... und in Vv. 9a-9b: κατὰ τὴν εὐδοκίαν αὐτοῦ, ἣν προέθετο .... Nach diesen Analogien wird man auch in V. 10 (gegen Nestle-Aland[24]; [so nach ausdrücklicher Empfehlung von H. Krämer[33] jetzt auch Nestle-Aland[26/27]]) ἐν αὐτῷ zu dem Vorhergehenden ziehen als einen lose angehängten Präpositionsausdruck, an den V. 11 mit ἐν ᾧ anknüpft. Auch zwischen Vv. 12 und 13 ist die Art der Verknüpfung eine ähnliche: ἐν τῷ Χριστῷ, ἐν ᾧ .... Hier ist aber der Präpositionsausdruck mehr organisch mit dem Vorhergehenden verbunden; der Relativsatz dagegen steht mehr selbständig. Auch in Vv. 6b-7 ist ein Relativsatz an einen Präpositionsausdruck angeschlossen (ἐν τῷ ἠγαπημένῳ, ἐν ᾧ ...), aber hier gehört sowohl der Präpositionsausdruck als auch der Relativsatz in eine größere syntaktische Gedankeneinheit hinein, die die Vv. 6b-7 umfaßt. Man wird also diesen Fall nicht mit den anderen auf eine Linie stellen dürfen.

Das charakteristische Stilmittel des Proömiums sind demnach die nachhinkenden Präpositionsausdrücke mit anschließenden Relativsätzen. Dieses Stilmittel ermöglicht dem „Apostel", den göttlichen Segen unter immer neuen Gesichtspunkten zu beschreiben und doch durchgehend die Übersicht über die Gedankenführung zu bewahren und am Ende zu dem von Anfang an ins Auge gefaßten Ziel zu gelangen: die Applizierung des Gesagten auf die Situation der Briefempfänger. Die Eulogie ist demnach in die folgenden [eindimensionalen] syntaktischen, kolometrischen und inhaltlichen Einheiten zu gliedern: V. 3, Vv. 4-6a, Vv. 6b-7, Vv. 8-9b, Vv. 9c-10, Vv. 11-12, Vv. 13 bis 14[34]. Daß bei dieser Gliederung keine völlig symmetrischen Einheiten herauskommen, wird nicht als ein Nachteil angesehen werden können[35].

Über den Gedankeninhalt der verschiedenen Satz- und Sinn-Einheiten müssen wir uns hier kurz fassen. Daß in V. 6a die Verherrlichung der Gnade Gottes als letztes Ziel seines Ratschlusses genannt wird, leitet zu Aussagen über diese Gnade über. Sie ist in Christus gegeben und bringt Erlösung und Vergebung der Übertretungen, Vv. 6a-7. Da am Ende auf den Reichtum dieser Gnade hingewiesen wird, kann sich eine neue Aussage anschließen, in welcher die Gnade Gottes nochmals geschildert wird: sie schließt die Offenbarung des Mysteriums seines Willens in sich, Vv. 8-9a[36]. Diese gnädige Offenbarung wird auf das Wohlgefallen, den Gnadenratschluß (εὐδοκία) Gottes zurückgeführt. Die folgende Gedankeneinheit hat diesen Ratschluß Gottes zum Gegenstand, er betrifft die Zusammenfassung des Alls in Christus in der Fülle der Zeiten, Vv. 9b bis 10. Nach diesem Ausblick ins Universale biegt der Verfasser wieder zurück zu dem, was in Christus den Gläubigen geschenkt worden ist, wobei er das im

---

[33][KRÄMER 1967, 40 mit Anm. 24; GNILKA 1990, 82; zum nachfolgenden möchte dagegen SCHNACKENBURG 1977, 74 und 76 ἐν αὐτῷ ziehen; so auch BEST 1998, 104. Gegen SCHNACKENBURG, ibid., wendet sich LINCOLN 1990, 17f.; HÜBNER 1997, 139: „Schon allein der jeweilige Neuansatz mit ἐν ᾧ in 7. 11. 13 spricht jedoch gegen diese Zuordnung von ἐν αὐτῷ".]

[34][Eine dreidimensionale Analyse findet sich unten Seite 325 sowie jetzt im Appendix II auf Seite 330.]

Vorhergehenden Gesagte zusammenfaßt. Als neues Moment kommt hinzu, daß in Christus auch das eschatologische „Los" denjenigen zugeteilt worden ist, die im voraus – vor der Parousie – auf Christus hoffen, Vv. 11-12[37]. Mit dieser letzten Gedankenreihe ist auch der Weg zur direkten Hinwendung an die [heidenchristlichen] Leser gebahnt, und diese folgt in Vv. 13-14[38].

Die Analyse der Briefeingangs-Eulogie bringt die Entscheidung einer vieldebattierten exegetische Frage. Wenn man die Struktur und die Funktion der Eulogie sowie die

---

[35] Zu der Häufung der nachhinkenden Präpositionsausdrücke mit angeschlossenen Relativsätzen in Eph 1,3-14 wird sich kaum eine volle Parallele finden lassen. Nur *ein* Beispiel dieser Art findet sich Eph 1,19-20: κατὰ τὴν ἐνέργειαν ... αὐτοῦ, ἣν ἐνήργηκεν .... In Eph 3,4-12 finden sich mehrere Relativsätze, die sich an Präpositionsausdrücke anschließen; diese hinken aber nicht in derselben Weise nach wie diejenigen in 1,3-14: ἐν τῷ μυστηρίῳ τοῦ Χριστοῦ, ὃ ..., ... διὰ τοῦ εὐαγγελίου, οὗ ἐγενήθην διάκονος ..., (V. 11) κατὰ πρόθεσιν τῶν αἰώνων ἣν ἐποίησεν ἐν τῷ Χριστῷ ..., ἐν ᾧ .... Einigermaßen vergleichbar sind auch die Konstruktionen Eph 1,22-23; 2,1-3; 4,15-16.

Auch im Kolosserbrief wird der Gedankengang oft durch Relativsätze fortgeführt, die sich an ein von einer Präposition regiertes Wort des vorhergehenden Satzes anschließen oder auch sonst in loser Verbindung mit dem vorhergehenden Satz stehen. Vgl. 1,5-8 διὰ τὴν ἐλπίδα ... ἣν προηκούσατε ..., καθὼς ... καθὼς ... καθὼς ἐμάθετε ἀπὸ Ἐπαφρᾶ ..., ὅς ἐστιν ..., und ferner 1,13-15. 23. 24-29; 2,9-12. Aber der charakteristische Anschluß der Relativsätze an nachhinkende Präpositionsausdrücke findet sich nicht oder höchstens in 1,5.

Aus den echten Paulusbriefen muß vor allem auf Röm 1,1-6 hingewiesen werden: εἰς εὐαγγέλιον θεοῦ, ὃ προεπηγγείλατο ... περὶ τοῦ υἱοῦ αὐτοῦ, τοῦ ..., δι' οὗ ἐλάβομεν ... ἐν πᾶσιν τοῖς ἔθνεσιν ..., ἐν οἷς ἐστε καὶ ὑμεῖς .... Hier hinken die Präpositionsausdrücke freilich nicht nach, aber an Eph 1,3-14 erinnert doch die Weise, in der Präpositionsausdrücke mit angeschlossenen Relativsätzen immer neue Gedanken an sich hinzufügen lassen: der Apostel – das Evangelium – wiederum der Apostel – die Heiden – die römischen Christen. Diese Berührung ist um so bemerkenswerter, als Röm 1,2-6 in dem Briefeingang gewissermaßen einen ähnlichen Zweck hat wie Eph 1,3-14, worauf schon hingewiesen wurde. Auch die freie Anknüpfung von immer neuen Gedanken, z.T. durch Präpositionsausdrücke und Relativsätze in 2Thess 1,3-10 mag hier genannt werden. Die übrigen Stellen, die ich notiert habe, sind nur sehr entfernte Parallelen, Röm 3,24-25; 4,16-18; 5,1-2; 2Kor 1,4. 9-10; 4,3-4; Phil 2,5-6; vgl. auch Gal 1,3-5.

Auch einige meist formelhafte Stellen in den [deutero-paulinischen] Pastoralbriefen lassen sich vergleichen, vor allem Tit 1,2-3: ἐπ' ἐλπίδι ζωῆς αἰωνίου, ἣν ἐπηγγείλατο ..., ... ἐν κηρύγματι, ὃ ἐπιστεύθην ἐγώ, ferner 1Tim 1,11; 2Tim 1,8-11; 2,8-9. Aus dem nichtpaulinischen Schrifttum des NT wird sich am ehesten 1Petr 3,18-22 heranziehen lassen; vgl. auch 1Petr 1,3-8 und 20-21, wo aber hauptsächlich Partizipialkonstruktion verwendet wird. Eine nähere Untersuchung wäre vielleicht der Mühe wert. PERCY hat sowohl die nachhinkenden Präpositionsausdrücke als auch die Häufung der Relativsätze im Epheserbrief behandelt (1946, 185f., 191f., 213f. und 185 sowie 201f.), dagegen nicht speziell die Anknüpfung der Relativsätze an die Präpositionsausdrücke. Ich vermute aber, daß eine umfassende Untersuchung mit dem Ergebnis seiner stilistischen Analysen übereinstimmen würde. Auch dieser Stilzug wird eine Besonderheit des Epheserbriefes sein, ähnliche Erscheinungen werden sich jedoch leichter bei Paulus als bei anderen Autoren finden, und bei Paulus hauptsächlich in Abschnitten, die auch der Art und dem Inhalt nach der Eulogie Eph 1,3-14 einigermaßen nahestehen.

[36] Die Worte ἐν πάσῃ σοφίᾳ καὶ φρονήσει sind wohl zum Folgenden, als eine Bestimmung zu γνωρίσας, zu ziehen, vgl. PERCY 1946, 309 Anm. 66.

[37] Über die Bedeutung von ἐκληρώθημεν und τοὺς προελπικότας, vgl. E. HAUPT 1902, z.St., dessen Exegese durch unsere Analyse des Abschnittes bestätigt zu werden scheint.

[38] [So auch KRÄMER 1967, 41; SCHNACKENBURG 1977, 78; SELLIN 1992, 88; FAUST 1993, 213.]

Analogie der übrigen Briefeingänge beachtet, kann es nicht zweifelhaft sein, daß in Vv. 13-14 die Briefempfänger, nicht die Heidenchristen im allgemeinen, angeredet sind. Die erste Person Pluralis kann auch unmöglich in Vv. 11-12 eine andere Bedeutung als in den vorhergehenden Versen 3-9 haben[39]. Es wird also aus der Gesamtheit der Christen die besondere Gruppe, an die der Apostel schreibt, hervorgehoben, nicht aber Heidenchristen und Judenchristen miteinander kontrastiert[40]. Richtig ist an dieser Auslegung nur, daß die Adressaten als frühere Heiden zu denken sind.

Die Hauptaussage in Vv. 13-14 ist, daß Gott in Christus die Briefempfänger mit dem Heiligen Geiste versiegelt hat. Dadurch hat Gott sie als zur Heilsgemeinde gehörend anerkannt und ihnen das „Angeld des Erbes" gegeben im Hinblick auf die eschatologische Erlösung. Vielleicht wirkt hier auch der Gedanke mit, daß die Versiegelung mit dem Heiligen Geiste die den Heiden fehlende Beschneidung als höheres Gegenstück ersetzt (vgl. Eph 4,30; 2Kor 1,22; 5,5 und ferner Gal 3,2-5; 4,6f.; Röm 5,5; 8,14-16. 23. 26; Apg 10,47; 11,17; 15,8).

Die Hervorhebung des Versiegeltwerdens mit dem Heiligen Geiste weist dabei auch auf das Gesegnetwerden mit jedem geistlichen Segen (V. 3) zurück[41]. An diesem Segen, dessen Grundlage und Verwirklichung in Vv. 4-12 dargelegt worden ist, haben auch die Briefempfänger Anteil bekommen. Alles ist in und mit Christus gegeben. Es muß allerdings vorausgesetzt werden, daß die Versiegelung mit dem Geiste an dessen Äußerungen erkennbar ist. Die Segnung „mit jedem geistlichen Segen" wird deshalb auch den Reichtum der Geistesgaben umfassen. Der „Apostel" denkt aber nicht so sehr an immer neue Betätigungen des segensreichen Waltens Gottes im Leben der Christen als vielmehr daran, daß in Christus die Fülle alles Segens gegeben ist, und daß dies alles den Christen bei ihrem Gläubigwerden – bei der Taufe – geschenkt worden ist (NB den Aorist εὐλογήσας). Als konkrete Betätigungen des Geistes haben wir dabei nicht nur etwa an Prophezeiung und Zungenreden, sondern auch an das akklamatorische Bekenntnis „Herr ist Jesus" und an den Gebetsruf „Abba, Vater" (das Vaterunser als Neophytengebet[42]?) zu denken.

---

[39][So auch DIBELIUS/GREEVEN 1953, 61f.; GNILKA 1990, 83f.; KRÄMER 1967, 45; LINDEMANN 1975, 100; IDEM 1985, 25; SCHNACKENBURG 1982, 62; LINCOLN 1990, 38; BEST 1998, 144f. und HÜBNER 1997, 140: „Die sog. *judenchristliche* Deutung ist also äußerst unwahrscheinlich ... Gegen die unbedingt abzulehnende *judenchristliche* Deutung spricht auch die formgeschichtliche Beobachtung DAHLS, wonach sich die Briefeingangseulogie nach der Lobpreisung der Taten Gottes zunächst dem Wir der Gemeinde und dann den Adressaten zuwendet" (Hervorhebung – DH); dagegen z.B. A. KLÖPPER 1891, 48; SCHLIER 1963, 66ff.; MITTON 1951, 227f.; MUSSNER 1982, 49ff.; CARAGOUNIS 1977, 47, 61 und FAUST 1993, 213f.: „Entscheidend für das konkrete Verständnis dieser Wir-Gruppe sind drei Beobachtungen ..., [die] eine *judenchristliche* Identität dieser Gruppe erforderlich machen: ..." gegen FAUST jetzt BEST, *ibid.*]

[40]Vgl. HAUPT 1902, z.St. und P. EWALD 1910, z.St. sowie PERCY 1946, 266 Anm. 16.

[41]Vgl. L. BRUN 1932, 26.

[42][Vgl. dazu LUZ 1985, 337: „In der alten Kirche wurde es den Täuflingen vor der Taufe feierlich ‚übergeben' und nach der Taufe von ihnen als erstes Gebet gesprochen [*Const Ap* 7,45; Chrys *Hom in Col* 6,4 = (M)PG 62.342 ...]".]

3. Zusammenfassung

Wir können jetzt zusammenfassen: Das „Proömium" des Epheserbriefes ist eine Briefeingangs-Eulogie, in der Gott im Hinblick auf das Gläubigwerden der Briefempfänger für alles gepriesen wird, was er in Christus den Gläubigen geschenkt hat[43]. Schematisch läßt sich die Gliederung in folgender Weise angeben:

    I. 1,3: Lobpreisung Gottes, der uns in Christus gesegnet hat.
   II. 1, 4-12: Nähere Erläuterung.
      A. 4-6a: Der ewige Gnadenratschluß Gottes als Grundlage.
      B. 6b-12: Das Gnadenhandeln Gottes in Christus als Verwirklichung [des Ratschlusses].
         1. 6b-7: Die Gnade als Vergebung.
         2. 8-9a: Die Gnade als Offenbarung.
         3. 9b-10: Die Universalität des Heils.
         4. 11-12: Das Teilhaben der Christen an diesem Heil.
  III. 1, 13-14: Applizierung auf die heidenchristlichen Briefempfänger.

Es wird ohne weiteres klar sein, daß dieser Briefeingang völlig zu der [fiktiven] Briefsituation paßt, die sich aus unserer Erörterung der Adresse des Briefes ergab. Der Inhalt des Briefeinganges ist durch die Tatsache des Gläubigwerdens der Briefempfänger bestimmt; denn der „Apostel" schreibt hier an Gemeinden in Kleinasien, von deren Entstehung er erfahren hat, ohne vorher einen Kontakt mit ihnen gehabt zu haben, obwohl sie zu seinem Missionsgebiete gehörten. Genauer gesprochen, er hat sich in jedem Exemplar des Briefes an je eine Gemeinde gewendet.

Nur angedeutet werden kann hier, daß die vorgetragene Auffassung des „Proömiums" auch durch den Gesamtinhalt des Briefes bestätigt wird. Innerhalb des Rahmens der Versicherung seiner Fürbitte erinnert der „Apostel" die Briefempfänger an das, was mit ihnen geschehen ist durch die Tat Gottes in Christus und ihrer eigenen Taufe (1,19-2,22), sowie an seinen eigenen Auftrag als „Apostel der Heiden" (3,2-13). Und in den Vermahnungen weist er nicht nur zu Anfang auf ihre Berufung hin „ein Herr, ein Glaube, eine Taufe" (4,1ff.), sondern kommt mehrmals auf den Gegensatz zwischen dem, was sie früher als Heiden waren, und dem, was sie jetzt in Christus sind, zu sprechen (4,17-24; 5,8-14). Die Ermahnungen haben zum Teil deutlich den Charakter einer [(fiktiven)] Neophyten-Paränese[44]. Die in allen paulinischen Briefen zu beobachtende Korrelation von Briefeingang und Briefinhalt ist also [auch im deutero-paulinischen] Epheserbrief [noch] sehr deutlich.

Die Bezeichnung des Proömiums als eine „Briefeingangs-Eulogie" hat sich als treffend erwiesen. Die „Eulogie" hat zunächst eine „epistuläre Funktion", sie hat in dem apostolischen Sendschreiben ihren „Sitz im Leben". Sie dient nicht nur dazu, Gott die

---

[43][So auch SCHNACKENBURG 1977, 85f.]
[44]Vgl. dazu DAHL 1945, 85-103; ferner DIBELIUS 1927, 71 zu 4,25-5,5. [Siehe außerdem jetzt DAHL in diesem Band oben Aufsatz I zu Anm. 385, Seite 70 und zu Anm. 414, Seite 77 sowie unten Aufsatz XVI Seite 453 Abschnitt 2.4. und Seite 456 Abschnitt 4.8.]

ihm gebührende Ehre zu geben, sondern hat auch den Zweck, die Augen der Briefempfänger zu öffnen, auf daß sie erkennen sollen, was ihnen mit allen Christen gemeinsam geschenkt worden ist, und wofür sie Gott zu loben haben. In dieser Weise dient die Eulogie als Präludium zum Brief. Und zugleich bringt sie die Einstellung des Briefschreibers den Adressaten gegenüber zum Ausdruck: er lobt Gott mit ihnen und ihretwegen; dadurch bereitet sie besonders die sofort folgende Versicherung vor, daß er ständig Gott danke in seinen Gebeten für sie[45].

Die unzweifelhaft „epistuläre Funktion" der Eulogie schließt aber keineswegs aus, daß sie sich auch an mehr liturgische Muster anlehnen kann. Die paulinischen [und deutero-paulinischen] Briefe sind ja dazu bestimmt, in den Gemeindeversammlungen vorgelesen zu werden[46]. Gerade am Briefeingang und Briefschluß wird sehr deutlich, daß auch das Briefformular dadurch bestimmt ist, wie u.a. die Gnaden- und Friedenswünsche zeigen[47]. Auch was die Danksagungen betrifft, wird die „epistuläre Funktion" eine Anlehnung an liturgische Muster nicht ausschließen[48]. Und die in Briefen seltenere Form der Eulogie wird sich noch mehr direkt an den kultischen Gebrauch anschließen. „Eulogien wie Eph 1,3; 1 Petr 1,3 werden in heidenchristlichen Gemeinden nicht nur dann gelautet haben, wenn diese Schreiben vorgelesen worden sind", hat Lyder Brun mit Recht gesagt[49].

Vielleicht ist es möglich, etwas weiter als zu der bloßen Feststellung, daß solche Eulogien auch im Gottesdienst laut wurden, zu kommen. Daß ein fest geformter Hymnus in Eph 1 zugrunde liegt[50], glaube ich freilich nicht und brauche das nach dem Vorhergehenden auch nicht weiter zu motivieren[51]. Aber die urchristlichen Eulogien sind sicherlich zum Teil mit bestimmten Handlungen verbunden gewesen, und es werden sich bestimmte, frei variierte Muster für die Form solcher Lobpreisungen herausgebildet haben. Das eucharistische Gebet ist ja z.B. aus der jüdischen „Eulogie" am Tisch herausgewachsen, wobei vor allem die an den „Segensbecher" geknüpfte Benediktion nach dem Essen von Bedeutung war. Aber auch bei der Taufe wird von Anfang an eine Eulogie gebraucht worden sein.

Schon im Judentum war eine Benediktion mit dem rituellen Untertauchen verbunden. Sie lautete nach *b.Pes* 7b:

---

[45][Zur pragmatischen Dimension der Eulogie, siehe nunmehr auch SCHNACKENBURG 1977, 83-87.]

[46][Vgl. L. HARTMAN 1997, 167-77.]

[47]Vgl. BRUN 1932, 65.

[48]SCHUBERT 1939, 251 Anm. 17 scheint mir dies nicht genügend zu beachten.

[49]BRUN 1932, 63.

[50]Das hat W. OCHEL 1934, 18-32 zu zeigen versucht; Zur Kritik an OCHEL, vgl. PERCY 1946, 373, Anm. 18 [sowie SCHILLE 1965, 65ff.; DEICHGRÄBER 1967, 68f.]. [Als Hymnus bzw. Teil eines vorgeformten Hymnus verstehen 1,3-14 auch CH. MASSON 1953, 148-52; J. COUTTS 1956/57, 115-27; CAMBIER 1963, 58-104; SCHILLE 1965, 65-73; FISCHER 1973, 111-18; C. J. ROBBINS 1986, 677-87.]

[51][So jetzt auch z.B. DEICHGRÄBER 1967, 67-72; KRÄMER 1967, 34-37; CARAGOUNIS 1977, 41-45; H. HENDRIX 1988, 3-15; LINCOLN 1990, 14; HÜBNER 1997, 131f.; BEST 1998, 109f.]

Gepriesen sei er, daß er uns durch seine Gebote geheiligt und uns das Untertauchen geboten hat.

Es scheint mir unbedingt wahrscheinlich zu sein, daß die Benediktion beim Untertauchen die Urzelle der christlichen Taufgebete ist. Vor allem mögen sich die Taufwasserweihegebete aus der Tauf-Eulogie entwickelt haben[52]. Daß die christlichen Taufgebete nicht vom Täufling, sondern vom Taufenden oder vom Bischof gesprochen wurden, ist dadurch bedingt, daß die Taufe nicht mehr ein Sich-Untertauchen, sondern ein Getauft-Werden war. Eine Benediktion wird wohl auch bei der Proselytentaufe gesprochen worden sein, aber man braucht nicht besonders daran zu denken. Die Bedeutung der gewöhnlichen und besonders der priesterlichen Reinigungsbäder im Judentum ist m.E. in der Diskussion über den Ursprung der Taufe viel zu wenig beachtet worden. Darauf kann ich aber in diesem Zusammenhang nicht mehr eingehen.

Als ein altes Beispiel für eine Tauf-Eulogie mag besonders auf *Const. Apost.* VII. 43 hingewiesen werden. Es ist bemerkenswert, daß Spuren von der hier klar zu Tage tretenden trinitarischen Struktur auch in Eph 1,3ff. und 1Petr 1,3ff. zu beobachten sind[53]. Die Ähnlichkeit dieser beiden Eulogien möchte ich also dadurch erklären, daß sie sich beide an die Form der Tauf-Eulogien anlehnen. Daß die Briefeingangs-Eulogie in Eph 1 sich wirklich mit dieser Form der liturgischen Eulogien berührt, ist deshalb eine naheliegende Vermutung, weil sie im Hinblick auf das Gläubigwerden der Adressaten geformt ist.

Tatsächlich spielen in Eph 1,3-14 Taufmotive eine große Rolle. Das ist in gegenseitiger Unabhängigkeit von F. W. Flemington[54], dem Verfasser[55] und schon früher von A. Frh. von Stromberg[56] beobachtet worden. In der alten Kirche bezeichnete Kyrillos von Jerusalem Eph 1,3ff. als eine für die Täuflinge passende Lobpreisung (*Catech. myst.* XVIII. 35, *MPG* 33. 1057f.). Am deutlichsten ist die Berücksichtigung der Taufe natürlich in 1,13-14, aber auch die „Sohnschaft", die Vergebung der Sünden, die Zuteilung des Erbes und überhaupt der gesamte „geistliche Segen" kann von der Taufe nicht losgelöst werden.

Natürlich habe ich bei diesem letzten Punkt nur Indizien angeben und keinen strikten Beweis führen können. Es scheint mir aber, daß die Möglichkeit und doch wohl auch die Wahrscheinlichkeit dafür erwiesen ist, daß das Proömium des Epheserbriefes nicht nur als eine Briefeingangs-Eulogie, sondern genauer als eine sich an die Form und den Inhalt der Tauf-Eulogien anlehnende Briefeingangs-Eulogie aufzufassen ist. Die Anlehnung an dieses liturgische Muster mag vielleicht auch für den Stil des Abschnittes von Bedeutung gewesen sein. Auf alle Fälle würde sie sowohl mit der von

---

[52]Vgl. über sie H. Scheidt 1935.
[53]Vgl. zu diesem Punkte: O. Moe 1929, 179-96.
[54]W. F. Flemington 1948, 69-71.
[55]Vgl. Dahl 1945. Bei der Abfassung dieses Aufsatzes hatte ich übersehen, daß W. Lueken 1917 in der dritten Auflage der „Schriften des Neuen Testaments" die Vermutung aufgestellt hatte, daß der Epheserbrief als eine Taufpredigt aufzufassen wäre. Den Hinweis darauf verdanke ich Lyder Brun.
[56]A. Frh. von Stromberg 1913, 61 Anm. 1.

uns angenommenen [fiktiven] Briefsituation als auch mit dem Gesamtcharakter des Briefes in voller Harmonie stehen.

<Appendix I: Kola und Kommata im Eph 1,3-14>

V. 3   ΕΥΛΟΓΗΤΟΣ
      Ο ΘΕΟΣ ΚΑΙ ΠΑΤΗΡ
      ΤΟΥ ΚΥΡΙΟΥ ΗΜΩΝ ΙΗΣΟΥ ΧΡΙΣΤΟΥ
      Ο ΕΥΛΟΓΗΣΑΣ ΗΜΑΣ
         ΕΝ ΠΑΣΗΙ ΕΥΛΟΓΙΑΙ ΠΝΕΥΜΑΤΙΚΗΙ
         ΕΝ ΤΟΙΣ ΕΠΟΥΡΑΝΙΟΙΣ
         ΕΝ ΧΡΙΣΤΩΙ
V. 4   ΚΑΘΩΣ ΕΞΕΛΕΞΑΤΟ ΗΜΑΣ
      ΕΝ ΑΥΤΩΙ
      ΠΡΟ ΚΑΤΑΒΟΛΗΣ ΚΟΣΜΟΥ
      ΕΙΝΑΙ ΗΜΑΣ ΑΓΙΟΥΣ ΚΑΙ ΑΜΩΜΟΥΣ
         ΚΑΤΕΝΩΠΙΟΝ ΑΥΤΟΥ
      ΕΝ ΑΓΑΠΗΙ
V. 5   ΠΡΟΟΡΙΣΑΣ ΗΜΑΣ ΕΙΣ ΥΙΟΘΕΣΙΑΝ
      ΔΙΑ ΙΗΣΟΥ ΧΡΙΣΤΟΥ
      ΕΙΣ ΑΥΤΟΝ
      ΚΑΤΑ ΤΗΝ ΕΥΔΟΚΙΑΝ
      ΤΟΥ ΘΕΛΗΜΑΤΟΣ ΑΥΤΟΥ
V. 6   ΕΙΣ ΕΠΑΙΝΟΝ ΔΟΞΗΣ
      ΤΗΣ ΧΑΡΙΤΟΣ ΑΥΤΟΥ
      ΗΣ ΕΧΑΡΙΤΩΣΕΝ ΗΜΑΣ
      ΕΝ ΤΩΙ ΗΓΑΠΗΜΕΝΩΙ
V. 7   ΕΝ ΩΙ ΕΧΟΜΕΝ ΤΗΝ ΑΠΟΛΥΤΡΩΣΙΝ
      ΔΙΑ ΤΟΥ ΑΙΜΑΤΟΣ ΑΥΤΟΥ
      ΤΗΝ ΑΦΕΣΙΝ ΤΩΝ ΠΑΡΑΠΤΩΜΑΤΩΝ
V. 8   ΚΑΤΑ ΤΟ ΠΛΟΥΤΟΣ ΤΗΣ ΧΑΡΙΤΟΣ ΑΥΤΟΥ
      ΗΣ ΕΠΕΡΙΣΣΕΥΣΕΝ ΕΙΣ ΗΜΑΣ
      ΕΝ ΠΑΣΗΙ ΣΟΦΙΑΙ ΚΑΙ ΦΡΟΝΗΣΕΙ
V. 9   ΓΝΩΡΙΣΑΣ ΗΜΙΝ
      ΤΟ ΜΥΣΤΗΡΙΟΝ ΤΟΥ ΘΕΛΗΜΑΤΟΣ ΑΥΤΟΥ
      ΚΑΤΑ ΤΗΝ ΕΥΔΟΚΙΑΝ ΑΥΤΟΥ
      ΗΝ ΠΡΟΕΘΕΤΟ ΕΝ ΑΥΤΩΙ
V. 10 ΕΙΣ ΟΙΚΟΝΟΜΙΑΝ ΤΟΥ ΠΛΗΡΩΜΑΤΟΣ ΤΩΝ ΚΑΙΡΩΝ
      ΑΝΑΚΕΦΑΛΑΙΩΣΑΣΘΑΙ ΤΑ ΠΑΝΤΑ
      ΕΝ ΤΩΙ ΧΡΙΣΤΩΙ
      ΤΑ ΕΠΙ ΤΟΙΣ ΟΥΡΑΝΟΙΣ
         ΚΑΙ ΤΑ ΕΠΙ ΤΗΣ ΓΗΣ
      ΕΝ ΑΥΤΩΙ

V.11	ΕΝ ΩΙ ΚΑΙ ΕΚΛΗΡΩΘΗΜΕΝ
	ΠΡΟΟΡΙΣΘΕΝΤΕΣ
	ΚΑΤΑ ΠΡΟΘΕΣΙΝ
	ΤΟΥ ΤΑ ΠΑΝΤΑ ΕΝΕΡΓΟΥΝΤΟΣ
	ΚΑΤΑ ΤΗΝ ΒΟΥΛΗΝ ΤΟΥ ΘΕΛΗΜΑΤΟΣ ΑΥΤΟΥ
V. 12	ΕΙΣ ΤΟ ΕΙΝΑΙ ΗΜΑΣ
	ΕΙΣ ΕΠΑΙΝΟΝ ΔΟΞΗΣ ΑΥΤΟΥ
	ΤΟΥΣ ΠΡΟΗΛΠΙΚΟΤΑΣ ΕΝ ΤΩΙ ΧΡΙΣΤΩΙ
V. 13	ΕΝ ΩΙ ΚΑΙ ΥΜΕΙΣ
	ΑΚΟΥΣΑΝΤΕΣ ΤΟΝ ΛΟΓΟΝ ΤΗΣ ΑΛΗΘΕΙΑΣ
	ΤΟ ΕΥΑΓΓΕΛΙΟΝ ΤΗΣ ΣΩΤΗΡΙΑΣ ΥΜΩΝ
	ΕΝ ΩΙ ΚΑΙ ΠΙΣΤΕΥΣΑΝΤΕΣ
	ΕΣΦΡΑΓΙΣΘΗΤΕ
	ΤΩΙ ΠΝΕΥΜΑΤΙ ΤΗΣ ΕΠΑΓΓΕΛΙΑΣ
	ΤΩΙ ΑΓΙΩΙ
V. 14	Ο ΕΣΤΙΝ ΑΡΡΑΒΩΝ ΤΗΣ ΚΛΗΡΟΝΟΜΙΑΣ ΗΜΩΝ
	ΕΙΣ ΑΠΟΛΥΤΡΩΣΙΝ ΤΗΣ ΠΕΡΙΠΟΙΗΣΕΩΣ
	ΕΙΣ ΕΠΑΙΝΟΝ ΤΗΣ ΔΟΞΗΣ ΑΥΤΟΥ.

[Appendix II: Synopse der Textstrukturierung von Eph 1,3-14]

Dahl 1951, 254-61	Krämer 1967, 39

V. 3.   I.   Εὐλογητὸς ὁ θεὸς ...
                ὁ εὐλογήσας ἡμᾶς
                ...
                ἐν Χριστῷ
V. 4.   II. A.   καθὼς ἐξελέξατο ἡμᾶς
                ...
                ...
                ...
                ἐν ἀγάπῃ προορίσας ἡμᾶς
                ...
                ...
                ...
                εἰς ἔπαινον δόξης
                τῆς χάριτος αὐτοῦ
V. 6b   B1   ἧς ἐχαρίτωσεν ἡμᾶς
                ...
                ...
                κατὰ τὸ πλοῦτος τῆς χάριτος
                αὐτοῦ
V. 8   B2   ἧς ἐπερίσσευσεν εἰς ἡμᾶς
                ...
                ...
                κατὰ τὴν εὐδοκίαν αὐτοῦ
V. 9c   B3   ἣν προέθετο ἐν αὐτῷ
                ...
                ...
                ἐν αὐτῷ
V. 11   B4   ἐν ᾧ καὶ ἐκληρώθημεν
                ...
                ...
                ...
                ἐν τῷ Χριστῷ
V. 13   III.   ἐν ᾧ καὶ ὑμεῖς ἀκούσαντες
                ...
                ἐν ᾧ καὶ πιστεύσαντες
                ...
                εἰς ἔπαινον τῆς δόξης αὐτοῦ.
	V. 3. I. Εὐλογητὸς ὁ θεὸς ...
	                ὁ εὐλογήσας ἡμᾶς
	                ...
	                ἐν Χριστῷ
	V. 4. I.a καθὼς ἐξελέξατο ἡμᾶς
	                ἐν αὐτῷ
	                ...
	                ...
	                προορίσας ἡμᾶς
	                ...
	                ...
	                ...
	                ...
	                ...
	                ...
	                ἐν τῷ ἠγαπημένῳ
	V. 7b II.b ἐν ᾧ ἔχομεν τὴν ἀπολύτρωσιν
	                ...
	                ...
	                ...
	                ...
	                γνωρίσας ἡμῖν τὸ μυστήριον
	                ...
	                ...
	                ...
	                ἐν αὐτῷ
	V. 11 II.c ἐν ᾧ καὶ ἐκληρώθημεν
	                ...
	                ...
	                ...
	                ἐν τῷ Χριστῷ
	V. 13 III. ἐν ᾧ καὶ ὑμεῖς ἀκούσαντες
	                ...
	                ἐν ᾧ καὶ πιστεύσαντες
	                ...
	                εἰς ἔπαινον τῆς δόξης αὐτοῦ.

[Appendix II: Synopse der Textstrukturierung von Eph 1,3-14 cont.]

Schnackenburg 1977, 73f.		Lincoln 1990, 15f.	

V. 3a		Εὐλογητὸς ὁ θεὸς ...	V. 3a		Εὐλογητὸς ὁ θεὸς ...
V. 3b	I.	ὁ εὐλογήσας ἡμᾶς	V. 3b	I.a	ὁ εὐλογήσας ἡμᾶς
		...			...
		καθὼς ἐξελέξατο ἡμᾶς ἐν αὐτῷ	V. 4	I.b	καθὼς ἐξελέξατο ἡμᾶς ἐν αὐτῷ
		...			...
		εἶναι ἡμᾶς ...			ἐν ἀγάπῃ
V. 5	II.	ἐν ἀγάπῃ προορίσας ἡμᾶς	V. 5f.	II.a	προορίσας ἡμᾶς
		...			...
		κατὰ τὴν εὐδοκίαν			
		...			...
		εἰς ἔπαινον δόξης τῆς χάριτος αὐτοῦ ἧς ἐχαρίτωσεν ἡμᾶς ἐν τῷ ἠγαπημένῳ			... ... ἐν τῷ ἠγαπημένῳ
V. 7.b	III.	ἐν ᾧ ἔχομεν τὴν ἀπολύτρωσιν	V. 7.b	II.b	ἐν ᾧ ἔχομεν τὴν ἀπολύτρωσιν
		...			...
		κατὰ τὸ πλοῦτος τῆς χάριτος αὐτοῦ ἧς ἐπερίσσευσεν εἰς ἡμᾶς			ἐν πάσῃ σοφίᾳ καὶ φρονήσει ...
		...			...
V. 9.	IV.	γνωρίσας ἡμῖν τὸ μυστήριον	V. 9f.	III.a	γνωρίσας ἡμῖν τὸ μυστήριον
		...			
		κατὰ τὴν εὐδοκίαν αὐτοῦ			
		...			
		εἰς οἰκονομίαν τοῦ πληρώματος τῶν καιρῶν			
		...			ἐν αὐτῷ
V. 11	V.	ἐν αὐτῷ, ἐν ᾧ καὶ ἐκληρώθημεν προορισθέντες κατὰ πρόθεσιν ... κατὰ τὴν βουλήν ...	V. 11f.	III.b	ἐν ᾧ καὶ ἐκληρώθημεν ... ...
		...			
		εἰς τὸ εἶναι ἡμᾶς			
		...			
		ἐν τῷ Χριστῷ			ἐν τῷ Χριστῷ
V. 13.	VI.	ἐν ᾧ καὶ ὑμεῖς ἀκούσαντες	V. 13f.	IV.	ἐν ᾧ καὶ ὑμεῖς ἀκούσαντες
		...			
		ἐν ᾧ καὶ πιστεύσαντες			ἐν ᾧ καὶ πιστεύσαντες
		...			εἰς ἀπολύτρωσιν ...
		εἰς ἔπαινον τῆς δόξης αὐτοῦ.			εἰς ἔπαινον τῆς δόξης αὐτοῦ.

Bibliography

ACHTEMEIER, P. J. 1996: *1 Peter. A Commentary on First Peter* (Hermeneia), Minneapolis, MN: Fortress 1996.

BARTH, M. 1974: *Ephesians* (AncB 34), Garden City, NY: Doubleday 1974.

BEST, E. 1998: *A Critical and Exegetical Commentary on Ephesians* (ICC), Edinburgh: Clark 1998.

BETZ, H. D. 1988: *Der Galaterbrief. Ein Kommentar zu Brief des Apostels Paulus an die Gemeinden in Galatien* (Ein Hermeneia-Kommentar), München: Kaiser 1988.

BRUN, L. 1932: *Segen und Fluch im Urchristentum* (SNVAO.HF 1932:1), Oslo: Dybwad 1932.

CAMBIER, J. 1963: „La Bénédiction d'Ephésiens 1,3-14", in: *ZNW* 54 (1963) 58-104.

CARAGOUNIS, C. C. 1977: *The Ephesian Mysterion. Meaning and Content* (CB.NT 8), Lund: Gleerup 1977.

COUTTS, J. 1956-57: „Ephesians I. 3-14 and I Peter I. 3-12", in: *NTS* 3 (1956-57)115-27.

DAHL, N. A. 1945: „Dopet i Efesierbrevet", in: *SvTK* 21 (1945) 85-103.

—1973: *Paul's Letter to the Galatians. Epistolary Genre, Content, and Structure* (SBL Paul Seminar 1973; Unpubliziert).

DEBRUNNER, A. 1926: „Grundsätzliches über Kolometrie im NT", in: *ThBl* 5 (1926) 231-33.

DEICHGRÄBER, R. 1967: *Gotteshymnus und Christushymnus in der frühen Christenheit. Untersuchungen zu Form, Sprache und Stil der frühchristlichen Hymnen* (StUNT 5), Göttingen: V&R 1967.

DIBELIUS, M. 1927: *An die Kolosser, Epheser, an Philemon* (HNT 12), 2. Aufl., Tübingen: Mohr Siebeck 1927.

DIBELIUS, M./GREEVEN, H. 1953: *An die Kolosser, Epheser, an Philemon* (HNT 12), 3. Aufl., Tübingen: Mohr Siebeck 1953.

EWALD, P. 1910: *Die Briefe des Paulus an die Epheser, Kolosser und Philemon* (KNT 10), 2. Aufl., Leipzig: Deichert 1910.

FAUST, E. 1993: *Pax Christi et Pax Caesaris. Religionsgeschichtliche, traditionsgeschichtliche und sozialgeschichtliche Studien zum Epheserbrief* (NTOA 24), Freiburg (CH): UV/Göttingen: V&R 1993.

FISCHER, K. M. 1973: *Tendenz und Absicht des Epheserbriefes* (FRLANT 111), Göttingen: V&R 1973.

FLEMINGTON, W. F. 1948: *The New Testament Doctrine of Baptism*, London: SPCK 1948.

GESE, M. 1997: *Das Vermächtnis des Apostels. Die Rezeption der paulinischen Theologie im Epheserbrief* (WUNT 2/99), Tübingen: Mohr Siebeck 1997.

GNILKA, J. 1990: *Der Brief an die Epheser* (HThK 10/2), 4. Aufl., Freiburg i. Br.: Herder 1990.

GOPPELT, L. 1976: *Der erste Petrusbrief* (KEK 12/1), Göttingen: V&R 1976.

HARTMAN, L. 1997: „On Reading Others' Letters", in: IDEM, *Text-Centered New Testament Studies. Text-Theoretical Essays on Early Jewish and Early Christian Literature*, hrsg. von D. HELLHOLM (WUNT 102), Tübingen: Mohr Siebeck 1997, 167-77.

HAUPT, E. 1902: *Die Gefangenschaftsbriefe* (KEK VIII/IX), 8. Aufl., Göttingen: V&R 1902.

HENDRIX, H. 1988: „On the Form and Ethos of Ephesians", in: *USQR* 42 (1988) 3-15.

HOLLADAY, C. R. 1983: *Fragments from Hellenistic Jewish Authors.* Volume I: *Historians* (Texts and Translations: Pseudepigrapha Series 20/10), Chico, CA: Scholars Press 1983.

HÜBNER, H. 1997: *An Philemon, An die Kolosser, An die Epheser* (HNT 12), Tübingen: Mohr Siebeck 1997.

KLÖPPER, A. 1891: *Der Brief an die Epheser*, Göttingen: V&R 1891.

KNOPF, R. 1912: *Die Briefe Petri und Judae* (KEK 12), 7. Aufl., Göttingen: V&R 1912.

KRÄMER, H. 1967: „Zur sprachlichen Form der Eulogie Aph. 1,3-14", in: *WuD* 9 (1967) 34-46.

LINCOLN, A. T. 1990: *Ephesians* (WBC 42), Dallas, TX: Word Books 1990.

LINDEMANN, A. 1985: *Der Epheserbrief* (ZBK 8), Zürich: ThV 1985.

LOHMEYER, E. 1926: „Das Proömium des Epheserbriefes", in: *ThBl* 5 (1926) 120-25.

LUEKEN, W. 1917: „Die Briefe an Philemon, an die Kolosser und an die Epheser", in: J. WEISS/ W. BOUSSET/W. HEITMÜLLER (HRSG.), *Die Schriften des Neuen Testaments 2*, 3. Aufl., Göttingen: V&R 1917, 358-83.

LUZ, U. 1985: *Das Evangelium nach Matthäus (Mt 1-7)* (EKK I/1), Zürich etc.: Benziger/ Neukirchen-Vluyn: Neukirchener 1985.

— 1998: *Der Brief an die Epheser* (NTD 8/1), Göttingen: V&R 1998, 105-80.

LYONNET, S. 1961: "La bénédiction de Eph. 1.3-14 et son arrière-plan judaique", in: *A la rencontre de Dieu. Memorial A. Gelin*, Le Puy: Mappus 1961, 341-52.

MASSON, CH. 1953: *L'Épître de Paul aux Éphésiens* (CNT(N) 9), Neuchâtel: Delachaux et Niestlé 1953.

MITTON, C. L. 1950: „The Relationship between I Peter and Ephesians", in: *JThSt* N.S. 1 (1950) 67-73.

— 1951: *The Epistle to the Ephesians. Its Authorship, Origin and Purpose*, Oxford: Clarendon 1951.

— 1976: *Ephesians* (NCB), London: Oliphants 1976.

MOE, O. 1929: „Hat Paulus den trinitarischen Taufbefehl Matth. 28,19 und ein trinitarisches Taufbekenntnis gekannt?", in: W. KÖPP (Hrsg.), *Reinhold-Seeberg-Festschrift I*, Leipzig: Deichert 1929, 179-96.

MOFFAT, J. 1918: *An Introduction to the Literature of the New Testament* (International Theological Library), 3. erg. Aufl., Edinburgh: Clark 1918.

OCHEL, W. 1934: *Die Annahme einer Bearbeitung des Kolosser-Briefes im Epheser-Brief in einer Analyse des Epheser-Briefes untersucht*, Diss. Marburg, Würzburg: Triltsch 1934.

PERCY, E. 1946: *Die Probleme der Kolosser- und Epheserbriefe* (Acta reg. Societas Humanorum Litterarum Lundensis 39), Lund: Gleerup 1946.

POKORNÝ, P. 1992: *Der Brief des Paulus an die Epheser* (ThHK 10/2), Leipzig EVA 1992.

ROBBINS, C. J. 1986: „The Composition of Eph 1:3-14", in: *JBL* 105 (1986) 677-87.

SCHEIDT, H. 1935: *Die Taufwasserweihegebete, im Sinne vergleichender Liturgieforschung untersucht* (LQF 29), Münster: Aschendorff 1935.

SCHILLE, G. 1965: *Frühchristliche Hymnen*, Berlin: EVA 1965.

SCHLIER, H. 1963: *Der Brief an die Epheser. Ein Kommentar*, 4. Aufl., Düsseldorf: Patmos 1963.

SCHMITHALS, W. 1988: *Der Römerbrief. Ein Kommentar*, Gütersloh: Mohn 1988.

SCHNACKENBURG, R. 1977: „Die große Eulogie Eph 1,3-14. Analyse unter textlinguistischen Aspekten", in: *BZ* 21 (1977) 67-87.

— 1982: *Der Brief an die Epheser* (EKK 10), Zürich: Benziger/Neukirchen-Vluyn: Neukirchener 1982.

SCHUBERT, P. 1939: *Form and Function of the Pauline Thanksgivings* (BZNW 20), Berlin: Töpelmann 1939.

SELLIN, G. 1992: „Über einige ungewöhnliche Genitive im Epheserbrief", in: *ZNW* 83 (1992) 85-107.

VON SODEN, HERM. 1893: *Der Brief an die Epheser* (HC 3), 2. Aufl., Freiburg i. Br. – Leipzig: Mohr Siebeck 1893, 79-154.

VON STROMBERG, A. FRH. 1913: *Studien zur Theorie und Praxis der Taufe in der christlichen Kirche der ersten zwei Jahrhunderte* (NSGTK 18), Berlin: Trowitzsch 1913.

THACKERAY, H. ST. J./MARCUS, R. 1934/66: *Josephus with an English Translation*, Vol. V, (LCL), Cambridge, MA: HUP/London: Heinemann 1934 [Nachdruck 1966].

WINDISCH, H. 1924/70: *Der zweite Korintherbrief* (KEK 6), Göttingen: V&R 1924 (2. Aufl. hrsg. von G. STRECKER 1970).

WOLTER, M. 1993: *Der Brief an die Kolosser. Der Brief an Philemon* (ÖTK 12), Gütersloh: Mohn/ Würzburg: Echter 1993.

X. Der Epheserbrief und der verlorene, erste Brief des Paulus an die Korinther

Wenn man die Paulusbriefe im Lichte der Qumrantexte liest, fällt auf, daß sich die Berührungen im Abschnitt Eph 5,3-14 häufen. Der Nachweis dafür ist im einzelnen von K. G. Kuhn geführt worden[1] und braucht hier nicht wiederholt zu werden. Beiläufig darf ich aber darauf hinweisen, daß es auch Unterschiede gibt, die bei der weitgehenden Übereinstimmung besonders bemerkenswert sind[2]. Der Gegensatz zwischen „Einst" und „Jetzt" tritt meines Wissens in den essenischen Schriften niemals so scharf und betont hervor wie in Eph 5,8: „Ihr waret vormals Finsternis; nun aber seid ihr Licht in dem Herrn" (vgl. dazu Eph 2,1-10 und 11-22). Auf der anderen Seite ist die Isolierung der „Kinder des Lichtes" von ihrer Umgebung nach der Ordensregel strenger als nach dem Epheserbrief. 1QS IX 16f. heißt es: „Keine Zurechtweisung und kein Streit (gespräch) mit den Männern der Grube, sondern mitten unter den Männern der Verderbtheit den Rat der Thora verbergen"[3]. Eph 5,11 heißt es dagegen in Bezug auf die „unfruchtbaren Werke der Finsternis": „Erweist sie als das, was sie sind!"[4], oder – wie man auch übertragen könnte: „Weist sie zurecht!" Das griechische ἐλέγχειν entspricht genau dem hebräischen הוכיח[5]. Bei aller Ähnlichkeit ist der Unterschied zwischen jüdischsektiererischem Isolationismus und urchristlicher Missionskirche unverkennbar.

Neben Eph 5,3-14 gibt es innerhalb der Paulusbriefe auch einen anderen Abschnitt, in dem sich die Parallelen zu den Handschriften aus den Höhlen von Qumran häufen: 2Kor 6,14-7,1. Das mit dem Zusammenhang nur lose verbundene Stück wirkt fast wie ein verchristlichtes Fragment essenischer Provenienz, in dem Christus an die Stelle des „Lichtfürsten" (bzw. Michaels) gerückt ist und als Gegner Beliars erscheint[6]. Wie dem auch sei, deutlich ist auf alle Fälle, daß sich die beiden Texte, Eph 5,3-14 und 2Kor 6,14-7,1, miteinander eng berühren. An beiden Stellen finden wir den Dualismus zwischen Licht und Finsternis, und zwar so, daß er sich – wie in den Qumrantexten – zu einem

---

[1] K. G. Kuhn 1960-61, 334-46.
[2] [Siehe jetzt auch N. A. Dahl in diesem Band Aufsatz II.]
[3] H. Bardtke 1961(Übersetzung).
[4] Übersetzung nach M. Dibelius/H. Greeven 1953, 90.
[5] [Vgl. in diesem Band Aufsatz II, Anm. 97 auf Seite 133.]
[6] [Vgl. z.B. J. Gnilka 1963, 86-99; H. Braun 1966, 201-04; J. A. Fitzmyer, 1971, 205-17; G. Klinzing 1971, 172-82; H. D. Betz 1973/74, 88-108/20-45; V. P. Furnish 1984, 359-83; P. B. Duff 1993, 160-80.]

Dualismus von zwei Gruppen von Menschen verdichtet. Dem μὴ οὖν γίνεσθε συμμέτοχοι αὐτῶν in Eph 5,7 entspricht in 2Kor 6,14 das μὴ γίνεσθε ἑτεροζυγοῦντες ἀπίστοις.

Der Abschnitt 2Kor 6,14-7,1 ist nun seinerseits oft mit einem Text aus 1Kor zusammengestellt worden, und zwar mit 1Kor 5,9-11, wo Paulus die Korinther darüber belehrt, daß sie seine Äußerungen in einem früheren, jetzt verlorenen Brief nicht recht verstanden haben. Wie bekannt, hat man vielfach sogar vermutet, daß 2Kor 6,14-7,1 ein versprengtes Fragment aus diesem im Grunde genommen ersten Brief an die Korinther sei[7]. Es ist auch ohne weiteres deutlich, daß Paulus in dem verlorenen Brief etwas geschrieben haben muß, was sich dem allgemeinen Gehalte nach mit 2Kor 6,14ff. berührte. Nach 1Kor 5,9 wäre jedoch zu vermuten, daß Paulus in dem früheren Brief die konkrete Vorschrift gab, Christen sollten mit Unzüchtigen nicht verkehren, und – wie aus V. 10 und 11 klar hervorgeht – auch nicht mit andern groben Sündern. Eine solche Vorschrift findet sich aber in 2Kor 6,14ff. nicht in dieser Form. Obwohl sie als Beitrag zur Klärung des Redaktionsproblems vom 2. Korintherbrief recht willkommen wäre, hat sich deshalb die Hypothese, daß der Abschnitt dem verlorenen, ersten Briefe entstamme, doch nicht allgemein durchsetzen können[8].

In der Diskussion über die mit den Korintherbriefen verbundenen literarkritischen Fragen scheint man im allgemeinen übersehen zu haben, daß sich innerhalb des Corpus Paulinum ein anderer Text findet, der im Wortlaut wie im Inhalt sich aufs engste mit dem berührt, was in dem verlorenen Brief nach Korinth gestanden haben muß. (Ich habe leider nicht die Zeit gehabt, in der Literatur nachzuforschen, wie weit darauf bezügliche Hinweise zu finden wären[9]). Es handelt sich um den Text, bei dem wir unseren Ausgangspunkt genommen haben, Eph 5,3ff. Hier findet sich gerade die bei 2Kor 6,14ff. vermißte, terminologische Übereinstimmung mit 1Kor 5,9-11, wie aus der folgenden Tabelle leicht zu ersehen ist. Bemerkenswert ist dabei, daß sich Eph 5,3ff. nicht nur mit 1Kor 5,9-11, sondern ebensosehr mit 1Kor 6,9-10 aufs engste berührt[10]. Was den Epheserbrief betrifft, schien es ratsam, neben 5,3ff. auch 4,19 zu berücksichti-

---

[7] [Ältere Vertreter dieser Hypothese finden sich in H. WINDISCH 1924/70, 18f.; neuerdings wird sie vertreten u.a. von R. BULTMANN 1976, 182.]

[8] [Auch nicht in den neueren Kommentaren zum 2. Korintherbrief von FURNISH 1984, 371-83, M. THRALL 1994, 25-36; P. BARNETT 1997, 337-58, oder zum 1. Korintherbrief von W. SCHRAGE 1991, 65: „Ganz sicher ist er nicht in 2Kor 6,14-7,1 zu finden. 2Kor 6,17 handelt so eindeutig vom Umgang mit Nichtchristen, daß man sich die Korinther schon als im Übermaß begriffsstutzig vorstellen müßte, um das in der Weise mißzuverstehen, als ginge es bei dem, was Paulus in seinem ersten Brief nach Korinth angesprochen hat, um das Zusammenleben mit Sündern in der Gemeinde …".]

[9] [Bis heute scheint diese Möglichkeit wenig Erwägung gefunden zu haben: auch nicht in den neuesten Kommentaren zum 1. Korintherbrief von H. CONZELMANN 1981; G. D. FEE 1987; SCHRAGE 1991 oder CH. WOLFF 1996; vgl. immerhin zum Epheserbrief A. T. LINCOLN 1990, 320: „It is certainly possible that the lost letter to the Corinthians contained advice something like that in this passage, which was misinterpreted by the Corinthians, but the inevitably speculative nature of any reconstruction of such advice tells against using the hypothesis to argue against any literary dependence of Eph 5:3-14 on Col 3:5-8".]

gen. Die hinzugefügten Buchstaben und Zahlen geben die Reihenfolge innerhalb der einzelnen Texte an.

Eph 5,5-11 (vgl. 4,19; 5,3)	1Kor 5,9f.	1Kor 5,11	1Kor 6,9f.
A. 1) πόρνος (ἀσέλγεια; πορνεία)	B 1) πόρνοις	B. 1) πόρνος	A. 1) οὔτε πόρνοι
2) ἢ ἀκάθαρτος (ἀκαθαρσία)			3) οὔτε μοιχοὶ οὔτε μαλακοὶ οὔτε ἀρσενοκοῖται
			4) οὔτε κλέπται
3) ἢ πλεονέκτης (πλεονεξία)	2) πλεονέκταις	2) πλεονέκτης	5) οὔτε πλεονέκται
4) ὅ ἐστιν εἰδωλολάτρης	4) εἰδωλολάτραις	3) εἰδωλολάτρης	2) οὔτε εἰδωλολάτραι
		4) λοίδορος	7) οὐ λοίδοροι
		5) μέθυσος	6) οὐ μέθυσοι
	3) ἅρπαξιν	6) ἅρπαξ	8) οὐχ ἅρπαγες
B. οὐκ ἔχει κληρονομίαν ἐν τῇ βασιλείᾳ τοῦ Χριστοῦ καὶ θεοῦ			B βασιλείαν θεοῦ κληρονομήσουσιν
C. διὰ ταῦτα γὰρ ἔρχεται ἡ ὀργὴ τοῦ θεοῦ ...			
D. μὴ οὖν γίνεσθε συμμέτοχοι αὐτῶν ...	A. μὴ συναναμίγνυσθαι	A. μὴ συναναμίγνυσθαι	
E. ... μὴ συγκοινωνεῖτε τοῖς ἔργοις ...		X μὴ συνεσθίειν	

---

[10] [Vgl. hierzu G. Bornkamm 1961/71, 35/189 Anm. 131: „Man beachte die Übereinstimmung der Thematik und die Tatsache, daß die Sätze 1 Kor 6,9f ihre korrigierende Interpretation in 5,9-13 finden".]

Aus der Übersicht ist ohne weiteres zu ersehen, wie eng sich die Texte miteinander berühren. Dabei ist noch zu berücksichtigen, daß in dem Abschnitt Eph 4,17-5,20 die Warnungen vor heidnischen Lastern nicht nur in der Form von Lasterkatalogen (bzw. Sündenkatalogen) gegeben werden. Zum Teil findet sich eine etwas mehr ausgeführte Paränese, oft in der Form, daß eine Warnung dem AT entnommen und mit einer Motivierung versehen ist, woran sich eine positive Aufforderung anschließt. So ist der Dieb in 4,28 genannt, und in 5,18 wird vor Trunksucht gewarnt. Was den Lästerer (λοίδορος) betrifft, so möge man Eph 4,31 (βλασφημία) und 4,29 (λόγος σαπρός) vergleichen. Nur der Räuber fehlt im Kontext des Epheserbriefes; der Götzendiener ist mit dem Habsüchtigen identifiziert worden.

Völlig eindeutig ist nun aber ferner, daß sich der Text des Epheserbriefes nicht so sehr mit dem uns vorliegenden Text vom 1. Korintherbrief berührt als vielmehr mit dem verlorengegangenen Text des vorhergehenden Briefes. Denn, daß die Warnung vor Verkehr und Gemeinschaft mit den genannten Sündern auf den Ausschluß des grob sündigenden Bruders aus der kirchlichen Gemeinschaft zu beziehen wäre (1 Kor 5,11), davon steht im Epheserbrief nichts, – und davon hat offenbar auch in dem verlorenen Brief nach Korinth nichts gestanden. Man kommt kaum darum herum, daß Paulus in 1 Kor 5,9ff. nicht nur ein Mißverständnis der Korinther[11], sondern auch sich selber korrigiert[12]. Diese Selbstkorrektur hat aber im Epheserbrief keine klare Spur hinterlassen. Wenn Paulus in dem verlorenen Brief etwa das schrieb, was wir in Eph 5,3ff. lesen, wäre das Mißverständnis der Korinther durchaus verständlich. Ganz richtig wäre ihr Verständnis freilich auch nicht, denn was in Eph 5 steht, läßt in der Tat die Möglichkeit für die von Paulus in 1 Kor 5 vorgetragene Interpretation offen. Wenn man auf den Kontext sieht, wird nämlich deutlich, daß die Mahnung des Epheserbriefes μὴ οὖν γίνεσθε συμμέτοχοι αὐτῶν nicht im Sinne einer menschlichen und sozialen Isolierung von der Umwelt zu verstehen ist. Nicht darum, daß die Christen nach der Art der Essener aus der Welt herausgehen sollen, handelt es sich, sondern darum, daß sie nicht in der Weise Mitgenossen der „Söhne des Ungehorsams" werden, daß sie an den „unfruchtbaren Werken der Finsternis" teilnehmen (5,7.11).

Die Warnung richtet sich vor allem gegen die trügerische Lehre, daß die Getauften durch die Sakramente und den Besitz des Geistes schon in der Weise an dem himmlischen Heil und an einer höheren Natur Anteil bekommen hätten, daß ihnen nichts mehr schaden könne, auch nicht grobe Sünden. Daß eine solche Anschauung in den paulinischen Gemeinden tatsächlich vorhanden war, beweist am deutlichsten 1 Kor 10,1-13. Vielleicht hatte der Apostel schon beim Abfassen des verlorenen Briefes nach Korinth die Tendenz vor Augen, Sünden, für welche die Heiden verurteilt wurden, als für Christen nicht gefährlich anzusehen. Jedenfalls muß er etwa dasselbe geschrieben haben, was jetzt im Epheserbrief zu lesen steht. Vielleicht hat er sich dabei etwas unge-

---

[11] [So J. C. Hurd, Jr. 1965/83, 50-53, 149-54; Conzelmann 1981, 127ff.; Fee 1987, 221ff.; Schrage 1991, 388f.; Wolff 1996, 108f.]

[12] [So als ernsthafte Möglichkeit schon J. Weiss 1910/70, 140; siehe jetzt auch M. M. Mitchell 1991, 228: „Paul revises his old advice from a past letter ...".]

schützter ausgedrückt, so daß das Verständnis, bzw. Mißverständnis, nahe lag, daß er das Abbrechen aller gemeinschaftlichen Beziehungen zu heidnischen Sündern vorschrieb, vgl. μὴ συναναμίγνυσθαι und μηδὲ συνεσθίειν im 1. Korintherbrief gegenüber μὴ οὖν γίνεσθε συμμέτοχοι und μὴ συγκοινωνεῖτε τοῖς ἔργοις τοῖς ἀκάρποις im Epheserbrief.

Es bleibt die Frage, wie es zu erklären ist, daß Eph 5,3ff. sich nicht nur mit 1 Kor 5,9-11, sondern auch mit 1 Kor 6,9-10 so eng berührt. Dabei ist *erstens* zu bemerken, daß der Katalog von Sündern, welche das Reich Gottes nicht erben (6,9f.) fast genau übereinstimmt mit der Liste von Sündern, mit denen Christen nicht verkehren dürfen (5,11), – nämlich, wie Paulus in unserem 1. Korintherbrief verdeutlichend hinzufügt, in dem Fall, daß ein „Bruder" ein solcher Sünder sei. Nur sind in 6,9 auch die μοιχοί, μαλακοί und ἀρσενοκοῖται hinzugefügt, was dem ἀκάθαρτος in Eph 5,5 entspricht. Eigentlich hätte man erwartet, daß die vollständigere Liste der Unzüchtigen bei der Behandlung des Falles von Blutschande gegeben würde und nicht im Zusammenhang mit dem Prozessieren vor heidnischem Gericht.

Zweitens ist zu beobachten, daß 1 Kor 6,1-11 die Behandlung von Unzuchtsünden und Ehefragen in 1 Kor 5-7 unterbricht. Man darf vermuten, daß der Apostel die scheinbar geringfügige Sache, daß Christen in ökonomischen Fragen gegeneinander vor Gericht gingen, ganz bewußt in den Zusammenhang hat hineinstellen wollen, in dem er über die groben, vom Reiche Gottes und von der Gemeinde auszuschließenden Sünden sprach. Dann bildet aber 1 Kor 6,9f. eine Fortsetzung von 5,9-11, wie es ja auch als schon bekannter Lehrsatz eingeführt wird (ἢ οὐκ οἴδατε). Dann dürfen wir aber vermuten, daß Paulus nicht nur in 1 Kor 5,9-11, sondern auch in 1 Kor 6,10f. auf den verlorengegangenen Brief zurückgreift. So weit dessen Text für uns überhaupt erkennbar ist, dürfen wir ihn demnach etwa so rekonstruieren: οὔτε πόρνοι ... οὔτε πλεονέκται οὔτε εἰδωλολάτραι οὔτε μέθυσοι οὔτε ἅρπαγες βασιλείαν θεοῦ κληρονομήσουσιν. μὴ συναναμίγνυσθε αὐτοῖς μηδὲ συνεσθίετε. Die fast vollständige Übereinstimmung mit Eph 5,5. 7. 11a bedarf keines weiteren Kommentars. Wenn in 1 Kor 6,9 die ἄδικοι betont vorangestellt sind, ist das als eine Anpassung an den jetzigen Kontext anzusehen.

Die Rekonstruktion des Wortlautes bleibt natürlich nur ein Versuch. Dem ungeachtet darf aber das Ergebnis als gesichert angesehen werden: Die Ähnlichkeit zwischen Eph 5,3ff. und dem verlorenen Brief nach Korinth muß viel größer gewesen sein als diejenige zwischen dem Text von Epheserbrief und 1 Kor 5 und 6. Davon, daß der verlorene Brief dem Verfasser des Epheserbriefes vorlag, kann aber kaum ernsthaft die Rede sein. Vielmehr muß die Sache so liegen, daß es sich um ein Stück des paulinischen „Katechismus" handelt[13]; es wurde in dem verlorenen Brief eingeschärft, und in 1 Kor in interpretierender und modifizierender Weise zurechtgelegt, um später im Epheserbrief, nur leicht abgeändert, erneut reproduziert zu werden.

---

[13] [CONZELMANN 1981, 135: „Offenbar liegt geprägte Tradition vor"; W. A. MEEKS 1983, 129; SCHRAGE 1991, 426; WOLFF 1996, 117f.].

Ein Blick in die übrigen Paulusbriefe kann das gewonnene Ergebnis nur bestätigen. Die Satzung „Leute, die solches tun, werden das Reich Gottes nicht erben", findet sich auch in Gal 5,21, und zwar wird sie auch hier als bekannt vorausgesetzt und erneut eingeschärft: ἃ προλέγω ὑμῖν καθὼς προεῖπον (vgl. 1Kor 6,9: ἢ οὐκ οἴδατε; Eph 5,5: τοῦτο γὰρ ἴστε γινώσκοντες)[14]. Freilich wird das Schema hier nur in freierer Form verwendet, denn der vorangehende Lasterkatalog ist hier, dem Kontext gemäß, als Verzeichnis der Werke des Fleisches angelegt (5,19-21a). Dennoch stimmt die Reihe am Anfang mit denjenigen in 1Kor 5-6 und Eph 5 recht gut überein: πορνεία, ἀκαθαρσία, ἀσέλγεια (vgl. Eph 4,19), εἰδωλολατρία; dazu kommen noch θυμοί (Eph 4,31) und μέθαι (1Kor 5,11; 6,10).

Schwieriger ist es, das Verhältnis zwischen Eph 5,3ff. und Kol 3,5f. richtig zu beurteilen. Hier liegen ohne Zweifel Sonderberührungen vor, was bei den engen Beziehungen zwischen beiden Briefen ja keineswegs überrascht. Zwar besagt es an sich nicht viel, daß in Kol 3,5 wie in Eph 5,3 (und 5) ἀκαθαρσία (ἀκάθαρτος) neben πορνεία (πόρνος) steht. Beweisend ist aber die Übereinstimmung von Kol 3,5f. καὶ τὴν πλεονεξίαν ἥτις ἐστὶν εἰδωλολατρία, δι' ἃ ἔρχεται ἡ ὀργὴ τοῦ θεοῦ mit Eph 5,5 πλεονέκτης ὅ ἐστιν εἰδωλολάτρης und 5,6b δία ταῦτα γὰρ ἔρχεται ἡ ὀργὴ τοῦ θεοῦ.

Nachdem, was wir schon gesehen haben, kann aber Eph 5,3ff. nicht als „conflation" von Kol 3,5f. und 1Kor 6,9f. erklärt werden, auch nicht unter Hinzunahme von anderen Stellen wie 1Kor 5,11; Gal 5,19-21; 2Kor 6,14; 1Thess 5,5 usw.[15]. Die Hypothese müßte auf alle Fälle dahin modifiziert werden, daß in Eph 5,3ff. gleichzeitig eine literarische Abhängigkeit von Kol[16] und ein nicht literarisch vermittelter Zusammenhang mit der paulinischen Predigt und (bzw. oder) Katechese vorläge[17]. Da aber die Übereinstimmung mit dem verlorenen Brief nach Korinth sich nur durch die Annahme einer gemeinsamen Tradition erklären läßt, ist es sehr die Frage, ob nicht auch die Übereinstimmung mit dem Kolosserbrief eine bessere Erklärung findet durch die Annahme, daß in den beiden Briefen schon vorher geformtes Material in verschiedener Weise verwendet worden ist[18]. Das ist um so mehr der Fall, als die unter anderen von M. Dibelius[19], E. J. Goodspeed[20], W. Ochel[21] und zuletzt in umfassender Weise von C.

---

[14] [Vgl. Betz 1988, 485ff.: „Die Parallelen zeigen, daß es sich hier um eine Zitatformel handelt ... Daher kann angenommen werden, daß seine (sc. Paulus) Bemerkung ... mit frühchristlicher kirchlicher Unterweisung in Zusammenhang gebracht werden kann" (ibid., 485); J. L. Martyn 1997, 497f.; F. Vouga 1998, 138.]

[15] Ausführlich begründet und als Argument gegen die Authentizität des Epheserbriefes ausgewertet ist die Theorie von einer Verschlingung verschiedener paulinischer Aussagen vor allem durch C. L. Mitton 1951; vgl. bes. 138-58 und zu 5,3ff., bes. 146f. Die an sich sehr übersichtlichen Tabellen (ibid., 304f. und 334ff.) vermögen kein vollständiges Bild des Tatbestandes zu vermitteln. Es wird nicht beachtet, daß sich mit derselben Methode ebenso sehr „conflations" von Stellen aus dem Epheserbrief und anderen paulinischen Briefen im Kolosserbrief beweisen ließen.

[16] [Besonders betont von H. Hübner 1997, 224ff.; siehe auch die Synopse bei Lincoln 1990, 273.]

[17] [Vgl. E. Best 1998, 473f., 481; auch Lincoln 1990, 320.]

[18] [Vgl. J. Jervell 1960, 239: „Die Sachlage ist jedoch wahrscheinlich so, daß beide katechetisches Material aufgreifen".]

L. Mitton[22] begründete Theorie von einer literarischen Bearbeitung vom Kolosserbrief im Epheserbrief allmählich an Popularität einzubüßen scheint. Nachdem sie eine Zeitlang fast zum kritischen Dogma zu werden schien[23], wird ihr neuerdings von sehr verschiedener Seite widersprochen[24]. Gerade die nüchterne und umsichtsvolle Arbeit von Mitton zeigt, daß diese Hypothese nur unter der Voraussetzung zu begründen ist, daß man unbesehen die paulinische Abfassung von Kol. zum gegebenen Ausgangspunkt der Untersuchung macht. Wenn man – wie methodisch allein richtig sein kann – zunächst unter Absehen von Echtheitsfragen das literarische Verhältnis zwischen den beiden Briefen für sich untersucht, ist die Konklusion kaum zu umgehen, daß der gemeinsame Stoff zwar zum Teil in Kol., zum Teil aber auch in Eph. in der älteren Gestalt vorliegt. Wenn man nicht nach dem Vorgang von H. J. Holtzmann zu komplizierten Interpolationshypothesen greifen will, wird man zu der Annahme gezwungen, daß die meisten Übereinstimmungen – und Unterschiede – nur als Ergebnis verschiedenartiger Bearbeitungen vorgegebenen hymnisch-liturgischen und katechetischen Überlieferungsgutes zu verstehen sind.

Was das allgemeine Verhältnis zwischen den beiden Briefen betrifft, lassen sich hier leider nur einige Behauptungen aufstellen. Man kann zeigen, daß Kol 3,5f. stärker als der entsprechende Text im Epheserbrief durch den Kontext und die besondere Briefsituation bestimmt ist. Das gilt zunächst für die Einleitungsformel νεκρώσατε οὖν, vgl. 2,12 und 20. Es gilt aber auch für die Bezeichnung der Laster als τὰ μέλη τὰ ἐπὶ τῆς γῆς, die mit der Vorstellung von der Ablegung des Fleischesleibes (2,11) zusammenhängt. Für den Kolosserbrief eigentümlich ist ferner, daß Laster und Tugenden in Fünferreihen geordnet sind (3,5. 8. 12); das hängt doch wohl damit zusammen, daß man sich Tugenden und Laster als Glieder und Elemente vorstellt[25]. Aller Wahrscheinlichkeit nach nimmt die Darlegung im Kolosserbrief auf die bekämpfte Irrlehre Bezug. Auch die Irrlehrer werden von der Abtötung der irdischen Glieder gesprochen haben, so wie vom Suchen dessen, was droben sei. Dabei werden sie ihrerseits an urchristlich-paulinisches Gut angeknüpft haben, um es in ihrer Weise zu deuten, nämlich so, daß die asketisch verstandene Ablegung des Fleischesleibes und die Tötung der irdischen Glieder als Vorbereitung für das Betreten des himmlischen Heiligtums und die Teil-

---

[19] Dibelius/Greeven 1953.
[20] E. J. Goodspeed 1933.
[21] W. Ochel 1934.
[22] Mitton 1951.
[23] [Vgl. neuerdings wieder A. Lindemann 1985; Hübner 1997.]
[24] Vgl. z.B. die Kommentare von F. C. Synge 1941 und 1958, der wie einst E. Th. Mayerhoff 1838, den Epheserbrief, nicht aber den Kolosserbrief für paulinisch hält. H. J. Holtzmanns Theorie vom Verfasser des Epheserbriefes als Bearbeiter des Kolosserbriefes (Holtzmann 1872), ist durch Ch. Masson 1953 und 1950 erneuert worden. Vgl. ferner G. Schille 1957, 325-34; J. Coutts 1957-58, 201-07; E. Käsemann 1958, 517-20, und idem 1959, 1727-28; dazu noch überhaupt die Bestreitung der Authentizität vom Kolosserbrief durch Bultmann und seine Schüler, andererseits aber das zurückhaltende Urteil von H. J. Cadbury 1958-59, 91-102; [siehe ferner Dahl in diesem Band Aufsatz I. § 3.3. auf Seite 39ff.].
[25] Vgl. Dibelius/Greeven 1953, z.St.; R. Reitzenstein 1927/56, 265-75.

nahme am Gottesdienst der Engel diente[26]. Dem wird in Kolosserbrief eine paulinische Deutung entgegengehalten. Im Vergleich damit ist die Fassung in Eph 5,3ff. viel einfacher, und stimmt auch enger mit dem überein, was wir auf Grund der Homologoumena über die Form der paulinischen Katechese wissen.

Dieses Ergebnis läßt sich durch Heranziehung eines weiteren Textes noch erhärten. Es handelt sich um den letzten hier zu besprechenden Text: Röm 1,18-2,11. Wie in Eph 5, und Kol 3 sind hier Gotteszorn und Lasterkataloge miteinander verbunden. Auch in Röm 1 werden Götzendienst, Unreinheit und allerlei Formen von Unzucht genannt, daneben auch Habsucht. Wie eng die Berührungen mit der Paränese vom Epheserbrief sind, wird freilich erst deutlich, wenn man neben Eph 5,3ff. auch Eph 4,17-19 mit berücksichtigt[27]. Wie schon aus der tabellarischen Übersicht hervorging, gehört aber Eph 4,17-19 mit 5,3ff. eng zusammen. Die Losung „Nicht wie die Heiden wandeln" in 4,17 dient als thematische Einleitung zu dem ganzen Abschnitt 4,17-5,20. Die Schilderung des heidnischen Lasterlebens in 4,17-19 wird durch den Lasterkatalog in 5,3 wieder aufgenommen und kommt zu ihrem sachgemäßen Abschluß erst in 5,6b: „Denn um solcher Dinge willen kommt der Zorn Gottes über die Kinder des Ungehorsams". Die Nähe zu Röm 1,18ff. ist so groß, daß man bei Annahme deuteropaulinischer Abfassung des Epheserbriefs im allgemeinen literarische Abhängigkeit bzw. freien Gebrauch von Röm 1 durch den Verfasser von Epheserbrief angenommen hat. Es spricht aber vieles dafür, daß in Eph 4,17ff. vielmehr Gedanken und Formulierungen aus der Missionspredigt und Katechese zugrunde liegen, während sie im Römerbrief mehr literarisch und theologisch bearbeitet worden sind[28].

Im Kontext vom Römerbrief dienen die Ausführungen über den Topos „Gottes Zorn über die Ungehorsamen" zur Erläuterung und Motivierung der in Röm 1,16-17 aufgestellten Thesen. Und zwar sind die Gedanken dem Hauptthema des Briefes dadurch dienstbar gemacht, daß alles, was über den Zorn Gottes über die heidnischen Laster gesagt wird, auf die in 3,22 formulierte Konklusion abzielt: „Es gibt keinen Unterschied" (zwischen Heiden und Juden). Dies ist aber eine höchst eigenartige Abänderung des verwendeten Topos. Das Überraschende in der Gedankenführung kommt durch die plötzliche Änderung der Adresse und des Stils in 2,1ff. deutlich zum Ausdruck[29]. Dennoch darf man nicht einfach Röm 1,18-32 die Überschrift „Von den Heiden" und Röm 2 die Überschrift „Von den Juden" geben.

Der Leitsatz in Röm 1,18 ist von vornherein mit Bezug auf die thematischen Sätze in 1,16-17 formuliert. Hier ist die Rede vom Evangelium als Kraft zur Rettung für alle, die da glauben, für den Juden zuerst und auch für den Griechen. Demnach wird auch der Satz von der Offenbarung des Zornes Gottes über alle Gottlosigkeit und Ungerech-

---

[26] Die hier kurz angedeutete Auslegung von Kol 2,18 ist in F. O. FRANCIS 1975a und 1975b ausführlich begründet worden.

[27] Vgl. dazu JERVELL 1960, 289f., 314-316; [jetzt auch BEST 1997, 139-55].

[28] [Vgl. die Doppeldeutigkeit bei JERVELL 1960, 290; BEST 1997, 150: „There is no reason to suppose that Ephesians is directly dependent at this point on Romans"; IDEM 1998, 418f.].

[29] [Siehe folgende Anm.]

tigkeit der Menschen auf Juden und Heiden zu beziehen sein. Dazu stimmt, daß die Ausführungen über die Offenbarung des Zornes erst mit 2,5-11 ihren krönenden Abschluß finden. Dennoch scheint zunächst nur, dem bekannten Schema gemäß, vom Götzendienst und Lasterleben der Heiden die Rede zu sein. Nach 1, 20-32 würde man deshalb etwa folgende Konklusion erwartet haben: διὸ ἀναπολόγητοί εἰσιν καὶ θησαυρίζουσιν ἑαυτοῖς ὀργὴν ἐν ἡμέρᾳ ὀργῆς καὶ ἀποκαλύψεως δικαιοκρισίας τοῦ θεοῦ. Mit 2,1 biegt aber Paulus plötzlich um, und es stellt sich heraus, daß auch der in 2,17ff. direkt angeredete, den Heiden verurteilende Jude selbst von dem Gericht und dem Zorn mit betroffen ist: διὸ ἀναπολόγητος εἶ ...[30]. Bei näherem Zusehen zeigt sich freilich, daß auch schon innerhalb von 1,18-32 der Jude mit gemeint war; denn in Röm 1,23 wurde nicht nur auf Gen 1,26f. und die bei dem Sündenfall Adams verlorene Gottesebenbildlichkeit angespielt, sondern ebenso auf die Sünde mit dem goldenen Kalb, Israels Götzendienst und Verlust der Gottesebenbildlichkeit[31].

Im Römerbrief ist das Thema Gotteszorn und Lasterleben in theologisch durchreflektierter, fast raffinierter Weise dem Hauptgedanken gerade dieses Briefes dienstbar gemacht. Im Vergleich damit wirken die Ausführungen in Eph 4,17-19; 5,3.6b elementar, fast primitiv, als „Milch" im Vergleich zur „festen Speise" vom Römerbrief. Von dem, was in Röm 1-2 epistulär einmalig, durch die besondere theologische Thematik gerade dieses Briefes bestimmt ist, findet sich im Epheserbrief keine Spur. Man wird daraus folgern müssen, daß hier nicht literarische Reminiszenzen aus dem Römerbrief vorliegen; es handelt sich vielmehr um Reproduktion von einem Lehrstück aus dem Taufunterricht bzw. der Missionspredigt, ein Lehrstück, das im Römerbrief theologisch frei verarbeitet worden ist.

Dies alles heißt nun nicht, daß in Eph 4,17-5,14 traditionelle Lehre einfach in unbearbeiteter Form reproduziert wird. Vielmehr kommt auch hier die stilistische Eigenart des Auctor ad Ephesios zum Vorschein, wenn sie auch nicht so stark wie in anderen Abschnitten des Briefes hervortritt. Vor allem aber ist die Verknüpfung von verschiedenen durch Gottesdienst und Lehrtradition vorgegebenen Elementen zu einer neuen Ganzheit an sich für den Epheserbrief charakteristisch. So haben wir in unserem Abschnitt neben den Lehrstücken vom Zorn Gottes über das heidnische Lasterleben und von Sündern, welche das Reich Gottes nicht erben werden, auch andere, bekannte Motive: Ablegung des alten Menschen und Anziehung des neuen (4,22-24; vgl. Kol 3,9-11; Röm 6,6; 13,12. 14); Konformität mit Christus (καθὼς καὶ ὁ Χριστός: 4,32-5,2; vgl. Röm 15,2f. 7f.; Kol 3,13); „Kinder des Lichts" und das Morgen-Motiv (5,8-14; vgl. Röm 13,11-14; 1Thess 5,4-10). Das Merkwürdige des Epheserbriefs liegt ja nicht zum Wenigsten daran, daß man fast bei jedem einzelnen Abschnitt nachweisen bzw. vermuten kann, daß hymnische, liturgische oder katechetische Traditionen zugrunde-

---

[30] [Vgl. dazu bes. G. BORNKAMM 1963, 95; ferner auch D. HELLHOLM 1993, 144.]
[31] Zur Auslegung vgl. JERVELL 1960, 317ff. und dazu meine Bemerkungen in DAHL 1960, 71-94; E. LARSSON 1962, 180-87.

liegen, daß sie aber dennoch innerlich so verarbeitet worden sind, daß ein einigermaßen geschlossener, den gesamten Brief umspannender Gedankengang hervortritt.

Von hier aus scheint mir die Tatsache zu erklären zu sein, daß man zum Epheserbrief so weitgehend Parallelen aus anderen Paulusbriefen beibringen kann, wie es zuletzt Mitton in der Form von Tabellen übersichtlich gezeigt hat[32]. Diese Tatsache hängt eben damit zusammen, daß der Epheserbrief viel weniger als die übrigen Paulusbriefe auf eine besondere Lage und damit verknüpfte theologische Probleme Bezug nimmt und dafür in viel höherem Maße traditionellen Stoff in nur leicht modifizierter Gestalt reproduziert und kombiniert. Eben deshalb ist es nicht wahrscheinlich, daß die ohne Zweifel vorhandenen Berührungen als Reminiszenzen aus den übrigen Paulusbriefen zu erklären seien. Die Annahme, daß es sich um Verwendung desselben, mehr oder weniger fixierten Traditionsgutes handelt, verdient den Vorzug. Darüber ließe sich natürlich weiter diskutieren. Es scheint mir aber von prinzipieller Bedeutung zu sein, daß es sich jedenfalls in einem Falle mit einem an Gewißheit grenzenden Grad von Wahrscheinlichkeit hat nachweisen lassen, daß sich die Berührung zwischen dem Epheserbrief und einem älteren Paulusbrief nicht literarisch, sondern nur durch die Verwendung desselben Lehrstückes erklären läßt. Ich denke natürlich an die Übereinstimmung mit dem verlorenen, ersten Brief nach Korinth.

Zu dieser Konklusion ist noch hinzuzufügen, daß unsere kleine Untersuchung die bemerkenswerte These D. Flussers bestätigt: Die engsten und am meisten bemerkenswerten neutestamentlichen Parallelen zu den Qumranschriften gehören nicht der besonderen Theologie des Paulus oder des Johannes oder des Verfassers vom Hebräerbrief an, sondern finden sich innerhalb des gemeinsamen, von diesen Theologen vorausgesetzten Materials, das Rudolf Bultmann unter der Überschrift „Kerygma der hellenistischen Gemeinde" zusammengestellt hat[33]. Demnach darf man vermuten, daß die auffallenden Berührungen gerade des Epheserbriefs mit den Qumranschriften eben damit zusammenhängen, daß der Epheserbrief in so hohem Ausmaß Überlieferungsgut verwendet. Dabei muß man freilich bemerken, daß es sich im Epheserbrief nicht einfach um katechetische und liturgische Traditionen der vor-, neben- oder auch nach-paulinischen Gemeinde handelt. Die Berührung mit dem verlorenen, ersten Korintherbrief beweist, daß der Verfasser des Epheserbriefs auch Formulierungen, die an sich vorpaulinischer Herkunft sein können[34], in paulinischer Ausprägung und als Lehre des Apostels, aufgenommen hat.

Die Frage nach der Verfasserschaft vom Epheserbrief habe ich in meiner Studie mit Absicht nicht berücksichtigt. Dazu haben wir schon Stellungnahmen und Hypothesen genug; um weiterzukommen müssen wir wieder, nach alter Anweisung Schlatters, mit der Beobachtung anfangen. Zum Schluß darf aber doch Einiges gesagt werden. Wenn

---

[32] MITTON 1951, 279-338.

[33] D. FLUSSER 1958, 215-266; [vgl. BULTMANN 1984, 66-186].

[34] Die Formulierung „das Reich Gottes (nicht) erben" ist sicher vorpaulinisch, vgl. BULTMANN 1984, 79. Daß Epheserbrief vom „Reich Christi und Gottes" spricht, ist Zeichen einer auch sonst zu bemerkender Verchristlichung der katechetischen Tradition.

der Epheserbrief vielfach schon geformtes Gut weitergibt, verlieren dadurch stilistische, terminologische und auch sachliche Abweichungen von den paulinischen Homologoumena (und vom Kolosserbrief) weitgehend an Gewicht als Einwände gegen die paulinische Abfassung des Briefes[35]. Dafür werden aber andere Fragen um so dringlicher:

(1) Kann man dem Paulus zutrauen, traditionelles Material zu verwenden, in dem Ausmaße wie es der Verfasser des Epheserbriefes zu tun scheint?

(2) Ist die Art der Verwendung des Materials im Epheserbrief die des Paulus? Die stilistischen Eigentümlichkeiten lassen sich kaum alle auf das Konto des Überlieferungsgutes schreiben. Und vor allem: Ist nicht Paulus im Gegensatz zum Verfasser des Epheserbriefes gerade auch dort selbständig und originell, wo er Überlieferungsgut verwendet? – Gegen dieses wie gegen das vorhergehende Bedenken ließe sich freilich einwenden, daß Paulus in dem verlorenen, ersten Brief nach Korinth ein katechetisches Lehrstück in reichlich uninterpretierter Form eingeschärft hat, so daß er das Versäumte später nachholen mußte. Es bleibt aber noch ein Drittes:

(3) Nicht nur was liturgisches und katechetisches Gut sein dürfte, sondern auch die „paulinischen" Interpretamente dazu (vgl. vor allem 2,5b. 8-9) und ebenso, was über den apostolischen Auftrag des Paulus gesagt wird (3,2ff.), haben im Epheserbrief etwas an sich, was – da bessere Worte fehlen – als traditionell und stereotyp bezeichnet werden muß.

Es ist mir demnach doch wahrscheinlich, daß es ein Schüler des Apostels ist, welcher den Brief geschrieben, bzw. diktiert, hat. Offen lasse ich hier die Frage, ob er dies im Auftrag des Apostels oder nach dessen Tode getan hat[36]. Denn zur Beantwortung dieser Frage tragen die hier vorgelegten Beobachtungen und Erwägungen kaum etwas bei.

Bibliographie

BARDTKE, H. 1961: *Die Handschriftenfunde am Toten Meer,* Band I, 3. Aufl., Berlin: EVA 1961.

BARNETT, P. 1997: *The Second Epistle to the Corinthians* (NICNT), Grand Rapids, MI/Cambridge, UK: Eerdmans 1997.

BEST, E. 1997: *Essays on Ephesians,* Edinburgh: Clark 1997.

— 1998: *A Critical and Exegetical Commentary on Ephesians* (ICC), Edinburgh: Clark 1998.

BETZ, H. D. 1988: *Der Galaterbrief. Ein Kommentar zum Brief des Apostels Paulus an die Gemeinden in Galatien* (Ein Hermeneia-Kommentar), München: Kaiser 1988.

— 1973/94: „2 Cor 6:14-7:1: An Anti-Pauline Fragment?", in: *JBL* 92 (1973) 88-108; [abgedruckt in: IDEM, *Paulinische Studien. Gesammelte Aufsätze III,* Tübingen: Mohr Siebeck 1994, 20-45].

---

[35] Vgl. SCHILLE 1957, 71 Anm. 1.
[36] [Zur Verfasserfrage, siehe jetzt ausführlich in diesem Band oben Aufsatz I. § 4 auf Seite 48ff.]

BORNKAMM, G. 1961/71: „Die Vorgeschichte des sogenannten zweiten Korintherbriefes", in: *SHAW.PH*, Heidelberg: Winter 1961, 7-36 [Nachdruck mit Nachtrag in: IDEM, *Geschichte und Glaube. Zweiter Teil: Gesammelte Aufsätze Band IV,* München: Kaiser 1971, 162-94].

— 1963: „Gesetz und Natur", in: IDEM, *Studien zu Antike und Urchristentum. Gesammelte Aufsätze Band II* (BEvTh 28), 2. Aufl., München: Kaiser 1963, 93-118.

BRAUN, H. 1966: *Qumran und das Neue Testament.* Band I, Tübingen: Mohr Siebeck 1966.

BULTMANN, R. 1976: *Der zweite Brief an die Korinther* (KEK Sonderband), hrsg. von E. DINKLER, Göttingen: V&R 1976.

— 1984: *Theologie des Neuen Testaments* (NTG), 6. Aufl., Tübingen: Mohr Siebeck 1984.

CADBURY, H. J. 1959-60: „The Dilemma of Ephesians", in: *NTS* 5 (1959-60) 91-102.

CONZELMANN, H. 1981: *Der erste Brief an die Korinther* (KEK 5), 2. Aufl., Göttingen: V&R 1981.

COUTTS, J. 1957-58: „The Relationship of Ephesians and Colossians", in: *NTS* 4 (1957-58) 201-07.

DAHL, N. A. 1960: „Imago Dei. Opposisjonsinlegg ved Jacob Jervells disputas 10.12.1959", in: *NTT* 61 (1960) 71-94.

DIBELIUS, M./GREEVEN, H. 1953: *An die Kolosser, Epheser, an Philemon* (HNT 12), 3. Aufl., Tübingen: Mohr Siebeck 1953.

DUFF, P. B. 1993: „The Mind of the Redactor: 2 Cor 6:14-7:1 in Its Secondary Context", in: *NT* 35 (1993) 160-80.

FEE, G. D. 1987: *The First Epistle to the Corinthians* (NICNT), Grand Rapids, MI: Eerdmans 1987.

FITZMYER, J. A. 1971: "Qumran and the Interpolated Paragraph in 2 Cor 6.14-7:1", in: IDEM, *Essays on the Semitic Background of the New Testament,* London: Chapman 1971, 205-17.

FLUSSER, D. 1958: „The Dead Sea Sect and Pre-Pauline Christianity", in: *ScrHie* 4 (1958) 215-66.

FRANCIS, F. O. 1975a: „Humility and Angelic Worship in Col 2:18", in: F. O. FRANCIS/W. A. MEEKS (HRSG.), *Conflict at Colossae,* Missoula, MT: Scholars Press 1975, 163-95.

— 1975b: „The Background of EMBATEUEIN (Col 2:18)", in: F. O. FRANCIS/W. A. MEEKS (HRSG.), *Conflict at Colossae,* Missoula, MT: Scholars Press 1975, 197-207.

FURNISH, V. P. 1984: *II Corinthians* (AncB 32A), Garden City, NY: Doubleday 1984.

GNILKA, J. 1963: "2Kor 6,14-7,1 im Lichte der Qumranschriften und der Zwölf-Patriarchen-Testamente", in: J. BLINZLER ET AL. (HRSG.), *Neutestamentliche Aufsätze. Festschrift für J. Schmid,* Regensburg: Pustet 1963, 86-99.

GOODSPEED, E. J. 1933: *The Meaning of Ephesians,* Chicago, IL: UCP 1933.

HELLHOLM, D. 1993: „Amplificatio in the Macro-Structure of Romans", in: S. E. PORTER/TH. H. OLBRICHT (HRSG.), *Rhetoric and the New Testament. Essays from the 1992 Heidelberg Conference* (JSNT.S 90), Sheffield: JSOT Press 1993, 123-51.

HOLTZMANN, H. J. 1872: *Kritik der Epheser- und Kolosserbriefe auf Grund einer Analyse ihres Verwandtschaftsverhältnisses,* Leipzig: Engelmann 1872.

HÜBNER, H. 1997: *An Philemon, An die Kolosser, An die Epheser* (HNT 12), Tübingen: Mohr Siebeck 1997.

HURD, JR., J. C. 1965/83: *The Origin of I Corinthians*, London: SPCK 1965 [Repr. Macon, GA: MUP 1983].

JERVELL, J. 1960: *Imago Dei. Gen. 1,26f. im Spätjudentum, in der Gnosis und in den paulinischen Briefen* (FRLANT 76), Göttingen: V&R 1960.

KÄSEMANN, E. 1958: „Epheserbrief", in: *RGG*, Band 2, 3. Aufl., Tübingen: Mohr Siebeck 1958, 517-20.

— 1959: „Kolosserbrief", in: *RGG*, Band 3, 3. Aufl., Tübingen: Mohr Siebeck 1959, 1727-28.

KLINZING, G. 1971: *Die Umdeutung des Kultes in der Qumrangemeinde und im Neuen Testament* (StUNT 7), Göttingen: V&R 1971.

KUHN, K. G. 1960-61: „Der Epheserbrief im Lichte der Qumrantexte", in: *NTS* 7 (1960-61) 334-46.

LARSSON, E. 1962: *Christus als Vorbild. Eine Untersuchung zu den paulinischen Tauf- und Eikontexten* (ASNU 23), Lund: Gleerup 1962.

LINCOLN, A. T. 1990: *Ephesians* (WBC 42), Dallas, TX: Word Books 1990.

LINDEMANN, A. 1985: *Der Epheserbrief* (ZBK 8), Zürich: ThV 1985.

MARTYN, J. L. 1997: *Galatians. A New Translation with Introduction and Commentary* (AncB 33A), New York etc.: Doubleday 1997.

MASSON, CH. 1950: *L'Épître de Paul aux Colossiens* (CNT(N) 10), Neuchâtel: Delachaux et Niestlé 1950.

— 1953: *L'Épître de Paul aux Éphésiens* (CNT(N) 9), Neuchâtel: Delachaux et Niestlé 1953.

MAYERHOFF, E. Th. 1938: *Der Brief an die Colosser mit vornehmlicher Berücksichtigung der drei Pastoralbriefe*, hrsg. von J. L. MAYERHOFF, Berlin: Hermann Schultze 1938, 143-47.

MEEKS, W. A. 1983: *The First Urban Christians. The Social World of the Apostle Paul*, New Haven, CT – London: YUP 1983.

MITCHELL, M. M. 1991: *Paul and the Rhetoric of Reconciliaton. An Exegetical Investigation of the Language and Composition of 1 Corinthians* (HUTh 28), Tübingen: Mohr Siebeck 1991.

MITTON, C. L. 1951: *The Epistle to the Ephesians. Its Authorship, Origin and Purpose*, Oxford: Clarendon 1951.

OCHEL, W. 1934: *Die Annahme einer Bearbeitung des Kolosser-Briefes im Epheser-Brief in einer Analyse des Epheser-Briefes untersucht*, Diss. Marburg 1934.

REITZENSTEIN, R. 1927/56: *Die hellenistischen Mysterienreligionen*, 3. Aufl., Leipzig: Teubner 1927 (Neudruck: Darmstadt: WBG 1956 und 1973).

SCHILLE, G. 1957: „Der Autor des Epheserbriefes", in: *ThLZ* 82 (1957) 325-34.

SCHRAGE, W. 1991: *Der erste Brief an die Korinther (1Kor 1,1-6,11)* (EKK VII/1), Zürich: Benziger/Neukirchen-Vluyn: Neukirchener 1991.

SYNGE, F. C. 1941: *St. Paul's Epistle to the Ephesians*, London: SPCK 1941.

— 1958: *Philippians and Colossians, Introduction and Commentary* (TBC), 2. Aufl., London: SCM 1951.

THRALL, M. 1994: *The Second Epistle to the Corinthians*, Vol. 1 (ICC), Edinburgh: Clark 1994.

VOUGA, F. 1998: *An die Galater* (HNT 10), Tübingen: Mohr Siebeck 1998.

WEISS, J. 1910/70: *Der erste Korintherbrief* (KEK 5), Göttingen: V&R 1910 [Neudruck 1970].

WINDISCH, H. 1924/70: *Der zweite Korintherbrief* (KEK 6), Göttingen: V&R 1924 [Nachdruck hrsg. von G. STRECKER 1970].

WOLFF, CH. 1996: *Der erste Brief des Paulus an die Korinther* (ThHK 7), Leipzig: EVA 1996.

XI. Das Geheimnis der Kirche nach Epheser 3,8-10

In keiner anderen Schrift des Neuen Testaments wird so explizit und thematisch von der Kirche geredet wie in dem Epheserbrief. Heinrich Schlier hat den Brief interpretiert als eine meditative Betrachtung des Mysteriums Christi, das zuletzt die Kirche aus Juden und Heiden ist[1]. Diese Sicht gewinnt bei Schlier nicht nur für die Auslegung des Epheserbriefes, sondern auch für das Gesamtverständnis des Apostels Paulus und damit des ganzen Neuen Testaments eine entscheidende Bedeutung. Da Schliers Arbeiten die wichtigsten Beiträge zur Erklärung des Epheserbriefes in unserer Generation darstellen, ist die Auseinandersetzung mit seiner Auslegung eine Aufgabe, die von mehr als fachwissenschaftlichem Interesse sein dürfte[2].

Die Auseinandersetzung erfolgt am besten an Hand eines bestimmten Textes. Ich greife als Beispiel Eph 3,8-10 heraus, und zwar – das sei von vorne herein offen eingestanden – weil mir an diesem Punkt die Divergenz zwischen der Sicht des apostolischen Verfassers und derjenigen seines modernen Kommentators besonders deutlich erscheint. In Schliers Auslegung kommt dem Text eine zentrale Stellung zu. Ich zitiere aus der Einführung, S. 21: „Paulus hatte ‚Einsicht in das Mysterium Christi' (3,4) gewonnen, welches als das ewige ‚Mysterium des Willens Gottes', 1,9, durch das ‚Mysterium des Evangeliums' 6,19, jetzt im Mysterium der Kirche, 3,9, zutage tritt. *Diese* Einsicht ist in seinem Brief zu lesen, wie er selbst sagt, 3,4".

Einzelexegese und Gesamtverständnis bedingen einander gegenseitig; aus diesem hermeneutischen Zirkel kommt keiner von uns heraus. Es wird deshalb der Klarheit dienen, wenn ich zunächst kurz andeute, wie ich die literarische Struktur des Epheserbriefes sehe[3]. Der erste Teil des Briefes fängt mit einer Eulogie an und wird mit einer Doxologie abgeschlossen (1,3-14; 3,20-21). Versicherungen der Danksagung und der Fürbitte (1,15f.; 3,1; 3,14-19) umspannen die lehrhaften Aussagen, in denen die heidenchristlichen Briefempfänger an das erinnert werden, was Gott in Christus und

---

[1] H. SCHLIER 1963, 20ff. *et passim*.
[2] Kurz nach dem Erscheinen von SCHLIERS Kommentar hat mir PETER BRUNNER in einem privaten Gespräch gesagt, es müßte ihm eine lutherische Interpretation des Epheserbriefes zur Seite gestellt werden. Als Zielsetzung für meine Arbeit am Epheserbrief habe ich das nicht sehen können. *Nolens volens* habe ich mich aber dennoch in eine Richtung bewegt, die vielleicht doch auf so etwas wie eine lutherische Auslegung hinführt. Dafür mag dieser Aufsatz eine Probe sein.
[3] Vgl. meine früheren Aufsätze: N. A. DAHL 1945; IDEM 1947/76; IDEM 1951; IDEM 1963. [Siehe aber vor allem Aufsatz I in diesem Band.]

damit auch an ihnen getan hat (1,20-23; 2,1-10); sie müssen sich darauf besinnen, was sie einst waren, und was sie jetzt geworden sind (2,11-22).

Das Anliegen des Briefes deckt sich mit dem Inhalt der apostolischen Fürbitte: „Daß ihr wißt, welches die Hoffnung ist, zu der er euch berufen hat" (1,18). Dem entsprechen die Mahnungen im zweiten Teil des Briefes; sie sind unter das Thema gestellt: „Würdig der Berufung zu wandeln, mit der ihr berufen wurdet" (4,1, vgl. 4,4. 17-24; 5, 8). Innerhalb dieses Rahmens ist von der Kirche die Rede. Sie erscheint nicht als Objekt der betrachtenden Meditation. Die Leser werden vielmehr dazu aufgerufen, sich darauf zu besinnen, daß sie jetzt, durch Gottes Gnade in den Leib Christi eingegliedert, Kirche und Tempel Gottes geworden sind, um dementsprechend zu wandeln. Kurz gesagt, ich vermag den Epheserbrief nicht als theologische Abhandlung, Meditation oder Mysterienrede über das Thema „Christus und die Kirche", bzw. „die Durchführung des Geheimnisses Christi Jesu in der Kirche aus Juden und Heiden" zu lesen. Ich würde vielmehr, um Stichworte zu verwenden, von Taufanamnese und Taufparaklese reden. Thema ist dabei freilich nicht die Taufe an sich[4], sondern vielmehr das, was mit Gläubigwerden und Getauftsein gegeben ist. Unter diesem Gesichtspunkt läßt sich durchaus sachgemäß auch vom Geheimnis der Kirche reden; es kommt nur alles darauf an, wie das verstanden wird.

Briefliche Versicherungen der Danksagung und der Fürbitte dienen dazu, die Einstellung des Briefschreibers zu den Empfängern auszudrücken und dadurch positive Beziehungen herzustellen oder zu erneuern. Insofern ist es recht natürlich, daß im Anschluß an solche Versicherungen nicht nur von den Empfängern, sondern auch vom Verfasser des Briefes gesprochen wird[5]. Im Epheserbrief geschieht das in Form einer Digression, 3,2-13. Wie der Apostel seine Leser daran erinnert hat, was sie aus Gottes Gnade geworden sind, so erinnert er sie auch daran, was er durch Gottes Gnade ist. Dem Apostel ist das Mysterium kundgetan worden, daß die Heiden in Christus Jesus „Mit-Erben, Mit-Leib und Mit-Teilhaber an der Verheißung" seien, durch das Evangelium, dessen Diener Paulus geworden ist. Weil dem so ist, kann er sich als „der Gefangene Christi Jesu für euch, die Heiden" bezeichnen (3,1), auch solchen Heidenchristen gegenüber, die ihn nicht persönlich kannten. Ob seiner Bedrängnisse für sie sollten sie nicht verzagen, sondern vielmehr darin ihre Herrlichkeit sehen (3,13).

Der Abschnitt 3,2-13 hat also die Funktion, den Heidenchristen klarzumachen, daß die Offenbarung des Christus-Mysteriums und damit auch ihre eigene Existenz als Kirche und Leib Christi, als Erben der Verheißung, unlöslich verbunden ist mit dem Apostel Paulus und dem ihm gegebenen Auftrag. Durch eingeschobene Bemerkungen werden die Beziehungen zu den vorhergehenden Ausführungen ausdrücklich hergestellt[6]. Es wird betont, daß Paulus nicht für sich allein dasteht; das vorhin verborgene

---

[4] Zu diesem Mißverständnis konnte mein Aufsatz über die Taufe im Epheserbrief (DAHL 1945) einen Anlaß geben. Dagegen mit Recht SCHLIER 1963, 21 mit Anm. 1. [Zur Taufe im Epheserbrief, siehe jetzt DAHL 1982; engl. Übersetzung in diesem Band Aufsatz XIV.]

[5] Vgl. Röm 1,11ff.; 2Kor 1,8ff.; Phil 1,12ff.; Kol 1,24-29; 1Thess 2,1-12. – P. SCHUBERT 1939.

[6] Vgl. Eph 3,3b-4, daneben auch 3,6 und 11-12.

Mysterium wurde ja den „heiligen Aposteln und Propheten" geoffenbart[7]. Dennoch wird aber die Sonderstellung des Heidenapostels herausgestellt. Davon handeln die Verse 3,8-10:

8 *Mir, dem Geringsten unter allen Heiligen,*
   wurde diese Gnade verliehen:

   den Heiden zu verkünden
   den unerforschlichen Reichtum Christi

9 *und ans Licht zu bringen,*
   wie die Verwaltung des Geheimnisses geschehe,

   das von Weltzeiten her verborgen war in Gott,
   der das All geschaffen hat

10 *damit jetzt kundgetan werde*
    den Mächten und Gewalten in den Himmeln
    durch die Kirche
    die mannigfaltige Weisheit Gottes.

Einige exegetische Detailfragen mögen hier offen gelassen werden: ob etwa in V. 9 φωτίσαι τίς ... oder, mit der Mehrzahl der alten Zeugen φωτίσαι πάντας τίς ... gelesen werden soll; ob ἀπὸ τῶν αἰώνων mit „von Weltzeiten her" oder „vor den Äonen" zu übersetzen ist; ob in V. 10 das νῦν ursprünglich oder von V. 5 aus sekundär eingetragen ist? Die Hauptfragen betreffen die Exegese von V. 10.

Schlier interpretiert hier folgendermaßen: Die Weisheit Gottes ist das Geheimnis und umgekehrt (S. 156). Das Mysterium ist Christus in seinem Leib; es ist „in einer bestimmten Hinsicht" auch die Kirche (S. 154 und 157). Das eine Wesen der Weisheit ist in verschiedenen Gestalten nacheinander erschienen, als vorherbestimmte Weisheit, als Schöpfungsweisheit, in Christus, der uns zur Weisheit wurde, und durch das Evangelium. „Ihre Enthüllung ist aber die Kirche. Denn sie, die vielfältige oder auch vielgestaltige Weisheit Gottes, die vorweltliche Weisheit, die Schöpfungsweisheit, die Christusweisheit, leuchtet endlich unter den Mächten und Gewalten der Geschichte in der Kirche auf, die sich selbst ihr verdankt" (S. 159, vgl. 156ff., 165f.). Die Kirche ist demnach die Manifestation der Weisheit Gottes. „Mit ihr und in ihr erscheint die Weisheit Gottes von neuem. Mit ihr und in ihr erscheint sie unter den Mächten der Welt". Es ist an das gesamte Dasein und Leben der Kirche gedacht. „Sie, die Kirche, läßt an sich und in sich und durch sich die Mächte und Gewalten die Weisheit Gottes erfahren, deren ‚himmlisches' Geschöpf und ‚Himmels'-bau sie ja auch selbst ist. So ist sie das

---

[7] Zu der auffallenden Formulierung „den heiligen Aposteln und Propheten" ist Folgendes zu bedenken: (1) Im Kontext erwartet man eine Aussage über die Offenbarung des Geheimnisses an Paulus. (2) Eine dem Verfasser bekannte, vermutlich formelhaft geprägte, Formulierung sprach davon, daß es „den Heiligen" geoffenbart war, Kol 1,26. (3) Der Ausdruck „Apostel und Propheten" war vielleicht durch Tradition gegeben, jedenfalls schon 2,20 verwendet. (4) Paulus hat selbst seine Solidarität mit den übrigen Aposteln betont, 1 Kor 15,11; Gal 2,7-9.

öffentliche Geheimnis des Kosmos" (S. 157). Das Geheimnis enthüllt sich ja in der Öffentlichkeit des gesamten Daseins den selbstmächtigen Gewalten der Geschichte, die etwa im Zeitgeist und Welt-Geist von den „Himmeln" her die Erde bestimmen.

Ich lasse die theologische Frage beiseite, wie weit hier wirklich, wie es den Anschein haben könnte, eine die Christus-Offenbarung überbietende, endgültige Enthüllung der Weisheit Gottes in der Kirche gelehrt werden soll. Eine Frage sei allerdings gestellt, nämlich ob diese Auslegung wirklich katholisch ist. Altchristlich und allgemein ist sie nicht, und römisch-katholische Forscher haben gerade an diesem Punkt Widerspruch erhoben[8]. Eindrucksvoll ist die Auslegung aber sicher, als Zeugnis eines Mannes, der von religionsgeschichtlichen Untersuchungen her zur Meditation über das Mysterium der Kirche gekommen ist. Meine Frage ist aber die, ob diese Auslegung philologisch haltbar und ob das religionsgeschichtliche Fundament tragfähig ist. Es melden sich eine Reihe von Bedenken:

(1) Offenbarung des Geheimnisses und Kundgabe der Weisheit Gottes sind synonyme Ausdrücke. Deutet das nicht darauf hin, daß die Weisheit Gottes in diesem Kontext nicht als ein sich manifestierendes Wesen, sondern vielmehr als persönliche Weisheit des Schöpfers gedacht ist (vgl. z.B. Röm 11,33-36)? Wo in jüdischen und gnostischen Texten von der Weisheit als einer himmlisch-göttlichen „Person" oder „Hypostase" geredet wird, steht das Nomen in der Regel absolut, ohne Genitiv[9].

(2) Wird das Verbum γνωρισθῇ nicht überinterpretiert, wenn es mit „in Erscheinung treten", „erscheinen", „manifest werden", „Manifestation" u. dgl. umschrieben wird?

(3) Heißt διὰ τῆς ἐκκλησίας wirklich „mit ihr und in ihr", bzw. „an sich und in sich und durch sich"[10]?

(4) Kommt der Dativ „den Mächten und Gewalten" zu seinem Recht, wenn er dem Sinne nach auf die Zuordnung der Kirche zur Öffentlichkeit des Daseins bezogen wird?

Solche Fragen werden von Schlier kaum beachtet. Für seine Auslegung entscheidend ist eigentlich allein das eine Wort πολυποίκιλος, das er im Sinne von πολύμορφος deutet. Von da aus vermutet er als Hintergrund von Eph 3,10 eine jüdisch-gnostische Lehre von der sich in verschiedenen Gestalten und Weisen nacheinander offenbarenden Weisheit Gottes. Das religionsgeschichtliche Material liefert u.a. die hellenistische Lehre von Isis als All-Göttin, die in vielerlei Gestalten doch eine ist[11]. Damit verbindet Schlier, nach Vorgang anderer Forscher, die Lehre von der Weisheit, so wie sie vor allem in der Weisheit Salomos vorliegt: Die Weisheit ist eine, vermag aber alles; in sich selbst bleibend, erneuert sie alles. Von Geschlecht zu Geschlecht geht sie in fromme Seelen ein und bereitet Gottesfreunde und Propheten (7,27).

---

[8] Vgl. F. MUSSNER 1955, 145. – J. DANIÉLOU 1958, 337f. (mit positiver Bewertung von SCHLIERS Untersuchungen an anderen Punkten).

[9] Die übrigen Aussagen des Epheserbriefes deuten nicht darauf hin, daß *Sophia* (bzw. *Mysterion*) als ein himmlisches Wesen vorgestellt wäre, vgl. 1,8. 17. – 1,9; 3,3f.; 5,32; 6,19.

[10] [Siehe das obige Zitat von SCHLIER 1963, 157.]

[11] SCHLIER 1963, 159-66. – Ähnlich schon SCHLIER 1930, 60-65 [und jetzt P. POKORNÝ 1992, 146].

Eine Lehre davon, daß die Weisheit nicht nur in der Heilsgeschichte wirksam war, sondern in verschiedenen Gestalten nacheinander erschien, hat Schlier nicht in den Quellen nachweisen können. Nach wohlbekanntem Muster vermutet er aber die Existenz einer solchen Lehre als Hintergrund von Eph 3,8ff., um, von dem postulierten Mythus aus, wiederum Eph 3,8-10 zu erklären. Die Methode ist nicht ohne weiteres zu verwerfen; sie ist aber recht gefährlich. Als Analogie zu der von ihm postulierten Vorstellung kann Schlier auf die Lehre vom Gestaltwandel des Menschensohns/Propheten in den Pseudo-Clementinen verweisen. Daneben nennt er die gnostische Lehre, Simon Magus sei die höchste Kraft, welche unter den Juden als Sohn, in Samaria als Vater, unter den anderen Völkern als Heiliger Geist erschienen sei[12].

Auch Forscher, die nicht Schliers sachliche Interpretation von Eph 3,10 übernommen haben, sind von der Fülle des im religionsgeschichtlichen Exkurs gebotenen Materiales beeindruckt. U. Wilckens spricht von dem auffallenden Wort πολυποίκιλος, „das sich in zahlreichen vorderorientalischen, hellenistischen und speziell gnostischen Texten – besonders als Bezeichnung der Weisheitsgöttin Isis – findet"[13]. H. Conzelmann hat sogar in seiner Übersetzung den Ausdruck „die vielgestaltige Weisheit Gottes" aufgenommen, und schreibt dazu: „Dieser Ausdruck hat Parallelen in der Gnosis; er bezeichnet dort die Mannigfaltigkeit der Formen, unter denen sich die Weisheit darbietet, obwohl sie die eine bleibt"[14]. Man kann an diesen Beispielen beobachten wie wissenschaftliche Mythen entstehen, denn was Wilckens und Conzelmann schreiben, hat Schlier niemals behauptet. Er weiß, das πολυποίκιλος ein seltenes Wort ist[15], und bringt keine Belege dafür, daß Isis oder die Sophia der Gnostiker so genannt werden. Der ganze Beweiswert seines Materials hängt daran, ob πολυποίκιλος mit Recht als Synonym zu πολύμορφος aufgefaßt wird.

Für die Identifizierung von πολυποίκιλος und πολύμορφος kann sich Schlier hauptsächlich auf die Vulgata berufen; denn hier, wie schon in der Vetus Latina, wird ἡ πολυποίκιλος σοφία τοῦ θεοῦ tatsächlich mit *multiformis sapientia Dei* übersetzt[16]. Was er sonst zu bieten hat, kann nicht als Beweis gelten. Denn daraus, daß in einer orphischen Hymne (6,11) Protogonos/Phanes ἐς τελετὴν ἁγίαν πολυποίκιλον eingeladen wird, folgt doch keineswegs, daß die Weihe deshalb sehr bunt oder mannigfaltig genannt wird, weil sie eine Weihe des einen Gottes ist, der in vielen Göttern erscheint. Es ist philologisch unberechtigt, anzudeuten, das Wort πολυποίκιλος habe an sich die vielfältige Erscheinung des einen göttlichen Wesens im Auge[17].

Der Beweis dafür, daß πολυποίκιλος dem häufigeren πολύμορφος entspricht, ist von Schlier nicht erbracht. In Wirklichkeit liegen Wortbildungen ganz verschiedener Art vor. In Wörtern wie πολύμορφος, πολυώνυμος, πολυμερής u. dgl. besagt das

---

[12] Ps.-Clem. *Hom.* III. 20,2. – Hippolyt, *Ref.* VI. 19,6; Irenaeus, *Adv. haer.* I. 23,1.

[13] WILCKENS 1962, 525. Ähnlich H. GREEVEN in der Bearbeitung von M. DIBELIUS/H. GREEVEN 1953, *ad loc.*

[14] H. CONZELMANN 1981, 104; [vorsichtiger A. LINDEMANN 1985, 61f.].

[15] SCHLIER 1963, 163.

[16] Als altlateinische Varianten kommen auch Wörter wie *multiplex* und *multifaria* vor. Vgl. H. J. FREDE (HRSG.) 1962f., z. St.

Adjektiv, daß das darin enthaltene Nomen vielfach vorliegt. In einem Wort wie πολυποίκιλος dient aber das πολυ- zur Verstärkung von dem, was schon in dem einfachen ποικίλος liegt[18]. πολυποίκιλος kann nur deshalb mit *multiformis* übersetzt werden, weil das Wort ποικίλος an sich den Gedanken der bunten Vielfältigkeit enthält. Tatsächlich wird dann auch in 1Petr 4,10 οἰκονόμοι ποικίλης χάριτος θεοῦ mit *dispensatores multiformis gratiae Dei* übersetzt. πολυποίκιλος und πολύμορφος decken sich nur zum Teil. Die eigentlichen Synonymen zu πολυποίκιλος sind vielmehr παμποίκιλος, ποικιλώτατος und auch das einfache ποικίλος[19].

Das Verbum ποικίλλειν bezeichnet das Weben und Sticken mit bunten Farben. Dementsprechend dienen Adjektive wie ποικίλος und πολυποίκιλος zur Bezeichnung von schön und bunt ausgeschmückten Stoffen, Kleidern u. dgl.[20] Von hier aus wird verständlich, daß ποικίλος und die Ableitungen davon sehr verschiedene Bedeutungen gewinnen können: mit Kunst und Können hergestellt, bunt, mehrfarbig, mannigfaltig, kompliziert, subtil, veränderlich usw. Anders als in πολύμορφος liegt in (πολυ)ποίκιλος oft ein Werturteil, und zwar in doppelter Weise: Was bunt und mannigfaltig ist, ist oft unstet; es gibt vielerlei Krankheiten, Plagen, Begierden und Ketzereien, während das Rechte und Gute einfach und einheitlich ist[21]. Auf der anderen Seite sind die Produkte eines Kunsthandwerkers bunt und reich geschmückt, deshalb auch schön und köstlich[22]. Wenn im Neuen Testament von der „mannigfaltigen Gnade" und der „sehr mannigfaltigen Weisheit Gottes" die Rede ist, klingt diese positive Wertschätzung deutlich mit.

---

[17] Gegen SCHLIER 1963, 163. – Irreführend ist auch die Behauptung, die Weihe des orphischen Hymnenbuches sei „eine πάνθειος, die einen πολυποίκιλος λόγος (61,4) kennt"; denn in *Orph. h.* 61, 4 ist von Nemesis die Rede: ἀλλάσσουσα λόγον πολυποίκιλον. SCHLIER hätte eher auf Hymnus 76 verweisen können, denn hier heißen die Musen sowohl πολύμορφοι als auch πολυποίκιλοι, was freilich kaum mehr heißt als *„formae eae multae elegantes sunt"*. Vgl. M. A. KOOPS 1932, 32. – *Orph. h.* 26, 4 wird Gaia, die Mutter, πολυποίκιλη κούρη genannt, offenbar weil die Erde sehr bunt und mannigfaltig ist. Das wäre am ehesten als Analogie zu nennen. Es muß aber bemerkt werden, daß Wortbildungen mit πολυ- in den orphischen Hymnen ungemein beliebt sind.

[18] So richtig H. SEESEMANN 1959, 484, der die Vorliebe des Epheserbriefes für eine Plerophorie des Ausdrucks betont. – Synonym zu πολύμορφος ist vielmehr ποικιλόμορφος, vgl. *Nonn. Dion.* 7,23, SCHLIER 1963, 63 Anm. 2.

[19] Vgl. die Wörterbücher von F. PASSOW 1841-57; H. G. LIDDELL/R. SCOTT/H. S. JONES 1966 und W. BAUER/K. und B. ALAND 1988, sowie Konkordanzen zu LXX und NT usw.

[20] Euripides, *Iph. T.* 1149 πολυποίκιλα φάρεα – Homer, *Od.* 15, 105 πέπλοι παμποίκιλοι – Philo, *Somn.* I. 220 ὕφασμα παμποίκιλον. Vgl. ποικίλος; Gen 37, 3. 23. 32; Ez 16, 10. 13. 18 LXX; Ps 44 (45), 14 Sym. (LXX πεποικιλμένη).

[21] πολυποίκιλος ist die Phantasie der Betrunkenen; Anonyme Schrift, *De incredibilibus* 17 (N. FESTA [HRSG.] 1902, 96,9f.); ebenso der Zorn unter den Menschen, *Or.Sib.* 8,120, die variierende Weise eines Dämons, *Test.Sal.* 4,4, oder auch die Leidenschaft der gefallenen *Sophia*, Irenaeus, *Adv. haer.* I. 4,1. – In biblischer Sprache wird ποικίλος, besonders im Plural, von verschiedenen Übeln verwendet, vgl. 3Makk 2,6; 4Makk 7,4; 17,17; 18,21; Mt 4,24; 2Tim 3,6; Tit 3,3; Hebr 13,9 etc.

[22] πολυποίκιλος στέφανος, Eubulus (Komiker) 105. – λίθους πολυτελεῖς καὶ ποικίλους, 1Chr 29,2.

Wenn die Weisheit Gottes in Eph 3,10 πολυποίκιλος genannt wird, liegt darin, daß sie sehr bunt, mannigfaltig, kompliziert, reich und prächtig ist, keineswegs aber, daß sie in verschiedenen Gestalten nacheinander in Erscheinung tritt[23]. Das wird aber auch durch den Kontext in keiner Weise nahegelegt. Denn wie in 3,5 ist auch in 3,8-10 die Aussage nach dem Muster „einst verborgen – jetzt geoffenbart" gestaltet[24]. Von einem Nacheinander verschiedener Offenbarungen ist überhaupt nicht die Rede. Es geht um die eine eschatologische Offenbarung des früher verborgenen Mysteriums, die Offenbarung in Christus, von dem Apostel verkündigt und durch die Kirche den Mächten und Gewalten kundgegeben. An diesem Punkt ist Schliers Interpretation des Epheserbriefes auch nicht in modifizierter Gestalt aufzunehmen, sondern ganz schlicht ad acta zu legen[25]. Der Wert des Kommentars ist groß genug um das zu ertragen. Es bleibt aber die von Schlier erhobene Frage, ob nicht hinter dem Ausdruck ἡ πολυποίκιλος σοφία eine *vorgeprägte* Anschauung stehen muß.

Man wird den Ausdruck ἡ πολυποίκιλος σοφία τοῦ θεοῦ mit dem vorhergehenden τὸ ἀνεξιχνίαστον πλοῦτος τοῦ Χριστοῦ zusammenstellen dürfen; das weist auf die jüdische Weisheitsliteratur hin. Dort ist, wie im Kolosserbrief, von den Schätzen der Weisheit die Rede[26]. „Was ist reicher als die alles wirkende Weisheit?" heißt es Weish 8,5. „Wer erforschte die Höhe des Himmels und die Breite der Erde und den Abgrund und die Weisheit?" fragt der Sirazide. „Wem wurde die Wurzel der Weisheit geoffenbart und wer erkannte ihre Künste?" (Sir 1,3. 6). Der wunderbare, unerforschliche Reichtum der Weisheit Gottes wird in dem Werk der Schöpfung gespürt[27]. Die Vermutung liegt nahe, daß der Ausdruck „die mannigfaltige Weisheit Gottes" ursprünglich geprägt ist im Hinblick auf das Wirken der Weisheit in der Welt, mit ihrer bunten Fülle und Pracht. Dabei konnte die Grundbedeutung des Wortes noch durchschimmern. Philo schildert Gott als Erfinder und Meister der Kunst, bunte Gewebe herzustellen. Die Welt ist das schöne Gewebe Gottes, durch allweise Kenntnis (ἐπιστήμη πανσόφῳ) hergestellt[28].

Die Annahme, ἡ πολυποίκιλος σοφία bezeichne ursprünglich die Weisheit und Kunst des Weltschöpfers, findet bei Theophilos, *Ad Autolycum*, eine unerwartete Bestätigung. (Nicht nur Gnostiker, sondern auch kirchliche Schriftsteller können interessantes Material zur Erhellung des Sprachgebrauchs im Epheserbrief liefern!) *Ad Autol.* I. 6 ist von den Werken des Schöpfers die Rede, vom Wechsel der Jahreszeiten, geordne-

---

[23] [Mit DAHL gegen SCHLIER jetzt auch E. FAUST 1993, 63ff.]
[24] Zu diesem „Revelations-Schema", vgl. DAHL 1954, 4f. [jetzt mit einem weiteren gnostischen Text und Literatur: D. HELLHOLM 1998, 233-48].
[25] [Zu SCHLIERS (und DAHLS) Interpretation von Eph 3, siehe jetzt auch R. SCHNACKENBURG 1982, 141f; A. T. LINCOLN 1990, 187f.; H. HÜBNERS Exkurs: „Zu Heinrich Schliers theologischer Deutung von Eph 3", in IDEM 1997, 189f.; E. BEST 1998, 323f.]
[26] Kol 2,3; Sir 1,25; Bar 3,15; *Apk Bar (syr)* 54,13; vgl. Jes 45,3; Spr 2,3f.
[27] Vgl. Spr 8; Hi 28; Sir 24; 42,15ff.; 43; Bar 3,9ff.; Weish 6,12; 8,1; 1QH IX 7-20 (I 7-20) etc.
[28] *Somn.* I. 20-08, bes. 207. Hier wird die Welt auch τὸ παμποίκιλον ὕφασμα genannt, 203. – Schon nach Ps 139,13. 15 wird der Embryo im Mutterleib von Gott gewebt oder bunt gewirkt; vgl. Hi 10,11.

ter Laufbahn der Sterne, Schönheit der Pflanzen usw. Die mannigfaltige Weisheit Gottes, ἡ πολυποίκιλος σοφία τοῦ θεοῦ, hat alle Sterne mit je einem besonderen Namen genannt. In dem zweiten Buch kommentiert Theophilos das Hexaëmeron. Hier heißt es, in II. 16:

> Am fünften Tag wurden die Tiere aus den Wassern geschaffen, durch welche und in welchen sich die mannigfaltige Weisheit Gottes zeigt, δι' ὧν καὶ ἐν τούτοις δείκνυται ἡ πολυποίκιλος σοφία τοῦ θεοῦ. Wer könnte wohl ihre Menge und mannigfaltige Art aufzählen.

An sich ist es durchaus möglich, daß Theophilos in der zweiten Hälfte des zweiten Jahrhunderts den Epheserbrief kennt und davon abhängig ist. Aber ist es eigentlich denkbar, daß ein christlicher Verfasser, möge er auch naturphilosophisch interessiert sein, den Ausdruck „die mannigfaltige Weisheit Gottes" von der Offenbarung in der Kirche auf die Schöpfung der Wassertiere übertragen hat? Anders als im Epheserbrief ist der Ausdruck bei Theophilos im Kontext verankert, denn von der ποικιλία der Schöpfung ist bei ihm öfters die Rede[29]. Ich vermute, daß Theophilos von hellenistisch-jüdischer Genesisinterpretation abhängig ist. Dafür gibt es auch sonst Indizien[30].

Man darf die Terminologie des Epheserbriefes nicht einseitig von gnostischen Texten aus interpretieren. Zum Teil bieten Qumran-Schriften, rabbinische Texte, Synagogenliturgie, hellenistisch-jüdische Literatur oder auch Kirchenväter bessere Parallelen. Manchmal hat eine kosmologische Terminologie eine soteriologisch-ekklesiologische Anwendung erhalten[31]. Wenn meine Vermutung stimmt, trifft das auch für den Ausdruck ἡ πολυποίκιλος σοφία zu.

Schon nach jüdischer Lehre waltete die in der Schöpfung wirksame Weisheit Gottes auch in der Heilsgeschichte[32]. Als Gesetz Gottes war die kosmische Weisheit Israel geoffenbart worden; die Tora war ja nicht nur juridisches, rituelles und moralisches, sondern auch kosmisches Gesetz. Ihre Annahme bedeutete Restitution und Befestigung der Schöpfung[33]. Im Epheserbrief wird freilich die Offenbarungs-Weisheit nicht direkt mit der Schöpfungs-Weisheit identifiziert. Hier ist der Gedanke vielmehr, daß

---

[29] Vgl. I. 6 τήν τε πολυποίκιλον γονὴν κτηνῶν κτλ. - τὴν τῶν οὐρανίων παμποίκιλον κίνησιν II. 14 τὴν ἐν τούτοις ποικιλίαν (der Pflanzen). - Ähnlich, das jüdische Gebet in Const. Apost. VII. 34, 4 (ποικιλία δένδρων) und schon Sir 43,25 (ποικιλία παντὸς ζῴου).

[30] Vgl. Daniélou 1958, 124-27; R. M. Grant 1950, 188-96; idem 1947, 234-42; G. Kretschmar 1956, 26-61. Kretschmar hat schon die Berührung mit Eph 3,10 observiert, ibid., 54 Anm. 1.

[31] Vgl. die Dimensionen in 3,18, die Ein- und All-Formel in 4,4-6, ferner Begriffe wie ἑνότης, σύνδεσμος und πλήρωμα, sowie κεφαλή und σῶμα. Zur Debatte steht immer noch die Frage, wie weit die kosmologische Terminologie dem Verfasser des Epheserbriefes schon in gnostischer Umdeutung vorlag.

[32] So vor allem Weish 7, 27; 10-19.

[33] Sir 24,8-12; Bar 4,1-4 etc. - Philo sieht das Schöpfungswerk in dem bunten und doch harmonischen Gewebe der Schriften nachgebildet Somn. I. 205. - Zur kosmologischen Orientierung spätjüdisch-rabbinischer Theologie, vgl. u.a. S. Aalen 1951, 158ff., 183ff., 286f.; J. Jervell 1960, 31f., 43f., 78ff., 113f.

Gottes Vorsatz und Bestimmung der Schöpfung vorausging und zugrundelag; die vielfältige Weisheit wurde aber nicht schon in der Weltschöpfung offenbar, sondern blieb als Geheimnis in dem Schöpfer des Alls verborgen, um erst in seiner „Verwaltung der Fülle der Zeiten" kundgetan zu werden[34]. In dieser Hinsicht knüpft der Verfasser an apokalyptische Vorstellungen von den verborgenen Geheimnissen der Weisheit an, die erst in der Endzeit den Erwählten geoffenbart werden[35]. Dabei wird im Epheserbrief wie auch sonst im Urchristentum der Gegensatz zwischen der Zeit der Verborgenheit und dem Jetzt der Offenbarung des Geheimnisses schärfer betont, als es im Judentum üblich war[36].

Für die Aussage in Eph 3,10 ist es charakteristisch, daß hier nicht von einer Offenbarung an die Heiligen und Erwählten, sondern von Kundgebung an die Mächte und Gewalten in den himmlischen Höhen die Rede ist. Auch dieser Gedanke könnte mit der Vorstellung von der Weisheit Gottes in der Schöpfung zusammenhängen. Am Ende eines Hauptabschnittes des äthiopischen Henochbuches wird gesagt, daß der Herr der Herrlichkeit „die großen und herrlichen Wunderwerke schuf, um seines Werkes Größe seinen Engeln, den Geistern und den Menschen zu zeigen, damit sie sein Werk und seine ganze Schöpfung preisen, wenn sie das Werk seiner Macht sehen" (äthHen 36,4; vgl. Hi 38,7). Es ist aber eine Frage, ob wir mit dieser Analogie auskommen. Es gibt jedenfalls zu denken, daß im Neuen Testament die Offenbarung an die Mächte sonst mit Erhöhung und Inthronisation Christi verbunden ist. Das klassische Beispiel ist 1 Tim 3,16: „Gesehen von Engeln, verkündigt unter Völkern". Zu vergleichen sind Stellen wie Eph 1,21f.; Hebr 1; 1 Petr 3,22. An Phil 2,9-11 wäre auch zu denken, vor allem wenn ἐν τῷ ὀνόματι Ἰησοῦ auf die Ausrufung des Namens des inthronisierten Kyrios zu beziehen ist, worauf alle Wesen der Welt mit ihrer Akklamation antworten. Vielleicht darf man auch Kol 1,23 in diesem Zusammenhang nennen; die Annahme liegt recht nahe, daß die Aussage „aller Kreatur unter dem Himmel verkündigt" sich ursprünglich nicht auf die historische Missionsverkündigung, sondern auf eine kosmische Proklamation bezogen hat (vgl. Kol 2,15).

Von hier aus erhebt sich dann die Frage, ob wir nicht doch in Eph 3,10 eine gewisse Nähe zu gnostischen Vorstellungen annehmen müssen, wenn auch in anderer Weise als es Schlier vermutet hat[37]. Im äthHen 42 wird von der Weisheit erzählt, daß sie fortging, um unter den Menschen zu wohnen; als sie keine Wohnstätte fand, kehrte sie an ihren Ort zurück und nahm unter den Engeln ihren Sitz. Spuren eines ähnlichen Mythos hat man in anderen jüdischen Weisheitstexten gefunden. Mit diesem Weisheitsmythos verwandt, wenn auch nicht identisch, ist auch die aus gnostischen wie nicht-gnostischen Texten bekannte Vorstellung, daß Christus verborgen, in Verkleidung, durch die Him-

---

[34] Eph 1,3. 9f.; 3,11f.; 5,31f.
[35] Vgl. E. SJÖBERG 1946, 102ff.; IDEM 1955, 1-34; G. BORNKAMM 1942, 821ff.
[36] Das gilt auch im Vergleich mit 1QpHab VII 1-5, wo gesagt wird, daß Gott dem Lehrer der Gerechtigkeit alle Geheimnisse in den Worten der Propheten kundgetan hat, während er dem Habakuk nicht die Fülle der Zeit kundtat. Damit ist vor allem Eph 3,4f. und 5,31f. zu vergleichen.
[37] Zu dieser Möglichkeit, vgl. WILCKENS 1959, 202-04; IDEM 1962, 525.

melssphären herabstieg, um danach in Herrlichkeit hinaufzufahren[38]. Auf eine mythische Lehre von der Verborgenheit des mit der Sophia identischen, jedenfalls mit ihr eng verbundenen Christus, scheint schon 1Kor 2,7f. anzuspielen. Von der Erhöhung ist hier nicht direkt die Rede, sie ist aber durch den Namen „der Herr der Herrlichkeit" vorausgesetzt[39].

Nach Wilckens haben die korinthischen Gnostiker im Sinne des Mythos Christus direkt mit der Weisheit identifiziert. Es ist hier nicht notwendig, zu dieser Theorie Stellung zu nehmen. Es sollte aber notiert werden, daß in einigen Varianten des Mythos die Weisheit als Kleid des herabsteigenden Christus vorgestellt wird[40]. Daß man die Weisheit als prächtiges Kleid anziehen kann, ist an sich eine alte Anschauung[41]. Es könnte also hinter Eph 3,10 eine Vorstellung von der Weisheit als einem prächtigen, bunt gewirkten Kleid Christi stecken[42]. Wahrscheinlich ist mir das aber nicht; das Wort πολυποίκιλος hat hier doch wohl eine mehr abgeblaßte, allgemeine Bedeutung. Es ist aber dennoch zuzugeben, daß man nach dem in 1Kor 2,7f. vorausgesetzten und auch sonst bekannten Schema erwarten würde, daß die Weisheit Gottes bei dem Ascensus Christi kundgetan wurde. Das Motiv der zur himmlischen Inthronisation gehörenden kosmischen Proklamation scheint hier historisiert, auf die paulinische Mission und die Kirche bezogen zu sein.

Ich wage nicht zu sagen, inwiefern und in welcher Weise die beiden Motive, Schöpfungsweisheit und himmlische Inthronisation, schon vor dem Epheserbrief miteinander verbunden waren. Nur Verwendung von verschiedenen Motiven, nicht Übernahme eines einheitlichen, vorchristlichen Mythos läßt sich Eph 3,10 konstatieren. Man darf nicht vergessen, daß auch die Religionsgeschichte ein sehr buntes Gewebe ist. Bei aller Komplexität des Hintergrundes, ist aber der Inhalt der Aussage im Grunde recht einfach.

---

[38] Reiches Material bei WILCKENS, 1959, 100-139; IDEM 1962, 508-14; DANIÉLOU, 1958, 228-36. – Ob der Mythos von der verborgenen Herabkunft und offenbaren Himmelfahrt von Hause aus gnostisch ist, bleibt sehr zu fragen. Spezifisch gnostisch wird er erst dort, wo die Weisheit mit dem höheren Selbst des erkennenden und zu erlösenden Menschen identifiziert wird. Der Weisheits/Erlösermythos *kann*, aber braucht gar nicht mit der typisch gnostischen Lehre von Fall und Erlösung der Sophia oder des himmlischen Anthropos verbunden zu sein.

[39] Es könnte schon hier eine Anspielung auf ψ 23 (Ps 24) vorliegen: κύριος τῶν δυνάμεων – βασιλεὺς τῆς δόξης. In späteren Darstellungen des Ascensus spielt der Psalm eine große Rolle, vgl. DANIÉLOU 1958, 96, 231f., 284ff.

[40] *Epist. Apost.* 21 (32), siehe W. SCHNEEMELCHER 1987, 217f. – Gnostiker bei Irenaeus, *Adv. haer.* I. 30, 12. – Clemens, *Exc. ex Theod.* 1,1; 26,1. – Vgl. Irenaeus, *Epideixis.* 9 (nach Jes 11,2); dazu KRETSCHMAR 1956, 46-53.

[41] Vgl. besonders Sir 6,30f.

[42] Ein solches Kleid trug im alten Orient der König, nach 4QpJes^a soll es der Messias tun. – Philo interpretiert die bunten und die weißen Kleider des Hohenpriesters allegorisch, *Somn.* I. 214-19; *Ebr.* 85-92. Vgl. auch WILCKENS 1959, 145-57; [jetzt auch Dahl in diesem Band Aufsatz XIII]. – Es liegen hier viele, aber unsichere Kombinationsmöglichkeiten vor. Nach Kol 1,15-17 ist ja Christus Mittler der Schöpfung, hat also die Funktion der Weisheit übernommen. [Zur Vorstellung vom Schöpfungsmittler im hellenistischen Judentum und im Urchristentum, siehe vor allem H. HEGERMANN 1961.]

Für den Verfasser des Epheserbriefes ist die Kirche nicht eine Gestalt, Weise oder Erscheinung der Weisheit Gottes. Möchte man sie ein himmlisches Wesen nennen, so sind auch die Glaubenden und Getauften „himmlische Wesen" zu nennen (vgl. 2,6. 19). Eine Manifestation der Weisheit Gottes darf man die Kirche nur nennen, wenn man es als Analogie zu der Anschauung, daß die vielfältige Weisheit Gottes sich in der bunten Mannigfaltigkeit der geschaffenen Welt manifestiert, versteht. Die Weisheit Gottes wird durch die Kirche kundgetan, weil Gott in seiner Weisheit die Kirche durch das Evangelium schafft. Was dem Verfasser dabei tatsächlich vor Augen steht, ist in dem Kontext eindeutig klar: Es geht darum, daß die Heiden im Leibe Christi, mit den ursprünglichen Erben aus Israel zusammen, Teilhaber an der Verheißung geworden sind (3,6; vgl. 2,11-22).

In einer nicht unwesentlichen Beziehung behält Schlier Recht: Nicht durch die Predigt allein, sondern auch durch das Dasein der Kirche wird die mannigfaltige Weisheit Gottes den himmlischen Mächten kundgetan. Davon, daß die Welt ihre Hintergründigkeit verliert, als Gottes Herrschaftsgebiet in Anspruch genommen, durch die Predigt entmythologisiert und enthüllt wird[43], steht im Text nichts. Ebensowenig gibt der Text einen direkten Schriftbeleg dafür, daß es eine Aufgabe der Kirche sei, die politischen Gewalten durch Hirtenbriefe und Stellungnahmen über den Willen Gottes zu belehren.

Wenn gesagt wird, daß die himmlischen Mächte durch die Kirche Gottes Weisheit kennenlernen, wird dadurch die Größe des der Kirche anvertrauten Mysteriums hervorgehoben (vgl. 1 Petr 1,12). Damit kann aber der Sinn der Aussage in Eph 3,10 nicht erschöpft sein. Statt sofort nach abstrakten, theologischen Deutungen zu suchen, sollte man versuchen, sich die Sache plastisch anschaulich zu machen.

Nach verbreiteter altkirchlicher und auch schon jüdischer Anschauung sind Engel und himmlische Mächte im Gottesdienst der Gemeinde gegenwärtig; das kann auch so gedacht werden, daß die Versammelten mit den Engeln zusammen vor Gott treten und an ihrem Gottesdienst teilnehmen[44]. In altkirchlichen Liturgieerklärungen und dergleichen kann besonders auch die Gegenwart der Engel bei der Taufe, bzw. die Aufnahme in die Gemeinschaft der Engel durch die Taufe betont werden[45]. Daß solche Anschauungen der Umwelt des Epheserbriefes nicht ferne lagen, ist zu ersehen aus Kol 1,12, „Anteil am Los der Heiligen im Licht"[46]. Unter den „Heiligen" wird man hier die

---

[43] So CONZELMANN 1981, z.St.

[44] Vgl. 1QM VII 4-6; 1QSa II 3-11 („denn die heiligen Engel sind in ihrer Mitte"). Dazu vgl. J. A. FITZMYER 1957, 48-58. – Zugrunde liegt Dtn 23,1ff.; vgl. Eph 1,4; 2,19; 5,27. Vgl. ferner *Jub* 31,14; Hebr 12,22ff.; Apk 5,8; 8,3f. – E. PETERSON 1935. [Ferner jetzt M. MACH 1992, 209-55.]

[45] Vgl. z.B. Origenes, *Hom. in lib. Jesu Nave* IX 4 (MPG 12, 874). – Ambrosius, *De Myst.* II 6; *De sacr.* IV 2,5. – Theodor von Mopsuestia, *On the Nicene Greed*, A. MINGANA (HRSG.) 1933, 112f. (syr. 235), findet in Eph 3,10f. den Gedanken ausgesprochen, daß die unsichtbaren Mächte darüber staunen, daß Gott alle Menschen zu seinem Dienste versammelte und durch die Wiedergeburt in der Taufe zu einem Leib Christi machte.

[46] Vgl. dazu 1QS XI 8f.; 1QH XI 23 (III 22); XIV 13f. (VI 13f.); XIX 11f. (XI 11f.); 1QM XII 7; [vgl. ferner oben in diesem Band Aufsatz II Anm. 60 und Anm. 61 auf Seite 121].

Engel verstehen müssen.⁴⁷ Nach Eph 2,19 sind die Getauften „Mitbürger der Heiligen" geworden; das wird wohl ähnlich zu verstehen sein, wenn es auch im Kontext möglich ist, an die Heiligen in Israel zu denken, deren Mitbürger die Heiden geworden sind⁴⁸. Nach Eph 2,6 sind die Getauften inthronisiert in den Himmeln mit Christus, der dort oberhalb aller Mächte und Gewalten thront. Man wird deshalb kaum fehlgreifen, wenn man sich die Mächte und Gewalten als Zuschauer bei der Taufe vorstellt⁴⁹.

Was haben also Mächte und Gewalten zu sehen bekommen? Heiden, die durch das Gesetz von den Verfügungen der Verheißung, von Israel und vom Zugang zu Gott ausgeschlossen waren, sind in Christus nahe gekommen. Durch die dem Apostel Paulus aufgetragene Verkündigung des Evangeliums sind sie gläubig geworden, mit Juden in dem einen Leibe Christi vereinigt, Mitbürger der Heiligen und Hausgenossen Gottes geworden. Darin hat sich sowohl die mannigfaltige Weisheit wie auch der Reichtum der Gnade Gottes gezeigt. Davon haben aber die kosmischen Mächte und Gewalten nichts gewußt, ehe sie es durch das Dasein der Kirche erfuhren.

Man hat gefragt, ob die Mächte und Gewalten als gute oder als böse Engel aufzufassen seien. Die Antwort ist, daß sie kosmische Mächte sind, von Gott geschaffen und doch böse, so wie die Welt in dem gegenwärtigen Äon böse ist. Sie sind dem erhöhten Christus unterstellt, stehen aber dennoch hinter den Drangsalen, Versuchungen und Anfechtungen, die den Christen begegnen in der Welt, deren himmlische Vertreter und Herrscher die Mächte sind⁵⁰. Sie herrschen und toben in einer Gott entfremdeten und in sich zersplitterten Welt. Zu vergleichen ist einerseits die jüdische Vorstellung von den Engelfürsten der Völker, andererseits mehr gnostische Lehren von den einander bekämpfenden Mächten in der chaotischen, sublunaren Sphäre. Im Epheserbrief wird freilich die Zersplitterung der Welt eigentlich nur im Sinne einer Zweiteilung betont; das Gesetz richtete die Scheidewand zwischen Juden und Heiden auf und war damit Ursache der Feindschaft, 2,15⁵¹. Indem diese Scheidewand niedergerissen ist und Juden und Heiden in einem Leibe mit Gott und miteinander versöhnt werden, wird durch die Kirche Gottes verborgene Weisheit und Wille bekannt: Das All soll in Christus zusammengefaßt werden; in der Kirche beginnt diese *Anakephalaiosis* verwirklicht zu werden. Nicht nur für die Erben der Verheißung, sondern für die gesamte, bunte Menschenwelt ist die Gnade Gottes in Christus da. Darin zeigt sich die mannigfaltige Weisheit Gottes.

Bei aller eigenartigen Terminologie ist dieser Hauptgedanke des Epheserbriefes doch paulinisch. Der eine Herr ist reich für alle, die ihn anrufen (Röm 10,12). „Gott

---

⁴⁷ [So neuerdings auch z.B. E. LOHSE 1968, 71; J. GNILKA 1991, 47; POKORNÝ 1987, 43f.; LINDEMANN 1983, 22; L. HARTMAN 1985, 28; WOLTER 1993, 65; auf Menschen deuten dagegen u.a. E. SCHWEIZER 1976, 47f.; HÜBNER 1997, 52.]

⁴⁸ [Vgl. jetzt auch die Interpretation von FAUST 1993, 196: „Auch von da aus muß das συν-Kompositum in der Wendung συμπολῖται τῶν ἁγίων (E[ph] 2,19b) die neue Heilsgemeinschaft der Heidenchristen mit jenen ‚Heiligen' meinen die 10 Verse später als judenchristliche Apostel und Propheten identifiziert werden".]

⁴⁹ [Vgl. auch DAHL in diesem Band Aufsatz XII Anm. 57 auf Seite 380.]

⁵⁰ Vgl. Eph 1,21f.; 6,12; Kol 1,16; 2,15; Röm 8,38.

hat alle beschlossen unter den Ungehorsam, auf daß er sich aller erbarme". Darin zeigt sich die Tiefe des Reichtums und der Weisheit und der Erkenntnis Gottes (Röm 11,28-33). Das wahre Geheimnis der Kirche ist der unerforschliche Reichtum Christi.

Bibliographie

AALEN, S. 1951: *Die Begriffe 'Licht' und 'Finsternis' im Alten Testament, im Spätjudentum und im Rabbinismus* (SNVAO 1951/1), Oslo: Dybwad 1951.

BAUER, W./K. und B. ALAND 1988: *Griechisch-deutsches Wörterbuch zu den Schriften des Neuen Testaments und der frühchristlichen Literatur*, 6. Aufl., Berlin – New York: de Gruyter 1988.

BEST, E. 1998: *A Critical and Exegetical Commentary on Ephesians* (ICC), Edinburgh: Clark 1998.

BORNKAMM, G. 1942: „μυστήριον B 2", in: *ThWNT* 4, Stuttgart: Kohlhammer 1942, 821-23.

CONZELMANN, H. 1981: *Die Briefe an die Galater, Epheser, Philipper, Kolosser, Thessalonicher und Philemon* (NTD 8), 15. Aufl., Göttingen: V&R 1981.

DAHL, N. A. 1945: „Dopet i Efesierbrevet", in: *SvTK* 21 (1945) 85-103.

— 1947/76: „Anamnesis. Mémoire et commémoration dans le christianisme primitif", in: *StTh* 1 (1947) 69-95. [Verkürzte engl. Fassung in: N. A. DAHL, *Jesus in the Memory of the Early Church*, Minneapolis, MN: Augsburg 1976, 11-29.]

— 1951: „Adresse und Proömium des Epheserbriefes", in: *ThZ* 7 (1951) 241-64. [Veränderter Teilabdruck in diesem Band Aufsatz IX.]

— 1954: „Formgeschichtliche Beobachtungen zur Christusverkündigung in der Gemeindepredigt", in: W. ELTESTER (HRSG.), *Neutestamentliche Studien für Rudolf Bultmann* (BZNW 21), Berlin: Töpelmann 1954, 3-9.

— 1963: „Der Epheserbrief und der verlorene, erste Brief des Paulus an die Korinther", in: O. BETZ/M. HENGEL/P. SCHMIDT (HRSG.), *Abraham unser Vater: Juden und Christen im Gespräch über die Bibel. Festschrift Otto Michel* (AGJU 5), Leiden: Brill 1963, 65-77. [In diesem Band Aufsatz X.]

DANIÉLOU, J. 1958: *Théologie du Judéo-Christianisme*, Tournai: Desclée et Cie 1958.

---

[51] Vielleicht liegt darin eine implizite Polemik gegen eine andere Auffassung, welche die Zersplitterung des irdischen Daseins vor allem in der Zweiteilung von Männlich und Weiblich sah. Vgl. *2Clem* 12,2-6; *EvThom* [4], 22, [23], [48] und 106; [Ägypter-Evangelium (Clem. Alex., *Strom.* 3.13, 92.2)]; siehe W. SCHNEEMELCHER 1987, [99], 102, [107], 112, 175f. [und die Synopse in H. KOESTER 1990, 358; koptischer Text mit englischer Übers. des *EvThom* in B. LAYTON 1989]. Eine solche Anschauung bildet vielleicht einen Hintergrund nicht nur für Kol 3,11, wo „Männlich und Weiblich" ausgelassen sind (anders Gal 3,28!), sondern auch für Eph 2,14-18 (τὰ ἀμφότερα!) und 5,22-23. Hier ist aber kein Raum für eine Auseinandersetzung mit SCHLIERS Auslegung dieser Stellen. Es sei nur bemerkt, daß *Sophia*-Spekulationen freilich mit zum religionsgeschichtlichen Hintergrund von Eph 5,22ff. gehören, daß man aber nicht daraus folgern darf, der Verfasser des Epheserbriefes habe die Kirche mit der Weisheit identifiziert. [Vgl. jetzt DAHL in diesem Band Aufsatz I zu Anm. 378 sowie Anm. 379 auf Seite 68.]

DIBELIUS, M./GREEVEN, H. 1953: *An die Kolosser, Epheser, Philemon* (HNT 12), 3. Aufl., Tübingen: Mohr Siebeck 1953.

FAUST, E. 1993: *Pax Christi et Pax Caesaris. Religionsgeschichtliche, traditionsgeschichtliche und sozialgeschichtliche Studien zum Epheserbrief* (NTOA 24), Freiburg (CH): UV/Göttingen: V&R 1993.

FREDE, H. J. (HRSG.) 1962f.: *(Beuroner) Vetus Latina: Die Reste der altlateinischen Bibel 24/1, Epistula ad Ephesios*, Freiburg i. Br.: Herder 1962f.

FESTA, N. (HRSG.) 1902: *Palaephati. Peri apiston* (Mythographi Graeci, III. 2), Leipzig: Teubner 1902.

FITZMYER, J. A. 1957-58: „A Feature of Qumrân Angelology and the Angels of I Cor XI. 10", in: *NTS* 4 (1957-58) 48-58.

GNILKA, J. 1991: *Der Brief an die Kolosser* (HThK 10/1), 2. Aufl., Freiburg i. Br.: Herder 1991.

GRANT, R. M. 1947: „Theophilus of Antioch to Autolycus", in: *HThR* 40 (1947) 234-42.

— 1950: „The Problem of Theophilus", in: *HThR* 43 (1950) 188-96.

HARTMAN, L. 1985: *Kolosserbrevet* (KomNT 12), Uppsala: EFS 1985.

HEGERMANN, H. 1961: *Die Vorstellung vom Schöpfungsmittler im hellenistischen Judentum und Urchristentum* (TU 82), Berlin: AV 1961.

HELLHOLM, D. 1998: „The ‚Revelation-Schema' and Its Adaptation in the Coptic Gnostic Apocalypse of Peter", in: *SEÅ* 63 (1998) [= Festskrift Birger Olsson] 233-48.

HÜBNER, H. 1997: *An Philemon, An die Kolosser, An die Epheser* (HNT 12), Tübingen: Mohr Siebeck 1997.

JERVELL, J. 1960: *Imago Dei. Gen. 1,26f im Spätjudentum, in der Gnosis und in den paulinischen Briefen* (FRLANT 76), Göttingen: V&R 1960.

KOESTER, H. 1990: *Ancient Christian Gospels. Their History and Development*, Philadelphia, PA: TPI/London: SCM 1990.

KOOPS, M. A. 1932: *Observationes in Hymnos Orphicos* (Diss. Leiden), Leiden 1932.

KRETSCHMAR, G. 1956: *Studien zur frühchristlichen Trinitätstheologie* (BHTh 21), Tübingen: Mohr Siebeck 1956.

LAYTON, B. (ED.) 1989: *Nag Hammadi Codes II,2-7 together with XIII, 2*. Brit. Lib. or. 4926(1) and P. Oxy. 1, 654, 655, Volume I* (NHS 20), Leiden: Brill 1989.

LIDDELL, H./SCOTT, R./JONES, H. S. 1966: *A Greek-English Lexicon*, Oxford:Clarendon 1966.

LINDEMANN, A. 1983: *Der Kolosserbrief* (ZBK 10), Zürich: ThV 1983.

— 1985: *Der Epheserbrief* (ZBK 8), Zürich: ThV 1985.

LINCOLN, A. T. 1990: *Ephesians* (WBC 42), Dallas, TX: Word Books 1990.

LOHSE, E. 1968: *Die Briefe an die Kolosser und an Philemon* (KEK 9.2), Göttingen: V&R 1968.

MACH, M. 1992: *Entwicklungsstadien des jüdischen Engelglaubens in vorrabbinischer Zeit* (TSAJ 34), Tübingen: Mohr Siebeck 1992.

MINGANA, A. (HRSG.) 1933: *Theodor von Mopsuestia, On the Nicene Greed* (Woodbrooke Studies 6), Cambridge: Heffer 1933.

MUSSNER, F. 1955: *Christus, das All und die Kirche* (TrThSt 5), Trier: Paulinus 1955.

PASSOW, F. 1841-57: *Handwörterbuch der griech. Sprache*, 2 Bände, 5. Aufl., Leipzig: Vogel 1841-57 [Nachdruck 1970 u. ö.]

PETERSON, E. 1935: *Das Buch von den Engeln*, Leipzig: Hegner 1935.

POKORNÝ, P. 1987: *Der Brief des Paulus an die Kolosser* (ThHK 10/1), Berlin: EVA 1987.

— 1992: *Der Brief des Paulus an die Epheser* (ThHK 10/2), Leipzig: EVA 1992.

SCHLIER, H. 1930: *Christus und die Kirche im Epheserbrief* (BHTh 6), Tübingen: Mohr Siebeck 1930.

— 1963: *Der Brief an die Epheser*, 4. Aufl., Düsseldorf: Patmos 1963.

SCHNACKENBURG, R. 1982: *Der Brief an die Epheser* (EKK 10), Zürich: Benziger/Neukirchen-Vluyn: Neukirchener 1982.

SCHNEEMELCHER, W. 1987: *Neutestamentliche Apokryphen. I. Evangelien*, 5. Aufl., Tübingen: Mohr Siebeck 1987.

SCHUBERT, P. 1939: *Form and Function of the Pauline Thanksgivings* (BZNW 20), Berlin: Töpelmann 1939.

SCHWEIZER, E. 1976: *Der Brief an die Kolosser* (EKK 12), Zürich: Benziger/Neukirchen-Vluyn: Neukirchener 1976.

SEESEMANN, H. 1959: „πολυποίκιλος", in: *ThWNT* 6, Stuttgart: Kohlhammer 1959, 484.

SJÖBERG, E. 1946: *Der Menschensohn im äthiopischen Henochbuch* (SHVL 41), Lund: Gleerup 1946.

— 1955: *Der verborgene Menschensohn in den Evangelien* (SHVL 53), Lund: Gleerup 1955.

WILCKENS, U. 1959: *Weisheit und Torheit. Eine exegetisch-religionsgeschichtliche Untersuchung zu 1 Kor 1 und 2* (BHTh 26), Tübingen: Mohr Siebeck 1959.

— 1962: „σοφία κτλ E 4", in: *ThWNT* 7, Stuttgart: Kohlhammer 1962, 524-25.

XII. Cosmic Dimensions and Religious Knowledge (Eph 3:18)

1. Problems and Proposals

The Epistle to the Ephesians presents many intriguing problems. To whom and by whom was it written? What is its purpose and historical setting? How is it related to gnosticism and to other religious trends of antiquity? These and other questions can only find their answer through minute investigations. This essay will be devoted to one exegetical detail which has long puzzled the interpreters: the meaning of Eph 3:18.[1] The passage is part of the prayer recorded in 3:14-19 and, together with the following verse, states the aim of Paul's intercession. 3:18 cannot be understood apart from 3:19; a colometric arrangement will make it easier to see the structure of the text:

ἵνα ἐξισχύσητε
   καταλαβέσθαι
      σὺν πᾶσιν τοῖς ἁγίοις
         τί τὸ πλάτος καὶ μῆκος καὶ ὕψος καὶ βάθος,
γνῶναί τε
      τὴν ὑπερβάλλουσαν τῆς γνώσεως ἀγάπην τοῦ Χριστοῦ,
ἵνα πληρωθῆτε
      εἰς πᾶν τὸ πλήρωμα τοῦ θεοῦ.

According to this passage, the aim of Paul's intercession is that his readers may grasp the magnitude of four dimensions. Commentators have asked: "The dimensions of what?" and come up with various answers.[2] Some think of God's "inheritance among the saints" (cf. 1:18), the realm of salvation, possibly the heavenly city, the new Jerusalem whose vast dimensions are mentioned in Rev 21:16f.; others of the whole economy of salvation or the all-encompassing mystery of Christ. Does the author have some general object of religious knowledge in mind, e.g., the immensity of God, whose wisdom is inscrutable? Or is the object of comprehension in v. 18 not to be distinguished from

---

[1] For help in the preparation of the manuscript I am indebted to my students TERRY CALLAN, MARY ROSE D'ANGELO, and HALVOR MOXNES.

[2] The history of interpretation would require a special investigation; most of the major exegetical options go back to patristic commentators. Commentaries give some information, cf. esp. T. K. ABBOTT 1897; M. DIBELIUS/H. GREEVEN 1953; H. SCHLIER 1957; J. GNILKA 1990; [R. SCHNAKKENBURG 1982; A. T. LINCOLN 1990; P. POKORNÝ 1992; H. HÜBNER 1997; E. BEST 1998; further C. E. ARNOLD 1989.]

the object of knowledge in v. 19? But if the author simply meant "the breadth and length and height and depth of Christ's love," why did he not say so?[3] Is the reference to four, rather than three, dimensions suggested by the four arms of the cross?[4]

Modern scholars have adduced more or less striking parallels to Eph 3:18 from a variety of sources: Hellenistic philosophy, Hermetic writings, magical papyri, Jewish wisdom literature, and even Christian authors.[5] The accumulated material is of great interest, but no one set of parallels has provided the key to the interpretation of Eph 3:18 within the context of the letter. Scholars either end up with a variant of one of the traditional interpretations, or they make proposals which are not more convincing, as when the dimensions are assumed to represent Wisdom, or Christ "as world-encompassing Anthropos upon the world-encompassing cross," or the church as the "space of salvation."[6]

The accumulation of comparative materials does not in itself tell us how the phraseology is used in the context of Ephesians. But the focus on contextual interpretation has to be combined with a broad outlook. The affiliations of Ephesians have proved to be complex. At some points the affinity to Qumran texts is striking, but parallels from Synagogue prayers, Targum, and Midrash are hardly less relevant. Parts of the terminology may be Stoic, but elements of Platonic tradition should not be neglected. Philo provides a rich stock of parallels; it is likely that traditions of diverse origin have come to the author by way of Hellenistic Judaism. Moreover, Ephesians would seem to combine pre-Pauline traditions and, at some points, a Pauline emphasis with a post-Pauline perspective.

Since Heinrich Schlier's book *Christus und die Kirche im Epheserbrief*[7] much of the discussion has centered upon the relationship between Ephesians and gnosticism. Schlier worked with a model of pre-Christian gnosticism which has proved to be untenable; the concessions made in his commentary[8] did not strengthen the case. But his opponents, who regarded the "gnostic" interpretation of Ephesians as a blind alley, have not carried the day either.[9] The problem of gnostic origins has proved to be extremely complicated. The distinction between "gnosis" and "gnosticism" and terms like "pre-gnostic" and "proto-gnostic" illustrate this. At least for some time it would seem better not to continue the discussion about the alleged gnostic background of

---

[3] This paraphrase is given as translation in The New English Bible. The interpretation can be traced back to J. CALVIN.

[4] [BEST 1998, 344 contests the reference to four dimensions and maintains that "there are only three spatial dimensions; here width and length are two measurements at right angles in the same plane, height and depth two measurements at right angles to that plane but in the same vertical dimensions and therefore indicate only one dimension".]

[5] In addition to the commentaries, esp. DIBELIUS/GREEVEN 1953, SCHLIER 1957 and GNILKA 1990, cf. R. REITZENSTEIN 1904/66, 25 note 1; J. DUPONT 1949, chap. 7, 419-528; F. MUSSNER 1968, 71-75; A. FEUILLET 1956, II. 593-610.

[6] Thus FEUILLET 1956, SCHLIER 1957, and GNILKA 1990, in this order.

[7] SCHLIER 1930.

[8] SCHLIER 1963.

Ephesians but rather to try to trace "trajectories" which lead to Ephesians and from Ephesians to Christian Gnosticism and Early Catholicism.[10]

2. The Dimensions of the Universe

At one point recent efforts have successfully clarified the language used in Eph 3:18. The object of knowledge is not an ordinary tridimensional body. The knowing subject is himself placed in the middle of the space whose dimensions he is to comprehend, looking forward, to the sides, upwards, and downwards. This space is the universe, considered as a gigantic sphere or, rather, as a number of concentric, celestial spheres around the earth. Length and breadth are the horizontal dimensions, longitude and latitude. The height is the altitude of the visible hemisphere, depth the dimension of the invisible hemisphere, with the nadir opposing the zenith. The astronomic use of the terms is attested by Plutarch. He speaks about the complex but regular motions of the moon which produce the apparent heights and depths of its motion, the changes in latitude, and the revolutions in longitude τὰ φαινόμενα τῆς κινήσεως ὕψη καὶ βάθη καὶ τὰς κατὰ πλάτος παραλλάξεις ἅμα ταῖς κατὰ μῆκος αὐτῆς περιόδοις.[11]

The author of Ephesians is not interested in astronomy or physics. But he does seem to think in terms of a spherical universe. The two horizontal dimensions in addition to height and depth encompass the entire world. Comprehension of the cosmic dimensions may, therefore, stand for knowledge of the whole world and all that is in it.[12] One should not without necessity depart from this obvious meaning and assume that the cosmological terms are used as metaphors for some other reality. No such necessity exists. The immensity of the universe is a widespread topic. Both in Jewish and Greek tradition it occurs in various contexts which deal with religious knowledge. An orderly survey of known and hitherto neglected parallels will make this clear.

---

[9] In addition to DUPONT 1949 and MUSSNER 1968, cf. esp. E. PERCY 1946 and A. VAN ROON 1969; IDEM 1974. For the present state of debate cf. GNILKA 1990, 33-45. 99-111. 290-294; D. C. SMITH 1970; [K. M. FISCHER 1973, 173-200; A. LINDEMANN 1975, passim; MUSSNER 1982, 108-14; H. KOESTER 1982, 271f.; H. E. LONA 1984, 41-65; H. MERKEL 1987, 3176ff.; M. BOUTTIER 1991, 35-45; HÜBNER 1997, 18-21, 158f., 165-68, 172-77, 195f., 228-32, 237f., 250f.; BEST 1998, 83-93].

[10] Cf. J. M. ROBINSON/H. KOESTER 1971.

[11] Plutarch, Fac. Lun. 25 (Mor. 939a). Cf. H. ALMQVIST 1946, 113; DUPONT 1949, 479. On the influence of the scientific world-view upon Hellenistic religion, cf., e.g., M. P. NILSSON 1961, 465ff. 673ff. etc.

[12] Cf. H. RIESENFELD 1944, 13 note 3. Most recent commentators (e.g. SCHLIER 1963, 170ff.; GNILKA 1990, 185ff.; H. CONZELMANN 1981, 107f.; [LINDEMANN 1985, 67; HÜBNER 1997, 195f.]) realize that the formula in Eph 3:18 refers to the universe but assume some form of reinterpretation; [otherwise, e.g., LINCOLN 1990, 207-13; BEST 1998, 345f. The cosmic interpretation is emphasized even stronger than in DAHL by E. FAUST 1993, 35ff. and esp. 61ff. et passim; see, e.g., the quotation below in note 31 on page 374].

3. From Wisdom to Apocalyptic

The astronomical terminology in Eph 3:18 is of Greek origin. Old Testament authors speak rather about various parts of the world, frequently four – heaven, underworld, land, and sea – in accordance with ancient Near Eastern cosmology. The ancient wisdom literature stresses man's inability to measure the world and understand its secrets in order to make him realize the limitations of his knowledge. In the Septuagint Prov 25:3 reads οὐρανὸς ὑψηλός, γῆ δὲ βαθεῖα, καρδία δὲ βασιλέως ἀνεξέλεγκτος. The translators did not understand the passage as a comparison but (correctly?) as a rhetorical preamble, in which the height of heaven and the depth of the earth serve as a background or an introduction whose only function is to prepare for the point, that the mind of kings is beyond research or refutation.[13]

The same rhetorical figure occurs also in Sir 1:3: ὕψος οὐρανοῦ καὶ πλάτος γῆς καὶ ἄβυσσον καὶ σοφίαν τίς ἐξιχνιάσει; Here the words καὶ σοφίαν are possibly a secondary addition to the text.[14] But in any case, the immeasurable dimensions of heaven, earth, and abyss form a preamble to the following statements about wisdom, which are the real point of the passage.

The same rhetorical form is used in Isa 40:12ff., where an introductory series of questions prepare for the decisive ones:

> Who has measured the waters in the hollow of his hand and marked off heavens with a span? ... Who has directed the Spirit of the Lord? etc.

Man is not able to comprehend the measures and the marvels of the world, how can he expect to understand the ways of his Creator? This call for wise resignation is naturally cast in the form of a preamble. The verbal similarity to Eph 3:18 is most striking in Job 11:8-9, where all four parts of the world are mentioned:

ὑψηλὸς ὁ οὐρανός, καὶ τί ποιήσεις; βαθύτερα δὲ τῶν ἐν ᾅδου τί οἶδας;
ἢ μακρότερα μέτρου γῆς ἢ εὔρους θαλάσσης;

In a more profound way, however, the theme recurs also in the concluding answer of God (cf. esp. Job 38:1-40:1).[15]

The same theme is later repeated in apocalyptic literature, most impressively in the answer given to Ezra when he complains about the destruction of Jerusalem and wants to understand the ways of the Most High (*4 Ezra* 4, esp. vv. 5-9). The wording comes closer to Eph 3:18 in another passage:

---

[13] On various forms and uses of the rhetorical preamble, cf. W. Kröhling 1935. F. Dornseiff 1956, 379-393. A. Fridrichsen 1940, 9-16; U. Schmid 1964 (cf. G. Binder 1965, 441-445). See also W. S. Towner 1973, 2ff., 15 etc. [and W. H. Race 1982].

[14] Cf. the variants listed in J. Ziegler (ed.) 1965.

[15] Cf. also Job 35:5f.; Prov 30:4f.; *4 Ezra* 13:52. The topic of God's knowledge of all parts of the world recurs also in a late text like *4 (5) Ezra* 16:55ff.; cf. also *T. Job* 37:6-8; 38:5.

And how should there be one who could behold the heaven ...? And who is there of all men that could know what is the breadth and length of the earth, and to whom has been shown the measure of all of them? Or is there any one who could discern the length of the heaven and how great is its height, and upon what it is founded, and how great is the number of the stars, and where all the luminaries rest? (1 Enoch 93:12-14).

In the classical wisdom tradition man is called to acknowledge his ignorance and fear God who embraces the whole world with his power and wisdom. In later wisdom writings, and even more in apocalypticism, the resignation is counterbalanced by the emphasis upon revealed knowledge. Wisdom is hypostasized, and becomes a cosmic power or principle; she knows all things and is present at all times and places (Prov 8:22-31; Job 28; Sir 24, esp. vv. 4-6). But this cosmic Wisdom is made known to men, at least in part (Sir 24:8, 23ff.; cf. 1:10, 14ff.). The revealed knowledge is embodied in the Torah and pertains primarily to wise and right conduct. This is also the case in the Book of Baruch, 3:24-4:4. A few passages may be quoted:[16]

ὦ Ισραηλ, ὡς μέγας ὁ οἶκος τοῦ θεοῦ καὶ ἐπιμήκης ὁ τόπος τῆς κτήσεως αὐτοῦ· μέγας καὶ οὐκ ἔχει τελευτήν, ὑψηλὸς καὶ ἀμέτρητος ... (ὁ θεὸς) ἐξεῦρεν πᾶσαν ὁδὸν ἐπιστήμης καὶ ἔδωκεν αὐτὴν Ιακωβ τῷ παιδὶ αὐτοῦ κτλ. (Bar 3:24, 25, 37).

But later on even eschatological rewards become part of the revealed knowledge:

Thou alone, O Lord, knowest aforetime the deep things of the world ... and the end of seasons. Thou alone knowest ... to whom the depths come (?)[17] as the heights ... who revealest to those who fear Thee what is prepared for them (2 Apoc. Bar. 54:1-4; cf. 1 Cor 2:9).

The change of atmosphere is most obvious when cosmological secrets are said to have been revealed to chosen men of God, as in a fragment that probably derives from a Book of Noah:

And the other angel who went with me and showed me what was hidden, told me what is first and last in the heaven in the height, and beneath the earth in the depth, and at the ends of the heaven, and on the foundation of the heaven (1 Enoch 60:11).[18]

Among various recipients of revealed knowledge of cosmological secrets Moses came to hold the most prominent place. The earliest evidence comes from the Ezekiel who wrote a tragedy in the Greek style on the Exodus, "Exagoge". In one of the fragments Moses recounts a dream about his heavenly enthronement and continues:

---

[16][Cf. now on this admonition O. H. STECK 1993, 116-63.]

[17][A. F. J. KLIJN 1983, 639 translates: "You are the one to whom both the depths and heights come together ...".]

[18]Cf. the continuation in 60:12ff. and 61 in the translation of R. H. CHARLES 1913, a work, that has been used for other quotations too. The "astronomic book", *1 Enoch* 72-82, contains more specific cosmological revelations [cf. hereto now O. NEUGEBAUER 1985, 386-419]. Visions of the world can be attributed to several men of God; cf., e.g., *Apc. Ab.* 19-21; *1 Enoch* 71:4.

And I saw the whole orb of the earth and what is below the earth and above the sky, and the multitude of stars fell down before my feet, and I counted all of them.

His father-in-law interprets the dream. Moses is indeed to rule and to instruct nations:

But to overlook the whole world and the inhabited earth, and the things below, and those above the sky is God's privilege. (It means that) you are to see what is and what was before and what will be afterwards.[19]

Here the cosmic vision occurs in a dream and is interpreted as a symbol for prophetic knowledge of the present, past, and future. Later on, however, the revelation given to Moses can be taken to have included the secrets of the universe.

The Syriac Apocalypse of Baruch contains a long list of the mysteries which were revealed to Moses. I quote some parts:

For He showed him many admonitions together with the principles of the laws ... and likewise the pattern of Zion and its measures ... But then He also showed to him the measures of the fire, and also the depth of the abyss, and the weight of the winds ... and the changes of the times, and the investigations of the law (2 Apoc. Bar. 59:4, 5, 11).

The function of the long list of cosmological secrets is mainly to underscore the importance of the first and last items, with the investigation (midrash) of the Law as the climax of revelation.

In rabbinic midrashim the tradition about Moses as recipient of a cosmic revelation has been preserved in the form of comments upon Num 12:7f. "*He is entrusted with all my house:* I have revealed to him all that is above and all that is below, all that is in the sea and all that is on the dry land." A variant of the same traditions has "I have shown him what is above and what is below, what is before and what is behind, what has been and what is to be."[20]

A line of development has become clear. In ancient Israelite wisdom references to the immeasurable size of the world, and to its marvels and secrets, served to remind man of his limitation and his inability to understand God and his ways. Where wisdom

---

[19] Eusebius, *Praep. Ev.* IX. 29:5-6 (Ezekiel Exagoge 77-80, 87-89). The last lines
τὸ δ' εἰσθεᾶσθαι γῆν ὅλην τ' οἰκουμένην
καὶ τὰ ὑπένερθε καὶ ὑπὲρ οὐρανὸν θεοῦ·
ὄψει τά τ' ὄντα, τά τε πρὸ τοῦ τά θ' ὕστερον
make best sense if θεοῦ is understood as a predicate: τὸ δ' εἰσθεᾶσθαι ... θεοῦ (sc. ἐστιν). Translators (P. Riessler 1927/66; G. H. Gifford 1903; [C. R. Holladay 1989, 367]) connect ὑπὲρ οὐρανὸν θεοῦ, "above the heaven of God". Cf. W. A. Meeks 1970, 147ff., who deals with the enthronement of Moses. For further literature on the fragments; cf. A.-M. Denis 1970, 273-277; [for an extensive treatment of the fragments, see now Holladay 1989, 301-529, esp. for this fragment 449-51 notes 88-90].

[20] *Sifre Zuta Num* 12:7 (H. S. Horovitz (ed.) 1966/67, 277); *Jalqut Sim'oni Num* 12:7 (Horovitz (ed.) 1966/67, I, 483). Cf. H. L. Ginzberg 1954, 258; P. Billerbeck 1926, 683 (on Hebr 3:2). Observe that "my house" is taken to mean the world, cf. Bar 3:24. In spite of warnings the interest in the cosmic dimensions both of the universe and of the deity continues in *Shi'ur Qomah* and other documents of Jewish mysticism; for literature cf. G. Scholem 1971, 1417-19.

turned into apocalypticism, the cosmic dimensions and mysteries became objects of revealed knowledge. But there was also a reaction against the interest in esoteric, cosmological knowledge:

> Whosoever gives his mind to four things it were better for him if he had not come into the world – what is above? what is beneath? what was before time? what will be hereafter?" (m.Hagiga 2:1, trans. Danby 1933).

4. From Philosophy to Gnosis

The limitation of man was a familiar theme to the Greeks also. Here it may suffice to recall the Delphic and Socratic maxim γνῶθι σαυτόν.[21] But Hellenistic civilization also contains another trend – admiration for the achievements of the human mind. The [pseudo-aristotelean] handbook "On the World" opens with a praise of philosophy as a godlike activity:

> It alone has exalted itself to the contemplation of the universe and sought to discover the truth that is in it; the other sciences have shunned this field of inquiry because of its sublimity and extensiveness (διὰ τὸ ὕψος καὶ τὸ μέγεθος).

While it was impossible for the body to reach and explore the heavenly region, the soul has found its way by means of philosophy, taking the mind (νοῦς) as its guide. It easily recognized what was akin to itself and grasped things divine "with the soul's divine eye" (θείῳ ψυχῆς ὄμματι. [Ps.-Arist.,] *De mundo* I. 391a).[22] In a similar vein Cicero praises philosophy, not only as a gift of the gods, but as their discovery; teaching worship of the gods, justice, temperance, and magnanimity, it

> dispersed the darkness from the mind, as from eyes, so that we may see all things that are above, below, first, last, and in the middle (ut omnia supera infera, prima ultima media videremus); (Cic.,Tusc. I. 64).

The common theme, that the universe is comprehended by the eye of the soul, points to a common source of inspiration, which may or may not be Posidonius.[23]

In some of the Hermetic texts man himself is the object of eulogy. He is a ζῷον θεῖον and a mortal god:

---

[21] For later, gnosticizing interpretations of this maxim, cf. H. D. Betz 1970/90, 465-84/92-111; [now also Betz 1981/90, 156-71/156-72 and idem 1998, 206-21].

[22] [See now the German trans. and commentary by O. Schönberger 1991/96.]

[23] Cf. F. Cumont 1909, 256-86, and idem 1912; R. M. Jones 1926, 97-113. For variations of similar themes cf. e.g., Cicero, *Nat. deor.* II, 150-53, with notes in the edition of A. S. Pease 1923/55, esp. 946f.; Seneca, *Nat. quaest.* I, *praef.* 7; and Ps.-Plato, *Ax.* 10 (370bc).

On comprehension of the universe and knowledge of God, cf., e.g., Dupont 1949, esp. 480-84. 501-19; A.-J. Festugière 1944-1954, esp. 1949, 441ff. etc., and 1954, 92ff. etc.; A. Wlosok 1960, esp. 33ff.

I have found no parallel to Eph 3:18 in Philo, in spite of his distinction between "natural" and revealed knowledge of God, cf., e.g., *Op* 69-71; *Abr* 68-88; *Praem* 36-46.

> Man ascends even to heaven and measures it and knows what its heights and what its lowly parts are like, and apprehends all other things exactly, and what is greater than all of this, he comes up on high without leaving earth.
>
> ὁ δὲ ἄνθρωπος καὶ εἰς τὸν οὐρανὸν ἀναβαίνει καὶ μετρεῖ αὐτὸν καὶ οἶδε ποῖα μὲν αὐτοῦ ἐστιν ὑψηλά, ποῖα δὲ ταπεινά, καὶ τὰ ἄλλα πάντα ἀκριβῶς μανθάνει, καὶ τὸ πάντων μεῖζον, οὐδὲ τὴν γῆν καταλιπὼν ἄνω γίνεται (*Corp. Herm.* X. 25).
>
> [*A human being is a great wonder, a living thing to be worshipped and honored: for he changes his nature into a god's, as if he were a God ... He looks up to heaven ... He cultivates the earth; he swiftly mixes into the elements; he plumbs the depths of the sea in the keenness of his mind. Everything is permitted him: heaven itself seems not too high ... no thick earth obstructs his work; no abysmal deep of water blocks his lofty view. He is everything and he is everywhere.*[24]]
>
> *Magnum miraculum est homo, animal adorandum atque honorandum. hoc enim in naturam dei transit, quasi ipse sit deus ... suspicit caelum ... colit terram, elementis uelocitate miscetur, acumine mentis maris profunda descendit. omnia illi licent: non caelum uidetur altissimum ... non densitas terrae operam eius inpedit; non aquae altitudo profunda despectum eius obtundit. omnia idem est et ubique idem est* (Ps.-Apuleius, *Asclepius* 6).[25]

Read in isolation, these passages would seem to be inspired by the achievements of astronomy and philosophy, by means of which the human mind penetrates the universe. But the context is no longer one of rational thought and science. The philosophical themes have become part of esoteric, mysterious revelation. The praise of man applies only to the elect who have been favored by the gift of true gnosis (cf. *Corp. Herm.* X. 4-6, 8-9, etc.; *Asclepius* 7 and 9 etc.).

The transition from rational knowledge to mystical expansion of consciousness is even more obvious in another test:

> *For if you don't make yourself like God, you cannot understand God; for the like is only intelligible to the like. Let yourself grow together with the immeasurable greatness, move outside all that is corporeal, rise above all time and become Aion; then you will apprehend God. Assume that nothing is impossible for you, think that you are immortal and able to apprehend all things ... Become higher than all height and lower than all depth* (παντὸς δὲ ὕψους ὑψηλότερος γενοῦ καὶ παντὸς βάθους ταπεινότερος) *... And when you apprehend all these things, times, places, substances, qualities, and quantities, then you are able to apprehend God* (*Corp. Herm.* XI. 20).[26]

---

[24][Trans.: B. P. Copenhaver 1992, 69f.]

[25][Text: A. D. Nock/A.-J. Festugière 1946, II, 301ff.]

[26]For a close analysis of *Corp. Herm.* XI, cf. Festugière 1954, 141-199; [see further the lit. referred to in Copenhaver 1992, 172]. On contemplation of heaven as the purpose for which man was made, cf. Plato, *Tim.* 90a-d; Wlosok 1960, 12-19 *et passim*.

[ἐὰν οὖν μὴ σεαυτὸν ἐξισάσῃς τῷ θεῷ, τὸν θεὸν νοῆσαι οὐ δύνασαι· τὸ γὰρ ὅμοιον τῷ ὁμοίῳ νοητόν. συναύξησον σεαυτὸν τῷ ἀμετρήτῳ μεγέθει, παντὸς σώματος ἐπηδήσας, καὶ πάντα χρόνον ὑπεράσας Αἰὼν γενοῦ, καὶ νοήσεις τὸν θεόν· μηδὲν ἀδύνατον σεαυτῷ ὑποστησάμενος, σεαυτὸν ἥγησαι ἀθάνατον καὶ πάντα δυνάμενον νοῆσαι, ... παντὸς δὲ ὕψους ὑψηλότερος γενοῦ καὶ παντὸς βάθους ταπεινότερος· ... καὶ ταῦτα πάντα ὁμοῦ νοήσας, χρόνους, τόπους, πράγματα, ποιότητας, ποσότητας δύνασαι νοῆσαι τὸν θεόν.[27]]

Thus, in spite of their heterogeneous origin, lines of development from Jewish wisdom literature and Greek philosophy converge in later antiquity into the notion of revealed knowledge of cosmological secrets and mystical visions of the universe. In magical papyri the trends have merged, and the mystical vision of the universe has been further transformed into theurgic practice.

The famous Paris magical papyrus (*Papyri Graecae Magicae* [*PGM*] IV) contains a divinatory spell:[28]

I call upon you, the living God, fire-shining, begetter of invisible light, Iael ... Iaô ..., give your power and awake your demon and enter into this fire and inspire it with divine spirit, and show me your might and let the house of the almighty god Albalal, which is in this light, be opened to me, and let there be light, breadth, depth, length, height, brightness, and let the internal one shine through, the lord Bouêl Phtha ... .

[ἐπικαλοῦμαί σε, τὸν θεὸν τὸν ζῶντα, πυριφεγγῆ, ἀόρατον φωτὸς γεννήτορα, Ἰαήλ· ... Ἰάω ... δός σου τὸ σθένος καὶ διέγειρόν σου τὸν δαίμονα καὶ εἴσελθε ἐν τῷ πυρὶ τούτῳ καὶ ἐνπνευμάτωσον αὐτὸν θείου πνεύματος καὶ δεῖξόν μοί σου τὴν ἀλκήν, καὶ ἀνοιγήτω μοι ὁ οἶκος τοῦ παντοκράτορος θεοῦ Αλβαλαλ, ὁ ἐν τῷ φωτὶ τούτῳ, καὶ γενέσθω φῶς[,] πλάτος, βάθος, μῆκος, ὕψος, αὐγή, καὶ διαλαμψάτω ὁ ἔσωθεν, ὁ κύριος βουήλ· Φθᾶ ...] (*PGM* = Preis. Zaub. IV. 960-73).

The formula γενέσθω φῶς, πλάτος, βάθος, μῆκος, ὕψος, αὐγή may, in part, be modeled upon Gen 1:3, γενηθήτω φῶς.[29] The Jewish influence is obvious in the further spell which may be necessary to make the light remain and keep darkness away:[30]

I conjure you, sacred light, sacred brightness, breadth, depth, length, height, brightness, by the holy names which I have uttered and am now to say, by Iaô, Sabaôth,

---

[27][Text: Nock/Festugière 1946, I, 155f.]
[28][Text: K. Preisendanz 1973, 105f.; cf. now also the trans. by W. C. Grese/E. N. O'Neil in: Betz (ed.) 1986, 57.]
[29]*Papyri Graecae Magicae* = Preisendanz 1973, 107, takes φῶς as the subject of the clause ("Es werde Licht zu Breite" etc.; so now also Faust 1993, 37 with note 61), but the form γενέσθω (for γενηθήτω) φῶς occurs also in the famous quotation of Gen 1:3 in Ps-Longinus, *Peri Hypsous* 9,9; [as above also the trans. by Grese/O'Neil in: H. D. Betz (ed.) 1986, 57 and by Hübner 1997, 195]. Cf. J. Gager 1972, 56-63 with literature. Since Reitzenstein 1904/66, 25 note 1, commentators have taken account of the similarity between the magical spells and Eph 3:18 but have not quite known what to do with it; [see now, however, Arnold 1989 and the critical note in Faust 1993, 38 note 65].
[30][Text: Preisendanz 1973, 106; cf. now also the trans. by Grese/O'Neil in: Betz (ed.) 1986, 57.]

Arbathiaô ..., remain with me in this hour until I have asked the god and been informed/[learned] about what I wish.

[ὁρκίζω σέ, ἱερὸν φῶς, ἱερὰ αὐγή, πλάτος, βάθος, μῆκος, ὕψος, αὐγή, κατὰ τῶν ἁγίων ὀνομάτων, τῶν εἴρηκα καὶ νῦν μέλλω λέγειν. κατὰ τοῦ Ἰάω· Σαβαὼθ Ἀρβαθιάω ; παράμεινόν μοι ἐν τῇ ἄρτι ὥρᾳ, ἄχρις ἂν δεηθῶ τοῦ θεοῦ καὶ μάθω, περὶ ὧν βούλομαι] (PGM = Preis. Zaub. IV. 977-86).

The purpose of the spell is not cosmic expansion of consciousness as a step toward knowledge of God. The theurgy is to create a quasi-cosmic space of light in which the deity is to appear and give his oracular response.[31] This is very clear in a shorter version of the spell:[32]

[Let there be depth, breadth, length, brightness, ABLANATHANALBA ... Thoth, Hor ... Come in, lord, and reveal.]

γενέσθω βάθος, πλάτος, μῆκος, αὐγή· ἀβλαναθαναλβα ... Θώθ, Ὡρ ... εἴσελθε κύριε, καὶ χρημάτισον (PGM = Preis. Zaub. XII. 158f.).

The spells illustrate one of the directions that interest in revealed knowledge could take. They use the same cosmological language as the prayer in Eph 3:18,[33] but the reference to cosmic breadth, depth, length, and height is used for very different purposes.

In Christian gnostic texts we encounter still another metamorphosis of cosmological language. Here terms like τὰ πάντα or τὸ πλήρωμα no longer refer to the universe but denote an "anti-universe" of divine attributes, powers, or éons. The transfer of terms for cosmic dimensions to realms within the Pleroma is attested in *Pistis Sophia*.[34] In Valentinian interpretation of Eph 3:18 the depth is identified with the Father, the length with the boundary (*horos*) of the Pleroma, and the breadth with the Pleroma of éons.[35]

---

[31][Cf. the critique on this point by FAUST 1993, 37 with note 63: "Diese kosmische Interpretation unserer Stelle ist auch deshalb notwendig, weil die im unmittelbaren Anschluß an die Raumdimensionen angereihte 'Ausstrahlung' (αὐγή) wenige Zeilen später durch die abgeleitete Verbalform διαυγάζειν als Durchstrahlen 'des gesamten Kosmos' durch den allbeherrschenden Lichtgott definiert wird" (ibid., 37) ... "Die αὐγή im Zusammenhang der Raumdimensionen (970f. 978f.) bezieht sich somit auf die machtvolle Durchstrahlung des Kosmos (Dynamis!), entsprechend die Raumdimensionen auf letzteren. Es handelt sich also nicht nur um 'a quasi-cosmic space of light', wie N. A. DAHL, Cosmic Dimensions S. 66, meint" (ibid., note 63).]

[32][Text and Germ. trans. in: PREISENDANZ 1974, 68; Engl. trans. by GRESE in: BETZ (ED.) 1986, 159.]

[33][Cf. LINDEMANN 1985, 66f.]

[34]*Pist. Soph.*, trans. G. HORNER 1924, 102f.: "And he who received the absolute Mystery of the First Mystery of the Ineffable ... And he has the authority for to move about in all the arrays of the Inheritances of the Light, for to move about in them from without unto within and from within unto without and from above unto below and from below unto above, and from the height unto the depth, and from the depth unto the height, and from the length unto the breadth, and from the breadth unto the length, in one word, he has the authority to move about in all the Places of the Inheritances of the Light." German trans. in C. SCHMIDT/W. TILL (EDS.) 1962, 133 line 24-134 line 3.

On gnostic reinterpretation of cosmological terms, cf. already K. MÜLLER 1920, 179-241.

Christian gnosticism may be seen as the apex of the trajectories that lead from a resigned admission of human ignorance, or from pride over the achievements of the human mind, toward concern for revealed knowledge of divine mysteries. But social and historical factors are likely to have contributed to the development of a radical split between the world and the Pleroma and between the Demiurge and the supreme God. It was, possibly, in reaction to condemnation by normative Judaism that the zealous Creator-God was within some fringe groups turned into the ignorant and arrogant Demiurge who claims that there is no other god.[36] However that may be, the revealed knowledge has become gnosis of transcendent realities of whose existence even the creator was ignorant.

5. Anti-Gnostic Reaction

Irenaeus represents a different, anti-gnostic line of development when he combines the four dimensions with the symbolism of the cross. The crucified Christ is the Logos,

> the Word of God Almighty, who in His invisible form pervades us universally in the whole world, and encompasses both its length and breadth and height and depth.

The crucifixion shows the universality of his cross:

> It is He who makes bright the height, that is what is in heaven, and holds the deep, which is in the bowels of the earth, and stretches forth and extends the length from East to West, navigating also the Northern parts and the breadth of the South, and calling in all the dispersed from all sides to the knowledge of the Father.[37]

It is typical for Irenaeus that the tree of the cross is contrasted with the tree whose fruit occasioned the fall. The same idea is stated more briefly in *Adv. haer.* V. 17,4:

> For ... through a tree He (the Word of God) was again made manifest to all, showing the height and length and breadth in himself, and, as one of our predecessors said, "through the extension of his hands, gathering together the two peoples to one God."[38]

---

[35] Hippol., *Ref.* VII. 34,7. For gnostic exegesis of Paul, cf. now esp. E. H. PAGELS 1972, 241-58; EADEM 1974, 276-88; [EADEM 1975; further KL. KOSCHORKE 1981, 177-205 and LINDEMANN 1989/99, 39-67/306-17].

[36] Texts like Deut 32:39; Isa 45:5f.; 46:4f., 9f. etc. are used in rabbinic polemics against those who say that there are two powers in heaven, cf. *Mek. RSim. Ex* 15:3 and 20:2 (*Shirta* 4, *Bahodesh* 5). In a number of gnostic "systems" such passages are attributed to the ignorant demiurge, cf. H.-M. SCHENKE 1962, 87-93. For another example of gnostic appropriation of anti-heretical polemics, cf. my remarks in DAHL 1964, 70-84, esp. 81-84. The polemics against the doctrine of "two powers" is treated in A. F. SEGAL [1977].

[37] *Proof of the Apostolic Preaching* 34, trans. J. P. SMITH 1952; [Cf. also the modernized German trans. of the Armenian Text of Irenaeus' *Epideixis* by K. TER-MEKERTTSCHIAN and E. TER-MINASSIANTZ in: N. BROX 1993, 56f.].

[38] A Greek fragment (contained in a catena [and printed in A. ROUSSEAU 1969, *ad loc.*]) reads ἐπιδεικνύων τὸ ὕψος καὶ μῆκος καὶ πλάτος καὶ βάθος ἐν ἑαυτῷ. The depth, however, is not mentioned in the Latin text.

[Quoniam enim ..., per lignum iterum manifestum omnibus factum est, ostendens altitudinem et longitudinem et latitudinem in se, et, quemadomodum dixit quidam de senioribus, per extensionem manuum duos populos ad unum Deum congreans.[39]]

The passages in Irenaeus may draw upon Eph 3:18, but they demonstrate familiarity with the cosmological meaning of the terms used. The idea that the cross of Jesus manifests the way in which the eternal Logos encompasses the whole universe is not derived from any gnostic or pre-gnostic Anthropos myth. As W. Bousset observed, it is inspired by the passage in [Plato's] *Timaeus* (36b-d) in which the soul of the world is said to have been split into two parts which were joined together like a Chi (X) and bent into circles that move in opposite directions and encompass the universe.[40] Identifying the Platonic soul of the world with the Logos and Son of God, Irenaeus understands the cross as the sign of his manifestation.

In his anti-gnostic polemics Irenaeus also renews the ancient theme that man is not even able to investigate and know the cosmic dimensions; still less does he understand God. How can the gnostics feign to know another Father and another Pleroma beyond him? At some points the cosmological terminology comes very close to that of Eph 3:18:

> *Explain to me the fullness, the breadth, the length, the height, the beginning and end of the measurement, – things which the heart of man understands not ... Or who doth understand His hand ... which contains in itself the breadth, and length, and the deep below, and the height above of the whole creation.[41]*
>
> *Exponite mihi plenitudinem, latitudinem et longitudinem et altitudinem, circummensurationis initium et finem, quae non intelleget cor hominis ... Aut manum eius quis intelleget ... quae in se continet latitudinem et longitudinem et profundum deorsum et altitudinem supernam universae conditionis* (Adv. haer. IV. 19,2; cf. esp. Isa 40:12).[42]

6. Revealed Knowledge in Ephesians

Neither the cross-symbolism of Irenaeus nor the anti-cosmic attitude of later gnostics are likely to have been within the horizon of the disciple of Paul who wrote Ephesians. But Eph 3:18 cannot simply be read against the background of Stoic philosophy or Jewish wisdom literature either. The author is not interested in natural theology and he does not call his readers to resign in view of the immeasurable dimensions of the world.

---

[39][Text: ROUSSEAU 1969.]

[40]Cf. already Justin, *Apol.* I. 60:1. W. BOUSSET 1913, 273-85. Cf. also E. DINKLER 1967, 26-54, esp. 38-41 with further literature. The texts from apocryphal acts of the apostles, also adduced by SCHLIER 1963, 173f. (*Act. Andr.* 14; *Act. Petr.* 38; *Act. Phil.* 140) combine the cross symbolism with the theme of unification of the opposites which occurs also in Eph 2:14 but not in 3:18; [see SCHNACKENBURG 1982, 154]. Cf. D. C. SMITH 1970, 120ff., and MEEKS 1974,165-208 (with literature!).

[41][Trans.: *Ante-Nicene Fathers* 1985, 487.]

[42][Text: ROUSSEAU 1969 = BROX 1997.]

Like apocalypticists and hermeticists he envisages the cosmic dimensions as a possible object of revealed knowledge. In some respects the apocalyptic texts that speak of revelation of cosmic mysteries provide the closest parallels to the prayer in Eph 3:18, though they seem to have been overlooked by commentators. But parts of the terminology can be traced back to Greek science and philosophy. A clear distinction between Jewish and Hellenistic background makes no sense in a syncretistic environment in which the interest in revealed knowledge was common to various groups and individuals.[43]

The author of Ephesians represents Paul as a mediator of revealed knowledge (cf. esp. 3:2-12). He sees wisdom and insight into the mystery of God's will, aiming at the recapitulation of the universe in Christ, as a main aspect of the blessings bestowed upon his readers (1:3-10, esp. vv. 8-10). In the paraenesis there is a strong emphasis upon wise conduct, in contrast to pagan foolishness (cf. esp. 4:17-24; 5:15). Thematically significant prayers center upon the gift of knowledge and insight (1:17ff.; 3:14ff.). The object of this knowledge is not simply the will of God for the conduct of life, as in Phil 1:9-11 or Col 1:9-10. It is "the hope of His calling," "the inheritance among the saints," to which Christians have been called, and "the immeasurable greatness of His power," which is the warrant of their hope (1:17-18).[44]

Both in Eph 1:15ff. and in 3:14ff. the author makes it very clear that he does not have a rational or experimental but a revealed knowledge in mind. Knowledge of God depends on the gift of "a spirit of wisdom and revelation" (1:17). The phrase πεφωτισμένους τοὺς ὀφθαλμοὺς τῆς καρδίας (1:18; [cf. 2 Cor 4:6[45]]) deserves a brief comment. In Hebrew "enlightened eyes" originally meant eyes which were made to shine with happiness. But later the phraseology was taken to refer to religious knowledge, as in the prayer, "Enlighten our eyes by Thy Torah."[46] The notion of the eyes of the heart, on the other hand, is a variant of the widespread idea of the eye of the soul, or of the mind, that ultimately goes back to Plato.[47] But our author does not think that the human mind is in itself capable of seeing the invisible. The eyes of the heart need to be enlightened.[48]

---

[43]Cf. M. HENGEL 1973, esp. 381-94: "Exkurs 4: 'Höhere Weisheit durch Offenbarung' als Wesensmerkmal spätantiker Religiosität".

[44]On the thematic importance of Eph 1:17-18 (and 4:14), cf. my remarks in: DAHL 1965a, 7f., 17, 49 [and now HÜBNER 1997, 148f.: Exkursus: „Hermeneutica sacra: Verstehen – Glauben"].

[45][Cf. R. BULTMANN 1976, 110f.]

[46]For the line of development, cf. Ps 19:9 and 119:130; 1QS II 3; and the benediction *"ahaba rabbah"*; W. STAERK (ED.) 1930, 6; *Seder Rab Amram Gaon*, D. HEDEGÅRD (ED.) 1951. See further S. AALEN 1951, esp. 64 note 3 and 273 note 7; P. KAHLE 1959, 98-100.

[47]τὸ τῆς ψυχῆς ὄμμα, Plato, *Resp.* VII (533d); [cf. CONZELMANN 1973, 302-49, esp. 305; BETZ 1979/92, 43-56/140-54, esp. 50-54/147-52; IDEM 1995, 442-49: "Excursus: Ancient Greek Theories of Vision" (with lit.!)]. Similar expressions occur in Ps.-Arist., *De mundo* I. 391a and Cicero, *Tusc.* I. 64 [see above page 371]. Cf. further Philo, *Abr* 70, etc.; *Corp. Herm.* IV. 11; VII. 1; X. 6; Cicero, *Nat. deor.* I, 19, with extensive notes in PEASE 1923/55, I, 179-81; WLOSOK 1960, 128 note 41, 204 etc.; K. THRAEDE 1970, 150-52; J. LINDBLOM 1927, 230-47.

In Eph 3:16 the author uses another Platonic term that had become common among philosophers and people interested in religious knowledge, ὁ ἔσω ἄνθρωπος.[49] In the context of Ephesians the term is used as a synonym for the biblical word "heart".[50] The "inner man" is not a higher part of the soul, akin to God and able to understand God and things divine;[51] it needs to be strengthened by the Spirit of God, so that the heart becomes the dwelling place of Christ.[52] Knowledge is understood as a gift that is only granted in conjunction with faith and love.

The theme of revealed knowledge is not alien to Paul, as is clear from passages like 1 Cor 2:6-16 and Rom 11:25-34.[53] But the theme is much more prominent in Ephesians than in any other Pauline letter, including Colossians. Yet, the Pauline paradox of wisdom and foolishness is absent in this letter. The free access of Gentiles is part of the revealed mystery, but the disobedience of Israel is never discussed (cf. 2:11-22; 3:5-12). In other words, the author of Ephesians handles the theme of revealed knowledge in a more traditional and less original way than the Paul of the undisputed letters.

---

[48][Cf. Nock/Festugière 1946 I, 82 note 5; Schlier 1963, 80 note 1; E. Gaugler 1966, 64; Conzelmann 1973, 339: Schnackenburg 1982, 73f.; Lincoln 1990, 58; Bouttier 1991, 83f.: Best 1998, 165.]

[49]Plato, Resp. IX (589a) τοῦ ἀνθρώπου ὁ ἐντὸς ἄνθρωπος. [A Coptic trans. of this text is contained in the Nag Hammadi library Codex VI, 5; see now W. Burkert 1998, 59-82, esp. 80f.]. Several variations occur in later texts, cf., e.g., Philo, Congr 97 (ὁ ἄνθρωπος ἐν ἀνθρώπῳ); [further examples from Philo are listed in Faust 1993, 22 note 14]; Corp. Herm. X. 24 (ὁ ὄντως ἄνθρωπος); XIII. 7 (ὁ ἐνδιάθετος ἄνθρωπος); 1 Petr 3:4 [Bouttier 1991, 158 note 357: "Il (sc. Dahl) ajoute 1 P(etr) 3,4 … mais ce text est orienté différentment…". Burkert 1998, 59f. note 2: "In fact there is no attestation of the term ἐντὸς/εἴσω ἄνθρωπος between Plato and Paul, even if Philo comes close to it … [Ch.] Markschies [1997, 279ff.] holds that Paul coined the term afresh by himself, without knowing about Plato. This seems hardly credible, even if Paul makes quite an original use of it."] The Pauline form ὁ ἔσω ἄνθρωπος is frequent in later gnostic texts [see now Markschies 1997, 283-87], and it has been suggested that Paul took it over from his opponents; R. Jewett 1971, 391-401. See now in particuar Betz 2000, 315-41, esp. 322 with regard to Eph 3:16. In Ephesians a Platonic term that was open to gnostic interpretation hardly needs any specific explanation. [Cf. further Gnilka 1990, 182f.; Best 1998, 340.]

[50][Markschies 1997, 282 agrees with Dahl; cf. also Faust 1993, 23.]

[51][This is true also of the ancient Greek tradition, see Burkert 1998, 61-70: "… there is no separation of corporeal organs and activities of the 'soul'. The situation is found to change radically just after Aeschylus" (ibid., 69f.).]

[52]Expressions like "be strengthened with might" occur, e.g., 1QH XV 17, 19 (VII 17, 19); XX 35 (XII 35); 1QM X 5; cf. K. G. Kuhn 1960/61, 333-46, esp. 336. The prayer that Christ may "dwell" in the hearts is related to the language used about the presence of God (or Wisdom, cf. Sir 24:3; Wis 1:4). One may, however, also take Eph 3:16-19 to imply a variation of the theme that the like is known by the like, e.g., Corp. Herm. XI. 20[: τὸ γὰρ ὅμοιον τῷ ὁμοίῳ νοητόν. Cf. further from the Nag Hammadi Codices: Apoc. Pet. 75,7-76,4 and 76,4-23 and hereto D. Hellholm 1995, 60f.; this principle was known throughout antiquity from Democritos onwards, see the references in Conzelmann 1975, 66; in addition, see also: Theophr., De sensu 1ff.].

[53]It is especially remarkable that Paul uses Isa 40:13 in contexts that deal with mysterious revelation – rather than with the hiddenness of "the mind of the Lord" (1 Cor 2:16; Rom 11:34). To some extent already the context in II Isaiah allows for this use, much more readily than analogous passages in Job and Proverbs.

The prayer in Eph 3:14-19 puts biblical and Platonic phraseology and elements of hellenistic cosmology into the service of the quest for revealed knowledge. Only two clauses contain specifically Christian elements, vv. 17a and 19a. If these two clauses were bracketed as glosses, added by the author, the remaining text would be a prayer addressed to the universal Father, that he would grant supernatural power and thus make it possible to comprehend the immensity of the universe, with participation in the all-encompassing plenitude of God as the goal. In spite of current fads I find it unlikely that a text which ever existed can be reconstructed in this way, by the simple excision of supposed glosses.[54] But the experiment does show the degree to which the prayer, in spite of its Christian coloring, is representative of the trend that led from wisdom literature and philosophy to the concern for revelation of cosmological mysteries, both in and outside Judaism.

The use of a cosmological formula in Eph 3:18 is not an isolated phenomenon. The author tends to speak about God and about Christ and the church in cosmic terms.[55] As in gnosticism, cosmological terminology, concepts, and myths are used in the service of soteriology. The analogous development does not need to include direct interdependence at the early stage.

The concept of the church in Ephesians differs from that of Paul not only because of a shift in terminology and emphasis but also, and even more, because it has become so sublime that the ecclesiology tends to lose its contact with concrete social realities. When Paul writes about the church in Corinth, the saints in Jerusalem, etc., we know fairly well whom he is speaking about. When we read Ephesians, it is much more difficult to know exactly where "the saints" in Israel are to be located and with which groups of people "the Church" is to be identified.

The line of development from Paul to Ephesians could lead in various directions. One trajectory leads from Paul via Ephesians to second century gnosticism as represented by Valentinian exegesis. Here the members of the body of Christ are identified with the elect pneumatics within the visible church and the ἐκκλησία has become one of the heavenly éons. Another trajectory leads toward the catholic church, as represented by Irenaeus, where the Church has become an article of faith and its unity is guaranteed by an institutionalized ministry and an orthodox tradition. The fact that both of these further developments were possible proves that Ephesians is not in an unambiguous way representative of either one of them.

---

[54]GNILKA 1990, 188, cf. 147-52, conjectures that the formula in Eph 3:18 and a hypothetical "Vorlage" of 2:14-18 were taken over by the author who reinterpreted formulations which originally expressed a "cosmic christology". As shown by D. C. SMITH in his dissertation (1970), the author used and reworked traditional materials in a much more subtle way. [Regarding a possible "Vorlage" of 2:14-18, see also FISCHER 1973, 131-37: "... ein Fragment aus einem gnostischen Erlöserlied..." and POKORNÝ 1992, 117-20; BEST 1997, 51-68, esp. 60-63; IDEM 1998, 247-50.]

[55]Eph 1:11. 17; 3:9. 14. 20; 4:6 (God); 1:10. 20-23; 2:14-16. 19-22; 4:3-5. 10. 15-16 (Christ and the church). On Eph 3:10 cf. DAHL 1965b, 63-75 [in this volume essay XI].

7. Exegetical Conclusion

It is time to return to the exegesis of Eph 3:18. Our survey has proved that within the religio-historical context of Ephesians the passage must refer to revealed knowledge of the immeasurable dimensions of the universe.[56] It would therefore make good sense to understand the phrase σὺν πᾶσιν τοῖς ἁγίοις as a reference to the angels, whose fellow citizens the baptized Christians have become and whose comprehension of cosmic mysteries they are to share.[57] But the general meaning remains the same even if the reference is to the saints on earth, in communion with whom the readers are to reach a full understanding.

The author of Ephesians is not really interested in cosmological knowledge. But in most of the other texts which speak about cosmic dimensions and related matters the point is that they are immeasurable. They symbolize the utmost maximum of what the human mind is able to investigate or, more often, what is beyond human comprehension. Only God, or a godlike man, or a visionary recipient of revelation, is able to measure or comprehend their vastness. In several cases the reference to cosmic dimensions is rhetorical and serves either as a symbol for all-comprehensive knowledge or as a preamble which prepares for the real point.[58]

The rhetorical form may also be illustrated by the speeches of the three young men in 1 Esdr 3-4. In this famous example of a preamble the eulogies of wine, kings, and women prepare for the praise of truth which is mightier than all of them (cf. esp. 4:36-38). At one point even cosmic dimensions are mentioned, 4:34-35:

---

[56][Cf. HÜBNER 1997, 196: With reference to the picture of the world in Ephesians (4,10; hereto ibid., 260-63), Hübner is of the opinion that the Christians can "nicht nur die Länge und Breite dieser Welt erkennen, sie können auch neben der vorfindlichen 'Tiefe' ... die Welt Gottes erfassen. Ihr Gott-, Welt- und Selbstverstehen reicht bis in den obersten Himmel, reicht bis Gott, weil sie 'in Christus' sind und somit sich zur Rechten Gottes befinden. Dann aber läßt sich in der Tat fragen, ob nicht doch etwas Richtiges an dem Gedanken ist, daß die Vierdemensionalität von 3,18 die Tranzendierung der Dreidimensionalität der vorfindlichen Welt aussagen will".]

[57]Thus, e.g., R. ASTING 1930, 108f. The probability that angels are meant in Eph 1:18; 2:19, and 3:18 has been strengthened by the Qumran texts, e.g., 1QH XI 21-23 (III 21-23); 1QM XII 4. According to 4 Ezra 4:21 only those above the heavens understand what it is above the height of heavens (thus NEB, following the Latin text); [so also J. H. HOULDEN 1970, 275; LINDEMANN 1975, 183; otherwise SCHLIER 1963, 170; SCHNACKENBURG 1982, 152 note 361; GNILKA 1990, 186; LINCOLN 1990, 213; BOUTTIER 1991, 160: "la présence de l'adjectif tous parle cependant en faveur de la communauté universelle"; undecided LINDEMANN 1985, 65; BEST 1998, 344; Jewish-Christian leaders are intended: FAUST 1993, 196 with note 397].

[58]Cf. the texts given above in section 3 on page 368ff. Within the Greek tradition there is more of a real progression from human crafts through lists of celestial phenomena to perception of the universe and knowledge of God. But in spite of terminological affinity (e.g. καταλαβέσθαι, cf. DUPONT 1949, 501-21) the philosophical idea of progression from perception of the universe to knowledge of God is alien to Ephesians.

οὐχὶ ἰσχυραὶ αἱ γυναῖκες;
μεγάλη ἡ γῆ,
    καὶ ὑψηλὸς ὁ οὐρανός,
    καὶ ταχὺς τῷ δρόμῳ ὁ ἥλιος ...

οὐχὶ μέγας ὃς ταῦτα ποιεῖ;
καὶ ἡ ἀλήθεια μεγάλη καὶ ἰσχυροτέρα παρὰ πάντα.

As several scholars have pointed out, there is a stylistic similarity between the praise of truth in 1 Esdras and Paul's praise of love in 1 Cor 13, where the form of a preamble is used in the comparison of love with the charismata, esp. gnosis, and even with faith and hope (vv. 1-3, 8-13).[59]

The problem of Eph 3:18 is easily solved if one pays attention to the rhetorical form and asks for the function rather than for the precise meaning of the passage. The verse is an introduction which prepares for what is said in 3:19. Even though the four examples listed are not separate items but refer to one encompassing reality, the passage must be understood as a preamble.[60] It would have been fully in line with traditional usage if it had read: "That you may have power to apprehend what is the breadth and length and height and depth, and to know the wisdom (of God) which surpasses knowledge." But for our author, who is after all a disciple of Paul, the summit of knowledge is not to understand the wisdom of the Creator, manifested in his creation, but to know the love of Christ. The dimensions of the world are immeasurable; yet they may have been revealed to a prophet like Moses. But the love of Christ surpasses knowledge.[61]

Our author does not contrast gnosis and agape in the way that Paul does it in 1 Cor 8 and 13.[62] He is critical of what he regards as false and beguiling doctrines but highly appreciative of revealed knowledge. He wants his readers to understand everything worth understanding, all mysteries, even the dimensions of the universe. But the one thing that matters is to know the love of Christ.

The commentators who have taken Eph 3:18 to refer to the immensity of Christ's love were lead by a right intuition; but they failed to understand the rhetorical form. Those who have taken the passage to refer to some specific object, like the divine economy, the realm of salvation, wisdom, or the church, were not wrong, because all revealed knowledge is to be included. But they missed the point.

My study has confirmed the impression of Martin Dibelius, that the mysterious language in Eph 3:18 and in the whole letter conveys a message which is simple and can be understood by all Christians.[63] At a time when many winds of doctrine were blow-

---

[59]Cf. Schmid 1964 (according to Binder 1965, 444f.); H. Sahlin 1941, 28f.
[60][Faust 1993, 64f. is critical of Dahl's interpretation of 3,18 as simply a preamble.]
[61][Cf. Pokorný 1992, 156.]
[62]Dupont 1949, 523f., overstresses the similarity to the passages in 1 Cor when he states that Eph 3:19 presupposes that gnosis and agape have a "caractère antithetique".
[63]Dibelius/Greeven 1953, 77: "So mysteriös aber die Ausdrücke unserer Stelle klingen, so einfach sind sie gemeint."

ing the author calls his readers to remember what has already been granted to them in Christ, to realize the full implications of their calling, and to live up to it.

Bibliography

AALEN, S. 1951: *Die Begriffe "Licht" und "Finsternis" im Alten Testament, im Spätjudentum und im Rabbinismus* (SNVAO.HF 1), Oslo: Dybwad 1951.

ABBOTT, T. K. 1897: *Ephesians and Colossians* (ICC 9) Edinburgh: Clark 1897.

ALMQVIST, H. 1946: *Plutarch und das Neue Testament* (ASNU 15), Uppsala: Lundequistska 1946.

ARNOLD, C. E. 1989: *Ephesians: Power and Magic* (SNTS.MS 63), Cambridge: CUP 1989.

ASTING, R. 1930: *Die Heiligkeit im Urchristentum* (FRLANT 46), Göttingen: V&R 1930.

BEST, E. 1997: *Essays on Ephesians*, Edinburgh: Clark 1997.

— 1998: *A Critical and Exegetical Commentary on Ephesians* (ICC), Edinburgh: Clark 1998.

BETZ, H. D. 1970/90: "The Delphic Maxim ΓΝΩΘΙ ΣΑΥΤΟΝ in Hermetic Interpretation", in: *HThR* 63 1970, 465 -484 [Repr. with "Nachtrag" in: IDEM, *Hellenismus und Urchristentum. Gesammelte Aufsätze I*, Tübingen: Mohr Siebeck 1990, 92-111].

— 1979/92: "Matthew vi.22f and ancient Greek theories of vision", in: E. BEST/R. McL. WILSON (EDS.), *Text and Interpretation: Studies in the New Testament presented to Matthew Black*, Cambridge: CUP 1979, 43-56 [Repr. in: IDEM, *Synoptische Studien. Gesammelte Aufsätze II*, Tübingen: Mohr Siebeck 1992, 140-54].

— 1981/90: "The Delphic Maxim 'Know Yourself' in the Greek Magical Papyri", in: *HR* 21 (1981) 156-71 [Repr. with "Nachtrag" in: IDEM, *Hellenismus und Urchristentum. Gesammelte Aufsätze I*, Tübingen: Mohr Siebeck 1990, 156-72].

— 1995: *The Sermon on the Mount. A Commentary on the Sermon on the Mount, including the Sermon on the Plain (Matthew 5:3-7:27 and Luke 6:20-49)* (Hermeneia), Minneapolis, MN: Fortress 1995.

— 1998: "Hermetism and Gnosticism. The Question of the *Poimandres*", in: IDEM, *Antike und Christentum. Gesammelte Aufsätze IV*, Tübingen: Mohr Siebeck 1998, 206-21.

— 2000: "The Concept of the 'Inner Human Being' (ὁ ἔσω ἄνθρωπος) in the Anthropology of Paul", in: *NTS* 46 (2000) 315-41.

BETZ, H. D. (ED.) 1986: *The Greek Magical Papyri in Translation. Including the Demotic Spells, Volume One: Texts*, Chicago, IL – London: UCP 1986.

BILLERBECK, P./[STRACK, H. L.] 1926: *Kommentar zum Neuen Testament aus Talmud und Midrasch, Dritter Band: Die Briefe des Neuen Testaments und die Offenbarung Johannis*, München: Beck 1926.

BINDER, G. 1965: "Review of U. Schmid, Die Priamel der Werte im Griechischen. Von Homer bis Paulus, Wiesbaden: Harrassowitz 1964", in: *Gnomon* 37 (1965), 441-45.

BOUSSET, W. 1913: "Platons Weltseele und das Kreuz Christi", in: *ZNW* 14 (1913) 273-85.

BOUTTIER, M. 1991: *L'Épître de Saint Paul aux Éphésiens* (CNT(N) IXb, deuxième série), Genève: Labor et Fides 1991.

BROX, N. 1993: *Irenäus von Lyon: Epideixis, Adversus Haereses/Darlegung der apostolischen Verkündigung, Gegen die Häresien I* (FCh 8/1), Freiburg i. Br.: Herder 1993.

— 1997: *Irenäus von Lyon: Adversus Haereses, Gegen die Häresien IV* (FCh 8/4), Freiburg i. Br.: Herder 1997.

BULTMANN, R. 1976: *Der zweite Brief an die Korinther*, ed. by E. DINKLER (KEK-Sonderband), Göttingen: V&R 1976.

BURKERT, W. 1998: "Towards Plato and Paul: The 'Inner' Human Being", in: A. Y. COLLINS (ED.), *Ancient and Modern Perspectives on the Bible and Culture. Essays in Honor of Hans Dieter Betz* (SPHS 22), Atlanta, GA: Scholars Press 1998, 59-82.

CHARLES, R. H. 1913: *The Apocrypha and Pseudepigrapha of the Old Testament in English. Volume II: Pseudepigrapha*, Oxford: Clarendon 1913.

CONZELMANN, H. 1973: "φῶς, κτλ.", in: *ThWNT* 9, Stuttgart: Kohlhammer 1973, 402-49.

— 1975: *1 Corinthians. A Commentary on the First Epistle to the Corinthians* (Hermeneia), Philadelphia, PA: Fortress 1975.

— 1981: „Der Brief an die Epheser", in: J. BECKER/H. CONZELMANN/G. FRIEDRICH, *Die Briefe an die Galater, Epheser, Philipper, Kolosser, Thessalonicher und Philemon* (NTD 8), 2nd ed., Göttingen: V&R 1981, 86-124.

COPENHAVER, B. P. 1992: *Hermetica. The Greek Corpus Hermeticum and the Latin Asclepius in a New English Translation, with Notes and Introduction*, Cambridge: CUP 1992.

CUMONT, F. 1909: "Le mysticism astrale dans l'antiquité", in: *Académie Royale de Belgique: Bulletin de la Classe des Lettres*, 1909, 256-86.

— 1912: *Astrology and Religion among the Greeks and Romans*, New York: Putnam 1912.

DAHL, N. A. 1964: "Der Erstgeborene Satans und der Vater des Teufels (Polyk. 72 und Joh 8,44)", in: W. ELTESTER/F. H. KETTLER (EDS.), *Apophoreta. Festschrift für Ernst Haenchen zu seinem 70. Geburtstag* (BZNW 30), Berlin: Töpelmann 1964, 70-84.

— 1965a: "Bibelstudie über den Epheserbrief", in: K. SCHMIDT-CLAUSEN (ED.), *Kurze Auslegung des Epheserbriefes*, Göttingen: V&R 1965, 7-83.

— 1965b: „Das Geheimnis der Kirche nach Eph. 3,8-10", in: ED. SCHLINK/A. PETERS (EDS.), *Zur Aufbauung des Leibes Christi. Festschrift Peter Brunner*, Kassel: Stauda 1965, 63-75. [In this volume chapter XI.]

DANBY, H. 1933: *The Mishnah. Translated from the Hebrew with Introduction and Brief Explanatory Notes*, Oxford: OUP 1933.

DENIS, A.-M. 1970: *Introduction aux pseudépigraphes grecs d'Ancien Testament* (SVTP I), Leiden: Brill 1970.

DIBELIUS, M. /GREEVEN, H. 1953: *An die Kolosser, Epheser, an Philemon* (HNT 12), Tübingen: Mohr Siebeck 1953.

DINKLER, E. 1967: "Kreuzzeichen und Kreuz – Tav, Chi und Stauros", in: IDEM, *Signum Crucis. Aufsätze zum Neuen Testament und zur Christlichen Archäologie*, Tübingen: Mohr Siebeck 1967, 26-54.

DORNSEIFF, F. 1956: "Nachwort: Das altorientalische Priamel", in: IDEM, *Kleine Schriften I*, Leipzig: Koehler & Amelang 1956, 379-93.

DUPONT, J. 1949: *Gnosis. La connaissance religieuse dans les Épîtres de Saint Paul*, Paris: Gabalda 1949.

FAUST, E. 1993: *Pax Christi et Pax Caesaris. Religionsgeschichtliche, traditionsgeschichtliche und sozialgeschichtliche Studien zum Epheserbrief* (NTOA 24), Freiburg (Schweiz): UV/Göttingen: V&R 1993.

FESTUGIÈRE, A.-J. 1944-54: *La Révélation d'Hermès Trismégiste*, 4 Vol., Paris: Gabalda 1944-1954.

— 1949: *La Révélation d'Hermès Trismégiste, Vol. II: Le Dieu cosmique*, 1949.

— 1954: *La Révélation d'Hermès Trismégiste, Vol. IV: Le Dieu inconnu et la gnose*, 1954.

FEUILLET, A. 1956: "L'Église plérôme du Christ d'après Éphes.", in: *NRTh* 78 (1956) II, 593-610.

FISCHER, K. M. 1973: *Tendenz und Absicht des Epheserbriefes* (FRLANT 111), Göttingen: V&R 1973.

FRIDRICHSEN, A. 1940: *La priamèle dans l'enseignement de Jésus* (CN 6), Uppsala: Almqvist & Wiksell 1940, 9-16.

GAGER, J. 1972: *Moses in Graeco-Roman Paganism* (SBLM 16), Nashville, TN/New York, NY: SBL 1972.

GAUGLER, E. 1966: *Der Epheserbrief*, Zürich: EVZ 1966.

GIFFORD, E. H. 1903: *Eusebii Pamphili Evangelicae Paeparationes*, Volume 3, Oxford: Clarendon 1903.

GINZBERG, H. L. 1954: *The Legends of the Jews*, Vol. III, Repr. Philadelphia, PA: JPSA 1954.

GNILKA, J. 1990: *Der Epheserbrief* (HThK X/2), 4th ed., Freiburg i. Br. etc.: Herder 1990.

HEDEGÅRD, D. (ED.) 1951: *Seder Rab Amran Gaon*, Lund: Gleerup 1951.

HELLHOLM, D. 1995: "The Mighty Minority of Gnostic Christians", in: D. HELLHOLM/H. MOXNES/T. KARLSEN SEIM (EDS.), *Mighty Minorities? Minorities in Early Christianity – Positions and Strategies. Essays in Honour of Jacob Jervell*, Oslo etc.: ScUP 1995, 41-66.

HENGEL, M. 1973: *Judentum und Hellenismus. Studien zu ihre Begegnung unter besonderer Berücksichtigung Palästinas bis zur Mitte des 2. Jh.s v. Chr.* (WUNT 10), 2. Aufl., Tübingen: Mohr Siebeck 1973.

HOLLADAY, C. R. 1989: *Fragments from Hellenistic Jewish Authors*, Volume II: *Poets* (SBLTT.PS 12), Atlanta, GA: Scholars Press 1989.

HORNER, G. 1924: *Pistis Sophia. Literally translated from the Coptic. With an Introduction by G. F. Legge*, London: SPCK 1924.

HOROVITZ, H. S. (ED.) 1966/67: *Siphré d'be Rab*, Jerusalem: Wahrmann 1966/67.

HOULDEN, J. L. 1970: *Paul's Letters from Prison: Philippians, Colossians, Philemon and Ephesians* (PNTC), Harmondsworth: Penguin 1970.

HÜBNER, H. 1997: *An Philemon, An die Kolosser, An die Epheser* (HNT 12), Tübingen: Mohr Siebeck 1997.

JEWETT, R. 1971: *Paul's Anthropological Terms. A Study of Their Use in Conflict Settings* (AGJU 10), Leiden: Brill 1971.

JONES, R. M. 1926: "Posidonius and the Flight of the Mind", in: *CP* 21 (1926) 97-113.

KAHLE, P. 1959: *The Cairo Genizah*, 2nd ed., Oxford: Clarendon 1959.

KLIJN, A. F. J. 1983: "2 (Syriac Apocalypse of) Baruch", in: J. H. CHARLESWORTH (ED.), *The Old Testament Pseudepigrapha, Vol. I: Apocalyptic Literature and Testaments*, Garden City, NY: Doubleday 1983, 615-52.

KOESTER, H. 1982: *Introduction to the New Testament, Volume Two: History and Literature of Early Christianity*, Philadelphia, PA: Fortress/Berlin – New York: de Gruyter 1982.

KOSCHORKE, KL. 1981: "Paulus in den Nag-Hammadi-Texten. Ein Beitrag zur Geschichte der Paulusrezeption im frühen Christentum", in: *ZThK* 78 (1981) 177-205.

KRÖHLING, W. 1935: *Die Priamel (Beispielsreihung) als Stilmittel in der griechisch-römischen Dichtung* (Greifswalder Beiträge zur Literatur und Stilforschung 10), Greifswald: Dallmeyer 1935.

KUHN, K. G. 1960/61: "Der Epheserbrief im Lichte der Qumrantexte", in: *NTS* 7 (1960/61), 333-46.

LINCOLN, A. T. 1990: *Ephesians* (WBC 42), Dallas, TX: Word Books 1990.

LINDBLOM, J. 1927: "Det solliknande ögat", in: *SvTK* 3 (1927), 230-47.

LINDEMANN, A. 1975: *Die Aufhebung der Zeit. Geschichtsverständnis und Eschatologie im Epheserbrief* (StNT 12), Gütersloh: Mohn 1975.

— 1985: *Der Epheserbrief* (ZBK 8), Zürich: TVZ 1985.

— 1989/99: "Der Apostel Paulus im 2. Jahrhundert", in: J.-M. SERVIN (ED.), *The New Testament in Early Christianity. La réception des écrits néotestamentaires dans le christianisme primitif* (BEThL 86), Leuven: Peeters/UPL 1989, 39-67 (Repr. in: A. LINDEMANN, *Paulus, Apostel und Lehrer der Kirche. Studien zu Paulus und zum frühen Paulusverständnis*, Tübingen: Mohr Siebeck 1999, 295-322).

LONA, H. E. 1984: *Die Eschatologie im Kolosser- und Epheserbrief* (FzB 48), Würzburg: Echter 1984.

MARKSCHIES, CH. 1997: "Innerer Mensch", in: *RAC* 18, Stuttgart: Hiersemann 1997, 266-312.

MEEKS, W. A. 1970: *The Prophet-King* (NT.S 14), Leiden: Brill 1970.

— 1974: "The Image of the Androgyne: Some Uses of a Symbol in Earliest Christianity", in: *HR* 13 (1974), 165-208.

MERKEL, H. 1987: "Der Epheserbrief in der neueren exegetischen Diskussion", in: *ANRW* II. 25.4, Berlin – New York: de Gruyter 1987, 3156-246.

MÜLLER, K. 1920: "Beiträge zum Verständnis der Valentinianischen Gnosis", in: *NGWG.PH* Göttingen: V&R 1920, 179 - 241.

MUSSNER, F. 1968: *Christus, das All und die Kirche* (TThS 5), 2nd ed., Trier: Paulinus 1968.

— 1982: *Der Brief an die Epheser* (ÖTK 10), Gütersloh: Mohn/Würzburg: Echter 1982.

NEUGEBAUER, O. 1985: "Appendix A: The 'Astronomical' Chapters of the Ethiopic Book of Enoch (72-82). Translation and Commentary by O. NEUGEBAUER. With Additional Notes on the Aramaic Fragments by Matthew Black", in: M. BLACK, *The Book of Enoch or I Enoch. A New English Edition* (SVTP 7), Leiden: Brill 1985, 386-419.

NILSSON, M. P. 1961: *Geschichte der griechischen Religion. Zweiter Band: Die hellenistische und römische Zeit* (HAW V/2), München: Beck 1961.

NOCK, A. D./FESTUGIÈRE, A.-J. 1946-54: *Corpus Hermeticum, Tome I-IV*, Paris: Les Belles Lettres 1946-54.

PAGELS, E. H. 1972: "The Valentinian Claim to Esoteric Exegesis of Romans as Basis for Anthropological Theory", in: *VigChr* 26 (1972) 241-58.

— 1974: "The Mystery of Resurrection", in: *JBL* 93 (1974) 276-88.

— 1975: *The Gnostic Paul: Gnostic Exegesis of the Pauline Letters*, Philadelphia, PA: Fortress 1975.

PEASE, A. S. (ED.) 1923/55: *Cicero, De natura deorum, Vol. I-II*, Urbana: UIP 1923 [Repr. Darmstadt: WBG 1955].

PERCY, E. 1946: *Die Probleme der Kolosser- und Epheserbriefe* (SKHVL 39), Lund: Gleerup 1946.

POKORNÝ, P. 1992: *Der Brief des Paulus an die Epheser* (ThHK 10/II), Leipzig: EVA 1992.

PREISENDANZ, K. 1973: *Papyri Graecae Magicae. Die griechischen Zauberpapyri I*, 2. verbesserte Aufl., Hrsg. A. HENRICHS, Stuttgart: Teubner 1973.

— 1974: *Papyri Graecae Magicae. Die griechischen Zauberpapyri II*, 2. verbesserte Aufl., Hrsg. A. HENRICHS, Stuttgart: Teubner 1974.

RACE, W. H. 1982: *The Classical Priamel from Homer to Boethius* (Mn. Suppl. 74), Leiden: Brill 1982.

REITZENSTEIN, R. 1904/66: *Poimandres. Studien zur griechisch-ägyptischen und frühchristlichen Literatur*, Leipzig: Teubner 1904 [Repr. Darmstadt: WBG 1966].

RIESENFELD, H. 1944: *Accouplement des termes contradictoires dans le NT* (CN 9), Uppsala: Almqvist & Wiksell 1944.

RIESSLER, P. 1966: *Altjüdisches Schrifttum ausserhalb der Bibel*, Heidelberg: Kerle 1966 (= 1st ed. 1928).

ROBERTS, A./DONALDSON, J. (EDS.), *The Ante-Nicene Fathers. Translations of The Writings of the Fathers down to A.D. 325*, Vol. I., Reprint: Grand Rapids, MI: Eerdmans 1985.

ROBINSON, J. M./KOESTER, H. 1971: *Trajectories through Early Christianity*, Philadelphia, PA: Fortress 1971.

VAN ROON, A. 1969: *Een onderzoek naar de authenticiteit van der Brief aan de Ephezïer*, Delft: Meinema 1969.

— 1974: *The Authenticity of Ephesians* (NT.S 39), Leiden: Brill 1974.

ROUSSEAU, A. 1969: *Irénée de Lyon: Contre les hérésies, Livre IV-V*, (SCh 100) Paris: Cerf 1969.

SAHLIN, H. 1941: *1 Esdras 4 et 1 Cor. 13* (CN 5), Uppsala: Almqvist & Wiksell 1941, 28f.

SCHENKE, H.-M. 1962: *Der Gott "Mensch" in der Gnosis: Ein religionsgeschichtlicher Beitrag zur Diskussion über die paulinische Anschauung von der Kirche als Leib Christi*, Berlin: EVA/ Göttingen: V&R 1962.

SCHLIER, H. 1930: *Christus und die Kirche im Epheserbrief* (BHTh 6), Tübingen: Mohr Siebeck 1930.

— 1963: *Der Brief an die Epheser*, 4th ed., Düsseldorf: Patmos 1963.

SCHMID, U. 1964: *Die Priamel des Wertes im Griechischen. Von Homer bis Paulus*, Wiesbaden: Harrassowitz 1964.

SCHMIDT, C./TILL, W. 1962: *Koptische-gnostische Schriften. Erster Band: Die Pistis Sophia, Die beiden Bücher des Jehû, Unbekanntes altgnostisches Werk* (GCS 45), 3. Aufl., Berlin: AV 1962.

SCHNACKENBURG, R. 1982: *Der Brief an die Epheser* (EKK X), Zürich: Benziger/Neukirchen-Vluyn: Neukirchener 1982.

SCHÖNBERGER, O. 1991/96: *Aristoteles, Über die Welt. Übersetzt und kommentiert* (Universal-Bibliothek 8713), Stuttgart: Reklam 1991 [Repr. 1996].

SCHOLEM, G. 1971: "Shi'ur Komah", in: *Encyclopedia Judaica, Vol. 14*, Jerusalem – New York: Keter 1971, 1417-19.

SEGAL, A. F. 1977: *Two Powers in Heaven: Early Rabbinic Reports about Christianity and Gnosticism* (SJLA 25), Leiden: Brill 1977.

SMITH, D. C. 1970: *Jewish and Greek Traditions in Ephesians 2:11-22*, New Haven, CT: Unpubl. Yale Diss. 1970.

SMITH, J. P., S. J. 1952: *Proof of the Apostolic Preaching* (Ancient Christian Writers 16), Westminster, MD: Newman/London: Longmans & Green 1952.

STAERK, W. (ED.) 1930: *Altjüdische liturgische Gebete* (KlT 58), 2. Aufl., Berlin: Töpelmann 1930.

STECK, O. H. 1993: *Das apokryphe Baruchbuch. Studien zu Rezeption und Konzentration "kanonischer" Überlieferung* (FRLANT 160), Göttingen: V&R 1993.

THRAEDE, K. 1970: *Grundzüge griechisch-römischer Brieftopik* (Zetemata 48), München: Beck 1970.

TOWNER, W. S. 1973: *The Rabbinic "Enumeration of Scriptural Examples"*, Leiden: Brill 1973.

WLOSOK, A. 1960: *Laktanz und die philosophische Gnosis: Untersuchungen zu Geschichte und Terminologie der gnostischen Erlösungsvorstellung* (AHAW.PH 1960, Abh. 2), Heidelberg: Winter 1960.

ZIEGLER, J. (ED.) 1965: *Sapientia Iesu filii Sirach* (Vetus Testamentum Graece XII/2), Göttingen: V&R 1965.

XIII. Kleidungsmetaphern: der alte und der neue Mensch

1. Metaphorischer und symbolischer Gebrauch

Metaphorische Rede vom Ablegen von Lastern und Anziehen von Tugenden o. dgl. war im Urchristentum wie in seiner Umwelt geläufig[1]. Die Metaphern sind z.T. abgeblaßt; ἀποτίθεσθαι kann, braucht aber nicht mit (ἀπ)εκδύεσθαι synonym zu sein, vgl. z.B. die Kommentare zu Eph 4,22-24[2]. Recht anschaulich sind dagegen alttestamentliche Bilder von Bekleidung mit Schmach und Schande und, als Gegensatz dazu, mit Gerechtigkeit und Heil (z.B. Hi 8,22; 29,14; Ps 30,11f.; 35,26; 132,9. 16. 18; Jes 52,1; Bar 5,1f.; vgl. dazu Eph 6,11ff.)[3]. Die Metaphern liegen sehr nahe, denn in den meisten Kulturen markieren Kleider sowohl den Unterschied zwischen Ständen und Berufen als auch zwischen Zeiten der Trauer und Buße, bzw. Fest und Hochzeit usw. Wechsel der Kleider kann eine Änderung von Sitten und Volkstum markieren, wie z.B. im Bericht vom König Skyles, der zeitweise sein skythisches Gewand ablegte und griechische Kleider und Sitten annahm (Herodot 4,78). Zu einer Allegorie umgestaltet begegnet ein verwandtes Motiv in der Sage vom persischen Prinzen, der sich als ein Ägypter kleidete, um nicht erkannt zu werden, seine eigentliche Identität vergaß und durch einen Brief daran erinnert werden mußte, wonach er zurückkehrte und das ihm zukommende königliche Prachtgewand erhielt (ActThom 108-115: „Lied von der Perle"[4], bes. 109[29]; 111[62]; 112f.[75-105]). Im Perlenlied symbolisiert das Prachtgewand das höhere, eigentliche „Selbst", bzw. den himmlischen „Doppelgänger" des

---

[1] [Z.B. Plato, *Rep.* 457A; Euripides, *Iph. T.* 602; Dion. Hal., *Ant.* IX. 5; Libanios, *Epist.* 968. Zum Ganzen, siehe A. KEHL 1978, 945-1025; ferner Texte und Lit. unten in Anm. 5.]

[2] [Vgl. auch H. PAULSEN 1997, 34: „Die ursprüngliche konkrete Vorstellung – das Überkleiden mit einem Gewand – ist allerdings in der Tradition von Gal 3,26-28 wie überhaupt in der urchristlichen Überlieferung einem metaphorischen Gebrauch gewichen, auf jeden Fall aber verblaßt".]

[3] [Zum atl. Gebrauch, vgl. E. JENNI 1971, 867-70; J. GAMBERONI 1984, 471-83.]

[4] [Deutsche Übers. bei W. SCHNEEMELCHER (HRSG.) 1989, 344-48. G. WIDENGREN 1969, 496f.: „Der Königssohn sieht sich wie in einem Spiegel widergespiegelt im Prachtgewand: ‚Plötzlich, sobald ich ihm begegnete, schien mir das Kleid meinem Spiegelbilde zu gleichen, ich sah es ganz in mir ganzem und ward in ihm auch meiner ganz gesichtig, daß wir zwei wären in Geschiedenheit und wiederum eins in zweierlei Gestalt' (Lied von der Perle (112) V. 76-78). ... An Stelle der Begegnung mit dem Gewand kann darum geschildert werden, wie die Seele ihrem Abbild entgegengeht. Der himmlische Körper kann also als ein Doppelgänger oder ein Zwillings-Ich aufgefaßt werden. In den mandäischen Hymnen, die die kultischen Texte zum ‚Aufstieg der Seele' ... bilden, kehrt ständig dieselbe Formel wieder ...: ‚Ich gehe meinem Abbild entgegen, und mein Abbild geht mir entgegen. Es liebkost und umarmt mich, als sei ich aus Gefangenschaft zurückgekehrt'; Linker Ginza III. 31, übers. LIDZBARSKI 1925, 559, 29".]

irdischen Menschen[5]. Das dürfte zu den iranischen Komponenten in der Gnosis gehören[6]. Vorstellungen von himmlischen Gewändern sind aber weit verbreitet[7]. In der Mythologie symbolisierten Kleider und andere Attribute die Eigenschaften und das Wirken der Götter. Unter Einfluß des astralen Weltbildes stellte man sich die Kleider der himmlischen Wesen[8], im Judentum der Engel[9], nicht nur als prächtig, sondern als glänzend vor, strahlend weiß oder auch bunt geschmückt[10], vielleicht als Licht- oder Feuerkleider[11]. Vielfach bezeugt ist aber auch die Vorstellung, daß Menschen mit einem himmlischen Gewand gekleidet werden konnten, ob das nun durch einen visionären oder postmortalen Aufstieg oder bei der Auferstehung der Toten geschieht[12]. Das hat an sich nichts mit der im Griechentum verbreiteten Vorstellung vom Körper

---

[5] [Siehe *Hādoxt Nask* 2: die schöne Jungfrau, *daena*, die das *Ebenbild der guten Werke, Worte* und *Gedanken* des Frommen darstellt (deut. und franz. Übers. bei WIDENGREN 1961a, 171-75 bzw. IDEM 1983; IDEM 1969, 496: „Das Gewand symbolisiert also den im Himmel verbleibenden Teil des höheren Ichs"); vgl. W. BOUSSET 1901/71, 42f. Anm. 2; R. REITZENSTEIN 1927/73, 61, 178ff., 226, 263f., 350ff., 355ff.; H. JONAS 1964, 102, 320-28; IDEM 1965/93, 252-71/346-59; WIDENGREN 1965, 102-04; IDEM 1969, 433f., 483-86, 495-500: Gewand als Weltenmantel; IDEM 1975, 694-97; IDEM 1983/89, 148; IDEM 1983, 41-79.]

[6] [Siehe z.B. Hipp., *Ref.* V. 19, 21 (vom Logos Gottes); vgl. S. WIKANDER 1941, 26ff.; WIDENGREN 1945, 49ff., 76ff.; IDEM 1963b, bes. 211ff.; siehe IDEM vorhergehende Anm.; JONAS 1965/93, 252-71/346-59; K. RUDOLPH 1964/75, 537ff.; IDEM 1980, 34, 303; vgl. ferner die Lit. angeführt in H. D. BETZ 1988, 332 Anm. 55.]

[7] [Vgl. z.B. die Differenzierung bei K. M. FISCHER 1973, 152-61; A. VAN ROON 1974, 266-75, 325-49; vor allem aber bei KEHL 1978.]

[8] [Vgl. z.B. *Poimandres* (Corp. Herm.) I. 25; Serv., *Aen.* 6,714; 11,51; Macr., *Somn.* 1,12,13f.; Procl. *in Tim.* 3,69,14-23; hierzu E. KAMLAH 1964, 122ff.; KEHL 1978, 955-62.]

[9] [Vgl. *äthHen* 62,14ff.; *slawHen* 22,8ff.; 56,2; *Apk Bar(syr)* 51; *ApkAbr* 13; *AscJes* 7,22; 8,26; 9,1-2. 8-9 (Einführung und Text von *AscJes* bei SCHNEEMELCHER (HRSG.) 1989, 547-62); *Rechter Ginza* I. 42ff. (sog. Lichtkönigstheologie); *Rechter Ginza* V. 1 (Übers. von K. RUDOLPH in: W. FOERSTER (HRSG.) 1971, 210 bzw. 243); 1QS IV 8: „... alle die sich mit Licht begürten". Siehe W. BOUSSET/H. GRESSMANN 1925/66, 277f.; P. VOLZ 1934/66, 396-401 sowie die Exkurse bei H. LIETZMANN/W. G. KÜMMEL 1969, 119f. und H. WINDISCH 1970, 164f.; ferner KEHL 1978, 969-71; M. MACH 1992, 163f. mit Anm. 128.]

[10] [Vgl. *Yasna* 51,13; *Hādoxt Nask* 8-11 (= 22. *Yašt*); *Vendidad* 19, 31-32; *Aogemadaečā* 17; *Bundahišn* 31 (ANKLESARIA, E. T. D. [HRSG.]); Seelenhymnus des Perlenlieds, *ActThom* 112 (82-87); *Fihrist* (manichäisch) 100; vgl. JONAS 1934/64, 326 Anm. 1; WIDENGREN 1945, 77-83; IDEM 1975, 692-97; IDEM 1983/89, 148; bes. IDEM 1983, 41-79: Texte (avestisch und pahlavi) mit franz. Übers.; *Rechter Ginza* V. 1 (Übers. von RUDOLPH in: FOERSTER (HRSG.) 1971, 243f.).]

[11] [Außer den Stellen oben in Anm. 9-10, siehe *JosAs* 14,12ff.; *slawHen* 22,8; sowie Macr., *Somn.* 1,12,13; *Corp. Herm.* X. 18; hierzu KEHL 1978, 962; *Pist. Soph.* 7 und 10; Text in deut. Übers. C. SCHMIDT/W. TILL (HRSG./ÜBERS.) 1962; hierzu BOUSSET 1907/73, 303 Anm. 2; siehe schon W. BRANDT 1892/1967, bes. 35-37; im Manichäismus: *Kephalaia* VII. 36, 12-21; M 77; T II D 79; hierzu WIDENGREN 1961b, 66f.]

[12] [Vgl. *Linker Ginza* II. 8; III. 3, 6, 12, 15, 56 (Übers. bei RUDOLPH 1980,192-200 bzw. von RUDOLPH in: FOERSTER (HRSG.) 1971, 332, 337, 339, 341, 343, 348); weitere Beispiele in WIDENGREN 1968, 556f., 563, 566 bzw. IDEM 1982, 133f., 140, 142f. Ferner: *Protennoia*, NHC XIII. 1.45,13-20; Übers. bei RUDOLPH 1980, 206; siehe außerdem unten Anm. 70 auf Seite 400.]

der Seele zu tun (vgl. darüber unten). Die beiden heterogenen Vorstellungen konnten aber miteinander verknüpft werden, so daß der Übergang von einer irdischen zu einer himmlischen Existenz als Wechsel der „Kleider" dargestellt werden konnte (vgl. 2Kor 5,1-4; 1Kor 15, 44-54)[13]. Da das Himmlische als gut, das Irdische und Sinnliche als minderwertig, übel oder gar böse galt, konnte die Unterscheidung zwischen dem körperlichen und dem himmlischen Kleid auch mit der Verwendung von Kleidungsmetaphern für Tugenden und Lastern verwoben werden, wie es u.a. bei Philo der Fall ist[14].

Zur Zeit des Epheserbriefes haben Kleidungsmetaphern eine von faktischen Gebräuchen gelockerte Eigenexistenz gehabt. Gleichzeitig wurden aber Kleidungen verwendet, die eine symbolische Bedeutung hatten. Ein König oder Herrscher konnte den Anzug eines Gottes haben, den er nicht nur rituell, sondern auch in der Ausübung der Herrschaft vertrat[15]. Im Judentum hatte vor allem das (hohe-)priesterliche Gewand symbolische Bedeutung (vgl. schon im AT Ps 132, 9); die atl. Texte wurden allegorisch ausgelegt[16]. In den Mysterien lebten z.T. alte, mit dem sakralen Königtum verknüpfte Gebräuche in umgewandelter und demokratisierter Gestalt als Geheimriten weiter; die Kleider der Mysten, wie z.B. die „olympische Stola" bei der von Apuleius geschilderten Initiation in den Isis-Mysterien, haben vielleicht kosmische Symbolik mit Errettung aus dem Tode (Apotheose?) verbunden[17]. In ganz anderer Weise symbolisch waren die „Diogenes-Waffen" der Kyniker: Mantel, Stab und (Bettel)Sack[18]. Sie waren Zeichen für die Abkehr von allen äußeren Gütern und die Annahme von allein der Weisen Genügsamkeit. Epiktet und andere konnten freilich betonen, daß nicht solche Paraphernalien den wahren Kyniker auszeichneten, sondern vielmehr die innere Haltung[19]. Auch die Notizen über die einfache Kleidung der Essäer und Therapeuten

---

[13][Zum paulinischen Wechsel vom „σῶμα-Begriff" in 1Kor 15,35-44 (bzw. in Röm 8,11 und 23) zum „Gewand-Begriff" in 1Kor 15,50-54 und vor allem in 2Kor 5,2 (τὸ οἰκητήριον ἡμῶν τὸ ἐξ οὐρανοῦ ἐπενδύσασθαι), siehe E. BRANDENBURGER 1968, 176f.; WIDENGREN 1969, 495f.; und neuerdings N. WALTER 1998, 109-27.]

[14][Philo, LA Frag. 4; Fuga 110; vgl. KEHL 1978, 971, 1003f.; rabbinisches Material bei BILLERBECK II 1924, 301. Ferner, siehe die iranischen Texte angeführt oben in Anm. 10.]

[15][Vgl. z.B. WIDENGREN 1969, 381f.; IDEM 1965, 240; A. OEPKE 1935, 320 Anm. 7.]

[16][Jos., Ant. III. 184: ἀποσημαίνει δὲ καὶ ὁ τοῦ ἀρχιερέως χιτὼν τὴν γῆν λίνεος ὤν. Philo, Mos. II. 117ff., Somn. I. 214-19; Ebr. 85-92, und Spec. I. 84f.: χιτὼν als μίμημα τοῦ κόσμου; vgl. auch LA II. 56; hierzu W. BOUSSET 1915, 37-43; J. PASCHER 1931, 37ff., 143ff.; C. H. DODD 1935, 191-94; H. HEGERMANN 1961, 47-67; U. FRÜCHTEL 1968, 68-115; ferner die allegorische Auslegung von Dtn 10,8 und Hhld 5,3 und dazu J. DANIÉLOU 1956, 194.]

[17]Apuleius, Met. XI. 24 [duodecim sacratus stolis und hierzu REITZENSTEIN 1927/73, 42f., 350; J. GWYN GRIFFITHS 1975, 308-10, 313f.: stola olympiaca]; vgl. ferner Plutarch, Is. 3 (Mor. 352BC) [ἱεροστόλοι und dazu GWYN GRIFFITHS 1970, 266ff., sowie Athenaios, Deipnosophistai 12. 537. Vgl. ferner M. DIBELIUS 1956, 30-79, bes. 45-55; KAMLAH 1964, 126f. Anm. 2 sowie die Lit. angeführt in BETZ 1988, 332 Anm. 54.]

[18][Siehe hierzu Diogenes Laertios VI. 13.]

[19][Epiktet, Diss. III. 22: Περὶ Κυνισμοῦ.]

bei Josephus und Philo[20] und den Anzug des Johannes (Mk 1,6)[21] mögen genannt sein, sowie die in der Aussendungsrede Jesu gegebene Instruktion (Mk 6,8f. u. Par). Bei den Mandäern spielte die Kleidersymbolik sowohl in der liturgischen Praxis wie in der Lehre eine viel größere Rolle als sie bei den Essäern getan zu haben scheint[22]. Aus späterer Zeit sei auf die Symbolik der Mönchskleider verwiesen. Die Rabbiner schrieben Benediktionen für das Anziehen der Kleider, bes. des Gebetsmantels (talith) vor, und konnten damit Ansätze zu einer symbolischen Deutung verknüpfen (bBer 60b)[23].

Die verbreitete und vielschichtige Verwendung von Kleidungsmetaphern und Kleidsymbolik warnt vor jedem Versuch, die an unserer Stelle (Eph 4,24-25) verwendete Tradition einseitig als von Mysterienweihen und Gnosis beeinflußt oder, im Gegenteil, als nur inner-jüdisch bedingt zu erklären. Vor allem an vier Punkten können aber vergleichende Untersuchungen für die Exegese hilfreich sein: 1. Die Verwendung von Verben für Aus- und Anziehen mit einem persönlichen Objekt; 2. Die Allusion an den Schöpfungsbericht (τὸν κατὰ θεὸν κτισθέντα); 3. Der Kontrast zwischen dem alten und dem neuen Menschen; 4. Das Verhältnis zwischen symbolischer Sprache und Taufe und damit verbundenen Riten.

2. Ablegen, bzw. Anziehen eines Menschen

Wendungen vom Ablegen bzw. Anziehen eines Menschen sind recht spärlich bezeugt und lassen sich schematisch wie folgt ordnen.

2.1. ἀποθέσθαι ὑμᾶς ... τὸν παλαιὸν ἄνθρωπον ... καὶ ἐνδύσασθαι τὸν καινὸν ἄνθρωπον (Eph 4,22. 24). ἀπεκδυσάμενοι τὸν παλαιὸν ἄνθρωπον ... καὶ ἐνδυσάμενοι τὸν νέον (Kol 3,9f.). – „Wir sollen ... den vollkommenen (τέλειος) Menschen anziehen"[24]. – „Es ist nötig, daß wir den lebendigen Menschen anziehen"... (Der Täufling) „pflegt sich zu entkleiden, damit er jenen anziehe" (EvPhil 75,21-24; NHC II, 3; = Spruch 101 Schenke)[25]. Vgl. z.B. auch ActThom 48: [καὶ ἀποδύσωνται τὸν παλαιὸν ἄνθρωπον σὺν ταῖς πράξεσιν αὐτοῦ, καὶ ἐνδύσωνται τὸν νέον κτλ.]

---

[20]Josephus, Bell II. 126, 137; Philo, Cont. 38.

[21][Eine andere Deutung jetzt bei H. STEGEMANN 1994, 298.]

[22][Außer den in Anm. 12 angeführten Texten, vgl. Linker Ginza III. 31; Mandäische Liturgien 104, 160 und 262; Johannesbuch 26 (Übers. von RUDOLPH in: FOERSTER (HRSG.) 1971, 302); Unbekanntes altgnostisches Werk 16: Text in deut. Übers. bei SCHMIDT/TILL 1962; siehe auch FOERSTER (HRSG.) 1971, Register zu den mandäischen Quellen, 462 s.v. „Gewand"; ferner E. KÄSEMANN 1933, 87ff.; JONAS 1964, 100-02; PH. VIELHAUER 1979, 32-35; RUDOLPH 1961, 181-88; IDEM 1980, 192-200.]

[23]Morgengebet bei J. H. HERTZ 1947, 44-49.

[24](Gnostisches) Evangelium der Maria, Pap. Ryland 463 (Vol. III. 18f.: καὶ ἐνδυσάμενοι τὸν τέλειον ἄνθρωπον); koptisch Pap. Berol. 8502, 18f.; [griechischer und koptischer Text mit deutscher Übers. bei W. C. TILL/H.-M. SCHENKE 1972, 25, 76f.; deutsche Übers. in SCHNEEMELCHER (HRSG.) 1987, 315.]

[25][Vgl. bes. H.-G. GAFFRON 1969, 126-28; W. A. MEEKS 1974, 187f.; J. A. FITZMYER 1971, 405-08: Pap. Oxyr. 655.]

2.2. Χριστὸν ἐνεδύσασθε (Indikativ!) (Gal 3,27). – ἐνδύσασθε τὸν κύριον Ἰησοῦν Χριστόν (Imperativ!) (Röm 13,14). – „An Gestalt (*b d m w t*) erschien er wie ich, damit ich ihn anlegte". „... die, die mich angelegt haben" (*OdSal* 7,4; 33,12; ferner 25,8; 39,8)[26].

Die außerkanonischen Texte zeigen, daß die Redeweise der lebendigen Sprache angehörte und nicht nur den paulinischen Briefen entnommen ist[27]. Wie weit „Christus anziehen" und „den neuen Menschen" anziehen semantisch gleichwertig sind, wird später zu klären sein (siehe unten § 3 zu Anm. 37 auf Seite 395).

2.3. „Jemanden anziehen" = Maske und Kostüm auf sich nehmen, um eine Rolle zu spielen[28].

2.3.1. τὸν Ταρκύνιον ἐκεῖνον ἐνδυόμενοι (Dion.Hal., *Ant.* XI. 5). [Vgl. die Ausdrucksweise: *induit personam philosophi* (Cic. *Tusc.* 5. 73; Epiktet, *Diss.* II. 19,28)[29].]

Τήλεφον τινὰ ὑποδυσάμενοι (MaximTyr, *Diss.* I. 1. Hobein); ὑποδύεσθαι = sich unter/in Maske usw. zu kleiden; auch Lukian, *Pisc* 33 (ʼΑθηνᾶν ἢ Ποσειδῶνα ἢ τὸν Δία ὑποδεδυκώς); vgl. *Gallus* 19 (ἀποδυσάμενος δὲ τὸν Πυθαγόραν).

2.3.2. Ἀποθέμενος τὸν θεατὴν ἀγωνιστὴς γενέσθαι (MaximTyr, *Diss.* I. 4); Φιρμίνος ῥίψας τὸν στρατιώτην ἐνέδυ τὸν σοφιστήν, (Libanios, *Epist.* 1048, 2). Änderung der Gesinnung und des Auftretens ist gemeint, obwohl „Maskierung" an sich auch hypokritische Verstellung und Imitation bezeichnen kann (z.B. Platon, *Gorg* 464cd; Josephus, *Ant.* XIII. 220).

2.3.3. ὡς χαλεπὸν εἴη ὁλοσχερῶς ἐκδῦναι τὸν ἄνθρωπον (Antigonos aus Charystos bei DiogLaert IX. 66 [Euseb., *PraepEvg* XIV. 26])[30]. Anekdote über Pyrrhon, der dies sagte, als er von einem Hunde verfolgt zu einem Baum floh, menschlich aber nicht philosophisch. Das Bild von einem Schauspieler klingt hier kaum noch mit; um so deutlicher zeigt der Text, daß schon ein alltäglicher Sprachgebrauch ein Verständnis der religiösen Metaphern bot.

---

[26][Deutsche Übers. jetzt bei M. LATTKE 1995, 109 bzw. 191, jeweils mit Hinweis auf Eph 4,24; syrischer Text und englische Übers. bei M. FRANZMANN 1991, 51-53 bzw. 233-35; weitere Texte zum Motiv von Ausziehen und Anziehen bei FRANZMANN 1991, 310; vgl. auch GAFFRON 1969, 318 Anm. 55: „In OdSal ist der atl. Hintergrund besonders deutlich ..."; ferner BRANDENBURGER 1968, 213ff.]

[27][Anders E. BEST 1998, 431f.: „By the time AE came to write, the metaphor was well established in Christian circles and had already been applied to the putting on and off of ʼpersonsʼ; this appears first in Paul in respect of the putting on of Christ (Rom 13.14; Gal 3.27; cf *Gos Mary* BG 8502.1 18.16) prior to being used of the old and new persons in Col 3.9f; Eph 4.22, 24 (cf ʼthe body of fleshʼ, Col 2.11). There is then no need to look for parallels in the non-Christian world which might have influenced AE"; ähnlich U. SCHNELLE 1996, 359: „... der Eph dürfte sich trotz aller Unterschiede an Paulus orientieren ... Anschauungen der Stoa, Philos oder der Gnosis können das Besondere der Pleroma-Vorstellung im Eph nicht erklären: Die Kirche ist der Raum, in dem die alles umspannende Fülle Christi wirksam und mächtig ist". Der paulinische Einfluß betont auch H. HÜBNER 1997, 104.]

[28][Vgl. P. W. VAN DER HORST 1972/73, 181-87; KEHL 1978, 963-67.]

[29][Weitere Beispiele bei KEHL 1978, 964ff.]

[30][Hierzu bes. VAN DER HORST 1972/73, 184-87; vgl. auch A. T. LINCOLN 1990, 285.]

2.4. Ein überirdisches Wesen zieht einen Menschen an. Diese Ausdrucksweise kommt mehrmals vor, hat aber keinen einheitlichen Sinn. Daß der Geist den Gideon „anzog", heißt, daß er ihn inspirierte und mit Kraft erfüllte (Ri 6,34; vgl. 1Chr 12,18; 2 Chr 24,20; *LAB* 27.9). Daß Satan den Simon von Gitta anzog, bedeutet eher, daß er maskiert in seiner Gestalt auftrat (*Const.ap.* VI. 7,1; vgl. *AscJes* 4,1: Beliar als Nero). Wieder ganz anders lehrte der Alchimist Zosimos im 3. oder 4. Jh. n.Chr., daß der „Licht" genannte Erste Mensch den Adam anzog[31]. Vgl. dazu die zwei nächsten Abschnitte.

3. Gewandsymbolik und Schöpfungsgeschichte

In Eph 4,24 ist τὸν κατὰ θεὸν κτισθέντα ein Nachhall von Gen 1,26f. Die Allusion ist deutlicher in Kol 3,10: κατ' εἰκόνα τοῦ κτίσαντος αὐτόν[32]. Eine verborgene aber dennoch unzweifelhafte Reminiszenz aus demselben Text liegt auch in dem Glied (οὐκ ἔνι) ἄρσεν καὶ θῆλυ Gal 3,27f. vor[33]. In keiner der drei Texte wird Gen 1,26 oder 27 zitiert oder interpretiert; die Allusion war vielmehr schon in der benutzten Tradition gegeben. In 1Kor 15,44ff. benutzt Paulus die aus Gen 1,26f. (und 5,3) herrührende Vorstellung von Ebenbildlichkeit, um aus einer eschatologisch-christologischen Interpretation von Gen 2,7 ein Argument für die zukünftige Auferstehung der Toten zu gewinnen: Wie wir einst das „Bild" Adams, des ersten, irdischen Menschen, getragen haben, so werden wir eines Tages das „Bild des Himmlischen (Menschen)", des auferstandenen und verherrlichten Christus, tragen (1Kor 15,49, vgl. Vv. 42-48. 53-54)[34]. Obwohl anders orientiert, hat diese Genesis-Interpretation mit der in Eph 4,24 benutzten Tradition ein wesentliches Moment gemeinsam. Ob von dem καινὸς ἄνθρωπος oder dem σῶμα πνευματικόν gesprochen wird, ist mit dem „Anziehen" eine Konformität mit dem (gekreuzigten und) auferstandenen Christus gemeint; vgl. noch Röm 8,29 und Phil 3,21[35]. Von dem mit der εἰκών-Vorstellung gegebenen Schema Urbild – Abbild[36] ist auch zu erklären, daß die Deuteropaulinen mit „den neuen Menschen anziehen" sachlich dasselbe meinen, was Paulus in Gal 3,27 und Röm 13,14 „Christus anziehen" nennt[37], obwohl der neue Mensch nicht mit Christus identisch, sondern ihm ebenbildlich ist[38].

Auch in der Wendung „den alten Menschen abzulegen" steckt eine verborgene Reminiszenz aus der biblischen Urgeschichte, obwohl „der alte Mensch" nicht mit dem

---

[31][Zos. *Alch.* 24 (Omega); vgl. REITZENSTEIN 1904/66, 102ff. (griechischer Text); ferner RUDOLPH 1980, 127.]

[32][Dies betont unter Verweis auf *Barn* 6,11-14 auch M. WOLTER 1993, 180f. Zum Barnabastext, siehe F. R. PROSTMEIER 1999, 271-78.]

[33][Vgl. BETZ 1988, 326 Anm. 20; 344-53; siehe auch die pythagoreische Oppositionstafel in Arist., *Metaph.* 986a: ... ἄρρεν θῆλυ ...; hierzu J. L. MARTYN 1997, 376 Anm. 254; E. FAUST 1993, 129-37.]

[34][Siehe dazu W. VERBURG 1996, bes. 214-18.]

[35][Siehe J. JERVELL 1960, 276-81; vgl. auch R. BULTMANN 1976, 97f.; HÜBNER 1997, 103f.; BETZ 1998, 241f.]

ersten Adam zu identifizieren ist, sondern den Menschen vor und außer Christus bezeichnet. Paulus' Darstellung in 1Kor 15 nimmt wiederum ausdrücklich auf Gen 2,7 Bezug. Die Formung des Körpers Adams aus Staub wird mit ἐκ γῆς χοϊκός umschrieben. Da die Adjektive χοϊκός und ψυχικός in diesem Zusammenhang als Synonyme verwendet werden, ist das „Bild" des irdischen Adams, das auch seine Nachkommen tragen, mit dem σῶμα ψυχικόν gleichzusetzen (1Kor 15,44. 47-49). Mit diesem Ausdruck denkt Paulus nicht nur an den Körper, sondern an die gesamte psycho-somatische „Leiblichkeit" des Menschen in dieser Welt.[39] Seine Terminologie ist aber offensichtlich durch die hellenistische Vorstellung von dem Körper als das Kleid der Seele, bzw. der Vernunft oder des Geistes, mitbedingt.[40] Diese Vorstellung konnte man ja leicht in die biblische Darstellung hineinlesen, wonach Gott den Lebensodem (*nišmat hajjim*, πνοὴ ζωῆς) in den aus der Erde gebildeten Körper Adams einhauchte.[41] Noch leichter ließen sich die Röcke aus Fell in Gen 3,21 als eine Metapher für den Leib des gefallenen, aus dem Paradiese ausgestoßenen Menschen verstehen. Diese Auslegung kommt bei Philo, Gnostikern und Kirchenvätern vor und hat auch in samaritanischen und rabbinischen Schriften Spuren hinterlassen[42]. Sie dürfte jedoch

---

[36][Zur εἰκών-Vorstellung, siehe F.-W. ELTESTER 1958; JERVELL 1960, bes. 276; P. SCHWANZ 1970/ 79, bes. die Zusammenfassung: „Der *paulinisch-deuteropaulinische* Eikon-Begriff wird nur vor dem Hintergrund der gnostischen Eikon-Vorstellung voll verständlich" (*ibid.*, 171); ferner H. CONZELMANN 1981a, 228f.: Exkurs: εἰκών; und HÜBNER 1997, 57f.: Exkurs: „Εἰκών in philosophie- und religionsgeschichtlicher Sicht". Im Zusammenhang mit der εἰκών-Vorstellung, vgl. auch *EvPhil* 57,19-22 (= Spruch 24 SCHENKE): „Auf dieser Welt sind die, die die Gewänder anziehen, wertvoller als die Gewänder. Im Reich der Himmel sind die Gewänder wertvoller als die, die sie angezogen haben"; Übers. von M. KRAUSE bei FOERSTER (HRSG.) 1971, 100.]

[37][Vgl. BETZ 1988, 331ff.; H. SCHLIER 1977, 399: „Das ἐνδύεσθαι τὸν κύριον Ἰησοῦν Χριστόν innerhalb einer Mahnung ist singulär".]

[38][Vgl. W. SCHMITHALS 1988, 301: „Paulus konnte [Röm 8,29b] nicht sagen: ‚seinem Sohn gleichgestaltet zu werden', denn damit wäre die christologische Differenz, der Unterschied des Sohnes von den Söhnen, von Erlöser und Erlösten, verwischt worden ...".]

[39][Siehe das Vergleichsmaterial bei CONZELMANN 1981a, 93: Exkurs: πνευματικός/ψυχικός und ferner *ibid.*, 347.]

[40][Platon, *Gorg.* 79 (523C); *Tim.* 69C; *Phaedo* 67; *Phaedr.* 245-50; Plut. *Mor.* 998C; Porph. (Stobaios, *Ecl.* I. 49); Lukian, *Nek.* 10,5; Sen., *epist.* 102, 21ff.; *Corp. Herm.* I. 26; XIII. 6; Philo, *Her.* 54; *Fuga* 110; *Gig.* 53; *QG* I. 53; III. 11; *LA* II. 55-57; *Somn.* I. 43.; *EvPhil* bei Epiphanius, *Panarion* 26.13.1-2; Zum Ganzen, siehe E. SCHWEIZER 1965, bes. 1025-42, 1043-54; BRANDENBURGER 1968, 197-216; BETZ 1998, 222-43.]

[41][Vgl. B. A. PEARSON 1973, 51-81; CONZELMANN 1981a, 349-53 und dort angeführte Lit.]

[42][*Philo: QG* I. 53; IV. 1; *Deus* 56; *Det.* 159; *Post.* 137; *Gig.* 53; *Migr.* 192; *Kirchenväter:* Orig., *C. Cels.* IV. 40; Iren. *Adv. haer.* III. 25,5; Tert., *Resurr.* 7; *Pudic.* 9; *Cult. fem.*1,1; Gregor von Nyssa, *Vita Mos.* II. 22 (hierzu bes. DANIÉLOU 1967, 355-67); *Gnostiker:* OdSal 25,8 (hierzu LATTKE 1995, 173 Anm. 7); *EvThom* 37 und *ÄgEv* 5 (= Clem. Alex., *Strom.* III. 13.92; hierzu D. R. MACDONALD 1987, 17-63); Clem. Alex., *Strom.* III. 14.95; *Exc. ex Theod.* 50-51; 55,1: τοῖς τρισὶν ἀσωμάτοις ἐπὶ τοῦ Ἀδὰμ τέταρτον ἐπενδύεται ὁ χοϊκός, τοὺς δερματίνους χιτῶνας (hierzu LATTKE 1995, 29 mit Anm. 61); Tert., *Adv. valent.* 24; Iren. *Adv. haer.* I. 1,10; I. 5,5: Ὕστερον δὲ περιτεθεῖσθαι λέγουσιν αὐτῷ τὸν δερμάτιον χιτῶνα· τοῦτο δὲ τὸ αἰσθητὸν σαρκίον εἶναι θέλουσι. Für die Samaritaner, siehe J. MACDONALD 1964, 138; *Rabbiner:* BerR 20.12; MZohar I. 36b; siehe hierzu J. Z. SMITH 1978, 16f.]

an Hand der griechischen Übersetzung entstanden sein. Gen 3,21 LXX heißt es ἐποίησεν ... χιτῶνας δερματίνους καὶ ἐνέδυσεν αὐτούς, und χιτών war eine Metapher für den Körper[43]. Bei dieser Exegese konnte das „Gewand", daß Adam nach dem Sündenfall erhielt, mit der Herrlichkeit kontrastiert werden, die dem Gott ebenbildlichen Menschen ursprünglich auszeichnete[44]. Je nach der Lage und Auffassung der Verfasser und der Art und dem Anliegen ihrer Schriften kann dieselbe exegetische Tradition mit stark variierenden, sogar entgegengesetzten Auffassungen vom Körper und der ganzen irdischen Existenz des Menschen verknüpft werden[45].

Der Ausdruck σῶμα ψυχικόν ist in Anschluß an Gen 2,7 gebildet. Anders steht es mit Formulierungen (collocations) wie σῶμα τῆς ἁμαρτίας, σῶμα τοῦ θανάτου und σῶμα τῆς σαρκός (Röm 6,6; 7,24; Kol 2,11). Sie sind weder durch eine Leib-Seele Dichotomie bestimmt, noch knüpfen sie an Gen 2,7 an. Gemeint ist einfach der

---

[43]Vgl. VAN ROON 1974, 329 Anm. 4 mit Verweis auf Hi 10,11: δέρμα καὶ κρέας με ἐνέδυσας. Schon Empedokles hatte vom fremdartigen, fleischernen Chiton der Seele gesprochen: σαρκῶν ἀλλογνῶτι περιστέλλουσα χιτῶνι, Frag. 126 DIELS-K.; Porphyr., Abst. I. 31; II. 46; Corp. Herm. VII. 2-3 (dazu A.-J. FESTUGIÈRE in: A. D. NOCK/A.-J. FESTUGIÈRE 1972/I, 82f. Anm. 9; DODD 1935, 191-94); [vgl. ferner REITZENSTEIN 1927/73, 353; E. R. DODDS 1963, 307-08; BRANDENBURGER 1968, 175 Anm. 5; D. R. MACDONALD 1987, 25f. Anm. 21; W. BURKERT 1998, 59-82; E. ASMIS 1998, 83-87; zum Unterschied zwischen Empedokles und Gen 3,21, siehe KEHL 1978, 950f.]

[44][Siehe Kyrill von Jerusalem, Catech. myst. II. 2: „Sofort, nachdem ihr eingetreten wart, habt ihr das Gewand ausgezogen (ἀπεδύεσθε τὸν χιτῶνα). Das war ein Bild für das Ausziehen des alten Menschen mit seinen Werken (εἰκὼν τοῦ παλαιὸν ἄνθρωπον ἀπεκδύσασθαι σὺν ταῖς πράξεσιν). So ausgezogen, wart ihr nackt und ahmtet darin den nackten Christus am Kreuz nach, der durch seine Nacktheit die Mächte und Gewalten auszog und öffentlich am Holz triumphierte. Weil sich in euren Gliedern die widrigen Kräfte versteckten, dürft ihr jenes alte Gewand nicht mehr tragen – ich meine natürlich nicht dieses sichtbare, sondern den alten Menschen, der in falschen Begierden zugrunde geht. Den soll die Seele, die ihn einmal ausgezogen hat, nie wieder anziehen! (ὂν μὴ εἴη πάλιν ἐνδύσασθαι τῇ ἅπαξ τοῦτον ἀποδυσαμένῃ ψυχῇ). ... Wundersames Erlebnis: Vor aller Augen wart ihr nackt und schämtet euch nicht! Ihr stelltet nämlich wirklich eine Nachahmung des Ersterschaffenen dar, des Adam [μίμημα ἐφέρετε τοῦ πρωτοπλάστου Ἀδάμ], der im Paradies nackt war und sich nicht schämte" (Griech. Text und deut. Übers. in G. RÖWEKAMP 1992, 112f.; griech. Text und franz. Übers. in A. PIÉDAGNEL/P. PARIS 1966, 104-07); vgl. auch M. MEYER 1992, 85; KEHL 1978, 951: „... mit den ‚Fellkleidern' sei die Körperlichkeit der Menschen gemeint, die vor dem Sündenfall noch nicht gegeben war"; dazu auch H. L. GINZBERG 1925, 97 Anm. 69, 112f.; SMITH 1978, 6-8; D. R. MACDONALD 1987, 51 Anm. 110; M. E. STONE 1990, 244f.; ferner Anm. Anm. 42 auf Seite 395.]

[45][Siehe auch KEHL 1978, 951: „Das Bildwort vom G.[ewand] der Seele ist bezüglich des Wertes ambivalent, je nach der philosophischen Auffassung, die dahinter steht. Wenn das Ideal die Nacktheit der Seele ist, dann ist jede Art von ‚Bekleidung' vom Übel; wird das Ideal dagegen im Bekleidetsein der Seele gesehen, dann ist in jedem Fall die Nacktheit negativ bewertet, die Bekleidung kann positiv oder negativ sein: G.[ewand] der Tugend oder des Lasters, des himmlischen Leibes oder des irdischen Leibes, der Herrlichkeit oder der Schmach. Die Nacktheit der Seele kann ebenso Zeichen der Reinheit sein, die es zu erstreben gilt, wenn man zur Gottesschau gelangen will (Plat. Phaedo 114c; Corp. Herm. 1, 24/26 ... Ev. Thom. log. 37..., wie Zeichen der Blöße, die bedeckt werden muß, wenn man vor Gott bestehen will Apc. 16,15; Ev. Phil. 104, 26 [Spr. 23] ...". Vgl. auch die negativen Metaphern vom „εἱργμός der Seele" (Platon, Phaedo 82 E) bzw. „φρουρά der Seele" (Platon, Phaedo 62 B) und siehe hierzu P. COURCELLE 2000, 914-19, sowie die „Umwertung der Werte" in EvPhil 57,19-22 zitiert oben in Anm. 36.]

irdische Mensch unter der Herrschaft der Sünde und des Todes. Er ist mit seinem Leib und dessen Begierden ein Teil der Schöpfung, die der Nichtigkeit unterstellt wurde (vgl. Röm 8,20ff.). Eine Beziehung zu der Tradition, die das „Gewand" in Gen 3,21 als die Körperlichkeit des gefallenen Adams deutete, liegt nahe, vgl. bes. Kol 2,11: ἐν τῇ ἀπεκδύσει τοῦ σώματος τῆς σαρκός. „Ablegen des Fleischesleibes" und „den alten Menschen ablegen" sind zwei Ausdrücke für dieselbe Sache; vgl. Röm 6,6, wo ὁ παλαιὸς ἡμῶν ἄνθρωπος und τὸ σῶμα τῆς ἁμαρτίας kaum unterscheidbar sind[46]. Es ist demnach anzunehmen, daß die Deutung in Kol 3,10f. und Eph 4,22-24 in Anlehnung an eine mythopoetische Auslegung von Genesis 1-3 formuliert wurde[47].

4. Der alte und der neue Mensch

Die Bezeichnungen „der alte" und „der neue Mensch" sind aller Wahrscheinlichkeit nach christliche Neubildungen. Sie setzen den Kontrast zwischen Christus und Adam voraus, bezeichnen aber nicht zwei Individuen, sondern zwei *Typen*, den mit Adam und den mit Christus konformen Menschen.[48] Der Gegensatz zwischen „alt" und „neu" war aber keineswegs nur an die Gegenüberstellung zweier Menschen geknüpft (vgl. z.B. Röm 7,6; 1 Kor 5,7; 2 Kor 5,17). Insofern ist ὁ καινὸς (od. νέος) ἄνθρωπος einer unter vielen Ausdrücken für das Neuwerden kraft Gottes Gnade in Christus (vgl. Gal 6,15; Tit 3,5; 1 Petr 3,3 usw.; siehe aber bes. Eph 2,10. 15)[49]. Nicht nur der Gedanke der Neuschöpfung, sondern auch ihre Verknüpfung mit der Gewand-Symbolik kommt auch in jüdischen Quellen vor. In der Erzählung von Joseph und Aseneth, der prototypischen Proselytin, wird die Umkehr (μετάνοια) durch ihr schwarzes Bußgewand und, wenn sie das ablegte, durch ein weißes, unberührtes Kleid symbolisiert; sie wird neu geschaffen und lebendiggemacht, von Finsternis errettet und zum Licht geführt (*JosAs* 13,3ff.; 14,12ff.; 15,10)[50]. In dem pseudo-philonischen Buch der Biblischen Antiquitäten wird die Vorstellung, daß der Geist einen Menschen anzieht (Ri 6,34; siehe oben § 2.4.) dahin geändert, daß ein Führer des Volkes mit Geist bekleidet und zu einem anderen Mann (*in virum alium*) verwandelt wird, was durch Kleiderwechsel und Reinigungsbad symbolisiert werden kann (*LAB* 27,9f. 12; vgl. 36,2). Nach dem Tode Mose sagt hier Gott zu Josua:

---

[46][Ähnlich auch HEGERMANN 1961, 144; E. KÄSEMANN 1974, 161; SCHMITHALS 1988, 192.]
[47][Zu KEHL 1978, 1018.]
[48][Siehe hierzu auch R. TANNEHILL 1967, 24ff., bes. 25: „... the collective sense of the concepts in Rom. 6:6 is shown by the use of ὁ παλαιὸς ἄνθρωπος elsewhere. This phrase does not occur in the Pauline homologoumena outside of Rom. 6:6, but does occur in Ephesians and Colossians ... Evidently Adam and Christ are ἄνθρωποι in a sense that other men are not".
[49][Vgl. dazu bes. FAUST 1993, 122-52: „Nun muß auch der (εἷς) καινὸς ἄνθρωπος in E[ph] 2,15b mit diesem καινὸς ἄνθρωπος aus E[ph] 4,23f. identisch sein, zumal er ganz entsprechend (pneumatisch) im Christus-Logos neugeschaffen (2,15: ἵνα ... κτίσῃ) wurde" (*ibid.*, 128).]
[50][Vgl. H. THYEN 1970, 126 und 170.]

Aber nimm die Gewänder seiner eigenen Weisheit und zieh dich an, und mit dem Gürtel seines Wissens umgürte deine Lenden, und du wirst verwandelt werden und wirst zu einem anderen Mann werden" (*LAB* 20,2f.; vgl. 19,16)[51].

[In den *Oden Salomos* wird die Erlösung durch das Bild vom Ausziehen und Anziehen veranschaulicht, u.zw. ausgerechnet in Verbindung mit den Antonymen Finsternis versus Licht, wenn es 21, 2b-3 heißt[52]:

Und es erhob mich mein Helfer zu seiner Barmherzigkeit und zu seiner Erlösung. Und ich zog aus die Finsternis, und ich zog an das Licht.]

In Analogie mit diesen Texten läßt sich fragen, ob das Anziehen des neuen Menschen vielleicht eher mit der Gabe des Heiligen Geistes als mit dem Taufbad zu verknüpfen ist (vgl. 2Kor 3,17f.)[53].

Die allgemeine Vorstellung vom Neuwerden und ihre Verknüpfung mit Kleid-Metaphern und -Symbolik reichen aber zur Erklärung der Kontrastierung zweier „Menschen" nicht aus, besonders deshalb nicht, weil diese Unterscheidung durch die biblische Urgeschichte bedingt ist. Nun kommt aber die Unterscheidung zwischen zwei, oder mehreren „Menschen" oder Arten von Menschen auch bei Philo, bei christlichen Gnostikern und in nichtchristlicher, jüdischer Gnosis vor[54]. Dabei knüpft man regelmäßig an Gen 1,26f. und 2,7, manchmal auch an 3,21 und andere Texte in Genesis 1-3 an. Bei Philo steht dabei die Terminologie recht fest. Die eine Art von Menschen wird durch Worte wie ὁ κατ' εἰκόνα, ἐπ' ἀληθείας und οὐράνιος ἄνθρωπος bezeichnet, die andere als (ἐκ γῆς) πεπλασμένος, πλασθείς oder γήϊνος[55]. Die Bedeutung dieser Termini schillert aber; einander gegenübergestellt werden z.T. νοῦς als der wahre Mensch im Menschen und der Mensch als eine Mischung von Vernunft und Sinnen (αἴσθησις)[56]. Dazu kommt noch der Gegensatz zwischen dem durch Vernunft geleiteten, tugendhaften und dem irdisch gesinnten, sinnlichen Menschen[57]. Besonders wo Philo den intelligiblen Teil des Menschen als den Menschen κατ' εἰκόνα versteht, identifiziert er das Urbild, die εἰκών, mit dem himmlischen λόγος, der auch ἄνθρωπος genannt wird. Das Urbild-Abbild Schema war flexibler, so daß Philo sowohl in Gen 1,26. 27 als auch in 2,7 beide Menschenarten erwähnt finden konnte[58].

---

[51][Deut. Übers. Ch. Dietzfelbinger 1975, 155; englische Übers. D. J. Harrington 1985, 329.]

[52][Deut. Übers. Lattke 1995, 158; syr. Text und engl. Übers. Franzmann 1991, 159f.; vgl. *ibid.*, 289.]

[53][Vgl. Windisch 1970, 125-31; Bultmann 1976, 92-101; M. Thrall 1994, 273-95; zu Eph 4,22-24, siehe G. Strecker 1996, 601.]

[54][Vgl. Conzelmann 1981a, 351f.; K.-G. Sandelin 1976, 26ff.; G. Sellin 1986, 92-175; Verburg 1996, 195-223.]

[55][Philo, *Opif.* 134-36; *LA* I. 31f.; *LA* II. 4f.; vgl. auch *Sib* VIII. 445 (χοϊκὸς πλασθείς); siehe Brandenburger 1962, 124-27; idem 1968, 114-221; L. Schottroff 1970, 115-69; U. Wilckens 1978, 308-310; H. Balz 1983, 1124-26; ferner die unten Anm. 72 angeführten Arbeiten.]

[56][Siehe vorige Anm., sowie unten Anm. 73.]

[57][Vgl. Philo, *LA* II. 4f.; *Her.* 57; *QG* I. 8; *QE* 46; vgl. Balz 1983, 1125.]

[58][Conzelmann 1981a, 351f.]

Die Unterscheidung zwischen dem himmlischen, ebenbildlichen und dem irdischen Menschen hatte Philo aber mit zeitgenössischen Exegeten gemeinsam (vgl. QE 1,8)[59]. Diese, und nicht Philos eigene Auslegung, kehrt später in mannigfaltigen Umgestaltungen wieder. Radikale Gnostiker lehrten, daß der Körper ein von unwissenden Archonten geformtes Zerrbild des himmlischen Menschen sei[60]. Die gemeinsame Voraussetzung ist aber immer, daß der erste Mensch der Himmlische, der irdische Mensch ein späteres Gebilde ist. Diese Auffassung scheint auch in Korinth vertreten worden zu sein, denn Paulus wendet sich in 1Kor 15,46 polemisch dagegen[61]. Paulus Argumentation in 1Kor 15,44ff. mag in Antithese dazu ausgeformt sein, aber aus mehreren Gründen läßt sich weder diese Argumentation noch die in Kol 3,3-11 und Eph 4,22-24 einfach als Umtausch der Reihenfolge erklären.

In den Texten, die vom Anziehen des Christus oder des neuen Menschen reden, ist an Vereinigung und Konformität mit dem auferstandenen Christus gedacht. Der Gedanke einer Restitution einer durch Adams Fall verlorenen Gottesebenbildlichkeit liegt hier fern[62]; die *Eikon* Gottes ist vielmehr der verherrlichte Christus (Röm 8,29; 2Kor 4,4; Kol 3,10), der nach Kol 1,15 schon als Schöpfungsmittler das Bild des unsichtbaren Gottes war[63]. In Gal 3,27f. ist die Vereinheitlichung von männlich und weiblich ein Kennzeichen der neuen Schöpfung, nicht als die Wiederherstellung einer ursprünglichen Mannweiblichkeit des Menschen zu verstehen[64]. In anderen Kontexten stellt Paulus dem „einen Menschen Adam" den „einen Menschen Christus" in antithetischem Parallelismus entgegen; durch jenen kamen Sünde und Tod in die Welt, durch diesen kommen Gerechtigkeit und Leben, aber auch in Röm 5,12ff. und 1 Kor 15,21 geht es um mehr als eine Restitution des Verlorenen[65]. Eine Anspielung an den Gedanken der ursprünglichen Herrlichkeit Adams mag Röm 3,23 vorliegen.[66] Auch wenn man die gelegentlich bezeugte Vorstellung, daß Adam, im Bilde Gottes geschaffen, mit Stärke, Gerechtigkeit und Herrlichkeit bekleidet war (Sir 17,3; *ApkMos* 20,1f.), heranzieht[67], läßt sich „den neuen Menschen anziehen" nicht als eine Abwandlung der Hoffnung, die verlorene Herrlichkeit Adams wieder zu gewinnen, verstehen. Eine

---

[59][Vgl. T. H. Tobin 1983; Sellin 1986, 169-71.]

[60][Z.B. die alte, vorchristliche Naaseenerpredigt nach Hipp., *Ref.* V. 6-11, bes. 7,15. 36; 8,22; vgl. hierzu Schlier 1957, 444-47, 448-52; idem 1977, 187f.]

[61][Zu diesem Vers, siehe Sellin 1986, 175-79. Polemisch: J. Weiss, 1910/70, 375f.; Wilckens 1978, 308; Sellin 1986, 175, 179; G. D. Fee 1987, 790f.; Ch. Wolff 1996, 410; primär positiv, sekundär polemisch: Conzelmann 1981a, 354; Verburg 1996, 197f.; unpolemisch: Sandelin 1976, 46.]

[62][Anders Meeks 1974, 180ff.; idem 1983, 155.]

[63][Hierzu die Parallelen bei Hegermann 1961, 96-98.]

[64][So auch Martyn 1997, 376f., 381; F. Vouga 1998, 91f.; anders Meeks 1974, 189-97; wohl auch Betz 1988, 344-53.]

[65][Vgl. Brandenburger 1962, 244.]

[66][Vgl. Schlier 1977, 106f.]

[67][Zum Text von *ApkMos*, siehe jetzt O. Merk/M. Meiser 1998, 830f. mit Anm.; vgl. ferner Jervell 1960, 40 und 45.]

Identifikation von „Bild" und „Kleid" miteinander und mit dem höheren „Selbst" scheint nämlich nur in östlicher, iranisch beeinflußter Gnosis vorzuliegen (Perlenhymnus, mandäische Texte)[68]. Sie kommt, so weit ich sehe, nicht vor in „gnostisierenden" oder gnostischen Texten, die dem urchristlichen Milieu näher stehen. Wo die Erlösung in ihnen als ein Wechsel von Gewand dargestellt wird, ist zwar von Ablegung des physischen oder „psychischen" Körpers und der damit verbundenen Gesinnung die Rede; das anzuziehende Gewand wird aber meistens in Anschluß an jüdische Vorstellungen vom himmlischen Gewand vorgestellt[69]. Charakteristisch gnostisch ist es, wenn das „Gewand" des Lichtes mit der erlösenden Gnosis identifiziert wird (z.B. *Protennoia* NHC XIII.1 [45, 12-20;] 48,12-35; [49,26-32])[70]. Aussagen über Anziehen des Erlösers dürften durch christlichen Sprachgebrauch bedingt sein, nicht etwa durch einen vorchristlichen Mythus vom Urmenschen als „erlöstem Erlöser"[71]. Philo denkt weitgehend in platonisierenden/[neupythagoreischen] Kategorien und stellt sich den ersten, himmlischen Menschen als eine rein noetische, nicht bekleidete Größe vor [vgl. *Opif.* 134f. mit *LA* I. 31ff.][72]. Dem entsprechend verwendet er das Bild vom Kleiderwechsel für den Fortschritt von einem weltlichen zu einem frommen, tugendhaften Leben[73], während Anziehen eines Gewandes für ihn kein brauchbares Bild für Vollendung des Menschen ist[74].

Einerlei, ob der himmlische oder der irdische Mensch als der erste gilt, liegen dieselben Texte aus Genesis 1-3 der Unterscheidung zwischen zwei Menschen und zwei Arten von Menschen zugrunde. Die bei Philo zuerst bezeugte, aber nicht von ihm herrührende Auffassung, der himmlische Mensch sei der erste, ist sicherlich die ältere. Sie mag den Anstoß zu der analogen Unterscheidung zwischen zwei Arten von Menschen

---

[68][Siehe Texte und Lit. angeführt oben in den Anm. 4, 9-10 und 12.]

[69][Vgl. aber auch im Hermetismus *Corp. Herm.* XIII. 3 und dazu REITZENSTEIN 1927/73, 48, 64-67; W. C. GRESE 1979, 89: „Although regenerated Hermes has left his original σῶμα, he is not without a σῶμα. Instead he now exists in a σῶμα ... τὸ ἐκ δυνάμεων συνεστός (*C.H.* XIII, 14 [line 146]. Regeneration is thus a change from one kind of σῶμα to another, from a human σῶμα to a divine, i.e. ἀθάνατον σῶμα".]

[70][Siehe oben Anm. 12 und hierzu RUDOLPH 1980, 155ff.; J. TURNER 1990, 371-454, esp. 379; H. W. ATTRIDGE 1994, 487-89. Vgl. auch *OdSal* 11,11: „Der Herr machte mich neu durch sein Gewand und erwarb mich wieder durch sein Licht"; deutsche Übers. LATTKE 1995, 127; vgl. auch *ibid.*, Anm. 24: „Vgl. Ps 104, 2a: LXX Ps 103, 2a: ἀναβαλλόμενος φῶς ὡς ἱμάτιον"; ferner auch *ibid.*, 126 Anm. 20; syrischer bzw. griechischer Text und englische Übers. FRANZMANN 1991, 83-88 und vgl. *ibid.*, 93.]

[71][Siehe allerdings GAFFRON 1969, 315 Anm. 44: „Es ist also klar, daß die Vorstellung des erlösten Erlösers nicht erst manichäisch ist (Colpe, Schenke), sondern zum Grundbestand des gnostischen Denkens gehört; vgl. *OdSal* 8,22; 17; *Exc.* [*ex Theod.*] 22; Hipp [*Ref.*] V. 26, 23 ... Dieselbe Vorstellung liegt auch *EvPh[il]* §9 vor ...;" sie findet sich auch in *TractTrip* NHC I 5, 124,32-125,2 vor; vgl. jetzt die deutsche Übers. von P. NAGEL 1998, 78f.; siehe die Diskussion bei RUDOLPH 1980, 141ff.; zum iranischen Ursprung siehe vor allem WIDENGREN 1963a, 533-48, bes. 539-44; IDEM 1975, 692ff.]

[72][Dazu vgl. SELLIN 1986, 87f., 11-14; bes. aber FAUST 1993, 125ff., 129ff.; ferner auch BURKERT 1962, 19ff., 52ff.]

[73][Vgl. JERVELL 1960, 64-70; BRANDENBURGER 1962, 118-31; SELLIN 1986, 90-175; VERBURG 1996, 207-14.]

[74][Vgl. FAUST 1993, 127 Anm. 173.]

im paulinischen Kreis gegeben haben, erklärt aber weder die Wendung „Christus anziehen" noch die damit verknüpften Vorstellungen. „Der neue Mensch" ist zwar wie der innere Mensch bei Philo und in der Gnosis ein Abbild eines himmlischen Vorbildes. Nicht nur das Attribut „neu", sondern auch die Vorstellung, daß man den ebenbildlichen Menschen anziehen kann, ist aber durch eschatologische Erwartung und christologische Genesisexegese bedingt. „Der alte Mensch" hat dagegen viel mit dem irdischen, dem Körper und seinen Begierden verhafteten Menschen gemeinsam, dessen „Gewand" auch nach der, u.a. von Philo vertretenen Anschauung, abzulegen ist. Die Bezeichnung „alter Mensch" gibt aber an, daß die Vorstellung in einen neuen Kontext hineingestellt worden ist, der nicht vom Gegensatz zwischen noetisch und sensuell, sondern durch den Kontrast zwischen Neuschöpfung in Christus und Sein unter der Herrschaft von Sünde und Tod bestimmt ist[75].

5. Gewandmetaphern und Taufbad

Die in Eph 4,22-24 vorfindliche Metaphorik und die dort benutzte Tradition lassen sich vom allgemein griechischen Sprachgebrauch verstehen[76]. Die biblischen Allusionen setzen christliche Übernahme und Umdeutung jüdischer Interpretationstraditionen voraus. Die Beziehung zur Taufe ist noch zu klären[77]. Altchristliche Taufrituale und Homilien paraphrasieren häufig Eph 4,22-24 und verwandte Texte; meistens in älteren Texten kommt auch eine freiere Benutzung von Gewandsymbolik im Zusammenhang mit der Taufe vor[78]. Es gibt auch andere Beispiele, die zeigen, wie rituelle Praxis und schon vorhandene Vorstellungen und Bibeltexte einander gegenseitig angezogen und beeinflußt haben. Die Salbung bei der Taufe hängt mit antiken Badesitten zusammen[79], wurde aber ein wichtiger Teil der christlichen Initiationsriten[80]. Sie wurde häufig als Salbung von Priestern, Königen und Propheten gedeutet[81], daneben auch als Salbung mit Öl aus dem Baum des Lebens[82]. Auch die Besiegelung mit dem Zeichen des Kreuzes gehörte mit den Salbungsriten zusammen[83]. Die kultische Nackt-

---

[75][Siehe SCHLIER 1963, 221.]
[76][Ganz und gar im ethischen Sinne versteht KEHL 1978, 1019f. die Stellen Eph 4,22-24 und Kol 3,5-11.]
[77][MEEKS 1983, 155ff.: „Descent into the water obviously did not mime Jesus' death, but it could be construed as ‚being buried with Christ' (Rom. 6:4; Col. 2:12), and rising from the water could very well signify ‚being raised with Christ' (Col. 2:12; 3:1; Eph. 2:6). For death itself, some other action would have to be found; the Pauline Christians found it in the removal of clothing before entering the water. That became ‚taking off the body' or ‚the old man'. Reclothing afterward could then represent the new life of resurrection" (ibid., 155); zurückhaltend LINCOLN 1990, 284.]
[78][Z.B. Herm sim IX 13,2-5; IX 15,1f.; vgl. C. OSIEK 1999, 235: „The language of clothing with virtues is common both in Hermas and in other early Christian texts. In keeping with the christological centering of these chapters, the holy spirits/virtues are now essentially related to the Son of God as his 'powers' (δυνάμεις). Acknowledgment of the name and carrying the name, probably meaning baptism, is not sufficient; there is more to being a believer, and it has to do with the way of living one's life".]

heit der Täuflinge [z.B. Hipp. *Trad. Apost.* 21, 16] ließe sich als Wiederherstellung des paradiesischen Zustandes erklären (vgl. Gen 2,25)[84]. In einigen, meistens östlichen Riten fand auch die Deutung der Taufe als Inthronisation und Hochzeitsritus eine symbolische Darstellung (vgl. Eph 2,6; 5,26f.)[85]. Die eigentümliche, für Syrien, Nordafrika und Spanien bezeugte Sitte, daß der Täufling auf ein aus Ziegenhaut verfertigtes *cilicium* trat, kann u.a. als Zertreten der Sünde gedeutet werden (vgl. Gen 3,15), mag aber ursprünglich das Ablegen der Fellgewänder symbolisiert haben (vgl. Gen 3,21)[86].

Die Verkoppelung von Taufriten und die davon ursprünglich unabhängige Bildersprache dürfte dem Epheserbrief vorausliegen. Es läßt sich aber schwer entscheiden, ob die Ausdrücke „der alte Mensch" und „der neue Mensch" ursprünglich in antithetischer Paarung oder je für sich gebraucht wurden, wie in Röm 6,6 und *IgnEph* 20,2 (vgl.

---

[79][Hom. *Il.* 10,572ff.; *Od.* 4,48f.; Porph., *Vita Plot.* 2; Philo, *Det.* 19; J. JÜTHNER 1950, 1134ff.; E. STOMMEL 1959, 5-14; W. GEERLINGS 1991, 188: „Als erste Handlung nach der Taufe geschieht die Salbung mit dem Öl der Danksagung durch den Presbyter. Da sich die Täuflinge zu diesem Zeitpunkt noch nicht angekleidet haben, könnte es sich hierbei um eine *Ganzsalbung* handeln ..." (Hervorhebung – DH); ferner Tert. *De bapt.* 7; *Resurr.* 8,3; *Adv. Marc.* I. 14,3; zur *Nacktheit* des Täuflings, siehe unten Anm 84.]

[80][Für den Westen, siehe Hipp., *Trad. Apost.* 21, 9-14. 31-32, und hierzu GEERLINGS 1991, 185-89; für Syrien, *Didascalia* 16; *ActThom* 121 und 157; siehe dazu G. KRETSCHMAR 1970, 116-36. E. DINKLER 1967, 99-117 stellt aber fest, daß „es ... im NT und bei den apostolischen Vätern nirgends eine mit der Taufe verbundene Öl-Salbung (gibt)" (*ibid.*,106), und muß weiter konstatieren, daß „die Frage, wann in der Kirche eine Ölsalbung mit der Taufe verbunden wurde, ... noch nicht eindeutig geklärt (ist)"; hierzu auch GAFFRON 1969, 140-71; KRETSCHMAR 1970, 27-30. Zum koptischen sog. Myron-Gebet und seiner späten Interpolation in der Didaché, siehe K. NIEDERWIMMER 1989, 205-09.]

[81][Hipp., *Trad. Apost.* 5,3: „*unde uncxisti reges, sacerdotes et profetas*".]

[82][Hipp., *Trad. Apost.* 6,3; vgl. Spr 3,18.]

[83][Vgl. *IgnTrall* 11: Kreuz als Stamm, hierzu W. BAUER/H. PAULSEN 1985, 66; W. R. SCHOEDEL 1985, 156f. Zur Kreuzsymbolik bei Hipp., *Trad. Apost.*, siehe Geerlings 1991, 204-06; ferner auch A. EKENBERG 1994, 38f.]

[84][Zur Nacktheit, siehe das Zitat von Kyrill von Jerusalem oben Anm. 44; ferner Johannes Chrysostomos, *Catecheses baptismales* 3/2.24 (Text und deut. Übers. in R. KACZYNSKI 1992, 352f.; engl. Übers. in P. W. HARKINS, *ACW* 1963); vgl. auch die Erklärungen bei MEEKS oben in Anm. 77 sowie bei C. SCHOLTEN 1990, 527f.: „Die völlige Nacktheit des Täuflings entspricht sowohl antiker Badesitte bzw. vereinzelten paganen kathartischen Ideen (F. J. DÖLGER ... [1909] 107/14) als auch jüdischer Reinheitsvorschrift ..."; R. HURSCHMANN/I. WEILER/D. WILLERS 2000, 674-76; vgl. auch die gnostische Erklärung des Ausziehens bei der Taufe im *EvPhil* 75, 21-25 zitiert oben in § 2.1. und dazu GAFFRON 1969, 316 Anm. 47: „Diese rituelle Entkleidung hat nichts zu tun mit der gnostischen Vorstellung, daß der Gnostiker sein Kleid (= Leib) ablegen muß, wenn er zu sich selbst oder zur Erkenntnis der Wahrheit gelangen will ..."; G. HELLEMO 1999, 41 und 231 Anm. 23; HARKINS 1963, 220 Anm. 30; A. J. WHARTON 1995, 81ff.; ferner, bes. für das Judentum, siehe SMITH 1978, 2-6; für das *EvThom* 21.4; 22; 37, siehe R. URO 1998, 154f.]

[85][Vgl. <O. CASEL 1925, 144-47; H. ENGBERDING 1937, bes. 12-21; SCHLIER 1930, 73; E. PETERSON 1933, 69 Anm. 15;> WIDENGREN 1968/82, 551-82, bzw. 129-52; anders GAFFRON 1969, 316 Anm. 48.]

[86][Vgl. u.a. Mand. Litur., *Qolasta* 99,26-30; Augustinus, *serm.* 216, 10-11; hierzu A. HERMANN 1957, 127-36; SMITH 1978, 1-23, bes. 8-18; MEYER 1992, 84f.]

Eph 2,15). Das Bild von Waffen und Rüstung kommt ebenfalls sowohl allein vor als auch gepaart mit der Mahnung, die Werke der Finsternis abzulegen (Röm 6,13; 13,12; Eph 6,11ff.). Die übertragene Rede vom Ablegen von Lastern ließ sich leicht mit dem Reinigungsbad der Taufe und der ihr vorausgehenden Abziehung von Kleidern verknüpfen, z.B. 1Petr 2,1; vgl. 3,21; Eph 4,25[87]. Die Redewendung „Christus anziehen" (Gal 3,27f.; vgl. Röm 13,14) ist dagegen primär durch das spezifisch christliche Verständnis der Taufe als Übereignung an Christus und Vereinigung mit und in ihm bedingt. Der Gebrauch eines besonderen, weißen Taufgewandes machte das Anziehen des neuen Menschen symbolisch anschaulich. Es bleibt aber fraglich, ob wir diese Sitte schon für die Zeit des Epheserbriefes voraussetzen dürfen[88]; eine Anspielung auf die Taufe dürfen wir aber annehmen, denn sie wird nicht nur durch die Analogie mit anderen Texten, sondern auch durch den Kontext nahegelegt[89].

Bibliographie

ASMIS, E. 1998: „Inner and Outer Self in Harmony", in: A. Y. COLLINS (HRSG.), *Ancient and Modern Perspectives on the Bible and Culture. Essays in Honor of Hans Dieter Betz* (Scholars Press Homage Series 22), Atlanta, GA: Scholars Press 1998, 83-87.

ATTRIDGE, H. W. 1994: „On Becoming an Angel: Rival Baptismal Theologies at Colossae", in: L. BORMANN/K. DEL TREDICI/A. STANDHARTINGER (HRSG.), *Religious Propaganda and Missionary Competition in the New Testament World. Essays Honoring Dieter Georgi*, Leiden: Brill 1994, 481-98.

BALZ, H. 1983: „χοϊκός", in: *EWNT* III, Stuttgart etc.: Kohlhammer 1983, 1124-26.

BAUER, W./PAULSEN, H. 1985: *Die Briefe des Ignatius von Antiochia und der Polykarpbrief* (HNT 18), Tübingen: Mohr Siebeck 1985.

BEST, E. 1998: *A Critical and Exegetical Commentary on Ephesians* (ICC), Edinburgh: Clark 1998.

---

[87] [Vgl. KEHL 1978, 1019f.; MEEKS 1983, 155. Vorsichtig in bezug auf die Verbindung mit der Taufe LINCOLN 1990, 284, der darauf hinweist, daß „the picture of putting off vices is widespread in Greek writers (e.g. *Demosthenes* 8.46; Lucian, *Dial. Mort.* 10.8.9; *Ep. Arist.* 122; Plutarch, *Cor.* 19.4) as is that of putting on virtues (e.g. Philo, *De Conf. ling.* 31; *Corpus Hermeticum* 13:8, 9".]

[88] [Vgl. GAFFRON 1969, 317 Anm. 48: „Es gibt nicht einmal einen sicheren Beleg, daß der Wiederbekleidung nach der Taufe bereits im 2. Jahrhundert symbolische Bedeutung beigemessen wurde ... Erst vom 4. Jahrhundert an ist die Sitte allgemein bezeugt, den Neophyten nach der Chrismation mit einem weißen Linnengewand zu bekleiden, das während der Osterwoche getragen wurde". So auch EKENBERG 1994, 56. Das weiße Kleid in *Herm Sim* VIII 2,3 ist wohl das triumphale himmlische Kleid der Märtyrer, siehe N. BROX 1991, 357 und OSIEK 1999, 202.]

[89] [So auch SCHLIER 1963, 218-22; JERVELL 1960, 236-40; J. GNILKA 1990, 229-33; P. POKORNÝ 1992, 188; U. LUZ 1998, 161; anders BEST 1998, 431: „If then the infinitives are given an imperatival sense it follows necessarily that they refer to the future and not the past; the putting off/on of the old/new person cannot refer simply to baptism, though from early times this connection has been made (Chrysostom, Theod. Mops., *Gos Phil* II, 3 75.22-4) ..." (zu Joh. Chrysostomos, see T. M. FINN 1967); Taufparaklese/katechese: CONZELMANN 1981b, 112; R. SCHNACKENBURG 1982, 203f.; als Möglichkeit: A. LINDEMANN 1985, 86.]

Betz, H. D. 1988: *Der Galaterbrief. Ein Kommentar zum Brief des Apostels Paulus an die Gemeinden in Galatien*, München: Kaiser 1988.

— 1998: „„Der Erde Kind bin ich und des gestirnten Himmels". Zur Lehre vom Menschen in den orphischen Goldplättchen", in: IDEM, *Antike und Christentum. Gesammelte Aufsätze IV*, Tübingen: Mohr Siebeck 1998, 222-43.

Billerbeck, P./[Strack, H. L.] 1924: *Kommentar zum Neuen Testament aus Talmud und Midrasch, Zweiter Band: Das Evangelium nach Markus Lukas und Johannes und die Apostelgeschichte*, München: Beck 1924.

Brox, N. 1991: *Der Hirt des Hermas* (KAV 7), Göttingen: V&R 1991.

Brandt, W. 1892/1967: *Das Schicksal der Seele nach dem Tode nach mandäischen und parsischen Vorstellungen. Mit einem Nachwort zum Neudruck von Geo Widengren* (Libelli CLII), Darmstadt: WBG 1967 [= *JPTh* 18 (1892) 405-38, 575-603].

Bousset, W. 1901/71: *Die Himmelsreise der Seele* (Libelli 71), Darmstadt: WBG 1971 [= *ARW* 4 (1901) 136-69, 229-73].

— 1907/73: *Hauptprobleme der Gnosis* (FRLANT 10), Göttingen: V&R 1907 [= Neudruck 1973].

— 1915: *Jüdisch-Christlicher Schulbetrieb in Alexandria und Rom. Literarische Untersuchungen zu Philo und Clemens von Alexandria, Justin und Irenäus* (FRLANT 23), Göttingen: V&R 1915.

Bousset, W./Gressmann, H. 1925/66: *Die Religion des Judentums im späthellenistischen Zeitalter* (HNT 21), 4. Aufl., Tübingen: Mohr Siebeck 1966 [= 3. Aufl. 1925].

Brandenburger, E. 1962: *Adam und Christus. Exegetisch-religionsgeschichtliche Untersuchung zu Röm. 5,12-21 (1. Kor. 15)* (WMANT 7), Neukirchen-Vluyn: Neukirchener 1962.

— 1968: *Fleisch und Geist. Paulus und die dualistische Weisheit* (WMANT 29), Neukirchen-Vluyn: Neukirchener 1968

Bultmann, R. 1976: *Der zweite Brief an die Korinther* (KEK Sonderband), Göttingen: V&R 1976.

Burkert, W. 1962: *Weisheit und Wissenschaft. Studien zu Pythagoras, Philolaos und Platon* (Erlanger Beiträge zur Sprach- und Kunstwissenschaft 10), Nürnberg: Hans Carl 1962.

— 1998: „Towards Plato and Paul: The ‚Inner' Human Being", in: A. Y. Collins (Hrsg.), *Ancient and Modern Perspectives on the Bible and Culture. Essays in Honor of Hans Dieter Betz* (Scholars Press Homage Series 22), Atlanta, GA: Scholars Press 1998, 59-82.

Casel, O. 1925: „Die Taufe als Brautbad der Kirche", in: *JLW* 5 (1925) 144-47.

Conzelmann, H. 1981a: *Der erste Brief an die Korinther* (KEK 5), 2. Aufl., Göttingen: V&R 1981.

— 1981b: *Der Brief an die Epheser* (NTD 8), 2. Aufl., Göttingen: V&R 1981.

Courcelle, P. 2000: „Käfig der Seele", in: *RAC* 19, Stuttgart: Hiersemann 2000, 914-19.

Daniélou, J. 1956: *Bible and Liturgy* (LiSt 3), Notre Dame, IN: UNDP 1956.

— 1967: „Les tuniques de peau chez Grégoire de Nysse", in: G. MÜLLER/W. ZELLER (HRSG.), *Glaube, Geist, Geschichte. Festschrift für E. Benz,* Leiden: Brill 1967, 355-67.

DIBELIUS, M. 1956: „Die Isisweihe bei Apuleius und verwandte Initiations-Riten", in: IDEM, *Botschaft und Geschichte. Gesammelte Aufsätze, Zweiter Band,* Tübingen: Mohr Siebeck 1956, 30-79 (= SHAW.PH 4/1917).

DIETZFELBINGER, CH. 1975: *Pseudo-Philo: Antiquitates Biblicae (Liber Antiquitatum Biblicarum)* (JSHRZ II/2), Gütersloh: Mohn 1975.

DINKLER, E. 1967: „Die Taufterminologie in 2Kor 1,21f.", in: IDEM, *Signum Crucis. Aufsätze zum Neuen Testament und zur Christlichen Archäologie,* Tübingen: Mohr Siebeck 1967, 99-117.

DODD, C. H. 1935: *The Bible and the Greeks,* London: Hodder & Stroughton 1935.

DODDS, E. R. 1963: *Proclus: The Elements of Theology,* 2. Aufl., Oxford: Clarendon 1963.

DÖLGER, F. J. 1909: *Der Exorzismus im altchristlichen Taufritual,* Paderborn: Schöningh 1909.

EKENBERG, A. 1994: *Hippolytos. Den apostoliska traditionen* (Kristna klassiker), Uppsala: Katolska Bokförlaget 1994.

ELTESTER, F.-W. 1958: *Eikon im Neuen Testament* (BZNW 23), Berlin: Töpelmann 1958.

ENGBERDING, H. 1937: „Die Kirche als Braut in der ostsyrischen Liturgie", in: *OrChrP* 2 (1937) 5-48.

FAUST, E. 1993: *Pax Christi et Pax Caesaris. Religionsgeschichtliche, traditionsgeschichtliche und sozialgeschichtliche Studien zum Epheserbrief* (NTOA 24), Freiburg (CH): UV/Göttingen: V&R 1993.

FEE, G. D. 1987: *The First Epistle to the Corinthians* (NIC), Grand Rapids, MI: Eerdmans 1987.

FINN, T. M. 1967: *The Liturgy of Baptism in the Baptismal Instructions of St. John Chrysostom* (Catholic University of America Studies in Christian Antiquity 15), Washington, DC: CUA 1967.

FISCHER, K. M. 1973: *Tendenz und Absicht des Epheserbriefes* (FRLANT 111), Göttingen: V&R 1973.

FITZMYER, J. A. 1971: „The Oxyrhynchus Logoi of Jesus and the Coptic Gospel According to Thomas", in: IDEM, *Essays on the Semitic Background of the New Testament,* London: Chapman 1971, 355-433.

FOERSTER, W. (HRSG.) 1969: *Die Gnosis. Erster Band: Zeugnisse der Kirchenväter.* Unter Mitwirkung von E. HAENCHEN und M. KRAUSE (BAW.AC), Zürich/Stuttgart: Artemis 1969.

— 1971: *Die Gnosis. Zweiter Band: Koptische und Mandäische Quellen.* Eingeleitet, übersetzt und erläutert von M. KRAUSE und K. RUDOLPH (BAW.AC), Zürich/Stuttgart: Artemis 1971.

FRANZMANN, M. 1991: *The Odes of Solomon. An Analysis of the Poetical Structure and Form* (NTOA 20), Freiburg (CH): UV/Göttingen: V&R 1991.

FRÜCHTEL, U. 1968: *Die kosmologischen Vorstellungen bei Philo von Alexandrien. Ein Beitrag zur Geschichte der Genesisexegese* (ALGHL 2), Leiden: Brill 1968.

GAFFRON, H.-G. 1969: *Studien zum koptischen Philippusevangelium unter besonderer Berücksichtigung der Sakramente* (Diss. Bonn), Bonn: Universität Bonn 1969.

GAMBERONI, J. 1984: „לבש", in: ThWAT IV, Stuttgart: Kohlhammer 1984, 471-83.

GEERLINGS, W. 1991: „Traditio Apostolica. Apostolische Überlieferung", in: G. SCHÖLLGEN/W. GEERLINGS, Didache. Zwölf-Apostel-Lehre – Traditio Apostolica. Apostolische Überlieferung (FC 1), Freiburg i. Br. etc.: Herder 1991, 143-313.

GINZBERG, H. L. 1925: The Legends of the Jews, Vol. V, Philadelphia, PA: JPSA 1925.

GNILKA, J. 1990: Der Epheserbrief (HThK X/2), 4. Aufl., Freiburg i. Br.: Herder 1990.

GRESE, W. C. 1979: Corpus Hermeticum XIII and Early Christian Literature (SCHNT V), Leiden: Brill 1979.

GRIFFITHS, J. GWYN 1970: Plutarch's De Iside et Osiride, Cardiff: UWP 1970.

— 1975: Apuleius of Madauros. The Isis-Book (Metamorphoses, Book XI) (EPRO 39), Leiden: Brill 1975.

HARKINS, P. W. 1963: St. John Chrysostom: Baptismal Instructions. Translated and Annotated by P. W. HARKINS (ACW 31), New York, NY: Newman 1963.

HARRINGTON, D. J. 1985: „Pseudo-Philo", in: J. H. CHARLESWORTH (Hrsg.), The Old Testament Pseudepigrapha, Vol. 2, Garden City, NY: Doubleday 1995, 297-377.

HEGERMANN, H. 1961: Die Vorstellung vom Schöpfungsmittler im hellenistischen Judentum und Urchristentum (TU 82), Berlin: AV 1961.

HELLEMO, G. 1999: Guds billedbok. Virkelighetsforståelse i religiøse tekster og bilder, Oslo: Pax 1999.

HERMANN, A. 1957: „Cilicium", in: RAC 3, Stuttgart: Hiersemann 1957, 127-36.

HERTZ, J. H. 1947: The Authorized Daily Prayer Book, London: Shapiro and Valentine 1947.

VAN DER HORST, P. W. 1972/73: „Observations on a Pauline Expression", in: NTS 19 (1972/73) 181-87.

HÜBNER, H. 1997: An Philemon, An die Kolosser, An die Epheser (HNT 12), Tübingen: Mohr Siebeck 1997.

HURSCHMANN, R./WEILER, I./WILLERS, D. 2000: „Nacktheit", in: DNP, Band 8, Stuttgart–Weimar: Metzler 2000, 674-678.

JENNI, E. 1971: „לבש", in: ThHAT I, München: Kaiser/Zürich: ThV 1971, 867-70.

JERVELL, J. 1960: Imago Dei. Gen. 1,26f im Spätjudentum, in der Gnosis und in den paulinischen Briefen (FRLANT 76), Göttingen: V&R 1960.

JONAS, H. 1964: Gnosis und Spätantiker Geist. Erster Teil: Die mythologische Gnosis (FRLANT 51), 3. verbesserte und vermehrte Aufl., Göttingen: V&R 1964.

— 1965/93: „The ‚Hymn of the Pearl': Case Study of a Symbol, and the Claims for a Jewish Origin of Gnosticism", in: J. PH. HYATT (HRSG.), The Bible in Modern Scholarship. Papers read at the 100th Meeting of the Society of Biblical Literature – Dec. 28-30, 1964, Nashville, TN: Abingdon 1965, 252-71. [Abgedruckt in: IDEM 1993, 346-59.]

— 1993: Gnosis und Spätantiker Geist. Zweiter Teil: Von der Mythologie zur mystischen Philosophie. Erste und Zweite Hälfte. KURT RUDOLPH (HRSG.) (FRLANT 159), Göttingen: V&R 1993.

JÜTHNER, J. 1950: „Bad", in: *RAC* 1, Stuttgart: Hiersemann 1950, 1134-43.

KÄSEMANN, E. 1933: *Leib und Leib Christi. Eine Untersuchung zur paulinischen Begrifflichkeit* (BHTh 9), Tübingen: Mohr Siebeck 1933.

— 1974: *An die Römer* (HNT 8a), 3. Aufl., Tübingen: Mohr Siebeck 1974.

KAMLAH, E. 1964: *Die Form der katalogischen Paränese im Neuen Testament* (WUNT 7), Tübingen: Mohr Siebeck 1964.

KEHL, A. 1978: „Gewand (der Seele)", in: *RAC* 10, Stuttgart: Hiersemann 1978, 945-1025.

KRETSCHMAR, G. 1970: „Die Geschichte des Taufgottesdienstes in der alten Kirche", in: K. F. MÜLLER/W. BLANKENBERG (HRSG.), *Leiturgia 5: Der Taufgottesdienst*, Kassel: Stauda 1970, 1-348.

LATTKE, M. 1995: *Oden Salomos* (FC 19), Freiburg i. Br. etc.: Herder 1995.

LIDZBARSKI, M. 1925: *Ginza. Der Schatz oder Das große Buch der Mandäer*, Edit. und Übers. (QRG 13), Göttingen: V&R/Leipzig: Hinrichs 1925.

LIETZMANN, H./KÜMMEL, W. G. 1969: *An die Korinther I/II* (HNT 9), 5. Aufl., Tübingen: Mohr Siebeck 1969.

LINCOLN, A. T. 1990: *Ephesians* (WBC 42), Dallas, TX: Word Books 1990.

LINDEMANN, A. 1985: *Der Epheserbrief* (ZBK.NT 8), Zürich: TVZ 1985.

LUZ, U. 1998: Der Brief an die Epheser (NTD 8/1), Göttingen: V&R 1998, 105-80.

MACDONALD, D. R. 1987: *There is No Male and Female. The Fate of a Dominical Saying in Paul and Gnosticism* (HDR 20), Philadelphia, PA: Fortress 1987.

MACDONALD, J. 1964: *The Theology of the Samaritans*, London: SCM 1964.

MACH, M. 1992: *Entwicklungsstadien des jüdischen Engelglaubens in vorrabbinischer Zeit* (TSAJ 34), Tübingen: Mohr Siebeck 1992.

MARTYN, J. L. 1997: *Galatians* (AncB 33A), New York etc.: Doubleday 1997.

MEEKS, W. A. 1974: „The Image of the Androgyne: Some Uses of a Symbol in Earliest Christianity", in: *HR* 13 (1974) 165-208.

— 1983: *The First Urban Christians. The Social World of the Apostle Paul*, New Haven, CT/London: YUP 1983.

MERK, O./MEISER, M. 1998: *Das Leben Adams und Evas* (JSHRZ II/5), Gütersloh: Gütersloher 1998.

MEYER, M. 1992: *The Gospel of Thomas. Hidden Sayings of Jesus*, San Francisco: Harper 1992.

NAGEL, P. 1998: *Der Tractatus Tripartitus aus Nag Hammadi Codex I (Codex Jung)* (STAC 1), Tübingen: Mohr Siebeck 1998.

NIEDERWIMMER, K. 1989: *Die Didache* (KAV 1), Göttingen: V&R 1989.

NOCK, A. D./FESTUGIÈRE, A.-J. 1972: *Corpus Hermeticum* (Collection des Universités de France), Tome I-IV, Paris: Les Belles Lettres 1972.

OEPKE, A. 1935: „δύω κτλ.", in: *ThWNT* 2, Stuttgart: Kohlhammer 1935, 318-21.

OSIEK, C. 1999: *Shepherd of Hermas* (Hermeneia), Minneapolis, MN: Fortress 1999.

PASCHER, J. 1931: *Η ΒΑΣΙΛΙΚΗ ΟΔΟΣ. Der Königsweg zu Wiedergeburt und Vergottung bei Philon von Alexandrien*, Paderborn: Schöningh 1931.

PAULSEN, H. 1997: „Einheit und Freiheit der Söhne Gottes - Gal 3,26-29", in: IDEM, *Zur Literatur und Geschichte des frühen Christentums. Gesammelte Aufsätze.* Hrsg. von U. E. EISEN (WUNT 99), Tübingen: Mohr Siebeck 1997, 21-42.

PEARSON, B. A. 1973: *The Pneumatikos-Psychikos Terminology in 1 Corinthians. A Study in the Theology of the Corinthian Opponents of Paul and its Relation to Gnosticism* (SBL.DS 12), Missoula, MT: SBL 1973.

PETERSON, E. 1933: *Die Kirche aus Juden und Heiden. Drei Vorlesungen* (Bücherei der Salzburger Hochschulwochen 2), Salzburg: Pustet 1933.

PIÉDAGNEL, A./PARIS, P. 1966: *Cyrille de Jérusalem: Catéchèse mystagogiques* (SC 126), Paris: Cerf 1966.

POKORNÝ, P. 1992: *Der Brief des Paulus an die Epheser* (ThHK 10/2), Leipzig: EVA 1992.

PROSTMEIER, F. R. 1999: *Der Barnabasbrief* (KAV 8), Göttingen: V&R 1999.

REITZENSTEIN, R. 1904/66: *Poimandres. Studien zur griechisch-ägyptischen und frühchristlichen Literatur*, Stuttgart: Teubner 1904 [= Darmstadt: WBG 1966].

— 1927/73: *Die hellenistischen Mysterienreligionen*, 3. Aufl., Stuttgart: Teubner 1927 [= Darmstadt: WBG 1973].

RÖWEKAMP, G. 1992: *Cyrill von Jerusalem. Mystagogicae Catecheses. Mystagogische Katechesen* (FC 7), Freiburg i. Br. etc.: Herder 1992.

VAN ROON, A. 1974: *The Authenticity of Ephesians* (NT.S 39), Leiden: Brill 1974.

RUDOLPH, K. 1961: *Die Mandäer. II: Die Kult* (FRLANT N.F. 57), Göttingen: V&R 1961.

— 1964/75: „Stand und Aufgaben in der Erforschung des Gnostizismus", in: Sonderheft der WZ(J) 13 (1964) 89-102 [Abgedruckt in: IDEM (ED.), *Gnosis und Gnostizismus* (WdF 262), Darmstadt: WBG 1975, 510-53; danach zitiert].

— 1980: *Die Gnosis. Wesen und Geschichte einer spätantiken Religion*, 2. Aufl., Göttingen: V&R 1980.

SANDELIN, K.-G. 1976: *Die Auseinandersetzung mit der Weisheit in 1. Korinther 15* (Meddelanden från stiftelsen för Åbo Akademi. Forskningsinstitut, Nr 12), Åbo: Åbo Akademi 1976.

SCHLIER, H. 1930: *Christus und die Kirche im Epheserbrief* (BHTh 6), Tübingen: Mohr Siebeck 1930.

— 1957: „Corpus Christi", in: *RAC* 3, Stuttgart; Hiersemann 1957, 437-53.

— 1963: *Der Brief an die Epheser. Ein Kommentar*, 4. Aufl., Düsseldorf: Patmos 1963.

— 1977: *Der Brief an die Römer* (HThK VI), Freiburg i. Br.: Herder 1977.

SCHMIDT, C./TILL, W. 1962: *Koptische-gnostische Schriften. Erster Band: Die Pistis Sophia, Die beiden Bücher des Jehû, Unbekanntes altgnostisches Werk* (GCS 45), 3. Aufl., Berlin: AV 1962.

SCHMITHALS, W. 1988: *Der Römerbrief. Ein Kommentar,* Gütersloh: Mohn 1988.

SCHNACKENBURG, R. 1982: *Der Brief an die Epheser* (EKK 10), Zürich: Benziger/Neukirchen-Vluyn: Neukirchener 1982.

SCHNEEMELCHER, W. (HRSG.) 1987: *Neutestamentliche Apokryphen in deutscher Übersetzung, Band I: Evangelien,* 5. Aufl., Tübingen: Mohr Siebeck 1987.

— 1989: *Neutestamentliche Apokryphen in deutscher Übersetzung, Band II: Apostolisches, Apokalypsen und Verwandtes,* 5. Aufl., Tübingen: Mohr Siebeck 1989.

SCHNELLE, U. 1996: *Einleitung in das Neue Testament* (UTB 1830), 2. Aufl., Göttingen: V&R 1996.

SCHOEDEL, W. R. 1985: *Ignatius of Antioch. A Commentary on the Letters of Ignatius of Antioch* (Hermeneia), Philadelphia, PA: Fortress 1985.

SCHOLTEN, C. 1990: „Hippolytos II (von Rom)", in: *RAC* 15, Stuttgart: Hiersemann 1990, 492-551.

SCHOTTROFF, L. 1970: *Der Glaubende und die feindliche Welt. Beobachtungen zum gnostischen Dualismus und seiner Bedeutung für Paulus und das Johannesevangelium* (WMANT 37), Neukirchen-Vluyn: Neukirchener 1970.

SCHWANZ, P. 1970/79: *Imago Dei als christologisch-anthropologisches Problem in der Geschichte der Alten Kirche von Paulus bis Klemens von Alexandrien* (AKGR 2), Halle (Saale): Niemeyer 1970. [Neudruck: Göttingen: V&R 1979.]

SCHWEIZER, E. 1965: „σῶμα κτλ.", in: *ThWNT* 7, Stuttgart: Kohlhammer 1965, 1024-91.

SELLIN, G. 1986: *Der Streit um die Auferstehung der Toten. Eine religionsgeschichtliche und exegetische Untersuchung von 1 Korinther 15* (FRLANT 138), Göttingen: V&R 1986.

SMITH, J. Z. 1978: „The Garments of Shame", in: IDEM, *Map is not Territory. Studies in the History of Religion* (SJLA 23), Leiden: Brill 1978, 1-23.

STEGEMANN, H. 1994: *Die Essener, Qumran, Johannes der Täufer und Jesus. Ein Sachbuch* (Herder Spectrum), 4. Aufl., Freiburg i. Br. etc.: Herder 1994.

STOMMEL, E. 1959: „Christliche Taufsitten und antike Badesitten", in: *JbAC* 2, Münster: Aschendorff 1959, 5-14.

STONE, M. E. 1990: *Fourth Ezra. A Commentary on the Book of Fourth Ezra* (Hermeneia), Minneapolis, MN: Fortress 1990.

STRECKER, G. 1996: *Theologie des Neuen Testaments.* Bearbeitet, ergänzt und herausgegeben von FR. W. HORN (GLB), Berlin – New York: de Gruyter 1996.

TANNEHILL, R. C. 1967: *Dying and Rising with Christ. A Study in Pauline Theology* (BZNW 32), Berlin: Töpelmann 1967.

THRALL, M. 1994: *A Critical and Exegetical Commentary on The Second Epistle to the Corinthians* (ICC), Vol. I, Edinburgh: Clark 1994.

THYEN, H. 1970: *Studien zur Sündenvergebung im Neuen Testament und seinen alttestamentlichen und jüdischen Voraussetzungen* (FRLANT 96), Göttingen: V&R 1970.

TILL, W. C. /SCHENKE, H.-M. 1972: *Die gnostischen Schriften des koptischen Papyrus Berolinensis 8502*, herausgegeben, übersetzt und bearbeitet von W. C. TILL. Zweite, erweiterte Auflage bearbeitet von H.-M. SCHENKE (TU 60:2), Berlin: AV 1972.

TOBIN, T. H. 1983: *The Creation of Man: Philo and the History of Interpretation* (CBQ.MS 14), Washington, DC: CBA 1983.

TURNER, J. (HRSG.) 1990: "Trimorphoric Protennoia (NHC XIII,1)", in: CH. W. HEDRICK (HRSG.), *Nag Hammadi Codices XI, XII, XIII* (NHS 28), Leiden: Brill 1990, 371-454.

URO, R. 1998: "Is Thomas an Encratite Gospel", in: IDEM (HRSG.), *Thomas at the Crossroads. Essays on the Gospel of Thomas* (StNTW), Edinburgh: Clark 1998, 140-62.

VERBURG, W. 1996: *Endzeit und Entschlafene. Syntaktisch-sigmatische, semantische und pragmatische Analyse von 1 Kor 15* (FzB 78), Würzburg: Echter 1996.

VIELHAUER, PH. 1979: „Oikodome. Das Bild vom Bau in der christlichen Literatur vom Neuen Testament bis Clemens Alexandrinus", in: IDEM, *Oikodome. Aufsätze zum Neuen Testament 2* (ThB 65), hrsg. von G. KLEIN, München: Kaiser 1979, 1-168.

VOLZ, P. 1934/66: *Die Eschatologie der jüdischen Gemeinde im neutestamentlichen Zeitalter*, Tübingen: Mohr Siebeck 1934; [Nachdruck: Hildesheim: Olms 1966].

VOUGA, F. 1998: *An die Galater* (HNT 10), Tübingen: Mohr Siebeck 1998.

WALTER, N. 1998: „Leibliche Auferstehung? Zur Frage der Hellenisierung der Auferweckungshoffnung bei Paulus", in: M. TROWITZSCH (HRSG.), *Paulus, Apostel Jesu Christi. Festschrift für Günter Klein*, Tübingen: Mohr Siebeck 1998, 109-27.

WEISS, J. 1910/70: *Der erste Korintherbrief* (KEK 5), Göttingen: V&R 1910 (= Nachdruck 1970).

WHARTON, A. J. 1995: *Refiguring the Post Classical City. Dura Europos, Jerash, Jerusalem and Ravenna*, Cambridge: CUP 1995.

WIDENGREN, G. 1945: *The Great Vohu Manah and the Apostle of God. Studies in Iranian and Manichaean Religion* (UUÅ 1945:5), Uppsala: Lundequistska/Leipzig: Harrassowitz 1945.

— 1961a: *Iranische Geisteswelt von den Anfängen bis zum Islam*, Baden-Baden: Holle 1961.

— 1961b: *Mani und der Manichäismus* (UB 57), Stuttgart: Kohlhammer 1961.

— 1963a: „Die religionsgeschichtliche Schule und der iranische Erlösungsglaube", in: *OLZ* 58 (1963) 533-48.

— 1963b: „Baptism and Enthronement in Some Jewish-Christian Gnostic Documents", in: S. G. F. BRANDON (HRSG.), *The Saviour God. Comparative Studies in the Concept of Salvation Presented to Edwin Oliver James*, Manchester: MUP 1963, 205-17.

— 1965: *Die Religionen Irans* (RM 14), Stuttgart: Kohlhammer 1965.

— 1968/82: „Heavenly Enthronement and Baptism: Studies in Mandean Baptism", in: J. NEUSNER (HRSG.), *Religions in Antiquity. Essays in Memory of E. R. Goodenough*, Leiden:

Brill 1968, 551-82 (≈ „Himmlische Inthronisation und Taufe. Studien zur mandäischen Taufe", in: IDEM (HRSG.), *Der Mandäismus* (WdF 167), Darmstadt: WBG 1982, 129-52).

— 1969: *Religionsphänomenologie* (GLB), Berlin: de Gruyter 1969.

— 1975: „Die Ursprünge des Gnostizismus und die Religionsgeschichte", in: K. RUDOLPH (HRSG.), *Gnosis und Gnostizismus* (WdF 262), Darmstadt: WBG 1975, 668-706.

— 1983/89: „Leitende Ideen und Quellen der iranischen Apokalyptik", in: D. HELLHOLM (HRSG.), *Apocalypticism in the Mediterranean World and the Near East*, Proceedings of the International Colloquium on Apocalypticism, Uppsala, August 12-17, 1979, Tübingen: Mohr Siebeck 1983, 2. Aufl. 1989, 77-162.

— 1983: „La rencontre avec la *daena*, qui représente les actions de l'homme", in: G. GNOLI (HRSG.), *Orientalia Romana. Essays and Lectures 5: Iranian Studies* (Serie Orientale Roma 52), Rom: Istituto italiano il medio ed estremo oriente 1983, 41-79.

WIKANDER, S. 1941: *Vayu. Texte und Untersuchungen zur indo-iranischen Religionsgeschichte*, Teil 1 (Quaestiones Indo-Iranicae 1), Uppsala: Almqvist & Wiksell 1941.

WILCKENS, U. 1978: *Der Brief an die Römer (Röm 1-5)* (EKK VI/1), Zürich: Benziger/Neukirchen-Vluyn: Neukirchener 1978.

WINDISCH, H. 1970: *Der zweite Korintherbrief* (KEK 6: Sonderband), Neudruck, hrsg. von G. STRECKER, Göttingen: V&R 1970.

WOLFF, CH. 1996: *Der erste Brief des Paulus an die Korinther* (ThHNT 7), Leipzig: EVA 1996.

WOLTER, M. 1993: *Der Brief an die Kolosser. Der Brief an Philemon* (ÖTK 12), Gütersloh: Mohn/ Würzburg: Echter 1993.

XIV. The Concept of Baptism in Ephesians

1. Introductory Considerations

Ephesians contains two expressions that explicitly and unambiguously refer to baptism. At the beginning of the letter's paraenetic section, chapters 4-6, we find the well-known formula "one Lord, one faith, one baptism." An equally clear reference to baptism occurs in the letter's "household code", namely in the exhortation to husbands: they are to love their wives as Christ loved the church and gave himself for her "in order to sanctify and cleanse her by washing in water and with word", however one should best translate τῷ λουτρῷ τοῦ ὕδατος ἐν ῥήματι (5:26). Both expressions assume a knowledge of baptism and use the references to baptism as a motif in the service of exhortation.[1] They assume what we can call an "understanding of baptism" without making baptism itself into a theme of specific instruction.[2]

Besides these two clear texts on baptism, there are a number of expressions in Ephesians that more or less clearly reflect baptism (e.g. 1:5, 7, 13-14; 2:5-6; 4:21-24). The contrast between the addressees' pagan past and the new life that has come with Christ is something of a recurring theme in the letter. This presupposes that the letter is directed to Christians who have been baptized and thereby entered into the Christian community. In a sense all the conceptions used about the transition from the sphere of sin and death to a new life in Christ can be regarded as baptismal motifs. Many of the same conceptions, even some of their particular formulations in Ephesians, are found again in later baptismal literature or patristic instruction of catechumens and neophytes.

Not only Ephesians but also other Pauline letters use a rich and diverse terminology to express the transition from sin, the flesh and death's sphere of power to a new life in Christ under grace and justification, in the Spirit and according to the Spirit.[3] When

---

[1] [Cf. E. BEST 1998, 543: "The baptismal reference becomes explicit in τῷ λουτρῷ τοῦ ὕδατος; here the articles imply that the readers know what is meant and consequently there is no need of explanation." So also M. BOUTTIER 1991, 244. Here as in Tit 3:5 τὸ λουτρόν is used to denote baptism, cf., M. DIBELIUS/H. CONZELMANN 1972, 148; L. OBERLINNER 1996, 172; L. HARTMAN 1997a, 108f. Later it is often used of sacramental baths, see the references in H. SCHLIER 1963, 257 note 2; further H. G. GAFFRON 1969, 308 note 1.]

[2] [See HARTMAN 1997a, 102ff.]

[3] It is particularly striking when E. P. SANDERS 1977 speaks of "transfer terminology" and "participationist eschatology". See my review in N. A. DAHL 1978. [See now also M. WINNINGE 1995, 314-20 and D. HELLHOLM 1997, esp. 395f., 411.]

such "transition terminology" is particularly prominent in Ephesians, it takes place where the letter has little to say about the situation in the community or communities to which it was directed. We hardly hear anything about events that had taken place after the initial mission, baptism, and establishment of churches. This is one of the reasons why it has been difficult to say anything certain about the historical situation to which Ephesians belongs. I must be content here to only briefly express my view on this debated introductory question.[4]

Ephesians differs so strongly in language, style and terminology from the other Pauline letters that it is unlikely that Paul himself gave it its literary form. On the other hand, connections with the rest of Paul's letters are too strong and in some instances too subtle to be explained as due to an imitation of Colossians and the other letters. Whoever formulated Ephesians must have been a personal disciple of Paul and acquainted with the way the apostle spoke and wrote. Consequently, we can reckon with a double possibility regarding the question of literary authenticity. The anonymous author could have composed the letter at the request of the imprisoned apostle and written it in his behalf. In that case the letter could have been sent with Tychicus together with the letters to Colossae and to Philemon. The intended addressees could have been in Laodicea, Hierapolis and perhaps other towns nearby (see Eph 6:21-22; Col 2:1; 4:7-9, 13, 15). The other possibility is that the disciple wrote the letter on his own initiative after the apostle's death. In that case his goal would have been to call the Christian communities in Asia Minor back to the foundation of their existence as it was laid by the apostle Paul. Over the years my own view has shifted so that I hold the latter of these two possibilities to be the most likely.[5]

Both those who have doubted the authenticity of Ephesians and those who have defended it have held the letter to be a homily, a theological tract, or a meditative wisdom discourse with "Christ and the church" as the main theme. For the most part, the letter's christology and ecclesiology have stood at the center of the debate on its relation to Paul, to Gnosticism and to "Early Catholicism".[6] The letter has been particularly esteemed by those of high church orientation. It has also been of significance for different movements concerned with ecclesiastical renewal and unity. At the same time, a branch of Ephesian research has been marked by a particular interest in the baptismal motifs in the letter.

As early as 1917 W. Lueken had claimed that the letter was a baptismal homily in the form of a letter.[7] Without knowledge of Lueken's view, and for the most part independently of one another, several other scholars have expressed similar views and contended that one or more passages in the letter has made use of traditional baptismal

---

[4] [See now above in this volume article I. § 4. on pages 48.]

[5] See Dahl 1976, 268f. [and in this volume article I. § 4. on pages 48ff.]

[6] The German debate has been particularly inspired by Schlier 1930 and E. Käsemann 1933; see the research survey by H. Merklein 1973; A. Lindemann 1975.

[7] This thought was first expressed in W. Lueken's contribution to the third edition of J. Weiss (ed.) 1917. Lueken was possibly inspired by theories about 1 Peter as a baptismal homily or something similar.

catechesis, liturgy or hymns. In 1945 I myself attempted to identify all the baptismal motifs, so as to advance the theory that Ephesians was aimed at new churches with which Paul had come into contact for the first time.[8] As an example of more recent studies, a book by G. Schille deserves to be mentioned. He endeavored to show that for the most part the letter has incorporated and/or adapted hymns and other liturgical fragments that belong to baptism.[9] John C. Kirby, a Canadian scholar, has contended that the epistolary framework belonged to a later reworking of a text that had been used at the celebration of Pentecost as a service of rededication or covenant renewal in which connections were made with baptism.[10]

The attempts made to pursue this branch of study have not led to any definitive results. In fact, serious objections can be raised against most of them. In Jewish and early Christian worship fixed formulas and patterns, as well as more or less stereotyped phraseology, were certainly used. On the other hand, the wording varied from place to place and from time to time. Only in rare cases can one judge whether there really is a citation of liturgical texts (e.g., Eph 5:14; possibly also 4:5-6). On the other hand, efforts to reconstruct hymns or whole liturgies by separating out later additions and "critical interpretations" are of highly doubtful value. Against the suggestion that I myself presented many years ago,[11] it has been correctly objected that in early Christianity, as well as later, it was completely possible that when readers or hearers were reminded of their baptism, it need not have been a recent event but may have also happened long ago. In spite of such objections, the focus on the importance of baptism has signalled a significant corrective to the view of Ephesians as written on the topic of "Christ and the church". It has also become clear that an understanding of baptism in Ephesians is integrally connected with understanding the letter as a whole.

As is known, Ephesians contains two main parts, 1:3-3:21 and 4:1-6:20.[12] In the first part, the predominantly descriptive mode of expression deals with praise, affirmation of thanksgiving and prayer, and a concluding doxology as a frame for a grandiose and eloquent portrayal of what God and Christ have accomplished. Inserted within this is a brief section about Paul's apostolic ministry in 3:2-13. This praise-filled portrayal serves to remind the believers of the greatness of what they have received through the gospel and God's calling. The other predominantly prescriptive section admonishes them to live up to the calling by which they have been called. Reminder (*anamnesis*) and exhortation (*paraenesis*) are integrally connected with one another. Even the first section contains paraenetic elements (see 2:10, 11; 3:13), and the second section refers back to the portrayal of salvation in Christ in order to motivate the admonitions (see 4:4-16; 5:2, 8, 25-27, etc.). The letter does not contain any teaching as such on the sacrament of baptism, but both the portrayal and the exhortation serve to clarify what

---

[8] DAHL 1945; I was somewhat more cautious in my later publication, DAHL 1966.
[9] G. SCHILLE 1965.
[10] J. C. KIRBY 1968. Kirby shows that at Qumran Pentecost was celebrated as a covenant renewal.
[11] [DAHL 1945, 99; cf. IDEM 1951, 261.]
[12] [See the structural analysis above in article I. § 1.1. on pages 10ff.]

it means to be baptized and belong to Christ as a member of his body. Consequently, one can characterize the contents with the catchwords "baptismal anamnesis" and "baptismal paraenesis".

It has been customary in dogmatics to treat baptism in a special section as a part of the teaching on the mediation of grace or on the sacraments. Ephesians contains a few texts that can be used in such a presentation, but it never views baptism for its own sake in isolation from salvation in Christ, the gospel, faith, incorporation into the church and the gifts of the Holy Spirit. In biblical theology it has been possible to present the "cardinal concepts" in Ephesians without dedicating any appreciable attention to baptism. It would also be possible to go to the opposite extreme and drag theology, christology, soteriology, ecclesiology and eschatology into a presentation of the concept of baptism in Ephesians. In that case, however, baptism would get a central place that it does not have in the context of Ephesians itself.

As a rite of initiation, baptism can be compared with a door that one must go through to come into a room. The door's significance depends much more on what sort of room it leads into, and on what the difference is between being outside or inside, than on the door's particular appearance and construction. If anyone wants to describe what he or she experiences when coming into the room, they can mention the door, but do not need to do so; they presuppose that the door is there, even if they do not grant it a conscious thought. In Ephesians baptism marks the entry into a new room, both in terms of a new time and a new world, a universe that has been subordinated to Christ. The transition from "before" to "now" may be compared to a transition from "outside" to "inside", with free access to the Father. In some passages baptism is explicitly mentioned, in others it can be difficult to establish whether or not the author consciously thought of baptism, a question that is also relatively unimportant for understanding what he wrote.

From these introductory considerations it follows that I will not attempt to give any summarizing presentation of the concept of baptism in Ephesians. Instead, I prefer to ask how references to baptism and "baptismal motifs" are used in the context of the letter. An understanding of words and expressions appears primarily in a person's ability to use them correctly to form sentences or larger units of text. In each case, when it comes to daily speech, definitions and specifications represent a secondary form of understanding (a "metalanguage"). In the same way, there is reason to presume that the concept of baptism in Ephesians is to be found in its use of allusions to baptism in context. In other words, the question is not only about what the author of Ephesians says about baptism, but just as much about what he *does* with what he says about baptism or in relation to it.[13] Consequently, it is most appropriate to begin with the passages that explicitly refer to baptism.

---

[13][For the analogous question in regard to Colossians, see HARTMAN 1997b, 195-209, or in regard to the Beatitudes in the Sermon on the Mount (Matthew) and in the Sermon on the Plain (Luke), see HELLHOLM 1998, 286-344.]

2. One Lord, One Faith, One Baptism

Make a point of preserving the unity of the Spirit with peace as a bond:
one body and one Spirit.
For when you were called, you received the one hope in and with the call:
one Lord, one faith, one baptism,
one God and Father of all,
who is over all and through all and in all things (Eph 4:3-6).

The main paraenetic section of Ephesians begins with an exhortation to a life-style that is called worthy. This reaches back to connect with the prayer that the reader may understand what God's call means (Eph 4:1; cf. 1:18). In order to behave in a way that responds to the call, those who are called must be humble and meek in their internal relations, show patience and tolerance with one another in love (4:2). They must preserve the "unity of the Spirit" which is given in and with the reality that Christ, who himself is our peace, has united those who were separated, Gentiles and Jews, reconciled them with God in one body and given them access to the Father in one Spirit (Eph 4:3-4; cf. 2:14-18).[14] Unity must be preserved, because those who are called have obtained a mutual hope. The following formula for unity in 4:5-6 mentions factors that constitute the one mutual hope: one Lord, one faith, one baptism, etc. The formula is very symmetrical in construction; it has three parts, but in such a way that four substantives with the number "one" are followed by four instances of the word "all" or "all things".[15] The last three of these are regulated by different prepositions. This gives the following scheme: A1 A2 A3/A4 + B1/B2 B3 B4.[16] It is an expansion of a simpler, two-part scheme, "one God – one Lord", which also provides the basis for the formulation in 1 Cor 8:5-6. In spite of this formal coordination, "one faith" and "one baptism" are connected with and subordinated to "one Lord". It is simply assumed that belief in the one Lord has been confessed at baptism (cf. Rom 10:9-13; 1 Cor 12:3).[17] In any case, those who have Christ as Lord are bound together by the fact that they have the same

---

[14][Cf. R. SCHNACKENBURG 1982, 163: "Wenn der erste Abschnitt des Paraklese-Teils 4,1-6 ein bewußt entworfenes und rhetorisch gestaltetes Stück des Eph-Autors ist, das er mit voller Überlegung an den Anfang seiner Mahnungen stellt, lassen sich daraus Schlüsse für seine pragmatische Zielsetzung ziehen. Es bestätigt sich, daß er um die Einheit der Gemeinden und der Kirche insgesamt Sorge trägt."]

[15][Cf. now BEST 1997, 65, who "conjecture(s) a pre-existing unit;" IDEM 1998, 358, 372. Already in DAHL 1945, 92 it is stated that <"to judge from the style it (sc. the formula) must be regarded as an acclamation">; see also below at note 63 on page 430; for a differentiation of acclamations, see SCHNACKENBURG 1982, 168; further P. POKORNÝ 1992, 163f.]

[16][So already DAHL 1945, 91: "3+2+3". DAHL refers here to <DIBELIUS 1915/56 (see below note 19) E. PETERSON 1926, 255f.; E. STAUFFER 1948, 312 note 831; W. L. KNOX 1939, 194; ED. NORDEN 1913/71, 240-50>.]

[17][Cf. W. KRAMER 1963, 60; KL. WENGST 1972, 141f.; PH. VIELHAUER 1975, 22: "Die Pistisformeln sind katechetische Formeln, die zweifellos beim Taufunterricht eine Rolle gespielt haben, vielleicht auch bei der Tauffeier abgefragt und aufgesagt wurden; ...."]

faith and have been baptized with the same baptism. By means of this, they have a mutual hope; they form one body and share in one and the same Holy Spirit.

Variations of formulas such as "one and all" in masculine gender, or even more often in neuter gender, had a long tradition in antiquity.[18] We also find enumerations of factors which are single and which create unity in the multiplicity of the universe. In the Greek tradition such formulas usually have a more-or-less pantheistic character, but it was also possible to assert an opposition between the world's multiplicity and the divine unity that stands behind it all. By contrast, Jewish monotheism was exclusive: there is only one true God, and he alone is to be worshipped and loved. Consequently, besides "one God" Jewish formulas for unity can also mention "one people", "one law", "one temple", or similar ones. The formulas in Eph 4:4a and 4:5-6 provide one example among others of the churches' adoption of cosmological terminology.[19] The exclusive biblical monotheism has been preserved, but the unity elements connected with Israel and the Law have fallen by the way and have been replaced with the one Lord, Jesus, faith in him and baptism into him. The one baptism, common to all the churches' members without regard to ethnic background, is placed within a universal context. It belongs to the actualization of God's eternal purpose of uniting all things in Christ (cf. Eph 1:7-10).

When read in the context of what precedes (4:1-3) the formulas of unity in Eph 4:4-6 serve to clarify why it is so important for Christians to preserve internal unity in their personal relations with one another.[20] At the same time, the formulas serve as the point of departure for the subsequent exposition in Eph 4:7-16. It is a variation on the ideas known from 1 Cor 12:12-30 and Rom 12:4-8: The Christian community is a body with many members, so that there are many different gifts and ministries. Furthermore, it is emphasized in 1 Cor 12:13 that the unity of the many members of Christ's body is given in and with baptism.[21] In Ephesians the common basic ideas are arranged in a different way than in the earlier Pauline letters. We hear little about disparity or internal solidarity among members who are mutually dependent on one another and who suffer and rejoice with one another, even though these ideas resonate well in Eph 4:7 and 16. They also resonate in the words in 4:12 to the effect that the saints should be equipped for the work of ministry. On the other hand, we find a new thought, namely that the whole

---

[18][Extensive Greek-Hellenistic, Gnostic and Jewish materials are gathered in an unpublished paper in Norwegian by Prof. DAHL from 1945 entitled "Enhetstanker og Enhetsformler (Efeserbrevet 4:1-6)" (148 pp.).]

[19]See DIBELIUS 1915/56, 14-29. See also DAHL 1977, especially 182 note 14.

[20][Cf. VIELHAUER 1975, 33f.: "Es handelt sich um eine Komposition des Verfassers, mit der er die Mahnung, 'die Einheit des Geistes zu wahren' (V. 3), unterstreicht. Zitat ist offenbar nur V. 5: εἷς κύριος, μία πίστις, ἓν βάπτισμα, eine triadische εἷς–κύριος Akklamation ... Das auffällige Fehlen des Eigennamens des Kyrios und die Nennung von Glaube und Taufe zeigen, daß der Text keine Abgrenzung von den 'vielen Herren' der Heiden vollzieht ..., sondern die Einheit der Kirche dokumentiert .... Es handelt sich um eine innerkirchliche Akklamation ... und so ... die Trennungslinie gegen Häresie und Schisma zieht."]

[21][Cf. W. SCHRAGE 1999, 213-18.]

body is to grow up and mature, to grow both from Christ and up into Christ, who is the body's head.

Christ's exalted and supreme position is supported by a quotation and a short interpretation of Ps 68:19 (Eph 4:8-10). The quotation is a free rendition: in agreement with Jewish interpretive tradition the wording "received gifts among people" is exchanged for "gave gifts to people".[22] In Jewish tradition the wording of the Psalm was applied to Moses who ascended to God to receive the Law, in order to give its message and promises as gifts to humankind. Ephesians interprets the quotation as a statement about Christ who first descended and then ascended above all heavens, so that he could fill all things. The thought is that by his passage to heaven Christ has shared in God's transcendence, so that he is exalted over time and space, and like God he can work in everything and be present everywhere (cf. Eph 1:20-23; 4:6). We could have expected that the gifts that Christ gave have been identified with the goal of grace which is given to every single Christian, gifts of grace and ministries. Instead, the gifts are identified with persons whom Christ has sent to preach the word and to care for fellow-Christians: apostles, prophets, evangelists, pastors and teachers (Eph 4:11; cf. 1 Cor 12:28-30).

Our passage has occasioned various discussions on the concept of church office. Does the author of Ephesians avoid designations such as "bishop" and "elder", because he wishes to maintain a charismatic organization of the community, or just the opposite, to provide apostolic legitimation for the emergence of an institutionalized church office?[23] At the same time, the entire emphasis in the context lies on the mission and the task that preachers and leaders have received irrespectively of whether they were charismatics or holding a church office. The task is to make the saints qualified for service, so that Christ's body will be built up, and the goal is that all will arrive at unity in faith and in understanding of God's Son (4:12-13). Our passage sketches a picture of the community as a body that is built up and grows, where the individual members also grow in the right proportions and in internal harmony (4:15-16). The unity that was given in and with the call, the one Lord, the one faith, and the one baptism, will become a mature, fully developed unity in faith and understanding, in truth and in love. Christ has given his "gifts" by the very fact that he established apostles and other servants to advance this growth. In the process of accomplishing their task they are to hinder Christians from becoming immature children, easy prey for all the winds of doctrine to lead astray and deceive.

In contrast to Colossians, Ephesians warns against false teaching only in passing. Yet it is difficult to free oneself from the impression that the passing remark in 4:14

---

[22]See, e.g., J. GNILKA 1990, 206-10. It is one of the best recent commentaries on Ephesians, but the interpretation of Eph 4:10 is incorrect in my opinion; Christ has filled the universe because he is exalted over it, not because of having passed through all of its space. [As DAHL also H. HÜBNER 1997, 206: "In 4,10 ist zumindest aufgrund des Kontextes klar, daß der erhöhte Christus und eben als solcher der über allen Höhen Thronende das All als seinen Herrschaftsbereich erfüllt."]

[23]The former position is held by K. M. FISCHER 1973; the other by MERKLEIN 1973. MERKLEIN regards Ephesians as a pseudonymous work which contains an inspired and authoritative interpretation of Paul. [Cf. now HÜBNER 1997, 206ff.; BEST 1998, 622-41.]

reflects a situation where various kinds of false teaching were not just a threatening possibility in the future, but a very current reality. In that case, Eph 4:1-16 is sketching relations as they should be rather than as they actually were at the time of the author. By connecting its admonitions to the unity that was given in and with the call, baptism, and baptismal faith, the letter itself serves to advance growth towards a mature unity and to counteract the false teaching that was in the process of spreading.[24]

3. The Washing of Water in the Word

In Eph 5:26 baptism is seen as a cultic bath of purification. This is in keeping with the origin of the baptismal ritual. It comes to expression in the verbs "sanctify" and "cleanse", as well as in the designation "the washing of water". This syntactic construction can be explained in several ways, without any major difference in meaning. The addition ἐν can have an instrumental meaning, "by the word", or it can make a new addition, "together with the word" (cf. the use of ἐν in Eph 2:15a; 4:19).[25] It is clear that baptism was accompanied by words (it was not a silent ritual);[26] the question is which words are alluded to. An actual baptismal formula could hardly have been in use when Ephesians was written.[27] On the other hand, it is reasonable to assume that submersion in water already at that time was accompanied by questions about faith with affirming answers.[28] Therefore, we presumably should not think exclusively in terms of *either* proclamation *or* confession.[29] The word preached by Christ's messengers was also close to those who believed and confessed, in their heart and in mouth (cf. Rom 10:8-13).[30] Furthermore, there is reason to observe that the cleansing at baptism is seen together with or at least as a continuation of Christ's self-surrender in death as a sacrifice for us

---

[24][See in this volume article I. § 5.2 on pages 64ff.]

[25][Cf. W. BOUSSET 1921/65, 227: "Der Name Jesu ist geradezu das bei der Taufe (neben dem Wasser) wirksame Gnadenmittel. Eph 5,26 wird diese Anschauung kurz zusammengefaßt: τὸ λουτρὸν τοῦ ὕδατος ἐν ῥήματι", on the one hand, and G. R. BEASLEY-MURRAY 1962, 204: "'the word' in its broadest connotation", on the other; see also SCHNACKENBURG 1950, 4f.]

[26][Cf. the Valentinian *Exc. ex Theod.* 78:2: "Now it is not merely the washing (λουτρόν) which liberates, but also the knowledge (γνῶσις) ...."; hereto, see H. E. LONA 1984, 378ff.; A. H. B. LOGAN 1996, 167ff.]

[27][A *baptismal formula* is assumed by SCHLIER 1963, 257f.; L. GOPPELT 1969, 330; J. P. SAMPLEY 1971, 132; E. DINKLER 1971, 106; GNILKA 1990, 282; F. MUSSNER 1982, 158; A. T. LINCOLN 1990, 376; BOUTTIER 1991, 245; HÜBNER 1997, 247; BEST 1998, 543f.; as one possibility: SCHNACKENBURG 1982, 255;]

[28]As to the well-attested use of an interrogative *confession* during the act of baptism itself, see, among others, P. SEVERINSEN 1924; J. N. D. KELLY 1972; [so also KIRBY 1968, 152; HARTMAN 1997a, 106.]

[29][A *sermon* or *proclamation* of the word is postulated by POKORNÝ 1992, 224: "... daß auch hier 'das Wort' das verkündigte Evangelium meint, nicht nur das Legomenon des Taufritus." Dagegen schon BOUSSET 1921/65, 226 Anm. 2: "... ῥῆμα ist nicht etwa die Verkündigung, sondern das Wort, das im Namen (Gen. epexegeticus) besteht, vgl. Eph. 5, 26 λουτρὸν τοῦ ὕδατος ἐν ῥήματι."]

[30][See above at note 13 on page 416.]

(Eph 5:25; cf. 5:2). It may be compared with the notion of ritual purification, when the purpose of Christ's activity is seen as intended to make the church "holy and unblemished", like a sacrifice or like a priest when he stands before the altar.[31] Also here in 5:25-27, as in 4:4-16, beginning with baptism and going on to the eschatological fulfillment, we find more of a continuity in Ephesians than of a contrast between the "already" and the "not yet".[32]

The view of baptism as a making holy and as a purification was common in early Christianity. What is unique with Ephesian's presentation is basically to be seen in the idea that Christ wants to make the church holy through baptism's purification by washing.[33] The personification of the church is connected with the depiction of Christ's love taken as an example of a husband's love for his wife. The words about baptism are formed so as to apply to Christ and his bride. The washing with water is the bridal bath. That Christ hallows the church can mean that he has set her apart to be his wife. His word can be compared to what is said at engagement when he pledges commitment to her. Like a priest, a bride is to also be without fault or bodily blemish. Although a good deal of what is said in the passage applies to the usual practice of engagement and marriage, we must also remember that the phenomenon of holy marriage (*hieros gamos*) played a large role in rites, myths, and symbolic interpretation.[34] The author of Ephesians certainly may have been acquainted with some of that, but any attempt to show that he has adopted or reinterpreted a specific myth must be seen to be unsuccessful.[35] Most likely, he has used various elements of different origin in his composition (cf., e.g., the parallels with 1 Cor 6:11, 16-17; 11:3; 2 Cor 11:2-3). In all likelihood, the statements in Eph 5:25-27 are connected, not only with the allegorical depiction of the relation between God and Israel as a marriage, but also with particular texts (especially

---

[31]See SAMPLEY 1971, 48f., 69-74, 139f. Also, in what follows I have used Sampley's observations and analysis.

[32][So also HARTMAN 1997a, 107f.]

[33][Cf. HARTMAN 1997a, 105f.: "Normally it is individuals who undergo baptism, but here, in a somewhat astonishing way, it is performed on the church. The idea is probably that when individuals are continuously 'cleansed' in baptism, they become members of the church, the body of Christ (5.30). The upshot is a church of cleansed people." See further BEST 1998, 543.]

[34][Cf. SCHLIER 1963, 264-76; FISCHER 1973, 173-200; K. NIEDERWIMMER 1975, 124-57; GNILKA 1990, 290-95; POKORNÝ 1992, 228-33; HÜBNER 1997, 247, 250f.; MUSSNER 1955, 147-60, esp. 149; M. THEOBALD 1990, 220-54. See further G. WIDENGREN 1969, 229-43: "Taufe und Hochzeit".]

[35][Cf., however, the old Gnostic myth in *ExAn* (NHC II,6); see BERLINER ARBEITSKREIS FÜR KOPTISCH-GNOSTISCHE SCHRIFTEN 1973, 13-76, here esp. 36-39; IDEM 1976, 93-104, esp. 97: "Es geht um Eph 5,22-33. Die religionsgeschichtliche Schule der Neutestamentler ist seit geraumer Zeit der Auffassung, daß hinter dieser Stelle ein gnostischer Mythos stehe. Aber es war bislang sehr schwer, dieses mutmaßliche Modell zu rekonstruieren. *ExAn* stellt uns nun einen solchen Mythos, wie er ... als Modell der Vorstellung von der Syzygie Christi und der Kirche zu gelten hat, als Ganzen und direkt vor Augen. Daß die Prioritätsverhältnisse tatsächlich so liegen, d.h. daß nicht etwa umgekehrt die betreffenden Züge der Syzygie zwischen dem Erlöser und der Allseele in *ExAn* aus Eph 5 stammen, kann man besonders deutlich an der ... Einzelheit sehen, daß in *ExAn* der Erlöser und Bräutigam der Allseele ihr eigener Bruder ist (p. 132,8; 134,27), eine Vorstellung, die aus christlichen Gedanken eben unableitbar ist, während sie in rein gnostischem Kontext geradezu natürlich wirkt."]

Ezek 16:8-9, 13 and Cant 4:7). In 5:33, and previously in 5:28-29, the commandment to love one's neighbor as oneself (Lev 19:18) is applied to the husband's love for his wife. This makes it easier to understand that the church can be portrayed both as Christ's body as well as the bride that he loves. The word "body" (σῶμα) can be replaced by "flesh" (σάρξ, v. 29), thereby preparing for the words "the two shall be one flesh" (εἰς σάρκα μίαν) in the quotation from Gen 2:24. The comments in Eph 5:32-33 indicate that the words from Genesis express a great mystery. They express the relationship between Christ and the church, as depicted in Eph 5:23, 25-27, 29-30. At the same time, they retain their relevance for the relationship between husband and wife.[36] The introductory formula ἐγὼ δὲ λέγω εἰς ... ("but I myself apply this to ...", v. 32) means that the Pauline interpretation is being distinguished from one or more other interpretations.[37]

If one should place the chief emphasis on the teachings in Ephesians, the main point would be the statements about Christ and the church in Eph 5:25-33. The scheme of household rules give the author the opportunity to connect new, profound ideas about the mystical unity between Christ and the church. If one asks how the statements are used in the context of the letter itself, the actual topic deals with prescriptions for married people, while what is said about Christ and the church serves to deepen and support the everyday, mundane admonitions.[38] Therefore, it seems plausible to assume that the letter's interpretation of the Genesis quotation stands in opposition to an interpretation of it that led to a completely different outcome, namely rejection or disregard for the union of married life. We know that such encratistic tendencies were quite widespread in early Christianity, even in Pauline communities (cf. 1 Tim 4:1-3; Col 2:21). Paul's own example, as well as his words, could be taken as support for this: "It is good for a man not to touch a woman" (1 Cor 7:1). Paul corrected ascetic pneumatics and

---

[36][Cf. G. W. DAWES 1998, 91-97: "Since ... the καθώς of v 25b introduces and governs the whole of what is found in vv 25b-27, this suggests that the role of vv. 25b-27 is to indicate, not so much 'why' husbands should love their wives, but rather 'how' they should love their wives, namely, as Christ loved the Church." (ibid., 92); "... the verb ἀγαπᾶν ('to love') ... is the one point of comparison in these verses." (ibid., 94).]

[37]See SAMPLEY 1971, 87-89. It was possible to use allegorical interpretation of Gen 2:24 in order to depreciate marriage in several ways. One could regard the union of man and woman as a symbol of the union of reason and the senses. On the other hand, one could also connect this scripture with the notion of a heavenly, spiritual marriage (hieros gamos), with an erotic relationship between wisdom and with the union of humankind's higher Self to its heavenly, primordial image. See the material in SCHLIER 1963, 264-76; [LINCOLN 1990, 382f.; E. H. PAGELS 1983, 146-75; EADEM 1986, 257-85] and for other literature, notes 22, 27 and 39. [A non-adversative meaning is advocated by DAWES 1998, 182f.]

[38][Cf. M. Y. MACDONALD 1996, 230-43: "Here the Christian couple is given a central place in Church life. Their relationship is infused with religious significance: their marriage is an expression of the mysterious relationship between Christ and the Church (Eph. 5.32)" (ibid., 231). LINCOLN 1990, 352; DAWES 1998, 107f.; HARTMAN 1997a, 106: "The image of the wedding also indicates that the baptised persons are put under Christ's protection and power as, according to contemporary social conventions, the wife and the other members of the household stood under the protection of the husband." See also T. K. SEIM 1995, 167-81.]

asserted with sober realism that union in marriage is not a sin, but it was equally possible to understand him on that point that a celibate life of abstinence was the most perfect form of Christian life (1 Cor 7:32-34).[39]

These different views of marriage and celibacy were connected with the view of baptism, not just with the interpretation of the creation story. There is considerable, scattered evidence for the view that baptism into Christ implied an elimination of these worldly distinctions, including the difference between man and woman (Gal 3:27-28).[40] This could be applied in several ways. One possibility was to draw the conclusion that the baptized had obtained a share in heavenly life and that sexual life belonged to the earthly sphere they had given up.[41] When Ephesians mentions, in the context of the house-rules, that Christ has cleansed and sanctified the whole community of believers by baptism, it is plausible to assume that this is not only a qualification for the view of the church as Christ's bride, but implies that all baptized persons have become holy and pure, without regard for whatever position they may have in the Christian household. Fornication and uncleanness were not to take place at all among the baptized (cf. Eph 4:19; 5:3-12). Indeed, the new life into which baptism has introduced them was to be actualized in everyday life, not least in marital relations. The beginnings of a "Christian love-patriarchism" are found already in 1 Corinthians, but in Ephesians the eschatological high-voltage has dropped away and the catchword "as though not" (married) is replaced with "as to the Lord" and "as also Christ" (Eph 5:22, 23, 25, 29; contrast 1 Cor 7:26-35).[42]

The introductory admonition to mutual subjection modifies the patriarchal household ethos (Eph 5:21), even though it appears antiquated today. In the then-current circumstances of the community equality in marriage was hardly a realizable possibility. The alternative to large-family morality was celibacy, or even promiscuity. It can hardly be doubted that propaganda for an encratite, possibly also a libertine, morality

---

[39]Besides the Catholic and Gnostic interpretations there also existed several variations of encratistic use of Paul in the second century. The apocryphal *Acts of Paul* relates how Paul got women to renounce marriage. Tatian, on the other hand, supported his encratism by an unusual interpretation of Paul's teaching on the law: Marriage was commanded in the old covenant as an arrangement for the fallen creature; those who had died with Christ to sin, the flesh, and the law were by contrast a new creation for life on a higher level. Fragments of Tatian's writing "On Becoming Perfect according to the Savior" are preserved in Clement of Alexandria, *Strom*. III. 12. [On 1 Corinthians 7, see now on the one hand W. DEMING 1995; SCHRAGE 1995, *ad loc*., and on the other W. HARNISCH 1999, 457-73.]

[40][Cf., e.g., BETZ 1979, 181-201; D. R. MACDONALD 1987, 1-16, 113-32; F. VOUGA 1998, 90-92; J. L. MARTYN 1998, 373-83.]

[41]See especially W. A. MEEKS 1974, 165-208.

[42][Cf. HÜBNER 1997, 252: "Eine Schlußbemerkung zu dieser *Apotheose der Ehe*: Wer so schreibt, steht nicht jenseits der Ehe! Nur wer verheiratet ist, kann in dieser Weise formulieren. Man wird daher im AuctEph höchstwahrscheinlich einen glücklich verheirateten Mann sehen. Er kann auch aus diesem Grund nicht mit dem Apostel Paulus identisch sein, der ja nach eigener Aussage ehelos lebte (1Kor 7,7; 9,5)." Further U. LUZ 1998, 171: "Der Epheserbrief will also die Ehe bejahen und vertieft darum die ‚Ehetafel' von Kol 3,18f. durch seine Hinweise auf Christus. Dadurch wird die Ehe in der Tat zu einer christlichen Institution."]

blew like a wind among the baptized around the time when Ephesians reached back to the Pauline basics of church mission and baptism in order to counter divisions and delusion and to promote the church's growth in faith and understanding, holiness and love.

4. Blessing in Christ

After the prescript in Ephesians, a section follows where God is blessed for "every spiritual blessing in heavenly places" with which he has blessed Christians in Christ. A vast sequence of subordinate sentences and clauses in a spiralling progression unfolds what that blessing implies, anchors it in God's eternal election and purpose, and points forward to the final goal of God's plan and action in Christ. It is so widely recognized that this passage of praise contains baptismal motifs that it is not necessary to demonstrate it in detail.[43] It is sufficient to be reminded of the initiation into sonship (υἱοθεσία, adoption, Eph 1:5; cf., e.g., Gal 3:26-27; 4:6) and the identification of redemption with forgiveness for trespasses (Eph 1:7; cf., e.g., Acts 2:38). The indications of purpose in Eph 1:4, "that we should be holy and unblemished" (ἁγίους καὶ ἀμώμους) agree with the purpose of Christ's purification of the church with baptism in 5:27, "that she may be holy and unblemished" (ἁγία καὶ ἄμωμος).[44] Perhaps more important than such details is the fact that the verbal forms (aorist) show that God is not praised because he continually blesses his children, but he is praised for the once-for-all blessing that he gave in and with Christ, which was imparted to those who have come to faith and have been included in the church through baptism.[45]

After the hymn-like unfolding of what the blessing in Christ includes, a subsequent assurance is directed to the letter's recipients, as former pagans, to affirm that this blessing also belonged to them. God has confirmed this by setting his seal on them in giving them the Holy Spirit, a pledge of their eschatological inheritance (Eph 1:13-14).[46] Both Paul's letters and the presentations in Acts show that when believing pagans are recognized as Christian brothers, this was demonstrated not least by the fact that they had received the Holy Spirit (see Gal 3:1-7; 4:6; 2 Cor 1:21-22; Acts 11:17-18; 15:7-11).

---

[43][Cf., e.g., J. Coutts 1956-57, 120-27; Schlier 1963, 50, 54, 58; R. Deichgräber 1967, 76; Gnilka 1990, 61; Lincoln 1990, 18.]

[44][Cf. the cultic connotations of ἄμωμος in Exod 29:37ff.; Lev 1:3, 10; Num 6,14; 19,2 and Hebr 9,14.]

[45][Cf. Best 1998, 121f.: "A more probable solution ... lies in the recognition that ἁγίους καὶ ἀμώμους was an existing liturgical phrase of the Pauline school of AE and A/Col [1,22]; it reappears at 5.27, and a similar phrase at 1 Pet 1.19." Best states further that the aorist participle εὐλογήσας cannot be restricted to any specific moment and points out: "That Christians became aware of the blessings at conversion/baptism does not mean that that was the moment they came into existence (114)." A connection with baptism is assumed in Hartman 1997a, 106.]

[46][Cf. W. Heitmüller 1903, 333f.; idem 1914, 40-59; F. J. Dölger 1911, 149-71; Schnakkenburg 1950, 81ff.; M. Dibelius/H. Greeven 1953, 62; Dinkler 1971, 104; Fr. W. Horn 1992, 391f.; Schlier 1963, 70f. interprets σφραγίζεσθαι/σφραγίζειν as the "laying on of hands".]

This implies that the Spirit's coming was something that could be experienced and observed: it brought joy and gladness, inspired acclamations and prayerful cries, incomprehensible glossolalia and comprehensible prophecy. In Ephesians little or nothing is said about specific charismatic phenomena. On the other hand, the Holy Spirit is seen as the spirit that is common to all who are united in one body (see, e.g., Eph 2:16, 18, 22; 4:4; 5:18-21). The word "seal" is not in and of itself an indication of baptism, but it is presupposed that all who are baptized have received the Spirit.[47]

The introductory blessing is characteristic of the manner in which Ephesians talks about baptism. The blessing does not deal with baptism, but it uses baptismal motifs to bless God for what he has done in Christ. It is occasioned by the fact that the addressees have come to faith and have been baptized. Both the position in the introduction of the letter and the use of the second person (1:13-14) show that we have to do with a blessing that, in spite of its hymn-like form, is connected to a specific occasion. We are acquainted with quite a few occasional passages of blessing from ancient Israelite and more recent Jewish times, and some from the Early Church. The cause can be something that the speaker himself or herself has experienced for which God is blessed. There are, however, various examples of blessings used when two or more people meet together. The blessing here expresses that the speaker rejoices with the others over something that God has done for him or her. It serves as a form of congratulation in the actual meaning of the Latin word *congratulatio*. In ancient times it was like congratulatory blessings used especially in connection with a king's coronation or with victory in holy war. Later the form was used more frequently in daily life, e.g., at a child's birth or a recovery from illness or some other danger. Apart from use at a personal encounter, the form could also be used when one heard good news and at the exchange of an oral, or occasionally, a written message.[48]

Paul usually begins his letters with an affirmation of thanksgiving and intercessory prayer (so also Eph 1:15-23). He thereby gives expression to his appreciation of the faith, love and other positive aspects of the conditions in the church to which he is writ-

---

[47][Cf. G. Fitzer 1964, 939-54, esp. 950; G. W. H. Lampe 1967, 61f.; Meeks 1983, 151; V. P. Furnish 1984, 137: "By the time of *Hermas* and *2 Clem* (second century) the 'seal' of the Christian was being identified specifically with baptism (Herm Sim IX 16:3-5; 2 Clem 7:6; 8:6, cf. 6:9;" In *Herm Sim* VIII 2:3 the seal is, by way of exception, not referring to baptism, see N. Brox 1991, 357 and C. Osiek 1999, 202. G. Strecker 1996a, 65f. Exkursus Χρῖσμα: "The Word χρῖσμα appears in the New Testament only in 1 Joh 2:20, 27. The underlying verb χρίειν ('to anoint') also has a figurative sense in 2 Cor 1:21, in parallel to ὁ σφραγισάμενος ἡμᾶς ('who has sealed us') and refers to the bestowal of the Spirit (2 Cor 1:22) ...."; in relation to baptism: Dinkler 1971, 69, 95-97; R. Bultmann 1976, 46: "Jedenfalls also bedeutet das σφραγισάμενος hier: der euch durch die Nennung des Namens Christi in der Taufe zum Eigentum Christi gemacht hat;" otherwise M. Thrall 1994, 155-58.]

[48]Congratulatory blessings occur in texts ranging over hundreds of years, e.g., Gen 14:19-20 (24:27); Exod 18:10; 2 Sam 18:28; 1 Kgs 10:9; Ruth 4:14; Tob 11:17; *b. Ber.* 54b. The transition from a blessing at the reception of a message to a letter form is reflected in the diverse versions of letters exchanged between King Hiram of Tyrus and Solomon, 1 Kgs 5:7; 2 Chr 2:12; Eupolemos in Eusebius, *Praep. Evang.* IX. 34 and Josephus, *Ant.* VIII. 2,7. See Dahl 1951, 250ff. [partly in this volume article IX, and now especially article VIII.]

ing. An introductory blessing has a similar function, although it focuses more on what God has done. In 2 Corinthians the blessing is occasioned by the deliverance of Paul himself when his life was in danger. At the same time, the emphasis is also on Paul's experience as having paradigmatic significance and the fact that it served to benefit others (2 Cor 1:3-14). In 1 Peter, as in Ephesians, the blessing deals with what God together with Christ has done for and with all Christians. Both of these introductory blessings contain baptismal motifs (cf. 1 Pet 1:3, "who has begotten us anew to a living hope").[49] By the very act of blessing God, the sender commends the recipients regarding the privileges they have come to have a part in. The difference is that 1 Peter gives praise for Christian joy in the midst of the trials and suffering they must endure (1 Pet 1:3-12; cf., e.g., 3:14; 4:14), whereas the congratulatory blessing in Ephesians is directed to former pagans who have been baptized and received the Holy Spirit as seal and security.

The introductory blessing serves as a rhetorical exordium, much like a prelude that sets the tone for the whole letter with its lofty, near panegyric depiction of the privileges the former pagans had partaken of together with all Christians. Both the depiction and the admonitions aim at helping the baptized understand what great things God has done for them and to join them with the apostle in blessing, thanksgiving and intercessory prayer.

5. Other Baptismal Motifs

Space does not allow more than a few brief observations on some other expressions and references in Ephesians that are more or less clearly connected with baptism. The introductory blessing is followed by an assurance of Paul's thanksgiving and intercessory prayer. In agreement with the purpose of the whole letter, the intercessory prayer expresses the desire that God may grant the readers a Spirit-directed understanding, so that they can comprehend the marvelous hope they received when they were called and the inordinate greatness of God's power (Eph 1:15-19). This is first portrayed in terms of how God through his power raised Christ from the dead and gave him the place of honor by the heavenly throne. Then it describes how God has given believers life and a place in heaven together with Christ, even though they were dead in their sins and trespasses (Eph 1:20-23; 2:1-7). Ephesians does not make use of the baptismal symbolism that is found in Romans, where baptism into Christ and his death is understood as a burial together with Christ (Rom 6:3-5; cf. the kerygmatic formula in 1 Cor 15:3-4).[50] At the same time, Ephesians certainly has the thought that those who have been baptized into Christ have been united with him in such a way that what happened to him

---

[49][So also Goppelt 1978, 95; Brox 1979, 61; B. Olsson 1982, 37f., and Hartman 1995a, 118; Otherwise P. J. Achtemeier 1996, 94: "Such an emphasis on begetting anew means this phrase has less reference to baptism than has often been asserted."]

[50][Cf. Hellholm 1995, 149-67 with lit.]

also happened to them. In faith and hope they have also obtained a place by God's throne. Neither might nor power, nor any earthly fate is able to separate them from God's love in Christ; nor can any mystical journey to heaven give them anything more than what they already have in Christ (cf. Rom 8:31-39; Col 3:1-4).[51] The foregoing is an attempted paraphrase, for what it is worth. In any case, it is clear that Ephesians interprets the enthronement in connection with the Pauline tradition and in a down-to-earth manner: It means salvation by grace through faith; not by works, but a new creation destined for good works which have all been prepared beforehand (Eph 2:5b, 8-10).[52]

The introduction to the special paraenesis in Eph 4:17-24 makes use of a baptismal motif in connection with undressing before and redressing after baptism.[53] The religious symbolism of clothing is widespread in many religions. In the Old Testament it is particularly associated with the priests' clothing (e.g., Ps 132:9).[54] Eph 4:22-24 is connected with an interpretive tradition that read Hellenistic views of humankind into the biblical creation accounts (cf. Col 3:9-11). Rabbinical scholars were able to interpret the clothing of skins in Gen 3:21 as referring to the earthly body. This was regarded as also created by God, but it was contrasted with the glorious clothing that Adam, created in God's image, had before the fall. The Gnostics could regard humankind's higher self, the *eikon* (image), as a piece of clothing with which it became dressed and united.[55] In Ephesians "the old person" signifies, not the material body, but the sinful person as expressed in the pagan's darkened mind and dissolute life (Eph 4:17-19, 22; cf. Col 3:5-9; Rom 6:6). "The new person", who is created in God's image (κατὰ θεόν, cf. Gen 1:26-27), is the person who is recreated in Christ, the one who is himself God's image (cf., e.g., 2 Cor 4:4; Col 1:15; also Gal 3:27; Rom 13:14).

Ephesians uses the metaphor of unclothing and reclothing to sharpen the necessity of a radical break with a former pagan way of life. This means that those who have "learned Christ" (ἐμάθετε τὸν Χριστόν, v. 20) have been instructed to put off the old person and put on the new one. It comes close to suggesting an explanation of baptism

---

[51][DAHL 1945, 88: "… while the statements in Rom 6 are shaped in connection with the kerygma of Christ's death, burial and resurrection, the wording in our text is connected to the hymnic confession of Christ's resurrection and enthronement." On baptism as *ascensus*, see <KÄSEMANN 1933, 139-44, esp. 142f.; C.-M. EDSMAN 1940, 48ff., 134 note 1, and P. LUNDBERG 1942, 189-97;> WIDENGREN 1963, 205-17. The further development in this direction is found in *Zostr* 131,2-5: "Do not baptize yourselves with death nor entrust yourselves to those who are inferior to you;" cf. the comment by H. W. ATTRIDGE 1994, 486: "This sounds like polemic against the baptismal theology of the Pauline or later orthodox Christian variety and against those who administer it." Similarly *Protennoia* 45,12-20; 48, 15-35; 49, 26-32, see hereto *ibid*. 487ff. Cf. further the treatment of "Taufe und Auferstehung in der Gnosis" in LONA 1984, 374-418. For the enthronement motif in Mandaean liturgies, see WIDENGREN 1968, 551-82.]

[52][See LUZ 1998, 161.]

[53][See in this volume article XIII, section 5. on page 401ff.]

[54][See in this volume article XIII, note 16 on page 391.]

[55]See, e.g., MEEKS 1974, 183-89, especially note 85; [see further in this volume article XIII, esp. note 36 on page 395 and note 42 on page 395].

that connected prescriptions about what the baptized should do and learn with an interpretation of the initiation rite itself. The series of single admonitions that follow in Eph 4:25-31 are introduced with the catchword "Put off, therefore" (διὸ ἀποθέμενοι). Many of them are formulated antithetically, "not so, but so" (4:25-29, 31-32; 5:7, 15-18). Some of the admonitions are very elementary and originally intended for the newly baptized, especially 4:28: "Let the thief no longer steal". The positive summons, "Put on the ...", appears in 6:10-17 only after the house-rules. Here the metaphor of clothing is exchanged for the picture of God's armor. This is depicted in connection with Is 59:17 (cf. Wis 5:16-22). Moral heroism is not what is promoted in the battle against the evil hosts of wickedness; the weapons used are the same kind used by God himself to advance his cause forward to victory (cf. κατὰ θεόν in 4:24; also 5:1). Elsewhere in Christianity we also find the representation of the baptized as having received weapons to use in the battle and the trials that come after baptism.[56] It is hardly an exaggeration to say that the whole passage of Eph 4:17-6:17 is traditional early Christian baptismal paraenesis that has been freely reworked.[57]

The central passage (2:11-22) in the first main section of Ephesians also reminds former pagans of the great privileges they have received in Christ. At one time, they were Gentiles, without Christ, shut out from Israel's commonwealth, etc.; but now in Christ they have become fellow-citizens with the saints and they will be built up into a dwelling place for God in the Spirit based on the foundation of the apostles and prophets (Eph 2:11-12, 19-22). At the same time, the contrast between the "before" and the "now" is seen as a contrast between the "flesh" (σάρξ) and the Spirit. It was the "flesh" that was circumcised. That is to say, the main distinction between pagans and Israelites was constituted by the fact that both lived in the sphere of the flesh in old times. By contrast, the Spirit is the distinguishing mark of the new age (2:11, 18, 22). Also, the work of Christ is seen from a double perspective. He made an end of enmity and he brought about peace and reconciliation, not only between Gentiles and Jews but also between both of them and God. This is depicted in Eph 2:17 in connection with scripture about peace for those far off and for those near by (Is 57:19; cf. 52:7).[58]

Both in the interpretation of Is 57:19 and otherwise, the passage uses terminology from Jewish proselytism. The conception of baptism as a higher counterpart to circumcision lies close at hand (cf. Col 2:11f.), but it is not made explicit.[59] The same holds for the view of being made holy in baptism as a condition of access to God in his temple. The primary emphasis is on how Christ's redemptive work has brought about a radical change in the Gentiles' situation, not on baptism for its own sake. The description of those excluded now being included and created into "a new person" is undoubt-

---

[56] See Rom 6:13; 13:12; 1 Thess 5:8; 1 Pet 4:1; also Ign. *Pol.* 6:2: "Let baptism be as a weapon for you, faith as a helmet, love as a spear, patient endurance as armor".

[57] [Cf. the analogous statement regarding a large section of Colossians in HARTMAN 1995a, 99: "... indeed the whole section 3.1-4.6 is based on the fact that the addressees have changed their living conditions by baptism; ... So the baptismal motifs resound again and again: ...."]

[58] Regarding the use of Isa 57:19 and other texts and motifs in Eph 2:11-22, see especially D. C. SMITH 1970.

edly a baptismal motif (Eph 2:15; cf. 4:24; Col 3:10-11; Gal 3:27-28; 1 Cor 12:13). It is connected in Ephesians with cosmic temple-symbolism: Christ has torn down "the dividing wall" by having abolished the "law of commandments". On this point Ephesians is ultra-Pauline (cf. Rom 3:31). The expression "The two shall become one flesh" in particular suggests the widespread representation of the union of cosmic opposites between above and below, outer and inner, and not least, male and female.[60]

In contrast to other variants of this type of expression, e.g., the apocryphal sayings of Jesus among others, Ephesians emphasizes the contrast by which Gentiles were excluded from Jews and how the former became included in Christ. The primary accent is on what Christ has done for those who previously were "without hope and without God in the world", as well as on the fact that baptized Gentiles have been granted a part in all that was promised to those who had the covenant. This fits in completely with Ephesians as a "letter of congratulation". Disagreement with what the author considers to be false teaching is expressed more by what is not said than by what is said (cf. 5:32-33 and 4:14).

6. Baptism, Revelation and Empirical Reality

If we connect the intimations given in Ephesians with what we know from other sources, it is possible to construct a definite picture of what actually took place in baptism. It was performed by complete immersion and involved both an unclothing and a reclothing.[61] Those who were baptized answered questions as to whether they believed the gospel and on this basis confessed their faith (cf. 4:5; 5:26).[62] It can also be safely assumed that baptism, as with other actions, was accompanied by blessing, thanksgiving and prayer (cf. 5:19-20). Even if there was not any fixed catechism, it also appears that the baptized received some definite instruction on the meaning of baptism and about the consequent duties (cf. 4:20-21). Those who were baptized obtained thereby access to God as father (προσαγωγή, 2:18; 3:12), something that was concretely sig-

---

[59][Cf. HARTMAN 1995a, 103: "Discussing the place of baptism in Ephesians presents us with a methodological problem. The letter belongs to the same Pauline tradition as Colossians and also makes use of much material from this letter. In some cases [e.g. Col 2:8-15//Eph 2:1-10 –DH] this material is clearly related to baptism in its context in Colossians. But when the material appears in Ephesians, no mention is made of baptism. It is not wholly unlikely that these borrowed phrases hint at the baptismal thinking of the writer of Ephesians, although he gives no indication to this effect. But he may also be less loyal, so to speak, to his predecessors, and may consciously exclude baptism from the borrowings."]

[60]See, e.g., *2 Clem.* 12:2-6 and *Gos. Thom.* 22, and compare 106 and 114 (= S. GIVERSEN 1998, no. 23, 106, 114); [further *Gos. Eg.* 5 (= Clem. Alex., *Strom.* III. 92.2; cf. G. DELLING 1978, 790-93; M. W. MEYER 1985, 554-70; IDEM 1992, 35, 79f., and 109; ATTRIDGE 1991, 406-13; LINDEMANN 1992, 235f.; S. J. PATTERSON 1993, 153-55; A. MARJANEN 1998, 89-106; R. URO 1998, 140-62, esp. 154f.] See also SMITH 1970, 121-38, and IDEM 1973, 34-54; MEEKS 1974, especially 193, note 129.

[61][Cf. MEEKS 1983, 155ff. and see the literature referred to in article XIII in this volume § 5.]

[62][Cf. KELLY 1972, 40-49.]

nalled by their inclusion in the church community and participation in its worship. An acclamation like the one in Eph 4:4-6[63] and a congratulatory blessing in the style of Eph 1:3-14 could have been quite appropriately used at their inclusion into the community, just as much as at the baptism itself.

Subsequently in early church baptismal rituals the baptismal motifs we have found traces of in Ephesians became distributed in different connections with a complicated initiation ceremony which, among other things, included exorcism, renunciation (cf. Eph 2:2-3), and the use of white baptismal robes.[64] The seal of the Spirit could be associated with a particular rite, the laying on of hands and/or anointing.[65] Also, the marking of various body parts with the cross could symbolize the weapons the baptized received for battle against the evil one. The representation of baptism in terms of enthronement or bridal bath was less often expressed in particular rites. A reciprocal influence has taken place, so that actions common to bathing in antiquity, e.g., anointing, have been interpreted symbolically, while at the same time the symbolism of baptismal theology could lead to the use of several rites. Ephesians represents an early stage in this development where the baptismal ceremony was still quite simple. At the same time, the high degree in which Old Testament texts and the tradition of Jewish interpretation were associated with baptism and what it stood for is significant (cf. Eph 1:20-22 together with 2:6; 2:13-18, 20; 4:5-12, 22-24; 5:25-33; 6:13-17).

It is particularly important to keep in mind that the concept of baptism in Ephesians is oriented to mission in which baptism means conversion from paganism to Christian faith. This does not need to exclude infant-baptism; baptismal rituals and theology continued to be determined by mission long after the time when many of the baptized were born in Christian families. Ephesians maintains the all-encompassing family of Christians to such a degree that I can hardly conceive of any alternative to children also being baptized, particularly in those instances where entire families became Christian.[66] Irrespective of whether or not infant-baptism was practiced, it is with respect to the baptism of pagans that Ephesians speaks about the transition that takes place and the numerous gifts with which God has blessed the baptized. It uses heavy and powerful words without any attempt to systematize the varying aspects and different metaphors. Nor shall I for my part attempt to give a summary of the letter's concept of baptism. Instead, I wish to conclude with some more general observations.

---

[63][See above note 15 on page 417.]

[64][See, e.g., <Clem. Alex., *Paed.* I. 6, 32:4; Cyr. Hier., *Catech. illum.* I. 2; III. 7; *Catech. myst.* II. 2; *Rituale Armenorum* (F. C. CONYBEARE [ED.], 1905), 401; H. DENZINGER 1863/1961, 201, 206, 228, 229, 269f., 276, 345>, and in this volume article XIII note 87 and note 88 on page 403.]

[65][Cf. DINKLER 1967, 197: "… daß historisch nachweisbar sowohl im Christentum wie in den mandäischen Schriften die Salbung mit *Wasser* die älteste Stufe ist, die erst später abgelöst oder auch ergänzt wird durch die Salbung mit Öl." See above note 46 and note 47 on page 425, and further in this volume article XIII note 79 and note 80 on page 402.]

[66][So also now with regard to 1 Cor 7:14, J. C. O'NEILL 1986, 357-61; otherwise SCHRAGE 1995, 107-09.]

When an inquiry has to do with the concept of baptism, one must observe how much weight Ephesians places on Christian confession. Wisdom and insight are mentioned among the gifts with which God has blessed the baptized, in order that they may discern the mystery of his will (Eph 1:8-10). In the intercessory prayer a particularly prominent petition is that God may give inspired understanding and perception (1:16-19; 3:14-19). Paul himself is presented as a recipient and mediator of God's mysterious revelation. The revelation of mystery, however, is not an esoteric wisdom that comes as an addition to the community's basic preaching of the gospel. The content of the mystery is that through the gospel Gentiles have become "fellow heirs and members of the same body (σύσσωμα) and sharers in the promise in Christ Jesus" (3:2-7). This means that the goal of Paul's apostolic ministry was for God's manifold wisdom to be made known by the church to heavenly powers and authorities (3:8-11). The thought is that this cosmic proclamation takes place when the powers that rule in a divided world receive knowledge that Christ has conquered division and created peace and reconciliation, namely when they see that Gentiles and Jews have been united in one body through baptism.[67]

Ephesians may refer to knowledge about dimensions of the universe, but only as a background for what its message is really about, i.e. knowledge of Christ's love (3:18-19).[68] The letter does not contain polemic and warns about false teaching only in passing. At the same time, however, it goes beyond what has been given out as esoteric knowledge of cosmological and theosophical mysteries or revelation of higher wisdom by presenting Paul's foundational gospel as a revelation of the mystery that previously had been hidden. It does not declare that baptism is a mystery or that the church is a mystery, but rather the Gentiles' incorporation as equal members of Christ is presented as a mystery and a revelation of God's wisdom. Also, Christ's love for the church which he has made holy through baptism is a great mystery, while at the same time being an example of earthly love in marriage. Ephesians is trying to get the Gentile Christian to understand what is fundamental and common for all, what God has done for them in Christ, what it means to be Christ's church, and what God's will is for the baptized.

Ephesians has little to say about concrete problems in the church. There is a strong emphasis on unity between Jews and Gentiles in Christ, but nothing is said about how baptized Gentiles are to relate to Christian Jews in their own particular milieu or in Jerusalem. The letter always uses the singular form ἡ ἐκκλησία to refer to the church, but says nothing about contact between local communities. It almost stands without any relation to time or place. The empirical, social reality that we get an impression of reflects conditions in local communities with pastors and teachers and Christian households. Christians are in a minority, separated from their surroundings, as well as from their own pagan past. The contrast with the surrounding world is not as sharp as what we find in John's Revelation, but relations are also not as good as the author of the Pastoral Letters would like them to be (cf. esp. Eph 5:3-11). Ephesians instructs Chris-

---

[67] See DAHL 1965; [in this volume article XI.].
[68] See DAHL 1975; [in this volume article XII.].

tians to arm themselves against "that evil day" (6:13); but suffering for the sake of the name "Christian" is not a pressing problem as it is in 1 Peter. Salvation in Christ, together with the meaning of baptism, is depicted with superlative expressions and shifting imagery, but the prescriptions for the Christian journey are largely simple, partly elementary, and relate mostly to personal morals and internal relationships.

There are several indications that the actual conditions were not what the author of Ephesians wished. Moral laxity may have been thought of as harmless (Eph 5:6). Various doctrines, characterized by words such as "error" and "trickery" (lit. "dice-playing"), have taken hold and are threatening the community's growth in unity, truth and love. There are grounds to assume that both ascetic renunciation of marriage and esoteric revelation have played a role, perhaps in connection with mystical ascensions from earthly to heavenly places. Such tendencies were so widely disseminated that one can hardly attain any greater clarity by characterizing them as "gnostic". There is no point in trying to reconstruct a specific false teaching, since Ephesians does not embark on polemic, but outdoes the divisive teachings by portraying the full salvation that has already been accomplished in Christ. The mystery has been revealed in the gospel, in God's wisdom made known by the fact that Gentiles have received access to God as members of the body whose head is Christ, who is sitting at God's right hand, exalted over the whole universe.

Ephesians reminds Christians of what it means to have been baptized and blesses them in that regard. At the same time, however, it is a "wisdom speech" that is meant to give them a deeper understanding and lead to a more complete mastery of what was given in and with their calling, the baptism to and belief in the one Lord that they held in common. On the basis of baptism Ephesians paints an idealized picture of the churches' growth in faith, understanding, and love. The absence of any mention of places, persons, and events lends itself to the impression of Ephesians being utopian.[69] I assume that the letter was written by a personal disciple of Paul at a time when the Gentile Christian communities in Asia Minor were in the process of departing from the foundation that was laid down during the Pauline mission and baptism. The author wrote in Paul's name in order to make the apostle present for a later generation and to mediate a Pauline vision of what the baptized community was and should be.

This call to return to the common foundation involved a tension between the real conditions in the churches and the reality of faith the letter portrays. The question of the degree to which the letter and its concept of baptism helped Christians in other generations to solve their problems must be left open. Church teachers soon tried other ways of preserving the truth of the gospel and the unity and sanctity of the church. Ephesians itself was interpreted and used in many ways. However, it is not possible here

---

[69] A very one-sided view is given by LINDEMANN 1975, when he talks about a gnosticizing discontinuation of time. The basic flaw is that LINDEMANN looks for Ephesians' concept of time and history without paying attention to the letter's rhetorical form in order to see what the author is aiming at with his art of persuasion. A more correct and fruitful view is found in MEEKS 1977. [Cf. now also LONA 1984 and STRECKER 1996b, 606.]

to go into the history of interpretation and hermeneutical problems.[70] It suffices to say that Ephesians discloses a tension between the actual situation in the church and the sacramental reality of belief. As such, it gives us a picture in which we recognize ourselves.

Bibliography

ACHTEMEIER, P. J. 1996: *1 Peter. A Commentary on First Peter* (Hermeneia), Minneapolis, MN: Fortress 1996.

ATTRIDGE, H. W. 1991: "'Masculine Fellowship' in the Acts of Thomas", in: B. A. PEARSON (ED.), *The Future of Early Christianity. Essays in Honor of Helmut Koester*, Minneapolis, MN: Fortress 1991, 406-13.

— 1994: "On Becoming an Angel: Rival Baptismal Theologies at Colossae", in: L. BORMANN/K. DEL TREDICI/A. STANDHARTINGER (EDS.), *Religious Propaganda and Missionary Competition in the New Testament World. Essays Honoring Dieter Georgi*, Leiden: Brill 1994, 481-98.

BEASLEY-MURRAY, G. R. 1962: *Baptism in the New Testament*, London: MacMillan 1962.

BERLINER ARBEITSKREIS FÜR KOPTISCH-GNOSTISCHE SCHRIFTEN 1973: "Die Bedeutung der Texte von Nag Hammadi für die moderne Gnosisforschung", in: K.-W. TRÖGER (ED.), *Gnosis und Neues Testament. Studien aus Religionswissenschaft und Theologie*, Berlin: EVA 1973, 13-76.

— 1976: "'Die Exegese über die Seele'. Die sechste Schrift aus Nag-Hammadi-Codex II", in: *ThLZ* 101 (1976) 93-104.

BEST, E. 1997: "The Use of Credal and Liturgical Material in Ephesians", in: IDEM, *Essays on Ephesians*, Edinburgh: Clark 1997, 51-68.

— 1998: *A Critical and Exegetical Commentary on Ephesians* (ICC), Edinburgh: Clark 1998.

BETZ, H. D. 1979: *Galatians. A Commentary on Paul's Letter to the Churches in Galatia* (Hermeneia), Philadelphia, PA: Fortress 1979.

BOUSSET, W. 1921/65: *Kyrios Christos. Geschichte des Christusglaubens von den Anfängen des Christentums bis Irenaeus*, 2. Aufl. 1921; 5. Aufl. mit einem Geleitwort von R. BULTMANN, Göttingen: V&R 1921/65.

BOUTTIER, M. 1991: *L'Épître de Saint Paul aux Éphésiens* (CNT IXb), Genève: Labor et Fides 1991.

BROX, N. 1979: *Der erste Petrusbrief* (EKK XXI), Zürich: Benziger/Neukirchen-Vluyn: Neukirchener 1979.

— 1991: *Der Hirt des Hermas* (KAV 7), Göttingen: V&R 1991.

---

[70] I have sketched some thoughts on the history of interpretation and hermeneutical problems in DAHL 1977/78. [In this volume article XVII.]

BULTMANN, R. 1976: *Der zweite Brief an die Korinther* (KEK Sonderband), Göttingen: V&R 1976.

CONYBEARE, F. C. 1905: *Rituale Armenorum*, Oxford: Clarendon 1905.

COUTTS, J. 1956-57: "Ephesians I.3-14 and I Peter I. 3-12", in: *NTS* 3 (1956-57) 115-27.

DAHL, N. A. 1945: "Dopet i Efesierbrevet", in: *SvTK* 21 (1945) 85-103.

— 1951: "Adresse und Proömium des Epheserbriefes", in: *ThZ* 7 (1951) 241-64.

— 1965: "Das Geheimnis der Kirche nach Eph. 3,8-10", in: E. SCHLINK/A. PETERS (EDS.), *Zur Auferbauung des Leibes Christi. Festgabe für Peter Brunner*, Kassel: Stauda 1965, 63-75. [In this volume article XI.]

— 1966: *Et kall*, Oslo: Land og Kirke 1966.

— 1975: Cosmic Dimensions and Religious Knowledge (Eph 3:18)", in: E. E. ELLIS/E. GRÄSSER (EDS.), *Jesus und Paulus. Festschrift für W. G. Kümmel*, Göttingen: V&R 1975, 57-75. [In this volume article XII].

— 1976: "Ephesians", in: *The Interpreter's Dictionary to the Bible*, Suppl. Vol., Nashville, KY: Abingdon 1978, 268f.

— 1977: "The One God of Jews and Gentiles", in: IDEM, *Studies in Paul*, Minneapolis, MN: Augsburg 1977, 178-91.

— 1977/78: "Interpreting Ephesians: Then and Now", in: *ThD* 25 (1977) 305-15; also in: *CTh-Mi* 5 (1978) 133-43. [In this volume article XVI.]

— 1978: "Review of E. P. Sanders, Paul and Palestinian Judaism", in: *RStR* 4 (1978) 153-58.

DAWES, G. W. 1998: *The Body in Question. Metaphor and Meaning in the Interpretation of Ephesians 5:21-33* (BIS 30), Leiden: Brill 1998.

DEICHGRÄBER, R. 1967: *Gotteshymnus und Christushymnus in der frühen Christenheit. Untersuchungen zu Form, Sprache und Stil der frühchristlichen Hymnen* (StUNT 5), Göttingen: V&R 1967.

DELLING, G. 1978: "Geschlechter", in: *RAC* 10, Stuttgart: Hiersemann 1978, 780-803.

DEMING, W. 1995: *Paul on Marriage and Celibacy. The Hellenistic Background of 1 Corinthians 7* (SNTSMS 83), Cambridge: CUP 1995.

DENZINGER, H. 1863/1961: *Ritus Orientalium* I, Würzburg: Stahel 1863. [Repr. Graz: Akademische Druck- und Verlagsanstalt 1961.]

DIBELIUS, M. 1915/56: "Die Christianisierung einer hellenistischen Formel" (1915), in: IDEM, *Botschaft und Geschichte*, Band II, Tübingen: Mohr Siebeck 1956, 14-29.

DIBELIUS, M./CONZELMANN, H. 1972: *The Pastoral Epistles. A Commentary on the Pastoral Epistles* (Hermeneia), Philadelphia, PA: Fortress 1972.

DIBELIUS, M./GREEVEN, H. 1953: *An die Kolosser, Epheser, An Philemon* (HNT 12), 3rd ed., Tübingen: Mohr Siebeck 1953.

Dinkler, E. 1967: "Die Taufterminologie in 2Kor 1,21f.", in: idem, *Signum Crucis. Aufsätze zum Neuen Testament und zur Christlichen Archäologie*, Tübingen: Mohr Siebeck 1967, 99-117.

— 1971: "Die Taufaussagen des Neuen Testaments. Neu untersucht im Hinblick auf Karl Barths Tauflehre", in: J. Beckmann/E. Dinkler/E. Jüngel/W. Kreck/E. Lohse, *Zu Karl Barths Lehre von der Taufe*, Gütersloh: Mohn 1971, 60-153.

Dölger, F. J. 1911: ΣΦΡΑΓΙΣ. *Eine altchristliche Taufbezeichnung in ihren Beziehungen zur profanen und religiösen Kultur des Altertums* (SGKA V), Paderborn: Schöningh 1911.

Edsman, C.-M. 1940: *Le baptême de feu* (ASNU 9), Uppsala: Lundequistska 1940.

Fischer, K. M. 1973: *Tendenz und Absicht des Epheserbriefes*, Berlin: EV 1973 (= [FRLANT 111], Göttingen: V&R 1973).

Fitzer, G. 1964: "σφραγίς κτλ.", in: *ThWNT* 7 Stuttgart: Kohlhammer 1964, 939-54.

Furnish, V. P. 1984: *II Corinthians. Translation with Introduction, Notes, and Commentary* (AncB 32A), Garden City, NY: Doubleday 1984.

Gaffron, H.-G. 1969: *Studien zum koptischen Philippusevangelium unter besonderer Berücksichtigung der Sakramente* (Diss. Bonn), Bonn: Universität Bonn 1969.

Giversen, S. 1998: *Evangelium Thomae*, Copenhagen: Gyldendal 1998.

Gnilka, J. 1990: *Der Epheserbrief* (HThK 10/2), 4th ed., Freiburg i. Br.: Herder 1990.

Goppelt, L. 1969: "ὕδωρ", in: *ThWNT* 8, Stuttgart: Kohlhammer 1969, 313-33.

— 1978: *Der erste Petrusbrief* (KEK XII/1), Göttingen: V&R 1978.

Harnisch, W. 1999: "Christusbindung *oder* Weltbezug? Sachkritische Erwägungen zur paulinischen Argumentation in 1Kor 7", in: B. Kollmann/W. Reinbold/A. Steudel (eds.), *Antikes Judentum und Frühes Christentum. Festschrift für Hartmut Stegemann* (BZNW 97), Berlin – New York: de Gruyter 1999, 457-73.

Hartman, L. 1997a: *'Into the Name of the Lord Jesus'. Baptism in the Early Church* (Studies of the New Testament and Its World), Edinburgh: Clark 1997.

— 1997b: "Doing Things With the Words of Colossians", in: idem, *Text-Centered New Testament Studies. Text-Theoretical Essays on Early Jewish and Early Christian Literature* (WUNT 102), Tübingen: Mohr Siebeck 1997, 195-209.

Heitmüller, W. 1903: *Im Namen Jesu. Eine sprach- und religionsgeschichtliche Untersuchung zum Neuen Testament, speziell zur altchristlichen Taufe* (FRLANT 1), Göttingen: V&R 1903.

— 1914: "ΣΦΡΑΓΙΣ", in: A. Deissmann/H. Windisch (eds.), *Neutestamentliche Studien für Georg Heinrici zu seinem 70. Geburtstag dargebracht* (UNT 6), Leipzig: Hinrichs 1914, 40-59.

Hellholm, D. 1995: "Enthymemic Argumentation in Paul: The Case of Romans 6", in: T. Engberg-Pedersen (ed.), *Paul in His Hellenistic Context*, Minneapolis, MN: Fortress/Edinburgh: Clark 1995, 119-79.

— 1997: "Die argumentative Funktion von Römer 7.1-6", in: *NTS* 43 (1997) 385-411.

— 1998: "Beatitudes and Their Illocutionary Functions", in: A. Y. COLLINS (ED.), *Ancient and Modern Perspectives on the Bible and Culture. Essays in Honor of Hans Dieter Betz* (Scholars Press Homage Series 22), Atlanta, GA: Scholars Press 1998, 285-344.

HORN, FR. W. 1992: *Das Angeld des Geistes. Studien zur paulinischen Pneumatologie* (FRLANT 154), Göttingen: V&R 1992.

HÜBNER, H. 1997: *An Philemon, An die Kolosser, An die Epheser* (HNT 12), Tübingen: Mohr Siebeck 1997.

KÄSEMANN, E. 1933: *Leib und Leib Christi. Eine Untersuchung zur paulinischen Begrifflichkeit* (BHTh 9), Tübingen: Mohr Siebeck 1933.

KELLY, J. N. D. 1972: *Early Christian Creeds*, 3rd ed., London: Longmans 1972.

KIRBY, J. C. 1968: *Ephesians: Baptism and Pentecost. An Inquiry into the Structure and Purpose of the Epistle to the Ephesians*, London: SPCK 1968.

KNOX, W. L. 1939: *St. Paul and the Church of the Gentiles*, Cambridge: CUP 1939.

KRAMER, W. 1963: *Christus – Kyrios – Gottessohn. Untersuchungen zu Gebrauch und Bedeutung der christologischen Bezeichnungen bei Paulus und den vorpaulinischen Gemeinden* (AThANT 44), Zürich: Zwingli 1963.

LAMPE, G. W. H. 1967: *The Seal of the Spirit: A Study in the Doctrine of Baptism and Confirmation in the New Testament and the Fathers*, 2nd ed., London: SPCK 1967.

LINCOLN, A. T. 1990: *Ephesians* (WBC 42), Dallas, TX: Word Books 1990.

LINDEMANN, A. 1975: *Die Aufhebung der Zeit. Geschichtsverständnis und Eschatologie im Epheserbrief* (StNT 12), Gütersloh: Mohn 1975.

— 1992: *Die Klemensbriefe* (NT 17; DAV I), Tübingen: Mohr Siebeck 1992.

LOGAN, A. H. B. 1996: *Gnostic Truth and Christian Heresy. Study in the History of Gnosticism*, Edinburgh: Clark 1996.

LONA, H. E. 1984: *Die Eschatologie im Kolosser- und Epheserbrief* (FzB 48), Würzburg: Echter 1984.

LUEKEN, W. 1917: „Die Briefe an Philemon, an die Kolosser und an die Epheser", in: J. WEISS/ W. BOUSSET/W. HEITMÜLLER (EDS.), *Die Schriften des Neuen Testaments 2*, 3. Aufl., Göttingen: V&R 1917, 358-83.

LUNDBERG, P. 1942: *La typologie baptismale dans l'ancienne Église* (ASNU 10), Leipzig: Lorenz/ Uppsala: Lundequistska 1942.

LUZ, U. 1998: *Der Brief an die Epheser* (NTD 8/1), Göttingen: V&R 1998, 105-80.

MACDONALD, D. R. 1987: *There is No Male and Female. The Fate of a Dominical Saying in Paul and Gnosticism* (HDR 20), Philadelphia, PA: Fortress 1987.

MACDONALD, M. Y. 1996: *Early Christian Women and Pagan Opinion. The Power of the Hysterical Woman*, Cambridge: CUP 1996.

MARJANEN, A. 1998: "Women Disciples in the *Gospel of Thomas*", in: R. URO (ED.), *Thomas at the Crossroads. Essays on the Gospel of Thomas* (StNTW), Edinburgh: Clark 1998, 89-106.

Martyn, J. L. 1997: *Galatians. A New Translation with Introduction and Commentary* (AncB 33A), New York, etc.: Doubleday 1997.

Meyer, M. W. 1985: "Making Mary Male: the Categories 'Male' and 'Female' in the Gospel of Thomas", in: *NTS* 31 (1985) 554-70.

— 1992: *The Gospel of Thomas. The Hidden Sayings of Jesus*, San Francisco, CA: Harper 1992.

Meeks, W. A. 1974: "The Image of the Androgyne: Some Uses of a Symbol in Earliest Christianity", in: *HR* 13 (1974) 165-208.

— 1977: "In One Body: The Unity of Mankind in Ephesians and Colossians", in: J. Jervell/ W. A. Meeks (eds.), *God's Christ and His People. Festschrift N. A. Dahl*, Oslo: ScUP 1977, 209-17.

— 1983: *The First Urban Christians. The Social World of the Apostle Paul*, New Haven, CT/London: YUP 1983.

Merklein, H. 1973: *Das kirchliche Amt nach dem Epheserbrief* (StANT 33), München: Kösel 1973.

Mussner, F. 1955/68: *Christus, das All und die Kirche. Studien zur Theologie des Epheserbriefes*, Trier: Paulinus 1955 (2nd ed. 1968).

— 1982: *Der Brief an die Epheser* (ÖTK 10), Gütersloh: Mohn/Würzburg: Echter 1982.

Niederwimmer, K. 1975: *Askese und Mysterium. Über Ehe, Ehescheidung und Eheverzicht in den Anfängen des christlichen Glaubens* (FRLANT 113), Göttingen: V&R 1975.

Norden, Ed. 1913/71: *Agnostos Theos. Untersuchungen zur Formengeschichte religiöser Rede*, Stuttgart: Teubner 1913 [Repr. Darmstadt: WBG 1971].

Oberlinner, L. 1996: *Die Pastoralbriefe. Dritte Folge: Kommentar zum Titusbrief* (HThK XI 2/3), Freiburg i. Br. etc.: Herder 1996.

Olsson, B. 1982: *Första Petrusbrevet* (KomNT 17), Stockholm: EFS 1982.

O'Neill, J. C. 1986: "1 Corinthians 7,14 and Infant Baptism", in: A. Vanhoye (ed.), *L'Apôtre Paul. Personnalité, style et conception du ministère* (BETHL 73), Leuven: LUP/Peeters 1986, 357-61.

Osiek, C. 1999: *The Sheperd of Hermas* (Hermeneia), Minneapolis, MN: Fortress 1999.

Pagels, E. H. 1983: "Adam and Eve, Christ and the Church", in: A. H. B. Logan/A. J. M. Wedderburn (eds.), *The New Testament and Gnosis*, Edinburgh: Clark 1983, 146-75.

— 1986: "Exegesis and Exposition of the Genesis Creation Accounts in Selected Texts from Nag Hammadi", in: Ch. W. Hedrick/R. Hodgson, Jr. (eds.), *Nag Hammadi, Gnosticism, and Early Christianity*, Peabody, MA: Hendrickson 1986, 257-85.

Patterson, S. J. 1993: *The Gospel of Thomas and Jesus* (Foundation and Facets), Sonoma, CA: Polebridge 1993.

Peterson, E. 1926: *ΕΙΣ ΘΕΟΣ. Epigraphische, formgeschichtliche und religionsgeschichtliche Untersuchungen* (FRLANT 41), Göttingen: V&R 1926.

Pokorný, P. 1992: *Der Brief des Paulus an die Epheser* (ThHK 10/II), Leipzig: EVA 1992.

SAMPLEY, J. P. 1971: *'And the Two Shall Become One Flesh': A Study of Traditions in Ephesians 5:21-33* (MSSNTS 16), Cambridge: CUP 1971.

SANDERS, E. P. 1977: *Paul and Palestinian Judaism. A Comparison of Patterns of Religion*, Philadelphia, PA: Fortress 1977.

SCHILLE, G. 1965: *Frühchristliche Hymnen*, Berlin: EVA 1965.

SCHLIER, H. 1930: *Christus und die Kirche im Epheserbrief* (BHTh 6), Tübingen: Mohr Siebeck 1930.

— 1963: *Der Brief an die Epheser*, 4th ed., Düsseldorf: Patmos 1963.

SCHNACKENBURG, R. 1950: *Das Heilsgeschehen bei der Taufe nach dem Apostel Paulus. Eine Studie zur paulinischen Theologie* (MThS I/1), München: Zink 1950.

— 1982: *Der Brief an die Epheser* (EKK 10), Zürich: Benziger/Neukirchen-Vluyn: Neukirchener 1982.

SCHRAGE, W. 1995: *Der erste Brief an die Korinther (1Kor 6,12-11,16)* (EKK VII/2), Solothurn: Benziger/Neukirchen-Vluyn: Neukirchener 1995.

— 1999: *Der erste Brief an die Korinther (1Kor 11,17-14,40)* (EKK VII/3), Solothurn: Benziger/Neukirchen-Vluyn: Neukirchener 1999.

SEIM, T. KARLSEN 1995: "A Superior Minority? The Problem of Men's Headship in Ephesians 5", in: D. HELLHOLM/H. MOXNES/T. KARLSEN SEIM (EDS.), *Mighty Minorities? Minorities in Early Christianity – Positions and Strategies. Essays in Honor of Jacob Jervell*, Oslo etc.: ScUP 167-81.

SEVERINSEN, P. 1924: *Daabens Ord: Et bidrag til den kristne daabs historie*, Odense: Kirkeligt Samfund af 1898 1924.

SMITH, D. C. 1970: *Jewish and Greek Traditions in Ephesians 2:11-22*, PhD Diss., New Haven: Yale University 1970 (An Arbor, MI: University Microfilms).

— 1973: "The Two Made One", in: *OJRS* 1 (1973) 34-54.

STAUFFER, E. 1948: *Die Theologie des Neuen Testaments*, 4th ed., Stuttgart: Kohlhammer 1948.

STRECKER, G. 1996a: *The Johannine Letters. A Commentary on 1, 2, and 3 John* (Hermeneia), Minneapolis, MN: Fortress 1996.

— 1996b: *Theologie des Neuen Testaments*. Bearbeitet, ergänzt und herausgegeben von FR. W. HORN (GLB), Berlin – New York: de Gruyter 1996.

THEOBALD, M. 1990: "Heilige Hochzeit. Motive des Mythos im Horizont von Eph. 5,21-33", in: K. KERTELGE (ED.), *Metaphorik und Mythos im Neuen Testament* (QD 126), Freiburg i. Br.: Herder 1990, 220-54.

THRALL, M. 1994: *A Critical and Exegetical Commentary on The Second Epistle to the Corinthians. Volume I: Introduction and Commentary on II Corinthians I-VII* (ICC), Edinburgh: Clark 1994.

URO, R. 1998: "Is Thomas an Encratite Gospel?", in: R. URO (ED.), *Thomas at the Crossroads. Essays on the Gospel of Thomas* (StNTW), Edinburgh: Clark 1998, 140-62.

VIELHAUER, PH. 1975: *Geschichte der urchristlichen Literatur. Einleitung in das Neue Testament, die Apokryphen und die Apostolischen Väter* (GLB), Berlin – New York: de Gruyter 1975.

WEISS, J. (ED.) 1917: *Die Schriften des Neuen Testaments*, Göttingen: V&R 1917.

WENGST, KL. 1972: *Christologische Formeln und Lieder des Urchristentums* (StNT 7), Gütersloh: Mohn 1972.

WIDENGREN, G. 1963: "Baptism and Enthronement in some Jewish-Christian Gnostic Documents", in: S. G. F. BRANDON (ED.), *The Saviour God. Comparative Studies in the Concept of Salvation Presented to Edwin Oliver James by Colleagues and Freinds to Commemorate his Seventy-fifth Birthday*, Manchester: MUP 1963, 205-17.

— 1968: "Heavenly Enthronement and Baptism. Studies in Mandaean Baptism", in: J. NEUSNER (ED.), *Religions in Antiquity. Essays in Memory of Erwin Ramsdell Goodenough*, Leiden: Brill 1968, 551-82.

— 1969: *Religionsphänomenologie* (GLB), Berlin – New York, NY: de Gruyter 1969.

WINNINGE, M. 1995: *Sinners and the Righteous. A Comparative Study of the Psalms of Solomon and Paul's Letters* (CB.NT 26), Stockholm: Almqvist & Wiksell 1995.

XV. Gentiles, Christians, and Israelites in the Epistle to the Ephesians

1. Introduction

Most early Christians perceived the world in which they lived as a world of Jews and Gentiles. Ephesians speaks most impressively about the unity of the two parts in the church, which is the body of Christ. Studies of Ephesians have very often concentrated on the idea of the church and the relationship between ecclesiology, christology, and soteriology. Some scholars have paid special attention to the relationship between the church and Israel, Christians and Jews. Statements about the Gentiles have received much less attention, but for reasons which will become apparent in the course of this article, I prefer to begin with them.[1]

2. The Gentiles

Ephesians contains four somewhat detailed descriptions of the Gentiles, their status and their way of life (2:1-3, 11-12; 4:17-19; 5:3-13). The term τὰ ἔθνη refers to the non-Jewish part of humanity, not to a plurality of nations. Non-Jewish Christians may or may not be reckoned among the Gentiles (3:1; 4:17). Those who do not believe are outsiders, "the other ones" (οἱ λοιποί, 2:3), and are regarded as the "sons of disobedience" (2:2; 5:6). Because they lacked the sign of the covenant on their bodies, Gentiles were collectively called "the foreskin" (ἀκροβυστία, 2:11). The term "those far off" (οἱ μακράν, 2:17; cf. 2:13) is derived from Isa 57:19, but in the context of Ephesians it indicates not geographical distance but exclusion in terms of sacred Law. The situation of those who were "far off," foreigners and/or aliens, is spelled out in Eph 2:12: they had no share in Christ and were excluded from the commonwealth (πολιτεία) of Israel. That is, they did not enjoy the privileges of citizenship but were aliens to the dispensations of the promise of God. No hope for the godless! (ἄθεοι).

Other passages describe the mindset which is supposed to be characteristic of idolaters: futility, obscured thought, a callous heart, and moral insensitivity. As a conse-

---

[1] Lack of time and space has made it impossible for me to supply this article with notes. Much of what should have been in the notes can be found in earlier articles of mine: N. A. Dahl 1963; idem 1965; idem 1975; idem 1976; idem 1977; idem 1982. [For reprints in this volume, see the bibliography at the end of this article.]

quence, the Gentiles have become captive to their own vices, which they practice without inhibition. Offenses against sexual morality hold first place among their sins and desires, but unfair gain at the expense of others (πλεονεξία) is not considered a lesser evil (see esp. 4:17-19; also 2:3; 4:22; 5:3-6). Within the framework of a cosmic dualism, Gentiles side with death and darkness, and with the prince that holds sway over the sublunar sphere of the air, the devil (see esp. 2:1-3; 5:8, 11-12). The eschatological wrath will certainly come upon such sinners and their associates (2:3; 5:5-6).

To a considerable degree this picture of the Gentiles and their way of life draws upon Jewish and Christian stereotypes. The descriptions of the consequences of idolatry in Eph 4:17-19 have many features in common with Rom 1:18-32. But in Romans Paul gives his argument a special twist in order to prove that there is no distinction between Jews and Gentiles. Ephesians uses the description in a more conventional way, as a warning not to act as the Gentiles do. No shades of gray modify the dark picture. Nothing is said about Gentiles who have some knowledge of God and of what the Law requires, and who may even happen to do it. Neither is anything said about civil authorities who have their power from God, so that Christians ought to obey them and intercede for them.

Both the explicit statements and the absence of modifying factors contribute to the impression that Ephesians represents an excessively negative attitude toward non-Christian Gentiles, but this negative picture provides a foil for the demonstration of the rich grace and the immense power of God, who in Christ has granted salvation to the condemnable Gentiles (2:1-10, 11-22).[2] The dualism is counterbalanced by use of universalistic, not to say monistic, language to talk about the universal lordship of Christ and about God, the Father of all, who performs all that his will has decided (see, e.g., 1:10, 11, 19-23; 3:10, 15-16; 4:6, 8-10, 15-16). Ephesians also makes use of cosmological terminology to speak about the church as the body of Christ (esp. 1:23; 4:16).

A tension between exclusivity and universalism is present in many varieties of biblical religion, Jewish and Christian. In Ephesians it is conspicuous and not modified by any allusion to the origin of idolatry, an original fall, or the subjection of creation to futility, as it is in Romans (1:18-28; 5:12-19; 8:19-23). Ephesians contains almost no theological discussion but blames the Gentiles for their sins and praises God for what he has done in Christ, and does both things in order to extol the lot of those Gentiles who have been called by God and have become members of the church of Christ.

3. Christians among the Gentiles

Like other Pauline epistles, Ephesians does not talk about "Christians," but about the "saints" (e.g., 1:1, 15). Other designations are rarely used – "the brethren" in 6:23, "we who believe" in 1:19. The audience is addressed by second person plural forms in 3:1 (cf. 2:11) as "you (the) Gentiles," while an inclusive "we" or "all of us" refers to Chris-

---

[2] [Cf. E. BEST 1997a, 69-85.]

tians in general, both Jews and Gentiles. The alternation of first and second person plurals may reflect a combination of epistolary style and devotional language.

Ephesians uses a complex imagery to praise the action of God in Christ which has radically altered the situation of the Gentiles who have heard the gospel, been baptized, and received the seal of the Spirit. Together with all Christians they have received all kinds of spiritual blessings (1:3-14). The gift aspect is complemented by transfer terminology: those who were dead have been made alive in Christ and given seats of honor in the high heavens. Once excluded as aliens, they have received reconciliation and peace, gained free access to the Father, and become fellow citizens and members of God's household (2:1-10, 11-22). Once darkness, they are now light in the Lord (5:8).[3]

The specific paraenesis in Eph 4:25-5:21 is introduced by two thematic headlines, one negative ("not like the Gentiles," 4:17-19), the other positive ("you have been taught ... to put off the old human being ... and put on the new human being," 4:21-24).[4] To paraphrase the metaphors, the shift from the old to the new implies a shift of identity as well as of role. What this means for the conduct of daily life is spelled out through alternating pairs of negative and positive instructions, some of them moral commonplaces, with appended reasons which are more specifically Christian (4:25-5:21). At this point there is a striking difference between Ephesians and Colossians. In Colossians the exhortations are not contrasted with the vices of the Gentiles but with ritual and ascetic precepts advocated by adherents of some kind of mystical "philosophy."[5] The juxtaposition of positive and negative prescriptions is, however, a common pattern which Paul uses in Romans 12-13.

Ephesians does not only call for a clean break with the pagan past but also tells Christians not to associate with the Gentile sinners among whom they live: "Do not become their partners ... Do not take part in the unfruitful works of darkness" (5:7, 11). These are moral imperatives, analogous to the version of the later commandments of the Decalogue in Palestinian targumim (e.g., "You shall not be murderers, nor friends nor partners of murderers ... You shall not be coveters, nor friends nor partners of coveters," (*Frg. Tg.* Exod 20:13, 17) – not strict rules of discipline like those of the sectarian documents from Qumran (e.g., 1QS V). Most likely Ephesians reproduces a current paraenetic topic, as Paul apparently did in an early, now lost letter to the Corinthians.[6] In the first of the canonical letters Paul modifies what he had written and gives various specific pieces of advice about what Christians should avoid or may do in their social intercourse with outsiders (1 Cor 5:9-12; 6:1-6; 7:12-16; 8:7-13; 10:23-33). In Ephesians the prescriptions are so general that it is impossible to know whether or not the author really wanted to recommend sectarian isolation, or how he envisaged the relationship between Christians and Gentiles in everyday life.

---

[3] [On the theological and philosophical concept of transformation, see E. P. SANDERS 1977, 463-72; M. WINNINGE 1995, 314-20; D. HELLHOLM 1997, 395f., 406ff.]
[4] [See the structural analysis of Ephesians above in article I on pages 10ff.]
[5] [On the "philosophy" in Colossians, see L. HARTMAN 1995, 25-39.]
[6] [Cf. DAHL 1963; in this volume article X.]

Ephesians no doubt presupposes that the mission to the Gentiles continues, probably carried on by special "evangelists" (cf. 4:11), but not exclusively by them. All Christians are to put on the whole armor of God and – as imitators of God – resist and fight the powers of evil, not only with defensive weapons but also equipped with the "gospel of peace" and using the "sword of the Spirit, which is the word of God" (Eph 6:11-17; cf. Isa 59:17-18; Wis 5:17-21, and Eph 4:24; 5:1). A missionary aspect is probably also present in Eph 5:11: "Take no part in the unfruitful works of darkness, but instead expose them" (μᾶλλον δὲ καὶ ἐλέγχετε). The exhortation could possibly apply to mutual correction among Christians, but the context makes it more natural to think of the shameful things which Gentiles do in secret: if their evil deeds are exposed by the light, Gentiles may awake from the sleep of death, so that Christ will shine upon them as the light of a new day upon those who awake in the morning. But even if this interpretation is correct, the concern of Ephesians is the organic growth of the church in faith and knowledge, in truth and mutual love, much more than an increasing number of members (see esp. 4:1-16).

It is not any special action but the existence of the church as the one body in which Gentiles have been united with the Israelites which makes the manifold wisdom of God known to the powers and principalities who, apparently, had assumed that they were forever to rule over various parts of a fragmented world (Eph 3:10). Ephesians represents Paul as the mediator of revealed knowledge who through his mission to the Gentiles made the secret plan of the creator become public reality (3:1-13).[7] In this context the Christian Gentiles are considered representatives of the entire non-Jewish part of humanity. Their incorporation accords with the mystery of God's will, to "recapitulate" all things in Christ (Eph 1:10). The relationship of Gentile believers to outsiders is thus seen from two points of view, as separation and as representation. What both points of view have in common is that it is a very special privilege to belong to those Gentiles who have been chosen to become partners of the Israelites.

4. The Israelites

Ephesians never uses the term "the Jews" (οἱ Ἰουδαῖοι). In contrast to uncircumcised Gentiles the Jews are said to have been called "the circumcision" (ἡ λεγομένη περιτομή, 2:11). In contrast to the Gentiles who, apart from Christ, were far off, the Jews were "the near ones" (οἱ ἐγγύς, 2:17): they enjoyed the full rights and privileges which the dispensations of the promise granted to citizens of Israel. In order to express this privileged status, I use the term "the Israelites," as Paul does in Rom 9:4. In Rom 9:4-5 Paul enumerates the advantages of the Jews; the analogous list in Eph 2:12 speaks about privileges which Gentiles did not have.[8]

---

[7] [See Best 1998, 293, 295, 300f.; Hellholm 1998, 240-42.]
[8] [Best 1997, 87-101.]

Ephesians never speaks about Jews except in statements about Gentiles and Israelites. Overcoming cosmic duality, Christ has made both parts one new human being (2:14-16). The designation "the saints" (οἱ ἅγιοι) is not reserved for Israelites, but when Gentiles are said to have become "fellow citizens of the saints" we are primarily to think of Christian Jews. First person plural forms include all Christians, Gentiles and Jews (2:3-7, 14, 18), but are never to be understood as meaning "we Jews" (not even in 1:11-12). In short, the Israelites appear in Ephesians as the heirs of the promise from whom the Gentiles were once separated but with whom the Gentiles have been united in Christ.

The separation is mentioned only in statements about the past time which came to an end when Christ abolished the Law and reconciled both parts with God. Ephesians maintains what Paul denied, that the Law had been abrogated (Eph 2:15; Rom 3:31). Without spelling out any doctrine of the Law, Ephesians seems to operate with concepts which are more akin to those of Hebrews than to Romans and Galatians. The commandments of the Law are envisaged as a set of rules for common life and worship, a fence around Israel and a dividing wall that kept aliens outside and became a cause of hostility. The theme of the key section Eph 2:11-22 is that Gentiles who were once "far off" have now "come nearby in the blood of Christ." Nevertheless it becomes quite clear that the abrogation of the Law and the reconciliation of the two parts with one another and with God changed the situation of the Israelites as well.[9]

The designation the "so-called circumcision" carries disparaging connotations which are reinforced by the pejoratives "in the flesh" and "made with hands" (2:11). The unexpressed contrast is the circumcision of the heart, or the "circumcision of Christ" (cf. Rom 2:29; Col 2:11). Another contrast is suggested by the positive statements that through Christ "we both have access to the Father in the Spirit" and that "all that is built (πᾶσα οἰκοδομή) is joined together and grows into a holy temple in the Lord" (Eph 2:18, 21). The Law, we may supply, only gave the Jews access to the temple which was made with hands. In any case, the text of Eph 2:11-22 implies that the atoning death of Christ had a double consequence: the exclusion of the Gentiles came to an end, and both they and the Israelites were created anew and transferred from an earthly existence "in the flesh" to the new age of the Spirit.[10]

Other texts confirm that all Christians, Jews and Gentiles, have received the same spiritual blessings and been made alive in Christ without whom they were all dead in their trespasses, "children of wrath like the rest of mankind" (1:3-14; 2:1-7). As Christian Gentiles represent the non-Jewish part of humanity, it is reasonable to think of Christian Jews as representatives of all Israel, but the strange fact is that Ephesians does not say a single word about a split within Israel. We hear nothing about Jews who pur-

---

[9] [See now G. W. DAWES 1998, 175: "For in 2:15-16 we see a distinction being made between the creation of one new person in whom Jew and Gentile are united, and the reconciliation of both these groups to God".]

[10] [H. HÜBNER 1997, 182f.; differently F. MUSSNER 1982, 179ff.; BEST 1998, 267f.]

sued a righteousness of their own and took offense at the crucified Christ, nor about Jewish instigators of persecutions of Christians, locally or in Judea.

In general, Ephesians yields very little information about the Israelites with whom the Gentile Christians have been united. If there were Christians of Jewish origins among the addressees, the author takes no account of them. He insists that the mystery of the unification of Gentiles and Israelites is at the basis of Christian congregations among the Gentiles, but the paraenesis simply exhorts the addressees to preserve the "unity of the Spirit" among themselves, by means of mutual love, tolerance, and forgiveness (see esp. 4:1-6).

After the time of Paul and of Ephesians several authors still found it necessary to warn Christians against the adoption of "Judaizing" customs. Ephesians does not. In the later years of Paul the most controversial matter was not circumcision of Christian Gentiles but the problem of which concessions, if any, Christian Jews might make in order to preserve the unity with their non-Jewish brothers and sisters (see Gal 2:11-14; Acts 21:20-21). Controversies on this issue were a major reason for a split which made the unity of Jews and Gentiles in the church break down. The issue must have been burning at the time of Ephesians, especially on the theological premises of the epistle itself: if Christian Jews continued to observe the Law, how could their unity with Christian Gentiles be manifested in practice? If not, how could the Jews inside the Christian church still be authentic representatives of Israel? We don't know what the author of Ephesians would have answered because the issue is not a concern of his.

One thing is clear: the addressees have heard about Paul, certainly also about his Jewish past (Eph 3:1-2). We can also safely assume that the "foundation of the apostles and prophets" was laid within Israel (2:20). Ephesians represents Paul as the one who preached the gospel to the Gentiles and thereby made the mystery of the unification of Jews and Gentiles become a public reality. But Paul did not act on his own – the mystery of the inclusion of Gentiles was also revealed in God's "holy apostles and prophets" (3:4-7). The full concord between Paul and the foundational authorities of the church (in Jerusalem?) provides the evidence for the unity of Israelites and Gentiles in the church. I see no way to avoid the conclusion that the author of Ephesians had a keen interest in the Jewish roots and origin of the church but failed to show any concern for the relationship of his audience to contemporary Jews in or outside the church.[11]

In comparison with nearly contemporary writings, it is remarkable that Ephesians contains no expression of anti-Jewish sentiments. The author did not embrace the idea that Israel had been rejected and replaced by the Christian church as the people of God. The vision of unification in Christ is a modified version of a point of view which is likely to go back to the earliest years of Christian history: through the death and resurrection of Jesus, the Christ, God confirmed his promise and redeemed his people Israel, with the consequence that Gentiles who believed in Christ were added as associates (see, e.g., Rom 15:7-12; Acts 3:25-26; 15:13-18). This notion did not cause great

---

[11] [Cf. BEST 1998, 267-69.]

problems as long as Christian Gentiles were a tiny majority. Ephesians has updated it to fit a setting in which a majority of Christians were of Gentile origin.[12]

Ephesians envisages the incorporation of Gentiles in a way that corresponds to Paul's image of Israel as the fine, cultivated olive tree into which wild olive branches have been grafted, but does not take account of the peculiar way in which Paul elaborates the image in Rom 11:16-24. In Romans Paul attests his deep concern for his fellow Jews and warns Gentile Christians not to feel safe and boast at the expense of Jews who have failed to believe in their own Christ. Ephesians simply reminds Christian Gentiles of their former status as excluded aliens in order to demonstrate the magnitude of the blessings which God in his mercy has extended to them.

5. The Epistle to the Ephesians

Ephesians is a sublime yet elusive document. There are almost no references to specific times, places, or persons, or to events after the baptism of the addressees. The epistle portrays the church as one and universal but says nothing about "ecumenical" relations between geographically separated churches. The picture of social contacts between the addressees and their pagan environment, or with Jews inside or outside the church, remains equally vague. This vagueness is one among several indications of pseudonymous authorship. The author, I think, was a personal disciple of Paul who lived in Asia Minor at a time when many winds of doctrine caused fragmentation and the Pauline heritage was in danger of being lost. In this situation the anonymous author composed a letter in the name of Paul which, taken at face value, was addressed to some recently founded congregation(s), and reminded young Gentile Christians of the implications of their faith and baptism, and exhorted them to live up to their calling.[13]

The real function of this "letter from Paul" was to make the apostle present to Christians of a later generation, and to call them back to the beginnings of Gentile Christianity, the mission of Paul, and their own baptism. The author alludes only in passing to burning issues of his own time but exceeds all alleged revelations of secret knowledge by means of a laudatory description of the mystery of God's will and its enactment in Christ. Christians of a Gentile background are to understand that their own existence in Christ, as equal partners of the Israelites, is at the core of the mystery of Christ.

The double, fictional, and real setting of Ephesians provides an explanation for the treatment of the unification of Gentiles and Israelites as the basis for all Gentile Christianity and, at the same time, the greatest of mysteries.[14] The epistle spells out what consequences this should have for the unity and holiness of the church, in a setting in which Christians lived as a minority in a pagan environment and paternalistic house-

---

[12][Cf. R. SCHNACKENBURG 1982, 332-36 (Wirkungsgeschichte!); P. POKORNÝ 1992, 124f.]
[13][See in this volume above article I, section 6. on pages 72ff.]
[14][See in this volume above article I, pages 76ff., and below article XVI.]

holds were constituent parts of the Christian community. But the vision of Ephesians has consequences that reach far beyond the horizon of the author and the first recipients of the epistle.

Bibliography

BEST, E. 1997: "Ephesians 2.11-22: A Christian View of Judaism", in: IDEM, *Essays on Ephesians*, Edinburgh: Clark 1997, 87-101.

— 1998: *A Critical and Exegetical Commentary on Ephesians* (ICC), Edinburgh: Clark 1998.

DAHL, N. A. 1963: "Der Epheserbrief und der verlorene, erste Brief des Paulus an die Korinther", in: O. BETZ/M. HENGEL/P. SCHMIDT (EDS.), *Abraham unser Vater: Juden und Christen im Gespräch über die Bibel. Festschrift Otto Michel* (AGJU 5), Leiden: Brill 1963, 65-77. [In this volume article X.]

— 1965: "Das Geheimnis der Kirche nach Eph. 3,8-10", in: ED. SCHLINK/A. PETERS (EDS.), *Zur Aufbauung des Leibes Christi. Festschrift Peter Brunner*, Kassel: Stauda 1965, 63-75. [In this volume article XI.]

— 1975: "Cosmic Dimensions and Religious Knowledge (Eph 3:18)", in: E. E. ELLIS/E. GRÄSSER (EDS.), *Jesus und Paulus. Festschrift Werner Georg Kümmel*, Göttingen: V&R 1975, 57-75. [In this volume article XII.]

— 1976: "Ephesians, Letter to the", in: *IDBSup*, Nashville, TN: Abingdon 1976, 268-69.

— 1977: "Interpreting Ephesians: Then and Now", in: *Theology Digest* 25 (1977) 305-15. [In this volume article XVII.]

— 1982: "Dåpsforståelsen i Efeserbrevet", in: S. PEDERSEN (ED.), *Dåben i Ny Testamente, Festschrift Hejne Simonsen*, Århus: Aros 1982, 141-60. [English trans. in this volume article XIV.]

DAWES, G. W. 1998: *The Body in Question. Metaphor and Meaning in the Interpretation of Ephesians 5:21-33* (Biblical Interpretation Series 30), Leiden: Brill 1998.

HARTMAN, L. 1995: "Humble and Confident. On the So-called Philosophers in Colossae", in: D. HELLHOLM/H. MOXNES/T. KARLSEN SEIM (EDS.), *Mighty Minorities? Minorities in Early Christianity – Positions and Strategies. Essays in Honour of Jacob Jervell*, Oslo etc.: ScUP 1995, 25-39.

HELLHOLM, D. 1997: "Die argumentative Funktion von Römer 7.1-6", in: *NTS* 43 (1997) 385-411.

— 1998: "The 'Revelation-Schema' and Its Adaptation in the Coptic Gnostic Apocalypse of Peter", in: *SEÅ* 63 (1998) 233-48 [= Festschrift Birger Olsson].

HÜBNER, H. 1997: *An Philemon, An die Kolosser, An die Epheser* (HNT 12), Tübingen: Mohr Siebeck 1997.

LINCOLN, A. T. 1987: "The Church and Israel in Ephesians 2", in: *CBQ* 49 (1987) 605-24.

— 1990: *Ephesians* (WBC 42), Dallas, TX: Word Books 1990.

MUSSNER, F. 1982: *Der Brief an die Epheser* (ÖTK 10), Gütersloh: Mohn/Würzburg: Echter 1982.

POKORNÝ, P. 1992: *Der Brief des Paulus an die Epheser* (ThHK 10/II), Leipzig: EVA 1992.

SANDERS, E. P. 1977: *Paul and Palestinian Judaism. A Comparison of Patterns of Religion*, Philadelphia, PA: Fortress 1977.

SCHNACKENBURG, R. 1982: *Der Brief an die Epheser* (EKK X), Zürich: Benziger/Neukirchen-Vluyn: Neukirchener 1982.

WINNINGE, M. 1995: *Sinners and the Righteous. A Comparative Study of the Psalms of Solomon and Paul's Letters* (CB.NT 26), Stockholm: Almqvist & Wiksell 1995.

XVI. The Letter to the Ephesians: Its Fictional and Real Setting

1. Introduction

1.1. Consideration of style, language, and other factors leads to the conclusion that the letter to the Ephesians was written by a disciple of Paul and not by Paul himself. This conclusion still allows for two possibilities. Ephesians could be a pseudonymous letter, written after Paul's death. It could also be an authentic missive, sent from the imprisoned apostle but composed by one of his fellow workers. Which of these possibilities holds true cannot be decided by literary or theological criteria.[1]

1.2. The problem of the purpose and setting of Ephesians is even more complicated than the question of authenticity. Both defenders and deniers of the authenticity of Ephesians have come up with a variety of proposals.

1.2.1. In the New Testament, the letter has the superscription "To the Ephesians." Marcion, and possibly the collection of which Marcion made a critically revised text, had it as a letter to the Laodiceans, and this view has had some modern defenders. A number of scholars think that our Ephesians was originally addressed to more than one church. The theory of a circular letter is itself open to several variations and modifications. Some have explained Ephesians as a letter to recently founded congregations. Others have spoken of a "testament" of Paul or of a "mystery discourse."

1.2.2. Scholars who regard Ephesians as pseudonymous have proposed an even greater variety of solutions. Thus Ephesians has been regarded as a revised, generalized version of Colossians, as an introduction to the first edition of the Corpus Paulinum, as a theological treatise, as a homily, baptismal or, more generally, liturgical, or as a pentecostal "liturgy" which was later turned into a letter of Paul's.

1.3. Scholars have also had difficulties in placing Ephesians within the development of early Christianity.

1.3.1. Ephesians has been considered the most mature and profound fruit of Paul's theological reflection, or a summary of Pauline theology made by a person who drew upon the preserved letters of Paul.

---

[1] [Relevant literature is to be found throughout this volume, particularly in article I, and there esp. in sections "4. Der Verfasser" (pages 48ff.), "5. Adresse" (pages 60ff.), and "6. Zeit und Umstände des Briefes" (pages 72ff.); references will therefore not be repeated here.]

1.3.2. It can also be argued that the author drew upon liturgical and catechetical traditions of which Paul, in his undisputed letters, made a more creative and original use. Ephesians combines "pre-Pauline," Pauline, ultra-Pauline and non-Pauline elements under a post-Pauline perspective.

1.3.3. Ephesians can be seen as an example of "Early Catholicism" within the New Testament. One line of development leads from the undisputed letters of Paul over Ephesians to (Polycarp, Ignatius and) Irenaeus.

1.3.4. The affinities between Ephesians and gnostic language can not be dismissed or simply explained as due to the author's polemical use of gnostic concepts and terminology. There is a line of development that leads from Paul over Ephesians to second century Christian gnostics.

1.4. A satisfactory explanation of the setting of Ephesians has to take account of all the data, including the two trajectories (1.3.3. and 4.). It has also to explain the data which point to a setting within the life of Paul (1.2.1.) as well as those which point to a later period (1.2.2.). In a pseudonymous letter one would expect a tension between an alleged epistolary situation and the real setting and purpose. If there is a difference between a fictional and a real setting, this would not only prove that Ephesians is a pseudonymous letter but also increase our knowledge of Christianity in Asia Minor after Paul.

2. The Fictional Setting

2.1. According to Eph 6:21f., our Ephesians was a missive, sent with Tychikos who was to supplement the written text with oral information. See also Col 4:7-9.

2.1.1. Paul is imprisoned at the time of writing, Eph 3:1; 6:20; cf. 3:13. Only Colossians and Philemon allow for informed conjecture about where and when.

2.1.2. The addressees are former Gentiles who do not know Paul personally but are assumed to have heard about him. The text of the most ancient manuscripts does not tell us where they lived, but see Col 2:1-3; 4:13 (16?). The original text, however, may have contained a place name in the prescript (Ephesus? Hierapolis and/or Laodicea?). Its omission should be explained on analogy with the omission of "in Rome" in Rom 1:7 and 15 in the short version of Romans without chapters 15-16.

2.2. Even outside the prescript and the conclusion, Ephesians has elements of epistolary style, form and function. The letter serves to establish and cultivate contact between the addresser and the addressees, see 1:15ff. (and already 1:3-14); 3:1, 13, 14-19; 6:18-20. The sender reminds the recipients of what they already know, or ought to know, and makes requests. The letter itself, and Tychikos as a delegate of Paul, substitute for the Apostle's personal presence.

2.3. Ephesians contains little or no polemic or discursive argumentation. The rhetoric is not deliberative or forensic, but epideictic. In the context, the praise of God and of Christ, and the "high doctrine" of the church, serve to demonstrate the greatness of the call with which the addressees have been called, that they may understand the full implications of their call and live up to it, (see esp. 1:18ff.; 4:1ff.).

2.4. Various features support this understanding of the scope of the letter: the contrast between "once" and "now" and between the pagan and the Christian way of life; the many "baptismal" themes; the elementary character of ethical instruction which seem to recall a "catechism" for neophytes.

2.5. The opening benediction strikes a congratulatory note, as 1 Peter, more than as in 2 Corinthians. The congratulatory use of a "blessing" of God at encounters and, occasionally, in oral or written messages was an ancient custom which continued through the centuries (see e.g. Gen 14:19f.; 2 Sam 18:31; 1 Kgs 10:9; Ruth 4:14f.; 2 Chr 2:12). The expanded congratulatory benediction in Eph 1:3-12 is occasioned by what had happened to the recipients: they had heard and believed the gospel and been sealed by the Holy Spirit (1:13-14).

2.6. All of this means that Ephesians, taken on face value, is written to Gentile Christians in Asia Minor with whom Paul for the first time makes contact by sending Tychikos and a letter to be delivered by him. Praising God, Paul congratulates the addressees who have now become Christians, reminding and exhorting them, and also telling them that their own existence as fellow members of the body of Christ is dependent upon the revelation which was given to Paul and the ministry which he has carried out.

3. Problems with the Apparent Setting

3.1. Ephesians is, apparently, destined for recent converts, but the elevated style and the sublime theology seem to presuppose mature Christians.

3.2. Compositional similarity makes the contrast to 1 Thessalonians all the more striking. In both letters, a background part of the letter is framed by thanksgiving and intercession and followed by exhortations. But in I Thessalonians the references to past experiences and, to some extent, even the admonitions, are specific. In Ephesians everything is general, applicable to almost any congregation of former Gentiles.

3.2.1. In Ephesians, words for time refer to the beginning of the world, to the aeon(s) to come, or to the contrast between "once" and "now," but not to any particular event after the call of Paul and conversion of the Christians addressed.

3.2.2. Ephesians is as much utopian as it is a-temporal. The letter speaks in terms of cosmic topography, not of earthly localities.

3.2.3. No person is mentioned by name except Tychikos, Paul and Jesus.

3.2.4. Ephesians stresses the unification of Gentiles and Israelites in Christ but has nothing to say about discrete relations between Gentile believers and Christian or other Jews. Nor do we learn where to locate the "Israel" with whom the Gentile Christians have been united in Christ – in the same city, in Jerusalem, or where?

3.2.5. Ephesians speaks about the church in christological and cosmological more than in sociological terms. Later interpreters are faced with the problem of how far the Church about which Ephesians speaks can be identified with any specific social group or institution. The first readers may, to some extent, have faced a similar problem.

3.2.6. Ephesians stresses the unity of the Church and calls for its preservation. Yet, Eph 4:14 gives the impression that multiple factions and heresies were not merely a threatening danger but very much part of social setting.

3.3. There is a trajectory from Paul's understanding of the church and to the pneumatic-gnostic understanding of the *ecclesia* of Ephesians on the one hand, and to the second century catholic church on the other.

3.3.1. Paul speaks very bluntly about the shortcomings of the Christians at Corinth. Yet, these very imperfect people are the saints, the church of God and his temple, the body of Christ. In Ephesians, the correlation between the high doctrine of the church and social realities is much vaguer. This fact makes it easy to understand that the line of development from Paul to Ephesians could move in two opposite directions. (Cf. 1.3.3. and 1.3.4.)

3.3.2. The *ecclesia* of Ephesians could be distinguished from the empirical church of the psychics and identified with the community of the pneumatics and/or with the female *syzygos* of the heavenly *Anthropos*.

3.3.3. The other trajectory leads towards the second century catholic church, in which the monarchial episcopate (Ignatius) or the public tradition handed down by the succession of bishops (Irenaeus) became the institutional warrant for the unity and identity of the church.

3.4. The observations made (3.1. – 3.3.3.) indicate that the apparent setting of Ephesians is not the real one. Yet, searching for the real setting one should not simply brush the apparent setting aside as fictional. A satisfactory theory about the real setting has to explain the reasons for and the function of the fiction.

4. The Real Setting

4.1. A post-Pauline origin of Ephesians is indicated by Eph 4:7ff., where the gifts of the ascended Christ are identified as ministers of various types. The list does not include bishops or presbyters, but the passage is neither promoting or opposing an institutionalized ministry. The emphasis is upon the function of the ministers, whether charismatic or institutionalized. They are to promote unity in faith and knowledge and to ward off heresies. This points to a time and an environment in which a multiplicity of teachings rather than unity characterized the empirical life of the church.

4.2. Ephesians represents Paul as the receiver and chief mediator of revealed wisdom (Eph 3:2ff.). The gospel is a mystery (6:19; cf. 3:8-10). Revealed wisdom and insight are main aspects of the blessing bestowed in Christ (1:8f.). Prayer for wisdom and knowledge is prominent in Paul's intercession (1:15ff.; 3:14-18). The wisdom theme is even present in the hortatory part of the letter (see 4:13, 18, 20f.; 5:15). The unity of Gentiles and Jews in Christ is no longer a matter of controversy but a revelation of the mystery that was formerly hidden (3:4-6; 2:11-22).

4.3. The revealed knowledge of Ephesians encompasses the eternal design of God and its enactment by God's administration of the fullness of the times, and the whole of the universe as well. Often, however, the cosmological terminology is given an ecclesiological application, to a higher degree in Ephesians than in Colossians.

4.4. The language of esoteric knowledge and religious cosmology, refers to the elements of Christian faith and life. Knowledge of the love of Christ exceeds comprehension of the mysteries of the universe and its dimensions (3:17-19). The unification of Jews and Gentiles in one body makes the precious and variegated wisdom of God known to the heavenly powers (3:9-10). Demonstrating the richness of what God in Christ has granted to all Christians, our author outbids all kinds of esoteric revelations. He does not try to describe or to refute heretical doctrines. He inserts a warning against them in passing (4:14), but in general he ignores them. The rabbis used a similar tactic, and Luke–Acts may do the same, as the exception in Acts 20:29-30 makes likely.

4.5. Ephesians does not directly disclose the nature of the many "winds of doctrine". As frequently, the interest in revealed wisdom seems to have been combined with encratistic practice.

4.5.1. The doctrine of the unity of Christ and the church, his body and his bride, reaches its high point in the disclosure of the "great mystery" contained in Gen 2:24. The author does not use the code of household duties as an opportunity for a meditation upon the theme of Christ and the church. In the context, the "great mystery" provides both a model and a warrant for Christian marriage. There is an implied contrast to others who used allegorical interpretation of Gen 2:24 to depreciate human marriage.

4.5.2. According to Eph 2:14, Christ made both parts (τὰ ἀμφότερα) one. Reinterpreting the idea of the unification of the opposites and the overcoming of cosmic duality, Ephesians applies this to Jews and Gentiles who in Christ are created into one new human being, not to the abolition of the separation, between male and female or heavenly and earthly. (Contrast, e.g., EvThom 22, 106, 114).

4.6. Ephesians explicitly warns against association with outsiders and participation in the "works of darkness" (Eph 5:3-14. Observe that the qualification in 1 Cor 5:9-13 is disregarded.). Possibly, the author is fighting a two front battle, against encratism and libertinism (see esp. 5:6). But his main purpose is to preserve – or restore – the identity and inner unity of the Christian community. The ethos recommended in Ephesians is a patriarchism of love within a separate minority group.

4.7. On the basis of such observations, we can infer that Ephesians presupposes a state of diversity and fragmentation within the Christian minority. Various teachings were promulgated as revealed knowledge of divine mysteries. Patterns of behavior ranged from rejection of marriage to association with morally lax pagans. It also seems likely that several groups and individuals did not share the vision of a unified church in which Christian households were key elements.

4.8. The author of Ephesians did not attack the problems directly, nor did he simply claim Paul's authority for a theological treatise of his own. He wrote a (prosopopoietical) letter from Paul, apparently addressed to Christians who were separated from the apostle in space but, in reality, aimed at Gentile Christians who did not know Paul personally because they were separated from him in time. The pseudonymous letter form is part of the message which recalls the beginnings of Gentile Christianity, the ministry of Paul and the experience of former Gentiles who were made partakers of God's promises to Israel and members of the body of Christ.

4.9. The utopianism of Ephesians is, under one aspect, a consequence of the tension between a fictional and a real setting. It may also be seen as a result of the author's attempt to recall the beginnings of the Pauline mission, the incorporation of Gentiles into the "true Israel" and the fundamentals of Christian faith and ethos at a time when Paul was no longer alive, when there was little, if any, interaction between Christian Gentiles and Jews, and when great diversity threatened the unity of the church.

5. Extraneous Evidence

5.1. The extraneous influence upon Ephesians has for decades occupied scholars of different school traditions and of divergent interests.

5.1.1. It is possible to adduce more or less relevant parallels to Ephesians from the Qumran texts, from synagogue prayers, from rabbinic exegesis and Hekaloth mysticism, from Philo, from Middle Platonism and from the Hermetic writings and other sources. The very diversity of the materials makes it impossible to give a precise description of the setting of Ephesians by means of a comparative history of religions approach.

5.1.2. Similarities between Ephesians and gnostic texts are not only due to the use of Ephesians by the Gnostics. There are genuine analogies, e.g., in the use of cosmological terms and concepts in the context of a doctrine of salvation. But there is no clear evidence that Ephesians presupposes and/or opposes a developed gnostic Redeemer myth, or a gnostic split in the deity, or a doctrine of the divine origin and alienation of the inner Self.

5.1.3. The author of Ephesians did not only reproduce some aspects of Paul's theology. He also sought to imitate Paul's language. But to a higher degree than Paul, Ephesians uses a religious language that was current in circles devoted to revealed mysteries, ascension mysticism and religious cosmology, within as well as outside Judaism and early Christianity. In other words: it is difficult to detect any specific extraneous influence upon Ephesians, but we can observe a certain shift from the peculiar language of Paul towards greater affinity with an inter-religious vocabulary. This confirms, that the real setting of Ephesians is not identical with the fictional setting within Paul's missionary work.

5.2. What Ephesians intimates about the real setting of the letter is fully confirmed by what we know about Christianity in Asia Minor in the decades before and after 100 A.D.

5.2.1. Names and writings associated with the area, as well as the heresies they oppose, illustrate that many winds of doctrine were blowing (e.g., Colossians, the Pastorals, 1 Peter, the Apocalypse, possibly the Johannine epistles and the published edition of the Fourth Gospel; Philippos and his prophesying daughters; the addressees of the Ignatian letters; Polycarp, Papias and his informants; Cerinthus, etc.).

5.2.2. There are reasons to doubt that any uniform church order prevailed in the area. In Acts 20:17ff. we hear about the presbyters, in the Apocalypse about the prophets. The Pastorals speaks about presbyters and about bishops and deacons. Ignatius advocates a monarchial episcopate. From 3 John we learn about the conflict between the Presbyter and Diotrephes.

5.2.3. The attitude to the outside world varies a great deal. The Book of Revelation is apocalyptic and sectarian; it predicts a sharpening of the conflict. The Pastorals advocate intercession for the civil authorities, hoping that Christians may enjoy a quiet and peaceable life. They attack rigorists who forbid marriage and teach encratism (1 Tim 4:3); the Apocalypse attacks a prophetess in Thyatira and the Nicolaites who teach Christians to practise immorality and to eat meat sacrificed to idols (Rev 2:6, 14f., 20-23). The contrasting evaluation of the Laodicean church might be symptomatic of the tensions (Col 2:1f.; 4:13-17; Rev 3:14-22).

5.3. The status of Paul and the influence of his letters in second century Asia Minor is still not easy to assess.

5.3.1. In the second century, Christians in Asia revered the memory of John, Philippos, and others more than that of Paul. Christianity in Asia may never have been as strictly Pauline as the churches in Macedonia and Achaia. In the wake of the Jewish war, some Christians are likely to have migrated from Palestine to Asia Minor. The impact of this migration is hard to assess, but it seems clear that not all churches looked back to Paul's apostolic mission as the basis of their existence.

5.3.2. It is not likely that Paul was ever completely forgotten and that only the publication of Luke-Acts and of the Pauline Corpus of letters reactualized his memory. But the author of Ephesians may well have represented a minority opinion when he linked his congratulatory demonstration of the greatness of God's calling and his appeal for Christian unity to a recollection of Paul's ministry for the gospel to which all former Gentiles were indebted for the revelation of the mystery of Christ and for their own incorporation into the Church which is the body of Christ.

5.4. The use and circulation of Paul's letters and the development of pseudonymous letters within the "Pauline School(s)" is still not fully clarified.

5.4.1. Both Ignatius and Polycarp refer to Paul, and they are likely to have known Ephesians as a letter of his. Ephesians has some points of contact with Acts (cf. esp. Acts 20:18-35 and 26:17-18), but it is somewhat artificial to bring Ephesians and Acts closely together as representatives of "Early Catholicism" within the New Testament.

No straight line of development leads from Paul over Ephesians to the Pastoral Epistles (cf. syntax and style as well as church order and doctrines). Quite possibly, Paul was also held in high esteem by supporters of some form of encratism (cf. 1 Cor 7 and, later, the Acts of Paul and Tatian).

5.4.2. Like Romans and 1 Corinthians, Ephesians is likely to have circulated before the publication of Paul's collected letters. (Marcion provides the first certain evidence of a Corpus Paulinum but is likely to have made use of an already existing edition, from which he may have taken over the Laodicean address of Ephesians). Ephesians has some special affinity to the short edition of Romans (see 2.1.2.). There is a striking similarity between Ephesians and the secondary doxology that was first attached to the short recension of Romans and later transposed to the end of chapter 16. The time and place of its origin remains uncertain; we can only conjecture that it may have originated in the vicinity of Ephesus.

5.4.3. Colossians is closely related to Ephesians; there must be some literary connection between the two letters. Colossians is also related to the letter of Philemon, and it contains less clear vestiges of a tension between a fictional and real setting than Ephesians does. Yet, no line of development leads from the undisputed letters of Paul over Colossians to Ephesians. In many respect it is Ephesians that holds a middle position between the undisputed letters and Colossians. The two letters are, therefore, likely to have been written by two different authors who belonged to the same circle, drew upon similar traditions and opposed related forms of mysterious doctrines and ascetic practices.

5.4.4. As pseudonymous letters, Ephesians and Colossians may be compared with pseudonymous letters and other writings produced in Greek schools of philosophy. How far a "Pauline School" had a continuous existence as a discernible social unit remains an open question. The Pauline tradition was hardly cultivated within one "school" alone. And Ephesians is so committed to the entire church that a separate school is hardly a likely setting for the letter. Perhaps, we should rather think of an unorganized circle of former "fellow workers" of the apostle and their associates.

5.5. Finally, if Colossians is a pseudonymous letter, Col 4:7-19 is best understood as a series of recommendations for Tychikos, Onesimos, and other persons who continued Paul's work in Asia. The author of Ephesians is likely to be a Jew who was younger than Paul but embraced the Pauline form of Christianity. There cannot have been many persons of this type. According to Col 4:10-11 only a very small number of Jewish Christians worked together with Paul and had been a comfort to him. Only two, or if Aristarchos is included, three names are mentioned. Was the author of Ephesians one of them? The best guess would be Jesus Justus, who is not mentioned in Phlm 23 and about whom we know nothing but his Latin and Hebrew names.

6. Postscript

6.1. How far Ephesians recalls and actualizes the genuine Paul, and how far the letter deviates from him, remain questions of scholarly dispute which lie outside the scope of this paper. We will not do justice to the letter if we read it as a theological treatise, without observing the congratulatory note, the praise of the calling and the urgent appeal to live up to it. How we understand and respond to a congratulation or a eulogy tells as much about ourselves and our attitude as it tells about the text. Ephesians can be heard in a way that results in ecclesiastical triumphalism. The response can also be one of humble gratitude for the call of God and all that it implies.

XVII. Interpreting Ephesians: Then and Now

1. Introduction

I am grateful for this chance to try out some of my more tentative and experimental thoughts about the historical problems involved in interpreting the Letter to the Ephesians. Such problems are not only a scholarly enterprise, but touch as well the question of how to read and understand Ephesians today. A complete historical survey is clearly impossible. Let me content myself by giving you something from the very earliest of times and something from recent times.

2. Polycarp – Odes of Solomon – Ignatius

Ephesians has many contacts with several writings both inside and outside the New Testament. It is often hard to say whether such contacts presuppose a genuine literary connection or acquaintance, or whether they are merely variations on common early Christian themes. However, when we come to Ignatius of Antioch, Polycarp, and the Syriac Odes of Solomon we have early instances of writings which undeniably use the language of Ephesians and even presuppose knowledge of this letter. These earliest interpretations already point in different directions.

Polycarp – sometimes like 1 Peter and the Pastoral Epistles – represents a "main line" Christianity, which, in general, moves in the direction of the second century catholic church.

By contrast, the Odes of Solomon contain a much more individualized and spiritualized piety, one with an element of enthusiasm. As one recites the songs, one feels inspired and united with the Redeemer. And yet the Odes make no reference whatever to the church as an institution.

The letters of Ignatius have elements in common with both. To use an anachronism, Ignatius is a "high-church charismatic". Enthusiastic in his zeal for martyrdom he uses images from Ephesians (and other sources) to develop a unique language that demonstrates passion and emotion, but passionate above all in stressing the unity of the church, the unity of the one Eucharist under the auspices of the one bishop.

3. Two Trajectories

We can see these same trends even more clearly later in the second century where the lines of development from Ephesians move in two opposite directions.

3.1. The Gnostics and Ephesians

One trajectory (to use James Robinson's and Helmut Koester's term[1]) leads from Ephesians to the Gnostics. The letter was a favored text, especially for the Valentinian Gnostics. In their eyes, more than any other letter, Ephesians pictured Paul as mediator of a higher, revealed gnosis, and evidenced that he was thoroughly initiated into the mysteries – mysteries about the many eons, the πλήρωμα (fullness), and the rulers of darkness, about ascension with Christ to the heavenly realms, about the heavenly ἄνθρωπος (man) and his partner, the ἐκκλησία (church). For these early interpreters Ephesians was evidence that Paul was an initiate into that esoteric knowledge which the Gnostics carried forward.

3.2. Irenaeus and Ephesians

The second trajectory moved from Ephesians to Irenaeus and the anti-Gnostic Fathers. Ephesians provided Irenaeus with truths to combat Gnosticism – truths that emphasized that there was one God, at once Creator and Redeemer; that there was but one Christ – and him incarnate, and not, as the Gnostics saw it, two (or even more) redeemers, one pneumatic and one psychic; and that, in contrast to the many Gnostic sects, there was but one holy, catholic and apostolic church. Only Ephesians gave Irenaeus such key terms as οἰκονομία (the divine economy of salvation, 1:10; 3:9) and ἀνακεφαλαίωσις (the recapitulation of all things in Christ, 1:10). For Irenaeus, the letter thus attested the unity of the church, a unity guaranteed by the public tradition of the apostolic κήρυγμα (preaching) and by the apostolic succession of bishops and presbyters entrusted with the continuous preservation of the true doctrine.

4. Later Impact of Ephesians

<It would lead too far to follow the history of interpretation through the centuries. I will limit myself to a few remarks.

An encratite interpretation would seem to have been a third option besides the catholic and the gnostic use of Ephesians in the Early Church.

At the time of Cyprian, Ephesians provided arguments for both parts in the controversy over the validity of baptism by heretics: One baptism regardless of office-holder; there should be no re-baptism. Or the one baptism was baptism in the Catholic church, the one body of Christ.

---

[1] J. M. ROBINSON/H. KOESTER 1971, esp. 8ff. (ROBINSON).

I refrain from trying to sketch how the great commentators on Ephesians, Origen, Theodore of Mopsuestia, John Chrysostom and others in the East, Marius Victorinus, Ambrosiaster, Jerome, Pelagius and others in the West all interpreted Ephesians in ways that illustrate differences of approach, presuppositions, concerns and theology. Only their interpretation of the contrast between *once* and *now* will be treated briefly below.

Let me just mention that Ephesians has made a great impact on the theology of the Eastern Orthodox church, while Romans and Galatians to a greater extent raised the key issues of Western theology from Augustine onward.

In the Middle Ages, and later, Ephesians provided concepts for the doctrine of the institutional church as a hierarchically organized church under papal supremacy as the mystical body and the bride of Christ.

Ephesians, however, did also help to formulate the reformers' doctrine of justification by faith in brief phrases: Saved "by grace – through faith"; not "because of works" but "for good works". For the reformers, the formula of unity in Eph 4:5-6 proved that consensus in the pure preaching of the Gospel and right administration of the sacraments was sufficient for the true unity of the church. Conformity of ceremonies, organization or canon law was not required.>

5. Heinrich Schlier and Ernst Käsemann on Ephesians

Keeping in mind this sketch of the two paths of reading and development in antiquity and through the centuries, let me move to more recent times. I will limit myself to the German debate which developed with the appearance in 1930 of Heinrich Schlier's book on "Christ and the Church in the Letter to the Ephesians".[2] This was followed a few years later (1933) by Ernst Käsemann's study on "Body and Body of Christ".[3]

Both Schlier and Käsemann were students of Rudolf Bultmann and became protagonists of what was called "the Gnostic interpretation of Ephesians". According to them there was a pre-Christian Gnostic myth about the heavenly Man. Every man's inner self was thought to be of heavenly origin and part of one original heavenly Man, but now imprisoned in the material and bodily world. The heavenly Man who descended to redeem these imprisoned light particles was thus really redeeming himself and his own members. Schlier and Käsemann represented the view that in Ephesians this mythic language had been transferred to Christ and the church.

This proposal (that Ephesians turns Gnostic language against Gnosticism) presupposes that we can reconstruct a pre-Christian Gnostic myth; unfortunately there is no proof for its existence. But what is of interest is the subsequent development of these two scholars. There had been differences between the two from the beginning. Schlier found in Ephesians a meditation on the mystery of the church in its unity with Christ – a mystery he thought Protestantism had lost. Schlier became a convert to Roman

---

[2] H. SCHLIER 1930.
[3] E. KÄSEMANN 1933.

Catholicism, following in the steps of Erik Peterson, a colleague and friend of Karl Barth and one of the most learned scholars in the field of early Christian history and contemporary religions. Schlier, coming to the church from "outside", was thoroughly amazed at the mystery of the church and of Christ's oneness with that church. Schlier's great commentary on Ephesians[4] is not so much a commentary in the catholic tradition as it is a commentary of a convert, fascinated by the mystery of the church.

By contrast, Käsemann had been a student of Erik Peterson before he came to Bultmann. Contrary to Schlier, he included Colossians (and the undisputed letters of Paul) in his investigation of the "Body and Body of Christ" and stressed the cosmological aspects of the doctrine of the church, through which the world was again made accessible as God's creation. Käsemann's experiences during the Hitler years in Germany had made him skeptical about the established churches. Furthermore, Käsemann struggled, on the one hand, to free himself from Bultmann's formidable influence and especially from the individualism inherent in Bultmann's existential interpretation of the New Testament. And on the other hand he had to make clear to himself and to others why he did not and could not follow the path of his first teacher, E. Peterson, and of his fellow student H. Schlier. He engaged in passionate debate with Roman Catholic theologians, especially with his Tübingen colleague, Hans Küng. In some ways this debate came to center around Ephesians, since for Käsemann this letter together with Acts, 2 Peter and other documents represents what he called "early catholicism" within the New Testament.[5] For Küng the presence of this trend within the New Testament proved the legitimacy of the later church development, whereas Käsemann, though always remaining fascinated by Ephesians, tended to become increasingly dubious about its theology.

6. *Contemporary Discussions*

Let me turn now to some more contemporary works. Helmut Merklein, a student of Rudolf Schnackenburg, agrees with Käsemann that Ephesians lies along the line that leads from Paul to second century catholicism.[6] But he evaluates this development in a positive fashion, insisting that the doctrine of the church in Ephesians remains, after all, subordinate to the christology and is not the overarching article of faith. Merklein, like some other Roman Catholic scholars in Germany, accepts the theory that Ephesians was not written by Paul himself, but is a pseudonymous letter. But Merklein turns this theory into an apology: the acceptance of Ephesians as Pauline lends apostolic authority to this development toward second century "catholicism". In particular, Merklein stoutly stresses that Ephesians manifests a shift in the Pauline corpus from the

---

[4] SCHLIER 1957/63.
[5] KÄSEMANN 1961/64 and IDEM 1963/64.
[6] H. MERKLEIN 1973.

idea of χαρίσματα (the free gifts of grace) to an emphasis on office – a development which reaches its climax in the Pastoral Epistles.

Let me mention, finally, two other recent German studies which move in an opposite direction and fall short of placing Ephesians along the line that leads from Paul to the Pastorals and later catholic teaching. The first is by the East German scholar Karl Martin Fischer.[7] Fischer lays stress on the fact that in Ephesians 4:7-16 where we have the list of ministers, the gift of the ascended Christ to his church, the author does not mention bishops – and this is at a time when the episcopal church-order was taking hold in other churches throughout the area. Thus Fischer sees Ephesians as a utopian attempt – at a time when Paul was no longer alive – to restore the charismatic organization of the Pauline missionary congregations and, secondly, to unify the church and various trends within the church. Thirdly, Ephesians is an early ecumenical effort which did not really succeed but is nonetheless worthy of note as setting an example for others to follow.

Lastly, we mention a book by a student of Hans Conzelmann, Andreas Lindemann, entitled "The Abolition (or Transcending) of Time".[8] In Lindemann's opinion, time categories are almost completely lacking in the Letter to the Ephesians. Hence he agrees with Schlier and Käsemann that there is an affinity between Ephesians and the Gnostic way of thinking, but disagrees with the contention made by these scholars in their earlier works that the author of Ephesians employs Gnostic terminology only to turn it against the Gnostics. For Lindemann there is a definite parallel between the Gnostic way of thinking and interpretation and that of the Letter to the Ephesians: although the church exists here and now, it is yet a timeless reality which transcends time, forsaking history in favor of a timeless ontology.

7. Important Questions

This bewildering array of options could easily be multiplied. But I wish to use precisely this multiplicity as a starting point for raising some questions. The first question is this: Is there something in Ephesians itself which makes possible these two lines of interpretation? We have seen the popularity of Ephesians in earliest times both among Gnostics and among bishops of the early Catholic church. Similarly, among modern interpreters, some see Ephesians approximating the Gnostic trend, and others see it approximating what scholars have called early catholicism. This will lead to my second question: What is the author of Ephesians talking about? I.e., in referring to "the church", what is the social reality which the author had before his eyes? Our answer will touch on the question of how, after a lapse of 1900 years, we are to apply the teachings of the letter to ourselves and the situation in which we find ourselves. Finally, I will return to the thesis of my previous lecture by suggesting that reading Ephesians as a let-

---

[7] K. M. Fischer 1973.

[8] A. Lindemann 1975; [see now also the commentary by Lindemann 1985].

ter of reminder and as a letter of congratulations may help us to come to terms with these questions.

Regarding our first question, the problems involved in interpreting Ephesians are, I believe, quite different from those involved in interpreting, say, 1 Corinthians. 1 Corinthians occasions difficulties because the letter alludes to a number of events, persons, circumstances which were thoroughly familiar both to Paul and to his audience in Corinth. Not sharing this prior and independent knowledge, we must conjecture what these circumstances might have been and then, as a task in hermeneutics, see if we can find analogous situations and circumstances in the life of the church today. In 1 Thessalonians recollections, reminders, information, and, to some extent even exhortations are concrete and specific. Ephesians, on the contrary, contains practically no such specific allusions; its difficulties are just the opposite. Except for the events which led to the foundation of the church in Ephesus, there are very few references to times, places, persons, events: No persons are mentioned by name, except Jesus, Paul as the sender, and Tychikos, the carrier of the letter; we learn hardly anything about the addressees of the letter but that they were former Gentiles and that they did not know Paul personally; Paul is imprisoned but nothing is said about where, when and why. Only by means of inference from Colossians can we conclude that they are to be located in Asia Minor.

I think Lindemann exaggerates somewhat when he speaks about an "abolition" of time. Nevertheless, it is true that in Ephesians time words refer largely either to the time before the foundation of the world was laid or to the rich terminology for the age to come, the generations of the age of ages. We find a sharp contrast between *then* and *now:* Once the mystery was hidden, now it is revealed; once believers were darkness, now they are light, etc. However, this vagueness does not indicate the author's preference for spatial categories over against temporal. Spatial categories as well are hardly more precise. True, we hear about the heavenly places and the lower parts of the earth. Probably Ephesians does not presuppose a three-story universe with heaven, earth, and underworld but rather the then "modern" universe: the earth in the center, surrounded by a number of spheres, and, beyond this universe of spheres, the transcendent God.[9] – Hence for Ephesians, Christ's transcendence means that he too is above all the heavens and shares in the divine privilege of being independent of space (and possibly of time). Thus he can be present everywhere and can fill all things.

But we hear practically nothing of specific places. Christ is said to have descended to "the lower parts of the earth" (possibly an epexegetical genetive); the earth is depicted as the lowest part in the center of a spheric universe. Jesus Christ also ascended above all the heavens, i.e. above all the astral spheres, so that he, like God, is transcendent, independent of space (and time?) and able to "fill" the universe with his presence. As the *pleroma* and the body of Christ, the church would herself almost seem to be envisaged as a "space" of universal dimensions. When Christians are said to have already been given a seat in the heavenly places (Eph 2:6), the author is none the less aware that they are still living on earth and have to fight spiritual powers.

---

[9] [See in this volume article XII, section 2. on pages 367ff.]

This peculiarity becomes clear if we think of what is said about Israel. In Paul's undisputed letters, we know fairly well who the "saints in Jerusalem" are for whom Paul is making a collection and who "those of the circumcision" are who are making things difficult for Paul in his missionary work. True, Ephesians speaks about the Gentiles who once had been excluded from the commonwealth of Israel and how Christ has made the two, Jews and Gentiles, one. But we never get any specifics as to time and place, we get no concrete picture of where to locate these Jews with whom Gentile believers have been made one. And when the author comes to his exhortation he has nothing concrete to say about the unity of Jewish and Gentile Christians, nor about Christians' attitude toward Jews. In this respect, the description remains general.

The same holds true for the church. In Paul's undisputed letters, we get a fairly concrete picture of the church in Corinth – or in Thessalonica. Paul speaks of vices and quarrels which, unfortunately, were still going on; and yet he can say of these same Christians, "You have been washed and justified and sanctified; you are the body of Christ" (cf. 1 Cor 6:11; 12: 27). But the author of Ephesians rather than using specific, social terms, describes the church by adapting cosmological terms: the church resembles a new universe.

This unidentifiable vagueness reminds me of a paper which was given me by one of my colleagues and which had been written about the church by a group of Protestant and Roman Catholic theologians. It was very nicely done, impressive in the amount of agreement that they were able to reach on the basis of Ephesians and other biblical material. Asked to comment, I was probably impolite: "This is a beautiful church! Where do I find her?"

I have something of the same feeling in reading Ephesians. The difference, I believe, between the undisputed Pauline letters and Ephesians lies not so much in the latter's using different images and terms for the church, but in its using a much more general and abstract way of describing the church. And for the reader today, the real difficulty lies not in making a more or less coherent picture of the church in Ephesians, but in finding an answer to the question, "Where do we find the church to which this high and sublime language really applies?"

This question of identification was once much less a problem for the Roman Catholic Church. But I have a suspicion that since Vatican II, giving a precise answer to this question has become somewhat difficult even for my Roman Catholic friends. Is the church described in Ephesians a universal church hidden in all churches, or a community of true believers, the born-again Christians, or an invisible church? Precisely this lack of precision made it possible for the Gnostics to apply it to themselves by claiming that this church which is so magnificent cannot be some group of "psychic" Christians, but rather can only be the community of the true "pneumatics", a truly heavenly entity of which what we live here on earth can be no more than image or reflection. On the other hand, we can see how Ignatius and Irenaeus needed some means for identifying the church to which these images applied, Ignatius finding it in the bishop and Irenaeus in public tradition and apostolic succession.

8. The Ephesian Setting

I suspect that this question of where I find the church may already have been something of a problem at the time when the letter was written. It is certainly true that in the first century it was easier than today to draw some kind of line of demarcation between "church" and "no-church" in two ways:

(a) Christians did form a minority group, set apart from the pagan environment, not only by a common faith and common worship. Even socially, they were considered, and considered themselves, as a group apart. Ephesians draws a sharp line of demarcation between what the addressees once were, as pagans, and what they now are. The pagan way of life is depicted in dark colors (2:1-3; 4:17-19; 5:6-14). Christians are admonished no longer to behave (περιπατεῖν) as the Gentiles do and not to associate with the outsiders, "the sons of disobedience (4:17; 5:7). Eph 5:3ff. may sound almost like the separatism of Essene sectarians.[10] The point, however, is not social isolation but rather to "take no part in the unfruitful works of darkness".

(b) The main evidence for the other aspect is found in Chapter 4, where the author speaks of the danger of heresy and the necessity of "unity of faith ... so that we may no longer be children, tossed to and fro and carried about with every wind of doctrine, by the cunning of men, by their craftiness in deceitful wiles" (4:13f.). My impression is that these winds of doctrines and the μεθοδεία τῆς πλάνης (craftiness in deceitful wiles) refer not to some possible danger that may threaten in the future, but were very much part of the present reality which the author then faced. What we know about diversity of doctrines in general and particularly about Christianity in Asia Minor in the latter part of the first century confirms that our picture may well have included a great deal of doctrinal variation, if not, at least in part, real conflict in doctrine.[11] If my surmise is correct, the author of Ephesians may have been following somewhat the same strategy as the rabbis did regarding heresies within Judaism. They warned against such heresies, but, in order not to promote them further by detailed reporting, were careful not to enter into specifics.

I think that even what is said about the ministry is relevant to this point. Fischer, as I mentioned above, stresses that in Eph 4:11 no mention is made of bishops, while Merklein discovered here an institutionalized ministry in process of becoming. But I doubt that the interest of the author lies in either a charismatic (Fischer) or an institutional (Merklein) ministry. His whole emphasis revolves rather around the task, the role, the function of ministers, namely to promote unity in faith and knowledge of the Son of God and thus to ward off these many winds of doctrine so that the church, united in all its limbs, can grow up to the head who is Christ (4:13-16).

We can see then why it is so important that the author speaks in terms of revealed wisdom and knowledge and uses "cosmic" terminology to describe what basically

---

[10]Cf. K. G. Kuhn 1960-61; [see now also Dahl in this volume article II].

[11][<Compare the situation in Asia Minor in view of Colossians, Ephesians, Pastorals, Revelation, possibly other Johannine writings, later Ignatius, and heretics combatted in these writings.>]

seems to be a fairly elementary common faith shared by all Christians who believe in the Gospel and possess mutual love. The sacred author wants to show that the real mystery is the fact that those who were Gentiles now have part in all this. And more detailed cosmological mysteries and esoteric doctrines – even if we knew all the dimensions (the height and depth and breadth and length) of knowledge – all this is as nothing. For there is but one thing that counts – "to know the love of Christ which surpasses knowledge" (3:19). This is worth more than knowing all mysteries.

At one point in Ephesians we get, I believe, some idea of what these esoteric doctrines may have been. In Eph 5:21-33 when the author is giving advice to married couples, he introduces as his prototype Christ, the Head of the church, and his love for the church. After citing Gen 2:24 that the man shall leave father and mother and be joined to his wife, the author goes on to say, "this is a great mystery, and I take it to mean Christ and the church" (5:32). Now I don't think that the author is using the code of household duties as a device for proclaiming some new teaching about Christ and the church. I think the movement of thought is in quite the opposite direction. He is using one of the highest mysteries in order to enforce the ordinary duties of husband and wife, in order to mobilize the highest motivation. I see here the possibility that the author is opposing another interpretation of this passage, an encratitic or ascetical doctrine which would state that true union with the Savior would exclude the possibility of sexual relations or marriage. The author thus proceeds on a different track introducing this high mystery to set a pattern for imitation and serve as a warrant for Christian marriage.

It seems clear that the author was writing at a time when there was probably no visible unity of the church. He appeals for unity by calling the churches back to their beginnings: to Paul's Gospel and his mission and to the fact that all, Gentiles included, are called to have a share in the privileges promised to Israel and to exhibit in their lives the greatness of this calling. Let me add that in one respect the problem of where to find the church was less severe in the author's time than in our own days, for, then at least, there was possibly an "identification by contrast", i.e., by contrast to the surrounding Gentile world. This contrast is indeed made with emphasis in that the author paints the Gentile mode of behavior in the darkest colors and calls upon his readers not to associate with these sons of disobedience and their works. It sounds almost like a separatism, much as we have among the Qumran covenanters. Ephesians, we note, says nothing of Paul's caution in 1 Corinthians that he's not forbidding association with pagan sinners, but is rather calling for breaking off social relations with Christians who commit obvious sins. To sum up: The author is still so close to the origins of the missionary congregation that he can recall to his readers' memory the time when they were transferred from their pagan surroundings to being part of the church and members of Christ.

But this problem is much greater for a later generation (ours) in which there is no easy identification of the church by reason of its sharp contrast to a grossly different pagan world. For in our day Christianity has become "dissipated" as a general Christian influence in society; and we must try to determine whether and to what extent the church has been identified with the political and social structure of the western states. In any case, it has become difficult to draw any border lines. And even the contrast between *then* and *now* becomes difficult to lay hold of.

9. Once and Now

In the brief time I have left, I would like to leave you with an idea as to the way in which theologians have come to terms with this contrast between *once* and *now*. The way in which they adapt and modify this contrast can help us, today, to apply the teachings of Ephesians to our own times and situations.

This process of modification begins as early as Origen. The contrast between *once* and *now is* softened by the idea of continuous growth and by that of the divine pedagogy (παίδευσις) which leads man forward from one stage to the next. Chrysostom uses this notion in a somewhat different sense: in the church of apostolic times (once) even the average, ordinary members of the church had knowledge of spiritual things and could rightly be called saints, and how bad things have become in our day (now)! Theodore of Mopsuestia's use of the contrast is quite interesting; he gives the now an eschatological and "sacramental" (in the sense of the Greek μυστήριον rather than the Latin *sacramentum*) interpretation: in baptism and the Eucharist, being unified with Christ and thus taking part in his mystery, we already (now) participate in the age to come.

In the West, the *once* comes to mean the time before baptism (i.e., the time before grace and, eventually, before sacramental grace), and, though this may be something of a caricature, the hierarchical church as the mediator of sacramental grace tends to become the norm (i.e., the now).

Another modification of the *once* and *now* theme is the concept of different periods of salvation history *(Heilsgeschichte)*. This easily gets transformed into the notion of different epochs in the history of religion. In Ferdinand Christian Baur, for example, the unification of Jew and Gentile is taken as representing the transformation of pagan religion and Judaism into the higher synthesis of Christianity – a transformation that does not take place at the level of dogmatic truth claims, but consists rather in a higher developmental stage of Christian religion, i.e., of Christianity as the universal and absolute religion. In this conception, pagan religions and Judaism are taken as lower stages, relics, as it were, of earlier stages in the history of religious development. Such 'religious evolution' can be as imperialistic or triumphalistic as any dogmatic, hierarchical claims.

Is it too bold to say that Luther transforms the distinction between "once dead in sins" and, through forgiveness, "now alive in Christ" into the paradox that the Christian is at once sinner and at the same time (in Christ) righteous?

At least in Evangelical churches the contrast between once and now clearly becomes that between the time in the individual's life before conversion and the time after conversion, the individual's life as a reborn Christian.

Again, for Rudolf Bultmann, the *once* is the objectifiable past from which I come forth at each moment. The "past" is the realm of sin and death. The *now* is the always present moment, in which, laying hold of the kerygma and the open future of God, I can make a decision in faith. Here, I suspect, we could also bring in Karl Barth, for whom Ephesians was important not only for its doctrine of election in Christ but also for what he calls the *analogia fidei* – going, for instance, from Christ and the church to marriage or, again, from christology to questions of social justice, human rights, democracy. Thus for Barth the *once* and the *now* tend to become two qualitatively different times – time in Christ and secular time.

10. Letter of Congratulation

The above is a brief overview of a number of options that eventuate and poses questions all of which I cannot solve or decide.[12] My suggestion is that we may better come to terms with all of the above if, instead of trying to draw any clear-cut doctrinal lines, we rather listen to Ephesians for what it was – a letter of reminder and of congratulation, i.e., not so much as some abstract doctrine on the church, but rather as simply reminding us that we do indeed belong to the church, the body of Christ, and asking us to dwell on all that implies.[13]

For I believe that in trying to determine what is *once* and what is *now* it is precisely this dimension of reminder-and-congratulation that makes it hard for us to come down on either side of any of the above alternatives. For starting from the life and work of Christ and Paul's mission to the Gentiles, this dimension implies that we are all Gentiles who, in Christ, share in the privileges of Israel, and so the once-now contrast must include all we are: the conversion of our ancestors in the distant past, the intervening elements of Christian history, both good and bad, which have nonetheless preserved the Gospel and the church through the ages, our baptism and Christian upbringing, our nurture and our own experiences. For the letter to the Ephesians is a congratulation for and a reminder of the sum total of what has been given to us. Seen from this viewpoint, the historical question of authorship, etc., the tendency to "grade" Ephesians (saying that it is a very good letter, indeed, the best of all Paul's letters or that, everything considered, it's pretty poor) – all this, I believe, can recede into the background if we will but listen.

Let me conclude with the following remarks. When we are asked to memorialize the past, to recall what has happened, we all alike listen to *what is* said, but *how* each one of us will remember will always depend on each one's experience and on the understanding each has of the reality which we are called to think and reflect upon and on our understanding of its implications. And the same holds true regarding congratulations. People receive congratulations for a new degree or appointment or for what they

---

[12][See now the recent discussion in H. MERKEL 1987, 3156-3246.]
[13][Hereto, see in this volume esp. articles VIII, IX and XIV.]

have done as chairman of this or professor of that. – Such congratulation is not like a speech or a reasoned discourse which gives us new information. The meaning one takes from the praise depends greatly on how one understands the happenings for which one receives praise. Indeed, though there may be a vague likeness, sometimes it may be hard to recognize that that is how things really were. In fact, the description contained in the message of congratulation may convey possibilities rather than actual achievements.

Listening to congratulations can lead to divergent reactions. On the one hand, the result can be the nourishing of our pride and self-satisfaction over our achievements. For this reason, Ephesians is in a way a dangerous letter because it can foster our collective pride in the church. Ephesians, I believe, has always tended to be popular in times marked by a theology of glory or by a Christian triumphalism or imperialism. You can always find there whatever you like if you are satisfied with the church as it is and simply apply everything in Ephesians to that church.

On the other hand, congratulations can also work in the opposite direction, making us truly grateful, helping us to realize the greatness of the privileges we have received and so to become deeply humble. For we may perhaps gain a greater appreciation of the privileges given us and the opportunities which were ours as well as a better understanding of our shortcomings in living up to these privileges and opportunities. Thus, the Epistle to the Ephesians – this congratulation to Christians and high doctrine of the church – can also have the effect of eliciting gratitude and humility: gratefully hearing about how Christ has abolished the dividing walls that have later been erected within Christendom – racial segregation within the church being the worst of these many scandals. And, in humility, we can see how we have failed to live up to our high calling.

Learning to listen rightly to Ephesians is thus not simply a problem of scholarly interpretation, but involves as well the way, the attitude with which we listen – a product of our previous understanding. Coming to understand Ephesians includes the information we glean from other New Testament writings, but must also entail *how* we listen. Is it with a sense of self-satisfaction, with a feeling of triumphalism or in a spirit of gratitude and humility, accepting the letter as a challenge to live up to the calling we have been given? Clearly, then, the problem of interpreting Ephesians is not just a problem for the exegete who has the task of writing a commentary on the letter, but a task as well for the church minister, the pastor or priest, for the average Christian, the task of how we are to extend to the members of the church a congratulation that will make them happy to belong to the church and help them realize the privileges this implies and yet not cause them to become proud and look down upon others as "outsiders". And that is your task!

Bibliography

FISCHER, K. M. 1973: *Tendenz und Absicht des Epheserbriefes*, Berlin: EVA 1973 [= (FRLANT 111), Göttingen: V&R 1973].

KÄSEMANN, E. 1933: *Leib und Leib Christi. Eine Untersuchung zur paulinischen Begrifflichkeit* (BHTh 9), Tübingen: Mohr Siebeck 1933.

— 1961/64: "Das Interpretationsproblem des Epheserbriefes", in: *ThLZ* 86 (1961) 1-8 (= IDEM, *Exegetische Versuche und Besinnungen*. Zweiter Band, Göttingen: V&R 1964, 253-61).

— 1963/64: "Paulus und der Frühkatholizismus", in: *ZThK* 69 (1963) 75-89 (= IDEM, *Exegetische Versuche und Besinnungen*. Zweiter Band, Göttingen: V&R 1964, 239-52).

KUHN, K. G. 1960-61: "Der Epheserbrief im Lichte der Qumrantexte", in: *NTS* 7 (1960-61) 334-46.

LINDEMANN, A. 1975: *Die Aufhebung der Zeit. Geschichtsverständnis und Eschatologie im Epheserbrief* (StNT 12), Gütersloh: Gerd Mohn 1975.

— 1985: *Der Epheserbrief* (ZBK 8), Zürich: TVZ 1985.

MERKEL, H. 1987: „Der Epheserbrief in der neueren exegetischen Diskussion", in: *ANRW* II/25.4, Berlin – New York: de Gruyter 1987, 3156-3246.

MERKLEIN, H. 1973: *Christus und die Kirche. Die theologische Grundstruktur des Epheserbriefes nach Eph. 2,11-18* (SBS 66), Stuttgart: KB 1973.

ROBINSON, J. M./KOESTER, H. 1971: *Trajectories through Early Christianity*, Philadelphia, PA: Fortress 1971.

SCHLIER, H. 1930: *Christus und die Kirche im Epheserbrief* (BHTh 6), Tübingen: Mohr Siebeck 1930.

— 1957/63: *Der Brief an die Epheser*, Düsseldorf: Patmos 1957. [4th ed. 1963.]

Acknowledgments

The essays in this volume originally appeared in the following publications:

I. "Einleitungsfragen zum Epheserbrief"; previously unpublished.

II. "Ephesians and Qumran"; previously unpublished.

III. "Welche Ordnung der Paulusbriefe wird vom Muratorischen Kanon vorausgesetzt?", in: *ZNW* 52 (1961) 39-53.

IV. "The Particularity of the Pauline Epistles as a Problem in the Ancient Church", in: W. C. VAN UNNIK (ED.), *Neotestamentica et Patristica. Eine Freundesgabe. Herrn Oscar Cullmann zu seinem 60. Geburtstag überreicht* (NT.S 6), Leiden: Brill 1962, 261-71.

V. "The Origin of the Earliest Prologues to the Pauline Letters", in: W. A. BEARDSLEE (ED.), *The Poetics of Faith. Essays offered to Amos Niven Wilder* (Semeia 12), Missoula, MT: SBL 1978, 233-77.

VI. "0230 (= PSI 1306) and the Fourth-Century Greek-Latin Edition of the Letters of Paul", in: E. BEST/R. McL. WILSON (EDS.), *Text and Interpretation. Studies in the New Testament Presented to Matthew Black*, Cambridge: CUP 1979, 79-98; partly previously unpublished.

VII. "The 'Euthalian Apparatus' and the Affiliated 'Argumenta'"; previously unpublished. (Translated by Bruce C. Johanson.)

VIII. "Benediction and Congratulation", partly in: T. FORNBERG/D. HELLHOLM (EDS.), *Texts and Contexts. Biblical Texts in Their Textual and Situational Contexts. Essays in Honor of Lars Hartman*, Oslo: ScUP 1995, 319-32; partly previously unpublished.

IX. "Das Proömium des Epheserbriefes", revised second part of "Adresse und Proömium des Epheserbriefes", in: *ThZ* 4 (1951) 241-64; partly republished, 250-64.

X. "Der Epheserbrief und der verlorene, erste Brief des Paulus an die Korinther", in: O. BETZ/M. HENGEL/P. SCHMIDT (EDS.), *Abraham unser Vater. Juden und Christen im Gespräch über die Bibel. Festschrift für Otto Michel zum 60. Geburtstag*, Leiden: Brill 1963, 65-77.

XI. "Das Geheimnis der Kirche nach Epheser 3,8-10", in: ED. SCHLINK/A. PETERS (EDS.), *Zur Aufbauung des Leibes Christi. Festgabe für Peter Brunner zum 65. Geburtstag*, Kassel: Stauda 1965, 63-75.

XII. "Cosmic Dimensions and Religious Knowledge (Eph 3:18)", in: E. E. ELLIS/E. GRÄSSER (EDS.), *Jesus und Paulus. Festschrift für Werner Georg Kümmel zum 70. Geburtstag*, Göttingen: V&R 1975, 57-75.

XIII. "Kleidungsmetaphern: der alte und der neue Mensch"; previously unpublished.

XIV. "The Concept of Baptism in Ephesians", in: S. PEDERSEN (ED.), *Dåben i Ny Testamente. Udgivelse fra institut for Ny Testamente ved Aarhus universitet. Festskrift Hejne Simonsen på 60 års dagen* (Teologiske studier 9), Århus: Aros 1982, 141-60. (Translated by Bruce C. Johanson for this volume.)

XV. "Gentiles, Christians, and Israelites in the Epistle to the Ephesians", in: G. W. E. NICKELSBURG/G. W. MACRAE, S.J. (EDS.), *Christians Among Jews and Gentiles. Essays in Honor of Krister Stendahl on His Sixty-fifth Birthday*, Philadelphia, PA: Fortress 1986, 31-39 (= *HThR* 79/1-3 [1986] 31-39).

XVI. "The Letter to the Ephesians: Its Fictional and Real Setting"; previously unpublished.

XVII. "Interpreting Ephesians: Then and Now"; partly in: *Theology Digest* 25 (1977) 305-15 as well as in: *Currents in Theology and Missions* 5 (1978) 133-43; partly previously unpublished.

Supplementary Bibliography – Nils Alstrup Dahl

by Karstein M. Hansen

Supplement to: K. M. HANSEN (ED.), *Nils Alstrup Dahl. A Bibliography of His Writings 1935 – 1991* (University of Oslo. Faculty of Theology; Bibliography Series 3), Oslo: University of Oslo, Faculty of Theology 1991 (112pp.).

1936

472. "Går vi mot en ny ortodoksi? Kirkens bekjennelse i skyggen av den tyske kirkestrid. Tysklandsbrev til 'Dagen' fra stipendiat Nils Alstrup Dahl. [Are We Approaching a New Kind of Orthodoxy? The Confession of the Church in the Gloom of the Dispute within the German Church. Letter to 'Dagen' from Nils Alstrup Dahl, Fellow of Theology], in: *Dagen* 18.1.1936.

1949

473. "Fra 'verdens evangelisering' til 'den voksende kirke'." [From 'The Evangelisation of the World' to 'The Growing Church'], in: *Vårt Land* 16.2.1949.

1983

474. "Det teologiske fakultet – en korrektur." [The Faculty of Theology – a Correction], in: *Vårt Land* 16.2.1983. – Answer to Ivar Asheim: "Uten kirkelig ansvar?," in: *Vårt Land* 9.2.1983. – Answer from Ivar Asheim: "Et læremessig veiledningsansvar," in: *Vårt Land* 23.2.1983. – Answer from Nils A. Dahl: "Teologi og anomali", in: *Vårt Land* 3.3.1983. – Answer from Ivar Asheim: "Ugjort jobb", in: *Vårt Land* 9.3.1983.

1991

475 (=468). *Jesus the Christ. The Historical Origins of Christological Doctrine*, Minneapolis, MN: Fortress 1991, pp. 249. "Foreword," pp. 7-9 by DONALD H. JUEL (ED.). Herein previously unpublished: "Sources of Christlogical Language," 113-36, "Trini-

tarian Baptismal Creeds and New Testament Christology," 165-81, and "Addendum: Types of Early Baptismal Creeds," 181-86.

1992

476 (=469). "Messianic Ideas and the Crucifixion of Jesus," in: JAMES H. CHARLESWORTH (ED.), *The Messiah. Developments in Earliest Judaism and Christianity. The First Princeton Symposium on Judaism and Christian Origins* (1st Oct. 1987 Princeton). Minneapolis, MN: Fortress 1992, 382-403. (Revised by D. H. JUEL).

1993

477. "Når Paulus spør." [When Paul Enquires], in: NILS KRISTIAN LIE ET ALII (EDS.), *Kirken i tiden. Troen i folket. Festskrift til biskop Georg Hille,* Oslo: Verbum 1993, 47-59.

478. "Nils Alstrup Dahl." By BÅRD MÆLAND and FREDRIK SAXEGAARD, in: *Ung Teologi* 26/2 (1993), 49-61.

1995

479. "Benediction and Congratulation," in: TORD FORNBERG/DAVID HELLHOLM (EDS.), *Texts and Contexts. Biblical Texts in Their Textual and Situational Contexts. Essays in Honor of Lars Hartman,* Oslo – Copenhagen – Stockholm – Boston: Scandinavian University Press 1995, 319-32.

480. "Euodia and Syntyche and Paul's Letter to the Philippians," in: L. MICHAEL WHITE/O. LARRY YARBROUGH (EDS.), *The Social World of the First Christians. Essays in Honor of Wayne A. Meeks,* Minneapolis, MN: Fortress 1995, 3-15.

1997

481. *Matteusevangeliet* [The Gospel of Matthew] – en kommentar bearbeidet av ÅRSTEIN JUSTNES, Haugesund: Akademisk fagforlag 1998, pp. 411. Enlarged edition. Cf. Nos. 75, 152 and 433, pp. 37-51.

Miscellanea
(1936/37 and 1955)

482. "Den tyske bekjennelseskirkes historie er ingen heltehistorie, men en frihetskamp for Guds ord." [The History of the German Church is No Heroic Story, but a Fight for the Freedom of the Word of God], in: *Dagen* ca. 1936/1937.

483. "Før påske." [Before Easter]. Aftenpostens søndagspreken. Fastelavssøndag, Lukas 18, 31-45, in: *Aftenposten* ca. 1955.

Co-Authorship
1955

484. "Kjære kollega, lærer och venn!" [Dear Colleague, Teacher, and Friend!], in: *Interpretationes. Ad Vetus Testamentum pertinentes Sigmundo Mowinckel septuagenario missae*, Oslo: Land og kirke 1955 [III-IV]. By Nils Alstrup Dahl and Arvid S. Kapelrud.

Index of Passages
(Selective)

I. Israelite and Jewish Texts

A. Old Testament

Genesis		Deuteronomy	
1-3	400	18,15	249
1,26-27	427	23,1ff.	359
1,26f.	394, 398		
1,27	32	Judges	
1,3	373	6,34	394, 397
2,7	395–396, 398		
2,24	13, 56, 65–66, 74, 76, 422, 455	Ruth	
		4,14-15	286
2,25	402	4,14f.	292, 453
3,21	395, 397–398		
6,1-4	113	1 Samuel	
9,25f.	287	2,5	166
9,26	286	25	284
14,19f.	285, 453	25,32-35	285
14,20	318	25,39	288
15,5	249		
17,5	249	2 Samuel	
24,26-27	286	18,28	285, 316
24,27	288	18,31	453
27	287	22	282, 290
Exodus		1 Kings	
18,10	285	1,48	296
		5,7	316
Leviticus		5,7 (RSV)	283, 298
19,18	56, 422	5,21	283, 298
		8	282, 293, 305
Numbers		8,14-15	283
12,7f.	370	8,14ff.	287
		8,15ff.	291

8,16-21	283	Job	
8,22-53	283	1,21	286, 296
8,54ff.	291	10,11	396
8,56ff.	287	11,8-9	36
10	282	28	369
10,6-9	283	35,5f.	368
10,9	453	38,1-40,1	368

2 Kings

6,21 (LXX)	283–284	Psalms	
		2	263
		4,5	30

3 Kings

1,48 (LXX)	283	8,47ff.	289
5,21 (LXX)	283, 298, 316	17,47 (LXX)	318
10,6-9 (LXX)	283	18	263, 282, 290, 295, 304
		18,46-48	294

1 Chronicles

15-16	294	22	263
16	289, 293	28,1-4	295
16,25	293	28,6	294
29,2	354	41,13	294
29,10-19	290	48,1	293
29,10ff.	289, 291	66	293, 295
29,20-22	293	67,19 (LXX)	13
		68	293

2 Chronicles

		68,19	13, 56, 419
2,10f.	315	68,32-35	294
2,10	316	69	263
2,11	316	72,18-19	294
2,11-16	283	89	263
2,11ff.	298	89,52	294
2,12	453	96,4	293
5-6	294	106,1	294
6,3-42	287	110	263
6,4-11	293	113	295
7,1-7	293	118	263
9,8	283	124	295
29,10-19	295	124,6	289, 294
		132,9	391, 427
		135,19-21	294

Ezra

		139,13	355
3,10-11	294	139,15	355
		144	304

Nehemiah

9,5-6	294

Index of Passages

Proverbs			59,17-18	444
8,22-31	369		59,17	428
25,3	368			
30,4f.	368		Ezekiel	
			16,8-9	422
Song of Solomon			16,13	422
(Canticum Canticorum)				
4,7	422		Daniel	
			2,20-23	290
Isaiah			3	295
4,1	165–166		3,26-45	16
11,2-3	166		3,26ff. (LXX/Theod.)	291
40,12ff.	368		3,28f.	298
40,12	376		3,52ff. (LXX/Theod.)	291
40,13	378			
57,19	56, 428		Zechariah	
			11,4-17	286
			11,5	288

B. Apocrypha, Pseudepigrapha and Other Early Jewish Texts

Apocalypse of Abraham			42	357
13	390		60,11	369
			62,14ff.	390
2 Apocalypse of Baruch (syr)			72-82	369
51	390		93,12-14	369
54,1-4	369			
54,13	355		2 Enoch (slavonic)	
59,4	370		22,8ff.	390
59,5	370		22,8	390
59,11	370		56,2	390
Apocalypse of Moses			1 Esdras	
20,1f.	399		3-4	380
			4,34-35	380
Baruch			4,36-38	380
3,9ff.	355		4,60	298
3,15	355		8,25f.	298
3,24-4,4	369			
4,1-4	356		4 Ezra	
			4,5-9	368
1 Enoch (ethiopic)			4,21	380
36,4	357		13,52	368
39,10-12	291			

Jesus Sirah (Ben Sira)
1,3	355, 368
1,6	355
1,25	355
17,3	399
24	369
24,8-12	356
43,25	356

Joseph and Asenath
3,4	288
8,9	34
13,3ff.	397
14,12ff.	390, 397
15,10	397
15,13	285, 292

Josephus (Flavius)
Antiquitates Judaicae
VIII. 2,7	315, 425
VIII. 53	299
XIII. 171-73	120
XIII. 220	393

De bello Judaico
II. 126	392

Jubilees
8,18	292
22,6-30	292
22,6-9	16
22,6ff.	285
25,11-23	292
31,12ff.	292
45,3-4	292

Judith
13,17	285
13,18-20	292
13,18f.	285

1 Maccabees
4,30-33	305

2 Maccabees
1,10-2,17	299
1,10ff.	316
1,17	305
14,31	201
15,34	305

Paralipomena Jeremiae
5,8	288

Philo (and Ps.-Philo)
De Abrahamo
68-88	371
70	377

De confusione linguarum
31	403

De congressu eruditionis gratia
97	378

De decalogo
106-34	45
165	45

De ebrietate
17	45
85-92	391

De Fuga et Inventione
110	391, 395

De Gigantibus
53	395
65	65

De mutatione nominum
40	45

De opificio mundi
69-71	371
134f.	400

De plantatione
146	45

De praemiis et poenis
36-46	371

Index of Passages

De somniis
I. 20-08	355
I. 43	395
I. 205	356
I. 214-19	358, 391
I. 220	354

De specialibus legibus
I. 84ff.	391
II. 225-27	45

De vita contemplativa
38	392

De vita Mosis
II. 117ff.	391
II. 198	45

Legum Allegoriae
Frag. 4	391
I. 31ff.	400
I. 31f.	398
II. 4f.	398
II. 49	65
II. 55-57	395
II. 56	391

Liber Antiquitatum Biblicarum (LAB)
11,9	45
20,2f.	398
27,9f.	397
27,12	397
32,15	65

Quaestiones in Exodum
1,8	399
46	398

Quaestiones in Genesim
I. 8	398
I. 53	395
III. 11	395
IV. 1	395

Quis rerum divinarum heres sit
54	395
57	398

Quod deterius potiori insidiari soleat
19	402
159	395

Quod Deus sit immutabilis
17	45
56	395

Psalms of Solomon
2,37	305
5,19	305
6,6	289, 305

Pseudo-Phocylides
175-227	45

Testament of Solomon
4,4	354

Testament XII Patriarchs
Testament of Asher
5	114

Testament of Judah
19,1	133
20	114

Testament of Reuben
4,6	133

Tobit
3,11-15	291
8,5-7	291
8,15-17	291
9,6	291
11,14	291, 293
11,17	285, 291–292
13,1ff.	291
13,1-2	293, 305
13,1	318
13,2	301
13,10	293

Wisdom of Solomon
    5,16-22   428
    5,17-21   444
7,27   352, 356
8,5   355
10-19   356

C. Qumran and Related Texts

CD (Cairo Damascus Document)
    II 14-16   132
    III 15   112
    IV 9-10   134
    IV 15-18   133
    VI 10   135
    VI 16   132
    VI 21   132
    VII 3-4   132
    VII 19-20   115
    VII 20-21   115
    IX 6   132
    XX 3ff.   115

CAVE I
1QS (1QRule of the Community)
    I 9-10   116
    I 18   135
    I 24-25   134
    II 2-3   134
    II 3   130
    II 25-III 8   134
    III 8-9   135
    III 11-14   131
    III 13–IV 26   123
    III 15-IV 1   113
    III 15-16   119
    III 15   113
    III 18   115
    III 19-22   118
    III 19   115
    III 20-21   126
    III 20   115
    III 21-23   119
    III 21   115
    III 24   115
    III 25   113, 131
    IV 2-14   131
    IV 4   130
    IV 7   112
    IV 8   112, 390
    IV 12   115
    IV 13   112
    IV 16f.   129
    IV 18-22   112
    IV 18f.   115
    IV 19-23   137
    IV 21   131
    IV 23-24   115
    IV 25   115–116, 129
    V 1-2   128
    V 1   122
    V 4   127
    V 13   134
    V 15   134
    V 24-25   133
    V 24   131
    V 25   132
    VI 10   132
    VII 1   133
    VII 3   132
    VII 4   133
    VII 11   133
    VII 15   133
    VIII 2   132
    VIII 6-7   127
    VIII 6   120
    VIII 9-10   127
    VIII 20   126
    IX 4-5   127
    IX 4   134
    IX 14   121
    IX 16f.   335
    IX 21f.   127
    X 22   132
    X 26   132
    XI 1   132
    XI 2   112
    XI 3-8   129

Index of Passages

XI 6-9	121
XI 7-9	126
XI 7-8	122, 129
XI 7	112
XI 8f.	359
XI 11	113
XI 15-22	305

1QSa (1QRule of the Congregation)
II 3-11	359
II 8f.	121

1QH (1QHodayot)
V 25	115
VI 22-24	123
VI 34	112
VII 25-30	122
VII 25-27	120
IX 7-20	355
IX 23	129
IX 25-27	120
IX 29-33	131
X 15	112
XI 21-23	380
XI 23f.	121
XI 23	359
XI 27-37	135
XII 28-30	120
XII 28	112
XII 33-34	120
XIII (V) 20-22	291
XIII (V) 20	289, 305
XIV 13f.	359
XV 17	378
XV 19	378
XV 20	112
XV 22	112
XV 29-30	129
XV 30	112
XVIII 5	112
XVIII (X) 14f.	291
XVIII (X) 14	289, 302, 305
XIX 10-12	118
XIX 11f.	359
XIX 12-13	129
XIX 12	120
XIX 13	112
XIX (XI) 27ff.	289
XIX (XI) 27f.	291
XIX (XI) 29	302
XX 14-22	123
XX 35	378
XX 38	112
XXII 15	302

1QM (1QWar Scroll)
I 11f.	135
I 11	136
II 5	127
V 5-14	136
VI 3	136
VII 4-6	359
X 4	136
X 5	112, 378
XII 1	121
XII 4	121, 380
XII 7	359
XII 8	136
XIII 1-9	305
XIII 2-3	287
XIV 4-7	305
XVII 6	115

1QpHab (1QPesher to Habakkuk)
II 7	135
VII 5–VIII 3	118
VII 13-14	119
VIII 13	112
X 13	121

CAVE IV
4Q502 (4Q Ritual of Marriage)	306
4Q503 (4Q Daily Prayers)	306
4Q504 (4Q Words of the Luminaries)	306
4Q507 (4QFestival Prayers)	306
4Q509 (4QFestival Prayers)	306

4Q510 (4QSongs of the Sage)	306	4Q512 (4QRitual of Purification B)	307
4Q511 (4QSongs of the Sage)	306	4Q548 (4QAmram)	115

D. Rabbinic and Later Jewish Texts

m.Berakot		t.Berakot	
9,2	296	5,22	280
9,3	280	7,10	280
m.Hagiga		Bereshit Rabba	
2,1	371	20,12	395
b.Berakot		Midrash Zohar	
54b	281	I.36b	395
58a	280		
58b	281	Sifre Zuta Num	
60b	392	12,7	370
b.Hagiga		Seder Rab Amram Gaon	
14b	281	1	280, 288, 290
		3	280
b.Pesahim		28,1-3	291
7b	326	38,4	291

E. Published Compilations, Inscriptions and Ostraca

Aramaic documents from Hermopolis West		Letters from Tel Arad	
Letter III 1-2	297	Arad 16 lines 1-5	297
		Arad 21 lines 1-3	297
		Arad 40 lines 1-4a	297
Corpus Inscriptionum Iudaicarum			
690	300	Phoenician letter	
		Lines 1-3	297

II. Early Christian Texts

A. New Testament

Matthew		11,29	37
4,24	354	15,11	37
6,14	37		

Index of Passages

Mark
1,6	392
6,8f.	392
13,33	37
14,38	37

Luke
1,67-79	301
1,68-79	282
1,68ff.	293
2,14	112
3,18	265
12,35	37
23-24	212

John
3,13	35
3,20	35
5,21-26	35
10,16	35
11,50-52	35
17,22-23	35

Acts
3,22	249
3,25-26	446
7,37	249
11,17-18	424
12,25	235
15	236
15,7-11	424
15,13-18	446
17,11	246
20,17ff.	457
20,18-36	33
20,18-35	34, 457
20,29-30	455
20,29f.	77
21,20-21	446
26,16-18	33–34
26,17-18	457
26,18	33–34
27,9	265
27,22	265
28,11	246

Romans
1-16	197
1,1-6	323
1,2-6	319
1,7	60–61, 170–171, 173, 197, 452
1,15	170–171, 197
1,16-11,36	9
1,16-17	172, 342
1,17b	201
1,18-2,11	342
1,18-32	442
1,18	342
1,23	343
1,25	300
2,17ff.	343
2,29	445
3,23	399
3,31-4,25	201
3,31	429
4,17	249
4,18	249
5,12-19	442
5,12ff.	399
6	53
6,3-5	426
6,4	401
6,6	396–397, 402
6,13	403
7,24	396
8,19-23	442
8,29	394, 399
8,31-39	427
9-11	201
9,4-5	444
9,5	300
10,8-13	420
10,9-13	417
11,16-24	447
11,17ff.	71
11,25-34	378
11,33-12,5	223
11,33-36	352
12-14	247, 265
12-13	443

12	74	6,12-20	247
12,1	265	6,16-17	421
12,3-8	54, 74	7	67, 247, 458
12,4-8	418	7,1	422
12,5	38	7,12-16	443
12,17-13,5	223	7,14	430
13,12	403	7,26-35	423
13,14	393–394, 403, 427	7,32-34	423
		8-10	247
14,9-20	223	8	381
14,23	171	8,5-6	417
15-16	195, 201, 203	8,7-13	443
15	60, 154, 452	10,1-13	338
15,3-13	223	10,23-33	443
15,7-12	446	11,3	38, 421
15,33	172	11,16	22
16	172, 319	12-14	67, 247
16,17f.	200	12	54, 74
16,25-27	171, 197	12,3	417
		12,12-30	418
1 Corinthians		12,13	66, 429
1-4	67	12,18	71
1,2	173	12,28-30	419
1,2b	22, 172	12,28f.	52
1,6	321	13	381
1,8	321	14,36b	22
1,10-4,20	247	15	67
1,18-2,5	80	15,1-58	247
2,6-16	378	15,3-4	426
2,7f.	358	15,9	54
2,9	369	15,11	351
2,16	378	15,21	399
4,8	52	15,22-28	52
5,1-13	247	15,35-44	391
5,9-13	455	15,44-54	391
5,9-12	443	15,44ff.	394, 399
5,9-11	336, 339	15,44	395
5,9ff.	338	15,47-49	395
5,9f.	337	15,50-54	391
5,9	53		
5,11	53, 337, 340	2 Corinthians	
6,1-11	79, 247, 339	1,3-14	426
6,1-6	443	1,3-7	301
6,9-10	339	1,3ff.	52, 279, 301, 318
6,9f.	53, 337, 340		
6,11	421	1,4-11	318

Index of Passages

1,21-22	424	1,1	19, 60–61, 170, 173, 197, 442
1,21f.	52		
1,21	425	1,2-4	124
1,22	324, 425	1,3-6,20	4, 10
3,17f.	398	1,3-3,21	5, 10, 242, 415
4,4	399, 427	1,3-14	4, 10, 15–16, 34, 43–44, 46, 52, 111, 247, 279, 301, 319–331, 430, 443, 445
4,6	377		
5,1-4	391		
5,2	391		
5,5	324		
6,14-7,1	335–336	1,3-13	15
6,14	336, 340	1,3-12	40, 453
10-13	238	1,3-10	377
11,2-3	421	1,3ff.	31, 318
11,23	155	1,3	29, 50, 112, 245, 302
11,31	300		
12,9	80	1,4-12	320, 324
13,3f.	80	1,4-6a	321
		1,4	12, 29, 121, 424
Galatians		1,4b	44
1,1-2,21	264	1,5	69, 112, 413, 424
1,16f.	54		
1,18	235	1,6f.	50
2	236	1,6	29, 50
2,6-10	54	1,6b-12	321
2,7-9	351	1,7-10	418
2,11-14	446	1,7	15, 29–30, 33, 44–45, 69, 112, 413, 424
3,1-5,17	264		
3,1-7	424		
3,2-5	324	1,8-10	68, 431
3,26-27	424	1,8f.	55, 454
3,27-28	423, 429	1,9	112
3,27f.	394, 399, 403	1,10f.	50
3,27	393, 427	1,10	50, 130, 444, 462
3,28	361	1,11-12	120, 323
4,6f.	324	1,11	15, 33, 112
4,6	424	1,12f.	50
5,12	168	1,12	50, 123
5,19-21	340	1,13ff.	56
5,19	131	1,13-14	4, 40, 123, 303, 320, 323, 413, 425, 453
5,21	340		
		1,13f.	13, 52, 317
Ephesians		1,13	15, 29, 39, 67
1-6	169	1,14	124
1,1-2	4, 6, 10, 40		

1,15-23	10, 425	2,4	45, 122
1,15-19	426	2,5-8	55
1,15ff.	4, 72, 377, 452, 454	2,5-7	35, 52-53
		2,5ff.	56
1,15-17a	37	2,5-6	413
1,15-16	10	2,5	30
1,15f.	6, 40, 317	2,5b	45, 427
1,15	6, 50, 61, 124, 245, 442	2,6	35, 125, 359-360, 401, 430, 466
1,16-19	431		
1,16ff.	68	2,7	12, 30, 49, 112
1,16f.	41	2,8-10	45, 66, 427
1,17-19	130	2,8-9	53
1,17-19a	10	2,8	38, 122
1,17ff.	55, 377	2,10-22	15
1,17b-19a	5	2,10	30, 123, 397
1,18-23	15, 41, 44	2,11-22	5, 10, 43, 46, 54, 71, 75-76, 245, 359, 378, 428, 442-443, 445, 455
1,18ff.	453		
1,18-19	124		
1,18	7, 29, 33, 121, 129, 350		
1,18b	5	2,11-16	41
1,19-2,22	325	2,11-13	71, 75
1,19	112	2,11ff.	29, 56
1,19b-23	5, 10	2,11-12	441
1,20-2,22	43	2,11	13, 53, 245, 444
1,20-23	52, 419, 426	2,12ff.	15
1,20-22	38, 430	2,12	444
1,20ff.	46	2,13-18	430
1,20	50, 116	2,13	5, 30
1,21f.	357	2,14-18	5, 13, 38, 68, 71, 361
1,21	12, 49, 116		
1,22	7, 32	2,14-16	445
1,23	125, 442	2,14ff.	35, 76
2,1-10	5, 10, 41, 43, 45-46, 66, 245, 442-443	2,14-15	68
		2,14	66, 125, 455
		2,15	50, 53, 360, 397, 403, 429
2,1-7	426, 445		
2,1-3	80, 441-442, 468	2,16	425
		2,17-22	41
2,1-2	122	2,17	30, 248, 444
2,2-3	430	2,18-22	34
2,2	57, 116, 131	2,18	425, 429
2,3-8	33	2,19-22	71, 75, 213
2,3-7	445	2,19	15, 30, 359-360
2,3	57	2,20-22	7, 29, 38

2,20	22, 35, 47, 54, 430, 446	3,8-10	349, 353–361, 454
2,22	125, 425	3,8	54
3,1-13	10, 41, 444	3,9-10	7, 455
3,1ff.	318	3,9	29, 49, 125, 462
3,1-2	446	3,20-21	5, 10, 41
3,1	5, 13, 245, 442, 452	3,21	50
		4,1-6,20	5, 11, 242, 415
3,10	125	4,1-16	5, 11, 70, 74, 247, 420, 444
3,11f.	50		
3,12	429	4,1-6	41, 71, 446
3,13	13, 81, 452	4,1ff.	43, 453
3,14-19	5, 10, 41, 44, 68, 365, 379, 431, 452	4,1	6–7, 13, 15, 37, 132, 245, 265, 350, 417
3,14-18	454	4,2-6	6, 11
3,14ff.	55, 377	4,2	33, 37, 44, 112, 132
3,14f.	49		
3,14	245	4,3-6	417
3,16	112, 378	4,3	132
3,17-19	455	4,4-16	7, 421
3,18-19	431	4,4-6	32, 263, 418, 430
3,18	365–382		
3,19	125, 469	4,4	425
3,2-13	5, 325, 350, 415	4,5-12	430
3,2-12	13, 33, 43, 53–54, 68, 75, 377	4,5-6	463
		4,5	134, 429
3,2-7	431	4,6	49, 419
3,2ff.	55, 454	4,7-16	6, 9, 11, 54, 70–71, 418, 465
3,2	6, 13		
3,3-5	80	4,7-14	41
3,3ff.	39	4,7ff.	47, 454
3,3f.	22	4,8-13	74
3,3	112	4,8-12	56
3,4-10	46	4,8-11	13
3,4-7	446	4,8-10	419
3,4-6	455	4,8	49, 248
3,4-5	128	4,9f.	35
3,4	112	4,9	13, 50
3,5-12	378	4,11-22	76
3,5-7	54	4,11	70–71, 419, 468
3,5-6	13	4,12-14	64, 75
3,5	35, 57	4,12-13	419
3,6	22, 47, 359	4,12f.	67
3,8-11	431	4,12	125, 418
		4,13-16	71, 468

4,13	454	4,32-5,2	343
4,14	13, 64, 67, 74–	4,32-5,1	42
	75, 77, 123,	4,32	37
	419, 429, 454–	5,1-2	127
	455	5,2	38
4,15-16	41, 419	5,3-14	53, 335, 455
4,15	125	5,3-13	441
4,15b-16	44–45	5,3-12	423
4,16	44, 125, 442	5,3-11	431
4,17-6,17	428	5,3-6	42
4,17-5,20	338	5,3ff.	336, 338–340,
4,17-5,14	11, 343		342, 468
4,17-24	6, 11, 15, 427	5,3	112, 133, 245
4,17-21	41, 44	5,4	133
4,17-20	80	5,5-14	80
4,17-19	342, 441–442,	5,5-11	337
	468	5,5-6	442
4,17ff.	39, 43	5,5	9, 134
4,17	6, 245	5,6-14	468
4,18	134, 454	5,6	13
4,19	112, 336, 423	5,7-18	42
4,20-21	429	5,7ff.	39
4,20f.	454	5,7	336
4,20	30	5,8-14	343
4,21-24	413	5,8-9	116–117
4,21	50, 125	5,8	30, 34, 57, 117,
4,22-5,6	43		335, 442
4,22-24	29, 38, 42, 343,	5,9	118
	389, 397, 399,	5,11-12	442
	401, 430	5,11	131, 133, 335,
4,22	30, 392		444
4,24-25	392	5,12	35
4,24	30, 123, 392,	5,13f.	35
	394	5,14	49, 55, 248–
4,25-5,21	443		249, 415
4,25-5,14	6, 11	5,15-6,9	11
4,25-5,5	15	5,15-21	6, 11
4,25-31	42–43, 428	5,15	454
4,25	32, 38, 132, 403	5,18-21	425
4,26-30	36	5,18-19	30
4,26	132, 248	5,19-20	42, 429
4,26b	30	5,19f.	16
4,28	37, 132	5,19	131
4,29	133	5,21-33	68, 70, 469
4,30	12, 52, 132, 324	5,21ff.	46
4,31	46, 112, 133	5,21-22	42

5,21	423	6,18-20	42, 452
5,22-33	6–7, 11, 33, 74, 421	6,18	37, 112
		6,19-20	13
5,22-32	32	6,19	112, 454
5,22ff.	29	6,20	452
5,22-23	361	6,21-24	6, 12
5,22	245, 423	6,21-22	4, 12–13, 42, 61, 414
5,23-24	42–44		
5,23	9, 38	6,21f.	13, 62, 73, 452
5,25-33	422, 430	6,23-24	6, 12, 61
5,25-32	9	6,23	42, 112, 126
5,25-27	421	6,24	35, 42
5,25ff.	35		
5,25	32, 126, 421	Philippians	
5,25a	42	1,1	61
5,25b-33	42–44	1,6	321
5,26	135, 413, 420, 429	1,7	321
		1,9-11	377
5,27	424	1,10	321
5,28-33	38, 55	1,21-23	236
5,28-29	422	2,9-11	357
5,29	32	3,21	394
5,30	32		
5,31f.	13, 65, 74–76	Colossians	
5,31	248	1-2	23
5,32-33	429	1,1-2	40
5,32	50, 469	1,1	73
5,33	422	1,2	121
5,35	46	1,3-2,5	9
6,1-9	6, 11, 42	1,3f.	40
6,1	245	1,5-8	40
6,2-3	43, 45, 248	1,6-8	43
6,5b-6a	216, 218	1,9-10	377
6,6b-11a	219	1,9f.	41
6,9	44	1,11-19	41
6,10-20	6, 11, 245	1,12-23	319
6,10-17	42, 428	1,12-14	34
6,10ff.	81	1,12-13	121
6,10	112	1,12	34, 359
6,11-17	444	1,14	45, 69
6,11ff.	389, 403	1,15-20	25
6,11b-12a	211, 216–217	1,15-17	358
6,13-17	430	1,15-17a	43
6,13	12, 432	1,15	399, 427
6,14-18	38	1,15b-16	22
6,14	37	1,19	45

1,20-22	41	3,18	42
1,22	321	3,19	32, 42
1,23-29	41	3,20-4,1	42
1,23	357	3,22-25	44
1,24	43	3,22-24	73
1,26	351	4,2-4	42
2,1-3	41, 62–63, 452	4,5-6	42
2,1f.	457	4,7-19	458
2,1	192, 414	4,7-9	4, 13, 42, 62, 414, 452
2,2f.	197		
2,3	355	4,9-17	47
2,4-5	41, 43	4,9a	43
2,4	63	4,10-17	42–43, 319
2,6-4,6	9	4,10-14	59, 73
2,6-7	41	4,10-11	57, 458
2,8	41, 43	4,11	58
2,9-15	44–45	4,12-13	63
2,9-10	41	4,13-17	457
2,10	25	4,13-16	197
2,11-15	41	4,13	62, 192, 414, 452
2,11f.	428		
2,11	396, 445	4,15f.	192
2,12	43, 401	4,15	414
2,13	45	4,16	22, 63, 196
2,16-18	41, 43	4,18	42
2,16	67		
2,18	67	1 Thessalonians	
2,19	25, 41, 44–45	1,3	8
2,20-23	41, 43, 67	1,9f.	34
2,20	43	2,13	8
2,21	422	3,9-13	8
3,1-4,6	428	3,13	321
3,1-4	42, 427	4-5	9
3,3-11	399	4,1	265
3,5-9a	42	4,13-5,11	261
3,5f.	340–341	4,13-17	9
3,9-11	427	5,1-5	9
3,9f.	392	5,5	340
3,9b-11	42	5,23-24	247
3,10-11	429		
3,10f.	397	2 Thessalonians	
3,10	394, 399	3,16	247
3,11	66		
3,12-13	42	1 Timothy	
3,14-15	42	1,11-16	33
3,16-17	42	2,3-7	33

Index of Passages

3,16	357	1,3-7	301
4,1-5	77–78	1,3ff.	279, 327
4,1-3	422	1,3	302, 326
		1,6ff.	317
2 Timothy		1,12	359
1,8-12	33	2,1	403
2,18	78	2,4-10	34
3,6	354	2,9	34
4,6-8	236	3,4	378
4,6-7	236	3,18-22	323
4,6	237	3,22	357
4,13	168	4,10	354
4,16-17	237	5,13	58
Titus		**2 Peter**	
1,2-3	33, 323	3,15-16	150
3,3-7	33	3,15f.	169
3,3	354		
		1 John	
Philemon		2,20	425
1-25	168	2,27	425
1	37, 73		
4-7	8	**Revelation**	
4-6	37	1,20	165
4ff.	72	2-3	35, 147, 165–
9	37		167
19	72	2,1-3,22	168
22-24	59	10,7	35
22	73	11,18	35
23-24	73	16,15	396
		19,7	35
Hebrews		21,14	35
1	357	21,16f.	365
13,9	354	22,21	35
		3,14-22	457
1 Peter		3,21	35
1,3-12	34, 426		
1,3-8	323		

B. Apostolic Fathers and Other Early Christian Texts

Acts of Thomas		112	390
48	392	121	402
108-115	389	157	402

Ambrosius
De Abraham
I 6, 55 — 152

De mysteriis
II 6 — 359

De sacramentis
IV 2, 5 — 359

Ascension of Isaiah
4, 1 — 394
7, 22 — 390

Pseudo-Athanasius
De Virginitate
12 (MPG 28. 265) — 292

Synopsis scripturae sacrae
MPG 28. 412 D–428 C — 254, 257
MPG 28. 412-428 — 186
MPG 28. 412 D — 260
MPG 28. 421-427 — 255, 260
MPG 28. 423 — 250

Augustinus
De Civitate Dei
XVII. 4, 4 — 166

Barnabas
5 — 172
6, 10 — 291
6, 11-14 — 394

Chrysostomos, Johannes
Catecheses baptismales
3/2.24 — 402

In epistolam ad Philemonem commentarius
MPG 62. 702-704 — 197

Sermon on Ephesians
MPG 62. 10 — 18

Clemens Alexandrinus
Excerpta ex Theodoto
1, 1 — 358
22 — 400
26, 1 — 358
50-51 — 395
55, 1 — 395
78, 2 — 420

Paedagogos
I. 5 — 60

Stromateis
III. 12 — 423
III. 13.92 — 395
III. 14.95 — 395
III. 92.2 — 429
IV. 8 — 60

1 Clement
5 — 154–155
46, 6f. — 32
47, 1-2 — 150
47, 1f. — 173
47, 1 — 31

2 Clement
7, 6 — 425
8, 6 — 425
12, 2-6 — 361, 429
14, 2 — 32

Pseudo-Clementines
Homiliae
III. 20, 2 — 353

Constitutiones apostolorum
VI. 7, 1 — 394
VII. 33, 7 — 289
VII. 34 — 289, 291
VII. 34, 4 — 356
VII. 43 — 327
VII. 45 — 324
VII. 49 — 292

Cyprianus
  Ad Fortunatum de martyrio
    XI   166

  Ad Quirinium testimonia
    I. 20   165-166

Cyrillus Hierosolymitanus
  Catecheses mystagogicae
    II. 2   396
    XVIII. 35   327

Didascalia
  16   402

Diognetus
  1-12   172

Epiphanius
  Panarion
    42. 9,4   197

Epistula Apostolorum
  21. 32   358

Eusebios
  Historia ecclesiastica
    II. 25-26   236
    II. 25,8   200
    IV. 29,6   198
    V. 18,5   169
    VI. 14,2-4   251
    VI. 25,11-14   251

  Praeperatio evangelica
    IX. 29,5-6   370
    IX. 34   299, 425
    IX. 34,1   315, 317-318
    XIV. 26   393

Euthalius: Apparatus and Argumenta
  MPG 85. 627-790   232

  Acts
    627-664   232
    636 A-B   240
    CAP 652 B   245
    CAP 662 C-664   246
    CAP 662 B-C   245
    PROL 629 A-C   235
    PROL 629 A   243
    PROL 629 B   234
    PROL 633 B   235

  Catholic Epistles
    665-692   232
    668 B   240
    692 A   244
    LECT 668 B   242
    PROL 668 A   234
    PROL 668 B   243

  Pauline Epistles
    693-790   232
    716 A-C   260
    724 C-725 B   260
    ARG 745 C-748 A
      Intr.   255
    ARG 745 C-D Intr.   259
    ARG 748 A-787 D   254
    ARG 748 A Intr.   255, 259-260
    ARG 748 B Rom   258, 260, 264
    ARG 748 B-749 A
      Rom   264
    ARG 748-775   186
    ARG 748 C-D Rom   264
    ARG 748 C Rom   258
    ARG 749 A Rom   259
    ARG 749 B Rom   258, 262
    ARG 749 C Rom   258
    ARG 750 B Rom   262
    ARG 750 C Rom   265
    ARG 753 A 1 Cor   258
    ARG 753 B 1 Cor   259, 265
    ARG 756 D 2 Cor   258
    ARG 757 A 2 Cor   258, 264
    ARG 758 A 2 Cor   263
    ARG 760 C Gal   258
    ARG 760 D Gal   258
    ARG 761   18, 202
    ARG 761 A Eph   258
    ARG 761 C-764 C   238

ARG 761 C-764 A	255	PROL 697	237
ARG 761 C-764 A		PROL 697 A Paul	262
Eph	271	PROL 697 B	235, 237
ARG 761 C	18	PROL 697 C	236
ARG 761 C Eph	259–260	PROL 698 C	236
ARG 761 D Eph	259, 262	PROL 701 A-708 A	235, 238
ARG 762 C Eph	259	PROL 701 A	237–238
ARG 762 D Eph	263	PROL 702 A-708 A	240
ARG 764 A Eph	258	PROL 704 A	238
ARG 764 D Phil	259	PROL 704 A Eph	270
ARG 765 A Phil	259, 262	PROL 705 A	239
ARG 765 D-768 A		PROL 705 B	250
Col	262	PROL 705 C	239
ARG 765 D Col	258, 260, 262	PROL 708 A	239–241, 243, 248–249
ARG 766 A Phil	262		
ARG 768 A Col	259	PROL 708 B-713 A	235, 240
ARG 768 C Col	262	PROL 708 B	236
ARG 772 B 1 Thess	258	PROL 709 C-712 A	236
ARG 772 C 1 Thess	258	PROL 712 C	236
ARG 773 C-776 A Heb	262	TEST I + II 720 C-	
ARG 773 C Heb	258, 260	745 D	240
ARG 776 A Heb	265	TEST I 720 C-	
ARG 776 Heb	251	724 C	241, 248
ARG 780 D 1 Tim	258	TEST I 721 C	248
ARG 781 A 1 Tim	258	TEST II 725 D-	
ARG 783 D	250	745 D	241
ARG 784 D 2 Tim	258	TEST II 726 B-	
CAP 749ff.	240	745 D	248
CAP 752 BC Rom	265	TEST II 728 C	249
CAP 761 A-B Gal	264	TEST II 737 C-	
CAP 764 A-C	245	740 A	248
CAP 764 B-C Eph	265, 272		
CAP 768 C Col 3	262	Gregorius Nyssenus	
CAP 790	250	*De vita Mosis*	
CAP Gal 761 A-B	264	II. 22	395
CAP Gal 761 B	265		
LECT 716 A-720 B	240–241	Hermas	
LECT 716 A	242	*Mandata*	
LECT 717 B Eph	270	X 3,2	32
LECT 720 B	243		
MART 713 B-715 A	240, 251	*Similitudines*	
PROL 693 A-713 B	234–235	VIII 2,3	403, 425
PROL 693 A-701 A	235	IX 13,2-5	401
PROL 693 A	234	IX 15,1f.	401
		IX 16,3-5	425

Hieronymus

In epistulam ad Titum
MPL 26.590	198

In epistulam ad Philemonem
MPL 26.635f.	197

Hippolytos

Refutatio omnium haeresium
V. 6-11	399
V. 19, 21	390
V. 26, 23	400
VI. 19, 6	353
VI. 35, 1-2	80
VII. 34, 7	375

Traditio Apostolica
5, 3	402
6, 3	402
21, 9-14	402
21, 16	402
21, 31-32	402

Ignatius

Ephesians
Prescript	31
1, 3	299
9, 1	32
12, 2	31, 150, 173
16, 1	31–32
20, 2	402

Magnesians
8-10	201
13, 2	32

Trallians
2, 1	32
11	402
11, 2	32

Romans
4, 3	31
5, 1	31

Philadelphians
3, 3	31–32
6-8	201

Smyrnaeans
1, 2	32

Polycarp
1, 2	32
4, 3	32
5, 1	32
6, 2	32, 428

Irenaeus

Adversus haereses
I. 1, 10	395
I. 4, 1	354
I. 5, 5	395
I. 23, 1	353
I. 30, 12	358
III. 11, 8	165
III. 25, 5	395
IV. 12	152
IV. 19, 2	376
V. 3, 3	60
V. 8, 1	60
V. 14, 3	60
V. 17, 4	375
V. 24, 4	60

Epideixis
9	358
34	375

Marcionite Prologues

	180–205
Prol Romans	199
Prol 1 + 2 Corinthians	199
Prol 2 Corinthians	189
Prol Galatians	189
Prol Ephesians	191
Prol Philippians	191
Prol Colossians	191–192
Prol 1 Thessalonians	189
Prol 2 Thessalonians	190
Prol Philemon	189

Marius Victorinus
  In epistolam Ephesios
    MPL 8.1235   191
    MPL 8.1235A   201

Muratorian Canon
  34-39   154
  39-68   147, 152
  39-41   158
  44-46   156
  46-59   152
  54-55   152
  61-63   157
  63-65   160
  65   155

Odes of Solomon
  3,5   29
  3,6   30
  3,7   29
  4,15   29
  5,3   30
  7,4   393
  7,6   30
  7,9   30
  7,10   30
  8,8   29
  8,18f.   30
  8,22   29, 400
  9,5   30
  9,6   30
  11,11   400
  11,14   29
  11,20   30
  12,1   29
  12,3   29
  14,9   29
  15,8   30
  16,7   30
  17   400
  17,15   29
  21,2b-3   398
  21,3   30
  21,7   30
  23,16   29
  23,18   29
  24,1   29
  25,4   30
  25,8   395
  28,4   29
  29,3   29
  33,7   30
  33,12   393
  36,6   30
  36,8   30
  41,3   30
  41,15   29
  42,16   29

Oracula Sibyllina
  VIII. 445   398

Origenes
  Contra Celsum
    IV. 40   395

  Homilia in lib. Jesu Nave
    IX. 4 (MPG 12. 874)   359

Polycarp
  2,1   30
  3,2   31, 173
  4,1   30
  4,2   30
  8,2   30
  9   172
  10,2   30
  11,2   30
  11,3   150, 173
  12,1   30
  12,3   30

Tertullianus
  Adversus Marcionem
    I. 14,3   402
    IV. 5   149
    V. 11,12   60
    V. 15   149, 153
    V. 17   18, 160, 167, 193
    V. 17,1   60, 152
    V. 21   157, 167

Index of Passages

V. 21,1	197	*De pudicitia*		
V. 22	193	9	395	

Adversus Valentinianos
24   395

Theodor of Mopsuestia
Commentarii
MPG 66. 911   18

De baptismo
7   402

Theophilos
Ad Autolycum
I. 6   355–356
II. 16   356

De carnis resurrectione
7   395
8,3   402

Victorinus Petovionensis
Commentarius in Apocalypsin
I. 7   153, 165–166, 190

De cultu feminarum
1,1   395

De praescriptione haereticorum
36   149

De fabrica mundi
11 (CSEL 49,26ff.)   166, 194

III. Iranian Texts

A. Avesta

Aogemadaēčā
17   390

Vendidad
19, 31-32   390

Hādōxt Nask
2   390
8-11   390

Yasna
51,13   390

B. Pahlavi-Texts

Bahman Yašt
III   118

Mēnōy i Xrat
XLIV 8   118

Bundahišn
31   390

Zātspram
I. 1-2   118

IV. Classical Texts

A. Greek Texts

Aristoteles
  Metaphysica
    986a   394

Pseudo-Aristoteles
  De mundo
    I. 391a   371, 377

Athenaios
  Deipnosophistai
    12. 537   391

Demetrius
  De Elocutione
    16-19 (223-235)   4
    16.2-6 (223)   13
    16.4   259
    16.6   259
    16.8   259
    16.10   259
    16.14   259
    16.19   259
    16.20   259
    18.2   259
    18.25   258
    18.26   259
    18.27   259
    18.30   259

Ps.-Demetrius
  Typoi Epistolikoi
    30.27   258
    30.28   258
    30.29   258
    30.32   258
    32.22   258
    32.27   258
    34.8   258
    34.18   258
    34.20   258
    34.32   259
    36.13   258
    36.17   258
    36.19   258
    36.20   258
    36.30   258
    38.1   258
    38.10   259
    38.13   259
    38.17   259
    38.22   259
    38.35   258
    40.26   259

Diogenes Laertios
    VI. 13   391
    IX. 66   393

Dionysios Halicarnassensis
  Antiquitates Romanae
    IX. 5   389
    XI. 5   393

Epiktetos
  Dissertationes
    II. 19,28   393
    III. 22   391

Euripides
  Ion
    130ff.   292
  Iphigenia Taurica
    602   389
    1149   354

Gallus
    19   393

Herodotos
  Historiae
    4,78   389

Homeros			80.1	258	
Ileas			80.26	258	
10,572ff.	402				
			Lukianos		
Odyssea			*Dialogi mortuorum*		
15, 105	354		10,8.9	403	
4,48f.	402				
			Necyomantia		
Libanios			10,5	395	
Epistulae					
968	389		*Piscator*		
1048, 2	393		33	393	
Ps.-Libanios			Macrobius		
Charactaeres epistolares			*Commentarii in Ciceronis somnium*		
5	265		1,12,13f.	390	
66.2	13		1,12,13	390	
66.15	258				
66.16	258		Maximos Tyrios		
66.20	258		*Dissertationes*		
66.21	259		I. 1 (Hobein)	393	
66.22	258		I. 4 (Hobein)	393	
66.24	258				
68.1	258		Orphika		
68.2	258		*Hymni*		
68.3	258		26, 4	354	
68.4	258		61, 4	354	
68.5	258		76	354	
68.7	258				
68.13	258		Papyri Graecae Magicae		
68.20	258		IV. 960-73	373	
68.26	258		IV. 977-86	374	
70.6	258		XII. 158f.	374	
70.20	259				
70.21	258		Papyrus Bononiensis 5		
70.24	258		46.2	258	
72.1	258		54.17	258	
72.2	258				
72.35	259		Plato		
74.11	258		*De re publica*		
74.14	258		457A	389	
74.28	258				
78.9	258		*Gorgias*		
78.28	259		79	395	
78.32	258		464 C-D	393	

Phaedo			*De Iside et Osiride*	
62 B	396		3	391
67	395		46-47	118
82 E	396			
114 C	396		*Moralia*	
			998C	395
Phaedros				
245-50	395		Porphyrios Tyrios	
			De abstinentia	
Respublica			I. 31	396
VII. 533 D	377		II. 46	396
IX. 589 A	378			
			Vita Plotini	
Timaeus			2	402
36 B-D	376			
69 C	395		Proclus	
90 A-D	372		*In Platonis Timaeum commentarii*	
			3, 69, 14-23	390
Plutarchos				
Coriolanus			Theophrastos	
19.4	403		*De sensu*	
			1ff.	378

B. Latin Texts

Apuleius			Quintilianus	
Metamorphoses			*Institutionis Oratoriae*	
XI. 24	391		4.3.14	5
			9.2.31	56
Cicero				
De natura deorum			Seneca	
I. 19	377		*Epistolae Morales*	
II. 150-53	371		16	9
Tusculanae disputationes			Servius	
I. 64	371, 377		*Aeneis*	
V. 73	393		6, 714	390
			11, 51	390

V. Gnostic Texts

A. Manichaean Texts

Kephalaia			Manichaean Middle Iranian Turfan Texts	
VII. 36, 12-21	390		M 77	390
			T II D 79	390

B. Mandaean Texts

Ginza			Right	
Left			I. 42f.	390
II. 8	390		V. 1	390
III. 3	390			
III. 6	390		Mandaean Liturgies	
III. 12	390		104	392
III. 15	390		160	392
III. 31	389, 392		262	392
III. 56	390			
			Book of John	
			26	392

C. Nag Hammadi Texts

Codex I
Tractatus Tripartitus (NHC I, 5)
   124,32-125,2   400

Codex II
Gospel of Thomas (NHC II, 2)
   21,4   402
   22   361, 402, 429, 455
   37   395–396, 402
   106   361, 429, 455
   114   429, 455

Gospel of Philip (NHC II, 3)
   57, 19-22   395–396
   75, 21-25   402
   75, 21-24   392
   75, 22-24   403
   104, 26   396

Exegesis on the Soul (NHC II, 6)
      421
   132,21-133,11   65

Codex VII
Apocalypse of Peter (NHC VII, 3)
   75,7-76,4   378
   76,4-23   378

Codex VIII
Zostrianus (NHC VIII, 1)
   131,2-5   427

Codex XIII
Protennoia (NHC XIII)
   45,13-20   390
   45, 12-20   400, 427
   48,12-35   400
   48, 15-35   427
   49, 26-32   400, 427

D. Other Gnostic Texts

Anonymous Treatise in
Codex Brucianus
 16   392

Gospel of Mary
 Papyrus Berolinensis
 8502   392

 Papyrus Ryland 463   392

Gospel of Philip
 Papyrus Oxyrhynchus
 655   392

Pistis Sophia
 7   390
 10   390

Zosimos
 Alchemista
 24   394

E. Corpus Hermeticum

Corpus Hermeticum
 Poimandres
  I. 24-26   396
  I. 25   390
  I. 26   395
  I. 27,2   292
  I. 32,4   292

 The Mixing Bowl or the Monad
  IV. 11   377

 Ignorance concerning God
  VII. 1   377
  VII. 2-3   396

 Hermes Trismegistus, The Key
  X. 4-6   372
  X. 6   377
  X. 8-9   372

  X. 18   390
  X. 24   378
  X. 25   372

 Mind to Hermes
  XI. 20   372, 378

 On Being Born Again
  XIII. 3   400
  XIII. 6   395
  XIII. 7   378
  XIII. 8   403
  XIII. 9   403
  XIII. 14   400

 Asclepius
  6   372
  7   372
  9   372

Index of Modern Authors

Aalen, S. 356, 361, 377, 382
Abbott, T. K. 21, 35, 40, 82, 365, 382
Achtemeier, P. J. 34, 36, 79, 82, 279, 301, 303, 308, 317, 332, 426, 433
Ackroyd, P. R. 272
Aejmelaeus, L. 33, 82
Aland, B. 103, 186, 202, 207, 217, 229, 244, 272, 322, 354, 361
Aland, K. 49, 59, 82, 149, 161, 186, 195, 202, 206–207, 217, 229, 244, 272, 322, 354, 361
Aletti, J.-N. 93
Alexander, L. 78, 82
Alexander, Ph. 115, 137
Allen, J. A. 50–51, 82
Almqvist, H. 367, 382
Althaus, H. P. 83, 89
Amling, E. 58, 82
Andresen, C. 85
Anklesaria, E. T. D. 390
Arnold, C. E. 49, 61, 82, 365, 373, 382
Asmis, E. 396, 403
Asting, R. 3, 82, 380, 382
Attridge, H. W. 4, 82, 400, 403, 427, 429, 433
Audet, J. P. 279–280, 282, 308
Aune, D. E. 4, 82, 105
Azensio, Z. 280, 308

Balch, D. L. 17, 45, 82, 98
Balz, H. 398, 403
Bardtke, H. 335, 345
Bardy, G. 181, 205, 212, 226–227, 232, 272
Barnett, A. E. 22, 28, 32–35, 82, 173–174
Barnett, P. 300–302, 308, 318, 336, 345
Barns, J. W. 212, 229
Barrera, J. T. 107, 137, 141, 143
Barth, M. 5, 21, 25, 27, 48, 62, 73, 75, 82, 332

Bartsch, H.-W. 32, 82
Batey, R. 63, 83
Bauer, J. B. 30, 36, 83
Bauer, W. 30–32, 78–79, 83, 201, 205, 354, 361, 402–403
Baumgartner, W. 284, 311
Baur, F. C. 7, 19–20, 24, 83
Bausch, K.-H. 36, 83
Beare, F. W. 56, 81, 83
Beasley-Murray, G. R. 420, 433
Beck, H.-G. 274
Becker, J. 52, 83, 85–86, 123, 138, 309, 383
Beckmann, J. 434
Behm, J. 27, 88
Belser, J. 65, 83
Benoit, P. 27, 39, 61, 83, 110–111, 117, 138
Berger, Kl. 8, 83
Best, E. 3, 5, 7, 9, 12, 15, 17, 21, 25, 27, 30, 32–35, 37–39, 48, 51–52, 54, 56–58, 61, 63, 65, 67–68, 76, 83, 121, 131, 135, 138, 175, 273, 279, 303, 308, 316, 318–319, 322, 324, 326, 332, 340, 342, 345, 355, 361, 365–367, 378–380, 382, 393, 403, 413, 417, 419–421, 424, 433, 442, 444–446, 448
Betz, H. D. 14, 24, 59, 83, 292, 308, 318, 332, 335, 340, 345, 371, 373–374, 377–378, 382, 390–391, 394–395, 399, 404, 423, 433
Betz, O. 86, 361, 448
Beuron, Erzabtei 205–206, 208, 229
Beutler, J. 93
Beyer, H. W. 284, 308
Beyer, Kl. 17, 84, 108, 138
Beza, Th. 3, 18–19, 84
Bianchi, U. 140, 144
Bianco, M. G. 232, 272

Bickermann, E. 280, 308
Bieder, W. 130, 138
Billerbeck, P. 56, 84, 285, 308, 370, 382, 391, 404
Binder, G. 368, 381-382
Birdsall, J. N. 233, 272
Bjerkelund, C. J. 8-9, 43, 56, 84, 265, 273
Black, M. 176, 386
Blackman, Ed. C. 198, 205
Blank, J. 20, 84
Blankenberg, W. 407
Blaß, F. 51, 62, 84
Blinzler, J. 83, 97, 142, 346
Blomkvist, V. 26-27, 84, 149, 153, 157, 265
Bormann, L. 403, 433
Bornkamm, G. 15, 24, 65, 84, 173-174, 337, 343, 346, 357, 361
Bousset, W. 48, 84, 94, 116, 138, 333, 376, 382, 390-391, 404, 420, 433, 436
Bouttier, M. 21, 61, 65, 84, 279, 308, 367, 378, 380, 383, 413, 420, 433
Bovon, F. 293, 308
Brandenburger, E. 391, 393, 395-396, 398-400, 404
Brandon, S. G. F. 410, 439
Brandt, E. 101
Brandt, W. 390, 404
Braumann, G. 174
Braun, H. 4, 34, 84, 108, 111, 114, 116, 119, 122-124, 126, 129, 131-132, 135, 137-138, 335, 346
Bresciani, E. 297, 308
Brinktrine, J. 168, 174
Brock, S. P. 231, 257, 273
Brooks, E. W. 280, 308
Brown, R. E. 11, 21-22, 84, 115, 130, 138
Brox, N. 33, 59, 79, 85, 375-376, 383, 403-404, 425-426, 433
Brucker, R. 4, 16, 28, 85
Brun, L. 324, 326-327, 332
De Bruyne, D. 155, 158-159, 161-162, 167, 171, 174, 179-183, 188, 191-192, 196, 198-199, 202-203, 205
Bujard, W. 13-14, 19, 26, 85

Bultmann, R. 24, 69, 80, 84-85, 300-301, 309, 318, 336, 341, 344, 346, 377, 383, 394, 398, 404, 425, 433
Burkert, W. 378, 383, 396, 400, 404
Burkitt, F. C. 180, 201, 205
Burrows, M. 108, 114, 138
Buschmann, G. 4, 85
Butler, C. 211-212, 227
Buttrick, A. 91

Cadbury, H. J. 27, 85, 341, 346
Callan, T. 365
Calvin, J. 366
Cambier, J. 320, 326, 332
Von Campenhausen, H. 150, 155, 160-161, 165-166, 174, 181-182, 205
Cancik, Hild. 8, 85
Cancik, Hub. 89, 105
Capelle, B. 160-161
Caplan, K. 280, 310
Caragounis, C. C. 25, 85, 130, 138, 279, 309, 324, 326, 332
Casel, O. 402, 404
Cavenaile, R. 212, 227
Cerfaux, L. 21, 85
Chadwick, H. 80
Chadwick, H. J. 22, 47, 56, 85
Chapman, J. 148, 161
Charles, R. H. 35, 85, 280, 309, 369, 383
Charlesworth, J. H. 108, 138-143, 385, 406
Clabeaux, J. J. 194, 205
Collins, A. Y. 274, 310, 383, 403-404, 435
Collins, J. J. 115, 127, 129, 135, 138-141, 143, 298, 309
Colpe, C. 55-56, 66, 85
Conybeare, F. C. 232, 273, 430, 433
Conzelmann, H. 3, 5, 17, 21, 24, 34, 51-52, 58, 67, 78-79, 85-87, 117-118, 123, 138, 169, 173-174, 303, 309, 336, 338-339, 346, 353, 359, 361, 367, 377-378, 383, 395, 398-399, 403-404, 413, 434
Copenhaver, B. P. 372, 383
Coppens, J. 130, 138
Core, Ch. 75, 86

Index of Modern Authors

Corssen, P. 155, 161, 170–171, 175, 179–182, 187–188, 203, 205, 213–214, 223–224, 228
Cotton, H. 8, 86
Courcelle, P. 396, 404
Coutts, J. 23, 39, 86, 301, 309, 326, 332, 341, 346, 424, 433
Cranfield, C. E. B. 171–172, 175, 300, 309
Cross, F. L. 90, 99
Crouch, J. E. 45, 86
Cullmann, O. 165, 174–175
Cumont, F. 371, 383

D'Angelo, M. R. 193, 365
Dacquino, P. 61, 76, 86
Dahl, N. A. 6, 8, 10, 12–13, 25, 27, 34, 36, 46, 49, 53, 55–58, 60–61, 63–68, 73, 76, 86, 109, 118, 125, 128, 130, 139, 148, 150, 155, 165, 168, 170, 173, 175, 182, 186, 194, 205, 212, 227–228, 238, 243–244, 259, 273, 301, 303, 309, 318, 320, 324–325, 327, 332, 335, 341, 343, 346, 349–350, 355, 358, 360–361, 367, 374–375, 377–379, 381, 383, 413–415, 417–419, 425, 427, 431–432, 434, 441, 443, 448, 468
Dambrosch, D. 284, 309
Danby, H. 371, 383
Daniélou, J. 352, 356, 358, 361, 391, 395, 404
Dassmann, E. 82, 103
Davies, W. D. 108, 139
Dawes, G. W. 6, 56, 75, 87, 422, 434, 445, 448
Debrunner, A. 51, 62, 84, 320, 332
Deichgräber, R. 28, 34, 68, 87, 112, 121, 139, 279, 282, 299, 301, 303, 307, 309, 315–317, 326, 332, 424, 434
Deichgräbers, R. 316
Deißmann, A. 50, 87, 435
Del Tredici, K. 403, 433
Delehaye, H. 212, 228
Delling, G. 309, 429, 434
Deming, W. 67, 87, 423, 434
Denis, A.-M. 249, 273, 370, 383
Denzinger, H. 430, 434
Descamps, A. 138

Dibelius, M. 7, 21–22, 25, 47–48, 62, 65, 77–78, 87, 265, 273, 320, 324–325, 332, 335, 340–341, 346, 353, 362, 365–366, 381, 383, 391, 405, 413, 417–418, 424, 434
Dietzfelbinger, Ch. 398, 405
Dimant, D. 107, 119, 135, 139, 141
Dinkler, E. 139, 376, 383–384, 402, 405, 420, 424–425, 430, 434
Dion, P.-E. 297, 309
Dix, G. 279, 309
Von Dobschütz, E. 232, 273
Dodd, C. H. 391, 396, 405
Dodds, E. R. 396, 405
Dold, P. A. 223, 225, 228
Dölger, F. 274
Dölger, F. J. 402, 405, 424, 435
Donahue, P. J. 204–205
Donaldson, J. 386
Donaldson, L. R. 8, 59, 87
Donfried, K. P. 93, 172, 176
Dormeyer, D. 4, 87
Dornseiff, F. 368, 384
Drews, P. 280, 309
Duchesne-Guillemin, J. 114, 139
Duff, P. B. 335, 346
Dulaey, M. 152–153, 161
Dunn, J. D. G. 171, 175, 300, 309
Dupont, J. 15, 87, 366–367, 371, 380–381, 384
Dupont-Sommer, A. 109, 114, 131, 139

Edsman, C.-M. 427, 435
Eibert J. C. Tigchelaar, E. J. C. 109
Eichhorn, J. G. 19, 57, 87
Eisen, U. E. 408
Ekenberg, A. 402–403, 405
Elbogen, I. 279, 289–290, 309
Ellis, E. E. 86, 434, 448
Eltester, F.-W. 395, 405
Eltester, W. 85–86, 312, 361, 383
Engberding, H. 402, 405
Engberg-Pedersen, T. 90, 102, 274, 435
Erasmus 19, 87, 231, 273
Ernst, J. 24, 51, 56, 87
Ersch, J. S. 100
Esser, G. 149, 162

Evans, C. F. 272
Evanson, E. 19, 88
Ewald, P. 19–21, 24, 65, 88, 324, 332

Farmer, W. R. 86
Fascher, E. 27, 91, 232, 274
Faust, E. 5, 55, 61, 66, 68, 71, 88, 300, 303, 309, 315, 320, 323–324, 332, 355, 360, 362, 367, 373–374, 378, 380–381, 384, 394, 397, 400, 405
Fee, G. D. 67, 88, 173, 175, 336, 338, 346, 399, 405
Feine, P. 27, 88
Ferguson, E. 150, 161, 182, 206
Festa, N. 354, 362
Festugière, A.-J. 371–373, 378, 384, 386, 396, 407
Feuillet, A. 366, 384
Fiddes, P. S. 101
Fiedler, P. 45, 88
Finegan, J. 148, 150, 155, 161, 194, 205
Finkelstein, L. 280, 309
Finn, T. M. 403, 405
Fischer, B. 181, 183–184, 206, 227–228
Fischer, K. M. 3, 21, 24–25, 29, 39, 46, 52, 54–56, 58, 62, 64–66, 68, 70, 74–75, 77, 80, 88, 99, 326, 332, 367, 379, 384, 390, 405, 419, 421, 435, 465, 468, 473
Fitzer, G. 425, 435
Fitzgerald, J. T. 299, 302, 309
Fitzmyer, J. A. 33–34, 88, 108, 121, 139, 169, 171–172, 175, 293, 300, 310, 335, 346, 359, 362, 392, 405
Flemington, F. W. 327
Flemington, W. F. 327, 332
Flint, P. W. 107, 137–141
Flusser, D. 109–110, 126, 130, 139, 344, 346
Foerster, R. 13, 88
Foerster, W. 58, 88, 390, 392, 395, 405
Forbes, Ch. 67, 88
Fornberg, T. 84, 90, 103, 274
Foster, O. D. 88
Francis, F. O. 40, 68, 88, 95, 342, 346
Frank, K. S. 82, 103
Franzmann, M. 29, 88, 393, 398, 400, 405

Frede, H. J. 155, 161, 179–185, 187–188, 190–192, 194–195, 203–206, 212–215, 217–218, 221, 225, 227–229, 242–244, 272–273, 353, 362
Fridrichsen, A. 368, 384
Friedrich, G. 309, 383
Friedrichsen, G. W. S. 223–225, 228
Von Fritz, K. 59, 88
Früchtel, U. 391, 405
Funk, F. X. 292, 310
Funk, R. W. 9, 88
Furnish, V. P. 21, 39, 88, 301, 310, 318, 335–336, 346, 425, 435

Gabathuler, H.-J. 46, 88
Gaffron, H.-G. 392–393, 400, 402–403, 405, 413, 435
Gager, J. 373, 384
Gamberoni, J. 389, 405
Gamble, H. Y. 27, 35, 58, 60–61, 63, 89, 150–152, 155, 161, 166, 168, 170–173, 175, 181–182, 187, 192, 194–195, 197, 206
García Martínez, F. 109, 115–116, 121, 135, 139–140, 287, 289, 305, 310
Gaugler, E. 378, 384
Geerlings, W. 402, 406
Gerstenberger, E. S. 282, 287, 294, 310
Gese, M. 17, 37–39, 51, 65, 89, 315, 332
Gifford, E. H. 370, 384
Ginzberg, H. L. 370, 384, 396, 406
Giversen, S. 429, 435
Glaue, P. 212, 228
Gnilka, J. 3, 6–7, 16, 20, 24, 35, 46, 49, 51, 56, 58, 62, 64, 68, 73, 80, 89, 118, 121, 131, 140, 197, 206, 279, 303, 310, 316, 320, 322, 324, 332, 335, 346, 360, 362, 365–367, 378–380, 384, 403, 406, 419–421, 424, 435
Gnoli, G. 411
Goguel, M. 21, 24, 40, 57, 61, 89
Goldstein, J. A. 4, 89, 299, 310
Goodspeed, E. J. 22–23, 25, 28, 34–35, 37, 39, 57, 89, 150, 162, 168–169, 175, 340–341, 346
Goppelt, L. 34, 36, 79, 89, 279, 292, 299, 301–302, 310, 316–317, 332, 420, 426, 435

Görgemanns, H. 4, 89
Granfield, P. 207
Grant, R. M. 356, 362
Gräßer, E. 4, 86, 89, 434, 448
Greeven, H. 7, 21–22, 25, 47–48, 62, 65, 77, 87, 273, 320, 324, 332, 335, 341, 346, 353, 362, 365–366, 381, 383, 424, 434
Gregory, C. R. 195
Grese, W. C. 373–374, 400, 406
Greßmann, H. 390, 404
Gribomont, J. 234, 273
Griffiths, J. Gwyn 391, 406
Grotius, H. 3
Gruber, J. G. 100
Gruenwald, I. 130

Haas, W. 95, 105
Habicht, Ch. 299, 310
Haenchen, E. 405
Hagner, D. A. 32, 89
Hammarström, G. 36, 89
Hammer, P. L. 51, 89
Hammond Bammel, C. P. 170–171, 175
Harkins, P. W. 402, 406
Von Harnack, A. 18, 62, 89, 153, 155, 158–160, 162, 180–182, 185, 192, 194, 196, 198, 200–201, 206, 234, 273
Harnisch, W. 423, 435
Harrill, J. A. 300, 310
Harrington, D. J. 398, 406
Harris, J. R. 180, 206, 232, 273, 288, 310
Harrison, P. N. 24, 57, 89
Hartke, W. 24, 90
Hartman, L. 21, 59, 67–68, 77, 90, 257, 274, 326, 333, 360, 362, 413, 416, 420–422, 424, 426, 428–429, 435, 443, 448
Hastings, J. 275
Hatch, W. H. P. 195, 207, 224, 228
Haupt, E. 21, 24, 26, 29, 40, 48, 65, 90, 323–324, 333
Headlam, A. C. 171, 177
Heard, R. G. 182, 207
Hedegård, D. 280, 289, 310, 377, 384
Hedrick, Ch. W. 410, 437
Hegermann, H. 4, 55–56, 66, 90, 358, 362, 391, 397, 399, 406

Heinemann, J. 280, 310
Heitmüller, W. 94, 333, 424, 435–436
Hellemo, G. 402, 406
Hellholm, D. 7, 15, 53, 55, 67, 80, 84, 90, 98, 101, 103, 136, 140–144, 257, 259, 261, 265, 274, 287, 296, 310, 333, 343, 346, 355, 362, 378, 384, 411, 413, 416, 426, 435, 438, 443–444, 448
Helm, H. 212, 228
Hemmerdinger, B. 232, 270, 274
Hempel, Ch. 124, 140
Hendrix, H. 3–4, 8, 90, 326, 333
Hengel, M. 55, 86, 90, 299, 310, 361, 377, 384, 448
Von Henle, F. A. 65, 90
Henne, H. 83, 89
Hennecke, E. 207
Hennecke, H. 100
Henning, H. 223, 228
Henrichs, A. 386
Hermann, A. 402, 406
Hertz, J. H. 392, 406
Hester, J. D. 51, 91
Hezser, C. 280, 310
Higgins, A. J. B. 175
Hilgenfeld, A. 24, 91
Hitzig, F. 20, 91
Hodgson, R. 437
Hoekstra, S. 20, 91
Hoffman, L. A. 280, 311
Holeczek, H. 273
Holladay, C. R. 299, 311, 315, 333, 370, 384
Holmstrand, J. 7, 9, 91
Holtzmann, H. J. 20, 22, 24–25, 27, 40, 91, 341, 346
Horn, Fr. W. 74, 91, 102, 123, 140, 409, 424, 435, 438
Horner, G. 374, 384
Horovitz, H. S. 370, 385
Van der Horst, P. W. 45, 91, 393, 406
Hort, F. J. A. 20–21, 37, 91
Hossfeld, F.-L. 280, 311
Houlden, J. H. 380, 385
Howard, W. F. 17, 97

Hübner, H. 7, 10, 17, 21, 23-24, 37, 45, 47,
    49, 54, 56, 58, 64, 66-68, 70, 74, 76, 80,
    91, 116-118, 121, 125, 127, 140, 264,
    274, 279, 311, 315, 318, 320, 322, 324,
    326, 333, 340-341, 347, 355, 360, 362,
    365, 367, 373, 377, 380, 385, 393-395,
    406, 419-421, 423, 436, 445, 448
Hultgård, A. 114, 118, 140, 142, 144
Huppenbauer, H. W. 113, 140
Hurd, Jr., J. C. 52, 91, 338, 347
Hurschmann, R. 402, 406
Hvalvik, R. 4, 91
Hyatt, J. Ph. 406

Jenkins, C. 163, 208
Jenni, E. 389, 406
Jervell, J. 6, 34, 66, 91, 95, 169, 175, 340, 342-
    343, 347, 356, 362, 394-395, 399-400,
    403, 406, 437
Jewett, R. 378, 385
Johanson, B. C. 4, 7, 9, 91
Johnson, S. E. 108, 140
Johnston, G. 3, 25, 91
Jonas, H. 29, 91, 113, 140-141, 390, 392, 406
Jones, H. S. 284, 311, 354, 362
Jones, R. M. 371, 385
Juel, D. H. 139
Jülicher, A. 27, 77, 91, 232, 274
Jüngel, E. 434
Jungmann, J. A. 207
Jüthner, J. 402, 406

Kaczynski, R. 402
Kahle, P. 377, 385
Kamil, M. 297, 308
Kamlah, E. 390-391, 407
Karrer, M. 4, 92
Käsemann, E. 24-25, 39, 46, 52, 54, 56, 71,
    75, 92, 300, 311, 341, 347, 392, 397, 407,
    414, 427, 436, 463-465, 473
Keck, L. E. 92
Kee, H. C. 207
Kehl, A. 292, 313, 389-391, 393, 396-397,
    401, 403, 407
Kellner, K. A. 149, 162

Kelly, J. N. D. 420, 429, 436
Kennel, G. 28, 92
Kenyon, Fr. G. 150, 162
Kerschensteiner, J. 195, 207
Kertelge, K. 96, 438
Kettler, F. H. 312, 383
Kieffer, R. 22, 92
Kilpatrick, G. D. 173, 175
Kim, C.-H. 8, 92
Kirby, J. C. 3, 16, 35, 56, 61, 64, 73, 92, 279,
    303, 311, 415, 420, 436
Klassen, W. 177
Klauck, H.-J. 4, 6, 8-9, 11, 20, 78, 92, 288,
    299-300, 311
Klein, G. 85, 169, 175, 410
Klijn, A. F. J. 369, 385
Klinzing, G. 335, 347
Klöpper, A. 324, 333
Knibb, M. A. 135, 141
Knopf, R. 316, 333
Knox, J. 23-24, 34, 47, 57-58, 73, 92, 150,
    155, 162, 168-169, 175, 190-191, 194,
    197-198, 207
Knox, W. L. 57, 92, 417, 436
Koch, H. 166, 176
Koehler, L. 284, 311
Koester, H. 172, 176, 361-362, 367, 385, 387,
    462, 473
Kollmann, B. 435
Koops, M. A. 354, 362
Köpp, W. 333
Koschorke, Kl. 169, 176, 375, 385
Koskenniemi, H. 4, 8, 13, 92
Köster, H. 21, 65-66, 78, 80, 92
Kraft, R. A. 288, 311
Krämer, H. 4, 92, 279, 311, 319-324, 326, 333
Kramer, W. 417, 436
Krause, M. 114, 141, 395, 405
Kreck, W. 434
Kretschmar, G. 356, 358, 362, 402, 407
Kröhling, W. 368, 385
Kubczak, H. 36, 93
Kugler, R. A. 138, 143
Kuhn, H.-W. 108, 113, 116, 118, 120, 132,
    137, 141

Index of Modern Authors

Kuhn, K. G. 16–17, 25, 46, 56, 93, 108–109, 111–112, 114, 117, 119, 121–122, 128, 130, 133, 135–136, 141, 335, 347, 378, 385, 468, 473
Kümmel, W. G. 21, 27, 56, 93, 150, 152, 162, 168, 176, 181–182, 204, 207, 301, 311, 390, 407
Kuß, O. 27, 83, 93, 142

Lagrange, M.-J. 147, 153, 155–156, 159, 162, 165, 176, 181, 207
Lake, K. 24, 93, 171, 176, 217, 228
Lake, S. 24, 93
Lambrecht, J. 9, 93
Lampe, G. W. H. 18, 93, 207–208, 263, 265, 274, 284, 311, 425, 436
Lampe, P. 58, 93, 171–172, 176
Larsson, E. 343, 347
Lattke, M. 29, 93, 393, 395, 398, 400, 407
Lausberg, H. 16, 56, 93
Layton, B. 361–362
Leclercq, H. 147, 162, 211, 228
Legge, G. F. 384
Lester, H. 14–15, 18, 26, 49–51, 54, 93, 111, 141
Leutzsch, M. 8, 93
Liber, M. 280, 311
Licht, J. 116
Liddell, H. 362
Liddell, H. G. 284, 311, 354
Lidzbarski, M. 389, 407
Lietzmann, H. 61, 93, 147, 152, 156, 160, 162, 171, 173, 176, 301, 311, 390, 407
Lightfoot, J. B. 20, 62, 93, 171, 176, 186, 196, 207
Lincoln, A. T. 3, 5, 8, 11–12, 17, 21, 39–40, 51, 56, 63, 65, 68, 94, 118, 121, 131, 141, 279, 311, 316, 319–320, 322, 324, 326, 333, 336, 340, 347, 355, 362, 365, 367, 378, 380, 385, 393, 401, 403, 407, 420, 422, 424, 436, 448
Lindblom, J. 377, 385
Lindemann, A. 3, 21, 24, 29–30, 32–33, 35, 38, 44, 49, 51, 56, 58, 60–62, 66, 68, 75–76, 86, 94, 121, 141, 150, 162, 169, 176, 197, 207, 279, 311, 320, 324, 333, 341, 347, 353, 360, 362, 367, 374–375, 380, 385, 403, 407, 414, 429, 432, 436, 465–466, 473
Linton, O. 5, 76, 94
Lipiński, E. 304, 311
Loewe, R. 183–184, 207
Logan, A. H. B. 98, 420, 436–437
Lohmeyer, E. 22, 94, 320, 333
Lohse, E. 23–24, 34, 46, 57–58, 72–73, 94, 121, 136, 141, 360, 362, 434
Lommatzsch, C. H. E. 170–171, 176
Lona, H. E. 32, 94, 367, 385, 420, 427, 432, 436
Long, B. O. 283, 311
Lüdemann, G. 62, 94
Ludwig, H. 78, 94
Lueken, W. 3, 94, 327, 333, 414, 436
Lührmann, D. 45, 52, 94, 177
Lundberg, P. 427, 436
Luz, U. 3, 5–7, 21, 43, 56, 63–64, 67–68, 70, 74, 76, 94, 318, 320, 324, 333, 403, 407, 423, 427, 436
Lyonnet, S. 16, 56, 94, 303, 311, 320, 333

MacDonald, D. R. 78, 94, 395–396, 407, 423, 436
MacDonald, J. 395, 407
MacDonald, M. Y. 70, 78, 95, 422, 436
Mach, M. 129, 141, 359, 363, 390, 407
Maclean, J. 37, 95
MacRae, G. 114, 142, 207
Malherbe, A. J. 4, 8, 13, 95, 102, 258, 265, 274
Manson, T. W. 171–172, 176
Marcus, R. 315, 334
Marjanen, A. 429, 436
Markschies, Ch. 378, 385
Marshall, I. H. 78, 95
Martin, J. 16, 56, 95
Martin, J. L. 92
Martin, R. P. 74, 95
Martyn, J. L. 92, 340, 347, 394, 399, 407, 423, 436
Marxsen, W. 3, 21, 95
Masson, Ch. 24, 62, 95, 326, 333, 341, 347
Mayerhoff, E. Th. 19–20, 95, 341, 347
Mayerhoff, J. L. 95, 347

McArthur, K. 26, 95
McLeman, J. 26, 96
McNeile, A. H. 21, 27, 95
Meade, D. G. 59, 95
Mealand, D. L. 26, 95
Meeks, W. A. 65, 68, 80, 88, 95, 204, 207, 339, 346–347, 370, 376, 385, 392, 399, 401–403, 407, 423, 425, 427, 429, 432, 437
Meinertz, M. 65, 95
Meiser, M. 399, 407
Mell, U. 99, 141
Mercati, G. 211–212, 217, 219–221, 228
Merk, O. 399, 407
Merkel, H. 367, 386, 471, 473
Merklein, H. 5, 7, 20, 25, 39, 46, 51, 54–55, 70, 74, 78, 80, 94, 96, 102, 414, 419, 437, 464, 468, 473
Metzger, B. M. 221, 228
Meyer, M. W. 396, 402, 407, 429, 436
Michaelis, W. 20, 96
Michel, O. 300, 311
Milford, H. 275
Mill, J. 62, 96
Mingana, A. 363
Mitchell, Ch. W. 295–296, 311
Mitchell, M. M. 4, 8, 67, 96, 261, 274, 338, 347
Mitton, C. L. 6–7, 23, 25, 28, 32–35, 37–40, 44, 47, 56–57, 71, 80, 96, 108–109, 142, 150, 162, 168, 176, 204, 207, 301, 311, 318, 324, 333, 340–341, 344, 347
Moe, O. 327, 333
Moffat, J. 21, 35, 51, 96, 316, 333
Molland, E. 78, 96
Molthagen, J. 101
Montaner, L. V. 107, 137, 141, 143
Morgenthaler, R. 40, 96
Moritz, T. 55, 96
Morton, A. Q. 26, 96
Mosbech, H. 21, 96
Mosley, D. J. 4, 96
Moule, C. F. D. 43, 86, 97
Moulton, J. H. 17, 51, 97
Mouton, E. 3, 81, 97
Mowinckel, S. 282, 294, 312
Moxnes, H. 45, 90, 97–98, 101, 365, 384, 438, 448

Müller, G. 404
Müller, H.-P. 280, 285, 312
Müller, K. 374, 386
Müller, K. F. 407
Müller, M. 172, 176
Müller, P. 78, 97
Müller, P. G. 96
Müller, U. B. 99, 141
Müller, W. G. 8, 97
Mundle, W. 155, 162, 181, 201, 207
Murphy-O'Connor, J. 25, 56, 97, 108, 138–139, 141–142
Mußner, F. 20, 25, 34, 46, 83, 97, 112, 119, 121, 129–130, 137, 142, 320, 324, 352, 363, 366–367, 386, 420–421, 437, 445, 449

Nagel, P. 400, 407
Nellesen, E. 213, 215, 222, 229
Nestle, Eb. 186, 207, 217, 229, 322
Nestle, Er. 186, 202, 207, 217, 229, 322
Neudecker, Ch. G. 62, 97
Neugebauer, F. 50, 97
Neugebauer, O. 369, 386
Neusner, J. 410, 439
New, S. 217, 228
Niebuhr, R. R. 86
Niederwimmer, K. 402, 407, 421, 437
Nielsen, C. M. 30, 97
Niermeyer, J. F. 201, 207
Nilsson, M. P. 116, 142, 367, 386
Noack, B. 49, 97
Nock, A. D. 25, 97, 372–373, 378, 386, 396, 407
Norden, Ed. 25, 97, 417, 437
Norin, S. 280, 312
Norris, F. W. 102

O'Brien, P. T. 303, 312
O'Neil, E. N. 373
O'Neill, J. C. 430, 437
Oberlinner, L. 78, 97, 413, 437
Ochel, W. 22, 39, 62, 97, 169, 176, 326, 333, 340–341, 347
Oepke, A. 391, 407
Olbricht, T. H. 97, 346

Ollrog, W.-H. 21, 58-59, 98, 171-172, 177
Olsson, B. 79, 98, 303, 312, 426, 437
Osiek, C. 45, 98, 401, 403, 408, 425, 437

Pagels, E. H. 55, 65, 98, 375, 386, 422, 437
Pardee, D. 297-299, 312
Paris, P. 396, 408
Pascher, J. 391, 408
Passow, F. 354, 363
Patterson, S. J. 429, 437
Paulsen, H. 30-32, 78-79, 83, 201, 205, 389, 402-403, 408
Pearson, B. A. 67, 98, 144, 177, 395, 408, 433
Pease, A. S. 371, 377, 386
Pedersen, J. 282, 312
Pedersen, S. 87, 448
Percy, E. 14, 16, 24-27, 34, 39-40, 44, 46, 48, 51, 55, 73, 77, 98, 111, 142, 320-321, 323-324, 326, 334, 367, 386
Peters, A. 86, 383, 434, 448
Petersen, N. R. 8, 98, 171-172, 177
Peterson, E. 359, 363, 402, 408, 417, 437
Pfleiderer, O. 24, 98
Philonenko, M. 114, 118, 122, 135, 140, 142, 144
Piédagnel, A. 396, 408
Pleket, H. W. 292, 300, 312
Plett, H. F. 5, 8, 98
Pokorný, P. 4, 11-12, 17, 21, 24, 29, 33-34, 36, 39-40, 46, 51, 55-56, 58-59, 61, 65, 69, 98, 120-121, 131, 142, 279, 312, 316, 320, 334, 352, 360, 363, 365, 379, 381, 386, 403, 408, 417, 420-421, 437, 447, 449
Polhill, J. B. 39, 98
Popkes, W. 265, 274
Porter, S. E. 16, 97-98, 346
Preisendanz, K. 373-374, 386
Prostmeier, F. R. 4, 79, 98, 291, 312, 394, 408
Purintun, A.-E. 288, 311

Rabin, Ch. 107, 116, 139, 142
Race, W. H. 368, 386
Räisänen, H. 77-78, 98
Rappaport, U. 107, 139, 141
Reed, J. T. 4, 98

Regul, J. 181-182, 207
Rehkopf, F. 51, 62, 84
Reichardt, A. 213, 229
Reinbold, W. 435
Reitzenstein, R. 341, 347, 366, 373, 386, 390-391, 394, 396, 400, 408
Rensberger, D. K. 30, 32-33, 98, 169, 177
Resch, A. 36, 98
Richards, E. R. 27, 99
Riesenfeld, H. 367, 386
Riessler, P. 370, 386
Rigaux, B. 27, 99
Ringgren, H. 113, 128, 142
Robbins, C. J. 326, 334
Robbins, G. A. 150, 163, 182, 207
Robert, L. 292, 312
Roberts, A. 386
Roberts, C. H. 212, 229
Robinson, J. A. 6, 21, 75, 99, 224, 229, 232, 274
Robinson, J. M. 92, 280, 307, 312, 367, 387, 462, 473
Roller, O. 27, 63, 99
Roloff, J. 4, 33, 38, 78, 99
Van Roon, A. 15, 17, 25-27, 39-40, 47-48, 51, 63, 72, 99, 197, 207, 367, 387, 390, 396, 408
Rousseau, A. 375-376, 387
Röwekamp, G. 396, 408
Rowland, Ch. 129, 142
Rudolph, K. 29, 99, 113-114, 141-142, 144, 292, 312, 390, 392, 394, 400, 405-406, 408, 410

Sahlin, H. 381, 387
Salonen, E. 297, 312
Sampley, J. P. 6-7, 25, 40, 56, 65, 75, 88, 99, 420-422, 437
Sanday, W. 171, 177
Sandelin, K.-G. 52, 67, 99, 398-399, 408
Sanders, E. P. 23-24, 99, 413, 437, 443, 449
Sanders, J. N. 3, 99
Sanders, J. T. 68, 99
Sandnes, K. O. 45, 99
Santer, M. 63, 99
Savart, C. 93

Schäfer, K. Th. 179–182, 188, 191–193, 196, 198, 200, 202–203, 207
Scharbert, J. 280, 282, 312
Scheidt, H. 327, 334
Schenk, W. 303, 312
Schenke, H.-M. 3, 21, 24–25, 29, 39, 46, 54, 56, 58, 62, 78, 99, 375, 387, 392, 395, 409
Schille, G. 7, 25, 28, 52, 68, 99, 142, 320, 326, 334, 341, 345, 347, 415, 438
Schleiermacher, F. 19, 27, 57, 100
Schlier, H. 3, 7, 19, 21, 24–25, 29, 46, 48, 51, 56, 65, 68, 75, 100, 111, 121, 142, 298, 300, 312, 316, 320, 324, 334, 349–355, 357, 359, 361, 363, 365–367, 376, 378, 380, 387, 395, 399, 401–403, 408, 413–414, 420–422, 424, 438, 463–465, 473
Schlink, E. 86, 383, 434, 448
Schmauch, W. 50–51, 100
Schmid, J. 3, 9, 24, 27, 35, 39, 51, 61–62, 65, 100, 105, 208
Schmid, U. 368, 381, 387
Schmidt, C. 374, 387, 392, 408
Schmidt, P. 86, 361, 448
Schmidt-Clausen, K. 383
Schmiedel, P. W. 20, 100
Schmithals, W. 158, 163, 168, 172, 177, 319, 334, 395, 397, 408
Schnackenburg, R. 3, 20, 25, 39, 56, 65, 100, 112, 116, 119, 121–122, 125, 131, 142, 282, 312, 315–316, 319–320, 322–326, 334, 355, 363, 365, 376, 378, 380, 387, 403, 408, 417, 420, 424, 438, 447, 449
Schneemelcher, W. 63, 67, 100, 147, 150, 152, 156, 160, 163, 181–182, 196, 202, 207, 358, 361, 363, 389–390, 392, 409
Schneider, H. 89, 105
Schnelle, U. 5, 11, 17, 21–23, 46, 49, 79, 100, 172, 177, 393, 409
Schnider, F. 4, 6, 61, 100, 300, 303, 313
Schoedel, W. R. 31–32, 79, 100, 201, 208, 299, 313, 402, 409
Scholem, G. G. 66, 100, 129, 143, 370, 387
Schöllgen, G. 406
Scholten, C. 402, 409
Schönberger, O. 371, 387
Schottroff, L. 67, 69, 100, 398, 409

Schottroff, W. 282, 285, 313
Schrage, W. 66–67, 79, 100, 173, 177, 336, 338–339, 347, 418, 423, 430, 438
Schubert, K. 114, 129–130, 143
Schubert, P. 9, 101, 300, 313, 316, 318, 321, 326, 334, 350, 363
Schultze, V. 213, 229
Schumacher, R. 171, 177
Schürmann, H. 293, 313
Schüssler Fiorenza, E. 78, 101
Schwanz, P. 395, 409
Schwegler, A. 19, 35, 101
Schweizer, E. 13, 21, 58–59, 101, 121, 131, 143, 173, 177, 360, 363, 395, 409
Scott, R. 284, 311, 354, 362
Scrivener, F. H. 213, 229
Seeberg, A. 25, 101
Seesemann, H. 354, 363
Segal, A. F. 375, 387
Seim, T. Karlsen 90, 98, 422, 438, 448
Sekki, A. E. 130–131, 143
Sellin, G. 5–6, 8–11, 14, 16, 52, 54, 61, 67, 76, 80, 101, 111, 143, 315, 323, 334, 398–400, 409
Selwyn, E. G. 28, 34, 36, 101
Servin, J.-M. 385
Severinsen, P. 420, 438
Seybold, Kl. 294, 313
Sheppard, H. J. 292, 313
Shimada, K. 35, 101, 301, 313
Simonetti, M. 234, 274
Sjöberg, E. 357, 363
Smith, D. C. 66, 68, 76, 101, 367, 376, 379, 387, 428–429, 438
Smith, J. P. 375, 387
Smith, J. Z. 395–396, 402, 409
Smith, M. 75, 101
Smith, W. 229
Snyder, G. F. 177
Von Soden, Hans 62
Von Soden, Herm. 22, 25, 57, 71, 75, 101, 186, 195, 202, 208, 213, 217, 229, 232–233, 253, 274, 320, 334
Souter, A. 147, 163, 180–181, 195, 208, 214, 229
Sparks, H. F. D. 163, 208, 224, 230

Speyer, W. 59, 63, 102
Staerk, W. 377, 387
Stamm, J. J. 284, 311
Standhartinger, A. 24, 58-59, 62, 66-67, 73, 78, 102, 403, 433
Stauffer, E. 417, 438
Steck, O. H. 369, 387
Stegemann, H. 108-109, 111, 113, 118, 124, 127, 131, 135, 143, 392, 409
Stendahl, Kr. 107, 138-139, 141, 143, 166, 177
Stenger, W. 4, 6, 61, 96, 100, 300, 303, 313
Steudel, A. 135, 143, 435
Stirewalt, Jr., M. L. 4, 102
Stommel, E. 402, 409
Stone, M. E. 139, 396, 409
Stowers, S. K. 45, 56, 102
Strack, H. L. 382, 404
Strecker, G. 3, 22, 24, 45, 65-66, 71, 80, 83, 102, 177, 314, 334, 398, 409, 411, 425, 432, 438
Streitberg, W. 223, 229
Stroker, W. D. 30, 102
Von Stromberg, A. Frh. 327, 334
Stuhlmacher, P. 58, 73, 102
Stuiber, A. 280, 292, 313
Sukenik, E. L. 109, 289
Sundberg, A. C. 150, 163, 182, 208
Swete, H. B. 168, 177, 196-197, 202, 208, 238, 274
Sykutris, J. 4, 102
Synge, F. C. 23, 78, 102, 341, 348

Taatz, I. 299, 313
Tannehill, R. C. 397, 409
Tcherikover, V. A. 58, 102
Temporini, H. 95, 105
Ter-Mekerttschian, K. 375
Ter-Minassiantz, E. 375
Thackeray, H. St. J. 315, 334
Theobald, M. 421, 438
Theron, D. J. 180, 189-191, 199, 208
Thomas, J. 45, 102
Thompson, G. H. P. 27, 102
Thompson, J. W. 102

Thraede, K. 8, 13, 45, 103, 377, 387
Thrall, M. 301, 313, 336, 348, 398, 409, 425, 438
Thurén, L. 16, 103
Thyen, H. 17, 103, 139, 397, 409
Tigchelaar, E. J. C. 109, 115-116, 140, 287, 289, 305
Till, W. 374, 387, 390, 392, 408-409
Tischendorf, C. 213, 217-218, 223-224, 229
Tobin, T. H. 399, 410
Towner, P. H. 78, 95
Towner, W. S. 280, 282, 291, 295, 313, 368, 387
Trebilco, P. R. 300, 313
Trevett, Ch. 78, 103
Trigchelaar, E. J. C. 310
Trobisch, D. 60-62, 103, 148-151, 154, 160, 163, 165, 170-173, 177, 182, 195, 208, 242, 251, 275
Tröger, K.-W. 66, 99, 102-104, 433
Trowitzsch, M. 101, 104, 410
Turner, C. H. 227, 229, 232, 275
Turner, J. 400, 410
Turner, N. 51, 97

Übelacker, W. G. 4, 103
Ueding, G. 16, 97, 103
Ulrichsen, J. H. 52, 67, 103
Van Unnik, W. C. 66, 103, 205, 228
Uro, R. 402, 410, 429, 436, 438
Usami, K. 3, 5, 103, 313
Ussher, J. 3, 18-19, 103
Usteri, J. M. 34, 103
Usteri, L. 19, 103

Vallarsi, D. 166, 168, 177
VanderKam, J. C. 107, 119-120, 135, 137-141, 143
Vanhoye, A. 32, 104, 437
Vardanian, P. A. 231-232, 257, 275
Verburg, W. 52, 67, 104, 394, 398-400, 410
Verheule, A. F. 138
Vermes, G. 109, 280, 313
Verner, D. C. 45, 104
Versnel, H. S. 312

Vielhauer, Ph. 3-4, 7, 9, 12, 19, 21-22, 24, 28-31, 33, 46-48, 51, 58, 62, 68, 79, 104, 172, 177, 392, 410, 417-418, 438
Vogels, H. J. 171, 173, 177, 181, 185, 208, 215, 223, 226, 229
Vogt, E. J. 112, 130, 143
Vögtle, A. 208
Volz, P. 390, 410
Vouga, F. 340, 348, 399, 410, 423
De Vries, S. J. 289-290, 299, 313

Wace, H. 229
Wacholder, B. Z. 299, 313
Wagenführer, M. A. 27, 40, 104
Walter, N. 52, 104, 391, 410
Weber, R. 180, 183, 208, 224, 229
Weber, R. D. 8, 104
Wedderburn, A. J. M. 98, 437
Wehmeier, G. 313
Weichert, V. 13, 104
Weiler, I. 402, 406
Weima, J. A. D. 172, 177
Weiß, H.-F. 4, 47, 104
Weiß, J. 22, 24, 35, 67, 94, 104, 169, 172, 178, 333, 338, 348, 399, 410, 414, 436, 438
Weisse, C. H. 20, 104
Von Weiszäcker, C. 24, 104
Welte, M. 232, 275
Wendland, P. 24, 104
Wengst, Kl. 28, 104, 417, 439
Westcott, B. F. 20-21, 37, 104, 227, 229
Westermann, Cl. 296, 313
De Wette, W. M. L. 19-21, 24, 104
Wettstein, J. J. 62, 105
Wharton, A. J. 402, 410
White, H. J. 155, 163, 167, 178, 180, 183-187, 197, 201, 208, 217, 224, 230
White, J. L. 8-9, 105, 313
White, L. M. 273
Wickert, U. 173, 178
Widengren, G. 113-116, 118, 122, 135-136, 140, 142-144, 389-391, 402, 410, 421, 427, 439

Wiegand, H. E. 83, 89
Wifstrand, A. 17, 105
Wikander, S. 390, 411
Wikenhauser, A. 3, 9, 24, 27, 62, 105
Wilckens, U. 300, 314, 353, 357-358, 363, 398-399, 411
Willard, L. Ch. 186, 208, 227, 230, 232-233, 235, 243, 246, 249-254, 257, 259, 275
Willers, D. 402, 406
Williams, C. S. C. 27, 95, 147, 163, 180-181, 208
Wilson, R. McL. 152, 163, 175, 207-208, 273, 292, 313, 382
Wilson, W. T. 9, 24, 45, 105
Windisch, H. 300-301, 314, 317, 334, 336, 348, 390, 398, 411, 435
Winninge, M. 413, 439, 443, 449
Wire, A. C. 67, 105
Wlosok, A. 371-372, 377, 388
Wolff, Ch. 67, 105, 173, 178, 336, 338-339, 348, 399, 411
Wolter, M. 24, 53, 58-59, 73, 105, 121, 144, 319, 334, 394, 411
Wood, H. G. 177, 229
Wordsworth, J. 155, 163, 167, 178, 180, 183-187, 197, 201, 208, 217, 224, 230
Worley, D. 198

Yadin, Y. 107, 116, 139, 142
Yarbrough, O. L. 273

Zacagni, L. A. 186, 208, 232, 248, 251, 254, 256-257, 275
Zahn, Th. 20-21, 58, 105, 147-154, 156, 158, 163, 165-166, 168, 171, 178, 194, 198, 208, 232, 275
Zeller, E. 83
Zeller, W. 404
Zelzer, M. 4, 105
Ziegler, J. 368, 388
Zilliacus, H. 212, 229
Zuntz, G. 62, 105, 170, 173, 178, 203, 209, 218, 230, 232, 243-244, 255, 259, 275

Index of Names, Subjects, and Terms (English)

This index contains the most important names, subjects, and terms from the articles in English

Aaronite priesthood 265
Abigail 284, 288
Abraham 264, 281, 285–286
Absalom 285
Acclamation(s) 425, 430
Achaia 457
Acts 202, 231, 234–236, 244, 250, 457, 464
Acts of Paul 202, 458
Adaptation of cosmological terms
    the church resembles a new universe 467
Address
    generalized 173
    wider and more general 172
Addressees
    former Gentiles 170
    former pagans 426
    known to Paul
        Corinthians 255
        Galatians 255
        Philippians 255
        Thessalonians 255
    unknown to Paul
        Colossians 255
        Ephesians 255
        Romans 255
Addressees of Ephesians 466
Aeon of the cosmos 117
Affiliated Argumenta 186, 202
Affirmation of thanksgiving 415
Age of Wickedness 135
ἅγιοι 126
Ahura Mazda 114
ἀκροβυστία 441
Already/not yet 421
Ambrosiaster 170, 182–183, 185, 188, 193, 201, 204

Ambrosiaster commentary 226
ἀναγνώσεις 231, 240
ἀνάγνωσις 243, 246
ἀνακεφαλαίωσις 462
Anamnesis 415
Ananias 235
Ancient wisdom literature 368
Angel of Darkness 119, 126
Angels 380
Angra Mainyu 114
ἀνθρωπολάτραι 263
ἄνθρωπος 462
Anthropos myth
    pre-gnostic 376
Antinoë 211
Antioch 204
Apocalypse of Baruch (Syriac) 370
Apocalyptic literature 368
Apocalypticism 369, 371
Apocalypticists 377
Apocryphal sayings of Jesus 429
ἀποδημίαι 252
Apollonius 169
Apostolic
    legitimation 419
    succession 467
Apostolic Constitutions 307
ἀποτροπή 265
Aramaic documents
    Hermopolis West 297
Archetype 212, 214–215, 217–218, 221, 223, 225
Argumenta 180, 183, 186, 202, 231, 233, 244–245
    Armenian translation 257
    edition 244

general introduction 255
not part of the original Euthalian edition 256
special addition 253
Syrian translation 257
to Acts 255
to Catholic epistles 255
to Paul's letters 255
Argumentatio 254
Arians 263
Aristarchos 458
Aristotle 259
Ps.-*Aristotle* 371
Ascetic tendencies 266
Asenath 293
Asia Minor 170, 457, 466
Astral speculation
oriental 107
Astronomical terminology 368
Astronomy 367, 372
Athanasius 234
Ps.-*Athanasius, Synopsis scripturae sacrae* 186
Athanasius of Alexandria 231
Athens 246
ἄθεοι 441
Atonement 134–135
Atoning death of Christ 445
αὐγή 373–374
Augustine 266, 463
Author of Ephesians
(personal) disciple of Paul 381, 414, 432, 447
Jew younger than Paul 458

Baptism 125–126, 134, 414–418, 420–421, 423–428, 430, 432, 447, 462, 470
accompanied by words 420
as ascensus 427
as bridal bath 421, 430
as cultic bath of purification 420
as enthronement 430
as higher counterpart to circumcision 428
as purification 421
by complete immersion 429
definite instruction 429

Infant-baptism 430
into Christ 426
reclothing 429
rite of initiation 416
submersion in water 420
unclothing 429
with confession of faith 429
Baptismal
anamnesis 416
catechesis 414
formula 420
hymns 415
liturgy 415
paraenesis 416, 428
Baptismal rituals
cleansing 420
initiation ceremony
anointing 430
exorcism 430
laying on of hands 430
renunciation 430
use of white baptismal robes 430
sanctifying 420
Baptized Christians 380
ברוך 286, 307
Baruk YHWH 287
Baruk-formula in different genres
in hymns 293
in prayers and/or thanksgivings 293
in psalms of lamentation 293
βάθος 373–374
Beatitude 289
Before/now 416, 428
Believing pagans
recognized as Christian brothers 424
Benediction and Congratulation 279–308
Situational Benedictions 282–288
Congratulatory Benedictions 282–287
Self-Congratulatory Benedictions 287–288
Situational and Cultic Benedictions 289–295
Benedictions within Narrative Frameworks 289–293

Benedictions on Special Occasions
    and in Hymns and Prayers 293–
    295
Benedictions, Good News, and Letters
    296–304
Benedictions in Personal Encounters
    and Oral Reports 296
Benedictions in Written Messages
    296–304
Benediction and thanksgiving
    in combination 303
Benediction(s)
    as form of greeting 280
    as part of new hymns and psalms 305
    as religious convention 280
    as self-congratulation 302
    as social function 280
    at festivals 305
    at victory or rescue 285
    congratulatory 279, 281, 285, 299, 302,
        304, 453
        in installation of a king 282
        in personal encounters 296
    conventional use
        in congratulations 287
        in greetings 287
    cultic 281
    devotional 304
    epistolary 301
    in daily life 305
    in daily prayers 279–280, 305
    in Dead Sea Scrolls 305
    in everyday life 286
    in Mishnah 290
    in narrative contexts 289
    in narrative framework 290
    in poetic compositions 289
    in Prayer Books 290
    in Psalms 290
    in regular worship 279
    in synagogue prayers 281
    in Talmuds 290
    in Tosefta 290
    liturgical 289, 294
    occasional 279–280, 304
    pertaining to family life 285
    related to letter-writing 297
    related to war and victory 305
    situational 289, 299
        in letter-opening 303
        used in letter-openings 299
Benedictory prayer 290
Benedictus of Zacharias 293, 300
Berakah 280, 303
Berakot 279–280, 284, 291, 301, 303, 307
Bible editions 227
Biblical editions 234
Bilingual edition 170
Bishops 454
Blessing 286, 429
Body of Christ 170, 453–454, 457, 466
Book production 212, 225, 227

Caesarea Maritima 236, 240
    Library 244
Canon of New Testament 174, 227
Canonicity 165–169, 174
Catechism 429
Catechism for neophytes 453
Catechumens 413
Catholic church 454
Catholic corpus of letters 169
Catholic epistles 231, 234, 242, 244, 250
Catholicity 165, 167–170, 174
Catholicization 170
Celestial spheres
    concentric 367
Celibacy 423
Ceremonial commandments 264
Cerinthus 169, 457
Chalcedon 263
Children
    of Darkness 118
    of Light 118, 120, 122, 126
    of Wrath 117
Children/sons of Light 116
Christ 262–263, 416–417
    and the church 414–415, 422
    ascendence 419
    crucified 375
    descendence 419
    the body's head 419

Christ's
  body 418–419
  priesthood 265
  two natures 263
Christian
  canon 202
  community 413, 418
  families 430
  Gentiles 444, 446
  gnostic texts 374
  gnosticism 375
  household(s) 423, 431, 455
  Jews 264, 431, 445–446
  love-patriarchism 423
  marriage 455, 469
  minority
    diversity and fragmentation 455
  monasticism 211
  triumphalism or imperialism 472
Christianity
  in Asia Minor 457
    doctrinal variations 468
  in Rome 200
Christians 381
  as minority 431, 447, 468
  Gentiles 445
  Jews 445
  of a later generation 447
Christological statements 262
Christology 262, 265, 414, 416
  Arian 262
  Heretical 262
Chronicles 282, 290
[Ps.-]*Chrysostom* 168
Chrysostom, John 197, 470
Church 126, 128, 133, 136, 452, 454, 467
  as Christ's body 422
  as Christ's bride 422–423
  as one body 444
  Catholic and apostolic 462
  Eastern Orthodox 463
  timeless reality 465
  universal 173
Church officers
  bishop 419
  elder 419

Churches
  geographically separated 447
Cicero 371
Circumcision 261, 263–264, 444, 467
  in the flesh 445
  of the heart 445
Claudius 236
1 Clement 201
Clement 251
Clothing of skins 427
Codex
  Euthalianus 221, 223
  Vaticanus 217
Community of Christ 123
Complutensian Polyglott 231
Confession 417
Confessional formulations 263
Congratulatio 425
Congratulation 459
Congratulatory blessing 426, 430
Contextual interpretation 366
Continuous growth 470
Corinth 238, 379
Corinthians 173, 238
Corpus Hermeticum 371
  Asclepius 372
  Hermes Trismegistus 372
  Mind of Hermes 372
  Poimandres 292
Corpus Paulinum 168–169, 173–174, 192
Correctors 215
Cosmic
  cataclysm 135
  fraternity 126
  powers 136
  proclamation 431
  revelation 370
  struggle 117, 126–127, 131, 136
  temple-symbolism 429
  vision in a dream 370
Cosmic Dimensions and Religious Knowledge 365–382
  Problems and Proposals 365–367
  Dimensions of the Universe 367
  From Wisdom to Apocalyptic 368–371
  From Philosophy to Gnosis 371–375

Anti-Gnostic Reaction 375–376
Revealed Knowledge in Ephesians 376–379
Cosmological
aspects of the doctrine of the church 464
formula 379
knowledge 380
language 374
secrets 369–370
terminology 379, 418
Council of Nicea 262
Creator-God 375
Cross-symbolism 376
Cyprian 165–166, 218, 462

Damascus 235–236, 252, 262
Damascus Document 112, 133–135
Daniel 282
Daniel 290
David 283–286, 288, 305
Day of Wickedness 136
Deletion of concrete address 172
Ps.-*Demetrius* 259
Demiurge 375
Deutero-Pauline Letters
Colossians 168–169, 190–192, 194, 197–198, 202, 204, 238, 247, 414, 416, 419, 428–429, 443, 452, 457–458, 466
Colossians – a catechetical letter 260
Colossians as ascetic-mystic teaching 261
Ephesians 238, 242, 419, 443, 458
Ephesians – a catechetical letter 260
Pastoral Epistles 167, 181, 190, 195, 198, 203, 231, 431, 457–458, 461
2 Thessalonians 241, 261
1 Timothy 239
2 Timothy 202, 239
Timothy 193
Titus 193, 202, 239
Development
from Paul to Ephesians 379
Dimensions of the universe 381
Dionysios of Corinth 200
Disobedience of Israel 378
Diversity 125, 131

Divine
providence 120
testimonies 241
Doctrine
encratitic or ascetical 469
of justification by faith 463
Doxology 171–172, 415
Dualism 111, 114
angelic 115
ethical in Ephesians 117
ethical in Qumran 117
gnostic 113–114
in Ephesians 116–117, 119
in Pseudepigrapha 114
in Qumran 113, 115, 117, 119
Iranian type 113
Iranian Zervanite 114
Iranian Zoroastrian 113
metaphysical 113
modified 113
of substance 114
ontological 113
Syriac-Egyptian type 113
Dualistic world view 122

Early Catholic church 465
Early Catholicism 414, 464
Early Christian worship 415
Eastern Christianity 234
Eastern Orthodox Church 266
Ecclesiastical triumphalism 459
Ecclesiology 379, 414, 416
Editorial
activity 172
matters 204
Editors 215
Egypt 211–212, 219
Egyptian
manuscripts 217
text 218
ἐκκλησία 379, 431, 462
Elect 122, 129, 131, 136
of God 121
of Qumran 122
Election 111, 119, 123, 126
in Ephesians 120, 123–124, 128

in Qumran 120, 122–123
   of a remnant 120
   of grace 121–122
of Grace 120
ἐν ῥήματι
   confession 420
   proclamation 420
Encratism 457–458
Encratistic
   practice 455
   tendencies 422
Encratite
   interpretation 462
   morality 423
Ephesian
   church 124
      universal 467
   community 126, 137
Ephesian Christians
   separated from the apostle
      in space 456
      in time 456
Ephesians 194, 202, 234, 238, 301–303
   abolition of time 466
   addressees' pagan past 413
   as generalized version of Colossians 451
   as introduction to the first edition of the Corpus Paulinum 451
   as letter of congratulation(s) 303–304, 429, 466, 472
   as letter to Hierapolis 414
   as letter to Laodicea(ns) 167, 180, 192, 196–198, 203, 414, 451, 458
   as utopian 432, 453, 465
   a-temporal 453
   baptismal homily 414
   dangerous letter 472
   early ecumenical effort 465
   example of Early Catholicism 452
   fictional setting 447, 456
   gnostic language 452
   gnostic language against Gnosticism 463
   historical situation 414
   homily 414
   language 414
   meditative wisdom discourse 414
   missive 452
   non-Pauline elements 452
   Pauline elements 452
   pre-Pauline elements 452
   presupposes mature Christians 453
   pseudonymous letter 451
   purpose and setting 451
   real setting 447, 456
   religio-historical context 380
   style 414
   terminology 414
   theological tract 414
   transition terminology 414
   ultra-Pauline elements 452
   written to Gentile Christians in Asia Minor 453
Ephesians and Qumran 107–137
   Style and Sentence Construction 111–113
   Dualism 113–119
   Predestination and Election 119–124
   The Nature of The Community 124–128
   The Knowledge of the Community 128–130
   The Understanding of "Spirit" 130–132
   The Ethics of the Community 132–135
   Eschatology and Hope 135–137
Ephesus 188–192, 199, 202, 204, 452
Ephraem 168, 195
Epilogues 247
Epiphanius 182, 197
Epistolography 257
Erasmus, Desiderius 231
Eschatological
   fulfillment 421
   war 127, 130
Eschatology 118, 416
   apocalyptic 129
1 Esdras 282
Esoteric
   doctrines 469
   knowledge 455
   revelation 432
Essene writings 107
   Community Rule 108
   Hodayot 108
Essenes 118, 120, 133

English Entries

Essenism 108–111
Eternal election 303
Ethical instruction 453
Ethics
    Christian 266
    Human 266
Euagrius of Antioch 233
Euagrius Ponticus 233
εὐχαριστία 307
Eucharist 470
εὐλογητός 286, 291–292, 300, 307
εὐλογητὸς εἶ 291
εὐλογητὸς ὁ θεός 283, 287, 301, 307
Eulogy/ies 279, 296, 301, 371, 459
    hellenistic 291
Eupolemos 298
Eusebius 231, 236–237, 240, 251
Euthalian Apparatus 186, 202
    Chapter-list(s) 245–246
        Ephesians 265
        of Pauline epistles 245
        Romans 265
    Chapters 239, 242
    Combination of two testimony-lists 249
    Edition 244
    Lection-list(s) 241–242, 245–246
        Summary statement 243
    Lections 239–242
    Lines 242
    Prologue
        Programmatic
            statement 240, 243, 248
            transition 240
    Testimonies 240, 242
        Long list 248–249, 265
        Short list 248–249
    Testimony-list(s) 241, 245
Euthalian Apparatus and Affiliated Argumenta 231–272
    The Euthalian Apparatus to the Pauline Letters 231–234
    The Prologue to the Pauline Epistles 234–240
    The Origin and Development 240–260
        The Origin 240–242
        The Main Parts of the Apparatus: Lections, Chapters, Testimonies 242–253
        Argumenta 253–260
    The Teachings 260–266
        What is said about Faith in Christ 262–263
        Election, Circumcision and the Shadow of the Law 263–265
        Paraenesis 265–266
    Manuscript Evidence 267–269
    Text and Translation 270–272
Euthalius 233, 263
    Bishop of Sulci 253
Evil Spirit
    Angel of Darkness 115
    Angel of Destruction 115
    Belial 115
    Mastema 115
    The Spirit of Perversion 115
Evil/Good 117
Eye of the soul 371, 377
Ezekiel's Exagoge 369

Faith in Christ 261–262, 264
False
    apostles 190, 201
        representing heresy 199
    teachers 200
Families of manuscripts 215, 227
Fellow-Christians
    apostles 419
    evangelists 419
    pastors 419
    prophets 419
    teachers 419
φιλόχριστος 239
Flesh/Spirit 428
φῶς 373
Fourth Gospel 201
Freising fragments 182
Function of the ministers 454

Galatia 238
Generalization 174

Gentile
    Christian communities in Asia Minor 432
    Christianity 447
    Christians 446
    sinners 443
Gentiles 264, 266, 417, 445, 469
    as fellow-citizens 428
    negative attitude 442
    without Christ 428
Gentiles, Christians, and Israelites 441–448
    The Gentiles 441–442
    Christians among the Gentiles 442–444
    The Israelites 444–447
    The Epistle to the Ephesians 447–448
Gentiles/Jews 428
Gentiles' incorporation
    as equal members of Christ 431
Geographical designation 173
Glossolalia 425
Gnosis 110, 114, 124, 129, 366, 372
    pre-gnostic 366
    proto-gnostic 366
Gnostic
    interpretation of Ephesians 463
    Redeemer myth 456
    split in the deity 456
Gnosticism 129, 366, 379, 414
    Jewish 107
    Pre-Christian 366
Gnostics 427, 456, 465
    anti-cosmic attitude 376
γνῶθι σαυτόν 371
God 380
    of knowledge 113, 119
God's image 262
God's people at Ephesus 124
God's Son 262
God's Word 262
Good Spirit
    Angel of His Truth 114
    Holy Spirit 114
    Prince of Lights 114
    Spirit of Truth 114
Gospel of Matthew 241, 249
Gothic manuscripts
    Codex Ambrosianus 244

Gothic-Latin bilingual(s) 170, 225
    Codex Carolinus 223
    Codex Guelferbytanus 223, 225–226
Gothic-Latin manuscripts 243
Grace 413
Grace of Christ 262
Greek
    epistolary convention 299
    epistolographic theory 296
    philosophy 373
    tradition
        formula of pantheistic character 418
        opposition between the world's multiplicity and the divine unity 418
Greek-Gothic-Latin edition 225
Greek-Latin bilingual 211, 225–226
    edition 243
    manuscripts 212
        Codex Augiensis 182
        Codex Boernerianus 182
        Codex Claromontanus 182
Greek-Latin Edition of the Letters of Paul 211–227
    Pauline Bilinguals 213–215
    The Text of the Antinoë Fragment 216–223
    A Gothic-Latin Bilingual: Codex Carolinus 223–227

Hadrian 211
Halakah 288, 290
Head/Body 128
Hebrew Scriptures 263
Hebrews 108, 166, 194, 202–203, 231, 241, 247, 251, 265, 445
    a demonstrative letter 260
    θεολογία Χριστοῦ 261
Hegesippus 169
Heilsgeschichte 174, 470
Hekaloth mysticism 456
Hellenistic
    cosmology 379
    Judaism 366
Heresy 468
    two different types 200
Heretical doctrines 455

Heretics 202
Hermetic writings 456
Hermeticists 377
Hierapolis 452
Hieronymus 233
Hieros gamos 421
Hippolytus 165
Hiram 283
Historical narratives 282
Holy edifice 126
Holy ones 121, 126, 129, 136
Holy Scriptures 264
Holy Spirit 123-124, 130-132, 134, 416, 418
Horizontal dimensions
    longitude and latitude 367
Human freedom of choice 122
Husband/wife 133
Hymnic formulations 263
Hymns 282, 415

Idea of continued growth
    individual persons 239
Idolatry 442
Ignatian letters 457
Ignatius of Antioch 201, 204, 454, 457, 461, 467
    High-church charismatic 461
Incarnation 262
Inner man 378
Intercession 365
Intercessory prayer 303, 425-426, 431
Interpreting Ephesians: Then and Now 461-472
    Polycarp – Odes of Solomon – Ignatius 461
    Two Trajectories 462
        The Gnostics and Ephesians 462
        Irenaeus and Ephesians 462
    Later Impact of Ephesians 462-463
    Heinrich Schlier and Ernst Käsemann on Ephesians 463-464
    Contemporary Discussions 464-465
    Important Questions 465-467
    The Ephesian Setting 468-470
    Once and Now 470-471
    Letter of Congratulation 471-472

Iranian Zoroastrianism 114
Irenaeus 165, 201, 375-376, 379, 454, 462, 467
Isaac 286
Isaiah 263
Isidore of Sevilla 166-167
Israel 445, 467
Israelites 445

Jerome 166-168, 183, 197-198
Jerusalem 252, 379
Jerusalem meeting 236
Jesus 280, 453, 466
    as Messiah 263
    death and resurrection 446
Jesus Justus 458
Jethro 285
Jewish
    inscriptions from Asia Minor 300
    law 200
    Messiah 263
    monotheism 418
    observances 239
    proselytism 428
    tradition 419
    wisdom literature 373, 376
    worship 415
    writings 202
Jews 204, 236, 264, 266, 417
Jews and Gentiles 455, 467
Job 286
Johannine
    corpus 108
    epistles 457
John 457
John the Baptist 109
Joseph and Asenath 288, 292
Josephus 120
Judaism 107, 110, 129, 263, 375, 379, 468, 470
Judaistic distortion 199
Judaizers 200, 204
Judaizing
    Christians 204
    customs 446
Judith 285, 292
Justification 413
Justin 169, 201

קדושים 126
κεφάλαια 231, 239, 245
κεφάλαιον 243, 246
Kerygmatic
   formula 426
   formulations 263
Kings 282
Knowledge 111, 113, 119, 121–122, 126, 128–130, 134
   esoteric 124
   eternal 134
   of Christ 124, 130
   of election 124
   of God 377
   of God's will 124
   of one's election 130
   saving 129
κύριος 262

Language
   elevated style 453
   substantival expressions 112
   syntactic construction 420
   universalistic 442
Laodicea 452
Laodiceans 184, 191–192, 196–197, 204
Large-family morality 423
Latin 211
Law 264, 419
   abrogated 445
Letter
   circular from Nebukadnezzar 298
   fictitious from Jerusalem to Aristobulos 299
   from King Hiram to Solomon 298
   Ignatius to the Ephesians 299
   issued by King Darius 298
   to Ezra from King Artaxerxes 298
Letter carrier 186–188
Letters of Paul
   chronological considerations 195
   principle of decreasing length 195
   seven Churches edition 195
   several recensions 171
   thirteen (or fourteen) letters 203
   to Churches 190
   to individuals 190
   to seven Churches 165–167, 194, 196, 198, 203, 259
   to ten Churches 167
Lexemes
   illocutionary 258
   semantic 258
Ps.-*Libanius* 259
Libertine morality 423
Life/Death 122
Light/Darkness 116–117
Liturgies 415
Logos 375–376
Luke 236, 251
Luke–Acts 457
   Author 169
Lustrations 126
   purificatory 134

Macedonia 457
Majority of Christians
   of Gentile origin 447
Marcion 167, 171–172, 180, 193–199, 201, 203, 458
   Apostolikon 168, 179, 181, 188, 193, 195, 203
Marcionite interpretation 201
"Marcionite Prologues" 167, 171, 179–205
   Colossians 180, 198
   Ephesians 179–180, 191
   Galatians 180, 187, 189, 199, 201
   Greek original 192
   Marcionite origin 180–182, 189, 196–198, 200, 202–203
   Non-Marcionite origin 197
   Philemon 179–180, 191, 198
   Philippians 180, 187–188, 191
   Romans 180, 187
   seven Argumenta 192
   three different types 189–190
   1 Corinthians 180, 187–188, 190, 201
   2 Corinthians 189–190, 193
   1 Thessalonians 180, 187–188, 190
   2 Thessalonians 187, 190, 193
   2 Timothy 193
   Timothy 179, 187, 198

Titus 179–180, 187–190, 198, 202
Marcionites 181–182, 198, 200
Marius Victorinus 182–183, 188, 191–193, 196, 201
Marriage 422
    ascetic renunciation 432
μαρτυρία 243
μαρτυρίαι 231, 240
Master/slave 133
μῆκος 373–374
Melchizedek 285
Metalanguage 416
Michal 284
Middle Platonism 456
Midrash 366
Midrashim 370
Ministry
    charismatic 468
    institutional 468
Mishnah 307
Mission 125, 128
    to the Gentiles 444
Monarchial episcopate 454, 457
Monza manuscript 86 182–183
Mosaic Law 261, 263
Moses 285, 419
Muratorian
    canon 165
    fragment 165–166, 174, 182, 194
μυστήριον 470
Mysteries 115, 119–120, 129–130, 381
    cosmological 431
    theosophical 431
Mysterion 112
Mystery 119, 124, 128–130, 466
    of election 124
    of the church in its unity with Christ 463
Mystical
    ascensions 432
    expansion of consciousness 372
    philosophy 443
    visions of the universe 373
Mysticism
    hellenistic 107

Nabal 284, 288
Naomi 286, 292
Natural theology 376
Near Eastern cosmology 368
Nebukadnezzar 298
Neophytes 413
Nero 236–237, 251
Nestorians 263
Nestorius 263
New Covenant 264
New life in Christ 413
Nicea 263
Number symbolism 167

ὁ ἔσω ἄνθρωπος 378
Obed 286
Odes of Solomon 461
Oecumenius' Commentary 252–253
οἱ ἅγιοι 445
οἰκονομία 462
Old Covenant's sacred books 263
Old Latin 179–180, 183–186, 195–196, 214
Old Syriac 195, 198, 203
Old Testament 112, 114, 200–202, 243, 249, 368
Old Testament quotations 224–225
Once/now 453, 463
Onesimos 169, 187, 239, 250, 259, 458
Order of Letters of Paul
    of decreasing length 194
    varies in Latin manuscripts 194
Organization of the community
    charismatic 419
    institutionalized 419
Origen 170–171, 226, 240, 251, 470
Original heavenly Man 463
Orthodoxy/heresy 203
Outside/inside 416

Pagan religion 470
παίδευσις 470
Pamphilus 240
Papias 169, 457
Papyri Graecae Magicae 373

Index of Names, Subjects and Terms

Paraenesis 261, 377, 415, 427, 443, 446
   admonition 468
      to mutual subjection 423
   ethical prescriptions 132
   exhortation 413, 444
   Haustafel 131, 133
   household code(s) 413, 469
   household rules 422
   House-rules 428
   house-rules 423
   mundane admonitions 422
   series of single admonitions 428
Paraenetic section 413, 417
παραίνεσις 265
παραινετικοὶ λόγοι 265
Parchment codex 220
Parent/child 133
Particular Letters 169
Particularity of the Pauline Epistles 165–174
Patriarchal household ethos 423
Paul 165–173, 200, 234–237, 259, 262, 264, 307, 378–379, 381, 414, 445, 447, 452–454, 457–458, 466
   apostolic orthodox faith 199
   as corrector of ascetic pneumatics 422
   as mediator
      of God's mysterious revelation 431
      of revealed knowledge 377, 444
   as receiver of revealed wisdom 454
Paul's
   apostolic ministry 415, 431
   life 235
   martyrdom 251
   mission
      universal scope 237
   missionary journeys 236
Pauline Bilinguals 212
   Antinoë fragment 0230 211–212, 215–225
   Codex Augiensis 213–216, 221–222, 224
   Codex Boernerianus 213–216, 218, 221–222, 224–225
   Codex Claromontanus 213–227
   Codex Sangermanensis 213, 221
   Codex Waldeccensis 213
Pauline Corpus 211, 457

Pauline Epistles 108, 165–167, 169, 173–174, 234, 242
   Corpus of fourteen letters 231, 235, 237–238, 241, 243, 259
Pauline Letter collection
   two primitive editions 203
Pauline Letters 250, 413–414, 418
   Collection of letters 239
   1 Corinthians 169, 172–173, 188, 190, 247, 260–261, 458, 466, 469
   2 Corinthians 186–188, 190, 238, 247, 261, 279, 301, 307, 426, 453
   Corinthians 168, 194, 204, 238
   Galatians 186, 188, 192, 194–195, 199, 202, 204, 235, 238, 261, 264, 445, 463
   logical argumentation 259
   lost letter to the Corinthians 443
   order – principle of continued growth 238
   Pamphilus' edition 241
   Philemon 167–169, 189, 191, 195, 197–198, 202, 204, 231, 239, 414, 452, 458
   Philippians 180, 186, 188–189, 191–192, 194, 197, 202, 204, 238–239, 261–262
   Romans 170–173; 194–195, 204, 247, 260–261, 264, 445, 458, 463
      as a catholic epistle 171
      short version 187, 195, 201, 452
   Romans – a didactic letter 260
   Romans – εὐαγγελικὴ διδασκαλία 261
   1 Thessalonians 190, 241, 261, 453, 466
   2 Thessalonians 190, 202, 231
   Thessalonians 168, 194, 204, 239
Pauline School(s) 457–458
Paulinism 174, 266
Pelagius 182, 204, 266
Pentecost 415
Peregrinus 183–184, 186
1 Peter 108, 279, 301–303, 426, 453, 457, 461
2 Peter 464
Peter 235–237
Philemon 190
Philippi 238
Philippians 188, 202
Philippos 457
Philo of Alexandria 366, 456

Philosophy 239, 372
Phoenician letter 297
Pistis Sophia 374
Plato 377
Platonic
   phraseology 379
   soul 376
   tradition 366
πλάτος 373–374
πλεονεξία 442
Pleroma 376, 466
πλήρωμα 374, 462
Plutarch
   astronomic terms 367
πολιτεία 239, 266, 441
Polycarp 457
Polycarp, letter of 457, 461
Posidonius 371
Post-baptismal instruction 234
Praise of God 286
Prayer 281, 377, 379, 415, 429
Pre-Christian Gnostic myth 463
Predestination 111, 116–117, 119–120, 122–123, 303
Pre-Essene writings 107
   Temple Scroll 107
   War Scroll 107
Presbyters 454
Prescriptions for married people 422
Prescripts 247
Principle of Evil 116
Priscillian canones 184
Proclus 259
πρόφασις 261
Promiscuity 423
Promotion
   of unity in faith and knowledge 468
Prophecy 425
προτροπή 265
Psalms 263, 282
Pseudo-Athanasian edition 253, 255, 260
Pseudo-*Athanasius* 257
Pseudo-Clementines 169
Pseudonymous authorship 447

Queen of Sheba 282
Qumran
   community 120, 122, 128, 136
      The Called Ones 126
      The Perfect Ones 126
   covenanters 469
   literature 109, 111–112, 127, 133, 137
Qumran-texts 366, 456
   Rule of the Community 121, 127, 134–135
   Thanksgiving hymns 291
   War Scroll 115, 127, 135–136

Rabbi Eleazar ben Arak 281
Rabbi Hanina 280–281
Rabbi Johanan ben Zakkai 281
Rabbi Judah 281
Rabbinic
   exegesis 456
   Judaism 290
Rational knowledge 372
Rebekah 286, 288
Reconciliation 445
Relationship
   literary
      between lections and chapters 246
      between short and long testimony-lists 249
   personal
      between author of Ephesians and contemporary Jews 446
      between husband and wife 422
Religious
   cosmology 455
   evolution 470
   symbolism
      of clothing 427
      of reclothing 427
      of unclothing 427
Religious symbolism
   God's armor 428
Remnant-community 122–123
Repentance 122, 134–135
Restoration of charismatic organization 465

Revealed knowledge 369, 371, 374, 455
   of cosmological secrets 373
   of divine mysteries 375
Revealed mystery 378
Revelation 120, 128
   esoteric-mysterious 372
   of cosmic mysteries 377
   of cosmological mysteries 379
Revelation of John 108, 431, 457
   to seven Churches 165–166, 168, 194
Rhetoric
   deliberative 452
   epideictic 452
   exordium 426
   forensic 452
   rhetorical preamble 368, 380–381
Ritual purification 420
Rome 225, 235–236, 246, 250–252
Royal benedictions 285
Rufinus 170–171, 226
Ruth 292
Ruth 286

Saints 442
Samuel 282
Sanctification 134
   baptismal 134
   self-sanctification 135
σάρξ 422
Saul/Paul 259
Scriptio continua 244
Seal
   the Holy Spirit 424–425
Self-congratulation 287
Self-sacrifice of Christ 136
Septuagint 241
Shema 289
Silvanus 200
Situational benedictions
   congratulatory benedictions 296
Solomon 282–283, 287, 305
σῶμα 422
Son of God 376
Sons of disobedience 118
σωτήρ 262
Soteriology 379, 416

Spain 237
Spatial categories 466
Speech acts
   illocution
      doing by saying 254, 416
   illocutionary 296
   performative utterance 287
   perlocutionary 296
Spheric(al) universe 367, 466
Spirit 413, 445
   of God 378
   of Knowledge 130
   of Truth 131
Spiritualized piety 461
Stephen 235–236
στίχοι 231, 241
στίχος 243
Stoic
   philosophy 376
   tradition 366
Style
   chains of genitives 111
   cola and *commata* 216, 221, 224
   colometric arrangement 222, 365
   colometric irregularities 223, 226
   colometric original 224
   colometric peculiarities 225
   colometric similarities 223
   colometric system 215, 221, 223–224
   colometric writing 224–225, 227, 244
   colometry 227, 243, 252
   composite prepositional expressions 111
   conjunctive sense 112
   hymnic 112
   κῶλα καὶ κόμματα 222, 243–244
   participial constructions 111
   plerophoric 111
   semitic sentence construction 108
   stichometry 252
   substantival use 112
   tapeworm clauses 111
   tautological expressions 112
Succession
   of bishops and presbyters 462
Synagogue 289
   prayers 291, 366, 456

Syncretistic environment 377
Synoptics 108
Syrian Church 168
Syzygos 454

τὰ ἔθνη 441
Targum 366
Tarsus 235
Tatian 458
Teaching of the Two Spirits 115, 119, 131
    eschatological 115
    ethical 115
Teaching of the Two Ways 109
Tel Arad 297
Temple 110, 125–127, 133, 137
Tension
    between exclusivity and universalism 442
Tertius 212
Tertullian 167, 182, 193, 197, 201, 251
Textual criticism 227
Thanksgiving 302, 425–426, 429
The Concept of Baptism in Ephesians 413–433
    One Lord, One Faith, One Baptism 417–420
    The Washing of Water in the Word 420–424
    Blessing in Christ 424–426
    Other Baptismal Motifs 426–429
    Baptism, Revelation and Empirical Reality 429–433
The Letter to the Ephesians: Its Fictional and Real Setting 451–459
    The Fictional Setting 452–453
    Problems with the Apparent Setting 453–454
    The Real Setting 454–456
    Extraneous Evidence 456–458
    Postscript 459
The Origin of the Earliest Prologues to the Pauline Letters 179–205
    History and Present State of Research 180–182
    Attestation 182–185
    Text 185–188
    Order 188–189

    Original and Secondary Prologues 189–193
    Early Editions of Paul 193–199
    Paul and the False Apostles 199–202
Themison Montanist 169
Then/now 466, 470
Theodore of Mopsuestia 168, 196–197, 202, 238, 263, 470
Theodulf
    Bibles 184
    manuscripts 185–186
θεοσεβεῖς 263
Theurgy 374
Timothy 186–188, 199–200, 237, 239
Titus 186–188
Tobit 282
Trajectory
    from Paul via Ephesians to gnosticism 379
    toward the Catholic church 379
Trinitarian doctrine 263
Two front battle
    encratism and libertinism 455
Twofoldness of the spirits 132
Tychicos 186–187, 414, 452–453, 458, 466
Types of texts 215, 227

ὑφή 240–241
υἱοθεσία 424
Unification
    in Christ 446
    of Gentiles and Israelites 453
    of Jew and Gentile 470
    of Jews and Gentiles 446
Unifying power of the Spirit 131
Union of cosmic opposites
    above/below 429
    male/female 429
    outer/inner 429
Unity 125, 128, 131
    admonitions to unity 420
    between Jews and Gentiles in Christ 431
    formula(s) 417–418
    in Christ 130
    in diversity 128
    in faith and understanding 419
    in truth and in love 419

internal 418
mystical between Christ and church 422
of Christ and the church 455
of Jews and Gentiles 172
of the Spirit 132, 417
Universal Father 379
Universality of the cross 375
ὑποδιαιρέσεις 245–246
ὑποθέσεις 231, 233, 253
ὑπόθεσις 254
ὕψος 373
Utopianism of Ephesians 456

Valentinian
 exegesis 379
 Gnostics 462
Valentinians 195, 197
Vetus Latina 211–212, 215, 244
Victorinus of Pettau 165–166, 190, 194

View of Paul
 Gnostic 235
 Jewish-Christian 235
 Marcionite 235
Vulgate 167, 179–180, 183–185, 188, 199, 214
 Codex Amiatinus 184, 221–224, 244
 Codex Fuldensis 184
 Codex Sangermanensis 183

Weapons 115, 136
 spiritual 126
Western
 Church 266
 text 213, 215
 theology 463
Wickedness 125, 130
Wisdom
 a cosmic power or principle 369
Worship 430

Index of Names, Subjects, and Terms (German)

This index contains the most important names, subjects, and terms from the articles in German

Abfassung
    Anlaß 21
    nach-paulinische 47
    Ort 21, 73
    paulinische 18–19, 24–25, 27, 39, 48, 50
    pseudonyme 73, 76, 78, 80
    Zeit 21–22, 79
Abschiedsbrief 156
Absender 8–9
Abstraktionssätze 7
ἄδικοι 339
Adressaten 4–8, 12–14, 56, 62, 64, 80, 316–319, 324, 326–327
    Glaubende 79
    Heilige 79
αἴσθησις 398
ἀκαθαρσία 340
ἀκάθαρτος 339
Allegorie 389
Altchristliche Liturgien 36
Altes Testament 55, 156, 316
Alttestamentliche Allusionen 38
Amt 74
    kirchliches 70
Amtsträger 70, 74
Anakephalaiosis 360
Anakoluthien 15
Anamnese 34
    Taufanamnese 64
Anekdote 393
Anredeformen 13
Anschluß
    adversativer 16
    epexegetischer 16
    finaler 16
    kausativer 16
    komparativer 16
    konsekutiver 16
ἄνθρωπος 398
Antigonos aus Charystos 393
Antihäretische Tendenz 68, 71, 75–76
Antilegomena 26
Anweisungen 5
(ἀπ)εκδύεσθαι 389
ἀποκαταλλάσσειν 47
Apollos 57
Apostel
    literarischer Nachlaß 52
Apostelgeschichte 33–34, 154
Apostelschüler 51
Apostolische Väter 32, 54
Apotheose 391
ἀποτίθεσθαι 389
Aquilas 57
Archippos 73
Argumentation 17
    apologetische 67
    ironische 67
    polemische 67
Aristarchos 57
ἀρσενοκοῖται 339
ἀσέλγεια 340
Asketische
    Observanzen 69
    Übungen 66
Assistenten 19, 27, 48
Auferstehung der Toten 390, 394
Aussageform 7
Außerkanonische Worte Jesu 36
Authentizität 26–27
    diplomatische 59
    literarische 59

Badesitten
    antike 401
Barnabas 57
(Ps.-)Barnabasbrief 4
Begründungsabschnitt 320
Bekenntnis
    akklamatorisches 324
Beliar 335
Benediktion 52, 315, 326–327
Benediktionsformel 320
Beschneidung 53, 324
Besitz des Geistes 338
Bezeugung
    äußere 72
Bibel
    gotische 151
Bildungsgut
    griechisches 56
Bischof 327
Brief
    diplomatischer 59, 72
    echter 6
    fiktiver 6, 19
    historischer 19
    katechetischer 18
    pseudonymer 59
Briefe
    Reihenfolge in Tertullian 149
Briefempfänger 7, 16–17, 64, 73, 317–318, 322, 324–326, 349
    heidenchristliche 349
Briefformular 37, 52, 319, 326
Brieffunktion
    deskriptive 8, 10
    präskriptive 8
    präzeptive 8–9, 11, 66
Briefliche Form 6
Brieflicher Schlußgruß 35
Briefschreiber 317–318, 326, 350
Briefsituation 12, 22, 52, 60, 64, 72–73, 316–317, 341
    Fiktion 78
    fiktive 76, 318, 325, 328
    wirkliche Lage 76
Buße 79

Bußgewand
    schwarzes 397

Catal. Claromontanus 151
Charisma 74
Charismatiker 70, 74
χοϊκός 395
Christen 6, 17, 31, 34, 50, 55, 61–63, 66–69, 72, 76–77, 79–81, 360
Christenliebe 77
Christentum 76
Christologische Aussagen
    "paulinisch" kommentiert 45
Christus
    als Haupt 45
    anziehen 393–394, 399, 401, 403
Chronologie 155
Chrysostomos, Johannes 18
cilicium 402
1. Clemensbrief 32, 150
2. Clemensbrief 32
Codex Claromontanus 151
Conflation 23, 44, 340
Corpus des Epheserbriefes 4, 10
Corpus Paulinum 18, 26, 39, 148, 150, 152, 158–159, 336
Cyprian 150, 152

Danksagung 4, 6, 8–10, 15, 42–43, 316–319, 321, 326, 349–350
Demosthenes 4
Der verlorene, erste Brief des Paulus an die Korinther 335–345
Deuteropaulinen 394
Dialog 13
Diatribestil 14
Digression 350
Dimensionen des Universums 68
διὸ λέγει 49
Diogenes-Waffen 391
Dionysius Bar Salibi 152
Dogmatische Gründe 155
Doppelgänger
    himmlischer 389
Doxologie 10, 15, 37, 349

Dualismus 335-336
  gnostischer 55

Echtheitsfragen 341
Ehe 69
  ehefreundlich 70
  enkratitische Verwerfung 65
  Geringschätzung 69
  gnostische Verwerfung 65
  irdische 74
Ehefragen 339
εἰδωλολατρία 340
εἰκών 394, 398
Einheit
  inhaltliche 322
  kolometrische 320, 322
  Satz 322
  Sinn 322
  syntaktische 322
Einheit der Kirche 54
Einleitungsfragen zum Epheserbrief 3-81
  Komposition – Stil – Eigenart 3-18
    Komposition 3-12
      Struktur des Epheserbriefes 10-12
    Stil und Eigenart 12-18
  Geschichte der Kritik 18-28
  Beziehungen zur frühchristlichen Literatur 28-48
    Generell 28-37
    Briefe des Paulus 37-39
    Kolosserbrief 39-48
      Tabellarische Übersicht 40-42
  Verfasser 48-60
  Adresse des Epheserbriefes 60-72
    Titel und Briefsituation 60-64
    Häresie 64-72
  Zeit und Umstände des Briefes 72-81
Einst/Jetzt 46, 79, 335
Einzelparallelen 40
Eiromos 315
Ekklesiologie 74, 80-81
Elektronische Datenverarbeitung 26
Empfänger 9, 12, 17, 350
Empfängerkreis 61
Engel 357, 359-360

Enzyklika 3, 318
Epaphras 62
Epaphrodit 159
Epheser 149
Epheserbrief 147, 150-151, 154, 158, 160-161
  als Hierapolisbrief 63
  als Laodiceerbrief 18, 60, 63
  faktische Lage 79
  Gesamtkomposition 74
  literarische Fiktion 79
  pseudonymer 80
  universalistisch 80
  Verfasserschaft 344
  Zirkulärschreiben 18, 63
Ephesus 19, 149, 155, 159
Epilog 12
Erhöhter Christus 360
Erlöster Erlöser 400
Erlösung 12, 17, 55, 66-69, 75-77, 81
  als Entweltlichung 69
  eschatologische 324
  in Jesus Christus 69
Erlösungs
  -frömmigkeit 66-67
  -lehren 69
  -religion 77
Ermahnung 11
Erwählten 357
Eschatokoll 61
Eschatologischer Vorbehalt 17
Essener/Essäer 338, 391-392
Ethik
  Alltagsethik 70, 77
  Gemeindeethik 70
εὐδοκία 322
εὐλογητός 319
εὐλογητὸς ὁ θεός 315, 317-319
Eulogie 43, 315-322, 325-326, 349
  als Präludium zum Brief 326
  Briefeingangs-Eulogie 5-6, 315-317, 319, 323, 325, 327
  Briefeinleitungs-Eulogie 10
  Eingangs-Eulogie 4, 15, 317
  Eröffnungs-Eulogie 45
  Funktion 323
  Struktur 323

Tauf-Eulogie 327
Eulogien 316–317, 326–327
   briefliche 317
   jüdische 326
   liturgische 327
   Tauf-Eulogien 327
Eupolemos 315–318
Evangelium 319

Fälschungen 151, 153
Fellgewänder
   ablegen 402
Fellkleider 396
Feuerkleider 390
fictio persona 56
Fiktion
   faktische Lage 77
   literarische 76–77
Finsternis 397–398, 403
Finsternis/Licht 29, 398
Formkritische Analyse 316
Friedenswünsche 326
Frömmigkeitstyp
   enkratitisch-mystischer 75–76
   gnostischer 75
Frühkatholizismus 54
Funktion
   epistuläre 325–326
Fürbitte 4–6, 8–10, 42–43, 319, 325, 349–350

Galater 147, 149, 154–155
Galaterbrief 37, 39, 44, 147, 149–151, 153–156, 158, 160
Gebet
   eucharistisches 326
   Neophytengebet 324
Gebete 15–16, 36, 326
Gebets
   -brief 3
   -ruf 324
Gefangenschaftsbriefe 154
   Ort 73
   Zeit 73
Gegner 14
Geheimnis der Kirche 349–361
Geist 394–395, 397

Geistlicher Segen 324
Gemeinden
   heidenchristliche 326
Gemeindeordnung
   episkopale 70
Gemeinsame Struktur 42
Genesisinterpretation 394
   hellenistisch-jüdische 356
Gesamtkirche 70, 80
Gesetz 53, 356, 360
   Gottes 356
   juridisches 356
   kosmisches 356
   moralisches 356
   rituelles 356
Getauften 359–360
Gewalten
   kosmische 360
Gewand 396–397, 400–401
   (hohe-)priesterliches 391
   anziehen 400
   himmlisches 390, 400
   skythisches 389
   -symbolik 397, 401
   Wechsel 400
Gläubigwerden 324
Gliederung
   des Proömiums 325
   kolometrische 320
Glossolalie 67
Gnade 5, 17, 30, 55, 66
Gnade Gottes 321–322, 350, 360
Gnade/Werke 53
Gnaden
   -willen 321
   -wünsche 326
Gnosis 20, 32, 46, 81, 353, 390, 392, 400–401
   iranisch beeinflußte 400
   jüdische 398
Gnostiker 47, 353, 355, 358, 395, 399
   christliche 55, 398
Gnostische Texte 352–353, 356–357
Gnostischer Erlösermythus 24
Gnostizismus 29
Gottesdienst 326, 359
   der Engel 342

Gottesebenbildlichkeit 343, 399
Gottesvolk-Gedanke 71
Gotteszorn 342–343
Gratulationsschreiben 16, 81
Gut
  katechetisches 345
  liturgisches 345

Haltung
  innere 391
Handeln Gottes 317–319
Häresien 73, 78, 147, 156
Hebräerbrief 4, 17–18, 32
Heiden 5–6, 12–13, 17, 33, 35, 39, 52, 54–56, 66–69, 71–72, 75–76, 80–81, 338, 342–343, 349–351, 359–360
  ehemalige 75
  getaufte 17, 52
Heidenapostel 351
Heidenchristen 13, 57, 67, 71, 75, 77, 324, 350
  Mit-Erben 350
  Mit-Leib 350
  Mit-Teilhaber 350
Heidenchristenheit 78
Heidentum 76
Heiligen 351, 357, 359–360
Heiliger Geist 324, 398
Heilsgeschichte 353, 356
Hellenisiertes Judentum 56
Hermeneutischer Zirkel
  Einzelexegese 349
  Gesamtverständnis 349
Hierapolis 62
Hippolyt 152–153
Hiram, siehe auch Huram und Suron 315–316
Homilie 3
Homilie(n) 3, 7, 401
Homologoumena 26, 47, 342, 345
Huram, siehe auch Hiram und Suron 315
Hymnen 16, 30
  Qumran 56

Ignatius von Antiochia 20, 23, 29, 31–32, 78–79
Ignatiusbriefe 20, 31, 35
Imitation 393

Initiationsriten 36
  christliche 401
Innere Kriterien 27
Interpolationen
  katholisierende 22
Interpolationshypothese(n) 22–23, 47, 341
Interpretamente
  paulinische 345
Interpretationstraditionen
  jüdische 401
Inthronisation
  Christi 357
  himmlische 358
Inthronisationshymnen
  christologische 52
  früh-/vorpaulinische 52
Introduktionsschreiben 23
Irenäus 60
Irrlehre 13, 33, 45, 64, 67–70, 74–75, 77–78, 341
Irrlehrer 54
Isis
  als All-Göttin 352
Isolationismus 335
Isolierung von der Umwelt
  soziale 338

Jakobusbrief 17
Jesus 12
Jesus Justus 57–59
  geborener Jude 59
  jüngerer Schüler des Paulus 59
Jesus-Überlieferung 37
Johanneische
  Literatur 35
  Schriften 18
Johannes 147
Johannes Markus 58
Johannesapokalypse 4, 35, 78
  an sieben Gemeinden 152–153
  sieben Sendschreiben 151
Johannesevangelium 35
Josephus 392
Judasbrief 44
Juden 5, 13, 39, 54–55, 66–68, 71–72, 75–76, 80–81, 342–343, 349–350, 353, 360

Judenchristen 59, 71, 75
Judenchristentum 71, 75
Judentum 316, 326
    Reinigungsbäder 327
Jüdischer Hellenismus 17

καινὸς ἄνθρωπος 397
Kampf
    antimarcionitischer 156
Kanonische Ordnung
    der 13 Paulusbriefe 148
Katalog von Sündern 339
Katechese 340
Kategorien
    neupythagoreischen 400
    platonisierende 400
Katholische Briefe 47
κεφαλή 47
Kerygma der hellenistischen Gemeinde 344
Kinder des Lichtes 335, 343
Kirche 6–7, 18, 33, 54, 65, 67–68, 71, 74–75,
    79–81, 148, 152, 156–157, 349–352, 355–
    356, 358–360
    Einheit 70
    gesamte 151–152
    Zersplitterung 70
Kirchen
    -leiter 31
    -väter 60, 80, 356
    -verfassung 74
    -zucht 79
Kleid der Seele 395
Kleider 389–392, 403
    -symbolik 392
    -wechsel 397, 400
Kleidungsmetaphern: der alte und der neue
    Mensch 389–403
    Metaphorischer und symbolischer
        Gebrauch 389–392
    Ablegen, bzw. Anziehen eines Menschen
        392–394
    Gewandsymbolik und
        Schöpfungsgeschichte 394–397
    Der alte und der neue Mensch 397–401
    Gewandmetaphern und Taufbad 401–
        403

Kleinasien 13, 62, 77–78, 325
Kodex-Form 150
Kolosserbrief 9, 12–13, 15, 17, 19–28, 34–35,
    37, 39–40, 43–48, 50, 55, 57–60, 62–64,
    67, 72–73, 78, 147, 151, 154–156, 158–
    159, 319, 323, 340–342, 345, 355
Kompositionsschema 9
Korinther 147, 149, 152, 154–155
1. Korintherbrief 31, 37, 39, 149–151, 156–
    159
2. Korintherbrief 37, 39, 149, 151, 153, 156,
    158, 315, 317–318
    Redaktionsproblem 336
Korintherbriefe 147, 153–156, 160
Körper der Seele 390
Korrespondenz
    diplomatische 8
Kosmologie 24, 46, 55
Kosmologische
    Terminologie 356
    Vorstellungen 55
Kostüm 393
Kundgabe
    der Weisheit Gottes 352
Kyniker 391

Laodicea/Laodizea 19, 61–63
Laodiceer-Adresse 61
Laodiceerbrief/Laodicenerbrief 18, 22, 148,
    160–161
Laodicener 160
Laster 341
    ablegen 403
Lasterleben 342–343
Lehre
    gnostische 360
    jüdisch-gnostische 352
Lehrstück
    katechetisches 345
Leib Christi 6, 11, 70–71, 74, 79–80, 350, 359–
    360
Leib/Seele 396
Leitsätze 7
Leser
    heidenchristliche 323
Licht 394, 397–398, 400

Lichtfürst 335
Lichtkleider 390
Lieder 30
Liste
    kanonischer Bücher 153
Literarische
    Abhängigkeit 28
    Bearbeitung 38
    Benutzung 34
    Form 3
    Reminiszenz 39
Literarkritische Fragen 336
Literatur
    hellenistisch-jüdische 356
Lob
    -gesang 43
    -preisungen 326
    -rede 17
    -spruch 316
λόγος 398
Lokalgemeinde 54, 70, 80

Mächte
    kosmische 360
μαλακοί 339
Mandäer 392
Marcion 18, 60–61, 149, 155–157, 159–160
    Apostolikon 155, 157
"Marcionitische Prologe" 154, 158, 161
Markus 57–58
Maske 393
Maskierung 393
Mensch
    ablegen 392
    Adam 399
    alter 394, 397, 401–402
    anziehen 392
    Art von Menschen 398, 400
    bildlicher 401
    Christus 399
    erster 394, 399
    Gott ebenbildlicher 396
    himmlischer 394, 399–400
    innerer 401
    irdischer 390, 394, 396–397, 399–400

    lebendiger 392
    Mannweiblichkeit 399
    mit Christus konformer 397
    neuer 392–394, 397–399, 401–403
    sinnlicher 398
    Urmensch 400
    wahrer 398
Menschenarten 398
Metaphern 389, 393, 395–396
Metasätze 7
μέθαι 340
Minderheit der Christen 77
Minorität 24, 80
Missions
    -kirche 335
    -predigt 342–343
Mitarbeiter 72–73
μοιχοί 339
Mönchskleider 392
Mönchtum
    christliches 66
Moralkatechese 53
Muratorianum 148–160
Muratorischer Kanon 147–161
μυστήριον 47
Mystagogen 55
Mysterien 67, 391
    Isis 391
    kosmische 68
    -lehre 65
    -rede 3
    -weihen 392
Mysterium 3, 54–55, 65, 67, 74, 350, 359
    Christi 349
    Christus in seinem Leib 351
    der Kirche 349, 352
    des Evangeliums 349
    des Willens Gottes 349
    verborgenes 350
Mystische Erlebnisse 66
Mythen
    wissenschaftliche 353
Mythologie 390
Mythus 353

Neophyten 76
Nicht-paulinische Ausdrücke 50
Noetische Größe 400
νοῦς 398

Oden Salomos 29-31, 35
Offenbarung 5, 13, 55, 67-69, 75
   an die Mächte 357
   der Gotteserkenntnis 10
   des Christus-Mysteriums 350
   des Geheimnisses 54, 352
   des Mysteriums 322
   esoterische 75
   höherer Weisheit 66, 77
   in Christus 355
   verborgenen Mysteriums 67, 355
   verborgener Weisheit 67-68, 75
Offenbarungs-
   qualität 78
   religion 77
οἰκονομία 47
Ökonomische Fragen 339
Olympische Stola 391
Onesimos 8, 23, 57, 72-73
Ordnung
   chronologische 153-155, 157
   der Gemeindebriefe 149
   geographische 149
   kanonische 148, 150-151, 154-155, 157
Origenes 150

Paradoxie 81
Parallelen 44
Paränese 6, 9, 15, 26-27, 32, 34, 39, 43, 69, 71, 75
   Einzelparänese 6, 11
   Haustafel 6, 11, 43-44, 46, 65
   -schema 65, 74
   Laster-/Tugend-Kataloge 46
   Lasterkatalog(e) 338, 340, 342
   Mahnungen 350
   Mahnungen an Eheleuten 74
   Neophytenparänese 70
   Sündenkataloge 338
   Taufparänese 64

Paränetische
   Einzelvorschriften 15
   Vorschriften 76
   Weisungen 37
Pastoralbriefe 17-18, 30, 32-35, 40, 60, 70, 78-79, 156-157, 323
Paulinische
   Ausdrucksweise 50
   Briefsammlung 48
   Formeln 50
   Katechese 342
   Schulüberlieferung 34
   Terminologie 50
Paulinischer Katechismus 339
Paulinisierung
   paulinisierend 24, 47
   paulinisiert 25
   Paulinist 53
Paulus 12-13, 20, 25, 48, 57, 59, 62-64, 67, 69, 72, 78, 80, 147-149, 152-156, 160, 323, 338, 350, 360
   Vermittler der Offenbarung 54, 67
Paulusbriefe 147-151, 157-160, 335, 340, 344
   an sieben Gemeinden 35, 147-148, 151-153, 155-156
   Gesamtausgabe 22, 61
   Reihenfolge 150
Paulus-Schule 58-59, 78
Paulusverständnis
   frühkatholisches 160
   katholisches 156
   marcionitisches 160
Perlen
   -hymnus 400
   -lied 389
Petrus 154
1. Petrusbrief 17, 30, 34-36, 46, 58, 315, 317
2. Petrusbrief 44
Philemon 8-9, 57, 73
Philemonbrief 8, 18, 20, 22-23, 37, 39, 44, 47, 57, 60, 72-73, 148, 156-157, 159
Philipper 149
Philipperbrief 37, 39, 147, 151, 154, 158-159, 321
Philo Alexandrinus 56, 355, 391-392, 395, 398-401

Philosophen 55
Philosophie 24, 43, 47, 67–69, 75
Phraseologie 23, 29, 33
πλήρωμα 47
Poesie
  griechische 320
  semitische 320
ποικιλία 356
ποικίλος 354
ποικιλώτατος 354
Polemik 155–156, 160
  antijudaistische 156
  antimarcionitische 155
  indirekte 77
πολυμερής 353
πολύμορφος 352–354
πολυώνυμος 353
πολυποίκιλος 352–356, 358
Polykarp 150
Polykarpbrief 29–31, 35–36
Polykarps Martyrium 4
πορνεία 340
Postskript 6, 12
Prachtgewand
  königliches 389
Präskript 4, 6, 10, 61
Predigt 359
  Formen und Schemata 52
Prisca 57
Prologe
  antimarcionitische 159
  marcionitische 159
Proömium 319–320, 322, 325, 327
Proömium des Epheserbriefes 315–331
  Briefeingangs-Eulogien 315–319
  Formaler Aufbau 319–324
  Kola und Kommata im Eph 1,2-14 328-330
  Synopse der Textstrukturierung von Eph 1,3-14 330–331
Prophezeiung 324
προσωποποιΐα 56
Psalmen 30
Pseudo-Clementinen 353
Pseudonymes Schreiben 79

Pseudonymität 61, 78
ψυχικός 395

Qumran 25
  -schriften 46, 344, 356
  -texte 335

Rabbiner 392
Rabbinische Texte 356
Raum und Zeit 69
Rede
  panegyrische 16
Reich Gottes 339–340, 343
Reichtum Christi 361
Reihe
  chronologische 151, 154
Reihenfolge
  kanonische 157
Reinigungsbad 397, 403
Religionsgeschichte 358
Religionsgeschichtliche(s)
  Material 352
  Umgebung 25, 29
Religiosität
  hellenistisch-spätantike 69
Rhetorik 16
  deliberative 16
  demonstrative 17
  epideiktische 16
  forensische 16
  plerophorische 75
Rhetorische Klangwirkungen 14
Rom 159, 319
Römer 147, 149, 155, 160
Römerbrief 9, 12–13, 15, 37, 39, 44, 48, 60, 147, 149–151, 153–160, 319, 342–343
Römerbrief-Ausgabe
  katholisierende 60

Sakramente 338
Salomon 315–317
Sammler der Paulusbriefe 22
Saul/Paulus 58
Schauspieler 393
Scheidewand 360

Schlußmahnung 6, 11
Schöpfung
    Befestigung 356
    Restitution 356
Schöpfungs
    -mittler 399
    -weisheit 358
Schriftaussagen 46
Schriftsteller
    kirchliche 355
Segen
    geistlicher 327
Sekretärhypothese 27, 78
Selbstkorrektur 338
Semitisches Sprachgefühl 17
Septuaginta-Sprache 17
Sexuelle Enthaltsamkeit 67
Silas/Silvanus 57
Simon von Gitta 394
Sitz im Leben 325
Skyles 389
Sohnschaft 327
σῶμα 47
σῶμα πνευματικόν 394
σῶμα τῆς ἁμαρτίας 397
σῶμα ψυχικόν 395–396
Sondergut
    des Epheserbriefes 43
    des Kolosserbriefes 43
Sozial-historische Lage 79
Spanien 154
Sprach
    -gebrauch
        griechischer 401
    -gewohnheiten 26, 28
Sprache
    Appositionen 14
    der hellenistischen Umwelt 55
    Genitiv
        -konstruktionen 14
        -verbindungen 57
    gottesdienstliche 52
    hymnische 17
    Idiolekt 36
    Imperativischer Infinitiv 26

Kombination paulinischer/
    unpaulinischer Elemente 51
Konditionalsätze 14
Konjunktionen 14, 26
    liturgische 16
Morphologie 36
mündliche Form 52
Nebensätze – finale 14
Nebensätze – kausale 14
Nebensätze – komparative 14
participium coniunctum 320
Partikel 14
Partizipialkonstruktionen 14, 16
Partizipien 320
Präpositionen 14
Präpositionsausdrücke 14, 320
Relativsatz 321–322
Relativsätze 14–16, 26
Soziolekt 36
Substantiviertes Partizip 26
synonyme Substantive 14
Synonymien 14
Syntax 36, 320
Vokabular 36
Stereotype Wortverbindungen 37
Stil
    appositioneller 18
    appositionelles Partizip 316
    argumentativer 14
    Asyndeta 15
    der Synagogenpredigt 17
    enkomiastischer 68
    hymnischer 15
    liturgischer 15–16
    plerophorer 14, 17, 68
    Plerophorie 14, 31
    poetische Regeln 320
    Relativsatz 316
    rhetorischer 16–17
    sukzessive Subordination 14–15, 17–18
Stilformen/Schemata 46
Stilmittel
    angehängter Präpositionsausdruck 322
    angeschlossene Relativsätze 323
    anschließende Relativsätze 322

Kola 17
Kola und *Kommata* 328
Kolon/Kola 14, 321
  nachhinkende Präpositionsausdrücke 321–323
Struktur
  trinitarische 327
Sünden 338, 343
Sündenfall 343
Sünder 336, 338–339, 343
σύνδεσμος 47
Suron, siehe auch Hiram und Huram 315, 317–318
Symbolische Weihen 66
Synagogenliturgie 56, 356
Synkretismus 46, 56
Syzygienlehre
  gnostische 65

Taufe 324–327, 350, 359–360, 392, 401, 403
  als Hochzeitsritus 402
  als Inthronisation 402
  als Übereignung an Christus 403
  altchristliche Taufrituale 401
  mit dem Heiligen Geiste 68
  Proselytentaufe 327
  Salbung 401
  Taufanamnese 350
  Taufbad 398
  Taufbelehrung 34
  Taufgebete 327
  Tauflehre 53
  Taufmotive 327
  Taufparaklese 350
  Taufriten 402
  Taufterminologie 36
  Taufunterricht 343
  Taufwasserweihegebete 327
  weißes Taufgewand 403
Taufender 327
Täufling(e) 327, 392
  Nacktheit 401
Taufrede 3
Tendenz
  antimarcionitische 155, 158
  enkratitisch-mystische 78
  frühkatholische 55
  gnostizierende 55
Tendenzkritik 19
Tertullian 18
Texte
  außerkanonische 393
  mandäische 400
Thema 7
Theophilos 355–356
Therapeuten 391
Thessalonicher 147, 149, 152
1. Thessalonicherbrief 8–9, 12, 37, 39, 151
2. Thessalonicherbrief 37, 39, 151, 153
Thessalonicherbriefe 44, 147, 151
θυμοί 340
Timotheos 57
2. Timotheusbrief 156
Timotheusbriefe 148
Tod
  der Seele 69
Topoi
  der Predigt 52
  des Gottesdienstes 52
  des Unterrichts 52
Tora 356
Tradition(en) 73
  äußere Bezeugung 27
  fixierte 28
  hymnische 343
  hymnisch-liturgische 25
  katechetische 25, 46, 343–344
  liturgische 46, 343–344
Traditionsgut 344
  platonisches 56
  stoisches 56
  vor-/nebenpaulinisches 54
Traktat 3
Triumphalismus 81
Tugenden 341
Tychikos 6, 12–13, 19, 57, 61, 63, 72, 77

Überbietung der Irrlehre 67–68
Übereinstimmung
  Kontext 40
  Phraseologie 40
  Wortfolge 40

Überlieferungsgut 34, 344–345
   hymnisch-liturgisches 341
   katechetisches 341
Überlieferungsstrom 46, 53
Universalismus 80
Untertauchen
   rituelles 326
Unzuchtsünden 339
Urbild/Abbild 394
Urchristentum 357
Urgeschichte
   biblische 394
Utopisches 80

Verborgen/Offenbart 46
Verfasser des Epheserbriefes 48–60
   Einzelbeobachtungen 48–50
   geschulter Exeget 55
   Judenchrist 56–57
   judenchristlicher Schüler des Paulus 72
   Mann der Übergangszeit 54
   Mitarbeiter des Apostels 57
   spätere Generation 57
   zwei- oder dreisprachig 57
Vergebung der Sünden 327
Vermischung 23
Versöhnungswerk Christi 5
Verwandte Sinneinheiten 40
Vetus Latina 353
Victorin von Pettau 152
Vorgegebene Formulierungen 38
Vorlage(n)
   gemeinsame 47
   hymnische 28
   katechetische 28
   liturgische 28

Vorstellung(en)
   anthropologische 69
   dualistische 69
   gnostische 357
   jüdische von den Engelfürsten 360
   kosmologische 49, 69
   monistische 69
Vulgata 353

Wahrheit/Irrtum 29
Weisheit 67
   als Kleid 358
   Gottes 351–360
   Salomos 352
Weisheits
   -literatur
      jüdische 355
   -mythos 357
   -offenbarung 46
   -texte
      jüdische 357
Weltbild
   astrales 390
Weltschöpfung 357
Werke der Finsternis 338
Wortstatistik 40

Zitate 38
Zitierungsformeln 49
Zorn Gottes 342
Zosimos 394
Zukunft und Gegenwart 69
Zungenreden 324

Wissenschaftliche Untersuchungen zum Neuen Testament
Alphabetical Index of the First and Second Series

Ådna, Jostein: Jesu Stellung zum Tempel. 2000. *Volume II/119.*
Anderson, Paul N.: The Christology of the Fourth Gospel. 1996. *Volume II/78.*
Appold, Mark L.: The Oneness Motif in the Fourth Gospel. 1976. *Volume II/1.*
Arnold, Clinton E.: The Colossian Syncretism. 1995. *Volume II/77.*
Avemarie, Friedrich und *Hermann Lichtenberger* (Ed.): Bund und Tora. 1996. *Volume 92.*
Bachmann, Michael: Sünder oder Übertreter. 1992. *Volume 59.*
Baker, William R.: Personal Speech-Ethics in the Epistle of James. 1995. *Volume II/68.*
Balla, Peter: Challenges to New Testament Theology. 1997. *Volume II/95.*
Bammel, Ernst: Judaica. Volume I 1986. *Volume 37* – Volume II 1997. *Volume 91.*
Bash, Anthony: Ambassadors for Christ. 1997. *Volume II/92.*
Bauernfeind, Otto: Kommentar und Studien zur Apostelgeschichte. 1980. *Volume 22.*
Bayer, Hans Friedrich: Jesus' Predictions of Vindication and Resurrection. 1986. *Volume II/20.*
Bell, Richard H.: Provoked to Jealousy. 1994. *Volume II/63.*
– No One Seeks for God. 1998. *Volume 106.*
Bergman, Jan: see *Kieffer, René*
Bergmeier, Roland: Das Gesetz im Römerbrief und andere Studien zum Neuen Testament. 2000. *Volume 121.*
Betz, Otto: Jesus, der Messias Israels. 1987. *Volume 42.*
– Jesus, der Herr der Kirche. 1990. *Volume 52.*
Beyschlag, Karlmann: Simon Magus und die christliche Gnosis. 1974. *Volume 16.*
Bittner, Wolfgang J.: Jesu Zeichen im Johannesevangelium. 1987. *Volume II/26.*
Bjerkelund, Carl J.: Tauta Egeneto. 1987. *Volume 40.*
Blackburn, Barry Lee: Theios Anēr and the Markan Miracle Traditions. 1991. *Volume II/40.*
Bock, Darrell L.: Blasphemy and Exaltation in Judaism and the Final Examination of Jesus. 1998. *Volume II/106.*

Bockmuehl, Markus N.A.: Revelation and Mystery in Ancient Judaism and Pauline Christianity. 1990. *Volume II/36.*
Böhlig, Alexander: Gnosis und Synkretismus. Teil 1 1989. *Volume 47* –Teil 2 1989. *Volume 48.*
Böhm, Martina: Samarien und die Samaritai bei Lukas. 1999. *Volume II/111.*
Böttrich, Christfried: Weltweisheit – Menschheitsethik – Urkult. 1992. *Volume II/50.*
Bolyki, János: Jesu Tischgemeinschaften. 1997. *Volume II/96.*
Büchli, Jörg: Der Poimandres – ein paganisiertes Evangelium. 1987. *Volume II/27.*
Bühner, Jan A.: Der Gesandte und sein Weg im 4. Evangelium. 1977. *Volume II/2.*
Burchard, Christoph: Untersuchungen zu Joseph und Aseneth. 1965. *Volume 8.*
– Studien zur Theologie, Sprache und Umwelt des Neuen Testaments. Ed. by D. Sänger. 1998. *Volume 107.*
Byrskog, Samuel: Story as History – History as Story. 2000. *Volume 123.*
Cancik, Hubert (Ed.): Markus-Philologie. 1984. *Volume 33.*
Capes, David B.: Old Testament Yaweh Texts in Paul's Christology. 1992. *Volume II/47.*
Caragounis, Chrys C.: The Son of Man. 1986. *Volume 38.*
– see *Fridrichsen, Anton.*
Carleton Paget, James: The Epistle of Barnabas. 1994. *Volume II/64.*
Ciampa, Roy E.: The Presence and Function of Scripture in Galatians 1 and 2. 1998. *Volume II/102.*
Crump, David: Jesus the Intercessor. 1992. *Volume II/49.*
Dahl, Nils Alstrup: Studies in Ephesians. 2000. *Volume 131.*
Deines, Roland: Jüdische Steingefäße und pharisäische Frömmigkeit. 1993. *Volume II/52.*
– Die Pharisäer. 1997. *Volume 101.*
Dietzfelbinger, Christian: Der Abschied des Kommenden. 1997. *Volume 95.*
Dobbeler, Axel von: Glaube als Teilhabe. 1987. *Volume II/22.*
Du Toit, David S.: Theios Anthropos. 1997. *Volume II/91*

Wissenschaftliche Untersuchungen zum Neuen Testament

Dunn, James D.G. (Ed.): Jews and Christians. 1992. *Volume 66.*
– Paul and the Mosaic Law. 1996. *Volume 89.*
Ebertz, Michael N.: Das Charisma des Gekreuzigten. 1987. *Volume 45.*
Eckstein, Hans-Joachim: Der Begriff Syneidesis bei Paulus. 1983. *Volume II/10.*
– Verheißung und Gesetz. 1996. *Volume 86.*
Ego, Beate: Im Himmel wie auf Erden. 1989. *Volume II/34*
Ego, Beate und *Lange, Armin* sowie *Pilhofer, Peter (Ed.):* Gemeinde ohne Tempel – Community without Temple. 1999. *Volume 118.*
Eisen, Ute E.: see *Paulsen, Henning.*
Ellis, E. Earle: Prophecy and Hermeneutic in Early Christianity. 1978. *Volume 18.*
– The Old Testament in Early Christianity. 1991. *Volume 54.*
Ennulat, Andreas: Die ‚Minor Agreements'. 1994. *Volume II/62.*
Ensor, Peter W.: Jesus and His 'Works'. 1996. *Volume II/85.*
Eskola, Timo: Theodicy and Predestination in Pauline Soteriology. 1998. *Volume II/100.*
Feldmeier, Reinhard: Die Krisis des Gottessohnes. 1987. *Volume II/21.*
– Die Christen als Fremde. 1992. *Volume 64.*
Feldmeier, Reinhard und *Ulrich Heckel* (Ed.): Die Heiden. 1994. *Volume 70.*
Fletcher-Louis, Crispin H.T.: Luke-Acts: Angels, Christology and Soteriology. 1997. *Volume II/94.*
Förster, Niclas: Marcus Magus. 1999. *Volume 114.*
Forbes, Christopher Brian: Prophecy and Inspired Speech in Early Christianity and its Hellenistic Environment. 1995. *Volume II/75.*
Fornberg, Tord: see *Fridrichsen, Anton.*
Fossum, Jarl E.: The Name of God and the Angel of the Lord. 1985. *Volume 36.*
Frenschkowski, Marco: Offenbarung und Epiphanie. Volume 1 1995. *Volume II/79* – Volume 2 1997. *Volume II/80.*
Frey, Jörg: Eugen Drewermann und die biblische Exegese. 1995. *Volume II/71.*
– Die johanneische Eschatologie. Band I. 1997. *Volume 96.* – Band II. 1998. *Volume 110.* – Band III. 2000. *Volume 117.*
Freyne, Sean: Galilee and Gospel. 2000. *Volume 125.*
Fridrichsen, Anton: Exegetical Writings. Ed. von C.C. Caragounis und T. Fornberg. 1994. *Volume 76.*

Garlington, Don B.: ‚The Obedience of Faith'. 1991. *Volume II/38.*
– Faith, Obedience, and Perseverance. 1994. *Volume 79.*
Garnet, Paul: Salvation and Atonement in the Qumran Scrolls. 1977. *Volume II/3.*
Gese, Michael: Das Vermächtnis des Apostels. 1997. *Volume II/99.*
Gräbe, Petrus J.: The Power of God in Paul's Letters. 2000. *Volume II/123.*
Gräßer, Erich: Der Alte Bund im Neuen. 1985. *Volume 35.*
Green, Joel B.: The Death of Jesus. 1988. *Volume II/33.*
Gundry Volf, Judith M.: Paul and Perseverance. 1990. *Volume II/37.*
Hafemann, Scott J.: Suffering and the Spirit. 1986. *Volume II/19.*
– Paul, Moses, and the History of Israel. 1995. *Volume 81.*
Hamid-Khani, Saeed: Relevation and Concealment of Christ. 2000. *Volume II/120.*
Hannah, Darrel D.: Michael and Christ. 1999. *Volume II/109.*
Hartman, Lars: Text-Centered New Testament Studies. Ed. by D. Hellholm. 1997. *Volume 102.*
Heckel, Theo K.: Der Innere Mensch. 1993. *Volume II/53.*
– Vom Evangelium des Markus zum viergestaltigen Evangelium. 1999. *Volume 120.*
Heckel, Ulrich: Kraft in Schwachheit. 1993. *Volume II/56.*
– see *Feldmeier, Reinhard.*
– see *Hengel, Martin.*
Heiligenthal, Roman: Werke als Zeichen. 1983. *Volume II/9.*
Hellholm, D.: see *Hartman, Lars.*
Hemer, Colin J.: The Book of Acts in the Setting of Hellenistic History. 1989. *Volume 49.*
Hengel, Martin: Judentum und Hellenismus. 1969, ³1988. *Volume 10.*
– Die johanneische Frage. 1993. *Volume 67.*
– Judaica et Hellenistica. Band 1. 1996. *Volume 90.* – Band 2. 1999. *Volume 109.*
Hengel, Martin and *Ulrich Heckel* (Ed.): Paulus und das antike Judentum. 1991. *Volume 58.*
Hengel, Martin und *Hermut Löhr* (Ed.): Schriftauslegung im antiken Judentum und im Urchristentum. 1994. *Volume 73.*
Hengel, Martin and *Anna Maria Schwemer:* Paulus zwischen Damaskus und Antiochien. 1998. *Volume 108.*

Hengel, Martin and *Anna Maria Schwemer* (Ed.): Königsherrschaft Gottes und himmlischer Kult. 1991. *Volume 55.*
– Die Septuaginta. 1994. *Volume 72.*
Herrenbrück, Fritz: Jesus und die Zöllner. 1990. *Volume II/41.*
Herzer, Jens: Paulus oder Petrus? 1998. *Volume 103.*
Hoegen-Rohls, Christina: Der nachösterliche Johannes. 1996. *Volume II/84.*
Hofius, Otfried: Katapausis. 1970. *Volume 11.*
– Der Vorhang vor dem Thron Gottes. 1972. *Volume 14.*
– Der Christushymnus Philipper 2,6-11. 1976, ²1991. *Volume 17.*
– Paulusstudien. 1989, ²1994. *Volume 51.*
Hofius, Otfried und *Hans-Christian Kammler:* Johannesstudien. 1996. *Volume 88.*
Holtz, Traugott: Geschichte und Theologie des Urchristentums. 1991. *Volume 57.*
Hommel, Hildebrecht: Sebasmata. Band 1 1983. *Volume 31* – Band 2 1984. *Volume 32.*
Hvalvik, Reidar: The Struggle for Scripture and Covenant. 1996. *Volume II/82.*
Joubert, Stephan: Paul as Benefactor. 2000. *Volume II/124.*
Kähler, Christoph: Jesu Gleichnisse als Poesie und Therapie. 1995. *Volume 78.*
Kamlah, Ehrhard: Die Form der katalogischen Paränese im Neuen Testament. 1964. *Volume 7.*
Kammler, Hans-Christian: Christologie und Eschatologie. 2000. *Volume 126.*
– see *Hofius, Otfried.*
Kelhoffer, James A.: Miracle and Mission. 1999. *Volume II/112.*
Kieffer, René and *Jan Bergman (Ed.):* La Main de Dieu / Die Hand Gottes. 1997. *Volume 94.*
Kim, Seyoon: The Origin of Paul's Gospel. 1981, ²1984. *Volume II/4.*
– „The ‚Son of Man'" as the Son of God. 1983. *Volume 30.*
Kleinknecht, Karl Th.: Der leidende Gerechtfertigte. 1984, ²1988. *Volume II/13.*
Klinghardt, Matthias: Gesetz und Volk Gottes. 1988. *Volume II/32.*
Köhler, Wolf-Dietrich: Rezeption des Matthäusevangeliums in der Zeit vor Irenäus. 1987. *Volume II/24.*
Korn, Manfred: Die Geschichte Jesu in veränderter Zeit. 1993. *Volume II/51.*
Koskenniemi, Erkki: Apollonios von Tyana in der neutestamentlichen Exegese. 1994. *Volume II/61.*

Kraus, Wolfgang: Das Volk Gottes. 1996. *Volume 85.*
– see *Walter, Nikolaus.*
Kuhn, Karl G.: Achtzehngebet und Vaterunser und der Reim. 1950. *Volume 1.*
Laansma, Jon: I Will Give You Rest. 1997. *Volume II/98.*
Labahn, Michael: Offenbarung in Zeichen und Wort. 2000. *Volume II/117.*
Lange, Armin: see *Ego, Beate.*
Lampe, Peter: Die stadtrömischen Christen in den ersten beiden Jahrhunderten. 1987, ²1989. *Volume II/18.*
Landmesser, Christof: Wahrheit als Grundbegriff neutestamentlicher Wissenschaft. 1999. *Volume 113.*
Lau, Andrew: Manifest in Flesh. 1996. *Volume II/86.*
Lichtenberger, Hermann: see *Avemarie, Friedrich.*
Lieu, Samuel N.C.: Manichaeism in the Later Roman Empire and Medieval China. ²1992. *Volume 63.*
Loader, William R.G.: Jesus' Attitude Towards the Law. 1997. *Volume II/97.*
Löhr, Gebhard: Verherrlichung Gottes durch Philosophie. 1997. *Volume 97.*
Löhr, Hermut: see *Hengel, Martin.*
Löhr, Winrich Alfried: Basilides und seine Schule. 1995. *Volume 83.*
Luomanen, Petri: Entering the Kingdom of Heaven. 1998. *Volume II/101.*
Maier, Gerhard: Mensch und freier Wille. 1971. *Volume 12.*
– Die Johannesoffenbarung und die Kirche. 1981. *Volume 25.*
Markschies, Christoph: Valentinus Gnosticus? 1992. *Volume 65.*
Marshall, Peter: Enmity in Corinth: Social Conventions in Paul's Relations with the Corinthians. 1987. *Volume II/23.*
McDonough, Sean M.: YHWH at Patmos: Rev. 1:4 in its Hellenistic and Early Jewish Setting. 1999. *Volume II/107.*
Meade, David G.: Pseudonymity and Canon. 1986. *Volume 39.*
Meadors, Edward P.: Jesus the Messianic Herald of Salvation. 1995. *Volume II/72.*
Meißner, Stefan: Die Heimholung des Ketzers. 1996. *Volume II/87.*
Mell, Ulrich: Die „anderen" Winzer. 1994. *Volume 77.*
Mengel, Berthold: Studien zum Philipperbrief. 1982. *Volume II/8.*
Merkel, Helmut: Die Widersprüche zwischen den Evangelien. 1971. *Volume 13.*

Wissenschaftliche Untersuchungen zum Neuen Testament

Merklein, Helmut: Studien zu Jesus und Paulus. Volume 1 1987. *Volume 43.* – Volume 2 1998. *Volume 105.*

Metzler, Karin: Der griechische Begriff des Verzeihens. 1991. *Volume II/44.*

Metzner, Rainer: Die Rezeption des Matthäusevangeliums im 1. Petrusbrief. 1995. *Volume II/74.*

– Das Verständnis der Sünde im Johannesevangelium. 2000. *Volume 122.*

Mittmann-Richert, Ulrike: Magnifikat und Benediktus. *1996. Volume II/90.*

Mußner, Franz: Jesus von Nazareth im Umfeld Israels und der Urkirche. Ed. by M. Theobald. 1998. *Volume 111.*

Niebuhr, Karl-Wilhelm: Gesetz und Paränese. 1987. *Volume II/28.*

– Heidenapostel aus Israel. 1992. *Volume 62.*

Nielsen, Anders E.: „Until it is Fullfilled". 2000. *Volume II/126.*

Nissen, Andreas: Gott und der Nächste im antiken Judentum. 1974. *Volume 15.*

Noack, Christian: Gottesbewußtsein. 2000. *Volume II/116.*

Noormann, Rolf: Irenäus als Paulusinterpret. 1994. *Volume II/66.*

Obermann, Andreas: Die christologische Erfüllung der Schrift im Johannesevangelium. 1996. *Volume II/83.*

Okure, Teresa: The Johannine Approach to Mission. 1988. *Volume II/31.*

Oropeza, B. J.: Paul and Apostasy. 2000. *Volume II/115.*

Ostmeyer, Karl-Heinrich: Taufe und Typos. 2000. *Volume II/118.*

Paulsen, Henning: Studien zur Literatur und Geschichte des frühen Christentums. Ed. von Ute E. Eisen. 1997. *Volume 99.*

Park, Eung Chun: The Mission Discourse in Matthew's Interpretation. 1995. *Volume II/81.*

Park, Joseph S.: Conceptions of Afterlife in Jewish Insriptions. 2000. *Volume II/121.*

Pate, C. Marvin: The Reverse of the Curse. 2000. *Volume II/114.*

Philonenko, Marc (Ed.): Le Trône de Dieu. 1993. *Volume 69.*

Pilhofer, Peter: Presbyteron Kreitton. 1990. *Volume II/39.*

– Philippi. Volume 1 1995. *Volume 87.*

– see *Ego, Beate.*

Pöhlmann, Wolfgang: Der Verlorene Sohn und das Haus. 1993. *Volume 68.*

Pokorný, Petr und Josef B. Souček: Bibelauslegung als Theologie. 1997. *Volume 100.*

Porter, Stanley E.: The Paul of Acts. 1999. *Volume 115.*

Prieur, Alexander: Die Verkündigung der Gottesherrschaft. 1996. *Volume II/89.*

Probst, Hermann: Paulus und der Brief. 1991. *Volume II/45.*

Räisänen, Heikki: Paul and the Law. 1983, [2]1987. *Volume 29.*

Rehkopf, Friedrich: Die lukanische Sonderquelle. 1959. *Volume 5.*

Rein, Matthias: Die Heilung des Blindgeborenen (Joh 9). 1995. *Volume II/73.*

Reinmuth, Eckart: Pseudo-Philo und Lukas. 1994. *Volume 74.*

Reiser, Marius: Syntax und Stil des Markusevangeliums. 1984. *Volume II/11.*

Richards, E. Randolph: The Secretary in the Letters of Paul. 1991. *Volume II/42.*

Riesner, Rainer: Jesus als Lehrer. 1981, [3]1988. *Volume II/7.*

– Die Frühzeit des Apostels Paulus. 1994. *Volume 71.*

Rissi, Mathias: Die Theologie des Hebräerbriefs. 1987. *Volume 41.*

Röhser, Günter: Metaphorik und Personifikation der Sünde. 1987. *Volume II/25.*

Rose, Christian: Die Wolke der Zeugen. 1994. *Volume II/60.*

Rüger, Hans Peter: Die Weisheitsschrift aus der Kairoer Geniza. 1991. *Volume 53.*

Sänger, Dieter: Antikes Judentum und die Mysterien. 1980. *Volume II/5.*

– Die Verkündigung des Gekreuzigten und Israel. 1994. *Volume 75.*

– see *Burchard, Christoph*

Salzmann, Jorg Christian: Lehren und Ermahnen. 1994. *Volume II/59.*

Sandnes, Karl Olav: Paul – One of the Prophets? 1991. *Volume II/43.*

Sato, Migaku: Q und Prophetie. 1988. *Volume II/29.*

Schaper, Joachim: Eschatology in the Greek Psalter. 1995. *Volume II/76.*

Schimanowski, Gottfried: Weisheit und Messias. 1985. *Volume II/17.*

Schlichting, Günter: Ein jüdisches Leben Jesu. 1982. *Volume 24.*

Schnabel, Eckhard J.: Law and Wisdom from Ben Sira to Paul. 1985. *Volume II/16.*

Schutter, William L.: Hermeneutic and Composition in I Peter. 1989. *Volume II/30.*

Schwartz, Daniel R.: Studies in the Jewish Background of Christianity. 1992. *Volume 60.*

Wissenschaftliche Untersuchungen zum Neuen Testament

Schwemer, Anna Maria: see *Hengel, Martin*
Scott, James M.: Adoption as Sons of God. 1992. *Volume II/48.*
– Paul and the Nations. 1995. *Volume 84.*
Siegert, Folker: Drei hellenistisch-jüdische Predigten. Teil I 1980. *Volume 20* – Teil II 1992. *Volume 61.*
– Nag-Hammadi-Register. 1982. *Volume 26.*
– Argumentation bei Paulus. 1985. *Volume 34.*
– Philon von Alexandrien. 1988. *Volume 46.*
Simon, Marcel: Le christianisme antique et son contexte religieux I/II. 1981. *Volume 23.*
Snodgrass, Klyne: The Parable of the Wicked Tenants. 1983. *Volume 27.*
Söding, Thomas: Das Wort vom Kreuz. 1997. *Volume 93.*
– see *Thüsing, Wilhelm.*
Sommer, Urs: Die Passionsgeschichte des Markusevangeliums. 1993. *Volume II/58.*
Souček, Josef B.: see *Pokorný, Petr.*
Spangenberg, Volker: Herrlichkeit des Neuen Bundes. 1993. *Volume II/55.*
Spanje, T.E. van: Inconsistency in Paul?. 1999. *Volume II/110.*
Speyer, Wolfgang: Frühes Christentum im antiken Strahlungsfeld. Band I: 1989. *Volume 50.* – Band II: 1999. *Volume 116.*
Stadelmann, Helge: Ben Sira als Schriftgelehrter. 1980. *Volume II/6.*
Stenschke, Christoph W.: Luke's Portrait of Gentiles Prior to Their Coming to Faith. *Volume II/108.*
Stettler, Hanna: Die Christologie der Pastoralbriefe. 1998. *Volume II/105.*
Strobel, August: Die Stunde der Wahrheit. 1980. *Volume 21.*
Stroumsa, Guy G.: Barbarian Philosophy. 1999. *Volume 112.*
Stuckenbruck, Loren T.: Angel Veneration and Christology. 1995. *Volume II/70.*
Stuhlmacher, Peter (Ed.): Das Evangelium und die Evangelien. 1983. *Volume 28.*
Sung, Chong-Hyon: Vergebung der Sünden. 1993. *Volume II/57.*
Tajra, Harry W.: The Trial of St. Paul. 1989. *Volume II/35.*
– The Martyrdom of St.Paul. 1994. *Volume II/67.*
Theißen, Gerd: Studien zur Soziologie des Urchristentums. 1979, ³1989. *Volume 19.*
Theobald, Michael: see *Mußner, Franz.*
Thornton, Claus-Jürgen: Der Zeuge des Zeugen. 1991. *Volume 56.*
Thüsing, Wilhelm: Studien zur neutestamentlichen Theologie. Ed. von Thomas Söding. 1995. *Volume 82.*
Thurén, Lauri: Derhetorizing Paul. 2000. *Volume 124.*
Treloar, Geoffrey R.: Lightfoot the Historian. 1998. *Volume II/103.*
Tsuji, Manabu: Glaube zwischen Vollkommenheit und Verweltlichung. 1997. *Volume II/93*
Twelftree, Graham H.: Jesus the Exorcist. 1993. *Volume II/54.*
Visotzky, Burton L.: Fathers of the World. 1995. *Volume 80.*
Wagener, Ulrike: Die Ordnung des „Hauses Gottes". 1994. *Volume II/65.*
Walter, Nikolaus: Praeparatio Evangelica. Ed. by Wolfgang Kraus und Florian Wilk. 1997. *Volume 98.*
Wander, Bernd: Gottesfürchtige und Sympathisanten. 1998. *Volume 104.*
Watts, Rikki: Isaiah's New Exodus and Mark. 1997. *Volume 88.*
Wedderburn, A.J.M.: Baptism and Resurrection. 1987. *Volume 44.*
Wegner, Uwe: Der Hauptmann von Kafarnaum. 1985. *Volume II/14.*
Welck, Christian: Erzählte ‚Zeichen'. 1994. *Volume II/69.*
Wilk, Florian: see *Walter, Nikolaus.*
Williams, Catrin H.: I am He. 2000. *Volume II/113.*
Wilson, Walter T.: Love without Pretense. 1991. *Volume II/46.*
Zimmermann, Alfred E.: Die urchristlichen Lehrer. 1984, ²1988. *Volume II/12.*
Zimmermann, Johannes: Messianische Texte aus Qumran. 1998. *Volume II/104.*
Zimmermann, Ruben: Geschlechtermetaphorik und Geschlechterverhältnis. 2000. *Volume II/122.*

For a complete catalogue please write to the publisher
Mohr Siebeck · Postfach 2030 · D–72010 Tübingen.
Up-to-date information on the internet at http://www.mohr.de